评价科学研究与应用丛书

2020—2021
世界一流大学和一流学科评价研究报告

中国科教评价研究院　　（杭电）
中国科学评价研究中心（武大）
浙江高等教育研究院　　　　　　　　　　◎研发
高教强省发展战略与评价研究中心（浙江智库）
"金平果"评价网（www.nseac.com）

邱均平　张　蕊　舒　非　赵蓉英　董西露　等◎著

- 为政府部门管理决策提供定量依据
- 为一流大学建设发展提供定位信息
- 为高等教育创新进步提供数据保障
- 为广大学子出国深造提供择校指南

科学出版社
北　京

内 容 简 介

自2017年教育部、财政部、国家发展改革委公布世界一流大学和一流学科（简称"双一流"）建设高校及建设学科名单以来，"双一流"建设正式进入实施阶段。我们早在2006年就开始出版《世界一流大学与科研机构学科竞争力评价研究报告》，并连续发布世界一流大学排行榜。为了适应和满足"双一流"建设的需要，我们于2015年将这个评价报告改名为《世界一流大学和一流学科评价研究报告》。本书不仅是一本关于世界一流大学和一流学科的评价研究报告，而且还对科研竞争力进行了评价，是各个学科的科研产出及其影响力方面的数据工具书，更是一本采用科学研究方法进行评价分析和对策研究的专门著作。全书分为四个部分：理论研究、评价结果、数据分析、评价引发的思考与建议。本书不仅公布了7类150个排行榜，分别是"世界各国或地区科研竞争力排行榜（2020）""世界一流大学综合竞争力排行榜（2020）""世界一流大学分学科排行榜（2020）（分22个学科）""世界一流大学一级指标排行榜（2020）（分3个指标）""世界一流学科排行榜（2020）（分108个学科）""世界一流大学基本指标排行榜（2020）（分9个指标）""世界一流大学各大洲排行榜（2020）"，还分别对同等档次的大学进行了横向比较并对评价结果进行了分析，客观地分析了我国大学在世界上所处的位置，从国家、大学和学科建设等不同角度提出了加快建设世界一流大学和一流学科的对策建议。

本书是"金平果"排行榜评价品牌的"四大评价报告"之一，由杭州电子科技大学中国科教评价研究院、武汉大学中国科学评价研究中心与"金平果"评价网（www.nseac.com）等单位共同研发和撰著，是国内一份对世界一流大学和一流学科评价所做的深入研究，同时也拥有最为全面的世界一流大学和一流学科评价的排行榜，对我国加快建设世界一流大学和一流学科具有重要的理论价值和现实意义。本书研究角度新颖、方法科学、数据客观、内容丰富、结论权威，可供广大拟出国留学的学子、国内外各高等学校、科研院所、政府管理部门、教育学师生及社会各界人士阅读和参考使用。

图书在版编目（CIP）数据

世界一流大学和一流学科评价研究报告 2020—2021/ 邱均平等著. —北京：科学出版社，2021.3
（评价科学研究与应用丛书）
ISBN 978-7-03-067957-4

Ⅰ.①世… Ⅱ.①邱… Ⅲ.①高等学校-学校教育-研究报告-世界-2020-2021 ②高等学校-学科建设-研究报告-世界-2020-2021 Ⅳ.①G649.1 ②G642.3

中国版本图书馆 CIP 数据核字（2021）第 018838 号

责任编辑：朱丽娜 / 责任校对：宁辉彩
责任印制：李 彤 / 封面设计：润一文化

科学出版社 出版
北京东黄城根北街16号
邮政编码：100717
http://www.sciencep.com

北京虎彩文化传播有限公司 印刷
科学出版社发行　各地新华书店经销

*

2021年3月第 一 版　开本：890×1240　1/16
2021年3月第一次印刷　印张：17 1/4
字数：546 000

定价：99.00元
（如有印装质量问题，我社负责调换）

世界一流大学和一流学科
评价研究报告　2020—2021

编委会名单

主　编	邱均平　张　蕊（常务）
副主编	舒　非　赵蓉英　董西露　祖文玲
编　委	邱均平　张　蕊（常务）　舒　非
	赵蓉英　董西露　祖文玲　岳卫平
	杨思洛　陈丽婷　刘　姝　邵晓涵
	徐培培　王　芮　沈　超　丰鹂萱
	邝玉林　宋晓青　马　悦　崔腾腾
	容瑀航　徐恒梅　赵艺翔

研发单位　中国科教评价研究院（杭电，CASEE）
　　　　　中国科学评价研究中心（武大，RCCSE）
　　　　　浙江高等教育研究院（ZAHE）
　　　　　高教强省发展战略与评价研究中心（浙江智库）
　　　　　"金平果"评价网（www.nseac.com）
合作单位　科睿唯安信息服务（北京）有限公司
　　　　　武汉金平果科教开发服务有限公司

前言 PREFACE

　　创建世界一流大学，是一个国家在世界舞台上全面崛起的重要标志之一。如果没有世界一流的大学，虽然一个大国可以在某个方面取得突破，一个小国也可以达到全国富裕，但是综观近代世界历史，没有任何一个大国，可以在高等教育落后的情况下，真正成为全面领先的世界强国。世界一流大学不仅是科学、技术和教育的摇篮，而且是现代人类文化、思想的最主要源泉；世界一流大学是尖端科学研究和技术发展的主要力量，也是创造知识的重要源泉；世界一流大学吸引了全世界的优秀人才和领军人才；世界一流大学对建立民族自信心和自豪感意义重大。

　　我们对高等教育的需要比以往任何时候都更加迫切，对科学知识和卓越人才的渴求比以往任何时候都更加强烈。创建世界一流大学已经成为高等教育领域的一股潮流，各国或地区相继出台政策来增强大学的研究实力，提升学校的国际排名。2017年9月20日，根据国务院《统筹推进世界一流大学和一流学科建设总体方案》以及教育部等三部委《统筹推进世界一流大学和一流学科建设实施办法（暂行）》，经专家委员会遴选认定，教育部、财政部、国家发展改革委公布了世界一流大学和一流学科名单，它标志着世界一流大学和一流学科建设正式进入实施操作阶段。由于世界一流大学和一流学科名单是周期性动态调整的，社会各界对于世界一流大学和一流学科建设的研究比以往投入更多精力，在一定时期内的大学与学科在世界水平上的变更成为院校和学科发展的动力。我们在成功研发2006年、2007年、2009年、2011年、2012年、2013年、2014年、2015年、2016年、2017年、2018年和2019年世界一流大学及学科竞争力评价的基础上，研发和撰著了《世界一流大学和一流学科评价研究报告 2020—2021》。本书是目前国内唯一一本对世界一流大学和一流学科竞争力进行评价的有说服力的专著。它拥有最为全面的世界一流大学和一流学科的评价排行榜，对于准确把握我国大学的世界定位，促进我国高等教育的国际化，提高我国高等教育质量和科研水平，推动其健康、快速发展具有重要的理论意义和现实作用。

本书对美国基本科学指标（Essential Science Indicators，ESI）数据库中收录两个学科及以上的1541所大学进行了全面、系统、深入的评价与分析，得出了许多鲜为人知的评价结果。本书内容丰富、资料翔实、数据可靠，具有较强的权威性。其主要特点有以下三个方面。

第一，内容全面、体系完整、信息丰富。本书是国内最为全面的世界一流大学和一流学科评价研究基础上的进一步升华，不仅公布了2020年世界一流大学和一流学科排行榜，还创新性地将科研情况与网络排名结合起来，公布了以师资力量、教学水平、科研能力、影响力为一级指标的世界一流大学和一流学科分指标排行榜，以及分22个学科的排行榜，另外2020年的排行榜还增加了国内一流学科（分108个学科）与ESI学科匹配排行榜，它们从不同角度反映了世界一流大学和一流学科的建设与发展状况。

第二，理念新颖、指标科学、数据权威。本书以科睿唯安科技信息服务有限公司研发的ESI数据库和德温特专利数据库（Derwent Innovations Index，DII）为工具，数据库在全世界有着极其广泛的影响力，保证了数据来源的权威性和可信度。在本次评价中，我们继续引入了网络影响力指标。这一指标进一步反映了各学校的声誉情况、科研成果的开放获取程度，可作为Web环境下的科研影响力评价的补充，以达到从科研产出到学术影响再到网络影响的综合实力评价。影响力指标与原有的师资力量、教学水平和科研能力三个指标构成了世界一流大学评价指标体系，再次得到了科学、合理、客观、公正的评价结论。

第三，立足中国，放眼世界。本书对我国进入ESI排行的大学和学科进行了详尽的比较分析，深入讨论了我国进入ESI排行的大学和学科近年的变化情况；还对中国一流大学和一流学科进行了评价，为我们了解和把握中国高等教育在世界坐标系中的定位以及世界一流大学和一流学科的发展态势提供了有力的数据支撑。

《世界一流大学和一流学科评价研究报告2020—2021》是"金平果"排行榜（"中评榜"）评价品牌的"四大评价报告"之一，由杭州电子科技大学中国科教评价研究院、武汉大学中国科学评价研究中心等单位共同研发和撰著，科睿唯安信息服务（北京）有限公司作为合作单位为本书提供了大量的数据支持，特别是中国区刘煜总经理和岳卫平博士的倾力支持为我们完成此项浩大工程提供了强有力的帮助。此外，本书的出版得到了科学出版社有关领导的大力支持，责任编辑朱丽娜，以及其他编校人员等为之付出了大量的辛勤劳动，在此一并表示诚挚的谢意！

武汉大学中国科学评价研究中心创始人和首届主任（12 年）
金平果"四大评价报告"品牌创立者和知识产权人
杭州电子科技大学资深教授、博士生导师
中国科教评价研究院 院长
浙江高等教育研究院 院长
高教强省发展战略与评价研究中心（浙江智库）主任

邱均平

2020 年 9 月 26 日于杭州

目 录
CONTENTS

前言

第一章 理论研究

第一节 世界一流大学和一流学科评价
研究的意义 ……………………… 3
第二节 世界一流大学评价的研究现状 ……… 4
一、国外研究现状 ………………………… 4
二、国内研究现状 ………………………… 5
三、国内外比较研究 ……………………… 10

第三节 世界一流大学的基本特征与
评价标准 ……………………… 10
第四节 世界一流大学和一流学科评价的
具体做法 ……………………… 13
一、评价对象和范围 ……………………… 13
二、数据来源 ……………………………… 14
三、指标体系的构建 ……………………… 14
四、世界一流大学和一流学科的界定 …… 15

第二章 评价结果

第一节 世界各国或地区科研
竞争力排行榜（2020） ……… 19
第二节 世界一流大学综合
竞争力排行榜（2020） ……… 20
第三节 世界一流大学分学科
排行榜（2020）（分22个学科）…… 52
一、农业科学 ……………………………… 52
二、生物学与生物化学 …………………… 52
三、化学 …………………………………… 53
四、临床医学 ……………………………… 54
五、计算机科学 …………………………… 54
六、经济学与商学 ………………………… 55
七、工程学 ………………………………… 55
八、环境科学与生态学 …………………… 56
九、地球科学 ……………………………… 56
十、免疫学 ………………………………… 57
十一、材料科学 …………………………… 57
十二、数学 ………………………………… 58
十三、微生物学 …………………………… 59

十四、分子生物学与遗传学 ……………… 59
十五、综合交叉学科 ……………………… 60
十六、神经科学与行为科学 ……………… 60
十七、药理学与毒物学 …………………… 61
十八、物理学 ……………………………… 61
十九、植物学与动物学 …………………… 62
二十、精神病学与行为科学 ……………… 62
二十一、社会科学 ………………………… 63
二十二、空间科学 ………………………… 63

第四节 世界一流学科排行榜（2020）
（分108个学科）……………… 64
一、安全科学与工程学科 ………………… 64
二、材料科学与工程（可授工学、理学学位）学科 …… 64
三、测绘科学与技术学科 ………………… 65
四、城乡规划学科 ………………………… 65
五、畜牧学学科 …………………………… 66
六、船舶与海洋工程学科 ………………… 66
七、大气科学学科 ………………………… 67
八、地理学学科 …………………………… 67

九、地球物理学学科 …………………………68	四十六、力学（可授工学、理学学位）学科 ……85
十、地质学学科 …………………………………68	四十七、林学学科 ………………………………86
十一、地质资源与地质工程学科 ………………68	四十八、林业工程学科 …………………………86
十二、电气工程学科 ……………………………69	四十九、临床医学学科 …………………………87
十三、电子电气工程学科 ………………………69	五十、美术学学科 ………………………………87
十四、电子科学与技术（可授工学、理学学位）学科 …………………………………70	五十一、民族学学科 ……………………………87
十五、动力工程及工程热物理学科 ……………70	五十二、农林经济管理学科 ……………………88
十六、法学学科 …………………………………71	五十三、农学学科 ………………………………88
十七、纺织科学与工程学科 ……………………71	五十四、农业工程学科 …………………………89
十八、工程学科 …………………………………72	五十五、农业资源与环境学科 …………………89
十九、工商管理学科 ……………………………72	五十六、轻工技术与工程学科 …………………90
二十、公共管理学科 ……………………………73	五十七、软件工程学科 …………………………90
二十一、公共卫生与预防医学（可授医学、理学学位）学科 …………………………73	五十八、商业与管理学科 ………………………91
	五十九、社会学学科 ……………………………91
二十二、管理科学与工程（可授管理学、工学学位）学科 …………………………74	六十、社会政策与管理学科 ……………………92
	六十一、生态学学科 ……………………………92
二十三、光学工程学科 …………………………74	六十二、生物学学科 ……………………………93
二十四、海洋科学学科 …………………………75	六十三、生物医学工程（可授工学、理学、医学学位）学科 …………………………93
二十五、航空宇航科学与技术学科 ……………75	
二十六、核科学与技术学科 ……………………76	六十四、石油与天然气工程学科 ………………94
二十七、护理学（可授医学、理学学位）学科 …76	六十五、食品科学与工程（可授工学、农学学位）学科 …………………………94
二十八、化学学科 ………………………………77	
二十九、化学工程与技术学科 …………………77	六十六、世界史学科 ……………………………95
三十、环境科学与工程（可授工学、理学、农学学位）学科 ……………………78	六十七、兽医学学科 ……………………………95
	六十八、数学学科 ………………………………95
三十一、会计与金融学科 ………………………78	六十九、水产学科 ………………………………96
三十二、机械工程学科 …………………………79	七十、水利工程学科 ……………………………96
三十三、机械及航空航天和制造工程学科 ……79	七十一、体育学学科 ……………………………97
三十四、基础医学（可授医学、理学学位）学科 …80	七十二、天文学学科 ……………………………97
三十五、计算机科学与技术（可授工学、理学学位）学科 …………………………80	七十三、统计学（可授理学、经济学学位）学科 …98
	七十四、统计学与运筹学学科 …………………98
三十六、建筑学学科 ……………………………81	七十五、图书情报与档案管理学科 ……………99
三十七、交通运输工程学科 ……………………81	七十六、土木工程学科 …………………………99
三十八、教育学学科 ……………………………81	七十七、外国语言文学学科 ……………………100
三十九、经济学与计量经济学学科 ……………82	七十八、物理学学科 ……………………………100
四十、考古学学科 ………………………………82	七十九、戏剧与影视学学科 ……………………101
四十一、科学技术史（分学科，可授理学、工学、农学、医学学位）学科 ……………83	八十、现代语言学学科 …………………………101
	八十一、心理学（可授教育学、理学学位）学科 …101
四十二、控制科学与工程学科 …………………83	八十二、新闻传播学学科 ………………………102
四十三、口腔医学学科 …………………………84	八十三、信息与通信工程学科 …………………102
四十四、矿业工程学科 …………………………84	八十四、药学（可授医学、理学学位）学科 ……103
四十五、理论经济学科 …………………………85	八十五、冶金工程学科 …………………………103
	八十六、仪器科学与技术学科 …………………104

八十七、艺术理论学学科 …………………… 104
八十八、艺术与设计学科 ………………………… 105
八十九、音乐与舞蹈学学科 ……………………… 105
九十、应用经济学学科 …………………………… 105
九十一、语言学学科 ……………………………… 106
九十二、园艺学学科 ……………………………… 106
九十三、哲学学科 ………………………………… 107
九十四、政治学学科 ……………………………… 107
九十五、植物保护学科 …………………………… 108
九十六、作物学学科 ……………………………… 108
九十七、系统科学学科排行榜 …………………… 109
九十八、公安学学科排行榜 ……………………… 109
九十九、中药学学科排行榜 ……………………… 109
一〇〇、兵器科学与技术学科排行榜 …………… 109
一〇一、中医学学科排行榜 ……………………… 109
一〇二、中国语言文学学科排行榜 ……………… 109
一〇三、风景园林学学科排行榜 ………………… 109
一〇四、设计学学科排行榜 ……………………… 109
一〇五、马克思主义理论学科排行榜 …………… 109
一〇六、中西医结合学科排行榜 ………………… 109
一〇七、草学学科排行榜 ………………………… 109
一〇八、中国史学科排行榜 ……………………… 110

第五节 世界一流大学一级指标排行榜（2020）（分 3 个指标） …………………… 110

一、教学水平排行榜 ……………………………… 110
二、科研能力排行榜 ……………………………… 111
三、影响力排行榜 ………………………………… 112

第六节 世界一流大学基本指标排行榜（2020）（分 9 个指标） …………………… 113

一、高被引论文数排行榜 ………………………… 113
二、高被引科学家数排行榜 ……………………… 114
三、杰出校友数排行榜 …………………………… 114
四、进入 ESI 学科数排行榜 ……………………… 115
五、发表论文数排行榜 …………………………… 116
六、篇均被引次数排行榜 ………………………… 117
七、国际合作论文数排行榜 ……………………… 118
八、发明专利数排行榜 …………………………… 119
九、网络影响力排行榜 …………………………… 120

第七节 世界一流大学各大洲排行榜（2020） …………………………………… 121

一、亚洲一流大学排行榜（前 100 名） ………… 121
二、北美洲一流大学排行榜（前 100 名） ……… 124
三、南美洲一流大学排行榜（前 30 名） ………… 127
四、欧洲一流大学排行榜（前 30 名） …………… 128
五、非洲一流大学排行榜（前 30 名） …………… 129
六、大洋洲一流大学排行榜（前 30 名） ………… 130

第三章 数据分析

第一节 我们离世界一流大学还有多远？ …… 133
一、国家（地区）科研竞争力排名与分析 ……… 133
二、中国进入 ESI 排行的大学排名与分析 ……… 135

第二节 我们离世界一流学科还有多远？ …… 159
一、中国大学进入 ESI 学科排行的学科
详细列表与分析 ……………………………… 159
二、22 个学科的评价分析 ………………………… 170

第四章 评价引发的思考与建议

第一节 评价引发的思考 ………………………… 253
一、我国世界一流大学建设成效明显 …………… 253
二、我国需加大世界一流大学建设力度 ………… 253
三、我国高质量的论文数量与世界科研强国相比
差距依然较大 ………………………………… 255

第二节 评价引发的建议 ………………………… 255
一、我国需要提升具有世界影响力的科研
成果的产量 …………………………………… 255
二、世界一流学科的建设仍需大力加强 ………… 256
三、世界一流大学与一流学科建设的内在逻辑与
发展之策 ……………………………………… 264

第一章

理论研究

第一节　世界一流大学和一流学科评价研究的意义

对世界一流大学和一流学科进行评价研究主要是为了清楚地认识我国大学与学科目前在世界上所处的位置，用国际化的视角来观察我国高等教育的发展状况、存在的不足，为逐步、有重点地培养一批具有国际影响力的大学提供详细而准确的数据参考，以促进我国大学和学科的国际化，最终推动我国高等教育的健康、快速发展。因此，该评价研究具有重要的现实意义。

第一，贯彻落实有关文件精神，为我国大学管理和促进科技创新与进步提供有力保障。江泽民同志1998年在庆祝北京大学建校一百周年大会的讲话中提出"为了实现现代化，我国要有若干所具有世界先进水平的一流大学"，并第一次从教育质量的角度全面提出了一流大学办学的目标和评价标准：①培养一流的人才；②创造一流的科研成果；③提供一流的社会服务。1998年12月24日，教育部制定了《面向21世纪教育振兴行动计划》，明确提出要"创建若干所具有世界先进水平的一流大学和一批一流学科"。2006年发布的《国家中长期科学和技术发展规划纲要（2006—2020年）》明确指出要"深化管理体制改革，加快建设'职责明确、评价科学、开放有序、管理规范'的现代科研院所制度"，并且指出"加快建设一批高水平大学，特别是一批世界知名的高水平研究型大学，是我国加速科技创新、建设国家创新体系的需要"。尤其是把"建成若干世界一流的科研院所和大学以及具有国际竞争力的企业研究开发机构，形成比较完善的中国特色国家创新体系"作为要在今后15年实现的八大目标之一，并且要在2020年达到"本国人发明专利年度授权量和国际科学论文被引用数均进入世界前5位"的最终目标要求。在2010年发布的《国家中长期教育改革和发展规划纲要（2010—2020年）》中，也明确提出要"改革教育质量评价和人才评价制度。改进教育教学评价。根据培养目标和人才理念，建立科学、多样的评价标准。开展由政府、学校、家长及社会各方面共同参与的教育质量评价活动"，以及"推进专业评价。鼓励专门机构和社会中介机构对大学学科、专业、课程等水平和质量进行评估。建立科学、规范的评估制度。探索与国际高水平教育评价机构合作，形成中国特色学校评价模式。建立高等学校质量年度报告发布制度"等重要任务。根据党中央、国务院做出的重大战略决策，国务院于2015年11月5日公布《统筹推进世界一流大学和一流学科建设总体方案》，该方案"坚持以中国特色、世界一流为核心，以立德树人为根本，以支撑创新驱动发展战略、服务经济社会发展为导向，加快建成一批世界一流大学和一流学科，提升我国高等教育综合实力和国际竞争力"。2017年9月20日，教育部、财政部、国家发展改革委公布世界一流大学和一流学科名单，它标志着世界一流大学和一流学科建设正式进入实施操作阶段。入选高校使命光荣，也责任重大。世界一流大学和一流学科建设高校也不是只在国内竞争，而是在国际舞台上与名校进行比拼，应该意识到建设与建成虽只有一字之差，但不是一码事。世界一流大学和一流学科着力于建设一流师资队伍，培养拔尖创新人才，提升科学研究水平，传承创新优秀文化，着力推进成果转化。参考国际一流名校，国内大学要完成每一项任务都不容易。本次评价着重从论文被引次数、专利数和网络排名等不同角度综合评价世界大学和学科竞争力，切实地为实现国家中长期科技发展规划和教育规划提供决策依据和数据支持。

第二，为政府管理部门的科学管理和决策提供定量依据。政府管理部门在建设世界一流大学过程中起着重要的宏观管理和调控作用。要建成世界一流大学和一流学科，必然要有大量资金的投入和分配、学科资源的重新整合和调节，这就要求我国高等教育管理部门对各科研院所在世界科研机构范围内的相对位置心中有数，从而制定相关资助政策和管理政策。而要做到这些，必然需要详细而准确的定量数据支持。

第三，为国内大学的世界竞争和发展提供定位信息。近年来，国内很多大学都在朝着世界一流大学的目标前进，却无法清楚地认知：到底距世界一流大学还有多远？哪些学科已经达到国际水平？哪些学科还有较大的差距？我们现在所做的评价就是要使我国的一些大学明确在世界上的相对位置，从而发挥比较优势，找出问题和差距，寻找合作和学习的伙伴单位，明确改革方向，制定相应对策，从而提高国际竞争力和影响力，吸引世界上的杰出人才来我国学习、交流和工作，为将来持久发展提供人才保障。

第四，为青年学子提供详细、深入的出国留学咨询报告。《关于建立海外高层次留学人才回国工作绿色通道的意见》提出："积极引进海外高层次留学人才回国工作，是应对国际人才竞争，提高我国自主创新能力，加强人才队伍建设的需要。"从中可见，国家对留学人员的高度重视。国外有着一流的大学和科研院所，它们引领着科技发展的方向，掌握着绝大多数核心技术，在长期实践中又开创了许多著名的学术理论，我们要吸收它们的先进理念和技术，就需要广泛交流。现在不少学子都积极出国深造，但是并不是国外的所有大学都是优秀的，一定要对国外大学及其专业有一个大概的了解，绝不能盲目出国。我们提供的报告无疑在一定程度上满足了广大学子准确选择一流大学和专业的迫切需求，为他们出国留学提供了权威、可信的咨询报告。

第五，为世界其他国家或地区的大学竞争发展提供数据参考。我们这次的评价对象包含全世界1541所大学，按照统一的数据来源和统一的统计标准进行评价排名。从对比中可以分析出各个大学及学科所处优势与劣势、挑战与机遇，这对于任何一所大学的长远发展都是有益的。另外，从我们提供的数据中可分析出世界一流大学的国家或地区分布，使每个国家或地区在整体上对自己的科研竞争力有所了解，从而在国民经济预算分配上进行适当的调节，并制定切实可行的、促进本国或地区科技进步和发展的政策。

第二节　世界一流大学评价的研究现状

一、国外研究现状

目前，国外对世界一流大学研究的侧重点各不相同，影响力比较大的有以下几个。

（一）美国《美国新闻与世界报道》（U. S. News）世界大学排行榜

早在1983年，《美国新闻与世界报道》（*US News & World Report*）率先推出全美大学排名，每两年对全美本科院校评选一次。该排名的最初目的主要是为了给学生和家长在选择大学时提供一些参考数据。1987年，《美国新闻与世界报道》开始面向研究生教育，改为每年评选一次，并在每年的春季公布最新的"全球大学排行榜"（Global Universities Ranking），以供秋季新生入学参考。《美国新闻与世界报道》对大学进行排行是依据卡内基教学促进基金会公布的高等学校分类法，先将大学进行分类，然后在同类之间进行评比，由于它的调查过程科学严谨，所以具有权威性。

《美国新闻与世界报道》全球最佳大学排名指标体系由《美国新闻与世界报道》推出，其评价主要基于两项原则展开，一是根据专家确定的标志学术质量的定量指标，二是根据他们作为局外人对有关教育质量的认识。因此，其数据来源广泛，精准度较高，为公正合理的大学评价奠定了基础。《美国新闻与世界报道》全球最佳大学排名的评价指标由全球研究声誉（12.5%）、区域研究声誉（12.5%）、学术论文发表（10%）、专著（2.5%）、学术会议（2.5%）、标准化引用影响力（10%）、总被引次数（7.5%）、前10%高被引文献（12.5%）、前10%高被引文献占比（10%）、国际合作（5%）、国际合作论文占比（5%）、前1%高被引论文数量（5%）、前1%高被引论文占比（5%）等13个指标构成[1]。《美国新闻与世界报道》的学科排名与其大学排名类似，今年增加了国际合作论文占比（5%），并调整了国际合作指标的权重。少了前1%高被引论文数量、论文总量2个指标。总体来看，《美国新闻与世界报道》的评价指标分类较细，科学研究在评价中占绝对主导地位。

（二）英国《泰晤士报高等教育》（THE）世界大学排行榜

英国《泰晤士报高等教育》（*Times Higher Education*，THE）是由TSL Education Ltd.出版的周刊，在世界范围内都有较大影响。从2010年起，《泰晤士报高等教育》与世界首屈一指的数据公司——汤森路透

---

[1] How U. S. News Calculated the Best Global Universities Rankings. https://www.usnews.com/education/best-global-universities/articles/methodology [2019-10-12].

科技信息集团合作，由汤森路透科技信息集团负责收集和分析所有的与排名相关的数据。《泰晤士报高等教育》还将采用新的评价标准和方法。在新的世界大学排名标准中，《泰晤士报高等教育》保留了"同行评议"这一指标，由民意调查公司 Ipsos Mori 接手声望调查工作，并采用一种更为谨慎的抽样调查方式，在公信力方面有较大的改善①。

2010 年的评价方法新增了经济活动/创新这一级指标，二级指标也由 2009 年的 6 个增加为 13 个，改变了往年一个二级指标代理一个一级指标的较为单一的评价方式。舍弃了雇主调查这一定性指标，并且在学术声誉调查这一部分做了较大变动，声誉调查的规模更为扩大，更具严密性和代表性；使其从一级指标降为两个二级指标，将教学相关和研究相关调查结果分列在教学指标和研究指标中，成为教学指标和研究指标的支撑，降低了其独立性；从比重上来看，同行评议的比例由之前的 40% 下降到 20%，使世界大学排行榜的主观指标降低了至少 20%，大大增加了量化指标的比重②。总体而言，2010 年新的指标体系设置一级指标 5 个：工业收入（industry income），所占权重为 2.5%；国际化（international outlook），所占权重为 7.5%；教学（teaching），所占权重为 30%；研究（research），所占权重为 30%；论文引用影响（citations），所占权重为 30%③。

（三）Quacquarelli Symonds（QS）世界大学排行榜

Quacquarelli Symonds 公司在与泰晤士报高等教育解散后，先后与美国新闻与世界报道和朝鲜日报等机构合作发布世界大学排名，目前的合作机构为荷兰出版商 ELSEVIER。除了全球的大学排名，QS 还发布了亚洲大学排名、拉丁美洲大学排名、金砖国家大学排名等区域性大学排名。QS 自发布以来备受学术界的争议，其根本原因在于，该排行榜指标体系虽然只有 6 个二级指标——师生比、国际教师比例、国际学生比例、学术同行评价、全球雇主评价和单位教师论文引用数，但是同行评价和雇主评价两个主观性指标所占比重竟高达 50%。尽管如此，它是唯一一个获得联合国教科文组织成立的大学排名国际专家组（International Ranking Expert Group，IREG）认证的世界大学排行榜。QS 发布的排行榜的主要是为学生提供选择大学的资讯和一定程度的就业指导。其 6 个二级指标及其权重分别为：学术领域的同行评价（academic peer review），占 40%；全球雇主评价（global employer review），占 10%；单位教职的论文引用数（citations per faculty），占 20%；教师/学生比例（faculty student ratio），占 20%；国际学生比例（international student ratio），占 5%；国际教师比例（international faculty ratio），占 5%。

二、国内研究现状

目前，国内对世界一流大学进行研究比较有名的机构如下。

（一）杭州电子科技大学中国科教评价研究院/武汉大学中国科学评价研究中心

武汉大学中国科学评价研究中心在连续三年做中国大学评价的基础上，于 2006 年开始做世界大学科研竞争力评价。2017 年 3 月，杭州电子科技大学专门成立了中国科教评价研究院（又称"中国评价科学研究院"），聘请著名计量学家、评价管理权威专家邱均平教授担任院长，开展中国与世界大学的评价工作。邱均平教授创立了"金平果排行榜"（"中评榜"）评价品牌，在国内外具有很大影响力。到 2020 年，邱均平团队已进行了 12 次世界大学和学科竞争力评价，得到政府管理部门、高等院校和教育界、学术界的普遍认可，包括每年研究生工作会议上都给参会代表每人发一本；国外大学校长利用这个排行榜结果向中国代表团介绍情况；各媒体大量转载等等。随着时代和大学评价需求的变化，其对世界大学科研竞争力的指标也在不断改进，其中主要经历了三次比较大的调整：2014 年起评价的二级指标改为科研生产力、科研影响力、科研创新力和网络影响力 4 个部分；从 2016 年开始以世界一流大学和一流学科为对象进行评价；2019

---

① Phil Baty. 世界大学排名的历史、方法和影响. http://www.nseac.com/html/135/214384.html[2018-12-05].
② Methodology. https://www.timeshighereducation.com/world-university-rankings/world-university-rankings-2020-methodology?site=cn [2019-10-12].
③ Phil Baty. Global rankings system methodology reflects universities' core missions. http://www.timeshighereducation.co.uk/story.asp?sectioncode=26&storycode=413382&c=1[2018-12-05].

年一级指标改为师资力量、教学水平、科研能力、影响力。

1. 2006—2013 年世界一流大学与科研机构学科竞争力评价

2006—2013 年，世界一流大学及世界科研机构竞争力评价指标由科研生产力、科研影响力、科研创新力和科研发展力 4 个部分构成，其具体指标体系如表 1-1 所示。

表 1-1 2006—2013 年世界一流大学科研竞争力评价指标体系

一级指标	二级指标
科研生产力	论文发表数
科研影响力	论文被引次数
	高被引论文数
	进入ESI学科数
科研创新力	专利数
	热点论文数
科研发展力	高被引论文占有率

（1）科研生产力

用近 11 年来发表论文数（被 ESI 收录的论文数量）这一指标来衡量，反映该机构或学科对世界学术交流的贡献，而且被 ESI 收录的论文都是经过同行评议的论文，各论文发表的期刊也在该学科有着显著影响。

（2）科研影响力

用近 11 年发表论文总被引次数，高被引论文和进入排行的学科数这 3 个指标来衡量。被引次数是反映论文质量的一个重要指标。另外，进入排行的学科数越多，说明该单位的影响面积越大，学术辐射范围越广泛，引起的关注就越多。

（3）科研创新力

用热点论文和专利这两个指标来衡量。热点论文的产生必然说明该论文是适应学科和社会发展的要求，具有很强的创新性，这是一个单位或学科富有朝气的原动力。专利本身的特点之一是有新颖性，这是科技进步的重要体现，也是转化为生产力最宝贵的知识财富之一。

（4）科研发展力

用高被引论文占有率这一指标来衡量。其中，高被引论文占有率=高被引论文/论文发表数。这一比例越高说明该单位在以后发展中越有可能生产出更多的优秀论文，有能力持久保持该学科的核心地位。对于专业评价和机构评价应该有着不用的指标体系和权重，权重的大小是在征求多方面专家意见基础上根据科学方法计算出来的。

2. 2014—2015 年世界一流大学与科研机构竞争力评价

随着互联网技术的发展，从 2014 年起对世界一流大学及科研机构评价加入网络影响力指标，将一级指标改为科研生产力、科研影响力、科研创新力和网络影响力 4 个部分，具体指标体系如表 1-2 所示。

表 1-2 2014—2015 年世界一流大学竞争力评价指标体系

一级指标	二级指标
科研生产力	论文发表数
科研影响力	论文被引次数
	高被引论文数
	进入ESI学科数
科研创新力	专利数
	热点论文数
网络影响力	国内外网络排名

其中网络影响力用网络排名这一指标来衡量，网络排名可以告知各大学的学术知识与资料在网络上公开出版的程度，若大学本身认为其实力排名与此网络计量排名相关甚远，则可借此促进科研成果出版的开放获取，进而提升其影响力。数据来源于西班牙人文与社会科学研究中心网络计量实验室发布的"世界大学网络计量排名"和中国科学评价研究中心发布的"中国重点大学网络影响力排名"。

3. 2016—2018年世界一流大学和一流学科评价研究报告

从2016年开始以世界一流大学和一流学科为对象进行评价，评价指标打破以往只注重科研评价的惯例，转向对大学的综合评价，其评价一级指标由师资力量、教学水平、科研能力、声誉影响力4个部分构成。具体指标体系如表1-3所示。

表1-3 2016—2018年世界一流大学和一流学科评价指标体系

一级指标	二级指标
师资力量	专职教师数
	高被引科学家数
教学水平	杰出校友数
	进入ESI学科数
科研能力	发表论文数
	篇均被引次数
	国际合作论文数
	发明专利数
声誉影响力	网络排名
	高被引论文数

（1）师资力量

师资力量代表一流大学的人才储备，是衡量一流大学的重要指标，专职教师是一流大学的骨干力量，对一流大学的意义十分重大。而高被引科学家则是师资力量的最高表现形式，是高质量人才的象征。

（2）教学水平

通过杰出校友数和进入ESI学科数来反映教学水平。杰出校友数也是教学质量的重要体现形式之一，是从教学水平的深度对其进行衡量的。进入ESI学科数是从教学水平的广度对其进行衡量的。

（3）科研能力

科研能力用近11年发表论文数（被ESI收录的论文数量）及其篇均被引次数、国际合作论文数和发明专利数4个指标来衡量。近11年来发表论文数反映该机构或学科对世界学术交流量的贡献，被ESI收录的论文都是经过同行评议的论文，各论文发表的期刊也在该学科有着显著影响，都是较高质量的论文。被引次数是反映论文质量的一个重要指标，而篇均被引次数则反映出某一单位、团体的总体论文质量，比总被引次数更能反映机构的科研能力。国际合作论文数能够有效地反映机构的国际化程度。专利是科技进步的重要体现，是体现科研能力的知识财富之一。

（4）声誉影响力

声誉影响力用网络排名和高被引论文这两个指标来衡量。用网络排名这一指标为衡量标准，网络排名可以告知各大学的学术知识与资料在网络上公开的程度，网络排名越靠前说明该单位的影响面越大，学术辐射范围越广泛，引起的关注就越多。高被引论文是体现其声誉影响力的主要手段之一。

4. 2019年世界一流大学和一流学科评价研究报告

2019年在原有一级指标师资力量、教学水平、科研能力、影响力四个部分构成的基础上进行了二级指标的微调，更加突出质量和国际影响力。具体指标体系如表1-4所示。

表1-4 2019年世界一流大学和一流学科评价指标体系

一级指标	二级指标
师资力量	专职教师数
	高被引科学家数
教学水平	杰出校友数
	国际合作论文数
科研能力	ESI收录论文数
	篇均被引次数
	高被引论文数
	德温特专利数
影响力	网络排名
	进入ESI排名学科数

（1）师资力量

一所大学的师资水平通过专职教师和高被引科学家来体现，代表了一流大学的人才储备，是衡量一流大学的重要指标。其中专职教师是一流大学的骨干力量，而高被引科学家则是师资力量的最高表现形式，是高质量人才的象征。

（2）教学水平

通过杰出校友数和国际论文合作数来反映教学水平。从教学水平的深度来说，杰出校友数是教学质量的重要体现形式之一；而国际论文合作数恰好体现了大学教学水平的广度。

（3）科研能力

学校的科研能力用近11年发表论文数（被ESI收录的论文数量）及其篇均被引次数、高被引论文数和德温特专利数4个指标来衡量。近11年来发表论文数反映该机构或学科对世界学术交流量的贡献，被ESI收录的论文都是经过同行评议的论文，各论文发表的期刊也在该学科有着显著影响，都是较高质量的论文。高被引论文数是反映论文质量的一个重要指标，而篇均被引次数则反映出某一单位、团体的总体论文质量，比总被引次数更能反映机构的科研能力。德温特专利是科技进步的重要体现，是体现科研能力的知识财富之一。

（4）影响力

影响力用网络排名和进入ESI排名学科数这两个指标来衡量。用网络排名这一指标为衡量标准，网络排名可以告知各大学的学术知识与资料在网络上公开出版的程度，网络排名越靠前说明该单位的影响面越大，学术辐射范围越广泛，引起的关注就越多。进入ESI排名学科数体现了大学的国际影响力，代表了声誉的影响力。

5. 2020年世界一流大学和一流学科评价研究报告

2020年在2019年原有一级指标基础上进行了二级指标的微调，更加突出质量和国际影响力。具体指标体系如表1-5所示。

表1-5 2020年世界一流大学和一流学科评价指标体系

一级指标	二级指标
教学水平	杰出校友数
	高被引科学家数
科研能力	ESI收录论文数
	篇均被引次数
	高被引论文数
	德温特专利数

续表

一级指标	二级指标
影响力	网络排名
	进入ESI排名学科数
	国际合作论文数

2020年世界一流大学及学科的评价，得到了7类共150个排行榜，它们分别是"世界各国或地区科研竞争力排行榜（2020）""世界一流大学综合竞争力排行榜（2020）""世界一流大学分学科排行榜（2020）（分22个学科）""世界一流大学一级指标排行榜（2020）（分3个指标）""世界一流大学基本指标排行榜（2020）（分9个指标）""世界一流学科排行榜（2020）（分108个学科）""世界一流大学各大洲排行榜（2020）"。世界一流大学和一流学科评价采用了目前最权威的、高水平的数据来源工具——ESI，数据准确可靠，并且以新颖的评价理念设置了科学合理的评价体系，提供了国内目前最详尽的世界大学评价报告，不仅针对国家、高等学校，而且评价学科专业。

（二）上海软科世界大学排行榜（ARWU）

软科世界大学学术排名（ShanghaiRanking's Academic Ranking of World Universities，ARWU）于2003年由上海交通大学高等教育研究院（前身为高等教育研究所）世界一流大学研究中心首次发布，是世界范围内首个综合性的全球大学排名。2009年开始，ARWU改由上海软科教育信息咨询有限公司（即"上海软科"）发布并保留所有权利。

2001年，上海交通大学世界一流大学研究中心刘念才等向教育部科技委员会提交了《我国名牌大学离世界一流大学有多远》[①]的研究报告，指出学术声誉通过诺贝尔奖、《自然》和《科学》论文、SCI论文等可量化的国际可比性指标表达；教师质量通过诺贝尔奖、博士学位教师比例等表达。

上海交通大学世界一流大学研究中心于2003年夏天首次在国际互联网上发布了"世界大学学术排行"（Academic Ranking of World Universities，ARWU），之后每年8月中旬进行更新。2020年上海交通大学高等教育研究所的世界大学学术排行指标体系如下[②]。

世界大学学术排名选择获诺贝尔奖和菲尔兹奖的校友折合数（简称"校友获奖"）、获诺贝尔奖和菲尔兹奖的教师折合数（简称"教师获奖"）、各学科领域被引用次数最高的学者数（简称"高被引科学家"）、在《自然》（Nature）和《科学》（Science）上发表论文的折合数（简称"N&S论文"）、被科学引文索引（SCIE）和社会科学引文索引（SSCI）收录的论文数（简称"国际论文"）、上述五项指标得分的师均值（简称"师均表现"）等六个指标对世界大学的学术表现进行排名，如表1-6所示。

表1-6 软科世界大学学术排行指标体系

指标	权重（%）
校友获奖	10
教师获奖	20
高被引科学家	20
N&S论文	20
国际论文	20
师均表现	10

上海交通大学的大学排名主要根据研究成绩来对研究型大学进行评价，所用的数据具有国际可比性，但在奖项方面仅仅考虑了诺贝尔奖和菲尔兹奖的获奖情况，在发文方面，仅仅考虑了在《自然》和《科学》两大著名期刊上发表的论文情况，并赋予很高的权重，其他奖项、重要杂志没有纳入其中，这使得其对文

---

① 刘念才，程莹，刘莉，等. 我国名牌大学离世界一流有多远. 高等教育研究，2002（2）：19-24.
② 上海交通大学. ARWU2020世界大学排名 http://www.shanghairanking.cn/methodology/arwu/2020.html[2020-09-21].

科实力较强的学校的评价不够全面和公平。

三、国内外比较研究

通过对目前国内外关于世界一流大学评价的现状进行分析，我们发现不同的评价机构运用不同的评价指标，且各有特色。

《美国新闻与世界报道》、英国《泰晤士报高等教育》和QS《世界大学排行榜》都是评教分离的典范，而上海交通大学和浙江大学本身既是教育机构，又参与了评价工作，目的是以评促建。

《美国新闻与世界报道》、英国《泰晤士报高等教育》（2008年以前的指标体系）注重主观数据的收集和利用，为评价大学声誉而开展同行评议，分别赋予25%和50%的权重。2010年开始，英国《泰晤士报高等教育》采取新的标准进行评价，将声誉调查分为教学与研究两个方面，并削减了主观数据所占据的比重，分别占15%和19.5%，但总体权重仍然是整个指标体系中最大的一部分。但在"隔行如隔山"的条件下，"同行专家"的选择不易，在实际操作中要仔细甄别，避免出现外行评价内行的情况。

上海软科世界大学排行榜的评价注重客观数据的收集和分析，保证了数据的国际可比性，在评价自然科学方面比较公正，而且都侧重于对大学科研方面的评价，虽然采取了对纯文科大学，不考虑N&S论文指标，其权重按比例分解到其他指标中，但因为人文科学方面的研究发文量没有自然科学多，对于人文科学方面较强的大学有失公平。而且，单纯的客观数据分析无法评价大学的学术氛围、校园文化等，而这些对于世界一流大学来说也是非常重要的。

总的来说，《美国新闻与世界报道》的大学评价比较全面，为学生和家长择校提供了参考性意见。英国《泰晤士报高等教育》引入了评价有关国际化程度的指标，鲜明地体现了现代世界一流大学的时代特征。QS对于新兴的大学则更加适用，用户应参考排行榜发布的具体操作方法和指标定义，根据个性化的需求自由地挑选指标和分配权重，而不要简单地看待排名的结果。上海交通大学注重对大学科研产出进行评价。每个评价体系都有自身的特色和侧重点，因此，它们的评价结果也各有不同，但都为我们对世界一流大学的研究提供了很好的素材，有很多值得我们借鉴和学习的地方。

第三节 世界一流大学的基本特征与评价标准

对于世界一流大学的特征和评价，目前没有统一的范式，各个国家、各个学派都有着不同的见解。但是世界一流大学在学术大师汇聚、科研经费充裕、科研成果卓著、培养优秀学生、办学特色鲜明等方面显示出共同的特征。建立良好的工作氛围，提供一流的教学和研究设施，为教师确定合理的工作量以使教师有充分的自主和更多的时间从事科研工作，被认为是建设一流教师队伍的最重要的三个方面。

李岚清认为世界一流大学有以下几个共同点：第一，有杰出的教育家，特别是有出色的校领导。他们有教育家的战略思想，有国际视野；第二，培养出大批优秀的人才；第三，提倡学术自由，鼓励理论创新，多用启发式、讨论式的教学方式；第四，拥有一批具有一流学术水平的优势学科；第五，非常重视研究生教育，尤其重视培养博士生；第六，是发表一流研究论文和学术著作的主力军；第七，有深厚的文化积淀；第八，以多种形式服务社会。[1]

美国大学联合会常务副主席约翰·冯（John Vaughn）在接受访问谈到世界一流大学的建设时提到，"一所世界一流大学要有足够广泛的学科领域，基本应当涵盖所有主要的学术和人文领域"，"严格一点来评价，就不仅要关注科研方面的数量和科研方面的广度，也要考虑质量，以及教师们在相关学科做了多少前沿性重要研究，在世界范围内是否处于领先地位等"[2]。

---

[1] 李岚清. 李岚清教育访谈录. 北京：人民教育出版社. 2003：149-153.
[2] 王晓阳，刘宝存，李婧. 世界一流大学的定义、评价与研究—美国大学联合会常务副主席约翰·冯（John Vaughn）访谈录. 比较教育研究，2010，（1）：13-19.

上海交通大学原校长张杰院士提出"以'世界一流大学'为建设目标的研究型大学应紧紧围绕世界一流大学的基本特征来构建核心竞争力",他认为世界一流大学一般具有以下十项基本特征:追求卓越目标,服务国家战略;办学理念清晰,发展定位明确;学科门类齐全,学术声誉卓著;教师素质超群,学术大师汇聚;教学资源丰富,教学水平先进;生源质量优良,创新人才辈出;科研经费充裕,科研成果斐然;国际交流广泛,学术氛围浓厚;促进文化繁荣,引领社会进步;杰出校长掌舵,管理科学规范[①]。

北京大学原校长、中国科学院院士许智宏认为,世界一流大学主要有三个标准:一是有从事一流研究工作的国际知名教授;二是有一大批影响人类文明和社会经济发展的成果;三是培养出一大批为人类文明作出很大贡献的优秀学生[②]。

南京大学原校长陈骏指出世界一流大学主要具备三大功能:第一,作为培养与造就高素质创新人才的教学机构,帮助学生形成科学的世界观和价值观,掌握分析问题和解决问题的基本方法和技能,让他们养成终生追求真理和正义的习惯,引领社会的健康发展;第二,作为生产、传承各种知识、理论和观念的学术机构,让人类创造的优秀文化能够历久弥新,生生不息;第三,作为服务国家宏大目标和促进区域发展的社会机构,成为国家核心竞争力的重要组成部分[③]。

中国人民大学教育学院的周光礼教授通过抽取关键要素的方式,归纳出世界一流大学共同的特质:第一,具有一流的国际声誉;第二,具有世界一流的师资队伍;第三,具有世界一流的优势学科;第四,培养出大批的精英人才;第五,具有充足而灵活的办学资源;第六,具有完善的管理构架;第七,具有较高的国际化水平。只有以先进的建设世界一流大学办学理念为指导,以大学文化建设和体制机制创新为基础,才能找到一条行之有效的建设世界一流大学的路径,最终形成具有"中国特色、世界水平"的一流大学发展模式和先进文化[④]。

将一批国内大学建设成世界一流大学是我国大学发展的远景目标,总结国内外世界一流大学的特征,我们可以得出以下结论。

1)世界一流大学绝大多数是研究型大学,无论是美国的麻省理工学院、哈佛大学,还是英国的剑桥大学、牛津大学,加拿大的多伦多大学,以及日本的东京大学、早稻田大学,国内的北京大学、清华大学,这些占据各国大学排名前列的世界一流大学实际上都是研究型大学。

2)世界一流大学的分类标准参照美国研究型大学模式。在卡内基教学促进基金会克拉克·克尔博士的主持下,美国高等院校的分类经过了多次修改。第七次修改的2010版《分类法》共有七种分类模式,即基本分类、选择性分类和五种独立(平行)分类。基本分类是按照所授学位的层次及数量,将高等院校分为副学士学位授予学院、研究型大学、博士学位授予大学、硕士学位授予学院/大学、学士学位授予学院、专业主导机构、部落学院七种基本类型。其他几种分类体系则分别是从本专科培养项目、研究生培养项目、学生类型、学制和机构规模五个层面进行分类的[⑤]。表1-7是卡内基教学促进基金会2010年关于博士学位授予机构、硕士学位授予机构和学士学位授予机构的划分标准。

表1-7 卡内基教学促进基金会2010年高等教育机构分类标准—基础分类

院校大类	院校类别		定义
博士型	研究型,非常高	年授予博士学位数不少于20个	在7项科研指标*的总得分和师均得分上的综合表现很好
	研究型,高		在7项科研指标的总得分和师均得分上的综合表现比较好
	博士/研究型		在7项科研指标的总得分和师均得分上的综合表现一般

---

① 张杰. 世界一流大学一般具有10项基本特征. http://edu.people.com.cn/GB/145827/145949/145955/145962/9173610.html[2015-06-05].
② 许智宏. 中国目前没有世界一流大学 建设急功近利. https://news.seu.edu.cn/yldx/2014/0506/c8380a72459/page.htm.
③ 陈骏. 推进开放办学战略建设世界一流大学. 中国高等教育, 2010, (15): 20-23.
④ 周光礼. 世界一流大学的特质. 中国高等教育, 2010, (12): 44-47.
⑤ Standard Listings. http://classifications.carnegiefoundation.org/lookup_listings/standard.php[2015-06-05].

续表

院校大类	院校类别	定义		
硕士型	硕士型，大规模	年授予硕士学位不少于50个，且年授予博士学位不到20个	年授予硕士学位数不少于200个	
	硕士型，中等规模		年授予硕士学位数为100~199个	
	硕士型，小规模		年授予硕士学位数为50~99个	
学士型	学士型，文理	学士学位授予量占所有本科学位授予量的比例不低于10%，且年授予硕士学位不到50个	学士学位授予量占所有本科学位授予量的比例不低于50%	文理学科的学士学位授予量占所有学士学位授予量的比例不低于50%
	学士型，多学科			文理学科的学士学位授予量占所有学士学位授予量的比例不到50%
	学士/副学士型		学士学位授予量占所有本科学位授予量的比例不到50%	

* 7项科研指标分别是：①理工学科的R&D经费；②其他学科的R&D经费；③博士后数量；④研究人员（非教师）数；⑤人文学科博士学位授予量；⑥社会科学领域博士学位授予量；⑦理工学科以外的博士学位授予量

资料来源：The Carnegie Classification of Institutions of Higher Education，2010 Edition.

一流大学是一个动态发展的比较性概念，它可以是高等教育机构各类型的比较，也可以是地理范围之内大学间的比较，也可能是在学科层面上的比较。欧洲古典大学、英式大学、德国模式大学曾经都是世界一流大学，美国研究型大学则是目前世界一流大学的主体。这提示我们，必须动态地看待一流大学的建设问题。

3）实现世界一流大学目标的主要途径是建设研究型大学。国内高等教育界已经把研究型大学作为实现世界一流大学的首选大学模式①。《国家中长期科学和技术发展规划纲要（2006—2020年）》明确提出："加快建设一批高水平大学，特别是一批世界知名的高水平研究型大学，是我国加速科技创新、建设国家创新体系的需要。"以科学研究见长的研究型大学是保持我国国际竞争力的重要战略资源。为贯彻落实该纲要及其配套政策，加快研究型大学建设，增强高等学校自主创新能力，教育部在2007年7月10日发布了《教育部关于加快研究型大学建设增强高等学校自主创新能力的若干意见》。该文件指出②，研究型大学是国家创新体系的重要组成部分，加快建设一批研究型大学，对于加强人才培养与科学研究，提高高等教育质量，建设创新型国家具有重要意义。要努力加大投入、深化改革，优化研究型大学发展环境，同时加强领导，协同配合，促进研究型大学健康发展。《国务院关于印发统筹推进世界一流大学和一流学科建设总体方案的通知》的总体目标是，到2020年，若干所大学和一批学科进入世界一流行列，若干学科进入世界一流学科前列；到2030年，更多的大学和学科进入世界一流行列，若干所大学进入世界一流大学前列，一批学科进入世界一流学科前列；到21世纪中叶，一流大学和一流学科的数量和实力进入世界前列，基本建成高等教育强国。

我国创建世界一流大学计划实施十多年来取得了伟大成绩。教育部原副部长郝平总结指出，这主要体现在三点：一是自主创新能力快速提升，产生了一大批具有国家标志的科研成果；二是汇聚了一大批具有国际水准的中青年学者，促进了人文社会科学的繁荣；三是学科建设有了重大突破③。这个成绩是党中央、国务院的战略指导和精心部署的结果，也是社会各界特别是高等学校努力奋斗和艰辛探索的结果。2010年7月发布的《国家中长期教育改革和发展规划纲要（2010—2020年）》明确提出，要"加快创建世界一流大学和高水平大学的步伐，培养一批拔尖创新人才，形成一批世界一流学科，产生一批国际领先的原创性成果，为提升我国综合国力贡献力量"。这就为我国大学提出了更高的要求，大学要以科学发展观为指导，以落实《国家中长期教育改革和发展规划纲要（2010—2020年）》为动力，在认真总结基本经验的基础上，科学地评估自身世界一流大学建设的战略趋势和战略规划，进一步明确未来的战略重点。这不仅对加速推进"中国特色、世界水平"大学建设事业，而且对我们构建高等教育强国的战略实现，都具有重大的理论和现实意义。

---

① 马陆亭. 当今"世界一流大学"建设基本模式与经验. 中国教育报，2007-01-08（5）.
② 教育部关于加快研究型大学建设 增强高等学校自主创新能力的若干意见. http://www.gov.cn/zwgk/2007-07/18/content_688826.htm[2017-10-05].
③ 佚名. 中国"创建世界一流大学"计划实施十年成绩显著. http://www.chinanews.com.cn/edu/edu-zcdt/news/2009/09-28/1890813.shtml[2015-06-05].

世界一流大学的评价标准是什么，目前还没有一个统一的答案。它是动态的，而非静态的。世界一流大学没有约定俗成的固定标准，各国对大学的评价体系差异很大。但是，世界一流大学的评价体系的核心是多元的，没有任何一个机构可以垄断整个评价过程。同时，评价标准和评价机构本身也处于不断地被评价之中，没有任何一方可以拒绝被评价。评价机构还必须向公众说明使用评价标准的选取原则和资料来源，不能暗箱操作，不能被权力和商业利益随意操纵，否则，就会遭到公开的质疑。

世界一流大学的评价指标无疑包括定性标准和定量标准两个关键指标。定性标准是对各大学教育教学情况的主体进行描述，包括授予学位的层次、学科分布情况、学校声誉等；定量标准是对各大学授予不同层次的学位数量、一流的师资（如诺贝尔奖获得者、院士等）、高水平的论文数量、学科分布情况和专利发明做量化规定。但因为有些评价指标难以量化，或是数据来源不足、评价标准无法统一，而某些定性的指标在评价的过程中，又难免因为评价主体的复杂多变性和评价者的主观差异而导致评价的结果难如人意。尽管如此，有一些公认的评价指标可以用来衡量世界一流大学的办学水准，如高水平论文数量、一流的师资、专利发明等。

清华大学教育研究所的李越等[1]研究认为，世界一流大学的学术基准是科研经费、SCI（含SSCI）论文数量、在《自然》和《科学》上发表的论文数量、教师中的院士人数、诺贝尔奖获得者人数、学术声誉。大学学术成就的高低大小要做精细的评价很难，不过可以从国际学术界公认的权威机构及学术刊物，如《自然》、《科学》、SCI中找到公认的指标。大学的学术水准在根本上就是教师的学术水准，而教师的学术水准同样可以通过国际学术界公认的成就标志来衡量，如诺贝尔奖获得者、院士等。一所大学如果在以上这些方面长期都有突出的稳定表现，就会在国际学术界乃至民众心里留下深刻的良好印象，这就形成了一所大学的学术声誉。学术声誉看似无形，似乎是一种主观判断，实际上却是对一所大学综合实力及其影响的最深刻的反映。

台湾清华大学原校长徐遐生[2]认为，建立世界一流大学需要杰出的教师、卓越的学术名声和工作环境、崇高的学术标准，以及优良的基础运作设施或系统。香港大学原校长徐立之认为，要发展成国际大学，首先是一个"国家的大学"，并且需要具备以下四个条件：第一是教师的国际名气和教学态度；第二是学生的质量；第三是大学的设备；第四是社会的支持。

世界大学的评价应该以"提升高等教育质量"为主要导向，这是教育评价存在的意义和最终目标；同时，世界大学评价应更加注重应用价值，排名结果将会与政府、大学的决策和管理者，以及广大学生及家长的需要紧密结合，真正达到以人为本、价值导向的目的[3]。世界一流大学的评价应兼顾量性和质性指标，其中，量性指标主要包括科研经费、授予博士的数量、教师获奖情况、研究成果发表和引用情况，而质性指标主要用于了解一个机构的整体状况，并主要依赖大学校长的判断力，能更好地洞察量性指标反映不到的情况，二者适当结合运用，共同达到世界一流大学建设的引导作用。

第四节　世界一流大学和一流学科评价的具体做法

一、评价对象和范围

本次进入"世界一流大学和一流学科排行榜"的大学为美国ESI数据库中包含两个学科及以上的1541所大学。另外，ESI数据库根据学科发展的特点等因素设置了22个学科，其中包括一个交叉学科，分学科将大学和科研院所接近11年来论文总被引次数排列，只有排在前1%的学科方可进入ESI学科排行，2020年共有6455所大学和科研院所进入ESI学科排行，经筛选满足本次评价要求的大学有1541所。总的来说，

---

[1] 李越，叶赋桂，蓝劲松. 跻身世界一流大学的学术基准. 教育发展与研究，2002，22（12）：50-53.
[2] 徐遐生. 如何建立世界一流研究型大学. http://hotnews.cc.nthu.edu.tw/view.asp?ID=783[2015-06-05].
[3] 大学评价进入历史新阶段—《光明网》记者对邱均平教授的采访. http://www.nseac.com/html/136/215879.html[2017-10-05].

这些大学可以满足我们评价的需要，其数量和代表性都可以得到较好的保证。

此次评价中我们彻查了所有评价对象，把同一个学校的不同名称进行了合并，当然学科数要根据情况另定。我们今年只涉及了名称合并，不涉及数据合并，对同一所高校的不同名称，选取它各项指标较高的为我们的评价对象，合并的大学有迈阿密大学（UNIV MIAMI 和 MIAMI UNIV）、坦佩雷大学（UNIV TAMPERE 和 TAMPERE UNIV）等。

二、数据来源

关于论文指标，我们使用的是美国 ESI 数据库 2020 年 6 月 17 日的数据；关于专利指标，我们使用的是美国 DII 2016—2020 年的数据，专利数据下载于 2020 年 7 月 6—20 日；网络排名指标由西班牙国家研究理事会人文与社会科学研究中心网络计量实验室发布的"世界大学网络计量排名"获得，数据下载于 2020 年 7 月 16 日。

其中有几个指标的概念解释如下：①高被引论文：是 ESI 根据论文在相应学科领域和年代中的总被引次数排在前 1%以内的论文。②高被引科学家：数据来源于汤森路透科技信息集团公布的全球 2019 年高被引科学家名单（Highly Cited Researchers 2019）。③国际合作论文数：某一国家与其他国家间合作所产出的论文数量。④杰出校友数：即《时代周刊》近 10 年来每年评选的全球 100 位最具影响力人物和毕业生中诺贝尔奖、菲尔兹奖获得者数量。⑤ESI 划分的 22 个学科：按名称的英文字母排列，依次为农业科学、生物学与生物化学、化学、临床医学、计算机科学、经济学与商学、工程学、环境科学与生态学、地球科学、免疫学、材料科学、数学、微生物学、分子生物学与遗传学、综合交叉学科、神经科学与行为科学、药理学与毒物学、物理学、植物学与动物学、精神病学与行为科学、社会科学、空间科学。

三、指标体系的构建

我们认为，世界一流大学和一流学科的评价指标主要由师资力量、教学水平、科研能力、影响力四个部分组成。其中针对大学科研竞争力评价，我们在此次评价中以网络排名指标来进一步考察各学校的声誉情况、高被引论文数作为 Web 环境下的科研影响力评价的补充，以达到从科研产出到现实影响再到网络影响的综合实力评价。网络影响力主要以网络排名这一指标为衡量，之所以在此次评价中加入影响力这一指标，是因为网络排名与其他排名一个很大的不同在于网络排名覆盖的学校范围广，排名数据均来自网上，这使得那些欠发达地区的大学能够在学术网站排名上有一席之地，也让那些不是传统一流大学的学校有机会在另一方面展示自己，获得提升。而传统大学评价则未能做到这一点，因为传统大学评价指标对于那些历史积累较多、学术能力较强、社会地位和影响力较大的学校来说更具优势，使得欠发达地区的学校难以超越。

此次世界一流大学与一流学科评价所采用的网络排名是综合西班牙人文与社会科学研究中心网络计量实验室发布的"世界大学网络计量排名"和中国科学评价研究中心发布的"中国重点大学网络影响力排名"而得出的。排名的指标分为五大项：①网站规模：统计各大搜索引擎如 Google、Yahoo!、Alta Vista、All the Web 和 Bing 等所收录的各大学网站的页面数；②学术文件数：由 Google Scholar 所搜集到的大学网站中的学术文章、报告及其他相关学术研究文档的数量；③文档丰富度：统计搜索引擎如 Google、Yahoo!、Alta Vista、All the Web 和 Bing 收录的各大学网站中多种类型文档数量，包括 Adobe Acrobat（pdf）、Adobe Postscript（ps）、Microsoft Word（doc）、Microsoft Powerpoint（ppt）和 Microsoft Rich Text Format（rtf）等格式的文档；④被链接数：统计搜索引擎如 Yahoo!收录的各大学网页被链接数；⑤显示度：由百度搜索到的与大学相关的结果页面数和大学词条浏览数按比例合并计算得到。各个大学的网络排名由这五个指标的排名按比例计算所得。

对于大学和学科的评价有不同的评价体系，这些思想也在本次评价中得到体现，具体指标体系如表 1-6 所示。

四、世界一流大学和一流学科的界定

在给出和解释我们的评价结果之前,我们有必要界定什么是世界一流大学。我们评价的世界大学为1541所,我们将前800名定义为世界高水平大学,但是我们结合国内一些大学对自己的定位与规划,又将世界高水平大学分为三个档次:前100名(含第100名)为世界顶尖大学;101~300名(含第300名)为世界高水平著名大学;301~600(含第600名)名为世界高水平知名大学;601~800名(含第800名)为世界一般大学。其中世界顶尖大学和世界高水平著名大学被称为"世界一流大学"。

同界定什么是世界一流大学一样,我们有必要界定什么是世界一流学科。对于学科,我们主要根据所评价的22个学科的不同评价单位来划定世界一流学科数量的,其标准为某学科排名前10%内的科研单位为该学科世界一流学科,世界一流学科也划分为三个档次:某学科前1%(含1%)的科研单位的学科为世界顶尖学科;某学科前1%~5%(含5%)的科研单位的学科为世界高水平著名学科;某学科前5%~10%(含10%)的科研单位的学科为世界高水平知名学科。

第二章

评价结果

第一节 世界各国或地区科研竞争力排行榜（2020）

表 2-1 世界各国或地区科研竞争力排行榜（前 30 强）

排名	国家/地区	发表论文得分	论文被引得分	专利得分	高被引论文得分	国际合作论文得分	总分
1	美国	100.00	100.00	74.16	100.00	100.00	100.00
2	中国	92.72	81.48	100.00	85.84	97.54	95.49
3	英国	74.65	74.86	50.73	74.57	85.00	87.02
4	德国	70.93	69.66	50.69	69.46	72.12	83.67
5	法国	71.34	71.94	58.83	68.50	56.58	83.48
6	意大利	66.72	66.56	46.13	64.83	70.60	81.47
7	日本	66.58	62.76	53.96	59.43	68.57	80.00
8	西班牙	63.73	61.76	45.85	59.38	65.03	78.65
9	加拿大	63.05	59.06	41.76	61.37	70.60	78.52
10	澳大利亚	62.59	58.64	40.13	61.45	71.76	78.42
11	韩国	63.05	56.33	52.02	55.73	62.60	76.85
12	巴西	60.07	51.65	44.03	51.62	63.30	74.20
13	土耳其	54.45	51.92	45.91	48.80	55.47	72.62
14	印度	55.33	53.22	45.77	47.95	51.16	72.51
15	伊朗	54.98	49.70	45.08	48.41	56.04	72.00
16	荷兰	52.88	49.33	36.07	53.21	55.56	71.87
17	中国台湾	54.71	49.85	43.33	46.54	55.06	71.46
18	瑞典	50.97	49.33	40.42	49.88	55.61	71.38
19	波兰	52.38	47.86	42.55	45.86	53.47	70.35
20	瑞士	47.38	46.75	30.67	48.29	49.91	68.78
21	奥地利	45.22	46.39	31.10	44.20	50.44	67.76
22	希腊	43.41	45.61	38.07	42.17	44.30	66.87
23	比利时	45.92	44.51	26.39	45.83	46.14	66.85
24	南非	44.45	41.91	27.28	42.26	50.04	65.70
25	芬兰	43.35	42.98	27.26	42.13	47.67	65.61
26	葡萄牙	44.40	42.61	29.03	41.51	47.44	65.57
27	挪威	42.75	43.18	31.01	41.55	45.60	65.52
28	爱尔兰	40.26	42.60	26.92	39.61	44.51	64.30
29	埃及	42.07	38.70	38.94	36.85	47.88	64.15
30	中国香港	41.97	38.72	31.63	41.39	45.79	64.15

注：这里的"中国"指"中国（除港澳台）"，全书同

第二节 世界一流大学综合竞争力排行榜（2020）

表2-2 世界一流大学综合竞争力排行榜（前1200强与中国大学）

排名	英文名称	中文全称	国家/地区	国家/地区排名	所在洲排名	总得分
1	HARVARD UNIVERSITY	哈佛大学	美国	1	1	100.00
2	STANFORD UNIVERSITY	斯坦福大学	美国	2	2	93.79
3	MASSACHUSETTS INSTITUTE OF TECHNOLOGY	麻省理工学院	美国	3	3	91.79
4	UNIVERSITY OF CAMBRIDGE	剑桥大学	英国	1	1	90.59
5	UNIVERSITY OF OXFORD	牛津大学	英国	2	2	90.40
6	UNIVERSITY OF WASHINGTON	华盛顿大学	美国	4	4	90.23
7	UNIVERSITY OF CALIFORNIA LOS ANGELES	加州大学洛杉矶分校	美国	5	5	89.55
8	COLUMBIA UNIVERSITY	哥伦比亚大学	美国	6	6	89.16
9	CORNELL UNIVERSITY	康奈尔大学	美国	7	7	88.05
10	UNIVERSITY OF CHICAGO	芝加哥大学	美国	8	8	88.00
11	YALE UNIVERSITY	耶鲁大学	美国	9	9	87.86
12	JOHNS HOPKINS UNIVERSITY	约翰·霍普金斯大学	美国	10	10	87.84
13	DUKE UNIVERSITY	杜克大学	美国	11	11	87.77
14	UNIVERSITY OF CALIFORNIA BERKELEY	加州大学伯克利分校	美国	12	12	87.39
15	IMPERIAL COLLEGE LONDON	伦敦帝国学院	英国	3	3	87.17
16	NORTHWESTERN UNIVERSITY	美国西北大学	美国	13	13	87.07
17	UNIVERSITY OF EDINBURGH	爱丁堡大学	英国	4	4	87.03
18	UNIVERSITY OF TOKYO	东京大学	日本	1	1	87.03
19	TSINGHUA UNIVERSITY	清华大学	中国	1	2	87.02
20	PRINCETON UNIVERSITY	普林斯顿大学	美国	14	14	87.00
21	PEKING UNIVERSITY	北京大学	中国	2	3	86.58
22	WASHINGTON UNIVERSITY	圣路易斯华盛顿大学	美国	15	15	86.33
23	UNIVERSITY COLLEGE LONDON	伦敦大学学院	英国	5	5	86.31
24	UNIVERSITY OF FLORIDA	佛罗里达大学	美国	16	16	86.18
25	CALIFORNIA INSTITUTE OF TECHNOLOGY	加州理工学院	美国	17	17	85.83
26	UNIVERSITY OF TORONTO	多伦多大学	加拿大	1	18	85.43
27	UNIVERSITY OF PENNSYLVANIA	宾夕法尼亚大学	美国	18	19	85.32
28	UNIVERSITY OF BRITISH COLUMBIA	英属哥伦比亚大学	加拿大	2	20	85.27
29	MCGILL UNIVERSITY	麦吉尔大学	加拿大	3	21	85.07
30	UNIVERSITY OF MELBOURNE	墨尔本大学	澳大利亚	1	1	84.77
31	UNIVERSITY OF CALIFORNIA SAN DIEGO	加州大学圣迭戈分校	美国	19	22	84.29
32	KYOTO UNIVERSITY	京都大学	日本	2	4	83.94
33	UNIVERSITY OF SYDNEY	悉尼大学	澳大利亚	2	2	83.66
34	UNIVERSITY OF COPENHAGEN	哥本哈根大学	丹麦	1	6	83.38
35	UNIVERSITY OF QUEENSLAND	昆士兰大学	澳大利亚	3	3	83.36
36	UNIVERSITY OF MANCHESTER	曼彻斯特大学	英国	6	7	83.17

续表

排名	英文名称	中文全称	国家/地区	国家/地区排名	所在洲排名	总得分
37	ETH ZURICH	苏黎世联邦理工学院	瑞士	1	8	83.12
38	UNIVERSITY OF OSLO	奥斯陆大学	挪威	1	9	82.96
39	RUPRECHT KARLS UNIVERSITY HEIDELBERG	海德堡大学	德国	1	10	82.93
40	SHANGHAI JIAO TONG UNIVERSITY	上海交通大学	中国	3	5	82.87
41	UNIVERSITY OF WISCONSIN MADISON	威斯康星大学麦迪逊分校	美国	20	23	82.82
42	UNIVERSITY OF BRISTOL	布里斯托尔大学	英国	7	11	82.75
43	ZHEJIANG UNIVERSITY	浙江大学	中国	4	6	82.50
44	UNIVERSITY OF TEXAS AUSTIN	得克萨斯大学奥斯汀分校	美国	21	24	82.42
45	UNIVERSITY OF GRONINGEN	格罗宁根大学	荷兰	1	12	82.37
46	MONASH UNIVERSITY	莫纳什大学	澳大利亚	4	4	82.19
47	UNIVERSITY OF CALIFORNIA SANTA BARBARA	加州大学圣塔芭芭拉分校	美国	22	25	82.09
48	OHIO STATE UNIVERSITY	俄亥俄州立大学	美国	23	26	82.05
49	TECHNICAL UNIVERSITY OF MUNICH	慕尼黑理工大学	德国	2	13	81.83
50	MCMASTER UNIVERSITY	麦克马斯特大学	加拿大	4	27	81.80
51	UNIVERSITY OF MUNICH	慕尼黑大学	德国	3	14	81.79
52	KINGS COLLEGE LONDON	伦敦国王学院	英国	8	15	81.79
53	UNIVERSITY OF CHINESE ACADEMY OF SCIENCES	中国科学院大学	中国	5	7	81.77
54	UNIVERSITY OF BIRMINGHAM	伯明翰大学	英国	9	16	81.72
55	UNIVERSITY OF ZURICH	苏黎世大学	瑞士	2	17	81.62
56	UNIVERSITY OF GENEVA	日内瓦大学	瑞士	3	18	81.49
57	UNIVERSITY OF CALIFORNIA SAN FRANCISCO	加州大学旧金山分校	美国	24	28	81.47
58	UNIVERSITY OF PITTSBURGH	匹兹堡大学	美国	25	29	81.30
59	NATIONAL UNIVERSITY OF SINGAPORE	新加坡国立大学	新加坡	1	8	81.18
60	NANJING UNIVERSITY	南京大学	中国	6	9	81.18
61	FUDAN UNIVERSITY	复旦大学	中国	7	10	81.18
62	SORBONNE UNIVERSITE	索邦大学	法国	1	19	80.94
63	BOSTON UNIVERSITY	波士顿大学	美国	26	30	80.93
64	UNIVERSITY OF CALIFORNIA DAVIS	加州大学戴维斯分校	美国	27	31	80.91
65	UNIVERSITY OF ALBERTA	阿尔伯塔大学	加拿大	5	32	80.75
66	SUN YAT-SEN UNIVERSITY	中山大学	中国	8	11	80.64
67	UNIVERSITY OF BARCELONA	巴塞罗那大学	西班牙	1	20	80.57
68	UNIVERSITY OF HELSINKI	赫尔辛基大学	芬兰	1	21	80.54
69	UNIVERSITY OF CALIFORNIA IRVINE	加州大学尔湾分校	美国	28	33	80.54
70	NAGOYA UNIVERSITY	名古屋大学	日本	3	12	80.48
71	BROWN UNIVERSITY	布朗大学	美国	29	34	80.33
72	NANYANG TECHNOLOGICAL UNIVERSITY	南洋理工大学	新加坡	2	13	80.27
73	NEW YORK UNIVERSITY	纽约大学	美国	30	35	80.20
74	AARHUS UNIVERSITY	奥尔胡斯大学	丹麦	2	22	80.15
75	UNIVERSITY OF SOUTHERN CALIFORNIA	南加州大学	美国	31	36	80.15

续表

排名	英文名称	中文全称	国家/地区	国家/地区排名	所在洲排名	总得分
76	UNIVERSITE DE PARIS	巴黎大学	法国	2	23	80.13
77	SEOUL NATIONAL UNIVERSITY	首尔大学	韩国	1	14	80.13
78	UPPSALA UNIVERSITY	乌普萨拉大学	瑞典	1	24	79.97
79	LEIDEN UNIVERSITY	莱顿大学	荷兰	2	25	79.96
80	UTRECHT UNIVERSITY	乌得勒支大学	荷兰	3	26	79.95
81	UNIVERSITY OF NORTH CAROLINA CHAPEL HILL	北卡罗来纳大学教堂山分校	美国	32	37	79.81
82	VRIJE UNIVERSITEIT AMSTERDAM	阿姆斯特丹自由大学	荷兰	4	27	79.79
83	UNIVERSITY OF NEW SOUTH WALES SYDNEY	新南威尔斯大学悉尼分校	澳大利亚	5	5	79.76
84	VANDERBILT UNIVERSITY	范德比尔特大学	美国	33	38	79.70
85	UNIVERSIDADE DE SAO PAULO	圣保罗大学	巴西	1	1	79.69
86	EMORY UNIVERSITY	埃默里大学	美国	34	39	79.69
87	UNIVERSITY OF AMSTERDAM	阿姆斯特丹大学	荷兰	5	28	79.62
88	UNIVERSITY OF SOUTHAMPTON	南安普敦大学	英国	10	29	79.58
89	RADBOUD UNIVERSITY NIJMEGEN	内梅亨大学	荷兰	6	30	79.56
90	KU LEUVEN	鲁汶大学	比利时	1	31	79.55
91	UNIVERSITY OF GLASGOW	格拉斯哥大学	英国	11	32	79.46
92	UNIVERSITY OF PARIS DIDEROT	巴黎第七大学	法国	3	33	79.41
93	UNIVERSITY OF ARIZONA	亚利桑那大学	美国	35	40	79.40
94	LUND UNIVERSITY	隆德大学	瑞典	2	34	79.31
95	GHENT UNIVERSITY	根特大学	比利时	2	35	79.28
96	UNIVERSITY OF COLORADO BOULDER	科罗拉多大学博尔德分校	美国	36	41	79.25
97	CHINESE UNIVERSITY OF HONG KONG	香港中文大学	中国香港	1	15	79.24
98	WUHAN UNIVERSITY	武汉大学	中国	9	16	79.22
99	UNIVERSITY OF WESTERN AUSTRALIA	西澳大学	澳大利亚	6	6	79.16
100	UNIVERSITE DE TOULOUSE	图卢兹大学	法国	4	36	79.14
101	UNIVERSITY OF MARYLAND COLLEGE PARK	马里兰大学帕克分校	美国	37	42	79.13
102	MICHIGAN STATE UNIVERSITY	密歇根州立大学	美国	38	43	79.10
103	KING ABDULAZIZ UNIVERSITY	阿卜杜勒阿齐兹国王大学	沙特阿拉伯	1	17	79.00
104	UNIVERSITY OF NOTTINGHAM	诺丁汉大学	英国	12	37	79.00
105	UNIVERSITY OF LEEDS	利兹大学	英国	13	38	78.96
106	TAIWAN UNIVERSITY	台湾大学	中国台湾	1	18	78.85
107	AIX-MARSEILLE UNIVERSITE	艾克斯-马赛大学	法国	5	39	78.84
108	UNIVERSITY OF SCIENCE & TECHNOLOGY OF CHINA	中国科学技术大学	中国	10	19	78.64
109	AUSTRALIAN NATIONAL UNIVERSITY	澳大利亚国立大学	澳大利亚	7	7	78.61
110	UNIVERSITY OF PADUA	帕多瓦大学	意大利	1	40	78.58
111	FREE UNIVERSITY OF BERLIN	柏林自由大学	德国	4	41	78.57
112	UNIVERSITY OF BERN	伯尔尼大学	瑞士	4	42	78.56
113	UNIVERSITY OF MONTREAL	蒙特利尔大学	加拿大	6	44	78.51
114	HUAZHONG UNIVERSITY OF SCIENCE & TECHNOLOGY	华中科技大学	中国	11	20	78.49

续表

排名	英文名称	中文全称	国家/地区	国家/地区排名	所在洲排名	总得分
115	UNIVERSITY OF HONG KONG	香港大学	中国香港	2	21	78.37
116	UNIVERSITY OF BOLOGNA	博洛尼亚大学	意大利	2	43	78.37
117	UNIVERSITY OF CALGARY	卡尔加里大学	加拿大	7	45	78.35
118	UNIVERSITY OF KANSAS	勘萨斯大学	美国	39	46	78.33
119	UNIVERSITY OF SHEFFIELD	谢菲尔德大学	英国	14	44	78.32
120	UNIVERSITY OF LIVERPOOL	利物浦大学	英国	15	45	78.32
121	PURDUE UNIVERSITY	普渡大学	美国	40	47	78.28
122	UNIVERSITY OF ADELAIDE	阿德莱德大学	澳大利亚	8	8	78.26
123	UNIVERSITY OF MILAN	米兰比可卡大学	意大利	3	46	78.13
124	UNIVERSITY OF ILLINOIS URBANA-CHAMPAIGN	伊利诺伊大学厄巴纳-香槟分校	美国	41	48	78.07
125	CARDIFF UNIVERSITY	卡迪夫大学	英国	16	47	78.07
126	GEORGIA INSTITUTE OF TECHNOLOGY	佐治亚理工学院	美国	42	49	77.99
127	UNIVERSITY OF BONN	德国波恩大学	德国	5	48	77.91
128	UNIVERSITY OF MINNESOTA TWIN CITIES	明尼苏达大学双城分校	美国	43	50	77.90
129	SHANDONG UNIVERSITY	山东大学	中国	12	22	77.89
130	KAROLINSKA INSTITUTET	卡罗林斯卡医学院	瑞典	3	49	77.85
131	UNIVERSITY OF IOWA	艾奥瓦大学	美国	44	51	77.85
132	UNIVERSITY OF VIRGINIA	弗吉尼亚大学	美国	45	52	77.81
133	CENTRAL SOUTH UNIVERSITY	中南大学	中国	13	23	77.79
134	TOHOKU UNIVERSITY	日本东北大学	日本	4	24	77.78
135	UNIVERSITY OF GOTHENBURG	哥德堡大学	瑞典	4	50	77.77
136	UNIVERSITY OF GOTTINGEN	德国哥廷根大学	德国	6	51	77.73
137	CASE WESTERN RESERVE UNIVERSITY	凯斯西储大学	美国	46	53	77.73
138	NEWCASTLE UNIVERSITY - UK	纽卡斯尔大学	英国	17	52	77.72
139	ARIZONA STATE UNIVERSITY	亚利桑那州立大学	美国	47	54	77.69
140	UNIVERSITY OF UTAH	犹他大学	美国	48	55	77.68
141	UNIVERSITY OF CALIFORNIA RIVERSIDE	加州大学河滨分校	美国	49	56	77.65
142	XI'AN JIAOTONG UNIVERSITY	西安交通大学	中国	14	25	77.54
143	CHARLES UNIVERSITY PRAGUE	布拉格查理大学	捷克共和国	1	53	77.54
144	STOCKHOLM UNIVERSITY	斯德哥尔摩大学	瑞典	5	54	77.50
145	UNIVERSITY OF BASEL	巴塞尔大学	瑞士	5	55	77.46
146	SAPIENZA UNIVERSITY ROME	罗马大学	意大利	4	56	77.35
147	ECOLE POLYTECHNIQUE FEDERALE DE LAUSANNE	洛桑联邦理工学院	瑞士	6	57	77.34
148	UNIVERSITY OF OTTAWA	渥太华大学	加拿大	8	57	77.32
149	UNIVERSITY OF CALIFORNIA SANTA CRUZ	加州大学圣克鲁兹分校	美国	50	58	77.27
150	ERASMUS UNIVERSITY ROTTERDAM	鹿特丹大学	荷兰	7	58	77.25
151	QUEEN MARY UNIVERSITY LONDON	伦敦玛丽王后大学	英国	18	59	77.23
152	OSAKA UNIVERSITY	大阪大学	日本	5	26	77.17
153	SICHUAN UNIVERSITY	四川大学	中国	15	27	77.14

续表

排名	英文名称	中文全称	国家/地区	国家/地区排名	所在洲排名	总得分
154	UNIVERSITY OF ROCHESTER	罗切斯特大学	美国	51	59	77.09
155	UNIVERSITY OF HAMBURG	汉堡大学	德国	7	60	77.08
156	HARBIN INSTITUTE OF TECHNOLOGY	哈尔滨工业大学	中国	16	28	77.07
157	TEL AVIV UNIVERSITY	特拉维夫大学	以色列	1	29	77.04
158	UNIVERSITE GRENOBLE ALPES	格勒诺布尔-阿尔卑斯大学	法国	6	61	76.99
159	NORTHEASTERN UNIVERSITY	美国东北大学	美国	52	60	76.96
160	BAYLOR COLLEGE OF MEDICINE	贝勒医学院	美国	53	61	76.94
161	TECHNISCHE UNIVERSITAT DRESDEN	德累斯顿工业大学	德国	8	62	76.93
162	XIAMEN UNIVERSITY	厦门大学	中国	17	30	76.91
163	CARNEGIE MELLON UNIVERSITY	卡内基梅隆大学	美国	54	62	76.87
164	DALHOUSIE UNIVERSITY	达尔豪西大学	加拿大	9	63	76.78
165	KOREA UNIVERSITY	高丽大学	韩国	2	31	76.77
166	UNIVERSITY OF WARWICK	华威大学	英国	19	63	76.74
167	UNIVERSITE DE BORDEAUX	波尔多大学	法国	7	64	76.62
168	UNIVERSITY OF WURZBURG	维尔茨堡大学	德国	9	65	76.61
169	TECHNICAL UNIVERSITY OF DENMARK	丹麦科技大学	丹麦	3	66	76.59
170	NORTH CAROLINA STATE UNIVERSITY	北卡罗来纳州立大学	美国	55	64	76.58
171	UNIVERSITY OF VIENNA	维也纳大学	奥地利	1	67	76.58
172	UNIVERSITE DE STRASBOURG	斯特拉斯堡大学	法国	8	68	76.57
173	ICAHN SCHOOL OF MEDICINE AT MOUNT SINAI	西奈山伊坎医学院	美国	56	65	76.56
174	IOWA STATE UNIVERSITY	艾奥瓦州立大学	美国	57	66	76.53
175	UNIVERSITY OF AUCKLAND	奥克兰大学	新西兰	1	9	76.51
176	HUMBOLDT UNIVERSITY OF BERLIN	柏林洪堡大学	德国	10	69	76.49
177	UNIVERSITY OF CONNECTICUT	康涅狄格大学	美国	58	67	76.49
178	RICE UNIVERSITY	莱斯大学	美国	59	68	76.47
179	HEBREW UNIVERSITY OF JERUSALEM	耶路撒冷希伯来大学	以色列	2	32	76.45
180	UNIVERSITY OF MASSACHUSETTS AMHERST	马萨诸塞大学阿默斯特分校	美国	60	69	76.44
181	EBERHARD KARLS UNIVERSITY OF TUBINGEN	图宾根大学	德国	11	70	76.41
182	PENNSYLVANIA STATE UNIVERSITY - UNIVERSITY PARK	宾夕法尼亚州立大学帕克分校	美国	61	70	76.38
183	JILIN UNIVERSITY	吉林大学	中国	18	33	76.37
184	UNIVERSITY OF PISA	比萨大学	意大利	5	71	76.37
185	UNIVERSITE DE MONTPELLIER	蒙彼利埃大学	法国	9	72	76.35
186	TRINITY COLLEGE DUBLIN	都柏林大学圣三一学院	爱尔兰	1	73	76.34
187	RWTH AACHEN UNIVERSITY	亚琛工业大学	德国	12	74	76.31
188	UNIVERSITY OF MIAMI	迈阿密大学	美国	62	71	76.30
189	TUFTS UNIVERSITY	塔夫茨大学	美国	63	72	76.29
190	UNIVERSITY COLLEGE DUBLIN	都柏林大学学院	爱尔兰	2	75	76.29
191	UNIVERSITY OF EXETER	埃克塞特大学	英国	20	76	76.28
192	TIANJIN UNIVERSITY	天津大学	中国	19	34	76.27

续表

排名	英文名称	中文全称	国家/地区	国家/地区排名	所在洲排名	总得分
193	UNIVERSITE TOULOUSE III - PAUL SABATIER	图卢兹第三大学	法国	10	77	76.25
194	UNIVERSITY OF EAST ANGLIA	东安格利亚大学	英国	21	78	76.24
195	UNIVERSITY OF SOUTH FLORIDA	南佛罗里达大学	美国	64	73	76.20
196	TONGJI UNIVERSITY	同济大学	中国	20	35	76.17
197	UNIVERSITY OF VALENCIA	瓦伦西亚大学	西班牙	2	79	76.16
198	UNIVERSITY OF CINCINNATI	辛辛那提大学	美国	65	74	76.16
199	SOUTH CHINA UNIVERSITY OF TECHNOLOGY	华南理工大学	中国	21	36	76.14
200	CITY UNIVERSITY OF HONG KONG	香港城市大学	中国香港	3	37	76.11
201	STATE UNIVERSITY OF NEW YORK STONY BROOK	纽约州立大学石溪分校	美国	66	75	76.03
202	UNIVERSITY OF WESTERN ONTARIO	西安大略大学	加拿大	10	76	75.90
203	YONSEI UNIVERSITY	延世大学	韩国	3	38	75.90
204	AUTONOMOUS UNIVERSITY OF BARCELONA	巴塞罗那自治大学	西班牙	3	80	75.85
205	TOKYO INSTITUTE OF TECHNOLOGY	东京工业大学	日本	6	39	75.78
206	SOUTHEAST UNIVERSITY - CHINA	东南大学	中国	22	40	75.74
207	UNIVERSITY OF ERLANGEN NUREMBERG	埃尔兰根-纽伦堡大学	德国	13	81	75.73
208	UNIVERSITY OF FLORENCE	佛罗伦萨大学	意大利	6	82	75.72
209	HONG KONG UNIVERSITY OF SCIENCE & TECHNOLOGY	香港科技大学	中国香港	4	41	75.71
210	KYUSHU UNIVERSITY	九州大学	日本	7	42	75.66
211	UNIVERSITY OF CAPE TOWN	开普敦大学	南非	1	1	75.60
212	UNIVERSITE CATHOLIQUE LOUVAIN	鲁汶大学	比利时	3	83	75.59
213	LAVAL UNIVERSITY	拉瓦尔大学	加拿大	11	77	75.59
214	UNIVERSITY OF COLOGNE	科隆大学	德国	14	84	75.57
215	NANKAI UNIVERSITY	南开大学	中国	23	43	75.53
216	UNIVERSITY OF MUNSTER	明斯特大学	德国	15	85	75.51
217	WAGENINGEN UNIVERSITY & RESEARCH	瓦格宁根大学	荷兰	8	86	75.51
218	UNIVERSITY OF YORK - UK	约克大学-英国	英国	22	87	75.50
219	UNIVERSITY OF WATERLOO	滑铁卢大学	加拿大	12	78	75.44
220	DELFT UNIVERSITY OF TECHNOLOGY	代尔夫特理工大学	荷兰	9	88	75.40
221	UNIVERSITY OF FREIBURG	弗赖堡大学	德国	16	89	75.37
222	UNIVERSITY OF NAPLES FEDERICO II	那不勒斯费德里克二世大学	意大利	7	90	75.36
223	OREGON STATE UNIVERSITY	俄勒冈州立大学	美国	67	79	75.32
224	FLORIDA STATE UNIVERSITY	佛罗里达州立大学	美国	68	80	75.25
225	UNIVERSITY OF GRANADA	格拉纳达大学	西班牙	4	91	75.24
226	UNIVERSITY OF ANTWERP	安特卫普大学	比利时	4	92	75.22
227	UNIVERSITY OF LAUSANNE	洛桑大学	瑞士	7	93	75.21
228	COLORADO STATE UNIVERSITY	科罗拉多州立大学	美国	69	81	75.21
229	COMMUNAUTE UNIVERSITE GRENOBLE ALPES	格勒诺布尔阿尔卑斯公社大学	法国	11	94	75.19
230	UNIVERSITE LIBRE DE BRUXELLES	布鲁克斯莱斯大学	比利时	5	95	75.17
231	UNIVERSITY OF ABERDEEN	阿伯丁大学	英国	23	96	75.15

续表

排名	英文名称	中文全称	国家/地区	国家/地区排名	所在洲排名	总得分
232	UNIVERSITY OF SOUTH CAROLINA	南卡罗来纳大学	美国	70	82	75.05
233	UNIVERSIDADE FEDERAL DO RIO DE JANEIRO	里约热内卢联邦大学	巴西	2	2	74.98
234	UNIVERSIDADE DE LISBOA	里斯本大学	葡萄牙	1	97	74.97
235	BEIJING NORMAL UNIVERSITY	北京师范大学	中国	24	44	74.89
236	WASHINGTON STATE UNIVERSITY	华盛顿州立大学	美国	71	83	74.84
237	KING SAUD UNIVERSITY	沙特国王大学	沙特阿拉伯	2	45	74.83
238	UNIVERSITY OF LEICESTER	莱斯特大学	英国	24	98	74.81
239	LOUISIANA STATE UNIVERSITY	路易斯安那州立大学	美国	72	84	74.80
240	RUTGERS STATE UNIVERSITY NEW BRUNSWICK	罗格斯大学新不斯维克分校	美国	73	85	74.80
241	ROCKEFELLER UNIVERSITY	洛克菲勒大学	美国	74	86	74.79
242	UNIVERSITI MALAYA	马来亚大学	马来西亚	1	46	74.76
243	NORWEGIAN UNIVERSITY OF SCIENCE & TECHNOLOGY	挪威科技大学	挪威	2	99	74.72
244	UNIVERSIDADE DO PORTO	波尔图大学	葡萄牙	2	100	74.69
245	UNIVERSITY OF DUISBURG ESSEN	杜伊斯堡-埃森大学	德国	17	101	74.68
246	MAASTRICHT UNIVERSITY	马斯特里赫特大学	荷兰	10	102	74.68
247	HOKKAIDO UNIVERSITY	北海道大学	日本	8	47	74.67
248	UNIVERSITY OF PARIS DESCARTES	巴黎第五大学	法国	12	103	74.66
249	UNIVERSITY OF ILLINOIS CHICAGO	伊利诺伊大学	美国	75	87	74.64
250	UNIVERSITY OF MANITOBA	曼尼托巴大学	加拿大	13	88	74.62
251	UNIVERSITY OF TURIN	都灵大学	意大利	8	104	74.62
252	SUZHOU UNIVERSITY	苏州大学	中国	25	48	74.58
253	JOHANNES GUTENBERG UNIVERSITY OF MAINZ	美因茨大学	德国	18	105	74.56
254	UNIVERSITY OF ALABAMA BIRMINGHAM	亚拉巴马大学伯明翰分校	美国	76	89	74.54
255	AUTONOMOUS UNIVERSITY OF MADRID	马德里自治大学	西班牙	5	106	74.53
256	UNIVERSITY OF BERGEN	卑尔根大学	挪威	3	107	74.53
257	LINKOPING UNIVERSITY	林雪平大学	瑞典	6	108	74.48
258	UNIVERSITY OF KIEL	德国基尔大学	德国	19	109	74.44
259	UNIVERSITY OF TURKU	图尔库大学	芬兰	2	110	74.43
260	UNIVERSITY OF NEW MEXICO	新墨西哥大学	美国	77	90	74.41
261	HONG KONG POLYTECHNIC UNIVERSITY	香港理工大学	中国香港	5	49	74.40
262	OREGON HEALTH & SCIENCE UNIVERSITY	俄勒冈健康与科学大学	美国	78	91	74.39
263	DARTMOUTH COLLEGE	达特茅斯学院	美国	79	92	74.37
264	DEAKIN UNIVERSITY	迪肯大学	澳大利亚	9	10	74.35
265	SUNGKYUNKWAN UNIVERSITY	成均馆大学	韩国	4	50	74.35
266	VIRGINIA POLYTECHNIC INSTITUTE & STATE UNIVERSITY	弗吉尼亚理工学院暨州立大学	美国	80	93	74.34
267	INDIANA UNIVERSITY BLOOMINGTON	第安纳大学伯明顿分校	美国	81	94	74.30
268	UNIVERSITY OF LIEGE	列日大学	比利时	6	111	74.30
269	STATE UNIVERSITY OF NEW YORK-BUFFALO	纽约州立大学布法罗分校	美国	82	95	74.30
270	UNIVERSITY OF DELAWARE	特拉华大学	美国	83	96	74.27

续表

排名	英文名称	中文全称	国家/地区	国家/地区排名	所在洲排名	总得分
271	UNIVERSITY OF TENNESSEE KNOXVILLE	田纳西大学诺克斯维尔分校	美国	84	97	74.26
272	UNIVERSITY OF KENTUCKY	肯塔基大学	美国	85	98	74.26
273	CHARITE MEDICAL UNIVERSITY OF BERLIN	柏林查理特医科大学	德国	20	112	74.23
274	GRIFFITH UNIVERSITY	格里菲斯大学	澳大利亚	10	11	74.21
275	DALIAN UNIVERSITY OF TECHNOLOGY	大连理工大学	中国	26	51	74.20
276	ULM UNIVERSITY	乌尔姆大学	德国	21	113	74.17
277	QUEENS UNIVERSITY BELFAST	贝尔法斯特皇后大学	英国	25	114	74.12
278	CURTIN UNIVERSITY	科廷大学	澳大利亚	11	12	74.12
279	UNIVERSITY OF TECHNOLOGY SYDNEY	悉尼科技大学	澳大利亚	12	13	74.03
280	HEINRICH HEINE UNIVERSITY DUSSELDORF	杜塞尔多夫海因里希海涅大学	德国	22	115	74.03
281	DURHAM UNIVERSITY	杜伦大学	英国	26	116	74.03
282	UNIVERSITY OF DUNDEE	邓迪大学	英国	27	117	74.02
283	FRIEDRICH SCHILLER UNIVERSITY OF JENA	弗里德里希席勒耶那大学	德国	23	118	73.88
284	RUHR UNIVERSITY BOCHUM	波鸿鲁尔大学	德国	24	119	73.82
285	CHINA AGRICULTURAL UNIVERSITY	中国农业大学	中国	27	52	73.77
286	UNIVERSITY COLLEGE CORK	科克大学学院	爱尔兰	3	120	73.76
287	UNIVERSITY OF MILANO-BICOCCA	米兰-比科卡大学	意大利	9	121	73.74
288	COMPLUTENSE UNIVERSITY OF MADRID	马德里大学	西班牙	6	122	73.72
289	UNIVERSITY OF WOLLONGONG	伍伦贡大学	澳大利亚	13	14	73.71
290	BEIHANG UNIVERSITY	北京航空航天大学	中国	28	53	73.70
291	GEORGE WASHINGTON UNIVERSITY	乔治·华盛顿大学	美国	86	99	73.63
292	UNIVERSITE DE LILLE	里尔大学	法国	13	123	73.60
293	LONDON SCHOOL OF HYGIENE & TROPICAL MEDICINE	伦敦卫生与热带医学学院	英国	28	124	73.55
294	UNIVERSITY OF SUSSEX	悉赛克斯大学	英国	29	125	73.54
295	VIRGINIA COMMONWEALTH UNIVERSITY	弗吉尼亚州立联邦大学	美国	87	100	73.53
296	UNIVERSITY OF NEWCASTLE	澳大利亚纽卡索大学	澳大利亚	14	15	73.52
297	UNIVERSITY OF SOUTHERN DENMARK	南丹麦大学	丹麦	4	126	73.48
298	UNIVERSITY OF OTAGO	奥塔哥大学	新西兰	2	16	73.48
299	TECHNION ISRAEL INSTITUTE OF TECHNOLOGY	以色列理工大学	以色列	3	54	73.48
300	UNIVERSITY OF MARYLAND BALTIMORE	马里兰大学巴尔的摩分校	美国	88	101	73.42
301	UNIVERSITY OF LEIPZIG	莱比锡大学	德国	25	127	73.39
302	NATIONAL & KAPODISTRIAN UNIVERSITY OF ATHENS	雅典大学	希腊	1	128	73.39
303	UNIVERSITE CLAUDE BERNARD LYON I	里昂第一大学	法国	14	129	73.32
304	UNIVERSITY OF SASKATCHEWAN	萨省大学	加拿大	14	102	73.32
305	JUSTUS LIEBIG UNIVERSITY GIESSEN	贾斯塔利耶吉森大学	德国	26	130	73.32
306	CHONGQING UNIVERSITY	重庆大学	中国	29	55	73.29
307	MEDICAL UNIVERSITY OF VIENNA	维也纳医科大学	奥地利	2	131	73.29
308	GEORGETOWN UNIVERSITY	乔治城大学	美国	89	103	73.28
309	SIMON FRASER UNIVERSITY	西蒙·弗雷泽大学	加拿大	15	104	73.27

排名	英文名称	中文全称	国家/地区	国家/地区排名	所在洲排名	总得分
310	WAYNE STATE UNIVERSITY	韦恩州立大学	美国	90	105	73.25
311	UNIVERSIDADE ESTADUAL DE CAMPINAS	坎皮纳斯州立大学	巴西	3	3	73.24
312	LANZHOU UNIVERSITY	兰州大学	中国	30	56	73.22
313	UNIVERSITY OF GENOA	热那亚大学	意大利	10	132	73.22
314	VRIJE UNIVERSITEIT BRUSSEL	布鲁塞尔自由大学	比利时	7	133	73.21
315	UNIVERSITY OF TEHRAN	德黑兰大学	伊朗	1	57	73.21
316	LANCASTER UNIVERSITY	兰卡斯特大学	英国	30	134	73.19
317	UMEA UNIVERSITY	于默奥大学	瑞典	7	135	73.17
318	UNIVERSIDAD NACIONAL AUTONOMA DE MEXICO	墨西哥国立自治大学	墨西哥	1	106	73.16
319	GOETHE UNIVERSITY FRANKFURT	法兰克福大学	德国	27	136	73.15
320	UNIVERSITY OF MISSOURI COLUMBIA	密苏里大学哥伦比亚分校	美国	91	107	73.14
321	UNIVERSITY OF WITWATERSRAND	金山大学	南非	2	2	73.13
322	TAIWAN CHENG KUNG UNIVERSITY	台湾成功大学	中国台湾	2	58	73.12
323	TEXAS A&M UNIVERSITY COLLEGE STATION	德州农工大学	美国	92	108	73.11
324	KYUNG HEE UNIVERSITY	庆熙大学	韩国	5	59	73.10
325	UNIVERSITY OF GEORGIA	佐治亚大学	美国	93	109	73.09
326	TEMPLE UNIVERSITY	天普大学	美国	94	110	73.07
327	UNIVERSITY OF TSUKUBA	筑波大学	日本	9	60	73.04
328	ROYAL INSTITUTE OF TECHNOLOGY	瑞典皇家理工学院	瑞典	8	137	73.03
329	UNIVERSITY OF VICTORIA	维多利亚大学	加拿大	16	111	73.02
330	UNIVERSITY OF INNSBRUCK	因斯布鲁克大学	奥地利	3	138	73.01
331	UNIVERSITY OF PAVIA	帕维亚大学	意大利	11	139	72.97
332	DREXEL UNIVERSITY	德雷塞尔大学	美国	95	112	72.96
333	ARISTOTLE UNIVERSITY OF THESSALONIKI	塞萨洛尼基亚里士多德大学	希腊	2	140	72.95
334	UNIVERSITY OF NOTRE DAME	圣母大学	美国	96	113	72.95
335	HANYANG UNIVERSITY	汉阳大学	韩国	6	61	72.94
336	UNIVERSITY OF PERUGIA	佩鲁贾大学	意大利	12	141	72.92
337	UNIVERSITY OF READING	雷丁大学	英国	31	142	72.89
338	BEIJING INSTITUTE OF TECHNOLOGY	北京理工大学	中国	31	62	72.89
339	KING ABDULLAH UNIVERSITY OF SCIENCE & TECHNOLOGY	阿卜杜拉国王理工大学	沙特阿拉伯	3	63	72.88
340	MACQUARIE UNIVERSITY	麦考瑞大学	澳大利亚	15	17	72.85
341	UNIVERSIDADE DE COIMBRA	科英布拉大学	葡萄牙	3	143	72.85
342	UNIVERSITY OF NEBRASKA LINCOLN	内布拉斯加大学林肯分校	美国	97	114	72.81
343	UNIVERSITY OF SOUTH CAROLINA COLUMBIA	南卡罗来纳大学哥伦比亚分校	美国	98	115	72.80
344	UNIVERSITE DE STRASBOURG	斯特拉斯堡大学	法国	15	144	72.78
345	SHANGHAI UNIVERSITY	上海大学	中国	32	64	72.77
346	QUEENSLAND UNIVERSITY OF TECHNOLOGY	昆士兰科技大学	澳大利亚	16	18	72.75
347	UNIVERSITY OF BELGRADE	贝尔格莱德大学	塞尔维亚	1	145	72.74
348	TECHNICAL UNIVERSITY OF BERLIN	柏林工业大学	德国	28	146	72.74

续表

排名	英文名称	中文全称	国家/地区	国家/地区排名	所在洲排名	总得分
349	UNIVERSITE DE LORRAINE	法国洛林大学	法国	16	147	72.73
350	UNIVERSITY OF TASMANIA	塔斯马尼亚大学	澳大利亚	17	19	72.72
351	HUNAN UNIVERSITY	湖南大学	中国	33	65	72.69
352	AALTO UNIVERSITY	阿尔托大学	芬兰	3	148	72.69
353	UNIVERSITY OF ST ANDREWS	圣·安驻斯大学	英国	32	149	72.67
354	EAST CHINA NORMAL UNIVERSITY	华东师范大学	中国	34	66	72.66
355	HANNOVER MEDICAL SCHOOL	汉诺威医学院	德国	29	150	72.66
356	AALBORG UNIVERSITY	奥尔堡大学	丹麦	5	151	72.65
357	UNIVERSITY OF TEXAS DALLAS	得克萨斯大学达拉斯分校	美国	99	116	72.65
358	QUEENS UNIVERSITY - CANADA	皇后大学-加拿大	加拿大	17	117	72.59
359	SWEDISH UNIVERSITY OF AGRICULTURAL SCIENCES	瑞典农业科学大学	瑞典	9	152	72.53
360	JAGIELLONIAN UNIVERSITY	克拉科夫雅盖隆大学	波兰	1	153	72.52
361	LOMONOSOV MOSCOW STATE UNIVERSITY	莫斯科罗蒙诺索夫国立大学	俄罗斯	1	154	72.44
362	UNIVERSITY OF SURREY	塞瑞大学	英国	33	155	72.43
363	UNIVERSITY OF SEVILLA	塞维利亚大学	西班牙	7	156	72.42
364	UNIVERSITY OF SOUTH AUSTRALIA	南澳大利亚大学	澳大利亚	18	20	72.41
365	UNIVERSITY OF BUENOS AIRES	布宜诺斯艾利斯大学	阿根廷	1	4	72.40
366	EAST CHINA UNIVERSITY OF SCIENCE & TECHNOLOGY	华东理工大学	中国	35	67	72.34
367	UNIVERSITY OF ELECTRONIC SCIENCE & TECHNOLOGY OF CHINA	电子科技大学	中国	36	68	72.33
368	UNIVERSITY OF OKLAHOMA - NORMAN	俄克拉荷马大学-诺曼	美国	100	118	72.31
369	CHALMERS UNIVERSITY OF TECHNOLOGY	查尔姆斯理工大学	瑞典	10	157	72.24
370	UNIVERSITY OF TARTU	塔尔图大学	爱沙尼亚	1	158	72.21
371	SHENZHEN UNIVERSITY	深圳大学	中国	37	69	72.21
372	TAMPERE UNIVERSITY	坦佩雷大学	芬兰	4	159	72.20
373	TULANE UNIVERSITY	杜兰大学	美国	101	119	72.16
374	JAMES COOK UNIVERSITY	詹姆斯库克大学	澳大利亚	19	21	72.16
375	INDIANA UNIVERSITY-PURDUE UNIVERSITY INDIANAPOLIS	印第安纳大学-普渡大学印第安纳波利斯联合分校	美国	102	120	72.11
376	WUHAN UNIVERSITY OF TECHNOLOGY	武汉理工大学	中国	38	70	72.10
377	UNIVERSITY OF LJUBLJANA	卢布尔雅那大学	斯洛文尼亚	1	160	72.08
378	STATE UNIVERSITY OF NEW YORK ALBANY	纽约州立大学奥尔巴尼分校	美国	103	121	72.08
379	STELLENBOSCH UNIVERSITY	斯坦陵布什大学	南非	3	3	72.07
380	UNIVERSITY OF TWENTE	屯特大学	荷兰	11	161	72.04
381	UNIVERSITY OF TRENTO	特伦托大学	意大利	13	162	71.93
382	KYUNGPOOK NATIONAL UNIVERSITY	庆北国立大学	韩国	7	71	71.90
383	UNIVERSIDADE FEDERAL DO RIO GRANDE DO SUL	南大河联邦大学	巴西	4	5	71.88
384	UNIVERSITY OF BASQUE COUNTRY	巴斯克自治区大学	西班牙	8	163	71.82
385	UNIVERSITY OF BATH	巴斯大学	英国	34	164	71.82
386	UNIVERSITY OF OULU	奥卢大学	芬兰	5	165	71.79

续表

排名	英文名称	中文全称	国家/地区	国家/地区排名	所在洲排名	总得分
387	KEIO UNIVERSITY	庆应义塾大学	日本	10	72	71.75
388	UNIVERSITY OF GUELPH	圭尔夫大学	加拿大	18	122	71.71
389	NORTHWESTERN POLYTECHNICAL UNIVERSITY	西北工业大学	中国	39	73	71.70
390	UNIVERSIDADE DO MINHO	米尼奥大学	葡萄牙	4	166	71.69
391	UNIVERSITY OF SIENA	锡耶纳大学	意大利	14	167	71.68
392	UNIVERSITY OF OREGON	俄勒冈大学	美国	104	123	71.67
393	FLORIDA INTERNATIONAL UNIVERSITY	佛罗里达国际大学	美国	105	124	71.66
394	YESHIVA UNIVERSITY	耶希华大学	美国	106	125	71.64
395	TEXAS TECH UNIVERSITY	得克萨斯理工大学	美国	107	126	71.64
396	UNIVERSITY OF EASTERN FINLAND	东芬兰大学	芬兰	6	168	71.62
397	LA TROBE UNIVERSITY	拉特巴大学	澳大利亚	20	22	71.62
398	EINDHOVEN UNIVERSITY OF TECHNOLOGY	荷兰埃因霍温科技大学	荷兰	12	169	71.61
399	UNIVERSITY OF HOUSTON	休斯敦大学	美国	108	127	71.61
400	WAKE FOREST UNIVERSITY	维克森林大学	美国	109	128	71.60
401	UNIVERSITY OF QUEBEC	魁北克大学	加拿大	19	129	71.59
402	UNIVERSITA DEGLI STUDI DI BARI ALDO MORO	巴里大学	意大利	15	170	71.57
403	TAIWAN TSING HUA UNIVERSITY	台湾清华大学	中国台湾	3	74	71.54
404	UNIV BOURGOGNE FRANCHE-COMTE COMUE	勃艮第弗朗什孔泰大学	法国	17	171	71.53
405	PONTIFICIA UNIVERSIDAD CATOLICA DE CHILE	智利天主教大学	智利	1	6	71.50
406	KANSAS STATE UNIVERSITY	堪萨斯州立大学	美国	110	130	71.49
407	UNIVERSITY OF SCIENCE & TECHNOLOGY BEIJING	北京科技大学	中国	40	75	71.48
408	JIANGSU UNIVERSITY	江苏大学	中国	41	76	71.43
409	NANJING UNIVERSITY OF SCIENCE & TECHNOLOGY	南京理工大学	中国	42	77	71.41
410	UNIVERSITY OF SANTIAGO DE COMPOSTELA	圣地亚哥-德孔波斯特拉大学	西班牙	9	172	71.41
411	UNIVERSIDADE NOVA DE LISBOA	里斯本新星大学	葡萄牙	5	173	71.36
412	WEST VIRGINIA UNIVERSITY	西弗吉尼亚大学	美国	111	131	71.33
413	UNIVERSITY OF KWAZULU NATAL	夸祖鲁纳塔尔大学	南非	4	4	71.31
414	PHILIPPS UNIVERSITY MARBURG	菲利普斯大学马尔堡分校	德国	30	174	71.31
415	UNIVERSITY OF VERMONT	佛蒙特大学	美国	112	132	71.31
416	UNIVERSITY OF FERRARA	费拉拉大学	意大利	16	175	71.31
417	UNIVERSITY OF REGENSBURG	雷根斯堡大学	德国	31	176	71.30
418	ZHENGZHOU UNIVERSITY	郑州大学	中国	43	78	71.29
419	UNIVERSITY OF OVIEDO	国立奥维尔多大学	西班牙	10	177	71.29
420	UNIVERSITY OF PARMA	帕尔马大学	意大利	17	178	71.26
421	NATIONAL TECHNICAL UNIVERSITY OF ATHENS	雅典国家技术大学	希腊	3	179	71.24
422	UNIVERSITY OF ZARAGOZA	萨拉戈萨大学	西班牙	11	180	71.23
423	ROYAL MELBOURNE INSTITUTE OF TECHNOLOGY	皇家墨尔本理工大学	澳大利亚	21	23	71.20

续表

排名	英文名称	中文全称	国家/地区	国家/地区排名	所在洲排名	总得分
424	POLYTECHNIC UNIVERSITY OF MILAN	米兰大学理工学院	意大利	18	181	71.16
425	UNIVERSITY OF ROME TOR VERGATA	罗马第二大学	意大利	19	182	71.09
426	MAHIDOL UNIVERSITY	国立玛希隆大学	泰国	1	79	71.07
427	HUAZHONG AGRICULTURAL UNIVERSITY	华中农业大学	中国	44	80	71.07
428	UNIVERSITA DELLA CAMPANIA VANVITELLI	坎帕尼亚大学	意大利	20	183	71.04
429	UNIVERSITY OF COLORADO DENVER	科罗拉多大学丹佛分校	美国	113	133	71.03
430	UNIVERSIDAD DE CHILE	智利大学	智利	2	7	71.01
431	CATHOLIC UNIVERSITY OF THE SACRED HEART	圣心天主教大学	意大利	21	184	70.99
432	UNIVERSITY OF STUTTGART	斯图加特大学	德国	32	185	70.95
433	NANJING AGRICULTURAL UNIVERSITY	南京农业大学	中国	45	81	70.94
434	SWANSEA UNIVERSITY	斯旺西大学	英国	35	186	70.92
435	UNIVERSITY OF ICELAND	冰岛大学	冰岛	1	187	70.92
436	UNIVERSITY OF LOUISVILLE	路易斯威尔大学	美国	114	134	70.91
437	UNIVERSITY OF WARSAW	华沙大学	波兰	2	188	70.91
438	JINAN UNIVERSITY	暨南大学	中国	46	82	70.90
439	UNIVERSITE DE NANTES	南特大学	法国	18	189	70.88
440	FUZHOU UNIVERSITY	福州大学	中国	47	83	70.86
441	BEIJING UNIVERSITY OF CHEMICAL TECHNOLOGY	北京化工大学	中国	48	84	70.82
442	UNIVERSITY OF ZAGREB	萨格勒布大学	克罗地亚	1	190	70.82
443	UNIVERSITE DE VERSAILLES SAINT-QUENTIN-EN-YVELINES	凡尔赛大学	法国	19	191	70.78
444	PUSAN NATIONAL UNIVERSITY	釜山国立大学	韩国	8	85	70.77
445	NORTHWEST A&F UNIVERSITY - CHINA	西北农林科技大学	中国	49	86	70.75
446	CHINA UNIVERSITY OF GEOSCIENCES	中国地质大学	中国	50	87	70.75
447	ISLAMIC AZAD UNIVERSITY	伊斯兰阿扎德大学	伊朗	2	88	70.73
448	UNIVERSITY OF PALERMO	巴勒莫大学-意大利	意大利	22	192	70.72
449	TECHNISCHE UNIVERSITAT WIEN	维也纳技术大学	奥地利	4	193	70.71
450	UNIVERSIDADE DE AVEIRO	阿维罗大学	葡萄牙	6	194	70.68
451	UNIVERSITY OF MISSISSIPPI	密西西比大学	美国	115	135	70.68
452	UNIVERSITY OF CATANIA	卡塔尼亚大学	意大利	23	195	70.63
453	UNIVERSITE DE RENNES 1	雷恩第一大学	法国	20	196	70.62
454	UNIVERSITAT POLITECNICA DE VALENCIA	瓦伦西亚理工大学	西班牙	12	197	70.62
455	UNIVERSITY OF CENTRAL FLORIDA	中佛罗里达大学	美国	116	136	70.59
456	TEHRAN UNIVERSITY OF MEDICAL SCIENCES	德黑兰医科大学	伊朗	3	89	70.56
457	UNIVERSITE FEDERALE TOULOUSE MIDI-PYRENEES	图卢兹联邦大学	法国	21	198	70.56
458	HIROSHIMA UNIVERSITY	广岛大学	日本	11	90	70.51
459	OKAYAMA UNIVERSITY	冈山大学	日本	12	91	70.49
460	OKLAHOMA STATE UNIVERSITY - STILLWATER	美国俄克拉何马州立大学-斯蒂尔沃特	美国	117	137	70.43
461	CHINA UNIVERSITY OF PETROLEUM	中国石油大学	中国	51	92	70.42

续表

排名	英文名称	中文全称	国家/地区	国家/地区排名	所在洲排名	总得分
462	MARTIN LUTHER UNIVERSITY HALLE WITTENBERG	马丁卢瑟大学哈勒维滕贝格分校	德国	33	199	70.42
463	SOUTHWEST UNIVERSITY - CHINA	西南大学	中国	52	93	70.42
464	UNIVERSITY OF GRAZ	格拉茨大学	奥地利	5	200	70.41
465	FLINDERS UNIVERSITY SOUTH AUSTRALIA	南澳大利亚佛林德斯大学	澳大利亚	22	24	70.40
466	UNIVERSIDADE FEDERAL DE MINAS GERAIS	米纳斯吉拉斯联邦大学	巴西	5	8	70.39
467	WESTERN SYDNEY UNIVERSITY	西悉尼大学	澳大利亚	23	25	70.39
468	UNIVERSITY OF CANTERBURY	坎特伯雷大学	新西兰	3	26	70.38
469	UNIVERSITY OF VERONA	维罗纳大学	意大利	24	201	70.35
470	UNIVERSIDADE ESTADUAL PAULISTA	圣保罗州立大学	巴西	6	9	70.35
471	SAN DIEGO STATE UNIVERSITY	圣地亚哥州立大学	美国	118	138	70.33
472	SHINSHU UNIVERSITY	信州大学	日本	13	94	70.33
473	MEDICAL UNIVERSITY OF SOUTH CAROLINA	南卡罗来纳医科大学	美国	119	139	70.31
474	UNIVERSITY OF ALABAMA TUSCALOOSA	亚拉巴马大学塔斯卡卢萨分校	美国	120	140	70.31
475	POHANG UNIVERSITY OF SCIENCE & TECHNOLOGY	浦项科技大学	韩国	9	95	70.30
476	KOBE UNIVERSITY	神户大学	日本	14	96	70.30
477	BAR ILAN UNIVERSITY	巴伊兰大学	以色列	4	97	70.29
478	BEN GURION UNIVERSITY	本古里安大学	以色列	5	98	70.27
479	TAIWAN CHIAO TUNG UNIVERSITY	台湾交通大学	中国台湾	4	99	70.24
480	UNIVERSITY OF HANNOVER	汉诺威大学	德国	34	202	70.24
481	BRUNEL UNIVERSITY	布鲁内尔大学	英国	36	203	70.23
482	CHINA MEDICAL UNIVERSITY TAIWAN	台湾中国医药大学	中国台湾	5	100	70.20
483	UNIVERSITY OF WYOMING	怀俄明大学	美国	121	141	70.20
484	POMPEU FABRA UNIVERSITY	庞贝法拉大学	西班牙	13	204	70.20
485	CAIRO UNIVERSITY	开罗大学	埃及	1	101	70.19
486	UNIVERSITY OF TRIESTE	里亚斯特大学	意大利	25	205	70.17
487	CHINESE ACADEMY OF MEDICAL SCIENCES - PEKING UNION MEDICAL COLLEGE	中国医学科学院-北京协和医学院	中国	53	102	70.14
488	GEORGE MASON UNIVERSITY	乔治梅森大学	美国	122	142	70.11
489	UNIVERSITY OF FRIBOURG	福里堡大学	瑞士	8	206	70.11
490	SAARLAND UNIVERSITY	萨尔大学	德国	35	207	70.05
491	UNIVERSITY OF STRATHCLYDE	斯凯莱德大学	英国	37	208	70.02
492	UNIVERSITY OF POTSDAM	波茨坦大学	德国	36	209	70.01
493	NANJING UNIVERSITY OF AERONAUTICS & ASTRONAUTICS	南京航空航天大学	中国	54	103	70.00
494	RENSSELAER POLYTECHNIC INSTITUTE	伦斯勒理工学院	美国	123	143	70.00
495	CHULALONGKORN UNIVERSITY	朱拉隆功大学	泰国	2	104	69.99
496	NANCHANG UNIVERSITY	南昌大学	中国	55	105	69.98
497	SWINBURNE UNIVERSITY OF TECHNOLOGY	斯文本科技大学	澳大利亚	24	27	69.97
498	MEDICAL UNIVERSITY OF INNSBRUCK	因斯布鲁克医科大学	奥地利	6	210	69.95

续表

排名	英文名称	中文全称	国家/地区	国家/地区排名	所在洲排名	总得分
499	CARLETON UNIVERSITY	卡尔顿大学	加拿大	20	144	69.94
500	UNIVERSITY OF PRETORIA	比勒陀利亚大学	南非	5	5	69.94
501	UNIVERSITE CLERMONT AUVERGNE & ASSOCIES	克莱蒙奥弗涅大学	法国	22	211	69.93
502	UNIVERSITY OF ROSTOCK	罗斯托大学	德国	37	212	69.93
503	UNIVERSITY OF BREMEN	不来梅大学	德国	38	213	69.92
504	CLEMSON UNIVERSITY	克莱姆森大学	美国	124	145	69.92
505	YANGZHOU UNIVERSITY	扬州大学	中国	56	106	69.92
506	MEMORIAL UNIVERSITY NEWFOUNDLAND	纽芬兰岛纪念大学	加拿大	21	146	69.82
507	QINGDAO UNIVERSITY	青岛大学	中国	57	107	69.78
508	UNIVERSITY OF CRETE	克里特大学	希腊	4	214	69.77
509	UNIVERSITY OF KENT	肯特大学	英国	38	215	69.76
510	BAYLOR UNIVERSITY	贝勒大学	美国	125	147	69.76
511	UNIVERSITAT ROVIRA I VIRGILI	维吉利大学洛维拉分校	西班牙	14	216	69.75
512	UIT THE ARCTIC UNIVERSITY OF TROMSO	特罗姆瑟大学北极分校	挪威	4	217	69.74
513	UNIVERSITY OF NAVARRA	纳瓦拉大学	西班牙	15	218	69.72
514	BRIGHAM YOUNG UNIVERSITY	杨伯翰大学	美国	126	148	69.72
515	UNIVERSITY OF SALAMANCA	萨拉曼卡大学	西班牙	16	219	69.70
516	HEFEI UNIVERSITY OF TECHNOLOGY	合肥工业大学	中国	58	108	69.69
517	SAINT LOUIS UNIVERSITY	圣路易斯大学	美国	127	149	69.68
518	UNIVERSITA DI MODENA E REGGIO EMILIA	摩德纳雷焦艾米利亚大学	意大利	26	220	69.66
519	GEORGIA STATE UNIVERSITY	佐治亚州立大学	美国	128	150	69.64
520	UNIVERSITY OF IOANNINA	艾奥尼纳大学	希腊	5	221	69.62
521	JIANGNAN UNIVERSITY	江南大学	中国	59	109	69.57
522	ST GEORGES UNIVERSITY LONDON	伦敦圣乔治大学	英国	39	222	69.56
523	POLYTECHNIC UNIVERSITY OF CATALONIA	加泰罗尼亚理工大学	西班牙	17	223	69.55
524	MEDICAL COLLEGE OF WISCONSIN	威斯康星医学院	美国	129	151	69.53
525	UNIVERSITY OF ULSAN	蔚山大学	韩国	10	110	69.52
526	CAPITAL MEDICAL UNIVERSITY	首都医科大学	中国	60	111	69.52
527	UTAH STATE UNIVERSITY	犹他州立大学	美国	130	152	69.51
528	OCEAN UNIVERSITY OF CHINA	中国海洋大学	中国	61	112	69.47
529	NANJING MEDICAL UNIVERSITY	南京医科大学	中国	62	113	69.45
530	ZHEJIANG UNIVERSITY OF TECHNOLOGY	浙江工业大学	中国	63	114	69.44
531	ROYAL HOLLOWAY UNIVERSITY LONDON	伦敦大学皇家霍洛威学院	英国	40	224	69.42
532	CHONNAM NATIONAL UNIVERSITY	全南国立大学	韩国	11	115	69.40
533	WASEDA UNIVERSITY	早稻田大学	日本	15	116	69.37
534	NORTHEASTERN UNIVERSITY - CHINA	中国东北大学	中国	64	117	69.35
535	CHIBA UNIVERSITY	千叶大学	日本	16	118	69.31
536	UNIVERSITY OF HAWAII MANOA	夏威夷大学马诺阿分校	美国	131	153	69.30
537	DONGHUA UNIVERSITY	东华大学	中国	65	119	69.30
538	MEDICAL UNIVERSITY OF GRAZ	格拉茨医科大学	奥地利	7	225	69.29

续表

排名	英文名称	中文全称	国家/地区	国家/地区排名	所在洲排名	总得分
539	NANJING TECH UNIVERSITY	南京工业大学	中国	66	120	69.28
540	NANJING UNIVERSITY OF INFORMATION SCIENCE & TECHNOLOGY	南京信息工程大学	中国	67	121	69.28
541	HONG KONG BAPTIST UNIVERSITY	香港浸会大学	中国香港	6	122	69.24
542	DORTMUND UNIVERSITY OF TECHNOLOGY	多特蒙德科技大学	德国	39	226	69.18
543	UNIVERSITY OF BIELEFELD	比勒费尔德大学	德国	40	227	69.17
544	CENTRAL CHINA NORMAL UNIVERSITY	华中师范大学	中国	68	123	69.16
545	UNIVERSITY OF PORTSMOUTH	普茨茅斯大学	英国	41	228	69.14
546	RUSH UNIVERSITY	拉什大学	美国	132	154	69.14
547	HERIOT WATT UNIVERSITY	赫里奥特瓦特大学	英国	42	229	69.12
548	PALACKY UNIVERSITY OLOMOUC	捷克帕拉斯基大学	捷克共和国	2	230	69.12
549	COLLEGE DE FRANCE	法兰西学院	法国	23	231	69.12
550	UNIVERSITE CONFEDERALE LEONARD DE VINCI	莱奥纳多达芬奇联合大学	法国	24	232	69.12
551	UNIVERSITY OF MACAU	澳门大学	中国澳门	1	124	69.10
552	EWHA WOMANS UNIVERSITY	梨花女子大学	韩国	12	125	69.09
553	LONDON SCHOOL ECONOMICS & POLITICAL SCIENCE	伦敦政治经济学院	英国	43	233	69.06
554	AUBURN UNIVERSITY	奥本大学	美国	133	155	69.02
555	MONTANA STATE UNIVERSITY	蒙大拿州立大学	美国	134	156	68.99
556	UNIVERSITY OF TEXAS ARLINGTON	得克萨斯大学阿灵顿分校	美国	135	157	68.96
557	UNIVERSITY OF KONSTANZ	康士坦茨大学	德国	41	234	68.96
558	UNIVERSITI KEBANGSAAN MALAYSIA	马来亚国民大学	马来西亚	2	126	68.95
559	UNIVERSITY OF WISCONSIN MILWAUKEE	密尔沃基威斯康星大学	美国	136	158	68.95
560	NATIONAL UNIVERSITY OF IRELAND, NUI GALWAY	爱尔兰国立大学	爱尔兰	4	235	68.95
561	LOUGHBOROUGH UNIVERSITY	拉夫堡大学	英国	44	236	68.92
562	UNIVERSITI TEKNOLOGI MALAYSIA	马来西亚理工大学	马来西亚	3	127	68.91
563	UNIVERSITY OF CAGLIARI	卡利亚里大学	意大利	27	237	68.91
564	UNIVERSITI SAINS MALAYSIA	马来西亚大学	马来西亚	4	128	68.86
565	CHUNG ANG UNIVERSITY	韩国中央大学	韩国	13	129	68.85
566	UNIVERSIDAD DE LA LAGUNA	拉古纳大学	西班牙	18	238	68.76
567	UNIVERSITY OF PLYMOUTH	普利茅斯大学	英国	45	239	68.74
568	UNIVERSITY OF SALERNO	萨勒诺大学	意大利	28	240	68.73
569	SHARIF UNIVERSITY OF TECHNOLOGY	谢里夫理工大学	伊朗	4	130	68.73
570	UNIVERSITY OF LUBECK	吕贝克大学	德国	42	241	68.71
571	YORK UNIVERSITY - CANADA	加拿大约克大学	加拿大	22	159	68.68
572	UNIVERSITY OF JYVASKYLA	尤瓦斯吉拉大学	芬兰	7	242	68.67
573	UNIVERSITY OF CALABRIA	卡拉布里亚大学	意大利	29	243	68.65
574	YEUNGNAM UNIVERSITY	韩国岭南大学	韩国	14	131	68.64
575	NANJING NORMAL UNIVERSITY	南京师范大学	中国	69	132	68.64
576	INSTITUTO DE SALUD CARLOS III	卡洛斯三世萨鲁德学院	西班牙	19	244	68.64

续表

排名	英文名称	中文全称	国家/地区	国家/地区排名	所在洲排名	总得分
577	KONKUK UNIVERSITY	韩国康都大学	韩国	15	133	68.63
578	UNIVERSITY OF BAYREUTH	拜罗伊特大学	德国	43	245	68.62
579	UNIVERSITY OF PUERTO RICO	波多黎各大学	美国	137	160	68.61
580	KING FAHD UNIVERSITY OF PETROLEUM & MINERALS	法赫德国王石油矿产大学	沙特阿拉伯	4	134	68.57
581	UNIVERSIDAD POLITECNICA DE MADRID	马德里理工大学	西班牙	20	246	68.55
582	HARBIN ENGINEERING UNIVERSITY	哈尔滨工程大学	中国	70	135	68.53
583	UNIVERSITY OF TEXAS AT SAN ANTONIO	得克萨斯大学圣安东尼奥分校	美国	138	161	68.53
584	SAINT PETERSBURG STATE UNIVERSITY	圣彼得堡国立大学	俄罗斯	2	247	68.52
585	UNIVERSITY OF SHERBROOKE	舍布鲁克大学	加拿大	23	162	68.48
586	KENT STATE UNIVERSITY	肯特州立大学	美国	139	163	68.46
587	UNIVERSITY OF NEW HAMPSHIRE	新罕布什尔大学	美国	140	164	68.45
588	EOTVOS LORAND UNIVERSITY	罗兰大学	匈牙利	1	248	68.44
589	UNIVERSITY OF MASSACHUSETTS WORCESTER	马萨诸塞大学沃斯特分校	美国	141	165	68.42
590	MISSISSIPPI STATE UNIVERSITY	密西西比州立大学	美国	142	166	68.41
591	TAIWAN YANG MING UNIVERSITY	台湾阳明大学	中国台湾	6	136	68.39
592	UNIVERSITY OF ARKANSAS FAYETTEVILLE	费耶特维尔阿肯色大学	美国	143	167	68.38
593	UNIVERSIDADE FEDERAL DE SAO PAULO	圣保罗联邦大学	巴西	7	10	68.37
594	UNIVERSITY OF TOLEDO	托莱多大学	美国	144	168	68.35
595	INSTITUTO POLITECNICO NACIONAL - MEXICO	墨西哥政治学院	墨西哥	2	169	68.32
596	BRANDEIS UNIVERSITY	布兰迪斯大学	美国	145	170	68.32
597	INDIAN INSTITUTE OF SCIENCE - BANGALORE	印度科学理工学院班加罗尔分校	印度	1	137	68.29
598	HOHAI UNIVERSITY	河海大学	中国	71	138	68.28
599	UNIVERSITY OF CYPRUS	塞浦路斯大学	塞浦路斯	1	249	68.25
600	UNIVERSITE CLERMONT AUVERGNE	克莱蒙奥弗涅大学	法国	25	250	68.21
601	UNIVERSITY OF IDAHO	爱达荷大学	美国	146	171	68.20
602	UNIVERSITA DELLA SVIZZERA ITALIANA	意大利语区大学	瑞士	9	251	68.19
603	TAIWAN CENTRAL UNIVERSITY	"台湾中央大学"	中国台湾	7	139	68.19
604	TARBIAT MODARES UNIVERSITY	塔比阿特莫达勒斯大学	伊朗	5	140	68.15
605	UNIVERSITY OF MURCIA	穆尔西亚大学	西班牙	21	252	68.15
606	INSTITUT NATIONAL POLYTECHNIQUE DE GRENOBLE	格勒诺布尔理工学院	法国	26	253	68.07
607	UNIVERSIDAD DE CORDOBA	科尔多瓦大学	西班牙	22	254	68.06
608	UNIVERSITY OF TEXAS MEDICAL BRANCH GALVESTON	得克萨斯大学医学院加尔维斯顿分校	美国	147	172	68.06
609	UNIVERSITE DE SAVOIE	萨瓦大学	法国	27	255	68.06
610	SYRACUSE UNIVERSITY	雪城大学	美国	148	173	68.05
611	SEMMELWEIS UNIVERSITY	赛梅维什医科大学	匈牙利	2	256	68.02
612	VICTORIA UNIVERSITY	维多利亚大学	澳大利亚	25	28	68.01

续表

排名	英文名称	中文全称	国家/地区	国家/地区排名	所在洲排名	总得分
613	MASSEY UNIVERSITY	梅西大学	新西兰	4	29	68.00
614	UNIVERSITI PUTRA MALAYSIA	马来西亚布特拉大学	马来西亚	5	141	68.00
615	MASARYK UNIVERSITY BRNO	马萨里克大学	捷克共和国	3	257	68.00
616	VICTORIA UNIVERSITY WELLINGTON	惠灵顿瑞士维多利亚大学	新西兰	5	30	67.99
617	MONTANA STATE UNIVERSITY BOZEMAN	蒙大拿州立大学波兹曼分校	美国	149	174	67.96
618	BEIJING JIAOTONG UNIVERSITY	北京交通大学	中国	72	142	67.95
619	UNIVERSITAT DE LES ILLES BALEARS	巴利阿里群岛大学	西班牙	23	258	67.95
620	UNIVERSITE DE BOURGOGNE	第戎大学	法国	28	259	67.88
621	NORTH CHINA ELECTRIC POWER UNIVERSITY	华北电力大学	中国	73	143	67.88
622	UNIVERSITY OF QUEBEC MONTREAL	魁北克大学蒙特利尔分校	加拿大	24	175	67.88
623	NANJING UNIVERSITY OF POSTS & TELECOMMUNICATIONS	南京邮电大学	中国	74	144	67.87
624	LIVERPOOL JOHN MOORES UNIVERSITY	利物浦约汉莫斯大学	英国	46	260	67.84
625	UNIVERSITY OF JINAN	济南大学	中国	75	145	67.82
626	NOVOSIBIRSK STATE UNIVERSITY	新西伯利亚国立大学	俄罗斯	3	261	67.80
627	UNIVERSITY OF PATRAS	佩特雷大学	希腊	6	262	67.79
628	POLYTECHNIC UNIVERSITY OF TURIN	都灵大学理工学院	意大利	30	263	67.79
629	KOREA INSTITUTE OF SCIENCE & TECHNOLOGY	韩国科学技术院	韩国	16	146	67.73
630	OTTO VON GUERICKE UNIVERSITY	奥尔登冯古里克大学	德国	44	264	67.73
631	GYEONGSANG NATIONAL UNIVERSITY	国立庆尚大学	韩国	17	147	67.72
632	TECHNICAL UNIVERSITY OF DARMSTADT	达姆施塔特科技大学	德国	45	265	67.70
633	UNIVERSIDAD DE MALAGA	马拉加大学	西班牙	24	266	67.70
634	UNIVERSITAT D'ALACANT	阿利坎特大学	西班牙	25	267	67.69
635	CHANG GUNG UNIVERSITY	长庚大学	中国台湾	8	148	67.68
636	UNIVERSITY OF UDINE	乌迪内大学	意大利	31	268	67.65
637	KANGWON NATIONAL UNIVERSITY	国立江原大学	韩国	18	149	67.65
638	ERNST MORITZ ARNDT UNIVERSITAT GREIFSWALD	格赖夫斯瓦尔德大学	德国	46	269	67.65
639	NATIONAL UNIVERSITY OF LA PLATA	拉普拉塔国立大学	阿根廷	2	11	67.64
640	UNIVERSITY OF BRESCIA	布雷西亚大学	意大利	32	270	67.64
641	SOUTH CHINA NORMAL UNIVERSITY	华南师范大学	中国	76	150	67.63
642	UNIVERSITY OF MESSINA	墨西拿大学	意大利	33	271	67.62
643	ATHENS MEDICAL SCHOOL	雅典医学院	希腊	7	272	67.61
644	UNIVERSITY OF NORTH TEXAS DENTON	北得克萨斯州丹顿大学	美国	150	176	67.61
645	UNIVERSIDAD DE CANTABRIA	坎塔布里亚大学	西班牙	26	273	67.58
646	HARBIN MEDICAL UNIVERSITY	哈尔滨医科大学	中国	77	151	67.57
647	XIDIAN UNIVERSITY	西安电子科技大学	中国	78	152	67.56
648	UNIVERSITY DE VIGO	维戈大学	西班牙	27	274	67.56
649	SCUOLA NORMALE SUPERIORE DI PISA	比萨高等师范学校	意大利	34	275	67.55
650	HACETTEPE UNIVERSITY	土耳其哈斯特帕大学	土耳其	1	153	67.53
651	VITA-SALUTE SAN RAFFAELE UNIVERSITY	圣拉斐尔生命健康大学	意大利	35	276	67.53

续表

排名	英文名称	中文全称	国家/地区	国家/地区排名	所在洲排名	总得分
652	BOSTON COLLEGE	波士顿学院	美国	151	177	67.53
653	PRES EUROPEAN UNIV BRETAGNE	欧洲布雷塔尼大学	法国	29	277	67.51
654	GRAZ UNIVERSITY OF TECHNOLOGY	格拉茨科技大学	奥地利	8	278	67.48
655	UNIVERSITY OF JOHANNESBURG	约翰内斯堡大学	南非	6	6	67.48
656	SOUTHWEST JIAOTONG UNIVERSITY	西南交通大学	中国	79	154	67.47
657	UNIVERSITY OF DEBRECEN	德布勒森大学	匈牙利	3	279	67.47
658	SOUTHERN METHODIST UNIVERSITY	南卫理公会大学	美国	152	178	67.47
659	UNIVERSIDADE DO ESTADO DO RIO DE JANEIRO	里约热内卢天主教大学	巴西	8	12	67.46
660	BANGOR UNIVERSITY	班戈大学	英国	47	280	67.46
661	UNIVERSITY OF MISSOURI KANSAS CITY	密苏里大学堪萨斯城分校	美国	153	179	67.44
662	UNIVERSITAT DE GIRONA	赫罗纳大学	西班牙	28	281	67.42
663	SOUTHERN MEDICAL UNIVERSITY - CHINA	南方医科大学	中国	80	155	67.42
664	LOYOLA UNIVERSITY CHICAGO	芝加哥洛约拉大学	美国	154	180	67.42
665	MURDOCH UNIVERSITY	莫道克大学	澳大利亚	26	31	67.41
666	BEIJING FORESTRY UNIVERSITY	北京林业大学	中国	81	156	67.39
667	UNIVERSITY OF REGINA	里贾纳大学	加拿大	25	181	67.38
668	UNIVERSITY OF HULL	赫尔大学	英国	48	282	67.37
669	PLA SECOND MILITARY MEDICAL UNIVERSITY	海军军医大学	中国	82	157	67.36
670	INSTITUT NATIONAL POLYTECHNIQUE DE TOULOUSE	国立图卢兹综合理工学院	法国	30	283	67.36
671	INDIAN INSTITUTE OF TECHNOLOGY BOMBAY	印度理工学院孟买校区	印度	2	158	67.33
672	TAIWAN SUN YAT-SEN UNIVERSITY	台湾中山大学	中国台湾	9	159	67.31
673	CONCORDIA UNIVERSITY - CANADA	肯高迪亚大学	加拿大	26	182	67.30
674	UNIVERSITY OF LIMERICK	利默里克大学	爱尔兰	5	284	67.29
675	CHINA UNIVERSITY OF MINING & TECHNOLOGY	中国矿业大学	中国	83	160	67.27
676	COLORADO SCHOOL OF MINES	科罗拉多州矿业大学	美国	155	183	67.27
677	UNIVERSITY OF ESSEX	埃塞克斯大学	英国	49	285	67.24
678	TOKYO METROPOLITAN UNIVERSITY	东京都立大学	日本	17	161	67.24
679	QUAID I AZAM UNIVERSITY	喀伊德阿萨姆大学	巴基斯坦	1	162	67.22
680	TAIWAN CHUNG HSING UNIVERSITY	台湾中兴大学	中国台湾	10	163	67.21
681	UNIVERSITY OF NEVADA RENO	内华达大学里诺分校	美国	156	184	67.21
682	BEIJING UNIVERSITY OF TECHNOLOGY	北京工业大学	中国	84	164	67.19
683	TAIPEI MEDICAL UNIVERSITY	台北医学大学	中国台湾	11	165	67.18
684	MIDDLE EAST TECHNICAL UNIVERSITY	中东技术大学	土耳其	2	166	67.18
685	SZEGED UNIVERSITY	赛格德大学	匈牙利	4	286	67.15
686	AUGUSTA UNIVERSITY	奥古斯塔大学	美国	157	185	67.12
687	MARCHE POLYTECHNIC UNIVERSITY	马尔凯理工大学	意大利	36	287	67.09
688	CITY COLLEGE OF NEW YORK	纽约城市大学城市学院	美国	158	186	67.08
689	UNIVERSITAT JAUME I	海梅一世大学	西班牙	29	288	67.07
690	NINGBO UNIVERSITY	宁波大学	中国	85	167	67.06

续表

排名	英文名称	中文全称	国家/地区	国家/地区排名	所在洲排名	总得分
691	UNIVERSITY OF OKLAHOMA - OKLAHOMA CITY	俄克拉荷马大学	美国	159	187	67.06
692	ECOLE NORMALE SUPERIEURE DE LYON	里昂高等师范学院	法国	31	289	67.04
693	CHINA MEDICAL UNIVERSITY	中国医科大学	中国	86	168	67.01
694	COMENIUS UNIVERSITY BRATISLAVA	考门斯基大学	斯洛伐克	1	290	67.01
695	ABERYSTWYTH UNIVERSITY	亚伯大学	英国	50	291	67.01
696	OLD DOMINION UNIVERSITY	欧道明大学	美国	160	188	66.99
697	NORTHERN ARIZONA UNIVERSITY	北亚利桑那大学	美国	161	189	66.96
698	UNIVERSITY HOHENHEIM	霍恩海姆大学	德国	47	292	66.96
699	CRANFIELD UNIVERSITY	克兰菲尔德大学	英国	51	293	66.95
700	KANAZAWA UNIVERSITY	金泽大学	日本	18	169	66.93
701	UNIVERSITY OF SPLIT	斯普利特大学	克罗地亚	2	294	66.92
702	UNIVERSITY OF LUXEMBOURG	卢森堡大学	卢森堡	1	295	66.92
703	INHA UNIVERSITY	仁荷大学	韩国	19	170	66.90
704	UNIVERSITY OF RHODE ISLAND	罗德岛大学	美国	162	190	66.90
705	CARL VON OSSIETZKY UNIVERSITAT OLDENBURG	奥登堡大学	德国	48	296	66.89
706	ULSTER UNIVERSITY	阿尔斯特大学	英国	52	297	66.89
707	ZHEJIANG NORMAL UNIVERSITY	浙江师范大学	中国	87	171	66.88
708	AMERICAN UNIVERSITY OF BEIRUT	贝鲁特美国大学	黎巴嫩	1	172	66.88
709	UNIVERSIDAD DE EXTREMADURA	埃斯特雷马杜拉大学	西班牙	30	298	66.86
710	UNIVERSITY OF ALASKA FAIRBANKS	阿拉斯加费尔班克斯大学	美国	163	191	66.85
711	UNIVERSIDAD DE CASTILLA-LA MANCHA	卡斯蒂利亚-拉曼奇大学	西班牙	31	299	66.84
712	HASSELT UNIVERSITY	哈塞尔特大学	比利时	8	300	66.82
713	OHIO UNIVERSITY	俄亥俄大学	美国	164	192	66.80
714	BANARAS HINDU UNIVERSITY	印度巴纳拉斯大学	印度	3	173	66.80
715	UNIVERSITY OF TEXAS EL PASO	得克萨斯大学埃尔帕索分校	美国	165	193	66.79
716	ISTANBUL UNIVERSITY	伊斯坦布尔大学	土耳其	3	174	66.79
717	CZECH TECHNICAL UNIVERSITY PRAGUE	布拉格捷克理工大学	捷克共和国	4	301	66.78
718	OPEN UNIVERSITY - UK	英国开放大学	英国	53	302	66.78
719	LEHIGH UNIVERSITY	理海大学	美国	166	194	66.76
720	SOUTH CHINA AGRICULTURAL UNIVERSITY	华南农业大学	中国	88	175	66.74
721	ISTANBUL TECHNICAL UNIVERSITY	伊斯坦布尔科技大学	土耳其	4	176	66.68
722	AJOU UNIVERSITY	亚洲大学（韩国）	韩国	20	177	66.68
723	BOGAZICI UNIVERSITY	博阿齐奇大学	土耳其	5	178	66.68
724	BEIJING UNIVERSITY OF POSTS & TELECOMMUNICATIONS	北京邮电大学	中国	89	179	66.67
725	NEW MEXICO STATE UNIVERSITY	新墨西哥州立大学	美国	167	195	66.66
726	SEJONG UNIVERSITY	世宗大学	韩国	21	180	66.65
727	UNIVERSITY OF SALENTO	萨兰托大学	意大利	37	303	66.65
728	UNIVERSITY OF THE ANDES COLOMBIA	哥伦比亚安第斯大学	哥伦比亚	1	13	66.65

续表

排名	英文名称	中文全称	国家/地区	国家/地区排名	所在洲排名	总得分
729	BRAUNSCHWEIG UNIVERSITY OF TECHNOLOGY	布伦瑞克工业大学	德国	49	304	66.63
730	UNIVERSITY OF HAIFA	海法大学	以色列	6	181	66.60
731	UNIVERSITY OF ARKANSAS MEDICAL SCIENCES	阿肯色医科大学	美国	168	196	66.60
732	GUANGXI UNIVERSITY	广西大学	中国	90	182	66.59
733	TIANJIN MEDICAL UNIVERSITY	天津医科大学	中国	91	183	66.58
734	INDIAN INSTITUTE OF TECHNOLOGY KHARAGPUR	印度理工学院坎普尔分校	印度	4	184	66.55
735	SHAANXI NORMAL UNIVERSITY	陕西师范大学	中国	92	185	66.54
736	SOUTHERN UNIVERSITY OF SCIENCE & TECHNOLOGY	南方科技大学	中国	93	186	66.53
737	NORTHEAST NORMAL UNIVERSITY - CHINA	东北师范大学	中国	94	187	66.53
738	WILLIAM & MARY	威廉玛丽学院	美国	169	197	66.52
739	BABES BOLYAI UNIVERSITY FROM CLUJ	巴比什-波雅依大学	罗马尼亚	1	305	66.51
740	AIN SHAMS UNIVERSITY	艾因·夏姆斯大学	埃及	2	188	66.50
741	UNIVERSITY OF NEVADA LAS VEGAS	内华达大学拉斯维加斯分校	美国	170	198	66.49
742	OREBRO UNIVERSITY	厄勒布鲁大学	瑞典	11	306	66.47
743	AMIRKABIR UNIVERSITY OF TECHNOLOGY	阿米尔卡比尔理工大学	伊朗	6	189	66.46
744	NORWEGIAN UNIVERSITY OF LIFE SCIENCES	挪威生命科学大学	挪威	5	307	66.46
745	GUANGDONG UNIVERSITY OF TECHNOLOGY	广东工业大学	中国	95	190	66.46
746	UNIVERSITY OF THESSALY	塞萨利大学	希腊	8	308	66.45
747	UNIVERSITY OF BRIGHTON	布莱顿大学	英国	54	309	66.44
748	UNIVERSITY OF WUPPERTAL	伍珀塔尔大学	德国	50	310	66.43
749	UNIVERSITY OF EASTERN PIEDMONT AMEDEO AVOGADRO	东皮埃蒙特阿伏伽德罗大学	意大利	38	311	66.42
750	TOKYO MEDICAL & DENTAL UNIVERSITY	东京医科齿科大学	日本	19	191	66.41
751	CHUNGBUK NATIONAL UNIVERSITY	忠北国立大学	韩国	22	192	66.40
752	UNIVERSITY OF CALIFORNIA MERCED	加州大学美熹德分校	美国	171	199	66.38
753	SHIRAZ UNIVERSITY	设拉子大学	伊朗	7	193	66.36
754	KAOHSIUNG MEDICAL UNIVERSITY	高雄医科大学	中国台湾	12	194	66.34
755	UNIVERSIDADE FEDERAL DE SAO CARLOS	巴西圣保罗联邦大学	巴西	9	14	66.34
756	UNIVERSIDAD NACIONAL DE COLOMBIA	哥伦比亚国立大学	哥伦比亚	2	15	66.33
757	HANGZHOU DIANZI UNIVERSITY	杭州电子科技大学	中国	96	195	66.32
758	MAKERERE UNIVERSITY	麦克雷雷大学	乌干达	1	7	66.31
759	ANKARA UNIVERSITY	安卡拉大学	土耳其	6	196	66.31
760	CHUNGNAM NATIONAL UNIVERSITY	春江国立大学	韩国	23	197	66.30
761	UNIVERSITY OF STIRLING	斯特灵大学	英国	55	312	66.30
762	UNIVERSIDADE FEDERAL DO PARANA	巴拉那联邦大学	巴西	10	16	66.26
763	UNIVERSIDADE FEDERAL DO CEARA	塞阿拉联邦大学	巴西	11	17	66.26
764	CHIANG MAI UNIVERSITY	泰国清迈大学	泰国	3	198	66.25
765	RYERSON UNIVERSITY	瑞尔森大学	加拿大	27	200	66.24
766	TOKYO UNIVERSITY OF SCIENCE	东京理科大学	日本	20	199	66.22

续表

排名	英文名称	中文全称	国家/地区	国家/地区排名	所在洲排名	总得分
767	UNIVERSIDAD DE ALCALA	阿尔卡拉大学	西班牙	32	313	66.21
768	SHANXI UNIVERSITY	山西大学	中国	97	200	66.19
769	NORMANDIE UNIVERSITE	诺曼底大学	法国	32	314	66.18
770	MANSOURA UNIVERSITY	曼苏尔大学	埃及	3	201	66.17
771	INSTITUT NATIONAL DES SCIENCES APPLIQUEES DE LYON - INSA LYON	里昂国立应用科学学院	法国	33	315	66.16
772	TOKUSHIMA UNIVERSITY	德岛大学	日本	21	202	66.16
773	TILBURG UNIVERSITY	蒂尔堡大学	荷兰	13	316	66.13
774	UNIVERSIDADE FEDERAL DE SANTA CATARINA	圣卡塔琳娜联邦大学	巴西	12	18	66.13
775	UNIVERSITY OF HERTFORDSHIRE	赫特福德大学	英国	56	317	66.12
776	AGH UNIVERSITY OF SCIENCE & TECHNOLOGY	波兰矿业冶金学院	波兰	3	318	66.11
777	NATIONAL UNIVERSITY OF DEFENSE TECHNOLOGY - CHINA	国防科技大学	中国	98	203	66.10
778	VILNIUS UNIVERSITY	维尔纽斯大学	立陶宛	1	319	66.02
779	KUMAMOTO UNIVERSITY	熊本大学	日本	22	204	66.01
780	ROMA TRE UNIVERSITY	罗马特雷大学	意大利	39	320	65.99
781	AIR FORCE MILITARY MEDICAL UNIVERSITY	空军军医大学	中国	99	205	65.99
782	NORTHUMBRIA UNIVERSITY	诺森比亚大学	英国	57	321	65.99
783	KINDAI UNIVERSITY	近畿大学	日本	23	206	65.93
784	TAIYUAN UNIVERSITY OF TECHNOLOGY	太原理工大学	中国	100	207	65.93
785	ECOLE POLYTECHNIQUE	巴黎综合理工大学	法国	34	322	65.93
786	TAIWAN UNIVERSITY OF SCIENCE & TECHNOLOGY	台湾科技大学	中国台湾	13	208	65.92
787	UNIVERSITY OF MASSACHUSETTS BOSTON	马萨诸塞大学波士顿分校	美国	172	201	65.92
788	UNIVERSIDAD DE CONCEPCION	康塞普森大学	智利	3	19	65.92
789	UNIVERSITY OF MONTANA	蒙大拿大学	美国	173	202	65.89
790	UNIVERSIDADE DE BRASILIA	巴西利亚大学	巴西	13	20	65.89
791	UNIVERSITY OF WAIKATO	怀卡托大学	新西兰	6	32	65.89
792	AUCKLAND UNIVERSITY OF TECHNOLOGY	奥克兰理工大学	新西兰	7	33	65.88
793	UNIVERSITY OF AQUILA	拉奎拉大学	意大利	40	323	65.86
794	ASTON UNIVERSITY	阿斯顿大学	英国	58	324	65.86
795	UNIVERSITY OF DELHI	德里大学	印度	5	209	65.85
796	UNIVERSITY OF THE REPUBLIC - URUGUAY	乌拉圭共和国大学	乌拉圭	1	21	65.84
797	UNIVERSIDAD REY JUAN CARLOS	胡安卡洛斯国王大学	西班牙	33	325	65.84
798	EDITH COWAN UNIVERSITY	埃迪科文大学	澳大利亚	27	34	65.83
799	UNIVERSIDADE FEDERAL FLUMINENSE	弗鲁米嫩塞联邦大学	巴西	14	22	65.83
800	UNIVERSIDAD DE VALLADOLID	巴利亚多利德大学	西班牙	34	326	65.82
801	UNIVERSITE DE BRETAGNE OCCIDENTALE	西布列塔尼大学	法国	35	327	65.77
802	NAGASAKI UNIVERSITY	长崎大学	日本	24	210	65.77
803	ISFAHAN UNIVERSITY OF TECHNOLOGY	伊斯法罕理工大学	伊朗	8	211	65.76
804	UNIVERSITAT SIEGEN	锡根大学	德国	51	328	65.76

续表

排名	英文名称	中文全称	国家/地区	国家/地区排名	所在洲排名	总得分
805	CHU GRENOBLE ALPES	格勒诺布尔大学	法国	36	329	65.73
806	INDIAN INSTITUTE OF TECHNOLOGY MADRAS	印度马德拉斯技术学院	印度	6	212	65.71
807	UNIVERSITY OF TEXAS RIO GRANDE VALLEY	得克萨斯大学里奥格兰德谷分校	美国	174	203	65.71
808	UNIVERSITE COTE D'AZUR	蓝色海岸大学	法国	37	330	65.71
809	HOFSTRA UNIVERSITY	霍夫斯特拉大学	美国	175	204	65.68
810	ECOLE SUPERIEURE DE PHYSIQUE ET DE CHIMIE INDUSTRIELLES DE LA VILLE DE PARIS	巴黎市工业物理化学学校	法国	38	331	65.68
811	CITY UNIVERSITY LONDON	城市大学	英国	59	332	65.68
812	UNIVERSITY OF BODENKULTUR WIEN	维也纳农业大学	奥地利	9	333	65.67
813	UNIVERSITY OF AKRON	阿克伦大学	美国	176	205	65.67
814	AMERICAN UNIVERSITY	美利坚大学	美国	177	206	65.67
815	CHONGQING MEDICAL UNIVERSITY	重庆医科大学	中国	101	213	65.64
816	XIANGTAN UNIVERSITY	湘潭大学	中国	102	214	65.63
817	CALIFORNIA STATE UNIVERSITY FULLERTON	加州州立大学富尔顿分校	美国	178	207	65.62
818	UNIFORMED SERVICES UNIVERSITY OF THE HEALTH SCIENCES - USA	健康科学统一服务大学	美国	179	208	65.61
819	AUSTRALIAN CATHOLIC UNIVERSITY	澳大利亚天主教大学	澳大利亚	28	35	65.61
820	NEW YORK MEDICAL COLLEGE	纽约医学院	美国	180	209	65.58
821	KEELE UNIVERSITY	英国基尔大学	英国	60	334	65.55
822	STATE UNIVERSITY OF NEW YORK AT BINGHAMTON	纽约州立大学宾汉姆顿分校	美国	181	210	65.54
823	CHINA PHARMACEUTICAL UNIVERSITY	中国药科大学	中国	103	215	65.51
824	ABO AKADEMI UNIVERSITY	埃博学术大学	芬兰	8	335	65.50
825	UNIVERSIDADE FEDERAL DE PERNAMBUCO	贝南博古联邦大学	巴西	15	23	65.50
826	CATHOLIC UNIVERSITY OF KOREA	韩国天主教大学	韩国	24	216	65.50
827	WARSAW UNIVERSITY OF TECHNOLOGY	华沙工业大学	波兰	4	336	65.48
828	ANHUI UNIVERSITY	安徽大学	中国	104	217	65.48
829	OSAKA CITY UNIVERSITY	大阪市立大学	日本	25	218	65.47
830	G D'ANNUNZIO UNIVERSITY OF CHIETI-PESCARA	基耶地-佩斯卡拉大学	意大利	41	337	65.46
831	HANGZHOU NORMAL UNIVERSITY	杭州师范大学	中国	105	219	65.45
832	ARMY MEDICAL UNIVERSITY	陆军军医大学	中国	106	220	65.41
833	MICHIGAN TECHNOLOGICAL UNIVERSITY	密歇根理工大学	美国	182	211	65.40
834	DONGGUK UNIVERSITY	东国大学	韩国	25	221	65.39
835	UNIVERSITY OF SASSARI	萨萨里大学	意大利	42	338	65.37
836	SHAHID BEHESHTI UNIVERSITY MEDICAL SCIENCES	沙希德贝赫什迪医科大学	伊朗	9	222	65.37
837	NATIONAL RESEARCH UNIVERSITY - HIGHER SCHOOL OF ECONOMICS	国立高等经济大学	俄罗斯	4	339	65.35
838	UNIVERSITE DE TOURS	图尔大学	法国	39	340	65.32
839	UNIVERSITY OF MONS	蒙斯大学	比利时	9	341	65.32
840	ZHEJIANG SCI-TECH UNIVERSITY	浙江理工大学	中国	107	223	65.31
841	MANCHESTER METROPOLITAN UNIVERSITY	曼彻斯特城市大学	英国	61	342	65.29

续表

排名	英文名称	中文全称	国家/地区	国家/地区排名	所在洲排名	总得分
842	RENMIN UNIVERSITY OF CHINA	中国人民大学	中国	108	224	65.29
843	INDIAN INSTITUTE OF TECHNOLOGY DELHI	印度理工学院德里分校	印度	7	225	65.25
844	ADAM MICKIEWICZ UNIVERSITY	波兹南密茨凯维奇大学	波兰	5	343	65.25
845	QINGDAO UNIVERSITY OF SCIENCE & TECHNOLOGY	青岛科技大学	中国	109	226	65.25
846	CHU DE NANTES	南特大学	法国	40	344	65.25
847	KUNMING UNIVERSITY OF SCIENCE & TECHNOLOGY	昆明理工大学	中国	110	227	65.23
848	UNIVERSITY OF MARYLAND BALTIMORE COUNTY	马里兰大学巴尔的摩分校	美国	183	212	65.21
849	PICARDIE UNIVERSITES	皮卡第大学	法国	41	345	65.19
850	HENAN UNIVERSITY	河南大学	中国	111	228	65.15
851	UNIVERSITE DE POITIERS	普瓦提埃大学	法国	42	346	65.15
852	EHIME UNIVERSITY	爱媛大学	日本	26	229	65.15
853	UNIVERSITY OF NORTH CAROLINA CHARLOTTE	北卡罗来纳大学夏洛特分校	美国	184	213	65.15
854	TOKYO UNIVERSITY OF AGRICULTURE & TECHNOLOGY	东京农工大学	日本	27	230	65.14
855	SOUTHERN ILLINOIS UNIVERSITY	南伊利诺伊大学	美国	185	214	65.14
856	UNIVERSITY OF NEW BRUNSWICK	新不伦瑞克大学	加拿大	28	215	65.12
857	UNIVERSIDADE DA CORUNA	拉科鲁尼亚大学	西班牙	35	347	65.12
858	ALEXANDRIA UNIVERSITY	亚历山大大学	埃及	4	231	65.11
859	EAST CAROLINA UNIVERSITY	东卡罗来纳州立大学	美国	186	216	65.11
860	UNIVERSIDADE FEDERAL DE PELOTAS	佩洛塔斯联邦大学	巴西	16	24	65.11
861	UNIVERSIDAD CARLOS III DE MADRID	马德里卡洛斯三世大学	西班牙	36	348	65.10
862	LAPPEENRANTA UNIVERSITY OF TECHNOLOGY	拉普兰塔理工大学	芬兰	9	349	65.08
863	UNIVERSIDADE FEDERAL DA BAHIA	巴伊亚州联邦大学	巴西	17	25	65.05
864	JOHANNES KEPLER UNIVERSITY OF LINZ	约翰·开普勒林茨大学	奥地利	10	350	65.05
865	YOKOHAMA CITY UNIVERSITY	横滨市立大学	日本	28	232	65.05
866	SHANDONG UNIVERSITY OF SCIENCE & TECHNOLOGY	山东科技大学	中国	112	233	65.05
867	TOMSK STATE UNIVERSITY	托木斯克国立大学	俄罗斯	5	351	65.03
868	PORTLAND STATE UNIVERSITY	波特兰州立大学	美国	187	217	65.02
869	YANSHAN UNIVERSITY	燕山大学	中国	113	234	65.00
870	UNIVERSITY OF LOUISIANA LAFAYETTE	路易斯安那拉斐特大学	美国	188	218	65.00
871	GUIZHOU UNIVERSITY	贵州大学	中国	114	235	64.99
872	QATAR UNIVERSITY	卡塔尔大学	卡塔尔	1	236	64.99
873	UNIVERSITY OF SHANGHAI FOR SCIENCE & TECHNOLOGY	上海理工大学	中国	115	237	64.96
874	BIRKBECK UNIVERSITY LONDON	伦敦大学伯贝克学院	英国	62	352	64.94
875	TEXAS A&M UNIVERSITY QATAR	得克萨斯农机大学卡塔尔分校	卡塔尔	2	238	64.93
876	SHANGHAI NORMAL UNIVERSITY	上海师范大学	中国	116	239	64.92
877	KHON KAEN UNIVERSITY	孔敬大学	泰国	4	240	64.89

续表

排名	英文名称	中文全称	国家/地区	国家/地区排名	所在洲排名	总得分
878	UNIVERSITY OF MAINE ORONO	缅因大学奥罗诺分校	美国	189	219	64.89
879	WENZHOU MEDICAL UNIVERSITY	温州医科大学	中国	117	241	64.88
880	NIIGATA UNIVERSITY	新潟大学	日本	29	242	64.88
881	ILLINOIS INSTITUTE OF TECHNOLOGY	伊利诺伊理工大学	美国	190	220	64.88
882	UNIVERSITY OF MAINE	缅因大学	美国	191	221	64.88
883	JUNTENDO UNIVERSITY	顺天堂大学	日本	30	243	64.87
884	PANJAB UNIVERSITY	旁遮普大学	印度	8	244	64.87
885	HUAQIAO UNIVERSITY	华侨大学	中国	118	245	64.86
886	NORTHERN ILLINOIS UNIVERSITY	北伊利诺伊大学	美国	192	222	64.86
887	GUANGZHOU UNIVERSITY	广州大学	中国	119	246	64.85
888	MEDICAL UNIVERSITY OF WARSAW	华沙医科大学	波兰	6	353	64.83
889	UNIVERSITE PARIS 13	巴黎第十三大学	法国	43	354	64.82
890	NORTHWEST UNIVERSITY XI'AN	西北大学	中国	120	247	64.82
891	UNIVERSITY OF INSUBRIA	英苏布里亚大学	意大利	43	355	64.80
892	UNIVERSITY OF CANBERRA	堪培拉大学	澳大利亚	29	36	64.80
893	UNIVERSIDADE FEDERAL DO RIO GRANDE DO NORTE	北里奥格兰德联邦大学	巴西	18	26	64.75
894	UNIVERSITY OF WINDSOR	温莎大学	加拿大	29	223	64.73
895	CHARLES STURT UNIVERSITY	查尔斯特大学	澳大利亚	30	37	64.72
896	NANTONG UNIVERSITY	南通大学	中国	121	248	64.71
897	PRINCE OF SONGKLA UNIVERSITY	宋卡王子大学	泰国	5	249	64.70
898	FERDOWSI UNIVERSITY MASHHAD	马什哈德菲尔多西大学	伊朗	10	250	64.70
899	ALIGARH MUSLIM UNIVERSITY	阿里格尔穆斯林大学	印度	9	251	64.67
900	MISSOURI UNIVERSITY OF SCIENCE & TECHNOLOGY	密苏里科技大学	美国	193	224	64.67
901	UNIVERSITY OF KAISERSLAUTERN	凯泽斯劳滕大学	德国	52	356	64.65
902	UNIVERSIDAD DE LAS PALMAS DE GRAN CANARIA	加那利群岛拉斯帕尔马斯大学	西班牙	37	357	64.64
903	POLITECNICO DI BARI	巴里理工大学	意大利	44	358	64.63
904	FLORIDA ATLANTIC UNIVERSITY	佛罗里达亚特兰大大学	美国	194	225	64.58
905	ULSAN NATIONAL INSTITUTE OF SCIENCE & TECHNOLOGY	蔚山科学技术大学校	韩国	26	252	64.53
906	DUBLIN CITY UNIVERSITY	都柏林城市大学	爱尔兰	6	359	64.51
907	MIAMI UNIVERSITY	迈阿密大学	美国	195	226	64.48
908	NATIONAL UNIVERSITY OF CORDOBA	国立科尔多瓦大学	阿根廷	3	27	64.47
909	NORTH WEST UNIVERSITY - SOUTH AFRICA	南非西北大学	南非	7	8	64.46
910	LIVERPOOL SCHOOL OF TROPICAL MEDICINE	利物浦热带医学院	英国	63	360	64.44
911	UNIVERSITE DE ORLEANS	奥尔良大学	法国	44	361	64.44
912	FUJIAN AGRICULTURE & FORESTRY UNIVERSITY	福建农林大学	中国	122	253	64.43
913	GACHON UNIVERSITY	嘉泉大学	韩国	27	254	64.43
914	ROCHESTER INSTITUTE OF TECHNOLOGY	罗彻斯特理工学院	美国	196	227	64.42
915	UNIVERSIDADE FEDERAL DE GOIAS	戈亚斯联邦大学	巴西	19	28	64.42

续表

续表

排名	英文名称	中文全称	国家/地区	国家/地区排名	所在洲排名	总得分
916	YAMAGATA UNIVERSITY	山形大学	日本	31	255	64.42
917	UNIVERSIDAD DE CADIZ	卡迪兹大学	西班牙	38	362	64.41
918	CLARK UNIVERSITY	克拉克大学	美国	197	228	64.40
919	UNIVERSITY OF SOUTH BOHEMIA CESKE BUDEJOVICE	捷克布杰约维采南波西米亚大学	捷克共和国	5	363	64.39
920	UNIVERSITE DE LA ROCHELLE	拉罗谢尔大学	法国	45	364	64.38
921	UNIVERSITY OF TOYAMA	富山大学	日本	32	256	64.37
922	CUKUROVA UNIVERSITY	库库罗瓦大学	土耳其	7	257	64.36
923	UNIVERSITY OF SOUTHERN QUEENSLAND	南昆士兰大学	澳大利亚	31	38	64.36
924	UNIVERSIDAD MIGUEL HERNANDEZ DE ELCHE	米格尔·埃尔南德斯·德埃尔切大学	西班牙	39	365	64.32
925	RITSUMEIKAN UNIVERSITY	立命馆大学	日本	33	258	64.32
926	UNIVERSITY OF BASILICATA	意大利巴西利卡塔大学	意大利	45	366	64.31
927	ROYAL COLLEGE OF SURGEONS - IRELAND	爱尔兰皇家外科医学院	爱尔兰	7	367	64.30
928	AGA KHAN UNIVERSITY	阿迦汗大学	巴基斯坦	2	259	64.26
929	UNITED ARAB EMIRATES UNIVERSITY	阿联酋大学	阿拉伯联合酋长国	1	260	64.26
930	NORTH DAKOTA STATE UNIVERSITY FARGO	北达科他州立大学	美国	198	229	64.24
931	UNIVERSITE DE FRANCHE-COMTE	贝桑松大学	法国	46	368	64.24
932	IRAN UNIVERSITY SCIENCE & TECHNOLOGY	伊朗科技大学	伊朗	11	261	64.24
933	LULEA UNIVERSITY OF TECHNOLOGY	吕勒奥理工大学	瑞典	12	369	64.23
934	UNIVERSITY TORONTO MISSISSAUGA	多伦多大学米西索加分校	加拿大	30	230	64.22
935	NIHON UNIVERSITY	日本大学	日本	34	262	64.21
936	INDIAN INSTITUTE OF TECHNOLOGY KANPUR	印度理工学院坎普尔分校	印度	10	263	64.17
937	SICHUAN AGRICULTURAL UNIVERSITY	四川农业大学	中国	123	264	64.14
938	UNIVERSITAT DE LLEIDA	莱里达大学	西班牙	40	370	64.12
939	GRADUATE UNIVERSITY FOR ADVANCED STUDIES - JAPAN	高等研究生院	日本	35	265	64.11
940	UNIVERSITY OF VETERINARY MEDICINE VIENNA	维也纳兽医大学	奥地利	11	371	64.10
941	HESAM UNIVERSITE	HESAM大学	法国	47	372	64.09
942	INSTITUT NATIONAL DES SCIENCES APPLIQUEES DE TOULOUSE	国立图卢兹应用科学学院	法国	48	373	64.08
943	JEONBUK NATIONAL UNIVERSITY	全北国立大学	韩国	28	266	64.08
944	SOUTH DAKOTA STATE UNIVERSITY	南达科他大学	美国	199	231	64.08
945	INDIAN INSTITUTE OF TECHNOLOGY ROORKEE	印度理工学院鲁尔基分校	印度	11	267	64.07
946	KITASATO UNIVERSITY	北里大学	日本	36	268	64.07
947	MONASH UNIVERSITY SUNWAY	莫纳什大学（桑威）	马来西亚	6	269	64.06
948	SULTAN QABOOS UNIVERSITY	卡布斯苏丹大学	阿曼	1	270	64.06
949	PUKYONG NATIONAL UNIVERSITY	釜庆国立大学	韩国	29	271	64.05
950	UNIVERSITY OF NEW ORLEANS	新奥尔良大学	美国	200	232	64.04
951	UNIVERSITY OF IBADAN	伊巴丹大学	尼日利亚	1	9	64.02

续表

排名	英文名称	中文全称	国家/地区	国家/地区排名	所在洲排名	总得分
952	UNIVERSITY OF TABRIZ	大不里士大学	伊朗	12	272	64.01
953	UNIVERSITAT KASSEL	德国卡塞尔大学	德国	53	374	64.00
954	GIFU UNIVERSITY	岐阜大学	日本	37	273	63.98
955	SHANDONG NORMAL UNIVERSITY	山东师范大学	中国	124	274	63.98
956	SAN FRANCISCO STATE UNIVERSITY	旧金山州立大学	美国	201	233	63.98
957	UNIVERSITY OSNABRUCK	奥斯纳布吕克大学	德国	54	375	63.96
958	ANHUI MEDICAL UNIVERSITY	安徽医科大学	中国	125	275	63.95
959	TUSCIA UNIVERSITY	图西亚大学	意大利	46	376	63.95
960	MASHHAD UNIVERSITY MEDICAL SCIENCE	马什哈德医科大学	伊朗	13	276	63.93
961	UNIVERSITY OF NEW ENGLAND	新英格兰大学	澳大利亚	32	39	63.91
962	UNIVERSIDAD DE JAEN	哈恩大学	西班牙	41	377	63.91
963	UNIVERSITY OF PUERTO RICO MEDICAL SCIENCES CAMPUS	波多黎各大学医学科学校区	美国	202	234	63.90
964	UNIVERSITY OF GREENWICH	格林威治大学	英国	64	378	63.90
965	UNIVERSITY OF SEOUL	首尔市立大学	韩国	30	277	63.89
966	WEILL CORNELL MEDICAL COLLEGE QATAR	威尔康奈尔医学院卡塔尔分校	卡塔尔	3	278	63.88
967	OSAKA PREFECTURE UNIVERSITY	大阪府立大学	日本	38	279	63.88
968	SINGAPORE UNIVERSITY OF TECHNOLOGY & DESIGN	新加坡技术与设计大学	新加坡	3	280	63.88
969	LAKEHEAD UNIVERSITY	湖首大学	加拿大	31	235	63.86
970	KAGOSHIMA UNIVERSITY	鹿儿岛大学	日本	39	281	63.85
971	JORDAN UNIVERSITY OF SCIENCE & TECHNOLOGY	约旦科技大学	约旦	1	282	63.85
972	UNIVERSITE DE CAEN NORMANDIE	诺曼底卡昂大学	法国	49	379	63.85
973	NOTTINGHAM TRENT UNIVERSITY	诺丁汉特伦特大学	英国	65	380	63.84
974	UNIVERSITE JEAN MONNET	圣太田大学	法国	50	381	63.83
975	HUBEI UNIVERSITY	湖北大学	中国	126	283	63.81
976	KASETSART UNIVERSITY	泰国农业大学	泰国	6	284	63.78
977	HENAN NORMAL UNIVERSITY	河南师范大学	中国	127	285	63.78
978	UNIVERSITY OF SOFIA	索非亚大学	保加利亚	1	382	63.77
979	TIANGONG UNIVERSITY	天津工业大学	中国	128	286	63.77
980	ASSIUT UNIVERSITY	艾斯尤特大学	埃及	5	287	63.76
981	TECHNISCHE UNIVERSITAT CHEMNITZ	开姆尼茨工业大学	德国	55	383	63.75
982	UNIVERSITE PAUL-VALERY	蒙彼利埃第二大学	法国	51	384	63.75
983	QUFU NORMAL UNIVERSITY	曲阜师范大学	中国	129	288	63.74
984	UNIVERSITY OF NEUCHATEL	纳沙泰尔大学	瑞士	10	385	63.74
985	UNIVERSIDAD AUTONOMA METROPOLITANA - MEXICO	大都会自治大学	墨西哥	3	236	63.72
986	YUNNAN UNIVERSITY	云南大学	中国	130	289	63.71
987	UNIVERSITY OF CENTRAL LANCASHIRE	中央兰开夏大学	英国	66	386	63.71
988	NORTHEAST FORESTRY UNIVERSITY - CHINA	东北林业大学	中国	131	290	63.66
989	UNIVERSITE DE TUNIS-EL-MANAR	突尼斯玛纳尔大学	突尼斯	1	10	63.65

续表

排名	英文名称	中文全称	国家/地区	国家/地区排名	所在洲排名	总得分
990	VELLORE INSTITUTE OF TECHNOLOGY	印度韦洛尔技术大学	印度	12	291	63.64
991	UNIVERSITY OF AGRICULTURE FAISALABAD	费萨拉巴德农业大学	巴基斯坦	3	292	63.64
992	CHARLES DARWIN UNIVERSITY	查尔斯·达尔文大学	澳大利亚	33	40	63.63
993	UNIVERSIDAD DE ANTIOQUIA	安蒂奥基亚大学	哥伦比亚	3	29	63.63
994	WROCLAW MEDICAL UNIVERSITY	弗罗茨瓦夫医科大学	波兰	7	387	63.62
995	UNIVERSIDAD TECNICA FEDERICO SANTA MARIA	费德里科圣玛丽亚科技大学	智利	4	30	63.62
996	TAIWAN NORMAL UNIVERSITY	台湾师范大学	中国台湾	14	293	63.60
997	UNIVERSITY OF NOVI SAD	诺维萨德大学	塞尔维亚	2	388	63.60
998	BELARUSIAN STATE UNIVERSITY	白俄罗斯国立大学	白俄罗斯	1	389	63.60
999	BABOL NOSHIRVANI UNIVERSITY OF TECHNOLOGY	巴布罗诺什瓦尼技术大学	伊朗	14	294	63.59
1000	HUNAN NORMAL UNIVERSITY	湖南师范大学	中国	132	295	63.59
1001	UNIVERSITE DE ROUEN NORMANDIE	诺曼底鲁昂大学	法国	52	390	63.59
1002	UNIVERSIDAD PABLO DE OLAVIDE	巴勃罗·德·奥拉维德大学	西班牙	42	391	63.59
1003	GUNMA UNIVERSITY	群马大学	日本	40	296	63.59
1004	CAPITAL NORMAL UNIVERSITY	首都师范大学	中国	133	297	63.59
1005	COVENTRY UNIVERSITY	考文垂大学	英国	67	392	63.58
1006	KHALIFA UNIVERSITY OF SCIENCE & TECHNOLOGY	哈里发理工大学	阿拉伯联合酋长国	2	298	63.57
1007	NANJING FORESTRY UNIVERSITY	南京林业大学	中国	134	299	63.57
1008	BOHAI UNIVERSITY	渤海大学	中国	135	300	63.54
1009	GUANGZHOU MEDICAL UNIVERSITY	广州医科大学	中国	136	301	63.53
1010	POLYTECHNIC UNIVERSITY OF BUCHAREST	布加勒斯特理工大学	罗马尼亚	2	393	63.50
1011	UNIVERSIDAD COSTA RICA	哥斯达黎加大学	哥斯达黎加	1	237	63.50
1012	HEILONGJIANG UNIVERSITY	黑龙江大学	中国	137	302	63.48
1013	MONTPELLIER SUPAGRO	蒙彼利埃国立高等农学研究学院	法国	53	394	63.48
1014	UNIVERSIDAD AUSTRAL DE CHILE	智利南方大学	智利	5	31	63.48
1015	INJE UNIVERSITY	仁济大学	韩国	31	303	63.48
1016	UNIVERSITY OF WEST ENGLAND	西英格兰大学	英国	68	395	63.47
1017	UNIVERSIDADE FEDERAL DE VICOSA	维索萨联邦大学	巴西	20	32	63.46
1018	CHANGZHOU UNIVERSITY	常州大学	中国	138	304	63.46
1019	ADDIS ABABA UNIVERSITY	亚的斯亚贝巴大学	埃塞俄比亚	1	11	63.45
1020	AGRICULTURAL UNIVERSITY OF ATHENS	雅典农业大学	希腊	9	396	63.44
1021	NEW JERSEY INSTITUTE OF TECHNOLOGY	新泽西理工学院	美国	203	238	63.44
1022	UNIVERSITY OF DENVER	丹佛大学	美国	204	239	63.43
1023	HEBEI UNIVERSITY OF TECHNOLOGY	河北工业大学	中国	139	305	63.42
1024	UNIVERSITY OF MARIBOR	马里博尔大学	斯洛文尼亚	2	397	63.42
1025	MEDICAL UNIVERSITY SILESIA	西里西亚医科大学	波兰	8	398	63.41
1026	PONTIFICIA UNIVERSIDADE CATOLICA DO RIO GRANDE DO SUL	南里奥格兰德州天主教大学	巴西	21	33	63.39

续表

排名	英文名称	中文全称	国家/地区	国家/地区排名	所在洲排名	总得分
1027	SOUTHERN CROSS UNIVERSITY	南十字星大学	澳大利亚	34	41	63.38
1028	PARACELSUS PRIVATE MEDICAL UNIVERSITY	帕拉塞尔苏斯医科私立大学	奥地利	12	399	63.38
1029	MINES PARISTECH	国立巴黎高等矿业学院	法国	54	400	63.36
1030	MEDICAL UNIVERSITY LODZ	罗兹医学院	波兰	9	401	63.36
1031	WRIGHT STATE UNIVERSITY DAYTON	莱特州立大学	美国	205	240	63.35
1032	SHAHID BEHESHTI UNIVERSITY	沙希德贝赫什提大学	伊朗	15	306	63.33
1033	UNIVERSITE PERPIGNAN VIA DOMITIA	佩皮尼昂大学多米蒂亚分校	法国	55	402	63.33
1034	WROCLAW UNIVERSITY OF SCIENCE & TECHNOLOGY	弗罗茨瓦夫理工大学	波兰	10	403	63.31
1035	PONTIFICIA UNIVERSIDAD JAVERIANA	哈维里亚天主教大学	哥伦比亚	4	34	63.31
1036	SHANDONG AGRICULTURAL UNIVERSITY	山东农业大学	中国	140	307	63.30
1037	HOWARD UNIVERSITY	霍华德大学	美国	206	241	63.30
1038	UNIVERSITY OF YAMANASHI	山梨大学	日本	41	308	63.30
1039	UNIVERSIDADE FEDERAL DO RIO GRANDE	里约格兰德联邦大学	巴西	22	35	63.24
1040	UNIVERSITY OF PECS	佩奇大学	匈牙利	5	404	63.24
1041	BROCK UNIVERSITY	布鲁克大学	加拿大	32	242	63.24
1042	UNIVERSITY OF MANNHEIM	曼海姆大学	德国	56	405	63.24
1043	UNIVERSITE DE SFAX	斯法克斯大学	突尼斯	2	12	63.23
1044	HEC MONTREAL	蒙特利尔高等商学院	加拿大	33	243	63.22
1045	UNIVERSITY OF PADERBORN	帕德博恩大学	德国	57	406	63.22
1046	UNIVERSITY OF CAMERINO	卡美日诺大学	意大利	47	407	63.21
1047	LOMA LINDA UNIVERSITY	洛马琳达大学	美国	207	244	63.21
1048	UNIVERSIDADE DO ALGARVE	葡萄牙埃尔加夫大学	葡萄牙	7	408	63.21
1049	EGE UNIVERSITY	伊葛大学	土耳其	8	309	63.20
1050	UNIVERSITY OF MEMPHIS	孟菲斯大学	美国	208	245	63.19
1051	UNIVERSITE DE PICARDIE JULES VERNE	亚眠大学	法国	56	409	63.19
1052	DANKOOK UNIVERSITY	檀国大学	韩国	32	310	63.19
1053	TECHNOLOGICAL UNIVERSITY DUBLIN	都柏林理工学院	爱尔兰	8	410	63.19
1054	UNIVERSITY OF WROCLAW	弗罗茨瓦夫大学	波兰	11	411	63.18
1055	LIAONING UNIVERSITY OF TECHNOLOGY	辽宁工业大学	中国	141	311	63.17
1056	POLYTECHNIQUE MONTREAL	蒙特利尔综合理工学校	加拿大	34	246	63.14
1057	UNIVERSITY OF ALABAMA HUNTSVILLE	亚拉巴马大学汉茨维尔分校	美国	209	247	63.12
1058	RHODES UNIVERSITY	罗得斯大学	南非	8	13	63.10
1059	HAROKOPIO UNIVERSITY ATHENS	希腊哈睿寇蓓大学	希腊	10	412	63.10
1060	SALZBURG UNIVERSITY	萨尔茨堡大学	奥地利	13	413	63.09
1061	NOVA SOUTHEASTERN UNIVERSITY	诺瓦东南大学	美国	210	248	63.09
1062	ASIA UNIVERSITY TAIWAN	亚洲大学（中国台湾）	中国台湾	15	312	63.08
1063	TABRIZ UNIVERSITY OF MEDICAL SCIENCE	大不里士医科大学	伊朗	16	313	63.05
1064	UNIVERSITY OF THE SUNSHINE COAST	阳光海岸大学	澳大利亚	35	42	63.04
1065	LINCOLN UNIVERSITY	林肯大学	新西兰	8	43	63.04
1066	SOUTHWEST PETROLEUM UNIVERSITY	西南石油大学	中国	142	314	63.03

排名	英文名称	中文全称	国家/地区	国家/地区排名	所在洲排名	总得分
1067	TAIPEI UNIVERSITY OF TECHNOLOGY	台北科技大学	中国台湾	16	315	63.02
1068	UNIVERSITY OF MASSACHUSETTS LOWELL	马萨诸塞大学卢维尔分校	美国	211	249	63.02
1069	BUDAPEST UNIVERSITY OF TECHNOLOGY & ECONOMICS	布达佩斯技术与经济大学	匈牙利	6	414	63.02
1070	UNIVERSIDAD DE ALMERIA	阿尔梅里亚大学	西班牙	43	415	63.02
1071	DALIAN MARITIME UNIVERSITY	大连海事大学	中国	143	316	63.01
1072	WENZHOU UNIVERSITY	温州大学	中国	144	317	63.00
1073	UNIVERSITY OF THE WESTERN CAPE	南非西开普大学	南非	9	14	62.99
1074	HUNTER COLLEGE	纽约城市大学-亨特学院	美国	212	250	62.96
1075	ANHUI UNIVERSITY OF TECHNOLOGY	安徽工业大学	中国	145	318	62.93
1076	UNIVERSIDADE FEDERAL DE JUIZ DE FORA	茹伊斯迪福拉联邦大学	巴西	23	36	62.93
1077	IMT ATLANTIQUE	法国大西洋高等矿业电信学校	法国	57	416	62.91
1078	JACKSON STATE UNIVERSITY	杰克逊州立大学	美国	213	251	62.89
1079	SOGANG UNIVERSITY	西江大学	韩国	33	319	62.88
1080	UNIVERSITE DE REIMS CHAMPAGNE-ARDENNE	法国兰斯大学	法国	58	417	62.87
1081	UNIVERSITY OF GDANSK	格但斯克大学	波兰	12	418	62.87
1082	CHINA JILIANG UNIVERSITY	中国计量大学	中国	146	320	62.86
1083	MAYNOOTH UNIVERSITY	梅努斯大学	爱尔兰	9	419	62.86
1084	PARTHENOPE UNIVERSITY NAPLES	那不勒斯帕斯诺普大学	意大利	48	420	62.86
1085	SOUTHWEST UNIVERSITY OF SCIENCE & TECHNOLOGY - CHINA	西南科技大学	中国	147	321	62.84
1086	TIANJIN UNIVERSITY OF TECHNOLOGY	天津理工大学	中国	148	322	62.84
1087	CZECH UNIVERSITY OF LIFE SCIENCES PRAGUE	捷克布拉格生命科学大学	捷克共和国	6	421	62.83
1088	BOURNEMOUTH UNIVERSITY	伯恩茅斯大学	英国	69	422	62.83
1089	LINNAEUS UNIVERSITY	林奈大学	瑞典	13	423	62.83
1090	UNIVERSITY OF NAIROBI	内罗毕大学	肯尼亚	1	15	62.82
1091	LEUPHANA UNIVERSITY LUNEBURG	吕讷堡大学	德国	58	424	62.82
1092	JACOBS UNIVERSITY	不来梅雅各布大学	德国	59	425	62.80
1093	INDIAN INSTITUTE OF TECHNOLOGY GUWAHATI	印度古瓦哈提理工学院	印度	13	323	62.80
1094	WUHAN INSTITUTE OF TECHNOLOGY	武汉工程大学	中国	149	324	62.79
1095	UNIVERSITE D'ANGERS	法国国立昂热大学	法国	59	426	62.79
1096	KWAME NKRUMAH UNIVERSITY SCIENCE & TECHNOLOGY	夸梅恩克鲁玛科技大学	加纳	1	16	62.79
1097	NICOLAUS COPERNICUS UNIVERSITY	托伦哥白尼大学	波兰	13	427	62.77
1098	ZAGAZIG UNIVERSITY	扎加齐克大学	埃及	6	325	62.77
1099	COPENHAGEN BUSINESS SCHOOL	哥本哈根商学院	丹麦	6	428	62.76
1100	UNIVERSITY OF SOUTHERN MISSISSIPPI	南密西西比大学	美国	214	252	62.76
1101	UNIVERSITY OF NAMUR	那慕尔大学	比利时	10	429	62.74
1102	OAKLAND UNIVERSITY	美国奥克兰大学	美国	215	253	62.70
1103	HAMBURG UNIVERSITY OF TECHNOLOGY	汉堡工业大学	德国	60	430	62.70

续表

排名	英文名称	中文全称	国家/地区	国家/地区排名	所在洲排名	总得分
1104	VISVA BHARATI UNIVERSITY	维斯瓦-巴拉蒂大学	印度	14	326	62.68
1105	MIDDLESEX UNIVERSITY	密德萨斯大学	英国	70	431	62.68
1106	UNIVERSITY OF NORTH CAROLINA GREENSBORO	北卡罗来纳大学格林斯伯勒分校	美国	216	254	62.67
1107	GAZI UNIVERSITY	加齐大学	土耳其	9	327	62.66
1108	JADAVPUR UNIVERSITY	贾达普大学	印度	15	328	62.65
1109	WUHAN UNIVERSITY OF SCIENCE & TECHNOLOGY	武汉科技大学	中国	150	329	62.64
1110	UNIVERSITY OF EVORA	埃武拉大学	葡萄牙	8	432	62.63
1111	HUNAN UNIVERSITY OF TECHNOLOGY	湖南工业大学	中国	151	330	62.61
1112	CREIGHTON UNIVERSITY	克瑞顿大学	美国	217	255	62.59
1113	ANNA UNIVERSITY	印度安那大学	印度	16	331	62.59
1114	UNIVERSITY OF BUCHAREST	布加勒斯特大学	罗马尼亚	3	433	62.59
1115	UNIVERSIDADE ESTADUAL DE MARINGA	马林加州立大学	巴西	24	37	62.58
1116	NORWEGIAN SCHOOL OF SPORT SCIENCES	挪威体育学院	挪威	6	434	62.56
1117	CHOSUN UNIVERSITY	朝鲜大学	韩国	34	332	62.56
1118	CLARKSON UNIVERSITY	克拉克森大学	美国	218	256	62.55
1119	JEJU NATIONAL UNIVERSITY	济州国立大学	韩国	35	333	62.55
1120	UNIVERSITY OF ZAMBIA	赞比亚大学	赞比亚	1	17	62.54
1121	UNIVERSITY OF SOUTH WALES	南威尔士大学	英国	71	435	62.51
1122	FUJIAN NORMAL UNIVERSITY	福建师范大学	中国	152	334	62.47
1123	SUEZ CANAL UNIVERSITY	苏伊士运河大学	埃及	7	335	62.47
1124	OXFORD BROOKES UNIVERSITY	牛津布鲁克斯大学	英国	72	436	62.46
1125	ANNA UNIVERSITY CHENNAI	印度安那大学	印度	17	336	62.46
1126	UNIVERSITY KASHAN	卡尚大学	伊朗	17	337	62.46
1127	SHIZUOKA UNIVERSITY	静冈大学	日本	42	338	62.46
1128	TELECOM PARISTECH	巴黎高等电信学院	法国	60	437	62.46
1129	FORDHAM UNIVERSITY	福坦莫大学	美国	219	257	62.45
1130	UNIVERSITY OF THE FREE STATE	自由州大学	南非	10	18	62.45
1131	NARA INSTITUTE OF SCIENCE & TECHNOLOGY	奈良先端科学技术大学院大学	日本	43	339	62.44
1132	UNIVERSITY OF NORTH DAKOTA GRAND FORKS	北达科他大学	美国	220	258	62.43
1133	UNIVERSITY OF OCCUPATIONAL & ENVIRONMENTAL HEALTH - JAPAN	日本产业医科大学	日本	44	340	62.42
1134	UNIVERSITY OF LA REUNION	留尼汪大学	法国	61	438	62.42
1135	DE MONTFORT UNIVERSITY	德蒙福特大学	英国	73	439	62.42
1136	UNIVERSIDAD PERUANA CAYETANO HEREDIA	卡耶塔诺-埃雷迪亚大学	秘鲁	1	38	62.41
1137	CHUNG YUAN CHRISTIAN UNIVERSITY	台湾中原大学	中国台湾	17	341	62.39
1138	MEDICAL UNIVERSITY GDANSK	格但斯克医科大学	波兰	14	440	62.38
1139	UNIVERSITY OF MISSOURI SAINT LOUIS	密苏里大学圣路易斯分校	美国	221	259	62.37
1140	ANGLIA RUSKIN UNIVERSITY	剑桥安格利亚鲁斯金大学	英国	74	441	62.37

续表

排名	英文名称	中文全称	国家/地区	国家/地区排名	所在洲排名	总得分
1141	ACAD BORDEAUX	波尔多学院	法国	62	442	62.36
1142	UNIVERSITY OF GHANA	加纳大学	加纳	2	19	62.34
1143	UNIVERSITY OF QUEBEC TROIS RIVIERES	魁北克大学三河校区	加拿大	35	260	62.34
1144	TOKYO WOMEN'S MEDICAL UNIVERSITY	东京女子医科大学	日本	45	342	62.34
1145	EDUCATION UNIVERSITY OF HONG KONG	香港教育大学	中国香港	7	343	62.31
1146	FENG CHIA UNIVERSITY	逢甲大学	中国台湾	18	344	62.31
1147	FUJITA HEALTH UNIVERSITY	藤田保健卫生大学	日本	46	345	62.31
1148	DEMOCRITUS UNIVERSITY OF THRACE	塞萨斯德谟克里特大学	希腊	11	443	62.30
1149	JICHI MEDICAL UNIVERSITY	自治医科大学	日本	47	346	62.28
1150	UNIVERSITY OF HUDDERSFIELD	哈德斯菲尔德大学	英国	75	444	62.28
1151	UNIVERSIDADE FEDERAL DO PARA	帕拉联邦大学	巴西	25	39	62.28
1152	UNIVERSITY OF SALFORD	索尔福德大学	英国	76	445	62.28
1153	UNIVERSITY OF CHEMISTRY & TECHNOLOGY, PRAGUE	布拉格化工大学	捷克共和国	7	446	62.27
1154	YAMAGUCHI UNIVERSITY	山口大学	日本	48	347	62.26
1155	JIANGSU NORMAL UNIVERSITY	江苏师范大学	中国	153	348	62.25
1156	UNIVERSIDAD DE LEON	列昂大学	西班牙	44	447	62.25
1157	HUNAN AGRICULTURAL UNIVERSITY	湖南农业大学	中国	154	349	62.23
1158	MAGNA GRAECIA UNIVERSITY OF CATANZARO	卡坦扎罗大学	意大利	49	448	62.22
1159	NATIONAL INSTITUTE OF TECHNOLOGY ROURKELA	国立理工学院洛尔克拉分校	印度	18	350	62.21
1160	ZHEJIANG A&F UNIVERSITY	浙江农林大学	中国	155	351	62.21
1161	NANCHANG HANGKONG UNIVERSITY	南昌航空大学	中国	156	352	62.20
1162	UNIVERSITY OF AEGEAN	爱琴大学	希腊	12	449	62.20
1163	UNIVERSIDADE ESTADUAL DE LONDRINA	隆德里纳大学	巴西	26	40	62.18
1164	ANHUI AGRICULTURAL UNIVERSITY	安徽农业大学	中国	157	353	62.18
1165	ULUDAG UNIVERSITY	土耳其乌鲁达大学	土耳其	10	354	62.18
1166	BOND UNIVERSITY	邦德大学	澳大利亚	36	44	62.16
1167	QILU UNIVERSITY OF TECHNOLOGY	齐鲁工业大学	中国	158	355	62.16
1168	CYPRUS UNIVERSITY OF TECHNOLOGY	塞浦路斯理工大学	塞浦路斯	2	450	62.15
1169	UNIVERSITY OF BRADFORD	布拉德福德大学	英国	77	451	62.15
1170	XI'AN UNIVERSITY OF TECHNOLOGY	西安理工大学	中国	159	356	62.15
1171	TECNOLOGICO DE MONTERREY	蒙特雷科技大学	墨西哥	4	261	62.15
1172	TANTA UNIVERSITY	坦塔大学	埃及	8	357	62.14
1173	HEBEI UNIVERSITY	河北大学	中国	160	358	62.12
1174	NORTH CHINA UNIVERSITY OF SCIENCE & TECHNOLOGY	华北理工大学	中国	161	359	62.12
1175	UNIVERSITY OF LINCOLN	林肯大学	英国	78	452	62.12
1176	MARMARA UNIVERSITY	马尔马拉大学	土耳其	11	360	62.12
1177	UNIVERSITY OF LONDON ROYAL VETERINARY COLLEGE	英国皇家兽医学院	英国	79	453	62.11
1178	UNIVERSIDADE FEDERAL DE SANTA MARIA	圣玛丽亚联邦大学	巴西	27	41	62.11

续表

排名	英文名称	中文全称	国家/地区	国家/地区排名	所在洲排名	总得分
1179	IU KELLEY SCHOOL OF BUSINESS	尤凯利商学院	美国	222	262	62.10
1180	ECOLE DES PONTS PARISTECH	法国国立路桥学校	法国	63	454	62.10
1181	GAZIANTEP UNIVERSITY	土耳其加济安泰普大学	土耳其	12	361	62.08
1182	UNIVERSITY OF JORDAN	约旦大学	约旦	2	362	62.08
1183	MOHAMMED V UNIVERSITY	穆罕默德五世大学	摩洛哥	1	20	62.07
1184	UNIVERSITY OF TRAS-OS-MONTES & ALTO DOURO	蒙特斯与奥拓杜罗大学	葡萄牙	9	455	62.05
1185	TECHNICAL UNIVERSITY FREIBERG	弗莱贝格工业大学	德国	61	456	62.04
1186	BOISE STATE UNIVERSITY	博伊西州立大学	美国	223	263	62.03
1187	KING MONGKUTS UNIVERSITY OF TECHNOLOGY THONBURI	国王科技大学	泰国	7	363	62.03
1188	TAIWAN OCEAN UNIVERSITY	台湾海洋大学	中国台湾	19	364	62.01
1189	UNIVERSIDAD PUBLICA DE NAVARRA	纳瓦拉公立大学	西班牙	45	457	62.00
1190	UNIVERSIDADE FEDERAL DE MATO GROSSO DO SUL	马托格罗索州联邦大学	巴西	28	42	61.98
1191	WESTERN WASHINGTON UNIVERSITY	西华盛顿大学	美国	224	264	61.97
1192	UNIVERSITETET I STAVANGER	斯塔凡格大学	挪威	7	458	61.97
1193	UNIVERSIDADE FEDERAL DA PARAIBA	帕拉伊巴联邦大学	巴西	29	43	61.94
1194	UNIVERSITE PARIS-EST-CRETEIL-VAL-DE-MARNE	巴黎第十二大学	法国	64	459	61.93
1195	AVIGNON UNIVERSITE	阿维尼翁大学	法国	65	460	61.91
1196	GDANSK UNIVERSITY OF TECHNOLOGY	哥但斯克工业大学	波兰	15	461	61.88
1197	UNIVERSITE DE PAU ET DES PAYS DE L'ADOUR	波城大学	法国	66	462	61.87
1198	TOTTORI UNIVERSITY	鸟取大学	日本	49	365	61.87
1199	BOCCONI UNIVERSITY	博科尼大学	意大利	50	463	61.87
1200	MUHIMBILI UNIVERSITY OF HEALTH & ALLIED SCIENCES	莫西比利健康与综合科学大学	坦桑尼亚	1	21	61.85

其他中国机构：1202. 天津科技大学；1209. 东北农业大学；1218. 淡江大学；1220. 海南大学；1224. 西北师范大学；1225. 江西师范大学；1228. 浙江工商大学；1236. 大连医科大学；1250. 青岛农业大学；1251. 南京中医药大学；1256. 重庆邮电大学；1257. 中南民族大学；1259. 上海海洋大学；1264. 三峡大学；1268. 河南理工大学；1274. 石河子大学；1275. 哈尔滨理工大学；1276. 兰州理工大学；1279. 中山医学大学；1288. 江苏科技大学；1289. 新疆大学；1294. 山东理工大学；1296. 湖南科技大学；1300. 上海财经大学；1302. 台湾东华大学；1304. 河南农业大学；1315. 辅仁大学；1321. 台湾中正大学；1324. 陕西科技大学；1334. 长沙理工大学；1343. 河北医科大学；1345. 河南工业大学；1348. 沈阳药科大学；1361. 聊城大学；1364. 义守大学；1369. 重庆工商大学；1371. 河北师范大学；1373. 中北大学；1382. 广西医科大学；1383. 南华大学；1385. 西安建筑科技大学；1395.上海中医药大学；1399. 台湾政治大学；1401. 哈尔滨师范大学；1404. 长安大学；1411. 烟台大学；1413. 高雄科技大学；1424. 北京中医药大学；1427. 天津中医药大学；1429. 桂林工业大学；1438. 河北农业大学；1452. 西华师范大学；1454. 沈阳农业大学；1459. 彰化师范大学；1462. 兰州交通大学；1465. 广东药科大学；1470. 江西农业大学；1477. 桂林电子科技大学；1478. 河南科技大学；1479. 山东第一医科大学；1480. 浙江中医药大学；1503. 广州中医药大学；1506. 台湾医学院；1514. 徐州医科大学；1517. 中国人民解放军理工大学；1523. 长春科技大学

第三节 世界一流大学分学科排行榜（2020）（分22个学科）

一、农业科学

表2-3 农业科学（AGRICULTURAL SCIENCE）（共611个）（前10强与中国大学）

排名	英文名称	中文名称	国家/地区	总得分
1	WAGENINGEN UNIVERSITY & RESEARCH	瓦格宁根大学	荷兰	100.00
2	CHINA AGRICULTURAL UNIVERSITY	中国农业大学	中国	92.74
3	UNIVERSIDADE DE SAO PAULO	圣保罗大学	巴西	88.86
4	UNIVERSITY OF CALIFORNIA DAVIS	加州大学戴维斯分校	美国	86.22
5	NORTHWEST A&F UNIVERSITY - CHINA	西北农林科技大学	中国	85.38
6	JIANGNAN UNIVERSITY	江南大学	中国	84.81
7	SOUTH CHINA UNIVERSITY OF TECHNOLOGY	华南理工大学	中国	84.59
8	UNIVERSITY OF FLORIDA	佛罗里达大学	美国	84.02
9	ZHEJIANG UNIVERSITY	浙江大学	中国	83.80
10	UNIVERSITY OF CHINESE ACADEMY OF SCIENCES	中国科学院大学	中国	83.73

其他中国机构：12. 南京农业大学；46. 南昌大学；47. 华中农业大学；53. 江苏大学；83. 福建农林大学；97. 扬州大学；103. 天津科技大学；112. 北京师范大学；118. 合肥工业大学；124. 四川农业大学；137. 华南农业大学；138. 北京大学；139. 东北农业大学；144. 台湾大学；164. 上海交通大学；171. 河南工业大学；172. 浙江农林大学；177. 安徽农业大学；183. 山东农业大学；184. 暨南大学；201. 青岛农业大学；202. 西南大学；206. 北京林业大学；208. 吉林大学；209. 中山大学；215. 武汉大学；226. 中国海洋大学；230. 南京师范大学；239. 台湾中国医药大学；250. 兰州大学；255. 台湾中兴大学；271. 南京农业大学；293. 湖南农业大学；296. 四川大学；300. 沈阳农业大学；313. 香港大学；331. 东北林业大学；333. 南昌林业大学；345. 浙江工商大学；349. 广西大学；357. 香港中文大学；377. 天津大学；378. 陕西师范大学；417. 上海海洋大学；423. 江西农业大学；427. 华中科技大学；431. 中南大学；434. 石河子大学；444. 哈尔滨工业大学；456. 亚洲大学（中国台湾）；459. 浙江工业大学；472. 河南农业大学；475. 苏州大学；476. 宁波大学；486. 台北医学大学；494. 河北农业大学；495. 厦门大学；496. 河南科技大学；513. 香港浸会大学；520. 南开大学；521. 山东大学；526. 中山医学大学；533. 复旦大学；537. 华东理工大学；557. 清华大学；570. 中国医学科学院-北京协和医学院；593. 高雄医科大学；601. 高雄科技大学

二、生物学与生物化学

表2-4 生物学与生物化学（BIOLOGY & BIOCHEMISTRY）（共702个）（前10强与中国大学）

排名	英文名称	中文名称	国家/地区	总得分
1	HARVARD UNIVERSITY	哈佛大学	美国	100.00
2	MASSACHUSETTS INSTITUTE OF TECHNOLOGY	麻省理工学院	美国	80.20
3	STANFORD UNIVERSITY	斯坦福大学	美国	78.03
4	UNIVERSITY OF CALIFORNIA SAN DIEGO	加州大学圣迭戈分校	美国	76.00
5	UNIVERSITY OF CAMBRIDGE	剑桥大学	英国	75.01
6	JOHNS HOPKINS UNIVERSITY	约翰·霍普金斯大学	美国	74.20
7	UNIVERSITY OF CALIFORNIA BERKELEY	加州大学伯克利分校	美国	73.82
8	UNIVERSITY OF OXFORD	牛津大学	英国	73.26
9	UNIVERSITY OF COPENHAGEN	哥本哈根大学	丹麦	72.68
10	UNIVERSITY OF CALIFORNIA SAN FRANCISCO	加州大学旧金山分校	美国	72.65

其他中国机构：24. 上海交通大学；29. 中国科学院大学；51. 北京大学；57. 复旦大学；60. 清华大学；75. 浙江大学；113. 中山大学；126. 四川大学；132. 山东大学；139. 吉林大学；157. 中国农业大学；162. 华中科技大学；170. 台湾大学；195. 中国医学科学院-北京协和医学院；198. 中南大学；225. 武汉大学；233. 同济大学；239. 南京医科大学；241. 香港大学；245. 西安交通大学；247. 郑州大学；267. 江南大学；268. 厦门大学；271. 首都医科大学；276. 南方医科大学；277. 哈尔滨工业大学；281. 西北农林科技大学；284. 苏州大学；289. 南京大学；

续表

291. 暨南大学；292. 中国科学技术大学；295. 华南理工大学；303. 哈尔滨医科大学；304. 东南大学；316. 香港中文大学；320. 陆军军医大学；332. 天津大学；339. 南开大学；346. 空军军医大学；350. 华东理工大学；354. 华中农业大学；358. 东北农业大学；367. 南京农业大学；373. 台湾成功大学；383. 南昌大学；391. 电子科技大学；396. 海军军医大学；402. 天津医科大学；407. 广州医科大学；415. 湖南大学；428. 台湾清华大学；435. 长庚大学；438. 大连理工大学；439. 四川农业大学；442. 中国医科大学；454. 台湾中国医药大学；457. 温州医科大学；459. 台湾阳明大学；474. 深圳大学；482. 山东第一医科大学；490. 台湾中兴大学；495. 中国海洋大学；502. 青岛大学；506. 台北医学大学；511. 西南大学；520. 安徽医科大学；521. 重庆医科大学；523. 中国药科大学；534. 兰州大学；535. 北京化工大学；548. 江苏大学；553. 华南农业大学；567. 华东师范大学；569. 香港科技大学；572. 南京工业大学；588. 高雄医学大学；598. 天津科技大学；604. 重庆大学；608. 华北工业大学；610. 浙江工业大学；614. 北京林业大学；620. 台湾交通大学；636. 上海大学；640. 北京师范大学；654. 香港城市大学；687. 香港浸会大学

三、化学

表 2-5　化学（CHEMISTRY）（共 965 个）（前 10 强与中国大学）

排名	英文名称	中文名称	国家/地区	总得分
1	UNIVERSITY OF CHINESE ACADEMY OF SCIENCES	中国科学院大学	中国	100.00
2	TSINGHUA UNIVERSITY	清华大学	中国	90.01
3	UNIVERSITY OF SCIENCE & TECHNOLOGY OF CHINA	中国科学技术大学	中国	88.68
4	NANYANG TECHNOLOGICAL UNIVERSITY	南洋理工大学	新加坡	88.39
5	ZHEJIANG UNIVERSITY	浙江大学	中国	85.94
6	UNIVERSITY OF CALIFORNIA BERKELEY	加州大学伯克利分校	美国	84.57
7	PEKING UNIVERSITY	北京大学	中国	82.61
8	MASSACHUSETTS INSTITUTE OF TECHNOLOGY	麻省理工学院	美国	81.86
9	STANFORD UNIVERSITY	斯坦福大学	美国	81.74
10	NATIONAL UNIVERSITY OF SINGAPORE	新加坡国立大学	新加坡	81.50

其他中国机构：11. 南京大学；12. 南开大学；13. 华南理工大学；16. 华东理工大学；17. 复旦大学；18. 天津大学；19. 吉林大学；20. 苏州大学；26. 四川大学；27. 湖南大学；28. 厦门大学；30. 中山大学；31. 山东大学；35. 武汉大学；37. 郑州大学；40. 上海交通大学；41. 福州大学；42. 北京化工大学；44. 大连理工大学；49. 哈尔滨工业大学；52. 西安交通大学；53. 兰州大学；54. 武汉理工大学；62. 东南大学；63. 南京工业大学；65. 华中科技大学；68. 台湾大学；70. 中南大学；72. 香港大学；82. 北京理工大学；90. 华东师范大学；92. 山东科技大学；102. 上海大学；104. 同济大学；108. 江苏大学；118. 浙江工业大学；124. 北京科技大学；126. 中国石油大学；133. 电子科技大学；136. 北京航空航天大学；141. 河南大学；151. 青岛科技大学；161. 济南大学；166. 南京理工大学；167. 东华大学；169. 西北工业大学；178. 东北师范大学；179. 香港理工大学；180. 华中师范大学；181. 西南大学；195. 北京师范大学；196. 西北大学；197. 重庆大学；199. 香港中文大学；201. 中国地质大学；209. 浙江师范大学；210. 山东师范大学；212. 青岛大学；213. 南昌大学；217. 深圳大学；219. 南京理工大学；220. 台湾清华大学；235. 中国海洋大学；242. 香港大学；260. 江南大学；262. 南方科技大学；266. 燕山大学；268. 南京师范大学；274. 南京邮电大学；275. 北京工业大学；281. 陕西师范大学；283. 暨南大学；292. 扬州大学；311. 江西师范大学；315. 台湾交通大学；322. 太原理工大学；328. 浙江理工大学；337. 西南科技大学；342. 湖南师范大学；346. 天津工业大学；350. 安徽大学；361. 哈尔滨工程大学；373. 西北师范大学；381. 中国药科大学；392. 河南师范大学；394. 南京航空航天大学；398. 华北电力大学；402. 广东工业大学；407. 广西大学；408. 湘潭大学；411. 常州大学；412. 山西大学；413. 华南师范大学；415. 台湾成功大学；419. 合肥工业大学；426. 香港浸会大学；427. 中国东北大学；431. 中北大学；432. 中国农业大学；439. 南京林业大学；440. 黑龙江大学；448. 武汉工程大学；452. 福建师范大学；458. 河北大学；466. 台湾科技大学；471. 曲阜师范大学；476. 华南农业大学；485. 湖南师范大学；487. 温州大学；488. 华中农业大学；492. 台湾中原大学；500. 中国矿业大学；504. 台湾中兴大学；510. 上海理工大学；512. 东北林业大学；517. 西华大学；519. 江苏师范大学；525. 陕西科技大学；527. 中国医学科学院-北京协和医学院；534. "台湾中央大学"；537. 三峡大学；538. 宁波大学；539. 湖北大学；543. 华北工学大学；557. 海南大学；568. 天津工业大学；573. 台北科技大学；574. 西南石油大学；583. 西北农林科技大学；585. 昆明理工大学；590. 杭州师范大学；593. 江苏科技大学；597. 中南民族大学；609. 台湾清华大学；612. 烟台大学；614. 聊城大学；617. 上海师范大学；623. 南昌航空大学；640. 天津大学；653. 齐鲁工业大学；660. 云南大学；673. 台湾中山大学；681. 贵州大学；683. 海军军医大学；689. 沈阳药科大学；690. 华侨大学；691. 北京林业大学；693. 首都师范大学；699. 河北工业大学；711. 中国人民大学；721. 重庆工商大学；735. 高雄医科大学；746. 澳门大学；748. 中国计量大学；751. 长春师范大学；759. 新疆大学；762. 兰州交通大学；772. 山东理工大学；777. 武汉科技大学；800. 西南交通大学；806. 河南工业大学；807. 台湾中国医药大学；811. 安徽工业大学；817. 河北师范大学；832. 长庚大学；839. 南京农业大学；847. 温州医科大学；849. 南京医科大学；854. 哈尔滨师范大学；857. 石河子大学；872. 青岛农业大学；886. 山东农业大学；911. 陆军军医大学；920. 桂林工业大学；929. 南华大学；937. 南方医科大学；958. 渤海大学；962. 广东药科大学；965. 台湾东华大学

四、临床医学

表 2-6 临床医学（CLINICAL MEDICINE）（共 1377 个）（前 10 强与中国大学）

排名	英文名称	中文名称	国家/地区	总得分
1	HARVARD UNIVERSITY	哈佛大学	美国	100.00
2	UNIVERSITY OF TORONTO	多伦多大学	加拿大	81.37
3	JOHNS HOPKINS UNIVERSITY	约翰·霍普金斯大学	美国	80.09
4	UNIVERSITY OF CALIFORNIA SAN FRANCISCO	加州大学旧金山分校	美国	74.42
5	UNIVERSITY OF PENNSYLVANIA	宾夕法尼亚大学	美国	74.41
6	UNIVERSITY COLLEGE LONDON	伦敦大学学院	英国	74.40
7	UNIVERSITY OF WASHINGTON	华盛顿大学	美国	73.33
8	UNIVERSITY OF MICHIGAN	密歇根大学	美国	72.06
9	DUKE UNIVERSITY	杜克大学	美国	71.87
10	STANFORD UNIVERSITY	斯坦福大学	美国	71.67

其他中国机构：73. 上海交通大学；88. 复旦大学；98. 中山大学；110. 中国医学科学院-北京协和医学院；111. 台湾大学；115. 北京大学；122. 香港中文大学；133. 香港大学；138. 首都医科大学；179. 浙江大学；192. 南京医科大学；194. 四川大学；206. 中南大学；210. 台湾阳明大学；217. 华中科技大学；256. 山东大学；269. 台湾中国医药大学；275. 南京大学；279. 南方医科大学；286. 台北医学大学；287. 海军军医大学；288. 武汉大学；293. 长庚大学；307. 西安交通大学；313. 中国医科大学；316. 天津医科大学；336. 空军军医大学；342. 苏州大学；347. 山东第一医科大学；352. 郑州大学；369. 同济大学；370. 哈尔滨医科大学；371. 温州医科大学；378. 高雄医科大学；384. 吉林大学；389. 台湾成功大学；392. 陆军军医大学；408. 广州医科大学；433. 重庆医科大学；434. 安徽医科大学；479. 东南大学；487. 香港理工大学；495. 清华大学；507. 中山医学大学；511. 广西医科大学；547. 南昌大学；549. 台湾医学院；588. 青岛大学；600. 大连医科大学；612. 南京中医药大学；620. 河北医科大学；644. 厦门大学；648. 中国科学院大学；686. 兰州大学；698. 暨南大学；720. 辅仁大学；722. 徐州医科大学；766. 义守大学；778. 南通大学；799. 上海中医药大学；803. 亚洲大学（中国台湾）；819. 江苏大学；837. 济南大学；871. 北京中医药大学；875. 广州中医药大学；902. 中国科学技术大学；915. 台湾中兴大学；940. 浙江中医大学；949. 深圳大学；969. 宁波大学；985. 江南大学；989. 南开大学；1003. 中国药科大学；1015. 华南理工大学；1021. 南华大学；1026. 扬州大学；1049. 台湾中山大学；1100. 台湾清华大学；1118. 河南大学；1143. 台湾交通大学；1159. 华东师范大学；1170. 香港浸会大学；1172. 广东药科大学；1194. 天津中医药大学；1226. 华北理工大学；1231. 西北大学；1250. 哈尔滨工业大学；1261. 石河子大学；1268. 重庆大学；1271. 天津大学；1273. 杭州师范大学；1278. 香港科技大学；1279. 湖南师范大学；1323. 沈阳药科大学；1334. 澳门大学；1339. 北京师范大学；1342. 河南科技大学

五、计算机科学

表 2-7 计算机科学（COMPUTER SCIENCE）（共 388 个）（前 10 强与中国大学）

排名	英文名称	中文名称	国家/地区	总得分
1	TSINGHUA UNIVERSITY	清华大学	中国	100.00
2	NANYANG TECHNOLOGICAL UNIVERSITY	南洋理工大学	新加坡	97.62
3	XIDIAN UNIVERSITY	西安电子科技大学	中国	95.43
4	HUAZHONG UNIVERSITY OF SCIENCE & TECHNOLOGY	华中科技大学	中国	95.20
5	STANFORD UNIVERSITY	斯坦福大学	美国	94.35
6	NATIONAL UNIVERSITY OF SINGAPORE	新加坡国立大学	新加坡	93.81
7	SOUTHEAST UNIVERSITY - CHINA	东南大学	中国	91.96
8	UNIVERSITY OF ELECTRONIC SCIENCE & TECHNOLOGY OF CHINA	电子科技大学	中国	90.14
9	SHANGHAI JIAO TONG UNIVERSITY	上海交通大学	中国	87.98
10	CENTRAL SOUTH UNIVERSITY	中南大学	中国	87.40

其他中国机构：11. 武汉大学；12. 南京信息工程大学；13. 哈尔滨工业大学；14. 浙江大学；15. 北京邮电大学；18. 香港城市大学；19. 大连理工大学；22. 香港理工大学；24. 同济大学；25. 四川大学；27. 深圳大学；32. 北京航空航天大学；35. 香港中文大学；38. 西安交通大学；39. 中国科学技术大学；41. 中国科学院大学；43. 南京大学；45. 中山大学；46. 北京理工大学；47. 湖南大学；49. 香港科技大学；50. 中国东北大学；53. 北京大学；56. 西南交通大学；59. 澳门大学；61. 北京交通大学；62. 国防科技大学；66. 华南理工大学；68. 天津大学；73. 西北工业大学；77. 南京邮电大学；78. 河海大学；79. 广东工业大学；84. 上海大学；86. 台湾成功大学；93. 杭州电子科技大学；97. 南京理工

续表

大学；101. 香港大学；105. 台湾大学；110. 重庆邮电大学；111. 广州大学；113. 厦门大学；123. 山东大学；128. 重庆大学；131. 北京科技大学；132. 台湾科技大学；137. 南京航空航天大学；140. 中国地质大学；148. 大连海事大学；157. 合肥工业大学；166. 台湾交通大学；169. 中国人民解放军理工大学；184. 复旦大学；187. 中国矿业大学；199. 西南大学；209. 扬州大学；221. 吉林大学；228. 哈尔滨工程大学；233. 渤海大学；238. 南开大学；243. 华东师范大学；246. 浙江工业大学；258. 华东理工大学；261. 辽宁工业大学；262. 台湾中山大学；263. 安徽大学；267. 福建师范大学；272. "台湾中央大学"；273. 北京工业大学；284. 台湾清华大学；287. 福州大学；290. 中国石油大学；299. 苏州大学；303. 东华大学；315. 青岛大学；344. 逢甲大学；353. 香港浸会大学；370. 高雄科技大学

六、经济学与商学

表2-8 经济学与商学（ECONOMICS & BUSINESS）（共285个）（前10强与中国大学）

排名	英文名称	中文名称	国家/地区	总得分
1	HARVARD UNIVERSITY	哈佛大学	美国	100.00
2	STANFORD UNIVERSITY	斯坦福大学	美国	89.32
3	MASSACHUSETTS INSTITUTE OF TECHNOLOGY	麻省理工学院	美国	88.26
4	UNIVERSITY OF CALIFORNIA BERKELEY	加州大学伯克利分校	美国	88.02
5	UNIVERSITY OF PENNSYLVANIA	宾夕法尼亚大学	美国	87.09
6	ERASMUS UNIVERSITY ROTTERDAM	鹿特丹大学	荷兰	85.73
7	COLUMBIA UNIVERSITY	哥伦比亚大学	美国	83.88
8	UNIVERSITY OF CHICAGO	芝加哥大学	美国	80.69
9	LONDON SCHOOL ECONOMICS & POLITICAL SCIENCE	伦敦政治经济学院	英国	80.30
10	UNIVERSITY OF OXFORD	牛津大学	英国	79.76

其他中国机构：36. 香港理工大学；40. 北京大学；61. 香港大学；70. 中国人民大学；88. 香港城市大学；94. 香港中文大学；103. 厦门大学；109. 香港科技大学；120. 台湾大学；126. 中山大学；133. 清华大学；140. 上海交通大学；155. 香港浸会大学；177. 浙江大学；178. 上海财经大学；205. 复旦大学；244. 台湾政治大学；258. 西安交通大学

七、工程学

表2-9 工程学（ENGINEERING）（共1170个）（前10强与中国大学）

排名	英文名称	中文名称	国家/地区	总得分
1	HARBIN INSTITUTE OF TECHNOLOGY	哈尔滨工业大学	中国	100.00
2	TSINGHUA UNIVERSITY	清华大学	中国	98.59
3	MASSACHUSETTS INSTITUTE OF TECHNOLOGY	麻省理工学院	美国	91.73
4	SOUTHEAST UNIVERSITY - CHINA	东南大学	中国	90.96
5	XI'AN JIAOTONG UNIVERSITY	西安交通大学	中国	89.85
6	SHANGHAI JIAO TONG UNIVERSITY	上海交通大学	中国	89.47
7	ZHEJIANG UNIVERSITY	浙江大学	中国	89.21
8	HONG KONG POLYTECHNIC UNIVERSITY	香港理工大学	中国香港	87.37
9	HUAZHONG UNIVERSITY OF SCIENCE & TECHNOLOGY	华中科技大学	中国	87.12
10	NANYANG TECHNOLOGICAL UNIVERSITY	南洋理工大学	新加坡	86.76

其他中国机构：11. 北京航空航天大学；12. 北京理工大学；13. 同济大学；14. 中南大学；15. 电子科技大学；16. 大连理工大学；18. 重庆大学；19. 华南理工大学；24. 天津大学；26. 香港城市大学；27. 中国科学院大学；28. 西北工业大学；30. 湖南大学；33. 中国科学技术大学；35. 北京大学；40. 中国东北大学；41. 东华大学；50. 四川大学；54. 南京航空航天大学；61. 华北电力大学；62. 西安电子科技大学；69. 香港科技大学；70. 山东大学；73. 武汉大学；76. 台湾成功大学；77. 北京科技大学；79. 中国矿业大学；81. 中国石油大学；83. 北京交通大学；90. 广东工业大学；94. 江苏大学；96. 合肥工业大学；101. 西南交通大学；103. 南京大学；112. 武汉理工大学；114. 河海大学；115. 吉林大学；120. 哈尔滨工程大学；122. 国防科技大学；129. 北京工业大学；132. 台湾大学；134. 台湾交通大学；140. 山东科

续表

技大学；141. 厦门大学；145. 香港中文大学；147. 中国地质大学；155. 上海大学；157. 华东理工大学；158. 北京化工大学；162. 中国海洋大学；166. 中山大学；182. 东华大学；183. 复旦大学；186. 深圳大学；188. 西南石油大学；189. 江南大学；191. 浙江工业大学；195. 南京邮电大学；221. 台湾科技大学；224. 郑州大学；226. 北京邮电大学；237. 安徽工业大学；243. 辽宁工业大学；249. 台北科技大学；261. 台湾清华大学；263. 渤海大学；271. 青岛科技大学；273. 上海理工大学；287. 曲阜师范大学；289. 苏州大学；292. 青岛大学；298. 兰州大学；301. 广西大学；302. 澳门大学；308. 宁波大学；313. 南京师范大学；318. 扬州大学；322. 北京师范大学；331. 大连海事大学；340. 燕山大学；347. 华东师范大学；351. 南昌大学；367. 台湾中山大学；368. 杭州电子科技大学；374. 西安建筑科技大学；379. 长安大学；380. 南京工业大学；392. 太原理工大学；406. 福州大学；408. 高雄科技大学；410. 南京信息工程大学；418. "台湾中央大学"；428. 江苏科技大学；436. 西南大学；441. 台湾中原大学；442. 重庆邮电大学；443. 浙江师范大学；453. 南京林业大学；460. 湘潭大学；465. 昆明理工大学；469. 重庆工商大学；476. 逢甲大学；479. 长沙理工大学；487. 武汉工程大学；488. 广州大学；491. 西南交通大学；505. 中国农业大学；508. 台湾中兴大学；510. 中国人民解放军理工大学；518. 长庚大学；521. 暨南大学；524. 西安理工大学；532. 湖南科技大学；540. 南京农业大学；544. 河南理工大学；545. 西北农林科技大学；566. 华侨大学；568. 南方科技大学；569. 南通大学；574. 天津理工大学；575. 哈尔滨理工大学；578. 天津工业大学；595. 济南大学；604. 聊城大学；607. 陕西师范大学；611. 浙江农林大学；613. 安徽大学；625. 山东师范大学；637. 华南师范大学；651. 浙江理工大学；667. 兰州理工大学；669. 新疆大学；675. 武汉科技大学；681. 台湾中正大学；682. 河南科技大学；689. 河北工业大学；690. 兰州交通大学；698. 山东理工大学；701. 中国计量大学；704. 台湾海洋大学；722. 香港浸会大学；732. 西北大学；736. 桂林电子科技大学；771. 山西大学；777. 南昌航空大学；780. 淡江大学；792. 中北大学；798. 常州大学；806. 温州大学；808. 齐鲁工业大学；810. 三峡大学；835. 北京林业大学；873. 江苏大学；881. 东北大学；891. 中国人民大学；916. 河南大学；920. 河南师范大学；925. 浙江工商大学；928. 福建师范大学；950. 河南工业大学；956. 台湾师范大学；973. 华中农业大学；1005. 东北林业大学；1011. 义守大学；1033. 华南农业大学；1045. 黑龙江大学；1050. 华中师范大学；1070. 上海师范大学；1073. 中南民族大学；1088. 湖南工业大学；1131. 彰化师范大学；1140. 杭州师范大学；1152. 西华师范大学

八、环境科学与生态学

表 2-10 环境科学与生态学（ENVIRONM & ENT ECOLOGY）（共 716 个）（前 10 强与中国大学）

排名	英文名称	中文名称	国家/地区	总得分
1	WAGENINGEN UNIVERSITY & RESEARCH	瓦格宁根大学	荷兰	100.00
2	UNIVERSITY OF CALIFORNIA BERKELEY	加州大学伯克利分校	美国	94.31
3	ETH ZURICH	苏黎世联邦理工学院	瑞士	94.17
4	UNIVERSITY OF QUEENSLAND	昆士兰大学	澳大利亚	94.06
5	UNIVERSITY OF CHINESE ACADEMY OF SCIENCES	中国科学院大学	中国	93.84
6	UNIVERSITY OF CALIFORNIA DAVIS	加州大学戴维斯分校	美国	91.53
7	UNIVERSITY OF OXFORD	牛津大学	英国	90.25
8	UNIVERSITY OF MINNESOTA TWIN CITIES	明尼苏达大学双城分校	美国	89.61
9	UNIVERSITY OF WASHINGTON	华盛顿大学	美国	89.56
10	STANFORD UNIVERSITY	斯坦福大学	美国	89.44

其他中国机构：16. 清华大学；21. 北京大学；39. 浙江大学；46. 北京师范大学；52. 南京大学；76. 哈尔滨工业大学；86. 湖南大学；90. 同济大学；105. 中山大学；112. 香港大学；128. 华东师范大学；148. 香港理工大学；152. 西北农林科技大学；155. 中国农业大学；160. 上海交通大学；161. 南京农业大学；172. 复旦大学；175. 河海大学；176. 华北电力大学；181. 南开大学；182. 长安大学；185. 暨南大学；189. 东南大学；192. 中南大学；204. 香港科技大学；211. 武汉大学；227. 中国地质大学；228. 华中科技大学；232. 台湾大学；246. 中国海洋大学；248. 重庆大学；252. 山东大学；271. 中国矿业大学；273. 南京信息工程大学；280. 四川大学；308. 东北农业大学；315. 兰州大学；324. 上海大学；325. 华中农业大学；334. 北京林业大学；341. 香港城市大学；343. 西安建筑科技大学；370. 中国科学技术大学；371. 厦门大学；375. 大连理工大学；376. 天津大学；388. 广东工业大学；411. 吉林大学；415. 浙江工业大学；444. 华南理工大学；467. 台湾成功大学；475. 香港教育大学；481. 华东理工大学；482. 香港中文大学；502. 南京师范大学；507. 香港浸会大学；525. 浙江农林大学；531. 东北师范大学；534. 苏州大学；540. 湖南农业大学；569. 北京工业大学；584. 北京科技大学；585. 西安交通大学；588. 华南农业大学；611. 西南大学；621. 台湾中兴大学；663. 台湾中山大学；679. 台湾清华大学；703. 台湾中国医药大学

九、地球科学

表 2-11 地球科学（GEOSCIENCE）（共 448 个）（前 10 强与中国大学）

排名	英文名称	中文名称	国家/地区	总得分
1	UNIVERSITY OF COLORADO BOULDER	科罗拉多大学博尔德分校	美国	100.00
2	CALIFORNIA INSTITUTE OF TECHNOLOGY	加州理工学院	美国	97.60

续表

排名	英文名称	中文名称	国家/地区	总得分
3	CHINA UNIVERSITY OF GEOSCIENCES	中国地质大学	中国	96.64
4	ETH ZURICH	苏黎世联邦理工学院	瑞士	95.56
5	SORBONNE UNIVERSITE	索邦大学	法国	94.68
6	UNIVERSITY OF WASHINGTON	华盛顿大学	美国	93.23
7	UNIVERSITY OF CHINESE ACADEMY OF SCIENCES	中国科学院大学	中国	90.04
8	UNIVERSITE DE VERSAILLES SAINT-QUENTIN-EN-YVELINES	凡尔赛大学	法国	89.49
9	UNIVERSITY OF MARYLAND COLLEGE PARK	马里兰大学帕克分校	美国	89.35
10	COLUMBIA UNIVERSITY	哥伦比亚大学	美国	87.61
其他中国机构：17. 北京大学；29. 南京大学；32. 北京师范大学；43. 南京信息工程大学；44. 清华大学；65. 武汉大学；71. 中国矿业大学；73. 中国海洋大学；75. 中国石油大学；78. 香港大学；85. 中山大学；91. 台湾大学；106. 中南大学；115. 西北大学；117. 山东科技大学；129. 兰州大学；136. 同济大学；141. 中国科学技术大学；158. 西安交通大学；184. 吉林大学；206. 华东师范大学；231. 香港中文大学；236. 浙江大学；254. 复旦大学；269. 南京师范大学；286. 河海大学；311. 山东大学；322. "台湾中央大学"；337. 香港城市大学；338. 长安大学；343. 香港理工大学；344. 合肥工业大学；349. 厦门大学；370. 香港科技大学；388. 西安电子科技大学；411. 台湾成功大学				

十、免疫学

表2-12 免疫学（IMMUNOLOGY）（共414个）（前10强与中国大学）

排名	英文名称	中文名称	国家/地区	总得分
1	HARVARD UNIVERSITY	哈佛大学	美国	100.00
2	JOHNS HOPKINS UNIVERSITY	约翰·霍普金斯大学	美国	82.50
3	UNIVERSITY OF CALIFORNIA SAN FRANCISCO	加州大学旧金山分校	美国	79.33
4	UNIVERSITY OF PENNSYLVANIA	宾夕法尼亚大学	美国	78.74
5	UNIVERSITY OF OXFORD	牛津大学	英国	76.90
6	UNIVERSITY OF WASHINGTON	华盛顿大学	美国	76.44
7	IMPERIAL COLLEGE LONDON	伦敦帝国学院	英国	75.34
8	UNIVERSITY COLLEGE LONDON	伦敦大学学院	英国	75.07
9	WASHINGTON UNIVERSITY	圣路易斯华盛顿大学	美国	74.64
10	UNIVERSITY OF MELBOURNE	墨尔本大学	澳大利亚	74.60
其他中国机构：116. 上海交通大学；119. 复旦大学；121. 中国医学科学院-北京协和医学院；127. 香港大学；147. 北京大学；175. 浙江大学；183. 中山大学；195. 南京大学；203. 首都医科大学；213. 清华大学；229. 四川大学；235. 武汉大学；257. 华中科技大学；305. 中南大学；306. 海军军医大学；309. 长庚大学；326. 南京医科大学；327. 香港中文大学；331. 中国科学院大学；333. 陆军军医大学；335. 吉林大学；342. 台湾阳明大学；345. 安徽医科大学；348. 山东大学；349. 重庆医科大学；351. 苏州大学；375. 中国科学技术大学；382. 南京大学；387. 天津医科大学；390. 台湾中国医药大学；413. 同济大学；414. 台湾成功大学				

十一、材料科学

表2-13 材料科学（MATERIALS SCIENCE）（共669个）（前10强与中国大学）

排名	英文名称	中文名称	国家/地区	总得分
1	TSINGHUA UNIVERSITY	清华大学	中国	100.00
2	UNIVERSITY OF CHINESE ACADEMY OF SCIENCES	中国科学院大学	中国	99.76
3	NANYANG TECHNOLOGICAL UNIVERSITY	南洋理工大学	新加坡	97.61
4	MASSACHUSETTS INSTITUTE OF TECHNOLOGY	麻省理工学院	美国	87.90

续表

排名	英文名称	中文名称	国家/地区	总得分
5	UNIVERSITY OF SCIENCE & TECHNOLOGY OF CHINA	中国科学技术大学	中国	87.52
6	GEORGIA INSTITUTE OF TECHNOLOGY	佐治亚理工学院	美国	87.44
7	ZHEJIANG UNIVERSITY	浙江大学	中国	87.36
8	NATIONAL UNIVERSITY OF SINGAPORE	新加坡国立大学	新加坡	87.26
9	PEKING UNIVERSITY	北京大学	中国	87.10
10	STANFORD UNIVERSITY	斯坦福大学	美国	86.98

其他中国机构：11. 中南大学；12. 哈尔滨工业大学；13. 上海交通大学；14. 西安交通大学；15. 西北工业大学；16. 北京科技大学；17. 华南理工大学；18. 华中科技大学；19. 苏州大学；20. 复旦大学；22. 武汉理工大学；23. 天津大学；24. 吉林大学；33. 南京大学；34. 四川大学；35. 香港城市大学；37. 重庆大学；38. 南开大学；40. 武汉大学；45. 北京理工大学；47. 山东大学；48. 郑州大学；50. 大连理工大学；51. 北京航空航天大学；53. 北京化工大学；54. 中山大学；57. 同济大学；58. 香港科技大学；59. 厦门大学；62. 湖南大学；67. 南京工业大学；70. 电子科技大学；72. 东南大学；75. 香港理工大学；76. 南京航空航天大学；82. 中国东北大学；83. 上海大学；86. 台湾大学；94. 华东理工大学；96. 南京理工大学；97. 深圳大学；99. 东华大学；102. 台湾清华大学；107. 江苏大学；111. 江苏科技大学；116. 燕山大学；119. 香港大学；126. 青岛大学；135. 中国地质大学；136. 北京工业大学；137. 中国石油大学；139. 兰州大学；144. 香港中文大学；148. 台湾交通大学；151. 福州大学；154. 哈尔滨工程大学；158. 中北大学；160. 济南大学；163. 陕西师范大学；166. 西南交通大学；169. 台湾成功大学；171. 南京邮电大学；172. 太原理工大学；175. 暨南大学；177. 南方科技大学；189. 陕西科技大学；190. 合肥工业大学；198. 西南科技大学；203. 长沙理工大学；208. 北京交通大学；211. 南昌大学；212. 华东师范大学；221. 浙江工业大学；226. 河南大学；230. 中国矿业大学；242. 江南大学；257. 西安理工大学；261. 华南师范大学；265. 湘潭大学；271. 哈尔滨理工大学；277. 西北大学；282. 河南师范大学；284. 昆明理工大学；289. 扬州大学；291. 湖北大学；294. 西南大学；296. 武汉大学；300. 南京航空大学；306. 南京林业大学；307. 台湾科技大学；312. 南京师范大学；314. 浙江大学；315. 黑龙江大学；322. 中国海洋大学；323. 北京农业大学；329. 安徽工业大学；331. 广西大学；333. 山西大学；334. 北京师范大学；335. 海南大学；336. 东北大学；337. 兰州理工大学；344. 华中师范大学；349. 华南农业大学；350. 山东科技大学；352. 河北大学；353. 东北林业大学；363. 河北工业大学；364. 安徽大学；366. 宁波大学；367. 华北电力大学；370. 天津工业大学；371. 国防科技大学；375. 上海理工大学；380. 武汉工程大学；381. 湖南工业大学；386. 常州大学；417. 浙江师范大学；418. 台北科技大学；430. 空军军医大学；433. 天津理工大学；437. 河海大学；445. 齐鲁工业大学；446. 杭州电子科技大学；447. 台湾中兴大学；453. "台湾中央大学"；456. 温州大学；461. 首都师范大学；472. 中国药科大学；476. 长庚大学；477. 中国计量大学；480. 上海师范大学；481. 香港浸会大学；487. 桂林电子科技大学；503. 长安大学；525. 西北师范大学；526. 长春科技大学；536. 河南理工大学；539. 桂林工业大学；545. 华侨大学；548. 澳门大学；555. 哈尔滨师范大学；570. 中国医学科学院-北京协和医学院；586. 福建师范大学；603. 台湾中山大学；625. 逢甲大学；629. 江西师范大学；633. 台湾中原大学；641. 天津医科大学；649. 新疆大学；650. 温州医科大学；668. 台湾海洋大学

十二、数学

表 2-14 数学（MATHEMATICS）（共 210 个）（前 10 强与中国大学）

排名	英文名称	中文名称	国家/地区	总得分
1	SORBONNE UNIVERSITE	索邦大学	法国	100.00
2	UNIVERSITE DE PARIS	巴黎大学	法国	91.36
3	UNIVERSITY OF PARIS DIDEROT	巴黎第七大学	法国	90.08
4	MASSACHUSETTS INSTITUTE OF TECHNOLOGY	麻省理工学院	美国	88.57
5	STANFORD UNIVERSITY	斯坦福大学	美国	88.52
6	UNIVERSITY OF CALIFORNIA BERKELEY	加州大学伯克利分校	美国	88.21
7	UNIVERSITY OF CAMBRIDGE	剑桥大学	英国	84.35
8	UNIVERSITY OF OXFORD	牛津大学	英国	84.15
9	PRINCETON UNIVERSITY	普林斯顿大学	美国	83.77
10	UNIVERSITY OF CALIFORNIA LOS ANGELES	加州大学洛杉矶分校	美国	83.61

其他中国机构：14. 哈尔滨工业大学；22. 山东科技大学；23. 曲阜师范大学；25. 东南大学；26. 中南大学；29. 浙江师范大学；30. 电子科技大学；39. 北京大学；43. 复旦大学；45. 南开大学；46. 山东大学；47. 上海交通大学；50. 中山大学；51. 北京师范大学；57. 中国矿业大学；62. 厦门大学；63. 华东师范大学；68. 浙江大学；72. 清华大学；74. 华中科技大学；76. 南京大学；77. 香港浸会大学；78. 中国科学技术大学；83. 香港中文大学；87. 香港城市大学；89. 上海大学；92. 兰州大学；94. 香港理工大学；97. 武汉大学；98. 大连理工大学；102. 华南师范大学；103. 湘潭大学；105. 西安交通大学；123. 吉林大学；127. 四川大学；136. 重庆大学；140. 华中师范大学；141. 天津工业大学；148. 同济大学；153. 西南大学；157. 上海师范大学；161. 东北师范大学；168. 苏州大学

十三、微生物学

表 2-15 微生物学（MICROBIOLOGY）（共 298 个）（前 10 强与中国大学）

排名	英文名称	中文名称	国家/地区	总得分
1	HARVARD UNIVERSITY	哈佛大学	美国	100.00
2	UNIVERSITY OF WASHINGTON	华盛顿大学	美国	81.53
3	MASSACHUSETTS INSTITUTE OF TECHNOLOGY	麻省理工学院	美国	81.43
4	UNIVERSITY OF OXFORD	牛津大学	英国	80.09
5	CORNELL UNIVERSITY	康奈尔大学	美国	77.43
6	UNIVERSITY OF CALIFORNIA BERKELEY	加州大学伯克利分校	美国	75.31
7	IMPERIAL COLLEGE LONDON	伦敦帝国学院	英国	74.48
8	UNIVERSITY OF CALIFORNIA SAN FRANCISCO	加州大学旧金山分校	美国	74.34
9	AIX-MARSEILLE UNIVERSITE	艾克斯-马赛大学	法国	73.92
10	DUKE UNIVERSITY	杜克大学	美国	73.90

其他中国机构：37. 浙江大学；41. 中国科学院大学；63. 中国农业大学；69. 复旦大学；74. 中山大学；88. 香港大学；97. 华南农业大学；113. 北京大学；130. 华中农业大学；135. 南京农业大学；142. 上海交通大学；159. 中国医学科学院-北京协和医学院；163. 武汉大学；193. 清华大学；210. 山东大学；214. 厦门大学；244. 台湾大学；262. 吉林大学

十四、分子生物学与遗传学

表 2-16 分子生物学与遗传学（MOLECULAR BIOLOGY & GENETICS）（共 466 个）（前 10 强与中国大学）

排名	英文名称	中文名称	国家/地区	总得分
1	HARVARD UNIVERSITY	哈佛大学	美国	100.00
2	MASSACHUSETTS INSTITUTE OF TECHNOLOGY	麻省理工学院	美国	86.16
3	UNIVERSITY OF CALIFORNIA SAN FRANCISCO	加州大学旧金山分校	美国	76.04
4	STANFORD UNIVERSITY	斯坦福大学	美国	76.00
5	UNIVERSITY OF CAMBRIDGE	剑桥大学	英国	75.61
6	JOHNS HOPKINS UNIVERSITY	约翰·霍普金斯大学	美国	72.68
7	UNIVERSITY OF PENNSYLVANIA	宾夕法尼亚大学	美国	72.35
8	UNIVERSITY OF TORONTO	多伦多大学	加拿大	72.30
9	UNIVERSITY OF OXFORD	牛津大学	英国	72.10
10	UNIVERSITY OF CALIFORNIA SAN DIEGO	加州大学圣迭戈分校	美国	71.45

其他中国机构：52. 上海交通大学；84. 北京大学；92. 复旦大学；101. 中国科学院大学；112. 浙江大学；114. 南京医科大学；121. 中山大学；157. 中国医学科学院-北京协和医学院；160. 香港大学；165. 中南大学；177. 四川大学；188. 清华大学；193. 台湾大学；199. 香港中文大学；219. 山东大学；223. 华中科技大学；232. 西安交通大学；243. 苏州大学；249. 同济大学；256. 广州医科大学；265. 海军军医大学；272. 华中农业大学；274. 首都医科大学；279. 武汉大学；282. 哈尔滨医科大学；283. 南方医科大学；286. 中国农业大学；293. 郑州大学；303. 西北农林科技大学；304. 吉林大学；309. 中国医科大学；312. 天津医科大学；318. 陆军军医大学；320. 南开大学；323. 台湾中国医药大学；324. 东南大学；325. 空军军医大学；338. 温州医科大学；339. 暨南大学；346. 南京农业大学；357. 台湾阳明大学；362. 厦门大学；375. 长庚大学；382. 香港科技大学；386. 重庆医科大学；393. 安徽医科大学；410. 台湾成功大学；414. 中国科学技术大学；417. 南开大学；440. 台北医学大学

十五、综合交叉学科

表 2-17 综合交叉学科（MULTIDISCIPLINARY）（共 72 个）（前 10 强与中国大学）

排名	英文名称	中文名称	国家/地区	总得分
1	HARVARD UNIVERSITY	哈佛大学	美国	100.00
2	STANFORD UNIVERSITY	斯坦福大学	美国	83.03
3	UNIVERSITY OF CALIFORNIA SAN DIEGO	加州大学圣迭戈分校	美国	82.36
4	MASSACHUSETTS INSTITUTE OF TECHNOLOGY	麻省理工学院	美国	80.33
5	UNIVERSITY OF OXFORD	牛津大学	英国	79.85
6	JOHNS HOPKINS UNIVERSITY	约翰·霍普金斯大学	美国	76.47
7	UNIVERSITY OF CALIFORNIA SAN FRANCISCO	加州大学旧金山分校	美国	74.36
8	YALE UNIVERSITY	耶鲁大学	美国	74.02
9	UNIVERSITY OF CALIFORNIA BERKELEY	加州大学伯克利分校	美国	72.14
10	UTRECHT UNIVERSITY	乌得勒支大学	荷兰	71.43

其他中国机构：11. 清华大学；28. 北京大学；57. 香港大学

十六、神经科学与行为科学

表 2-18 神经科学与行为科学（NEUROSCIENCE & BEHAVIOR）（共 528 个）（前 10 强与中国大学）

排名	英文名称	中文名称	国家/地区	总得分
1	HARVARD UNIVERSITY	哈佛大学	美国	100.00
2	UNIVERSITY COLLEGE LONDON	伦敦大学学院	英国	87.54
3	JOHNS HOPKINS UNIVERSITY	约翰·霍普金斯大学	美国	81.80
4	UNIVERSITY OF CALIFORNIA SAN FRANCISCO	加州大学旧金山分校	美国	81.43
5	UNIVERSITY OF TORONTO	多伦多大学	加拿大	79.99
6	UNIVERSITY OF PENNSYLVANIA	宾夕法尼亚大学	美国	79.10
7	STANFORD UNIVERSITY	斯坦福大学	美国	78.77
8	COLUMBIA UNIVERSITY	哥伦比亚大学	美国	76.40
9	UNIVERSITY OF CALIFORNIA SAN DIEGO	加州大学圣迭戈分校	美国	74.86
10	UNIVERSITY OF OXFORD	牛津大学	英国	74.62

其他中国机构：88. 首都医科大学；111. 复旦大学；131. 北京大学；138. 上海交通大学；184. 中山大学；187. 中南大学；209. 四川大学；211. 香港大学；217. 香港中文大学；220. 南京大学；221. 北京师范大学；222. 华中科技大学；227. 南京医科大学；228. 台湾大学；229. 空军军医大学；242. 重庆医科大学；246. 浙江大学；251. 陆军军医大学；259. 中国科学院大学；267. 中国医学科学院-北京协和医学院；270. 天津医科大学；279. 中国医科大学；300. 台湾阳明大学；303. 武汉大学；341. 长庚大学；342. 吉林大学；354. 台北医学大学；360. 山东大学；365. 南方医科大学；367. 清华大学；371. 郑州大学；372. 电子科技大学；379. 西安交通大学；385. 同济大学；390. 苏州大学；403. 南通大学；418. 青岛大学；430. 海军军医大学；440. 西南大学；443. 台湾中国医药大学；450. 东南大学；458. 温州医科大学；464. 杭州师范大学；477. 台湾成功大学；480. 河北医科大学；486. 哈尔滨医科大学

十七、药理学与毒物学

表 2-19 药理学与毒物学（PHARMACOLOGY & TOXICOLOGY）（共 622 个）（前 10 强与中国大学）

排名	英文名称	中文名称	国家/地区	总得分
1	HARVARD UNIVERSITY	哈佛大学	美国	100.00
2	UNIVERSITY COLLEGE LONDON	伦敦大学学院	英国	87.11
3	UTRECHT UNIVERSITY	乌得勒支大学	荷兰	84.89
4	MONASH UNIVERSITY	莫纳什大学	澳大利亚	83.65
5	UNIVERSITY OF COPENHAGEN	哥本哈根大学	丹麦	83.43
6	UNIVERSITY OF NORTH CAROLINA CHAPEL HILL	北卡罗来纳大学教堂山分校	美国	82.61
7	UNIVERSITE DE PARIS	巴黎大学	法国	82.34
8	UNIVERSITY OF PARIS DIDEROT	巴黎第七大学	法国	79.93
9	KAROLINSKA INSTITUTET	卡罗林斯卡医学院	瑞典	78.89
10	JOHNS HOPKINS UNIVERSITY	约翰·霍普金斯大学	美国	78.80

其他中国机构：13. 中国医学科学院-北京协和医学院；24. 中国药科大学；26. 北京大学；28. 中山大学；31. 上海交通大学；41. 浙江大学；49. 复旦大学；52. 沈阳药科大学；53. 山东大学；58. 四川大学；72. 首都医科大学；84. 南京医科大学；97. 吉林大学；110. 苏州大学；111. 香港中文大学；116. 台湾中国医药大学；117. 中国科学院大学；华中科技大学；125. 中南大学；129. 台湾大学；131. 海军军医大学；138. 西安交通大学；154. 温州医科大学；164. 上海中医药大学；175. 东南大学；180. 南京中医药大学；182. 南方医科大学；189. 南京大学；194. 郑州大学；198. 暨南大学；202. 香港大学；220. 武汉大学；240. 长庚大学；241. 北京中医药大学；242. 中国医科大学；251. 广州医科大学；254. 空军军医大学；256. 台北医学大学；270. 安徽医科大学；294. 哈尔滨医科大学；296. 澳门大学；312. 高雄医学大学；313. 陆军军医大学；314. 重庆医科大学；325. 山东第一医科大学；328. 同济大学；336. 清华大学；340. 大连理工大学；344. 天津医科大学；346. 浙江中医药大学；347. 广州中医药大学；348. 台湾阳明大学；352. 华中农业大学；364. 青岛大学；385. 兰州大学；393. 台湾成功大学；396. 南开大学；399. 南昌大学；420. 中国海洋大学；445. 天津中医药大学；475. 南通大学；479. 厦门大学；486. 西南大学；495. 徐州医科大学；496. 中山医学大学；502. 香港浸会大学；504. 台湾中兴大学；505. 亚洲大学（中国台湾）；506. 中国农业大学；511. 广西医科大学；512. 香港理工大学；517. 华东理工大学；522. 西北大学；529. 烟台大学；535. 台湾医学院；538. 西北农林科技大学；545. 天津大学；551. 河北医科大学；562. 江苏大学；600. 台湾中山大学

十八、物理学

表 2-20 物理学（PHYSICS）（共 518 个）（前 10 强与中国大学）

排名	英文名称	中文名称	国家/地区	总得分
1	MASSACHUSETTS INSTITUTE OF TECHNOLOGY	麻省理工学院	美国	100.00
2	UNIVERSITY OF TOKYO	东京大学	日本	98.13
3	UNIVERSITY OF CHICAGO	芝加哥大学	美国	97.37
4	STANFORD UNIVERSITY	斯坦福大学	美国	96.05
5	UNIVERSITY OF CALIFORNIA BERKELEY	加州大学伯克利分校	美国	95.58
6	SORBONNE UNIVERSITE	索邦大学	法国	93.24
7	TSINGHUA UNIVERSITY	清华大学	中国	90.72
8	UNIVERSITY OF CAMBRIDGE	剑桥大学	英国	90.64
9	HARVARD UNIVERSITY	哈佛大学	美国	90.03
10	UNIVERSITY OF MARYLAND COLLEGE PARK	马里兰大学帕克分校	美国	89.50

其他中国机构：15. 中国科学技术大学；22. 北京大学；25. 中国科学院大学；33. 南京大学；69. 上海交通大学；81. 浙江大学；97. 台湾大学；116. 山东大学；118. 华中科技大学；128. 复旦大学；154. 北京航空航天大学；157. 中山大学；159. 台湾清华大学；186. 西安交通大学；219. 香港大学；221. 吉林大学；224. 哈尔滨工业大学；225. 香港中文大学；237. 电子科技大学；264. "台湾中央大学"；270. 南开大学；271. 东南大学；284. 香港科技大学；290. 华中师范大学；311. 武汉大学；321. 苏州大学；323. 深圳大学；324. 北京理工大学；335. 兰州大学；337. 湖南大学；338. 西北工业大学；349. 四川大学；369. 北京师范大学；383. 天津大学；389. 香港城市大学；408. 香港理工大学；417. 上海大学；418. 台湾交通大学；428. 厦门大学；437. 同济大学；442. 台湾成功大学；447. 国防科技大学；448. 大连理工大学；451. 北京邮电大学；476. 华南理工大学；481. 华东师范大学；490. 重庆大学

十九、植物学与动物学

表 2-21　植物学与动物学（PLANT & ANIMAL SCIENCE）（共 827 个）（前 10 强与中国大学）

排名	英文名称	中文名称	国家/地区	总得分
1	UNIVERSITY OF CALIFORNIA DAVIS	加州大学戴维斯分校	美国	100.00
2	WAGENINGEN UNIVERSITY & RESEARCH	瓦格宁根大学	荷兰	99.45
3	GHENT UNIVERSITY	根特大学	比利时	96.28
4	CORNELL UNIVERSITY	康奈尔大学	美国	95.91
5	UNIVERSITY OF CHINESE ACADEMY OF SCIENCES	中国科学院大学	中国	95.38
6	UNIVERSITY OF FLORIDA	佛罗里达大学	美国	94.49
7	MICHIGAN STATE UNIVERSITY	密歇根州立大学	美国	89.90
8	SWEDISH UNIVERSITY OF AGRICULTURAL SCIENCES	瑞典农业科学大学	瑞典	89.87
9	UNIVERSITE DE MONTPELLIER	蒙彼利埃大学	法国	88.23
10	UNIVERSIDADE DE SAO PAULO	圣保罗大学	巴西	88.16

其他中国机构：13. 中国农业大学；21. 南京农业大学；41. 浙江大学；42. 华中农业大学；53. 西北农林科技大学；94. 华南农业大学；111. 中山大学；121. 山东农业大学；128. 台湾大学；144. 北京林业大学；199. 北京大学；202. 四川农业大学；209. 福建农林大学；228. 扬州大学；236. 中国海洋大学；247. 清华大学；248. 贵州大学；286. 安徽农业大学；289. 上海海洋大学；302. 西南大学；303. 台湾中兴大学；307. 复旦大学；310. 香港大学；318. 山东师范大学；334. 上海交通大学；338. 台湾海洋大学；341. 山东大学；346. 兰州大学；351. 华东师范大学；378. 东北农业大学；414. 浙江农林大学；415. 中国医学科学院-北京协和医学院；430. 湖南农业大学；436. 河南农业大学；446. 东北林业大学；450. 武汉大学；457. 厦门大学；462. 香港中文大学；482. 南京林业大学；500. 杭州师范大学；506. 四川大学；510. 华南师范大学；530. 首都师范大学；531. 青岛农业大学；553. 海南大学；560. 广西大学；611. 北京师范大学；617. 沈阳农业大学；619. 南京师范大学；640. 吉林大学；647. 南开大学；655. 河北农业大学；665. 云南大学；667. 宁波大学；674. 上海师范大学；693. 东北师范大学；707. 江西农业大学；710. 台湾中山大学；735. 中国科学技术大学；769. 华中科技大学；772. 海军军医大学；776. 暨南大学；789. 香港浸会大学；796. 台湾成功大学；802. 重庆大学；826. 河北师范大学

二十、精神病学与行为科学

表 2-22　精神病学与行为科学（PSYCHIATRY & PSYCHOLOGY）（共 525 个）（前 10 强与中国大学）

排名	英文名称	中文名称	国家/地区	总得分
1	HARVARD UNIVERSITY	哈佛大学	美国	100.00
2	KINGS COLLEGE LONDON	伦敦国王学院	英国	94.75
3	COLUMBIA UNIVERSITY	哥伦比亚大学	美国	85.78
4	UNIVERSITY COLLEGE LONDON	伦敦大学学院	英国	83.97
5	UNIVERSITY OF TORONTO	多伦多大学	加拿大	83.89
6	YALE UNIVERSITY	耶鲁大学	美国	81.76
7	UNIVERSITY OF CALIFORNIA LOS ANGELES	加州大学洛杉矶分校	美国	80.86
8	UNIVERSITY OF MELBOURNE	墨尔本大学	澳大利亚	78.62
9	UNIVERSITY OF OXFORD	牛津大学	英国	78.54
10	UNIVERSITY OF PENNSYLVANIA	宾夕法尼亚大学	美国	78.47

其他中国机构：108. 香港大学；154. 北京大学；156. 香港中文大学；216. 上海交通大学；278. 北京师范大学；297. 中南大学；319. 台湾大学；342. 四川大学；415. 香港理工大学；428. 澳门大学；439. 香港城市大学；468. 中山大学；480. 香港教育大学；486. 中国科学院大学；489. 台湾阳明大学；525. 台湾成功大学

二十一、社会科学

表 2-23 社会科学（SOCIAL SCIENCES，GENERAL）（共 1009 个）（前 10 强与中国大学）

排名	英文名称	中文名称	国家/地区	总得分
1	HARVARD UNIVERSITY	哈佛大学	美国	100.00
2	UNIVERSITY OF OXFORD	牛津大学	英国	84.04
3	UNIVERSITY OF TORONTO	多伦多大学	加拿大	83.10
4	JOHNS HOPKINS UNIVERSITY	约翰·霍普金斯大学	美国	82.91
5	UNIVERSITY COLLEGE LONDON	伦敦大学学院	英国	82.89
6	UNIVERSITY OF WASHINGTON	华盛顿大学	美国	82.84
7	COLUMBIA UNIVERSITY	哥伦比亚大学	美国	80.86
8	STANFORD UNIVERSITY	斯坦福大学	美国	80.67
9	UNIVERSITY OF NORTH CAROLINA CHAPEL HILL	北卡罗来纳大学教堂山分校	美国	80.61
10	UNIVERSITY OF SYDNEY	悉尼大学	澳大利亚	77.93
其他中国机构：82. 香港理工大学；92. 香港大学；135. 北京大学；148. 北京师范大学；158. 香港中文大学；159. 中山大学；169. 武汉大学；177. 中国科学院大学；235. 香港城市大学；237. 东南大学；268. 中南大学；297. 清华大学；303. 香港浸会大学；308. 浙江大学；330. 台湾大学；335. 同济大学；336. 华东师范大学；337. 复旦大学；338. 厦门大学；404. 西安交通大学；414. 台湾成功大学；423. 上海交通大学；444. 南京大学；450. 华中科技大学；454. 北京航空航天大学；463. 中国人民大学；488. 大连理工大学；504. 香港教育大学；511. 中国地质大学；555. 澳门大学；565. 台湾科技大学；567. 华南理工大学；572. 四川大学；573. 台湾师范大学；606. 台湾交通大学；611. 北京理工大学；613. 山东大学；622. 哈尔滨工业大学；652. 中国科学技术大学；668. 香港科技大学；681. "台湾中央大学"；702. 中国农业大学；706. 台湾中山大学；708. 台湾政治大学；710. 中国医学科学院-北京协和医学院；728. 台湾阳明大学；732. 上海财经大学；780. 台北医学大学；792. 天津大学；793. 亚洲大学（中国台湾）；832. 北京交通大学；842. 南京航空航天大学；876. 南开大学；881. 台湾清华大学；898. 首都医科大学；922. 上海大学；923. 南京医科大学；924. 高雄科技大学；930. 彰化师范大学；935. 台湾中正大学；956. 淡江大学；972. 华北电力大学；974. 台湾中国医药大学；982. 高雄医科大学；986. 长庚大学；991. 辅仁大学；1003. 海军军医大学；1007. 台湾东华大学			

二十二、空间科学

表 2-24 空间科学（SPACE SCIENCE）（共 96 个）（前 10 强与中国大学）

排名	英文名称	中文名称	国家/地区	总得分
1	CALIFORNIA INSTITUTE OF TECHNOLOGY	加州理工学院	美国	100.00
2	HARVARD UNIVERSITY	哈佛大学	美国	99.12
3	UNIVERSITY OF CALIFORNIA BERKELEY	加州大学伯克利分校	美国	92.41
4	SORBONNE UNIVERSITE	索邦大学	法国	93.07
5	UNIVERSITE DE PARIS	巴黎大学	法国	91.79
6	UNIVERSITY OF PARIS DIDEROT	巴黎第七大学	法国	91.78
7	UNIVERSITY OF CAMBRIDGE	剑桥大学	英国	86.82
8	UNIVERSITY OF ARIZONA	亚利桑那大学	美国	83.16
9	UNIVERSITY OF CALIFORNIA SANTA CRUZ	加州大学圣克鲁兹分校	美国	80.37
10	JOHNS HOPKINS UNIVERSITY	约翰·霍普金斯大学	美国	80.99
其他中国机构：无			

第四节 世界一流学科排行榜（2020）（分108个学科）

一、安全科学与工程学科

表2-25 安全科学与工程学科（前5强与中国大学）

排名	英文名称	中文名称	国家/地区	总得分
1	HARVARD UNIVERSITY	哈佛大学	美国	100.00
2	CHINESE CTR DIS CONTROL & PREVENT	中国疾病预防控制中心	中国	76.10
3	UNIVERSITY NORTH CAROLINA	北卡罗来纳大学	美国	64.60
4	UNIVERSITY OF WASHINGTON	华盛顿大学	美国	60.00
5	UNIVERSITY OF CALIFORNIA SAN FRANCISCO	加州大学旧金山分校	美国	56.50

其他中国机构：126. 香港大学；139. 北京大学；155. 中国科学院；166. 复旦大学；182. 香港中文大学；300. 上海交通大学；304. 中山大学；374. 华中科技大学；382. 中南大学；393. 四川大学；409. 山东大学；414. 浙江大学；432. 清华大学；435. 香港理工大学；490. 首都医科大学；528. 武汉大学；560. 西安交通大学；576. 南京医科大学；586. 同济大学；589. 中国医科大学；602. 东南大学；647. 北京师范大学；658. 中国医学科学院-北京协和医学院；708. 重庆医科大学；722. 安徽医科大学；737. 香港城市大学；746. 中国科学院大学；752. 南京大学；799. 海军军医大学；830. 哈尔滨医科大学；839. 南方医科大学；867. 郑州大学；955. 苏州大学；989. 吉林大学；1090. 陆军军医大学；1091. 天津医科大学；1229. 广西医科大学；1235. 兰州大学；1278. 中国科学技术大学；1291. 汕头大学；1295. 空军军医大学；1351. 香港浸会大学；1396. 福建医科大学；1429. 广州医科大学；1432. 昆明医科大学；1503. 暨南大学；1531. 北京交通大学；1577. 中国农业大学；1591. 厦门大学；1592. 河北医科大学；1616. 南通大学；1618. 青岛大学；1640. 澳门大学；1672. 陕西师范大学；1678. 天津大学；1695. 中国人民大学；1705. 温州医科大学；1742. 哈尔滨工业大学；1815. 深圳大学；1817. 中国矿业大学；1818. 山西医科大学；1823. 长安大学；1848. 大连医科大学；1850. 新疆医科大学；1881. 河南大学；1901. 南昌大学；1930. 中国农业大学；1934. 河海大学；1951. 湖南大学；1965. 海南医学院；1978. 香港科技大学；2002. 重庆大学；2146. 上海大学；2154. 北京航空航天大学；2168. 武汉理工大学；2189. 宁夏医科大学；2214. 石河子大学；2228. 中国地质大学；2229. 大连理工大学；2265. 华东师范大学；2316. 南京信息工程大学；2462. 南开大学；2479. 广东药科大学；2494. 西南大学；2534. 北京理工大学；2557. 四川农业大学；2606. 南京农业大学；2653. 西北农林科技大学；2670. 江南大学；2680. 宁波大学；2707. 扬州大学；2803. 北京工业大学；2865. 东北师范大学；2937. 海南医学院

二、材料科学与工程（可授工学、理学学位）学科

表2-26 材料科学与工程（可授工学、理学学位）学科（前5强与中国大学）

排名	英文名称	中文名称	国家/地区	总得分
1	CHINESE ACAD SCI	中国科学院	中国	100.00
2	TSINGHUA UNIVERSITY	清华大学	中国	25.50
3	NANYANG TECHNOL UNIVERSITY	南洋理工大学	新加坡	20.70
4	MASSACHUSETTS INSTITUTE OF TECHNOLOGY	麻省理工学院	美国	18.60
5	HARBIN INSTITUTE OF TECHNOLOGY	哈尔滨工业大学	中国	17.60

其他中国机构：6. 浙江大学；7. 上海交通大学；9. 中国科学院大学；11. 中国科学技术大学；12. 北京大学；17. 吉林大学；23. 复旦大学；24. 华南理工大学；25. 北京科技大学；27. 西安交通大学；30. 华中科技大学；31. 天津大学；32. 苏州大学；33. 中南大学；34. 南京大学；35. 西北工业大学；38. 四川大学；44. 山东大学；45. 北京航空航天大学；48. 大连理工大学；53. 武汉理工大学；57. 东南大学；60. 香港城市大学；63. 武汉大学；64. 重庆大学；68. 同济大学；73. 中山大学；74. 北京理工大学；77. 上海大学；78. 南开大学；79. 北京化工大学；81. 厦门大学；88. 香港理工大学；94. 东北大学；97. 中国东北大学；97. 南京大学；104. 湖南大学；106. 南京航空航天大学；107. 香港科技大学；112. 电子科技大学；115. 兰州大学；120. 南京理工大学；143. 江苏大学；151. 华东理工大学；167. 福州大学；172. 北京工业大学；176. 太原理工大学；184. 哈尔滨工程大学；194. 香港大学；199. 郑州大学；211. 燕山大学；215. 深圳大学；219. 西南交通大学；225. 中国地质大学；226. 香港中文大学；228. 合肥工业大学；239. 华东师范大学；242. 中国科学院；260. 中国石油大学；271. 湘潭大学；285. 中国矿业大学；299. 暨南大学；305. 西南大学；310. 陕西师范大学；315. 昆明理工大学；317. 南京邮电大学；318. 东北师范大学；324. 浙江工业大学；331. 江南大学；337. 安徽大学；351. 暨南大学；363. 广东工业大学；368. 国防科技大学；371. 宁波大学；372. 陕西科技大学；375. 北京师范大学；380. 北京交通大学；385. 华南师范大学；387. 浙江理工大学；388. 广西大学；390. 河北工业大学；392. 湖北大学；395. 天津工业大学；398. 河南大学；406. 武汉科技大学；407. 南昌大学；410. 青岛大学；416. 青岛科技大学；422. 西北大学；429. 常州大学；442. 河海大学；447. 浙江师范大学；450. 西安工业大学；464. 扬州大学；465. 华中师范大学；475. 兰州理工大学；498. 安徽工业大学；517. 上海理工大学；518. 华北电力大学；524. 江苏科技大学；525. 中北大学；535. 南昌航空大学；539. 中国海洋大学；543. 南京师范大学；550. 西南科技大学；552. 北京林业大学；553. 华东理工大学；557. 长安大学；561. 东北林业大学；571. 武汉工程大学；576. 天津科技大学；580. 黑龙江大学；595. 中国计量大学

注：表格中如果多次出现"中国科学院"，那么第一处为中国科学院，其他为中国科学院下属机构，下同。

三、测绘科学与技术学科

表 2-27 测绘科学与技术学科（前 5 强与中国大学）

排名	英文名称	中文名称	国家/地区	总得分
1	CHINESE ACAD SCI	中国科学院	中国	100.00
2	WUHAN UNIVERSITY	武汉大学	中国	55.70
3	NASA	美国航空航天局	美国	53.10
4	UNIVERSITY MARYLAND	马里兰大学	美国	31.60
5	BEIJING NORMAL UNIVERSITY	北京师范大学	中国	28.00

其他中国机构：6. 中国科学院大学；11. 西安电子科技大学；20. 清华大学；21. 国防科技大学；24. 南京大学；27. 北京大学；31. 香港理工大学；37. 中国地质大学；42. 北京航空航天大学；57. 南京信息工程大学；58. 同济大学；59. 电子科技大学；60. 香港中文大学；62. 中国矿业大学；68. 哈尔滨工业大学；69. 浙江大学；70. 西北工业大学；76. 中山大学；101. 中南大学；105. 河海大学；112. 中国农业大学；120. 复旦大学；126. 华中科技大学；140. 华东师范大学；161. 南京师范大学；165. 北京理工大学；167. 厦门大学；175. 深圳大学；179. 湖南大学；197. 中国科学院；204. 西南交通大学；208. 首都师范大学；209. 中国农业大学；214. 吉林大学；252. 中国科学院；253. 浙江农林大学；256. 上海交通大学；261. 中国海洋大学；264. 北京化工大学；278. 南京理工大学；280. 长安大学；283. 中国石油大学；328. 山东科技大学；339. 兰州大学；340. 南京航空航天大学；344. 西安交通大学；363. 江西师范大学；366. 哈尔滨工程大学；401. 中国科学院；411. 福州大学；434. 西安科技大学；451. 华中师范大学；470. 上海海洋大学；476. 北京林业大学；500. 南京林业大学；502. 湖北大学；508. 天津大学；509. 中国科学技术大学；531. 东北师范大学；533. 澳门大学；541. 东南大学；561. 西北大学；562. 桂林理工大学；574. 西南林业大学；581. 中国农业大学；592. 大连海事大学；598. 中国科学院；615. 西南大学；624. 河南大学；632. 重庆大学；650. 大连理工大学；651. 香港大学；665. 华中农业大学；666. 合肥工业大学；678. 华南师范大学；706. 西南大学；707. 西北农林科技大学；726. 陕西师范大学；727. 辽宁工程技术大学；752. 香港科技大学；765. 天津师范大学；779. 武汉理工大学；794. 东北林业大学；796. 南京邮电大学；811. 华南理工大学；821. 山东大学；822. 上海师范大学；831. 福建师范大学；835. 宁波大学；842. 解放军信息工程大学；843. 河南理工大学

四、城乡规划学学科

表 2-28 城乡规划学学科（前 5 强与中国大学）

排名	英文名称	中文名称	国家/地区	总得分
1	WORLD BANK	世界银行	美国	100.00
2	UNIVERSITY OF MANCHESTER	曼彻斯特大学	英国	87.30
3	UNIVERSITY SUSSEX	萨塞克斯大学	英国	77.10
4	UNIVERSITY OF OXFORD	牛津大学	英国	74.40
5	UNIVERSITY OF CALIFORNIA BERKELEY	加州大学伯克利分校	美国	74.40

其他中国机构：8. 中国科学院；15. 香港大学；27. 香港理工大学；36. 北京大学；56. 清华大学；61. 浙江大学；65. 香港城市大学；66. 北京师范大学；97. 香港中文大学；104. 中山大学；119. 南京大学；143. 中国农业大学；150. 中国科学院大学；154. 同济大学；159. 中国人民大学；167. 华东师范大学；177. 复旦大学；185. 武汉大学；286. 中央财经大学；309. 重庆大学；351. 香港浸会大学；378. 东南大学；389. 华南理工大学；408. 北京林业大学；436. 西南财经大学；441. 上海财经大学；475. 中国科学院；486. 上海交通大学；510. 香港科技大学；513. 哈尔滨工业大学；517. 对外经济贸易大学；524. 湖南大学；544. 北京理工大学；551. 南京农业大学；565. 暨南大学；591. 大连理工大学；592. 厦门大学；638. 华中科技大学；651. 宁波诺丁汉大学；690. 西安交通大学；695. 澳门大学；713. 浙江财经大学；725. 山东大学；739. 陕西师范大学；745. 西交利物浦大学；787. 北京交通大学；834. 南开大学；844. 中国地质大学；853. 江西财经大学；855. 广州大学；858. 上海大学；859. 深圳大学；861. 浙江农林大学；865. 华南农业大学；875. 西北大学；898. 中国农业大学；905. 四川大学；928. 东北师范大学；946. 西北农林科技大学；1000. 天津大学；1044. 北京航空航天大学；1046. 西南大学；1076. 内蒙古大学；1101. 南京师范大学；1118. 华东师范大学；1125. 兰州大学；1128. 武汉理工大学；1144. 中央民族大学；1148. 浙江工业大学；1163. 江苏师范大学；1175. 中南财经政法大学；1201. 合肥工业大学；1222. 河南大学；1231. 吉林大学；1234. 中国科学技术大学；1248. 河海大学；1253. 中国海洋大学；1280. 电子科技大学；1327. 西北师范大学；1356. 中国矿业大学；1359. 南京财经大学；1387. 北京邮电大学；1389. 山东建筑大学；1412. 华侨大学；1441. 长安大学；1464. 南京信息工程大学；1474. 安徽财经大学；1475. 浙江工商大学；1480. 中山大学；1516. 西南交通大学；1529. 云南财经大学；1552. 上海师范大学；1578. 浙江理工大学；1629. 浙江科学学院；1669. 香港教育大学；1700. 首都经济贸易大学；1745. 南京林业大学；1844. 华南农业大学；1845. 上海海洋大学；1847. 青岛大学；1860. 内蒙古农业大学；1872. 上海财经大学；1926. 福州大学；1961. 上海金融学院；1967. 中国东北大学；1995. 中南大学；2001. 北京工业大学

五、畜牧学学科

表 2-29　畜牧学学科（前 5 强与中国大学）

排名	英文名称	中文名称	国家/地区	总得分
1	INRA	法国国家农业科学研究院	法国	100.00
2	AGR & AGRIFOOD CANADA	加拿大农业及农业食品部	加拿大	68.10
3	ARS	美国农业科学研究院	美国	60.00
4	WAGENINGEN UNIVERSITY & RESEARCH	瓦格宁根大学	荷兰	56.80
5	UNIVERSITY OF GUELPH	圭尔夫大学	加拿大	53.60
其他中国机构：6. 中国农业大学；28. 南京农业大学；47. 西北农林科技大学；50. 中国科学院；57. 四川农业大学；59. 华中农业大学；61. 浙江大学；121. 华南农业大学；122. 东北农业大学；151. 山东农业大学；158. 扬州大学；177. 内蒙古农业大学；216. 江南大学；262. 山西农业大学；278. 吉林大学；293. 江西农业大学；326. 甘肃农业大学；329. 河南农业大学；334. 西南大学；341. 上海交通大学；373. 安徽农业大学；377. 兰州大学；388. 湖南农业大学；417. 南昌大学；422. 中国科学院大学；430. 沈阳农业大学；499. 吉林农业大学；507. 河南科技大学；514. 西南民族大学；542. 香港大学；560. 广西大学；578. 中山大学；605. 武汉轻工大学；618. 云南农业大学；633. 浙江农林大学；697. 中国科学院；703. 安徽科技学院；769. 山东农业大学；797. 石河子大学；836. 河北农业大学；837. 黑龙江八一农垦大学；885. 北京大学；909. 青岛农业大学；947. 河北农业大学；963. 四川大学；967. 河南师范大学；974. 内蒙古农业大学；979. 南京师范大学；1001. 复旦大学；1004. 福建农林大学；1036. 延边大学；1039. 江苏师范大学；1062. 广东海洋大学；1073. 新疆农业大学；1137. 金陵科技学院；1142. 中国海洋大学；1164. 北京林业大学；1215. 宁波大学；1241. 清华大学；1269. 天津农业大学；1273. 湖南师范大学；1290. 河北科技师范学院；1299. 厦门大学；1313. 西南科技大学；1338. 商丘师范学院；1342. 大连医科大学；1354. 香港中文大学；1369. 苏州大学；1402. 塔里木大学；1453. 吉林农业科技学院；1473. 哈尔滨医科大学；1482. 燕山大学；1501. 中国科学院；1502. 中国医学科学院-北京协和医学院；1520. 青海大学；1528. 长江大学；1530. 南京医科大学；1547. 海南大学；1548. 河北工程大学；1562. 电子科技大学；1604. 上海海洋大学；1605. 深圳大学；1642. 山东大学；1650. 宁夏大学；1655. 东北林业大学；1670. 河南工业大学；1679. 同济大学；1708. 江苏大学；1720. 北京农学院；1801. 浙江工商大学；1803. 合肥工业大学；1810. 北京工商大学；1821. 郑州大学；1868. 南京林业大学；1887. 哈尔滨工业大学；1905. 武汉大学			

六、船舶与海洋工程学科

表 2-30　船舶与海洋工程学科（前 5 强与中国大学）

排名	英文名称	中文名称	国家/地区	总得分
1	SHANGHAI JIAO TONG UNIVERSITY	上海交通大学	中国	100.00
2	DALIAN UNIVERSITY OF TECHNOLOGY	大连理工大学	中国	81.00
3	NASA	美国航空航天局	美国	69.50
4	NOAA	美国国家海洋和大气管理局	美国	66.60
5	DELFT UNIVERSITY TECHNOL	代尔夫特大学	荷兰	63.70
其他中国机构：6. 哈尔滨工程大学；9. 浙江大学；11. 中国科学院；15. 河海大学；20. 天津大学；22. 中国海洋大学；44. 武汉理工大学；58. 大连海事大学；63. 中国石油大学；68. 江苏科技大学；74. 华中科技大学；76. 同济大学；79. 清华大学；90. 东南大学；92. 西北工业大学；96. 武汉大学；110. 上海海事大学；117. 香港理工大学；127. 哈尔滨工业大学；129. 国防科技大学；144. 四川大学；145. 中国科学院大学；146. 香港科技大学；163. 西南石油大学；184. 北京航空航天大学；197. 中国人民解放军海军工程大学；205. 浙江海洋大学；213. 南京信息工程大学；232. 中山大学；238. 中国人民解放军陆军工程大学；246. 上海海洋大学；268. 中国矿业大学；277. 华南理工大学；293. 香港城市大学；297. 北京理工大学；298. 南京大学；308. 中南大学；311. 南京航空航天大学；331. 复旦大学；334. 北京工业大学；337. 中国科学院；338. 山东科技大学；354. 湖南大学；368. 香港中文大学；370. 北京大学；393. 山东大学；398. 杭州电子科技大学；400. 西南交通大学；411. 浙江工业大学；430. 厦门大学；434. 中国地质大学；438. 重庆交通大学；444. 长沙理工大学；451. 华东师范大学；471. 集美大学；472. 江苏大学；498. 上海大学；505. 北京交通大学；508. 重庆大学；530. 中国东北大学；540. 中国科学技术大学；549. 南京工业大学；550. 南京理工大学；569. 福州大学；574. 温州大学；584. 大连海洋大学；596. 青岛理工大学；637. 昆明理工大学；660. 香港大学；691. 中国计量大学；697. 澳门大学；706. 南开大学；740. 北京科技大学；750. 盐城工学院；792. 常州大学；814. 宁波大学；818. 深圳大学；839. 广西大学；850. 南京师范大学；854. 北京师范大学；862. 广西民族大学；863. 电子科技大学；865. 吉林大学；872. 天津城建大学；875. 西安交通大学；906. 长安大学；937. 中国科学院			

七、大气科学学科

表 2-31 大气科学学科（前 5 强与中国大学）

排名	英文名称	中文名称	国家/地区	总得分
1	CHINESE ACAD SCI	中国科学院	中国	100.00
2	NOAA	美国国家海洋和大气管理局	美国	83.30
3	NASA	美国航空航天局	美国	76.30
4	NATL CTR ATMOSPHER RES	美国国家大气研究中心	美国	68.80
5	UNIVERSITY COLORADO	科罗拉多大学	美国	62.40

其他中国机构：15. 南京信息工程大学；20. 北京大学；24. 中国科学院大学；43. 北京师范大学；46. 清华大学；51. 中国科学院；64. 南京大学；130. 中国海洋大学；140. 兰州大学；146. 武汉大学；150. 中山大学；160. 中国科学技术大学；203. 香港理工大学；231. 复旦大学；251. 中国地质大学；257. 香港城市大学；259. 西安交通大学；261. 香港科技大学；265. 香港中文大学；282. 山东大学；294. 浙江大学；309. 河海大学；406. 成都信息工程大学；408. 北京航空航天大学；419. 中国矿业大学；420. 中国农业大学；422. 华东师范大学；450. 香港大学；451. 西北农林科技大学；465. 中国人民解放军陆军工程大学；476. 同济大学；488. 厦门大学；560. 上海交通大学；582. 北京理工大学；613. 华南理工大学；618. 国防科技大学；621. 中国农业大学；635. 天津大学；663. 哈尔滨工业大学；670. 南开大学；672. 华中科技大学；746. 暨南大学；763. 北京林业大学；779. 上海大学；783. 南京农业大学；795. 云南大学；802. 大连理工大学；818. 中国科学院；826. 华北电力大学；841. 南京师范大学；864. 四川大学；888. 南昌大学；907. 东南大学；944. 中国石油大学；1011. 中国科学院；1014. 湖南大学；1025. 东北师范大学；1063. 吉林大学；1090. 成都理工大学；1109. 南京林业大学；1110. 南京航空航天大学；1111. 长沙理工大学；1140. 山东科技大学；1150. 长安大学；1176. 首都师范大学；1183. 北京工业大学；1264. 西南大学；1272. 上海海洋大学；1294. 西安电子科技大学；1357. 山西大学；1372. 电子科技大学；1382. 河南师范大学；1385. 中国医学科学院-北京协和医学院；1397. 浙江农林大学；1450. 东北林业大学；1476. 中国科学院；1477. 重庆大学；1519. 西安工业大学；1520. 武汉理工大学；1535. 陕西师范大学；1536. 华中农业大学；1603. 广西大学

八、地理学学科

表 2-32 地理学学科（前 5 强与中国大学）

排名	英文名称	中文名称	国家/地区	总得分
1	CHINESE ACAD SCI	中国科学院	中国	100.00
2	UNIVERSITY OF OXFORD	牛津大学	英国	32.40
3	UTRECHT UNIVERSITY	乌得勒支大学	荷兰	30.50
4	DURHAM UNIVERSITY	杜伦大学	英国	25.30
5	UNIVERSITY COLORADO	科罗拉多大学	美国	24.10

其他中国机构：12. 武汉大学；18. 中国科学院大学；27. 北京师范大学；41. 兰州大学；44. 北京大学；54. 南京大学；61. 中国地质大学；85. 香港大学；107. 中山大学；114. 华东师范大学；190. 香港中文大学；196. 同济大学；206. 浙江大学；226. 南京师范大学；230. 香港理工大学；234. 清华大学；254. 西安交通大学；319. 河海大学；390. 复旦大学；410. 中国科学院；422. 南京信息工程大学；429. 陕西师范大学；445. 西安电子科技大学；472. 香港城市大学；479. 中国海洋大学；504. 香港浸会大学；538. 西北师范大学；546. 中国人民大学；575. 中国农业大学；585. 中南大学；595. 哈尔滨工业大学；604. 西北农林科技大学；617. 厦门大学；628. 内蒙古大学；630. 中国矿业大学；635. 华南师范大学；639. 北京林业大学；649. 中国科学院；652. 吉林大学；657. 西南交通大学；661. 深圳大学；667. 中国农业大学；682. 西北大学；686. 首都师范大学；704. 河北师范大学；709. 上海交通大学；721. 成都理工大学；724. 福建师范大学；773. 新疆大学；775. 香港科技大学；785. 中国科学技术大学；792. 国防科技大学；803. 北京航空航天大学；833. 四川大学；849. 天津大学；854. 澳门大学；873. 电子科技大学；876. 西南大学；877. 云南大学；920. 山东科技大学；948. 广州大学；956. 中国科学院；977. 江西师范大学；988. 福州大学；1017. 上海大学；1025. 大连理工大学；1034. 华中农业大学；1038. 暨南大学；1044. 中国科学院；1074. 东北大学；1098. 西北工业大学；1106. 浙江农林大学；1131. 中国石油大学；1137. 上海海洋大学；1143. 长安大学；1144. 安徽师范大学；1147. 河南大学；1160. 上海理工大学；1163. 云南师范大学；1195. 哈尔滨工程大学；1209. 山东大学；1210. 青海大学；1215. 南京农业大学；1243. 云南财经大学；1251. 西交利物浦大学；1262. 华中科技大学；1283. 山东师范大学；1284. 山西大学；1305. 中国科学院；1326. 华中师范大学；1404. 湖南大学；1413. 北京理工大学；1424. 大连海事大学；1457. 南京理工大学；1460. 华南理工大学

九、地球物理学学科

表 2-33 地球物理学学科（前 5 强与中国大学）

排名	英文名称	中文名称	国家/地区	总得分
1	CHINESE ACAD SCI	中国科学院	中国	100.00
2	RUSSIAN ACAD SCI	俄罗斯科学院	俄罗斯	39.30
3	CHINA UNIVERSITY OF GEOSCIENCES	中国地质大学	中国	35.70
4	NASA	美国航空航天局	美国	34.30
5	US GEOL SURVEY	美国地质勘探局	美国	32.00
其他中国机构：20. 中国科学院；25. 中国科学院大学；27. 北京大学；38. 南京大学；40. 中国石油大学；49. 武汉大学；71. 北京师范大学；75. 香港大学；84. 中国科学技术大学；93. 同济大学；94. 中国矿业大学；111. 吉林大学；118. 兰州大学；130. 西北大学；162. 清华大学；178. 中国海洋大学；181. 浙江大学；201. 河海大学；219. 南京信息工程大学；225. 中山大学；243. 成都理工大学；266. 西安交通大学；303. 中南大学；311. 华东师范大学；353. 长安大学；357. 香港科技大学；377. 香港理工大学；403. 西安电子科技大学；405. 西南石油大学；427. 山东科技大学；435. 厦门大学；441. 西北农林科技大学；472. 哈尔滨工业大学；474. 大连理工大学；492. 上海交通大学；498. 北京航空航天大学；525. 中国科学院；535. 四川大学；546. 国防科技大学；552. 南京师范大学；610. 重庆大学；616. 山东大学；629. 合肥工业大学；652. 西南交通大学；655. 华中科技大学；662. 天津大学；671. 香港中文大学；680. 长江大学；690. 香港城市大学；702. 复旦大学；750. 中国农业大学；785. 东南大学；847. 电子科技大学；858. 桂林理工大学；882. 南昌大学；883. 湖南大学；899. 北京理工大学；906. 北京林业大学；915. 中国东北大学；916. 西北工业大学；924. 云南大学；936. 华中农业大学；953. 河南理工大学；955. 首都师范大学；1004. 太原理工大学；1019. 西安工业大学；1023. 北京科技大学；1024. 陕西师范大学；1025. 西南大学；1026. 贵州大学；1045. 长沙理工大学；1058. 西安科技大学；1099. 东北石油大学；1100. 中国农业大学；1137. 中国人民解放军陆军工程大学；1156. 上海海洋大学；1157. 北京工业大学；1201. 新疆大学；1285. 中国科学院；1287. 华北电力大学；1301. 南京农业大学；1309. 上海大学；1321. 西北师范大学；1334. 华南理工大学；1336. 北京交通大学；1351. 深圳大学；1358. 内蒙古大学			

十、地质学学科

表 2-34 地质学学科（前 5 强与中国大学）

排名	英文名称	中文名称	国家/地区	总得分
1	CHINESE ACAD SCI	中国科学院	中国	100.00
2	CHINA UNIVERSITY OF GEOSCIENCES	中国地质大学	中国	54.40
3	RUSSIAN ACAD SCI	俄罗斯科学院	俄罗斯	41.30
4	CHINESE ACAD GEOL SCI	中国科学院	中国	36.10
5	PEKING UNIVERSITY	北京大学	中国	17.80
其他中国机构：7. 中国科学院大学；13. 南京大学；30. 香港大学；45. 吉林大学；46. 西北大学；52. 中南大学；59. 兰州大学；61. 中国科学技术大学；157. 成都理工大学；165. 同济大学；172. 中山大学；185. 合肥工业大学；188. 中国矿业大学；204. 长安大学；257. 首都师范大学；259. 中国石油大学；277. 浙江大学；291. 中国东北大学；295. 北京科技大学；320. 华东师范大学；356. 北京师范大学；367. 西安交通大学；384. 中国海洋大学；390. 山东大学；406. 武汉大学；408. 昆明理工大学；437. 武汉理工大学；454. 南京师范大学；524. 云南大学；544. 清华大学；563. 桂林理工大学；566. 河海大学；585. 贵州大学；593. 浙江工业大学；629. 陕西师范大学；635. 新疆大学；639. 东南大学；642. 华东理工大学；657. 四川大学；709. 西南石油大学；718. 重庆大学；728. 上海交通大学；754. 广西大学；757. 香港科技大学；776. 太原理工大学；780. 长江大学；808. 西南科技大学；822. 河北地质大学；823. 上海大学；826. 河南师范大学；832. 沈阳师范大学；855. 河南理工大学；881. 南京工业大学；906. 华中农业大学；914. 南京信息工程大学；915. 西北工业大学；950. 哈尔滨工业大学；963. 华南理工大学；986. 香港城市大学；998. 福州大学；1011. 西南大学；1019. 暨南大学；1036. 华东理工大学；1050. 中国农业大学；1079. 天津大学；1082. 山东大学；1102. 武汉科技大学；1104. 福建师范大学；1111. 西南交通大学；1123. 广州大学；1130. 北京化工大学；1134. 河北地质大学；1150. 南昌大学；1157. 西安科技大学；1158. 湘潭大学；1205. 中国农业大学；1219. 东北师范大学			

十一、地质资源与地质工程学科

表 2-35 地质资源与地质工程学科（前 5 强与中国大学）

排名	英文名称	中文名称	国家/地区	总得分
1	CHINESE ACAD SCI	中国科学院	中国	100.00
2	TONGJI UNIVERSITY	同济大学	中国	95.30

续表

排名	英文名称	中文名称	国家/地区	总得分
3	CHINA UNIVERSITY OF MINING & TECHNOLOGY	中国矿业大学	中国	76.80
4	UNIVERSITY OF WESTERN AUSTRALIA	西澳大学	澳大利亚	66.70
5	HONG KONG UNIVERSITY OF SCIENCE & TECHNOLOGY	香港科技大学	中国香港	55.60

其他中国机构：7. 河海大学；8. 中南大学；10. 浙江大学；14. 武汉大学；16. 上海交通大学；18. 大连理工大学；22. 清华大学；24. 中国地质大学；29. 成都理工大学；30. 重庆大学；31. 香港大学；35. 中国石油大学；41. 东南大学；42. 四川大学；44. 香港城市大学；56. 香港理工大学；69. 天津大学；73. 山东科技大学；83. 西南交通大学；86. 哈尔滨工业大学；93. 中国东北大学；94. 山东大学；112. 北京工业大学；119. 南京大学；122. 华中科技大学；123. 长安大学；127. 中国科学院大学；138. 北京交通大学；143. 温州大学；153. 中国科学院；160. 北京科技大学；168. 湖南大学；176. 南昌大学；182. 吉林大学；183. 南京工业大学；210. 上海大学；218. 太原理工大学；219. 三峡大学；247. 澳门大学；263. 西南石油大学；268. 合肥工业大学；271. 河南理工大学；287. 北京航空航天大学；303. 中国人民解放军陆军工程大学；322. 兰州大学；326. 广西大学；349. 福州大学；351. 湖南理工大学；352. 武汉理工大学；360. 浙江工业大学；365. 重庆交通大学；374. 西安工业大学；386. 西安建筑科技大学；387. 上海理工大学；398. 安徽科学院；430. 绍兴文理学院；450. 华南理工大学；453. 中国海洋大学；463. 西安交通大学；465. 长沙理工大学；508. 中山大学；512. 青岛理工大学；513. 深圳大学；516. 中国科学技术大学；524. 广州大学；537. 南华大学；539. 宁波大学；554. 北京建筑大学；561. 湖北工业大学；594. 西北工业大学；611. 西安科技大学；626. 南京工程学院；646. 北京理工大学；658. 昆明理工大学；666. 华东交通大学；672. 石家庄铁道大学；690. 华北电力大学；691. 华北水利水电大学；695. 江苏大学；706. 北京理工大学；723. 苏州大学；728. 青岛理工大学；767. 河北工业大学；790. 兰州交通大学；807. 西南科技大学；822. 宁波诺丁汉大学；834. 兰州理工大学；836. 山东建筑大学

十二、电气工程学科

表 2-36 电气工程学科（前 5 强与中国大学）

排名	英文名称	中文名称	国家/地区	总得分
1	CHINESE ACAD SCI	中国科学院	中国	100.00
2	TSINGHUA UNIVERSITY	清华大学	中国	71.90
3	NANYANG TECHNOL UNIVERSITY	南洋理工大学	新加坡	59.90
4	UNIVERSITY OF ELECTRONIC SCIENCE & TECHNOLOGY OF CHINA	电子科技大学	中国	53.70
5	XIDIAN UNIVERSITY	西安电子科技大学	中国	52.80

其他中国机构：6. 浙江大学；7. 哈尔滨工业大学；8. 东南大学；9. 华中科技大学；10. 上海交通大学；12. 香港城市大学；16. 香港理工大学；17. 西安交通大学；19. 北京航空航天大学；25. 北京大学；27. 北京邮电大学；31. 香港科技大学；32. 武汉大学；33. 南京理工大学；35. 南京航空航天大学；37. 北京理工大学；39. 国防科技大学；41. 天津大学；43. 香港中文大学；45. 重庆大学；47. 华南理工大学；50. 香港大学；55. 中国科学技术大学；60. 北京交通大学；62. 西北工业大学；65. 大连理工大学；70. 中国东北大学；76. 吉林大学；81. 西南交通大学；84. 中国科学院大学；87. 中山大学；90. 厦门大学；95. 南京大学；96. 复旦大学；116. 深圳大学；120. 南京邮电大学；127. 同济大学；131. 华北电力大学；132. 中南大学；134. 上海大学；149. 厦门大学；152. 澳门大学；162. 四川大学；168. 南京信息工程大学；184. 哈尔滨工程大学；195. 合肥工业大学；196. 杭州电子科技大学；207. 广东工业大学；213. 江南大学；230. 北京工业大学；235. 中国人民解放军陆军工程大学；279. 武汉理工大学；293. 南开大学；300. 江苏大学；301. 西南大学；312. 中国矿业大学；318. 燕山大学；319. 苏州大学；326. 北京工业大学；355. 浙江工业大学；356. 大连海事大学；364. 华东师范大学；367. 河海大学；368. 渤海大学；375. 东华大学；377. 中国地质大学；391. 北京化工大学；396. 重庆邮电大学；402. 桂林电子科技大学；408. 安徽大学；418. 暨南大学；425. 南京师范大学；429. 北京师范大学；431. 青岛大学；435. 宁波大学；445. 福州大学；448. 郑州大学；454. 辽宁工业大学；458. 曲阜师范大学；470. 山西大学；476. 兰州大学；483. 山东科技大学；493. 中国石油大学；499. 香港浸会大学；508. 中国计量大学；512. 扬州大学；517. 暨南大学；524. 华南师范大学；527. 西北大学；528. 西安工业大学；539. 华东理工大学；541. 上海理工大学；550. 陕西师范大学；552. 南通大学；568. 广州大学；588. 天津工业大学；599. 南昌大学；605. 山东师范大学；634. 哈尔滨理工大学；644. 浙江师范大学；650. 南京工业大学；657. 青岛科技大学；663. 广西大学；679. 华中师范大学；686. 河北工业大学；690. 太原理工大学；706. 湘潭大学；707. 天津科技大学；721. 福建师范大学；748. 湖北大学

十三、电子电气工程学科

表 2-37 电子电气工程学科（前 5 强与中国大学）

排名	英文名称	中文名称	国家/地区	总得分
1	CHINESE ACAD SCI	中国科学院	中国	100.00
2	TSINGHUA UNIVERSITY	清华大学	中国	71.90
3	NANYANG TECHNOL UNIVERSITY	南洋理工大学	新加坡	59.90

续表

排名	英文名称	中文名称	国家/地区	总得分
4	UNIVERSITY OF ELECTRONIC SCIENCE & TECHNOLOGY OF CHINA	电子科技大学	中国	53.70
5	XIDIAN UNIVERSITY	西安电子科技大学	中国	52.80
其他中国机构：6. 浙江大学；7. 哈尔滨工业大学；8. 东南大学；9. 华中科技大学；10. 上海交通大学；12. 香港城市大学；16. 香港理工大学；17. 西安交通大学；19. 北京航空航天大学；25. 北京大学；27. 北京邮电大学；31. 武汉大学；32. 香港科技大学；34. 南京理工大学；35. 南京航空航天大学；37. 北京理工大学；39. 国防科技大学；41. 天津大学；43. 香港中文大学；45. 重庆大学；47. 华南理工大学；51. 香港大学；55. 中国科学技术大学；60. 北京交通大学；62. 西北工业大学；65. 大连理工大学；70. 中国东北大学；76. 吉林大学；81. 西南交通大学；82. 山东大学；85. 中山大学；87. 中国科学院大学；90. 湖南大学；95. 南京大学；96. 复旦大学；116. 深圳大学；117. 南京邮电大学；127. 同济大学；131. 华北电力大学；132. 中南大学；134. 上海大学；149. 厦门大学；152. 澳门大学；162. 四川大学；169. 南京信息工程大学；185. 哈尔滨工程大学；194. 合肥工业大学；196. 杭州电子科技大学；207. 广东工业大学；209. 江南大学；231. 北京科技大学；236. 中国人民解放军陆军工程大学；282. 武汉理工大学；295. 南开大学；300. 西南大学；301. 江苏大学；317. 中国矿业大学；319. 苏州大学；322. 燕山大学；326. 北京工业大学；351. 浙江工业大学；355. 大连海事大学；365. 河海大学；369. 渤海大学；370. 华东师范大学；377. 中国地质大学；380. 东华大学；390. 北京化工大学；400. 重庆邮电大学；406. 桂林电子科技大学；409. 安徽大学；418. 暨南大学；425. 南京师范大学；426. 北京师范大学；427. 青岛大学；437. 宁波大学；442. 福州大学；454. 辽宁工业大学；459. 郑州大学；460. 曲阜师范大学；470. 山西大学；473. 兰州大学；488. 山东科技大学；498. 香港浸会大学；500. 中国石油大学；506. 中国计量大学；510. 扬州大学；513. 华南师范大学；517. 暨南大学；526. 西安工业大学；527. 上海理工大学；536. 西北大学；545. 华东工业大学；557. 南通大学；561. 陕西师范大学；578. 广州大学；596. 天津工业大学；601. 南昌大学；615. 山东师范大学；622. 哈尔滨理工大学；645. 南京工业大学；651. 浙江师范大学；657. 华中师范大学；666. 广西大学；678. 青岛科技大学；690. 河北工业大学；694. 太原理工大学；704. 湘潭大学；708. 天津科技大学；733. 福建师范大学；742. 湖北大学					

十四、电子科学与技术（可授工学、理学学位）学科

表 2-38 电子科学与技术（可授工学、理学学位）学科（前 5 强与中国大学）

排名	英文名称	中文名称	国家/地区	总得分
1	CHINESE ACAD SCI	中国科学院	中国	100.00
2	TSINGHUA UNIVERSITY	清华大学	中国	71.90
3	NANYANG TECHNOL UNIVERSITY	南洋理工大学	新加坡	59.90
4	UNIVERSITY OF ELECTRONIC SCIENCE & TECHNOLOGY OF CHINA	电子科技大学	中国	53.70
5	XIDIAN UNIVERSITY	西安电子科技大学	中国	52.80
其他中国机构：6. 浙江大学；7. 哈尔滨工业大学；8. 东南大学；9. 华中科技大学；10. 上海交通大学；12. 香港城市大学；16. 香港理工大学；17. 西安交通大学；19. 北京航空航天大学；25. 北京大学；27. 北京邮电大学；31. 武汉大学；32. 香港科技大学；34. 南京理工大学；35. 南京航空航天大学；37. 北京理工大学；39. 国防科技大学；40. 天津大学；44. 香港中文大学；45. 华南理工大学；46. 重庆大学；51. 香港大学；55. 中国科学技术大学；60. 北京交通大学；62. 西北工业大学；65. 大连理工大学；70. 中国东北大学；76. 吉林大学；81. 山东大学；82. 西南交通大学；86. 中国科学院大学；87. 中山大学；90. 湖南大学；95. 南京大学；96. 复旦大学；116. 深圳大学；117. 南京邮电大学；126. 同济大学；132. 华北电力大学；134. 上海大学；150. 厦门大学；153. 澳门大学；162. 四川大学；170. 南京信息工程大学；182. 哈尔滨工程大学；194. 合肥工业大学；196. 杭州电子科技大学；206. 广东工业大学；209. 江南大学；232. 北京科技大学；236. 中国人民解放军陆军工程大学；278. 武汉理工大学；295. 南开大学；300. 西南大学；313. 江苏大学；301. 中国矿业大学；318. 燕山大学；321. 苏州大学；327. 北京工业大学；350. 浙江工业大学；354. 大连海事大学；362. 河海大学；368. 渤海大学；370. 华东师范大学；378. 东华大学；380. 中国地质大学；390. 北京化工大学；400. 桂林电子科技大学；401. 重庆邮电大学；412. 安徽大学；423. 暨南大学；428. 南京师范大学；429. 北京师范大学；431. 青岛大学；436. 宁波大学；444. 福州大学；453. 辽宁工业大学；454. 郑州大学；456. 曲阜师范大学；468. 山西大学；477. 兰州大学；490. 山东科技大学；494. 中国石油大学；500. 香港浸会大学；507. 扬州大学；508. 中国计量大学；514. 华南师范大学；521. 暨南大学；529. 上海理工大学；534. 西安工业大学；535. 西北大学；536. 华东工业大学；550. 南通大学；559. 陕西师范大学；579. 广州大学；594. 南昌大学；596. 天津工业大学；610. 山东师范大学；636. 哈尔滨理工大学；645. 南京工业大学；654. 浙江师范大学；661. 华中师范大学；662. 广西大学；671. 青岛科技大学；684. 河北工业大学；693. 太原理工大学；697. 湘潭大学；718. 天津科技大学；721. 福建师范大学；735. 湖北大学					

十五、动力工程及工程热物理学科

表 2-39 动力工程及工程热物理学科（前 5 强与中国大学）

排名	英文名称	中文名称	国家/地区	总得分
1	XI'AN JIAOTONG UNIVERSITY	西安交通大学	中国	100.00
2	CHINESE ACAD SCI	中国科学院	中国	91.20

续表

排名	英文名称	中文名称	国家/地区	总得分
3	TSINGHUA UNIVERSITY	清华大学	中国	77.30
4	INDIAN INST TECHNOL	印度理工学院	印度	72.50
5	SHANGHAI JIAO TONG UNIVERSITY	上海交通大学	中国	65.40

其他中国机构：7. 天津大学；10. 华中科技大学；12. 中国科学技术大学；13. 浙江大学；14. 华北电力大学；15. 哈尔滨工业大学；16. 华南理工大学；17. 大连理工大学；27. 北京理工大学；28. 东南大学；29. 重庆大学；38. 中国科学院大学；41. 北京航空航天大学；45. 中国石油大学；46. 香港理工大学；54. 中国矿业大学；57. 中南大学；72. 北京工业大学；73. 西北工业大学；74. 北京化工大学；80. 湖南大学；82. 北京科技大学；85. 江苏大学；87. 山东大学；89. 北京大学；109. 南京理工大学；114. 香港城市大学；115. 南京大学；120. 南京航空航天大学；127. 同济大学；136. 上海理工大学；145. 北京交通大学；150. 四川大学；152. 武汉理工大学；158. 厦门大学；177. 吉林大学；179. 中国东北大学；195. 哈尔滨工程大学；200. 苏州大学；203. 华东理工大学；211. 中山大学；232. 郑州大学；235. 扬州大学；251. 武汉大学；292. 中国人民解放军海军工程大学；294. 广东工业大学；309. 西南石油大学；323. 合肥工业大学；327. 河海大学；38. 中国地质大学；340. 上海大学；341. 兰州大学；348. 南京大学；350. 香港科技大学；357. 青岛科技大学；362. 东华大学；381. 太原理工大学；386. 国防科技大学；387. 香港大学；388. 江南大学；413. 山东科技大学；417. 浙江工业大学；423. 河北工业大学；432. 北京建筑大学；438. 西南交通大学；448. 中国计量大学；455. 昆明理工大学；457. 天津理工大学；460. 广西大学；480. 长安大学；496. 西北大学；500. 成都理工大学；505. 武汉科技大学；541. 聊城大学；543. 北京师范大学；547. 长沙理工大学；569. 电子科技大学；606. 大连海事大学；622. 燕山大学；627. 兰州交通大学；628. 辽宁大学；630. 福州大学；632. 中国科学院；644. 天津工业大学；655. 华侨大学；662. 河南师范大学；665. 西安建筑科技大学；667. 南昌大学；672. 兰州理工大学；689. 内蒙古工业大学；691. 陕西师范大学；696. 河南理工大学；718. 湘潭大学；720. 中原工学院；757. 宁波大学；759. 华东理工大学；770. 闽江学院；781. 山东建筑大学；783. 河北科技大学；786. 中国海洋大学；793. 新疆大学；797. 复旦大学；805. 天津商业大学；821. 常州大学；842. 浙江理工大学；846. 云南师范大学；851. 南京师范大学；864. 江苏科技大学；868. 暨南大学；871. 青岛大学；879. 上海电力学院

十六、法学学科

表2-40 法学学科（前5强与中国大学）

排名	英文名称	中文名称	国家/地区	总得分
1	HARVARD UNIVERSITY	哈佛大学	美国	100.00
2	NEW YORK UNIVERSITY	纽约大学	美国	70.50
3	UNIVERSITY OF CAMBRIDGE	剑桥大学	英国	69.80
4	UNIVERSITY OF CHICAGO	芝加哥大学	美国	69.00
5	ARIZONA STATE UNIVERSITY	亚利桑那州立大学	美国	66.80

其他中国机构：116. 香港大学；155. 香港城市大学；165. 四川大学；208. 中山大学；226. 复旦大学；246. 中国政法大学；294. 香港中文大学；331. 华中科技大学；339. 中国科学院；355. 澳门大学；376. 中国医科大学；395. 西安交通大学；409. 上海交通大学；539. 山东大学；548. 苏州大学；559. 北京大学；565. 清华大学；568. 武汉大学；580. 中南大学；599. 南方医科大学；666. 浙江大学；736. 重庆医科大学；765. 厦门大学；810. 汕头大学；812. 中国人民大学；828. 山西医科大学；841. 香港理工大学；1023. 北京师范大学；1074. 华中农业大学；1077. 中国人民警察大学；1095. 中国人民公安大学；1124. 中国药科大学；1168. 中国农业大学；1239. 南京医科大学；1240. 华南师范大学；1241. 华东师范大学；1289. 南京大学；1295. 中国医学科学院-北京协和医学院；1355. 吉林大学；1383. 暨南大学；1387. 对外经济贸易大学；1431. 中国人民公安大学；1493. 空军军医大学；1546. 中国刑事警察学院；1552. 郑州大学；1673. 长沙理工大学；1700. 中国科学院大学；1819. 中国刑事警察学院；1826. 中国科学院；1829. 西南财经大学；1836. 南开大学；1846. 陆军军医大学；1916. 北京理工大学；1959. 海军军医大学；1992. 西南政法大学；2015. 华东政法大学；2020. 遵义医学院；2037. 中国农业大学；2038. 华中师范大学；2188. 沈阳药科大学；2254. 青岛大学；2256. 新疆医科大学；2306. 上海中医药大学；2312. 湖南大学；2358. 温州医科大学；2381. 中国政法大学；2410. 哈尔滨工业大学；2435. 烟台大学；2492. 深圳大学；2506. 北京化工大学；2517. 大连理工大学；2555. 首都医科大学；2700. 大理大学；2750. 天津医科大学；2761. 遵义医学院；2892. 成都医学院；2951. 广东警官学院；3003. 香港浸会大学；3051. 南京中医药大学；3072. 川北医学院；3084. 浙江警察学院；3101. 山东政法学院；3102. 四川警察学院；3117. 南通大学；3181. 东北师范大学；3207. 上海交通大学；3245. 华南农业大学；3339. 南京理工大学

十七、纺织科学与工程学科

表2-41 纺织科学与工程学科（前5强与中国大学）

排名	英文名称	中文名称	国家/地区	总得分
1	DONGHUA UNIVERSITY	东华大学	中国	100.00
2	CHINESE ACAD SCI	中国科学院	中国	68.90

续表

排名	英文名称	中文名称	国家/地区	总得分
3	JIANGNAN UNIVERSITY	江南大学	中国	53.60
4	HONG KONG POLYTECHNIC UNIVERSITY	香港理工大学	中国香港	48.50
5	SOUTH CHINA UNIVERSITY OF TECHNOLOGY	华南理工大学	中国	43.70

其他中国机构：9. 苏州大学；13. 四川大学；18. 浙江理工大学；21. 大连理工大学；23. 吉林大学；24. 天津工业大学；25. 武汉纺织大学；26. 华东理工大学；33. 武汉大学；38. 南京工业大学；42. 南京大学；48. 山东大学；52. 兰州大学；54. 湘潭大学；56. 东北师范大学；59. 浙江大学；63. 天津大学；65. 东北林业大学；67. 安徽大学；69. 太原理工大学；71. 中国科学院大学；79. 南京林业大学；82. 江西科技师范大学；84. 中山大学；94. 西北大学；95. 北京林业大学；98. 陕西科技大学；99. 哈尔滨工业大学；103. 西南大学；107. 山西大学；111. 华中师范大学；118. 华东理工大学；119. 东南大学；132. 福建农林大学；135. 西安工程大学；138. 青岛科技大学；148. 天津理工大学；157. 北京理工大学；159. 中国科学技术大学；169. 清华大学；176. 南京理工大学；179. 西北师范大学；184. 青岛大学；186. 江苏大学；187. 南开大学；189. 上海大学；191. 北京化工大学；202. 香港浸会大学；205. 上海交通大学；209. 郑州大学；213. 上海工程技术大学；214. 南京邮电大学；220. 中原工学院；223. 绍兴文理学院；224. 华中科技大学；226. 杭州师范大学；228. 北京科技大学；230. 福州大学；235. 天津科技大学；240. 暨南大学；249. 河南大学；250. 北京大学；254. 福建师范大学；258. 香港科技大学；263. 齐鲁工业大学；269. 广西大学；270. 中南大学；272. 电子科技大学；274. 嘉兴学院；275. 大连工业大学；279. 浙江工业大学；281. 上海师范大学；288. 南京信息工程大学；291. 北京师范大学；301. 黑龙江大学；307. 盐城工学院；309. 香港城市大学；313. 中国矿业大学；319. 中国农业大学；330. 杭州电子科技大学；331. 南通大学；332. 复旦大学；334. 河北大学；335. 温州大学；336. 新疆大学；339. 上海理工大学；340. 南京师范大学；347. 安徽工程大学；348. 湖南大学；372. 中国科学院；376. 华南师范大学；377. 南昌大学；406. 常州大学；408. 山西大同大学；411. 南京航空航天大学；414. 泰山学院；434. 山东师范大学；435. 闽江学院；441. 同济大学；450. 武汉理工大学；454. 中国地质大学；459. 深圳大学；460. 西安电子科技大学；462. 广东工业大学；469. 北京航空航天大学；479. 西北农林科技大学；480. 中国药科大学；483. 华东师范大学；489. 河南师范大学

十八、工程学科

表 2-42　工程学科（前 5 强与中国大学）

排名	英文名称	中文名称	国家/地区	总得分
1	CHINESE ACAD SCI	中国科学院	中国	100.00
2	TSINGHUA UNIVERSITY	清华大学	中国	77.00
3	SHANGHAI JIAO TONG UNIVERSITY	上海交通大学	中国	55.30
4	HARBIN INSTITUTE OF TECHNOLOGY	哈尔滨工业大学	中国	53.90
5	INDIAN INST TECHNOL	印度理工学院	印度	49.70

其他中国机构：6. 浙江大学；7. 西安交通大学；8. 华中科技大学；10. 东南大学；12. 北京航空航天大学；14. 香港理工大学；15. 天津大学；16. 大连理工大学；20. 同济大学；22. 香港城市大学；25. 电子科技大学；27. 华南理工大学；30. 重庆大学；31. 中国科学技术大学；33. 北京理工大学；37. 南京航空航天大学；39. 西安电子科技大学；44. 西北工业大学；49. 湖南大学；50. 北京大学；51. 华北电力大学；57. 山东大学；59. 南京理工大学；62. 北京交通大学；63. 香港科技大学；67. 香港大学；68. 中国科学院大学；68. 中国东北大学；71. 中南大学；74. 中国矿业大学；75. 武汉大学；82. 国防科技大学；83. 中国石油大学；102. 西南交通大学；120. 四川大学；124. 上海大学；125. 河海大学；128. 中山大学；130. 哈尔滨工程大学；132. 南京大学；136. 吉林大学；140. 北京科技大学；142. 中国地质大学；151. 香港中文大学；160. 合肥工业大学；167. 武汉理工大学；168. 江苏大学；172. 北京邮电大学；173. 厦门大学；195. 复旦大学；201. 中国地质大学；237. 华东理工大学；251. 广东工业大学；262. 江南大学；271. 深圳大学；283. 燕山大学；287. 浙江工业大学；289. 北京师范大学；292. 北京化工大学；295. 南开大学；307. 澳门大学；317. 东华大学；324. 南京工业大学；325. 苏州大学；346. 太原理工大学；350. 兰州大学；364. 南京邮电大学；365. 杭州电子科技大学；370. 上海理工大学；391. 大连海事大学；401. 西南石油大学；424. 山东科技大学；431. 郑州大学；432. 中国人民解放军陆军工程大学；434. 福州大学；453. 长安大学；468. 南京信息工程大学；481. 中国科学院；483. 华东师范大学；489. 中国农业大学；492. 昆明理工大学；499. 南京师范大学；508. 西安工业大学；510. 宁波大学；513. 中国海洋大学；542. 西南大学；554. 长沙理工大学；557. 广西大学；567. 暨南大学；589. 河南理工大学；593. 渤海大学；598. 上海海事大学；602. 西安建筑科技大学；616. 天津工业大学；620. 青岛大学；626. 华侨大学；630. 曲阜师范大学；636. 西北农林科技大学；640. 南昌大学；650. 安徽大学；656. 中国计量大学；657. 华东理工大学；666. 华南师范大学；670. 扬州大学；673. 广州大学；674. 江苏科技大学；677. 辽宁工业大学；689. 浙江大学；695. 中国人民解放军海军工程大学；698. 武汉科技大学；708. 浙江师范大学；713. 香港浸会大学

十九、工商管理学科

表 2-43　工商管理学科（前 5 强与中国大学）

排名	英文名称	中文名称	国家/地区	总得分
1	NBER	全国经济研究所	美国	100.00
2	HONG KONG POLYTECHNIC UNIVERSITY	香港理工大学	中国香港	94.60

续表

排名	英文名称	中文名称	国家/地区	总得分
3	HARVARD UNIVERSITY	哈佛大学	美国	89.40
4	UNIVERSITY OF PENNSYLVANIA	宾夕法尼亚大学	美国	87.80
5	ERASMUS UNIVERSITY ROTTERDAM	鹿特丹大学	荷兰	79.40

其他中国机构：33. 香港城市大学；59. 香港中文大学；68. 香港大学；78. 香港科技大学；87. 北京大学；109. 中山大学；135. 中国人民大学；140. 香港浸会大学；159. 上海交通大学；172. 清华大学；187. 复旦大学；194. 浙江大学；218. 西南财经大学；239. 厦门大学；243. 澳门大学；262. 上海财经大学；280. 西安交通大学；300. 对外经济贸易大学；310. 中山大学；340. 南京大学；378. 中央财经大学；388. 华中科技大学；411. 武汉大学；421. 哈尔滨工业大学；452. 南开大学；472. 暨南大学；483. 湖南大学；527. 中国科学院；573. 中国科学技术大学；595. 宁波诺丁汉大学；616. 同济大学；621. 华南理工大学；665. 澳门科技大学；678. 上海大学；680. 北京师范大学；694. 江西财经大学；699. 中南财经政法大学；755. 上海体育学院；757. 山东大学；809. 四川大学；837. 西交利物浦大学；842. 大连理工大学；856. 北京航空航天大学；869. 北京理工大学；892. 中南大学；893. 东北财经大学；905. 华东师范大学；920. 西南交通大学；962. 中国科学院大学；976. 深圳大学；1061. 吉林大学；1077. 重庆大学；1095. 电子科技大学；1106. 天津大学；1112. 浙江工商大学；1113. 北京第二外国语学院；1114. 华东理工大学；1115. 华南理工大学；1130. 东南大学；1198. 苏州大学；1206. 澳门城市大学；1212. 香港公开大学；1213. 北京交通大学；1214. 中国科学院；1223. 中国矿业大学；1241. 上海对外经贸大学；1245. 南京审计大学；1253. 浙江财经大学；1269. 西北工业大学；1323. 广东外语外贸大学；1362. 北京科技大学；1369. 华侨大学；1374. 西安电子科技大学；1401. 香港理工大学；1403. 首都经济贸易大学；1456. 北京邮电大学；1473. 北京联合大学；1494. 东华大学；1519. 中国东北大学；1534. 南京财经大学；1567. 安徽财经大学；1591. 海南大学；1592. 华南师范大学；1632. 香港树仁大学；1647. 上海立信会计金融学院；1653. 河海大学；1665. 华南农业大学；1671. 山西大学；1682. 广州大学；1761. 北京工商大学；1801. 陕西师范大学；1807. 安徽师范大学；1851. 浙江工业大学；1856. 中国海洋大学；1865. 宁波诺丁汉大学；1899. 北京体育大学；1904. 河南大学；1912. 上海外国语大学；1974. 华中农业大学；1979. 南京航空航天大学；1994. 东北师范大学；1999. 合肥工业大学；2026. 武汉理工大学；2031. 上海师范大学；2070. 南京理工大学；2097. 北京林业大学；2098. 中国农业大学；2106. 江苏师范大学

二十、公共管理学科

表 2-44　公共管理学科（前 5 强与中国大学）

排名	英文名称	中文名称	国家/地区	总得分
1	HARVARD UNIVERSITY	哈佛大学	美国	100.00
2	UNIVERSITY OF TORONTO	多伦多大学	加拿大	74.00
3	UNIVERSITY OF WASHINGTON	华盛顿大学	美国	63.10
4	UNIVERSITY OF CALIFORNIA SAN FRANCISCO	加州大学旧金山分校	美国	58.30
5	UNIVERSITY MICHIGAN	密歇根大学	美国	57.00

其他中国机构：164. 香港大学；236. 香港中文大学；241. 北京大学；279. 复旦大学；362. 中山大学；372. 香港城市大学；378. 浙江大学；387. 香港理工大学；391. 华中科技大学；450. 四川大学；452. 上海交通大学；495. 清华大学；574. 山东大学；664. 中国科学院；670. 武汉大学；674. 中南大学；681. 西安交通大学；725. 首都医科大学；785. 中国人民大学；801. 海军军医大学；813. 海军军医大学；869. 香港浸会大学；872. 北京师范大学；969. 哈尔滨工业大学；1055. 同济大学；1104. 重庆医科大学；1109. 澳门科技大学；1234. 天津医科大学；1342. 哈尔滨医科大学；1348. 中国医学科学院-北京协和医学院；1371. 吉林大学；1391. 中国医科大学；1397. 安徽医科大学；1439. 南方医科大学；1483. 郑州大学；1528. 河南大学；1604. 苏州大学；1696. 陆军军医大学；1699. 厦门大学；1728. 南京大学；1785. 兰州大学；1799. 广州医科大学；1810. 北京航空航天大学；1830. 东南大学；1868. 空军军医大学；1894. 深圳大学；2021. 中国东北大学；2022. 大连理工大学；2029. 暨南大学；2126. 福建医科大学；2150. 上海财经大学；2242. 中国科学院；2248. 温州医科大学；2267. 中山大学；2274. 北京理工大学；2281. 电子科技大学；2312. 西南财经大学；2397. 重庆大学；2427. 河北医科大学；2456. 广州中医药大学；2463. 中央财经大学；2474. 中国科学院大学；2511. 昆明医科大学；2605. 华南理工大学；2616. 西安电子科技大学；2714. 南昌大学；2772. 香港教育大学；2833. 青岛大学；2890. 山西医科大学；2903. 上海大学；2933. 浙江工商大学；3043. 中国药科大学；3049. 天津大学；3135. 江南大学；3138. 上海中医药大学；3166. 南通大学；3180. 香港科技大学；3211. 北京工业大学；3342. 华南师范大学；3440. 南京师范大学；3441. 南开大学；3515. 北京中医药大学；3516. 北京邮电大学；3551. 广西医科大学；3719. 潍坊医学院；3724. 首都经济贸易大学；3736. 中国农业大学；3796. 合肥工业大学；3857. 成都理工大学；4006. 武汉理工大学；4009. 西交利物浦大学；4072. 江苏大学；4091. 上海体育学院；4176. 中南财经政法大学

二十一、公共卫生与预防医学（可授医学、理学学位）学科

表 2-45　公共卫生与预防医学（可授医学、理学学位）学科（前 5 强与中国大学）

排名	英文名称	中文名称	国家/地区	总得分
1	HARVARD UNIVERSITY	哈佛大学	美国	100.00
2	CHINESE CTR DIS CONTROL & PREVENT	中国疾病预防控制中心	中国	88.20

续表

排名	英文名称	中文名称	国家/地区	总得分
3	UNIVERSITY OF WASHINGTON	华盛顿大学	美国	66.20
4	UNIVERSITY OF CALIFORNIA SAN FRANCISCO	加州大学旧金山分校	美国	62.20
5	UNIVERSITY NORTH CAROLINA	北卡罗来纳大学	美国	61.70

其他中国机构：102. 中国科学院；116. 香港大学；151. 北京大学；174. 复旦大学；187. 浙江大学；189. 香港中文大学；243. 中山大学；253. 上海交通大学；343. 首都医科大学；359. 四川大学；380. 中国农业大学；403. 华中科技大学；408. 中南大学；417. 山东大学；428. 中国农业大学；454. 江南大学；478. 武汉大学；510. 中国医科大学；536. 南京医科大学；566. 香港理工大学；570. 西安交通大学；571. 中国医学科学院-北京协和医学院；583. 重庆医科大学；622. 吉林大学；632. 华南理工大学；643. 清华大学；647. 南方医科大学；657. 苏州大学；675. 南京大学；676. 南京农业大学；683. 同济大学；694. 哈尔滨医科大学；734. 中国科学院大学；773. 海军军医大学；775. 安徽医科大学；784. 南昌大学；802. 东南大学；836. 华中农业大学；917. 郑州大学；934. 天津医科大学；943. 华南农业大学；957. 陆军军医大学；986. 四川农业大学；995. 西北农林科技大学；1005. 北京师范大学；1019. 广州医科大学；1058. 东北农业大学；1089. 暨南大学；1117. 温州医科大学；1129. 空军军医大学；1151. 香港城市大学；1204. 青岛大学；1218. 江苏大学；1226. 广西医科大学；1323. 兰州大学；1409. 扬州大学；1415. 厦门大学；1424. 哈尔滨工业大学；1454. 中国海洋大学；1482. 福建医科大学；1498. 澳门大学；1551. 汕头大学；1600. 河北医科大学；1626. 西南大学；1648. 陕西师范大学；1674. 浙江工商大学；1676. 香港浸会大学；1702. 昆明医科大学；1717. 南通大学；1728. 新疆医科大学；1856. 中国科学技术大学；1917. 北京航空航天大学；1926. 中国药科大学；1946. 大连医科大学；1967. 福建农林大学；1999. 天津理工大学；2018. 山东农业大学；2033. 天津大学；2076. 吉林农业大学；2085. 合肥工业大学；2126. 深圳大学；2152. 宁波大学；2213. 东北林业大学；2229. 南开大学；2238. 华东师范大学；2316. 安徽农业大学；2344. 山西医科大学；2345. 石河子大学；2362. 国防科技大学；2368. 南华大学；2383. 宁夏医科大学；2403. 河南工业大学；2407. 香港科技大学；2480. 中国人民大学；2510. 河南大学；2530. 广东药科大学

二十二、管理科学与工程（可授管理学、工学学位）学科

表2-46 管理科学与工程（可授管理学、工学学位）学科（前5强与中国大学）

排名	英文名称	中文名称	国家/地区	总得分
1	HONG KONG POLYTECHNIC UNIVERSITY	香港理工大学	中国香港	100.00
2	CITY UNIVERSITY OF HONG KONG	香港城市大学	中国香港	68.60
3	NATIONAL UNIVERSITY OF SINGAPORE	新加坡国立大学	新加坡	64.20
4	ERASMUS UNIVERSITY ROTTERDAM	鹿特丹大学	荷兰	63.70
5	ARIZONA STATE UNIVERSITY	亚利桑那州立大学	美国	63.20

其他中国机构：8. 上海交通大学；13. 清华大学；28. 中国科学院；29. 华中科技大学；30. 香港科技大学；36. 香港中文大学；47. 西安交通大学；56. 哈尔滨工业大学；57. 北京航空航天大学；65. 香港中文大学；67. 浙江大学；72. 大连理工大学；73. 中国科学技术大学；74. 东南大学；80. 同济大学；89. 北京大学；92. 中国东北大学；105. 北京交通大学；112. 天津大学；117. 中山大学；130. 电子科技大学；148. 华南理工大学；158. 西北工业大学；167. 中南大学；170. 重庆大学；177. 复旦大学；185. 南京大学；191. 南京航空航天大学；192. 上海大学；201. 北京理工大学；222. 武汉大学；236. 中国人民大学；241. 四川大学；244. 湖南大学；252. 合肥工业大学；258. 北京科技大学；262. 香港浸会大学；276. 厦门大学；279. 西安电子科技大学；293. 南开大学；310. 山东大学；311. 西南财经大学；322. 国防科技大学；326. 南京理工大学；362. 武汉理工大学；386. 上海财经大学；394. 西南交通大学；411. 深圳大学；431. 吉林大学；460. 对外经济贸易大学；485. 福州大学；499. 浙江工业大学；504. 中国科学院大学；512. 宁波诺丁汉大学；515. 中山大学；519. 东华大学；523. 华东理工大学；广东工业大学；547. 中国矿业大学；551. 沈阳航空航天大学；602. 暨南大学；603. 华北电力大学；619. 燕山大学；625. 大连海事大学；639. 河海大学；642. 北京工业大学；659. 浙江财经大学；662. 北京师范大学；664. 杭州电子科技大学；674. 苏州大学；683. 浙江师范大学；684. 北京邮电大学；685. 江南大学；695. 华东师范大学；696. 上海海事大学；712. 东北财经大学；733. 兰州大学；738. 郑州大学；746. 中国石油大学；751. 西南大学；769. 江西财经大学；778. 浙江工商大学；781. 中国地质大学；787. 重庆师范大学；814. 哈尔滨工程大学；827. 曲阜师范大学；837. 上海理工大学；846. 长沙理工大学；849. 天津工业大学；866. 聊城大学；872. 南京信息工程大学；885. 安徽大学；887. 北京化工大学；890. 广西大学；896. 南京师范大学；898. 中央财经大学；908. 南京邮电大学；916. 重庆交通大学；921. 中国人民解放军陆军工程大学；925. 昆明理工大学；928. 南昌大学；939. 澳门科技大学；950. 江苏大学；1004. 西交利物浦大学；1009. 西安工业大学；1034. 山东科技大学；1036. 华南师范大学；1047. 华东理工大学；1054. 南京财经大学；1062. 东北师范大学；1081. 武汉科技大学；1140. 山西大学；1147. 南京审计大学；1148. 兰州理工大学

二十三、光学工程学科

表2-47 光学工程学科（前5强与中国大学）

排名	英文名称	中文名称	国家/地区	总得分
1	CHINESE ACAD SCI	中国科学院	中国	100.00
2	RUSSIAN ACAD SCI	俄罗斯科学院	俄罗斯	30.50

续表

排名	英文名称	中文名称	国家/地区	总得分
3	HUAZHONG UNIVERSITY OF SCIENCE & TECHNOLOGY	华中科技大学	中国	28.60
4	ZHEJIANG UNIVERSITY	浙江大学	中国	26.30
5	MASSACHUSETTS INSTITUTE OF TECHNOLOGY	麻省理工学院	美国	25.20
其他中国机构：6. 清华大学；8. 哈尔滨工业大学；10. 中国科学技术大学；12. 上海交通大学；18. 中国科学院大学；20. 山东大学；23. 北京邮电大学；25. 北京大学；27. 电子科技大学；30. 国防科技大学；35. 天津大学；39. 南京大学；41. 南开大学；44. 吉林大学；47. 复旦大学；49. 东南大学；51. 北京理工大学；55. 深圳大学；60. 华南师范大学；67. 西安交通大学；70. 北京航空航天大学；72. 香港理工大学；73. 西安电子科技大学；78. 华南理工大学；85. 四川大学；88. 上海大学；97. 苏州大学；98. 中山大学；103. 湖南大学；108. 华东师范大学；116. 香港城市大学；124. 大连理工大学；131. 北京交通大学；142. 山西大学；153. 中国科学院；163. 香港中文大学；165. 中国计量大学；166. 长春理工大学；171. 重庆大学；192. 同济大学；193. 南京航空航天大学；199. 香港大学；206. 暨南大学；207. 西北工业大学；209. 上海理工大学；214. 武汉大学；229. 南京邮电大学；230. 北京师范大学；232. 北京工业大学；236. 哈尔滨工程大学；257. 兰州大学；260. 香港科技大学；264. 浙江师范大学；282. 西南交通大学；292. 宁波大学；294. 山东大学；317. 中国东北大学；320. 广东工业大学；323. 中南大学；325. 福州大学；328. 首都师范大学；348. 西北大学；349. 武汉理工大学；359. 福建师范大学；364. 江苏师范大学；378. 武汉工程大学；381. 江苏大学；385. 安徽大学；387. 太原理工大学；422. 杭州电子科技大学；431. 南昌大学；441. 湖南师范大学；463. 合肥工业大学；466. 南京信息工程大学；480. 中国地质大学；490. 北京科技大学；509. 东北大学；512. 燕山大学；516. 武汉东湖学院；519. 江南大学；530. 天津科技大学；539. 浙江农林大学；545. 陕西师范大学；562. 江西师范大学；573. 华中师范大学；574. 浙江工业大学；601. 南京师范大学；602. 西南大学；618. 香港浸会大学；620. 中国矿业大学；621. 郑州大学；625. 青岛大学；658. 南昌航空大学；672. 中北大学；678. 西安工业大学；688. 西北师范大学；697. 曲阜师范大学；727. 华东交通大学；730. 天津工业大学；735. 桂林电子科技大学；737. 重庆邮电大学；745. 河北工业大学；748. 延边大学；755. 清华大学；756. 四川师范大学；757. 华侨大学；764. 昆明理工大学；771. 华东理工大学；798. 西安理工大学			

二十四、海洋科学学科

表 2-48 海洋科学学科（前 5 强与中国大学）

排名	英文名称	中文名称	国家/地区	总得分
1	NOAA	美国国家海洋和大气管理局	美国	100.00
2	CHINESE ACAD SCI	中国科学院	中国	99.40
3	NASA	美国航空航天局	美国	83.80
4	UNIVERSITY OF WASHINGTON	华盛顿大学	美国	64.40
5	UNIVERSITY COLORADO	科罗拉多大学	美国	62.80
其他中国机构：13. 中国海洋大学；50. 中国科学院大学；64. 北京大学；85. 厦门大学；115. 中国科学技术大学；125. 南京信息工程大学；127. 南京大学；136. 华东师范大学；138. 北京师范大学；143. 武汉大学；144. 浙江大学；158. 上海交通大学；194. 大连理工大学；212. 河海大学；229. 上海海洋大学；232. 同济大学；244. 中国地质大学；250. 中山大学；265. 中国科学院；267. 清华大学；270. 香港科技大学；283. 哈尔滨工程大学；286. 中国科学院；357. 天津大学；364. 兰州大学；373. 北京航空航天大学；396. 山东大学；463. 中国石油大学；468. 香港理工大学；481. 复旦大学；570. 香港中文大学；596. 香港大学；622. 大连海事大学；651. 武汉理工大学；667. 长沙理工大学；671. 哈尔滨工业大学；681. 天津理工大学；698. 南昌大学；729. 华中科技大学；735. 国防科技大学；742. 中国科学院；750. 中国人民解放军陆军工程大学；757. 香港城市大学；810. 暨南大学；819. 西安交通大学；824. 西北工业大学；856. 浙江海洋大学；868. 江苏科技大学；891. 集美大学；920. 广东海洋大学；926. 东南大学；945. 中国矿业大学；973. 山东科技大学；1037. 西南石油大学；1050. 上海海事大学；1107. 大连海洋大学；1164. 上海大学；1168. 南京师范大学；1182. 宁波大学；1263. 四川大学；1343. 中南大学；1353. 澳门科技大学；1366. 北京理工大学；1382. 华南理工大学；1387. 青岛农业大学；1409. 南京航空航天大学；1426. 成都信息工程大学；1428. 吉林大学；1511. 中国人民解放军海军工程大学；1596. 福州大学；1671. 北京工业大学；1755. 深圳大学；1760. 汕头大学；1774. 杭州电子科技大学；1816. 西南交通大学；1825. 香港浸会大学；1843. 北京林业大学；1866. 西北大学；1877. 南开大学；1890. 青岛大学；1893. 山东大学；1913. 南方科技大学			

二十五、航空宇航科学与技术学科

表 2-49 航空宇航科学与技术学科（前 5 强与中国大学）

排名	英文名称	中文名称	国家/地区	总得分
1	BEIHANG UNIVERSITY	北京航空航天大学	中国	100.00
2	NASA	美国航空航天局	美国	83.60
3	NATL UNIVERSITY DEF TECHNOL	国防科技大学	中国	54.60

续表

排名	英文名称	中文名称	国家/地区	总得分
4	HARBIN INSTITUTE OF TECHNOLOGY	哈尔滨工业大学	中国	52.70
5	NORTHWESTERN POLYTECHNICAL UNIVERSITY	西北工业大学	中国	45.30
其他中国机构：6. 南京航空航天大学；7. 中国科学院；12. 清华大学；16. 北京理工大学；46. 上海交通大学；48. 西安电子科技大学；53. 武汉大学；63. 西安交通大学；75. 大连理工大学；79. 东南大学；80. 中国科学院大学；85. 浙江大学；94. 电子科技大学；109. 北京大学；112. 南京理工大学；121. 香港理工大学；151. 华中科技大学；155. 天津大学；166. 中国科学院；169. 哈尔滨工程大学；197. 中国人民解放军海军航空大学；210. 中国东北大学；214. 同济大学；215. 中国科学技术大学；232. 中南大学；241. 重庆大学；270. 中国科学院；305. 湖南大学；341. 南京大学；348. 河海大学；350. 中国地质大学；356. 沈阳航空航天大学；377. 香港科技大学；392. 北京师范大学；418. 中国民航大学；421. 复旦大学；432. 长安大学；442. 深圳大学；443. 山东大学；447. 中国矿业大学；451. 香港城市大学；462. 四川大学；474. 厦门大学；503. 北京工业大学；516. 大连海事大学；521. 武汉科技大学；527. 香港大学；527. 上海大学；528. 苏州大学；531. 南京信息工程大学；532. 中国人民解放军海军工程大学；554. 香港中文大学；559. 中国农业大学；609. 燕山大学；615. 吉林大学；631. 山东科技大学；651. 西安工业大学；654. 中国人民解放军陆军工程大学；670. 合肥工业大学；676. 西南交通大学；702. 渤海大学；705. 北京交通大学；708. 中山大学；719. 中国石油大学；723. 北京科技大学；729. 华北电力大学；798. 华东师范大学；824. 西安科技大学；830. 南开大学；853. 杭州电子科技大学；862. 中国科学院；882. 大连交通大学；905. 上海理工大学；938. 江苏大学；971. 武汉理工大学				

二十六、核科学与技术学科

表2-50 核科学与技术学科（前5强与中国大学）

排名	英文名称	中文名称	国家/地区	总得分
1	CHINESE ACAD SCI	中国科学院	中国	100.00
2	JAPAN ATOM ENERGY AGCY	日本原子能科学研究院	日本	91.30
3	KOREA ATOM ENERGY RES INST	韩国原子能科学研究院	韩国	64.70
4	IST NAZL FIS NUCL	国立原子物理学研究所	意大利	64.00
5	CEA	法国原子能和替代能源委员会	法国	62.80
其他中国机构：16. 清华大学；19. 中国科学技术大学；24. 西安交通大学；58. 上海交通大学；60. 北京大学；64. 中国科学院；66. 中国科学院大学；117. 哈尔滨工程大学；120. 兰州大学；123. 北京科技大学；131. 四川大学；145. 华北电力大学；180. 大连理工大学；185. 北京航空航天大学；230. 北京师范大学；268. 华中科技大学；271. 复旦大学；291. 山东大学；302. 哈尔滨工业大学；309. 南华大学；356. 南京航空航天大学；393. 香港城市大学；404. 浙江大学；411. 上海大学；414. 中山大学；427. 武汉大学；431. 西南交通大学；435. 重庆大学；457. 天津大学；485. 合肥工业大学；498. 南京理工大学；513. 电子科技大学；514. 中国人民解放军海军工程大学；522. 广西大学；527. 湖南大学；559. 苏州大学；568. 同济大学；583. 西北工业大学；600. 华东理工大学；616. 山西大学；619. 国防科技大学；623. 南开大学；627. 华中师范大学；633. 山东理工大学；636. 厦门大学；667. 成都理工大学；709. 中国地质大学；750. 中南大学；777. 江苏大学；790. 中国东北大学；886. 香港大学；925. 中国科学院；942. 香港理工大学；956. 绍兴文理学院；964. 深圳大学；1002. 郑州大学；1014. 华东理工大学；1019. 中国石油大学；1024. 西南交通大学；1078. 华南理工大学；1087. 香港中文大学；1103. 河西学院；1114. 南京师范大学；1122. 吉林大学；1131. 华东理工大学；1188. 河海大学；1253. 北京工业大学；1266. 陕西师范大学；1288. 湘潭大学；1289. 安徽医科大学；1393. 武汉理工大学；1407. 大连海事大学；1466. 北京化工大学；1472. 南京工业大学；1507. 中国医学科学院-北京协和医学院；1513. 衡阳师范学院；1528. 西南大学；1559. 安徽建筑大学；1612. 上海科技大学；1617. 江南大学；1636. 西安工业大学；1649. 河南大学；1667. 北京理工大学；1729. 东华大学；1764. 陆军军医大学；1777. 燕山大学；1801. 东南大学；1842. 中国矿业大学；1896. 河南师范大学				

二十七、护理学（可授医学、理学学位）学科

表2-51 护理学（可授医学、理学学位）学科（前5强与中国大学）

排名	英文名称	中文名称	国家/地区	总得分
1	UNIVERSITY NORTH CAROLINA	北卡罗来纳大学	美国	100.00
2	UNIVERSIDADE DE SAO PAULO	圣保罗大学	巴西	93.30
3	UNIVERSITY OF CALIFORNIA SAN FRANCISCO	加州大学旧金山分校	美国	92.70
4	UNIVERSITY OF PENNSYLVANIA	宾夕法尼亚大学	美国	90.40
5	UNIVERSITY MICHIGAN	密歇根大学	美国	73.50
其他中国机构：80. 香港理工大学；82. 香港中文大学；125. 香港大学；237. 中南大学；270. 中山大学；311. 四川大学；399. 山东大学；407. 北京大学；423. 海军军医大学；426. 复旦大学；466. 武汉大学；558. 上海交通大学；571. 中国医学科学院-北京协和医学院；573. 首都医科大学；601. 西安交通大学；621. 中国医科大学；711. 天津医科大学；764. 重庆医科大学；797. 浙江大学；817. 哈尔滨医科大学；883. 华中科技大学；996. 郑州大学；1034. 南京医科大学；1053. 同济大学；1086. 安徽医科大学；1111. 南方医科大学；1128. 苏州大学；1167. 香港公开大学；1200. 澳门大学；1214. 广州医科大学；1302. 江南大学；1310. 南通大学；1315. 杭州师范大学；1343. 天津中医药大学；1469. 北				

续表

京师范大学；1628. 南京中医药大学；1647. 吉林大学；1890. 福建医科大学 2047. 温州医科大学；2062. 兰州大学；2066. 陆军军医大学；2126. 广西医科大学；2268. 昆明医科大学；2278. 广州中医药大学；2315. 福建中医药大学；2387. 香港浸会大学；2521. 空军军医大学；2632. 香港中医药大学；2677. 厦门大学；2684. 南京医学院；2712. 泰山医学院；2740. 延边大学；2933. 大连医科大学；2949. 暨南大学；2962. 北京中医药大学；2976. 川北医学院；3005. 青岛大学；3021. 河南大学；3087. 上海中医药大学；3130. 香港教育大学；3256. 浙江中医药大学；3438. 深圳大学；3469. 中国科学院；3513. 河南科技大学；3532. 湖南师范大学；3619. 石河子大学；3822. 华中师范大学；3837. 湖北医药学院；3950. 东南大学；4066. 湖南中医药大学；4076. 天津大学；4286. 天津医科大学；4375. 丽水学院

二十八、化学学科

表 2-52 化学学科（前 5 强与中国大学）

排名	英文名称	中文名称	国家/地区	总得分
1	CHINESE ACAD SCI	中国科学院	中国	100.00
2	RUSSIAN ACAD SCI	俄罗斯科学院	俄罗斯	26.20
3	TSINGHUA UNIVERSITY	清华大学	中国	17.50
4	ZHEJIANG UNIVERSITY	浙江大学	中国	17.50
5	NANYANG TECHNOL UNIVERSITY	南洋理工大学	新加坡	16.20

其他中国机构：6. 中国科学院大学；7. 吉林大学；10. 中国科学技术大学；11. 北京大学；12. 南京大学；18. 复旦大学；19. 四川大学；20. 南开大学；21. 华南理工大学；25. 上海交通大学；27. 苏州大学；28. 大连理工大学；33. 山东大学；35. 厦门大学；36. 武汉大学；40. 武汉大学；41. 哈尔滨工业大学；43. 中国农业大学；46. 北京化工大学；51. 兰州大学；53. 华中科技大学；64. 西安交通大学；65. 湖南大学；68. 同济大学；84. 北京理工大学；86. 福州大学；87. 南京工业大学；98. 武汉理工大学；99. 东南大学；105. 北京科技大学；109. 华东师范大学；112. 上海大学；113. 同济大学；114. 香港科技大学；116. 江南大学；126. 东北师范大学；132. 郑州大学；135. 北京航空航天大学；137. 江苏大学；142. 香港城市大学；144. 南京理工大学；148. 东华大学；152. 重庆大学；156. 西南大学；163. 浙江工业大学；182. 西北大学；198. 香港理工大学；209. 西北工业大学；222. 北京师范大学；224. 中国药科大学；227. 香港中文大学；232. 青岛科技大学；240. 华中师范大学；256. 中国农业大学；257. 暨南大学；261. 陕西师范大学；265. 香港大学；268. 南昌大学；272. 中国石油大学；292. 暨南大学；300. 华南师范大学；302. 湘潭大学；313. 合肥工业大学；339. 中国海洋大学；342. 太原理工大学；345. 扬州大学；349. 电子科技大学；356. 中国东北大学；357. 南京航空航天大学；366. 河南大学；369. 中国地质大学；370. 华东理工大学；371. 哈尔滨工程大学；379. 河南师范大学；382. 北京工业大学；397. 沈阳药科大学；398. 南京师范大学；401. 浙江师范大学；406. 中国农业大学；407. 香港浸会大学；412. 常州大学；417. 南京邮电大学；418. 浙江理工大学；420. 中国科学院；426. 深圳大学；427. 山西大学；436. 安徽大学；439. 西北师范大学；455. 黑龙江大学；468. 湖北大学；472. 安徽师范大学；474. 江西师范大学；479. 青岛大学；484. 西北农林科技大学；495. 天津工业大学；498. 宁波大学；510. 河北大学；512. 华中农业大学；522. 中国医学科学院-北京协和医学院；523. 中国矿业大学；533. 昆明理工大学；545. 温州大学；551. 山东师范大学；581. 南京农业大学；586. 燕山大学；597. 广西大学；603. 河北工业大学；605. 杭州师范大学；611. 湖南师范大学；621. 东北林业大学；623. 华南农业大学；628. 上海师范大学

二十九、化学工程与技术学科

表 2-53 化学工程与技术学科（前 5 强与中国大学）

排名	英文名称	中文名称	国家/地区	总得分
1	CHINESE ACAD SCI	中国科学院	中国	100.00
2	TSINGHUA UNIVERSITY	清华大学	中国	40.00
3	TIANJIN UNIVERSITY	天津大学	中国	32.90
4	ZHEJIANG UNIVERSITY	浙江大学	中国	30.50
5	CHINA UNIVERSITY OF PETROLEUM	中国石油大学	中国	24.80

其他中国机构：7. 华南理工大学；9. 中国科学院大学；11. 大连理工大学；12. 北京化工大学；14. 华东理工大学；15. 上海交通大学；17. 中国科学技术大学；18. 哈尔滨工业大学；19. 西安交通大学；20. 华中科技大学；21. 中国矿业大学；30. 南京工业大学；32. 东南大学；34. 四川大学；39. 同济大学；42. 山东大学；43. 江苏大学；44. 中南大学；50. 南京大学；53. 北京科技大学；55. 湖南大学；61. 厦门大学；63. 华北电力大学；75. 武汉理工大学；77. 吉林大学；85. 吉林大学；89. 重庆大学；90. 中国地质大学；94. 中山大学；96. 太原理工大学；101. 江南大学；102. 香港理工大学；104. 浙江工业大学；105. 福州大学；106. 武汉大学；113. 复旦大学；118. 华东师范大学；120. 香港科技大学；124. 西南石油大学；127. 北京科技大学；129. 南开大学；131. 南京理工大学；138. 苏州大学；150. 兰州大学；151. 北京工业大学；166. 郑州大学；182. 香港城市大学；187. 天津工业大学；198. 中国东北大学；203. 昆明理工大学；205. 东华大学；206. 青岛科技大学；216. 合肥工业大学；242. 北京航空航天大学；245. 香港大学；248. 上海大学；272. 河北工业大学；289. 北京林业大学；293. 浙江理工大学；295. 中国海洋大学；318. 山东科技大学；337. 西北大学；338. 广西大学；341. 北京师范大学；342. 常州大学；346. 中国农业大学；371. 西北工业大学；373. 陕西师范大学；378. 湘潭大学；387. 天津师范大学；391. 广东工业大学；392. 扬州大学；396. 上海理工大学；401. 南京航空航天大学；407. 华南师范大学；413. 暨南大学；414. 浙江师范大学；420. 东北林业大学；446. 中南民族大学；459. 河南理工大学；484. 东北

续表

师范大学；485. 南京师范大学；490. 哈尔滨工程大学；492. 安徽工业大学；505. 香港中文大学；517. 华南师范大学；518. 河海大学；525. 西安建筑科技大学；527. 南昌大学；539. 南京林业大学；544. 青岛大学；548. 暨南大学；551. 中国科学院；568. 西南大学；571. 西北农林科技大学；577. 武汉工程大学；579. 河南师范大学；581. 中北大学；585. 上海师范大学；591. 华侨大学；593. 黑龙江大学；611. 河南大学；613. 北京交通大学；622. 江苏科技大学；625. 山西大学；626. 深圳大学；630. 武汉科技大学；633. 山东理工大学；634. 上海电力学院

三十、环境科学与工程（可授工学、理学、农学学位）学科

表 2-54 环境科学与工程（可授工学、理学、农学学位）学科（前 5 强与中国大学）

排名	英文名称	中文名称	国家/地区	总得分
1	CHINESE ACAD SCI	中国科学院	中国	100.00
2	TSINGHUA UNIVERSITY	清华大学	中国	22.50
3	UNIVERSITY CHINESE ACAD SCI	中国科学院大学	中国	18.90
4	UNIVERSITY OF CALIFORNIA BERKELEY	加州大学伯克利分校	美国	18.60
5	US EPA	美国环境保护署	美国	18.50
其他中国机构：8. 浙江大学；10. 南京大学；11. 北京大学；14. 北京师范大学；17. 同济大学；26. 哈尔滨工业大学；52. 上海交通大学；64. 中山大学；67. 香港理工大学；78. 大连理工大学；80. 天津大学；85. 复旦大学；87. 华南理工大学；89. 南开大学；91. 中国地质大学；92. 山东大学；96. 武汉大学；100. 台湾大学；112. 华中科技大学；117. 中国科学技术大学；125. 湖南大学；127. 香港城市大学；131. 中国农业大学；137. 河海大学；144. 厦门大学；147. 香港科技大学；154. 南京农业大学；159. 西安交通大学；163. 西北农林科技大学；164. 华北电力大学；166. 中南大学；174. 兰州大学；183. 四川大学；184. 中国海洋大学；197. 华东师范大学；199. 重庆大学；225. 中国矿业大学；235. 吉林大学；243. 南京信息工程大学；245. 东南大学；258. 武汉理工大学；268. 香港中文大学；273. 北京林业大学；275. 中国农业大学；278. 暨南大学；285. 华东理工大学；286. 华中农业大学；293. 上海大学；304. 浙江工业大学；306. 北京科技大学；311. 北京化工大学；317. 江苏大学；323. 香港浸会大学；324. 北京理工大学；325. 中国石油大学；338. 北京工业大学；362. 苏州大学；365. 福州大学；380. 中国科学院；401. 南京工业大学；434. 南京师范大学；452. 东华大学；457. 华南师范大学；463. 北京航空航天大学；477. 广东工业大学；492. 合肥工业大学；496. 东北师范大学；512. 华南农业大学；547. 西安建筑科技大学；554. 昆明理工大学；565. 西南大学；567. 南京理工大学；595. 郑州大学；612. 中国人民大学；637. 陕西师范大学；667. 长安大学；672. 河南师范大学；673. 浙江农林大学；677. 广西大学；688. 江南大学；703. 深圳大学；723. 太原理工大学；727. 暨南大学；758. 山西大学；766. 浙江工商大学；768. 东北农业大学；771. 南京林业大学；775. 广州大学；780. 青岛科技大学；800. 四川农业大学；801. 浙江师范大学；806. 福建师范大学；821. 扬州大学；848. 华东理工大学；870. 湖南农业大学；875. 上海师范大学；877. 华中师范大学；879. 中国科学院；920. 哈尔滨工程大学；940. 北京交通大学；943. 东北林业大学；944. 中国东北大学；945. 山东农业大学；946. 河南大学；953. 上海理工大学；965. 福建农林大学；970. 青岛大学；973. 中国科学院				

三十一、会计与金融学科

表 2-55 会计与金融学科（前 5 强与中国大学）

排名	英文名称	中文名称	国家/地区	总得分
1	NBER	全国经济研究所	美国	100.00
2	NEW YORK UNIVERSITY	纽约大学	美国	53.50
3	UNIVERSITY OF PENNSYLVANIA	宾夕法尼亚大学	美国	43.20
4	UNIVERSITY OF CHICAGO	芝加哥大学	美国	42.10
5	HARVARD UNIVERSITY	哈佛大学	美国	38.60
其他中国机构：26. 香港城市大学；27. 香港中文大学；44. 香港大学；45. 香港理工大学；51. 香港科技大学；80. 北京大学；95. 中国人民大学；100. 清华大学；106. 上海财经大学；112. 上海交通大学；126. 西南财经大学；130. 中央财经大学；153. 厦门大学；154. 复旦大学；185. 中山大学；216. 对外经济贸易大学；229. 香港浸会大学；260. 浙江大学；266. 中山大学；268. 澳门大学；319. 南开大学；333. 湖南大学；352. 西安交通大学；360. 暨南大学；361. 南京大学；398. 中南财经政法大学；421. 江西财经大学；465. 武汉大学；534. 西交利物浦大学；562. 中国科学院；577. 北京航空航天大学；612. 宁波诺丁汉大学；659. 华南理工大学；698. 西南交通大学；704. 华中科技大学；712. 北京师范大学；717. 山东大学；745. 同济大学；783. 重庆大学；825. 南京审计大学；869. 华东师范大学；881. 中国科学技术大学；895. 中国科学院；904. 电子科技大学；906. 上海对外经贸大学；909. 上海立信会计金融学院；919. 华东理工大学；946. 东北财经大学；950. 天津大学；955. 中国科学院大学；998. 北京理工大学；1066. 深圳大学；1089. 首都经济贸易大学；1125. 苏州大学；1132. 北京交通大学；1148. 北京工商大学；1158. 中国海洋大学；1219. 哈尔滨工业大学；1229. 东南大学；1240. 中南大学；1280. 上海大学；1283. 河南大学；1299. 上海立信会计金融学院；1310. 四川大学；1357. 广东外语外贸大学；1370. 山西大学；1383. 广州大学；1385. 香港公开大学；1385. 山东财经大学；1421. 南京理工大学；1463. 浙江财经大学；1465. 西安电子科技大学；1466. 澳门科技大学；1487. 南方科技大学；1493. 华东理工大学；1523. 香港树仁大学；1560. 宁波诺丁汉大学；1592. 中国农业大学；1653. 吉林大学；1654. 中国矿业大学；1680. 南方科技大学；1723. 天津财经大学；1729. 浙江工商大学；1730. 华南农业大学；1737. 华东政法大学；1794. 韩国岭南大学；1808. 江南大学；1875. 江南大学；1902. 广西大学；1921. 南京航空航天大学；1943. 湖北经济学院；1979. 中国东北大学；2007. 北京师范大学；2069. 上海外国语大学；2074. 南昌大学；2097. 江西师范大学；2141. 山西财经大学；2152. 闽江学院				

三十二、机械工程学科

表 2-56 机械工程学科（前 5 强与中国大学）

排名	英文名称	中文名称	国家/地区	总得分
1	XI'AN JIAOTONG UNIVERSITY	西安交通大学	中国	100.00
2	SHANGHAI JIAO TONG UNIVERSITY	上海交通大学	中国	93.10
3	TSINGHUA UNIVERSITY	清华大学	中国	83.90
4	INDIAN INST TECHNOL	印度理工学院	印度	82.00
5	CHINESE ACAD SCI	中国科学院	中国	77.10

其他中国机构：6．哈尔滨工业大学；7．北京航空航天大学；8．大连理工大学；9．华中科技大学；10．浙江大学；16．天津大学；17．西北工业大学；18．重庆大学；22．东南大学；25．中国科学技术大学；29．南京航空航天大学；31．同济大学；32．北京理工大学；34．香港理工大学；37．华南理工大学；38．西南交通大学；47．湖南大学；53．香港城市大学；61．北京交通大学；63．中国矿业大学；64．中国东北大学；69．南京理工大学；71．北京工业大学；75．中南大学；85．山东大学；86．华北电力大学；89．北京科技大学；92．中国科学院大学；93．哈尔滨工程大学；95．江苏大学；99．北京大学；111．吉林大学；113．武汉理工大学；125．中国石油大学；130．国防科技大学；132．上海大学；138．河海大学；143．合肥工业大学；154．燕山大学；160．香港科技大学；174．电子科技大学；185．四川大学；191．江南大学；213．上海理工大学；231．武汉大学；234．香港大学；252．厦门大学；276．中山大学；285．华东理工大学；299．太原理工大学；302．西南石油大学；305．浙江工业大学；349．西安电子科技大学；376．广东工业大学；378．山东科技大学；381．中国地质大学；390．宁波大学；401．澳门大学；403．兰州理工大学；407．大连海事大学；409．北京化工大学；416．浙江大学；425．中国科学院；446．香港中文大学；447．东华大学；454．北京邮电大学；464．河南科技大学；478．郑州大学；483．南京师范大学；484．中国人民解放军海军工程大学；500．南开大学；501．昆明理工大学；512．中国计量大学；515．中国农业大学；517．武汉科技大学；519．西安工业大学；523．杭州电子科技大学；530．华侨大学；532．中国海洋大学；539．上海海事大学；553．复旦大学；555．中国人民解放军陆军工程大学；564．深圳大学；568．苏州大学；581．北京建筑大学；584．长安大学；594．湘潭大学；602．青岛科技大学；603．兰州交通大学；611．青岛理工大学；640．安徽工业大学；644．长沙理工大学；648．江苏科技大学；659．西北农林科技大学；674．桂林电子科技大学；675．华东理工大学；692．常州大学；695．湖南科技大学；702．哈尔滨理工大学；707．青岛大学；715．河南理工大学；717．福州大学；718．广西大学；719．中北大学；733．沈阳航空航天大学；736．西华大学；737．西南大学；743．太原科技大学；750．南京邮电大学；756．扬州大学；761．西安建筑科技大学

三十三、机械及航空航天和制造工程学科

表 2-57 机械及航空航天和制造工程学科（前 5 强与中国大学）

排名	英文名称	中文名称	国家/地区	总得分
1	SHANGHAI JIAO TONG UNIVERSITY	上海交通大学	中国	100.00
2	XI'AN JIAOTONG UNIVERSITY	西安交通大学	中国	94.80
3	INDIAN INST TECHNOL	印度理工学院	印度	89.40
4	TSINGHUA UNIVERSITY	清华大学	中国	87.00
5	CHINESE ACAD SCI	中国科学院	中国	83.10

其他中国机构：6．北京航空航天大学；7．哈尔滨工业大学；8．华中科技大学；9．西北工业大学；11．大连理工大学；15．浙江大学；16．南京航空航天大学；18．天津大学；19．香港理工大学；26．重庆大学；29．北京交通大学；33．东南大学；35．中国科学技术大学；36．华南理工大学；37．同济大学；47．国防科技大学；52．山东大学；56．香港城市大学；57．湖南大学；63．中国东北大学；64．西南交通大学；80．中南大学；82．南京理工大学；86．北京交通大学；90．中国矿业大学；92．北京工业大学；94．北京科技大学；95．中国科学院大学；102．北京大学；112．武汉理工大学；113．香港科技大学；115．吉林大学；125．华北电力大学；127．哈尔滨工程大学；133．江苏大学；134．上海大学；162．电子科技大学；164．中国石油大学；166．香港大学；169．合肥工业大学；182．燕山大学；184．四川大学；185．武汉大学；188．河海大学；224．西安电子科技大学；238．江南大学；241．厦门大学；247．广东工业大学；262．上海理工大学；272．中山大学；295．浙江工业大学；306．香港中文大学；324．华东理工大学；328．东华大学；337．南京工业大学；351．太原理工大学；376．西南石油大学；405．兰州理工大学；417．中国地质大学；422．深圳大学；424．宁波大学；435．山东科技大学；437．北京化工大学；449．沈阳航空航天大学；450．中国科学院；455．澳门大学；469．南开大学；478．郑州大学；480．大连海事大学；484．浙江理工大学；488．西安工业大学；509．武汉科技大学；514．北京邮电大学；531．苏州大学；534．哈尔滨理工大学；540．昆明理工大学；548．河南理工大学；549．南京大学；558．杭州电子科技大学；569．华侨大学；589．上海海事大学；593．长安大学；594．中国人民解放军海军工程大学；603．南京师范大学；615．中国农业大学；616．江苏科技大学；624．中国计量大学；637．暨南大学；648．青岛理工大学；652．长沙理工大学；663．安徽工业大学；670．湘潭大学；675．中国人民解放军陆军工程大学；676．中国海洋大学；679．福州大学；712．湖南科技大学；719．青岛大学；727．北京建筑大学；728．上海工程技术大学；730．河南理工大学；742．南昌大学；747．兰州交通大学；750．青岛科技大学；753．华东理工大学；772．桂林电子科技大学；788．中国科学院；790．中北大学；795．常州大学；804．西南大学

三十四、基础医学（可授医学、理学学位）学科

表 2-58　基础医学（可授医学、理学学位）学科（前 5 强与中国大学）

排名	英文名称	中文名称	国家/地区	总得分
1	HARVARD UNIVERSITY	哈佛大学	美国	100.00
2	UNIVERSITY OF CALIFORNIA SAN FRANCISCO	加州大学旧金山分校	美国	53.60
3	UNIVERSITY COLLEGE LONDON	伦敦大学学院	英国	49.90
4	JOHNS HOPKINS UNIVERSITY	约翰·霍普金斯大学	美国	49.30
5	UNIVERSITY OF PENNSYLVANIA	宾夕法尼亚大学	美国	48.30

其他中国机构：16. 中国科学院；32. 上海交通大学；43. 复旦大学；51. 浙江大学；53. 中山大学；69. 首都医科大学；71. 北京大学；74. 山东大学；82. 南京医科大学；89. 华中科技大学；98. 中南大学；100. 四川大学；128. 吉林大学；144. 中国医科大学；154. 南方医科大学；169. 苏州大学；171. 西安交通大学；173. 重庆医科大学；176. 空军军医大学；183. 武汉大学；184. 香港大学；192. 南京大学；194. 同济大学；207. 陆军军医大学；229. 哈尔滨医科大学；235. 海军军医大学；238. 温州医科大学；241. 郑州大学；256. 香港中文大学；273. 东南大学；276. 天津医科大学；286. 安徽医科大学；293. 中国医学科学院-北京协和医学院；302. 中国科学院大学；309. 青岛大学；329. 广州医科大学；357. 南通大学；361. 北京师范大学；362. 厦门大学；371. 清华大学；373. 暨南大学；375. 河北医科大学；409. 中国农业大学；452. 南昌大学；457. 大连医科大学；469. 福建医科大学；477. 广西医科大学；545. 江苏大学；547. 华中农业大学；549. 中国农业大学；567. 中国药科大学；598. 电子科技大学；602. 西南大学；609. 中国科学技术大学；633. 深圳大学；656. 南开大学；662. 昆明医科大学；688. 扬州大学；708. 中国海洋大学；713. 南京农业大学；719. 新疆医科大学；724. 汕头大学；740. 兰州大学；750. 上海中医药大学；763. 南京中医药大学；765. 山西医科大学；767. 西北农林科技大学；778. 宁波大学；814. 香港理工大学；830. 华东师范大学；836. 新乡医学院；843. 徐州医科大学；907. 华南农业大学；933. 香港城市大学；939. 大连理工大学；944. 哈尔滨工业大学；976. 华南理工大学；979. 杭州师范大学；1007. 华南师范大学；1011. 江南大学；1032. 上海大学；1035. 广州中医药大学；1047. 南京师范大学；1050. 天津大学；1072. 宁夏医科大学；1073. 北京中医药大学；1098. 四川农业大学；1103. 河南大学；1115. 沈阳药科大学；1116. 浙江中医药大学；1127. 南华大学；1167. 西安电子科技大学；1190. 徐州医科大学；1214. 澳门大学；1217. 香港科技大学；1221. 河南科技大学；1235. 蚌埠医学院；1245. 香港浸会大学；1265. 湖北医药学院；1266. 滨州医学院；1276. 济宁医学院；1279. 东北农业大学；1293. 石河子大学；1300. 湖南师范大学；1303. 中国东北大学；1350. 福建中医药大学；1382. 北京航空航天大学；1390. 重庆大学；1392. 华东理工大学

三十五、计算机科学与技术（可授工学、理学学位）学科

表 2-59　计算机科学与技术（可授工学、理学学位）学科（前 5 强与中国大学）

排名	英文名称	中文名称	国家/地区	总得分
1	CHINESE ACAD SCI	中国科学院	中国	100.00
2	TSINGHUA UNIVERSITY	清华大学	中国	56.60
3	NANYANG TECHNOL UNIVERSITY	南洋理工大学	新加坡	51.10
4	SHANGHAI JIAO TONG UNIVERSITY	上海交通大学	中国	41.00
5	HUAZHONG UNIVERSITY OF SCIENCE & TECHNOLOGY	华中科技大学	中国	39.10

其他中国机构：6. 浙江大学；7. 香港城市大学；10. 哈尔滨工业大学；12. 西安电子科技大学；13. 香港理工大学；17. 东南大学；19. 大连理工大学；20. 电子科技大学；21. 北京航空航天大学；24. 西安交通大学；29. 北京大学；32. 中国科学技术大学；36. 北京邮电大学；37. 中国东北大学；40. 香港中文大学；41. 武汉大学；52. 同济大学；55. 国防科技大学；56. 中南大学；57. 南京大学；65. 香港大学；66. 中山大学；71. 华南理工大学；74. 北京理工大学；75. 西北工业大学；79. 北京交通大学；82. 香港理工大学；84. 南京信息工程大学；88. 南京大学；91. 天津大学；93. 湖南大学；96. 四川大学；107. 南京航空航天大学；110. 重庆大学；120. 中国科学院大学；121. 深圳大学；132. 山东大学；136. 复旦大学；137. 上海大学；144. 厦门大学；145. 合肥工业大学；158. 澳门大学；166. 西南交通大学；174. 南京邮电大学；179. 吉林大学；186. 中国地质大学；194. 河海大学；204. 广东工业大学；210. 北京科技大学；232. 华东师范大学；233. 香港浸会大学；238. 苏州大学；241. 杭州电子科技大学；257. 中国矿业大学；266. 南开大学；279. 西南大学；281. 辽宁工业大学；283. 北京工业大学；308. 中国人民解放军陆军工程大学；320. 安徽大学；327. 浙江工业大学；329. 北京师范大学；338. 大连海事大学；349. 江南大学；359. 广州大学；360. 华北电力大学；364. 福州大学；384. 华东理工大学；391. 渤海大学；398. 燕山大学；414. 重庆邮电大学；416. 武汉理工大学；421. 兰州大学；431. 中国人民大学；432. 扬州大学；448. 南京林业大学；473. 山东科技大学；494. 中国石油大学；507. 中国农业大学；509. 福建师范大学；515. 青岛大学；526. 浙江师范大学；540. 陕西科技大学；545. 江苏大学；549. 山西大学；567. 华南师范大学；574. 上海理工大学；591. 暨南大学；607. 郑州大学；625. 东北师范大学；626. 上海海事大学；639. 山东师范大学；641. 湘潭大学；642. 澳门科技大学；671. 西安工业大学；682. 聊城大学；685. 南昌大学；692. 浙江工商大学；700. 华中师范大学；702. 桂林电子科技大学；707. 江西财经大学；713. 华侨大学；720. 宁波大学；723. 河北大学；743. 北京化工大学；746. 中国海洋大学；768. 西北大学；769. 华南农业大学；770. 新疆大学；775. 云南大学；785. 曲阜师范大学；795. 西交利物浦大学

三十六、建筑学学科

表 2-60 建筑学学科（前 5 强与中国大学）

排名	英文名称	中文名称	国家/地区	总得分
1	UNIVERSIDADE DO MINHO	米尼奥大学	葡萄牙	100.00
2	TONGJI UNIVERSITY	同济大学	中国	69.30
3	HANYANG UNIVERSITY	汉阳大学	韩国	66.60
4	YONSEI UNIVERSITY	延世大学	韩国	63.40
5	KYUNG HEE UNIVERSITY	庆熙大学	韩国	62.50
其他中国机构：37. 东南大学；43. 香港大学；54. 浙江大学；72. 清华大学；101. 华南理工大学；109. 北京大学；113. 哈尔滨工业大学；124. 香港城市大学；142. 香港理工大学；162. 南京林业大学；188. 西安建筑科技大学；197. 香港中文大学；203. 上海交通大学；206. 兰州理工大学；214. 中南大学；237. 深圳大学；249. 郑州大学；265. 南京航空航天大学；267. 香港浸会大学；274. 天津大学；277. 宁波大学；298. 武汉大学；301. 厦门大学；304. 西南交通大学；307. 北京工业大学；324. 大连理工大学；327. 华中科技大学；332. 长沙理工大学；333. 合肥工业大学；352. 湖北工业大学；360. 中国科学院；404. 沈阳农业大学；427. 河北大学；428. 复旦大学；524. 郑州大学；587. 北京航空航天大学；620. 华东政法大学；634. 电子科技大学；643. 宁波诺丁汉大学；682. 广西大学；689. 上海财经大学；746. 山东财经大学；781. 沈阳建筑大学			

三十七、交通运输工程学科

表 2-61 交通运输工程学科（前 5 强与中国大学）

排名	英文名称	中文名称	国家/地区	总得分
1	DELFT UNIVERSITY OF TECHNOLOGY	代尔夫特理工大学	荷兰	100.00
2	BEIJING JIAOTONG UNIVERSITY	北京交通大学	中国	76.90
3	TSINGHUA UNIVERSITY	清华大学	中国	73.20
4	UNIVERSITY OF CALIFORNIA BERKELEY	加州大学伯克利分校	美国	72.90
5	SOUTHEAST UNIVERSITY - CHINA	东南大学	中国	65.30
其他中国机构：7. 同济大学；11. 香港理工大学；13. 上海交通大学；30. 香港科技大学；32. 中国科学院；33. 香港大学；35. 北京航空航天大学；39. 西南交通大学；51. 浙江大学；57. 西安电子科技大学；59. 华中科技大学；60. 大连理工大学；65. 哈尔滨工业大学；71. 北京理工大学；72. 北京邮电大学；78. 香港城市大学；80. 北京大学；84. 中南大学；97. 电子科技大学；109. 大连海事大学；127. 中山大学；128. 中国科学技术大学；141. 国防科技大学；143. 吉林大学；147. 华南理工大学；156. 武汉大学；163. 上海海事大学；170. 西安交通大学；175. 重庆大学；180. 天津大学；189. 武汉理工大学；190. 南京航空航天大学；196. 湖南大学；206. 长安大学；216. 深圳大学；218. 北京工业大学；232. 南京大学；233. 山东大学；236. 南京邮电大学；237. 香港中文大学；254. 上海大学；259. 西北工业大学；276. 合肥工业大学；302. 中国人民解放军陆军工程大学；311. 中国科学院大学；317. 厦门大学；363. 南京林业大学；386. 香港浸会大学；415. 江苏大学；420. 中国东北大学；424. 澳门大学；448. 北京化工大学；456. 复旦大学；477. 广东工业大学；480. 重庆邮电大学；481. 内蒙古大学；496. 四川大学；502. 北京科技大学；508. 上海理工大学；510. 暨南大学；513. 华北理工大学；536. 对外经济贸易大学；548. 宁波大学；549. 桂林电子科技大学；589. 郑州大学；590. 浙江工业大学；592. 中国矿业大学；602. 华东师范大学；638. 河海大学；650. 陕西师范大学；655. 福州大学；684. 南通大学；685. 杭州电子科技大学；690. 兰州交通大学；699. 长沙理工大学；706. 苏州大学；714. 南开大学；723. 燕山大学；748. 昆明理工大学；776. 西交利物浦大学；784. 澳门科技大学；787. 北京师范大学；790. 西南财经大学；811. 哈尔滨工程大学；823. 南京师范大学；835. 南京信息工程大学；843. 西南大学；848. 重庆交通大学；872. 中国地质大学；888. 浙江工商大学；933. 中山大学；953. 宁波诺丁汉大学；955. 曲阜师范大学；959. 华北电力大学；960. 南京财经大学；1059. 内蒙古农业大学；1065. 中国民航大学；1080. 华东交通大学；1114. 中国人民大学；1115. 江南大学；1120. 东北财经大学；1136. 中国石油大学；1148. 中国科学院；1169. 上海财经大学；1195. 山东理工大学；1222. 中南林业科技大学			

三十八、教育学学科

表 2-62 教育学学科（前 5 强与中国大学）

排名	英文名称	中文名称	国家/地区	总得分
1	UNIVERSITY NORTH CAROLINA	北卡罗来纳大学	美国	100.00
2	UNIVERSITY OF TORONTO	多伦多大学	加拿大	96.40

续表

排名	英文名称	中文名称	国家/地区	总得分
3	UNIVERSITY MICHIGAN	密歇根大学	美国	94.70
4	UNIVERSITY OF ILLINOIS CHICAGO	伊利诺伊大学	美国	91.80
5	VANDERBILT UNIVERSITY	范德比尔特大学	美国	83.30
其他中国机构：34. 香港大学；92. 香港中文大学；164. 北京师范大学；234. 香港理工大学；324. 香港教育大学；344. 澳门大学；348. 香港城市大学；382. 华东师范大学；444. 北京大学；462. 香港浸会大学；505. 中国科学院；615. 清华大学；627. 浙江大学；705. 华中师范大学；739. 复旦大学；793. 华南师范大学；802. 上海交通大学；822. 广东外语外贸大学；847. 中山大学；888. 四川大学；979. 西南大学；1058. 陕西师范大学；1067. 中国人民大学；1109. 同济大学；1128. 首都师范大学；1132. 华中科技大学；1149. 南京大学；1189. 南京师范大学；1319. 西安交通大学；1356. 北京外国语大学；1368. 中国科学技术大学；1375. 东北师范大学；1381. 香港树仁大学；1384. 中南大学；1396. 上海外国语大学；1427. 山东大学；1432. 武汉大学；1436. 西北大学；1471. 哈尔滨工业大学；1518. 吉林大学；1530. 天津大学；1558. 中国科学院大学；1581. 北京航空航天大学；1587. 中山大学；1599. 杭州师范大学；1634. 东南大学；1642. 上海师范大学；1677. 北京邮电大学；1697. 浙江师范大学；1732. 中央财经大学；1743. 厦门大学；1760. 重庆大学；1773. 北京理工大学；1865. 河南大学；1880. 陆军军医大学；1926. 海军军医大学；1977. 汕头大学；1989. 上海体育学院；1998. 中国医科大学；2019. 对外经济贸易大学；2115. 江苏师范大学；2135. 西交利物浦大学；2157. 暨南大学；2204. 南方医科大学；2218. 曲阜师范大学；2263. 广州大学；2329. 河海大学；2365. 郑州大学；2371. 北京联合大学；2409. 浙江工商大学；2450. 香港公开大学；2474. 上海财经大学；2475. 苏州大学；2483. 重庆医科大学；2489. 北京交通大学；2685. 香港科技大学；2726. 首都医科大学；2779. 湖南大学；2805. 西南财经大学；2820. 中国医学科学院-北京协和医学院；2840. 福建师范大学；2860. 四川师范大学；2901. 中国海洋大学；2902. 山东师范大学；2906. 青岛大学；2924. 临沂大学；2948. 空军军医大学；3010. 哈尔滨医科大学；3065. 深圳大学；3091. 温州医科大学；3102. 澳门科技大学；3164. 南京医科大学；3249. 南开大学；3285. 江南大学；3317. 中国东北大学；3331. 宁波大学；3369. 南通大学；3414. 长安大学；3530. 西安外国语大学；3567. 中国农业大学；3587. 中央民族大学；3601. 江西师范大学；3613. 安徽医科大学；3680. 电子科技大学；3855. 武汉科技大学；3860. 安徽大学；3882. 首都经济贸易大学；3905. 韩山师范学院；3911. 中国地质大学；3915. 中国科学院

三十九、经济学与计量经济学学科

表2-63 经济学与计量经济学学科（前5强与中国大学）

排名	英文名称	中文名称	国家/地区	总得分
1	NBER	全国经济研究所	美国	100.00
2	HARVARD UNIVERSITY	哈佛大学	美国	61.10
3	UNIVERSITY OF CALIFORNIA BERKELEY	加州大学伯克利分校	美国	44.70
4	NATL BUR ECON RES	国家货币经济研究所	美国	41.20
5	STANFORD UNIVERSITY	斯坦福大学	美国	40.60
其他中国机构：49. 北京大学；52. 清华大学；74. 中国科学院；77. 中国人民大学；82. 香港大学；100. 香港科技大学；110. 香港中文大学；116. 厦门大学；124. 上海财经大学；127. 中央财经大学；148. 香港理工大学；151. 香港城市大学；153. 浙江大学；159. 上海交通大学；186. 西南财经大学；196. 复旦大学；221. 对外经济贸易大学；306. 北京师范大学；323. 中山大学；324. 武汉大学；338. 南京大学；351. 暨南大学；367. 湖南大学；393. 北京理工大学；400. 南开大学；401. 北京航空航天大学；433. 北京交通大学；435. 香港浸会大学；436. 中国科学院；458. 西安交通大学；463. 华中科技大学；475. 中国农业大学；496. 山东大学；502. 南京航空航天大学；506. 同济大学；525. 澳门大学；530. 中山大学；546. 华北电力大学；563. 天津大学；581. 中南财经政法大学；590. 东南大学；593. 华南理工大学；595. 江西财经大学；625. 中国科学技术大学；635. 首都经济贸易大学；652. 西南交通大学；667. 华东师范大学；685. 大连理工大学；696. 中国科学院大学；707. 南京农业大学；716. 上海大学；717. 哈尔滨工业大学；768. 上海大学；799. 海洋大学；827. 西交利物浦大学；837. 四川大学；839. 苏州大学；902. 大连海事大学；908. 深圳大学；920. 中南大学；934. 闽江学院；941. 宁波诺丁汉大学；945. 南京审计大学；953. 河南大学；970. 中国矿业大学；989. 西北农林科技大学；997. 中国石油大学；1096. 南京财经大学；1126. 电子科技大学；1128. 浙江财经大学；1217. 陕西师范大学；1255. 中国地质大学；1261. 广东外语外贸大学；1278. 华中农业大学；1303. 北京林业大学；1308. 华南农业大学；1315. 华南师范大学；1320. 中国农业大学；1331. 西北大学；1374. 浙江工商大学；1387. 上海海事大学；1420. 东北财经大学；1447. 北京化工大学；1492. 兰州大学；1503. 安徽财经大学；1555. 南京信息工程大学；1591. 合肥工业大学；1596. 浙江理工大学；1632. 吉林大学；1651. 华东理工大学；1657. 南京工业大学；1696. 北京工商大学；1702. 中国东北大学；1708. 湖南师范大学；1717. 华东理工大学；1722. 河海大学；1730. 福州大学；1732. 上海立信会计金融学院；1751. 南京理工大学；1772. 北京工业大学；1814. 云南财经大学；1835. 上海对外经贸大学；1863. 北京科技大学；1886. 江南大学；1930. 东北师范大学；1955. 武汉理工大学；1990. 上海立信会计金融学院；2017. 湖北经济学院；2042. 广东工业大学；2110. 浙江工业大学

四十、考古学学科

表2-64 考古学学科（前5强与中国大学）

排名	英文名称	中文名称	国家/地区	总得分
1	UNIVERSITY COLLEGE LONDON	伦敦大学学院	英国	100.00
2	UNIVERSITY OF OXFORD	牛津大学	英国	85.80

续表

排名	英文名称	中文名称	国家/地区	总得分
3	UNIVERSITY OF CAMBRIDGE	剑桥大学	英国	64.70
4	CNRS	法国国家科学研究中心	法国	63.80
5	AUSTRALIAN NATIONAL UNIVERSITY	澳大利亚国立大学	澳大利亚	59.20
其他中国机构：18. 中国科学院；62. 北京大学；127. 中国科学院；133. 中国科学院大学；266. 浙江大学；282. 中国科学技术大学；291. 北京科技大学；304. 吉林大学；367. 西北大学；428. 兰州大学；504. 山东大学；567. 中国地质大学；568. 南京大学；607. 西安交通大学；635. 中山大学；647. 四川大学；726. 北京师范大学；762. 厦门大学；899. 陕西师范大学；920. 郑州大学；934. 香港大学；1013. 浙江工业大学；1036. 复旦大学；1065. 云南大学；1079. 中国农业大学；1245. 浙江理工大学；1246. 武汉大学；1443. 山西大学；1451. 河北师范大学；1482. 华侨大学；1531. 中国农业大学；1554. 清华大学；1565. 中国人民大学；1581. 香港城市大学；1590. 同济大学；1605. 北京工商大学；1610. 中国科学院；1731. 北京科技大学；1907. 北京化工大学；2002. 重庆大学；2048. 华中科技大学；2102. 北京建筑大学；2149. 扬州大学；2292. 南京林业大学；2319. 南开大学；2350. 安徽大学；2374. 中国矿业大学；2472. 南京工业大学；2664. 南昌大学；2687. 宁波诺丁汉大学；2777. 中央民族大学；2784. 电子科技大学；2794. 香港中文大学；2803. 北京工业大学；2826. 首都师范大学；2896. 河南大学；2981. 成都理工大学；2982. 重庆科技学院；3019. 广东工业大学			

四十一、科学技术史（分学科，可授理学、工学、农学、医学学位）学科

表 2-65 科学技术史（分学科，可授理学、工学、农学、医学学位）学科（前 5 强与中国大学）

排名	英文名称	中文名称	国家/地区	总得分
1	HARVARD UNIVERSITY	哈佛大学	美国	100.00
2	UNIVERSITY OF OXFORD	牛津大学	英国	75.00
3	UNIVERSITY OF PENNSYLVANIA	宾夕法尼亚大学	美国	63.80
4	UNIVERSITY OF CAMBRIDGE	剑桥大学	英国	61.70
5	COLUMBIA UNIVERSITY	哥伦比亚大学	美国	57.30
其他中国机构：225. 北京大学；244. 复旦大学；260. 北京师范大学；282. 香港大学；368. 中国科学院；447. 清华大学；524. 澳门大学；528. 中山大学；531. 浙江大学；592. 厦门大学；624. 北京交通大学；649. 香港中文大学；714. 华东理工大学；720. 郑州工业应用技术学院；746. 上海交通大学；786. 中山大学；841. 西安交通大学；897. 南京农业大学；912. 香港理工大学；917. 中国人民大学；971. 中南大学；1012. 同济大学；1085. 中国医学科学院-北京协和医学院；1101. 陆军军医大学；1102. 天津医科大学；1192. 温州医科大学；1256. 海军军医大学；1273. 中国科学院大学；1289. 华北理工大学；1307. 重庆大学；1321. 四川大学；1322. 山东大学；1359. 福建农林大学；1374. 香港浸会大学；1391. 浙江中医药大学；1446. 中国科学技术大学；1514. 石河子大学；1555. 中国农业大学；1606. 中国科学院；1619. 华东师范大学；1679. 香港城市大学；1773. 华中科技大学；1923. 首都医科大学；2021. 南昌大学；2089. 大连理工大学；2156. 广东外语外贸大学；2181. 昆明理工大学；2188. 天津体育学院；2196. 西北农林科技大学；2278. 南京医科大学；2327. 湖北科技学院；2433. 天津大学；2624. 中国医科大学；2720. 上海应用技术大学；2758. 山西大学；2904. 苏州大学；2992. 辽宁中医药大学；3559. 深圳大学；3874. 河北医科大学；3926. 锦州医科大学；3940. 暨南大学；3975. 内蒙古师范大学；4000. 中国农业大学；4001. 中国科学院；4201. 宁夏医科大学；4203. 中国东北大学；4265. 临沂大学；4270. 辽宁石油化工大学；4354. 澳门大学；4385. 中国科学院；4453. 重庆大学；4628. 宁波诺丁汉大学；4643. 东北师范大学；4647. 上海纽约大学；4667. 华南师范大学；4685. 西南林业大学；4686. 西南大学；4735. 安徽医科大学；4757. 中央财经大学；4873. 福建中医药大学；5142. 东北林业大学；5166. 天津财经大学；5248. 南京信息工程大学；5315. 中国科学院；5316. 中国科学院；5388. 广东工业大学；5412. 湖南大学；5526. 广东海洋大学；5527. 广东药科大学；5528. 广西医科大学；5685. 广西中医药大学；5740. 北京林业大学；5780. 江南大学				

四十二、控制科学与工程学科

表 2-66 控制科学与工程学科（前 5 强与中国大学）

排名	英文名称	中文名称	国家/地区	总得分
1	HARBIN INSTITUTE OF TECHNOLOGY	哈尔滨工业大学	中国	100.00
2	CHINESE ACAD SCI	中国科学院	中国	64.90
3	BEIHANG UNIVERSITY	北京航空航天大学	中国	58.90
4	ZHEJIANG UNIVERSITY	浙江大学	中国	55.00
5	SHANGHAI JIAO TONG UNIVERSITY	上海交通大学	中国	52.20
其他中国机构：6. 东南大学；7. 中国东北大学；8. 清华大学；10. 华中科技大学；11. 香港城市大学；12. 北京理工大学；14. 南京航空航天大学；16. 山东大学；17. 南京理工大学；19. 西北工业大学；20. 电子科技大学；25. 大连理工大学；27. 华南理工大学；28. 天津大学；29. 北京大学；33. 西安电子科技大学；34. 香港大学；36. 中南大学；37. 香港理工大学；39. 西安交通大学；41. 中国科学技术大学；48. 同济大学				

续表

51. 重庆大学；55. 江南大学；57. 渤海大学；62. 燕山大学；63. 广东工业大学；65. 北京交通大学；69. 曲阜师范大学；71. 北京科技大学；81. 东华大学；82. 香港中文大学；83. 吉林大学；84. 杭州电子科技大学；85. 湖南大学；87. 澳门大学；88. 哈尔滨工程大学；90. 国防科技大学；95. 浙江工业大学；96. 上海大学；109. 香港科技大学；122. 山东科技大学；125. 合肥工业大学；133. 华东理工大学；145. 大连海事大学；146. 辽宁工业大学；152. 西南交通大学；165. 中山大学；179. 南京邮电大学；180. 华北电力大学；181. 江苏大学；186. 武汉大学；193. 厦门大学；195. 中国石油大学；204. 南京师范大学；205. 南开大学；210. 青岛大学；214. 中国矿业大学；217. 中国科学院大学；224. 上海理工大学；228. 北京邮电大学；232. 北京化工大学；234. 四川大学；236. 武汉理工大学；239. 山东师范大学；240. 河海大学；242. 中国地质大学；254. 北京工业大学；263. 深圳大学；264. 扬州大学；265. 复旦大学；279. 哈尔滨理工大学；296. 华东理工大学；320. 天津工业大学；321. 澳门科技大学；328. 南京信息工程大学；336. 西南大学；348. 河南理工大学；358. 安徽工业大学；359. 上海海事大学；381. 暨南大学；409. 安徽大学；412. 青岛科技大学；415. 沈阳航空航天大学；420. 苏州大学；432. 黑龙江大学；435. 浙江师范大学；436. 上海工程技术大学；447. 昆明理工大学；455. 福州大学；460. 山西大学；473. 郑州大学；477. 武汉科技大学；479. 南昌大学；481. 三峡大学；484. 西安工业大学；490. 华侨大学；494. 聊城大学；497. 广西大学；504. 鲁东大学；505. 江苏科技大学；507. 宁波大学；510. 浙江理工大学；516. 重庆邮电大学；517. 长沙理工大学；521. 南京大学；527. 湖南工业大学；534. 中国海洋大学；544. 哈尔滨工业大学；550. 南通大学；574. 湖州师范学院

四十三、口腔医学学科

表 2-67 口腔医学学科（前 5 强与中国大学）

排名	英文名称	中文名称	国家/地区	总得分
1	UNIVERSIDADE DE SAO PAULO	圣保罗大学	巴西	100.00
2	UNIVERSITY OF BERN	伯尔尼大学	瑞士	57.30
3	UNIVERSITY MICHIGAN	密歇根大学	美国	50.70
4	UNIVERSITY OF ZURICH	苏黎世大学	瑞士	50.00
5	UNIVERSIDADE ESTADUAL DE CAMPINAS	坎皮纳斯州立大学	巴西	47.00

其他中国机构：7. 香港大学；15. 四川大学；29. 北京大学；31. 上海交通大学；42. 武汉大学；52. 中山大学；57. 空军军医大学；136. 首都医科大学；255. 浙江大学；258. 南京医科大学；259. 山东大学；319. 华中科技大学；322. 中国医科大学；349. 重庆医科大学；382. 同济大学；391. 复旦大学；400. 南方医科大学；404. 南京大学；414. 西安交通大学；415. 福建医科大学；422. 中国科学院；469. 中南大学；521. 北京大学；533. 哈尔滨医科大学；556. 吉林大学；571. 广州医科大学；589. 温州医科大学；595. 郑州大学；621. 青岛大学；647. 天津医科大学；649. 安徽医科大学；657. 哈尔滨工程大学；680. 中国医学科学院-北京协和医学院；695. 广西医科大学；780. 河北医科大学；812. 昆明医科大学；864. 暨南大学；869. 大连医科大学；935. 兰州大学；941. 香港大学；942. 香港中文大学；995. 华南理工大学；1040. 清华大学；1094. 南开大学；1105. 陆军军医大学；1181. 浙江中医药大学；1338. 海军军医大学；1461. 北京化工大学；1512. 宁夏医科大学；1555. 新疆医科大学；1663. 福建中医药大学；1668. 苏州大学；1759. 南昌大学；1866. 湖北医药学院；1918. 北京大学；2051. 上海大学；2058. 滨州医学院；2095. 上海交通大学；2133. 南通大学；2211. 潍坊医学院；2286. 内蒙古医科大学；2352. 贵州医科大学；2469. 北京航空航天大学；2527. 遵义医学院；2579. 杭州师范大学；2702. 武汉理工大学；2721. 西北大学；2763. 福建师范大学；2854. 山西医科大学；2921. 华北理工大学；2953. 东南大学

四十四、矿业工程学科

表 2-68 矿业工程学科（前 5 强与中国大学）

排名	英文名称	中文名称	国家/地区	总得分
1	CHINESE ACAD SCI	中国科学院	中国	100.00
2	CHINA UNIVERSITY OF MINING & TECHNOLOGY	中国矿业大学	中国	65.20
3	CHINA UNIVERSITY OF GEOSCIENCES	中国地质大学	中国	61.80
4	UNIVERSITY OF SCIENCE & TECHNOLOGY BEIJING	北京科技大学	中国	57.90
5	OAK RIDGE NATL LAB	美国橡树岭国家实验室	美国	56.60

其他中国机构：7. 中南大学；12. 中国科学院；15. 中国东北大学；32. 北京大学；37. 中国科学院大学；51. 中国石油大学；60. 清华大学；64. 中国科学技术大学；71. 南京大学；76. 大连理工大学；78. 重庆大学；83. 四川大学；84. 昆明理工大学；93. 吉林大学；100. 北京航空航天大学；108. 武汉理工大学；116. 中国科学院；119. 山东科技大学；121. 太原理工大学；133. 上海交通大学；141. 武汉大学；145. 西安交通大学；147. 西南科技大学；153. 浙江大学；161. 香港大学；164. 中山大学；166. 同济大学；168. 武汉科技大学；182. 河海大学；196. 上海大学；208. 山东大学；212. 河南理工大学；214. 成都理工大学；215. 合肥工业大学；257. 广西大学；270. 天津大学；271. 华中科技大学；282. 西北工业大学；292. 东南大学；293. 哈尔滨工业大学；301. 安徽科技学院；312. 西北大学；313. 长安大学；329. 香港理工大学；332. 北京工业大学；337. 香港城市大学；364. 燕山大学；368. 西安科技大学；376. 西南交通大学；382. 江西科技学院；417. 华东理工大学；425. 湖南大学；454. 山西大学；488. 兰州大学；503. 暨南大学；505. 武汉工程大学；515. 电子科技大学；523. 福州大学；560. 厦门大学；567. 江苏大学；571. 哈尔滨工程大学；601. 广州大学；621. 西南石油大学；629. 国防科技大学；646. 南华大学；652. 西安建筑大学；657. 郑州大学；668. 华北理工大学；671. 复旦大学；680. 河北地质大学；682. 华北电力大学；683. 桂林理工大学；700. 安徽工业大学；703. 新疆大学；748. 中国海洋大学；755. 南京航空航天大学；772. 哈尔滨理工大学；774. 中国人民解放军陆军工程大学；776. 北京理工大学；781. 辽宁工程技术大学；784. 河北工业大学

四十五、理论经济学科

表 2-69 理论经济学学科（前 5 强与中国大学）

排名	英文名称	中文名称	国家/地区	总得分
1	NBER	全国经济研究所	美国	100.00
2	HARVARD UNIVERSITY	哈佛大学	美国	61.10
3	UNIVERSITY OF CALIFORNIA BERKELEY	加州大学伯克利分校	美国	44.70
4	NATL BUR ECON RES	国家货币经济研究所	美国	41.20
5	STANFORD UNIVERSITY	斯坦福大学	美国	40.60

其他中国机构：49. 北京大学；52. 清华大学；74. 中国科学院；77. 中国人民大学；82. 香港大学；101. 香港科技大学；113. 香港中文大学；115. 厦门大学；125. 上海财经大学；127. 中央财经大学；148. 香港理工大学；151. 香港城市大学；153. 浙江大学；155. 上海交通大学；186. 西南财经大学；195. 复旦大学；223. 对外经济贸易大学；301. 北京师范大学；327. 武汉大学；330. 中山大学；338. 南京大学；347. 暨南大学；361. 湖南大学；398. 北京理工大学；402. 南开大学；405. 北京航空航天大学；436. 中国科学院；438. 北京交通大学；439. 香港浸会大学；453. 华中科技大学；457. 西安交通大学；471. 中国农业大学；488. 山东大学；504. 南京航空航天大学；508. 同济大学；532. 澳门大学；533. 中山大学；544. 华北电力大学；563. 天津大学；579. 中南财经政法大学；586. 东南大学；600. 华南理工大学；603. 江西财经大学；中国科学技术大学；635. 西南交通大学；656. 首都经济贸易大学；678. 华东师范大学；681. 中国科学院大学；690. 大连理工大学；707. 哈尔滨工业大学；719. 上海大学；723. 南京农业大学；775. 重庆大学；783. 中国海洋大学；811. 四川大学；814. 西交利物浦大学；824. 苏州大学；903. 南京审计大学；904. 中南大学；906. 大连海事大学；914. 深圳大学；934. 宁波诺丁汉大学；939. 闽江学院；965. 中国石油大学；978. 中国矿业大学；992. 西北农林科技大学；999. 河南大学；1126. 浙江财经大学；1140. 电子科技大学；1151. 南京财经大学；1228. 陕西师范大学；1243. 北京林业大学；1250. 广东外语外贸大学；1275. 华南师范大学；1284. 西北大学；1305. 中国地质大学；1312. 中国农业大学；1335. 华南农业大学；1337. 华中农业大学；1368. 上海海事大学；1402. 北京化工大学；1416. 浙江工商大学；1428. 兰州大学；1431. 东北财经大学；1516. 合肥工业大学；1526. 吉林大学；1545. 华东理工大学；1565. 安徽财经大学；1585. 南京信息工程大学；1599. 南京师范大学；1614. 浙江理工大学；1712. 北京科技大学；1732. 河海大学；1740. 北京工业大学；1752. 湖南师范大学；1783. 云南财经大学；1786. 南京理工大学；1787. 中国东北大学；1807. 上海立信会计金融学院；1823. 江南大学；1834. 上海对外经贸大学；1867. 北京工商大学；1911. 华东理工大学；1914. 福州大学；1923. 西安电子科技大学；1947. 东北师范大学；1959. 浙江工业大学；2010. 山西财经大学；2052. 内蒙古大学；2053. 山东财经大学；2098. 河南农业大学

四十六、力学（可授工学、理学学位）学科

表 2-70 力学（可授工学、理学学位）学科（前 5 强与中国大学）

排名	英文名称	中文名称	国家/地区	总得分
1	XI'AN JIAOTONG UNIVERSITY	西安交通大学	中国	100.00
2	INDIAN INST TECHNOL	印度理工学院	印度	87.10
3	SHANGHAI JIAO TONG UNIVERSITY	上海交通大学	中国	82.60
4	TSINGHUA UNIVERSITY	清华大学	中国	80.40
5	CHINESE ACAD SCI	中国科学院	中国	79.10

其他中国机构：8. 大连理工大学；9. 哈尔滨工业大学；11. 华中科技大学；14. 浙江大学；16. 北京航空航天大学；24. 同济大学；27. 西北工业大学；28. 天津大学；30. 香港城市大学；33. 湖南大学；34. 中国科学技术大学；38. 香港理工大学；39. 重庆大学；43. 北京大学；47. 东南大学；48. 华南理工大学；49. 南京航空航天大学；50. 北京理工大学；62. 北京交通大学；64. 上海大学；76. 华北电力大学；83. 中南大学；97. 北京工业大学；109. 河海大学；121. 中国东北大学；122. 西南交通大学；124. 哈尔滨工程大学；128. 香港科技大学；129. 中国矿业大学；137. 南京理工大学；138. 北京科技大学；140. 山东大学；148. 武汉大学；155. 江苏大学；158. 中国科学院大学；160. 香港大学；173. 四川大学；182. 中国石油大学；202. 电子科技大学；206. 国防科技大学；226. 中山大学；237. 合肥工业大学；243. 武汉理工大学；253. 厦门大学；266. 上海理工大学；278. 华东理工大学；282. 吉林大学；291. 宁波大学；320. 江南大学；322. 湘潭大学；331. 郑州大学；332. 太原理工大学；334. 香港中文大学；340. 东华大学；350. 兰州大学；352. 复旦大学；356. 华东师范大学；385. 中国科学院；387. 南京工业大学；391. 燕山大学；407. 北京师范大学；420. 沈阳航空航天大学；422. 北京邮电大学；433. 昆明理工大学；445. 山东科技大学；467. 西安电子科技大学；471. 长沙理工大学；473. 中国人民解放军海军工程大学；475. 广东工业大学；482. 西南石油大学；486. 中国计量大学；490. 中国地质大学；491. 南京大学；528. 浙江师范大学；531. 中国农业大学；533. 浙江工业大学；550. 石家庄铁道大学；556. 广西大学；575. 长安大学；588. 中国人民解放军陆军工程大学；609. 新疆大学；611. 西北农林科技大学；614. 浙江农林大学；617. 兰州交通大学；622. 西南大学；623. 南京师范大学；630. 中国海洋大学；640. 华侨大学；644. 浙江理工大学；654. 深圳大学；658. 北京化工大学；681. 香港浸会大学；687. 西安工业大学；689. 苏州大学；696. 杭州电子科技大学；699. 南开大学；708. 重庆邮电大学；710. 北京建筑大学；720. 华东师范大学；723. 中北大学；724. 华东理工大学；733. 河南理工大学；737. 扬州大学；749. 南昌大学；750. 温州大学；765. 常州大学；774. 云南大学；779. 武汉科技大学；790. 江苏科技大学；808. 澳门大学；819. 暨南大学

四十七、林学学科

表 2-71 林学学科（前 5 强与中国大学）

排名	英文名称	中文名称	国家/地区	总得分
1	US-FOREST-SERV	美国森林服务局	美国	100.00
2	CHINESE ACAD SCI	中国科学院	中国	59.40
3	SWEDISH UNIVERSITY AGR SCI	瑞典农业科技大学	瑞典	44.10
4	OREGON STATE UNIVERSITY	俄勒冈州立大学	美国	40.60
5	INRA	法国国家农业科学研究院	法国	35.10

其他中国机构：12. 中国科学院；20. 北京林业大学；43. 东北林业大学；48. 中国科学院大学；75. 南京林业大学；82. 西北农林科技大学；108. 北京师范大学；145. 中国农业大学；156. 浙江农林大学；212. 北京大学；223. 兰州大学；263. 福建农林大学；269. 浙江大学；270. 中国农业大学；272. 华南理工大学；313. 清华大学；316. 华中农业大学；332. 中南林业科技大学；344. 南京农业大学；381. 华南农业大学；388. 四川农业大学；407. 南京大学；426. 广西大学；433. 华东师范大学；475. 中山大学；543. 安徽农业大学；553. 天津理工大学；574. 上海交通大学；578. 香港大学；607. 沈阳农业大学；620. 西南林业大学；638. 江西农业大学；646. 东北师范大学；661. 南京信息工程大学；668. 中国科学院；669. 复旦大学；709. 厦门大学；759. 福建师范大学；776. 西南大学；788. 河南科技大学；854. 山东农业大学；855. 东南大学；896. 河南大学；945. 西北大学；959. 武汉大学；966. 云南大学；969. 江南大学；992. 哈尔滨工业大学；1002. 中国人民大学；1050. 四川大学；1056. 山东大学；1090. 陕西师范大学；1096. 南昌大学；1112. 天津师范大学；1118. 香港城市大学；1126. 北京化工大学；1131. 石河子大学；1137. 江苏大学；1138. 江西师范大学；1139. 吉林大学；1152. 西华师范大学；1189. 苏州大学；1203. 西安交通大学；1203. 香港中文大学；1210. 青岛农业大学；1240. 甘肃农业大学；1242. 海南大学；1244. 河北大学；1246. 内蒙古农业大学；1255. 同济大学；1291. 新疆大学；1292. 天津大学；1303. 华中科技大学；1377. 河南农业大学；1383. 北华大学；1389. 扬州大学；1421. 河海大学；1428. 中国科学院；1430. 华南师范大学；1454. 南京大学；1468. 青岛大学；1526. 大连工业大学；1547. 南开大学；1584. 合肥工业大学；1594. 中国矿业大学；1625. 大连理工大学；1626. 郑州大学；1650. 华东理工大学；1673. 山西农业大学；1675. 东北农业大学；1712. 山西大学；1739. 中国科学技术大学；1742. 云南农业大学；1753. 绵阳师范学院；1762. 黑龙江大学；1764. 浙江师范大学；1776. 湖北民族学院；1816. 贵州大学；1887. 华中师范大学

四十八、林业工程学科

表 2-72 林业工程学科（前 5 强与中国大学）

排名	英文名称	中文名称	国家/地区	总得分
1	US FOREST SERV	美国森林服务局	美国	100.00
2	CHINESE ACAD SCI	中国科学院	中国	59.40
3	SWEDISH UNIVERSITY AGR SCI	瑞典农业科技大学	瑞典	44.10
4	OREGON STATE UNIVERSITY	俄勒冈州立大学	美国	40.60
5	INRA	法国国家农业科学研究院	法国	35.10

其他中国机构：12. 中国科学院；21. 北京林业大学；43. 东北林业大学；48. 中国科学院大学；74. 南京林业大学；82. 西北农林科技大学；109. 北京师范大学；149. 中国农业大学；159. 浙江农林大学；210. 北京大学；223. 兰州大学；266. 福建农林大学；267. 中国农业大学；268. 浙江大学；274. 华南理工大学；314. 清华大学；317. 华中农业大学；334. 中南林业科技大学；349. 南京农业大学；385. 华南农业大学；388. 四川农业大学；398. 南京大学；411. 广西大学；435. 华东师范大学；479. 中山大学；549. 天津理工大学；551. 安徽农业大学；561. 香港大学；572. 上海交通大学；600. 沈阳农业大学；622. 西南林业大学；642. 东北师范大学；644. 复旦大学；650. 中国科学院；652. 江西农业大学；657. 南京信息工程大学；719. 厦门大学；756. 福建师范大学；762. 河南科技大学；800. 西南大学；858. 山东农业大学；876. 东南大学；922. 云南大学；928. 江南大学；932. 河南大学；958. 武汉大学；978. 西北大学；1000. 哈尔滨工业大学；1058. 南昌大学；1062. 四川大学；1091. 中国人民大学；1094. 山东大学；1095. 陕西师范大学；1114. 香港城市大学；1120. 香港中文大学；1123. 吉林大学；1143. 西华师范大学；1146. 天津师范大学；1147. 甘肃农业大学；1148. 苏州大学；1150. 江苏大学；1158. 石河子大学；1169. 内蒙古农业大学；1172. 海南大学；1185. 江西师范大学；1193. 西安交通大学；1210. 同济大学；1244. 河北大学；1246. 青岛农业大学；1262. 北京化工大学；1290. 华南师范大学；1296. 南京师范大学；1318. 中国科学院；1332. 河南农业大学；1368. 河海大学；1399. 青岛大学；1418. 北华大学；1419. 新疆大学；1442. 扬州大学；1453. 华中科技大学；1454. 天津大学；1511. 云南农业大学；1515. 中国科学技术大学；1529. 郑州大学；1537. 浙江师范大学；1543. 山西农业大学；1557. 大连工业大学；1567. 东北农业大学；1605. 中国矿业大学；1647. 湖北民族学院；1680. 山西大学；1691. 绵阳师范学院；1703. 南开大学；1732. 黑龙江大学；1739. 合肥工业大学；1748. 贵州大学；1779. 大连理工大学；1804. 华东理工大学

四十九、临床医学学科

表 2-73 临床医学学科（前 5 强与中国大学）

排名	英文名称	中文名称	国家/地区	总得分
1	HARVARD UNIVERSITY	哈佛大学	美国	100.00
2	MAYO CLIN	梅奥医学中心	美国	67.10
3	UNIVERSITY OF CALIFORNIA SAN FRANCISCO	加州大学旧金山分校	美国	59.50
4	UNIVERSITY OF TORONTO	多伦多大学	加拿大	53.50
5	UNIVERSITY OF WASHINGTON	华盛顿大学	美国	52.80

其他中国机构：47. 上海交通大学；70. 复旦大学；75. 中山大学；90. 首都医科大学；91. 北京大学；116. 香港中文大学；123. 中国医学科学院-北京协和医学院；125. 浙江大学；130. 四川大学；140. 香港大学；159. 南京医科大学；173. 山东大学；184. 中南大学；207. 华中科技大学；219. 中国科学院；247. 海军医科大学；260. 中国医科大学；270. 南方医科大学；307. 重庆医科大学；310. 苏州大学；314. 同济大学；323. 空军军医大学；333. 南京大学；337. 吉林大学；342. 天津医科大学；344. 哈尔滨医科大学；350. 西安交通大学；362. 陆军军医大学；369. 武汉大学；379. 温州医科大学；396. 郑州大学；445. 广州医科大学；466. 安徽医科大学；577. 福建医科大学；613. 青岛大学；620. 广西医科大学；646. 河北医科大学；691. 东南大学；695. 暨南大学；716. 香港理工大学；751. 大连医科大学；775. 厦门大学；777. 南昌大学；831. 南通大学；869. 上海中医药大学；953. 北京中医药大学；956. 清华大学；1002. 兰州大学；1061. 江苏大学；1067. 昆明医科大学；1075. 南京中医药大学；1127. 中国药科大学；1155. 新疆医科大学；1158. 汕头大学；1244. 山西医科大学；1249. 中国科学院大学；1425. 广州中医药大学；1474. 南开大学；1503. 北京师范大学；1552. 浙江中医药大学；1553. 扬州大学；1589. 新乡医学院；1783. 徐州医科大学；1789. 澳门大学；1798. 深圳大学；1835. 宁波大学；1927. 宁夏医科大学；1967. 南华大学；1983. 天津中医药大学；1999. 华东师范大学；2026. 湖北医药学院；2036. 香港浸会大学；2041. 中国科学技术大学；2075. 蚌埠医学院；2141. 天津医科大学；2215. 徐州医科大学；2291. 山东中医药大学；2326. 福建中医药大学；2384. 河南大学；2391. 成都中医药大学；2400. 电子科技大学；2454. 广东药科大学；2476. 济宁医学院；2519. 潍坊医学院；2541. 中国农业大学；2570. 杭州师范大学；2576. 西南大学；2603. 沈阳药科大学；2615. 中国农业大学；2699. 香港科技大学

五十、美术学学科

表 2-74 美术学学科（前 5 强与中国大学）

排名	英文名称	中文名称	国家/地区	总得分
1	CNR	意大利国家研究委员会	意大利	100.00
2	DELFT UNIVERSITY TECHNOL	代尔夫特大学	荷兰	86.30
3	UNIVERSITY OF BOLOGNA	博洛尼亚大学	意大利	85.00
4	UNIVERSITY OF FLORENCE	佛罗伦萨大学	意大利	70.60
5	UNIVERSITY COLLEGE LONDON	伦敦大学学院	英国	45.00

其他中国机构：35. 中国科学院；38. 浙江大学；108. 中国科学技术大学；163. 南京大学；181. 香港理工大学；234. 北京大学；275. 西北大学；322. 浙江工业大学；339. 中国科学院大学；351. 西安交通大学；354. 北京工商大学；356. 清华大学；374. 香港城市大学；411. 扬州大学；417. 同济大学；424. 复旦大学；427. 中国地质大学；428. 中国矿业大学；437. 四川大学；529. 兰州大学；538. 北京化工大学；542. 湖南大学；551. 南昌大学；614. 重庆大学；641. 华中科技大学；684. 广东工业大学；707. 北京建筑大学；730. 南开大学；792. 南京工业大学；873. 重庆科技学院；885. 武汉大学；914. 北京科技大学；1028. 浙江理工大学；1030. 中山大学；1127. 陕西师范大学；1139. 中国科学院；1157. 云南师范大学；1241. 中国人民大学；1274. 北京农学院；1276. 南京林业大学；1326. 河南理工大学；1330. 北京工业大学；1353. 吉林大学；1395. 北京体育大学；1400. 福州大学；1430. 中国东北大学；1452. 闽江学院；1478. 菏泽学院；1702. 河南大学

五十一、民族学学科

表 2-75 民族学学科（前 5 强与中国大学）

排名	英文名称	中文名称	国家/地区	总得分
1	UNIVERSITY OF CALIFORNIA LOS ANGELES	加州大学洛杉矶分校	美国	100.00
2	HARVARD UNIVERSITY	哈佛大学	美国	82.10
3	UNIVERSITY MICHIGAN	密歇根大学	美国	80.60

续表

排名	英文名称	中文名称	国家/地区	总得分
4	UNIVERSITY TEXAS AUSTIN	得克萨斯大学奥斯汀分校	美国	67.50
5	UNIVERSITY MINNESOTA	明尼苏达大学	美国	65.40
其他中国机构：257. 香港中文大学；363. 香港城市大学；541. 香港科技大学；558. 东南大学；569. 中山大学；611. 北京师范大学；635. 香港浸会大学；739. 澳门大学；771. 香港教育大学；793. 中国科学院；822. 湖南师范大学；877. 上海交通大学；956. 西安交通大学；975. 香港大学；1049. 华中师范大学；1199. 新疆医科大学；1253. 复旦大学；1276. 香港树仁大学；1355. 上海体育学院；1505. 香港浸会大学；1543. 北京科技大学；1690. 福州大学；1751. 浙江海洋大学；1770. 中国科学院；1815. 华东师范大学；1819. 广东外语外贸大学；1860. 浙江师范大学					

五十二、农林经济管理学科

表 2-76 农林经济管理学科（前 5 强与中国大学）

排名	英文名称	中文名称	国家/地区	总得分
1	CORNELL UNIVERSITY	康奈尔大学	美国	100.00
2	UNIVERSITY OF CALIFORNIA DAVIS	加州大学戴维斯分校	美国	87.90
3	HARVARD UNIVERSITY	哈佛大学	美国	86.40
4	MICHIGAN STATE UNIVERSITY	密歇根州立大学	美国	83.20
5	UNIVERSITY OF ILLINOIS CHICAGO	伊利诺伊大学	美国	78.90
其他中国机构：43. 中国科学院；66. 中国农业大学；97. 南京农业大学；98. 中国人民大学；106. 浙江大学；171. 北京大学；244. 华中农业大学；269. 中国农业大学；305. 西北农林科技大学；316. 中央财经大学；369. 西南财经大学；457. 上海交通大学；490. 江南大学；502. 澳门大学；510. 清华大学；530. 香港中文大学；545. 中国科学院；553. 华南农业大学；589. 上海财经大学；613. 暨南大学；634. 北京师范大学；637. 香港大学；661. 苏州大学；674. 陕西师范大学；682. 西安交通大学；705. 西北大学；739. 吉林农业大学；771. 兰州大学；825. 福建农林大学；828. 中南大学；857. 复旦大学；866. 中国医学科学院-北京协和医学院；872. 北京理工大学；898. 江西财经大学；934. 内蒙古农业大学；943. 武汉大学；949. 对外经济贸易大学；950. 天津医科大学；1118. 重庆大学；1148. 北京航空航天大学；1170. 华北理工大学；1178. 南京大学；1254. 曲阜师范大学；1258. 四川大学；1268. 四川大学；1278. 中国海洋大学；1284. 山东大学；1334. 浙江财经大学；1372. 海军军医大学；1445. 华中科技大学；1456. 东北农业大学；1471. 中南财经政法大学；1485. 石河子大学；1536. 福州大学；1604. 中山大学；1623. 华南理工大学；1632. 广东外语外贸大学；1646. 四川农业大学；1678. 沈阳农业大学；1709. 内蒙古农业大学；1714. 北京工商大学；1736. 河南农业大学；1752. 同济大学；1786. 香港浸会大学；1787. 湖南大学；1802. 安徽财经大学；1810. 南昌大学；1812. 闽江学院；1831. 南京信息工程大学；1849. 中国地质大学；1869. 辽宁中医药大学；1925. 天津大学；1928. 西南大学；2004. 东北师范大学；2014. 南开大学；2039. 首都经济贸易大学；2129. 温州医科大学；2264. 杭州电子科技大学；2326. 陆军军医大学；2327. 天津体育学院；2336. 郑州大学；2339. 温州大学；2371. 中国东北大学；2372. 南京财经大学；2402. 厦门大学；2412. 中国科学院；2431. 华东师范大学；2489. 江西农业大学；2560. 山东师范大学；2699. 北京林业大学；2703. 南京师范大学；2709. 中国人民大学；2816. 广东金融学院；2823. 东北财经大学；2866. 中国科学院大学；2872. 中山大学；2882. 浙江农林大学；2908. 安徽农业大学；3053. 香港理工大学；3058. 中国矿业大学；3069. 首都医科大学；3077. 浙江工商大学；3094. 澳门科技大学					

五十三、农学学科

表 2-77 农学学科（前 5 强与中国大学）

排名	英文名称	中文名称	国家/地区	总得分
1	CHINESE ACAD SCI	中国科学院	中国	100.00
2	ARS	美国农业科学研究院	美国	72.00
3	INRA	法国国家农业科学研究院	法国	68.50
4	CSIC	国家科研委员会	西班牙	62.20
5	CHINA AGRICULTURAL UNIVERSITY	中国农业大学	中国	59.30
其他中国机构：11. 中国农业大学；14. 南京农业大学；15. 西北农林科技大学；16. 江南大学；18. 浙江大学；28. 华南理工大学；40. 华中农业大学；66. 中国科学院大学；102. 南昌大学；111. 华南农业大学；133. 山东大学；135. 上海交通大学；141. 东北农业大学；178. 四川农业大学；180. 江苏大学；182. 西南大学；187. 天津理工大学；198. 北京林业大学；218. 中国海洋大学；219. 扬州大学；220. 兰州大学；225. 北京师范大学；226. 吉林大学；253. 北京大学；256. 中山大学；267. 福建农林大学；277. 沈阳农业大学；289. 暨南大学；297. 四川大学；334. 湖南农业大学；342. 浙江工商大学；345. 陕西师范大学；350. 香港大学；356. 中国科学院；364. 广西大学；378. 南京师范大学；379. 青岛农业大学；389. 香港中文大学；390. 安徽农业大学；391. 北京工商大学；419. 武汉大学；421. 东北林业大学；428. 河南农业大学；429. 河南工业大学；433. 浙江农林大学；440. 内蒙古农业大学；445. 南京大学；450. 南开大学；460. 天津大学；463. 合肥工业大学；487. 哈					

续表

尔滨工业大学；510. 华中科技大学；517. 甘肃农业大学；538. 复旦大学；548. 上海海洋大学；549. 中国科学院；552. 石河子大学；556. 厦门大学；568. 南京林业大学；570. 山东农业大学；575. 浙江工业大学；579. 苏州大学；599. 大连工业大学；628. 吉林农业大学；633. 江西农业大学；644. 清华大学；653. 中国医学科学院-北京协和医学院；658. 宁波大学；674. 山东大学；685. 中南大学；696. 南京财经大学；713. 香港浸会大学；717. 河南科技大学；725. 河北农业大学；752. 海南大学；754. 华东理工大学；755. 湖北工业大学；760. 河南科技学院；780. 河海大学；789. 武汉轻工大学；809. 昆明理工大学；810. 云南农业大学；811. 长江大学；833. 南京信息工程大学；849. 福州大学；852. 山西农业大学；857. 山西大学；889. 渤海大学；896. 贵州大学；907. 上海应用技术大学；918. 西北大学；921. 东北师范大学；924. 中国药科大学；935. 中南林业科技大学；965. 杭州师范大学；973. 沈阳药科大学；977. 集美大学；987. 香港理工大学；1015. 上海师范大学；1034. 西安交通大学；1035. 北京化工大学；1081. 中国科学院；1085. 中国地质大学

五十四、农业工程学科

表 2-78 农业工程学科（前 5 强与中国大学）

排名	英文名称	中文名称	国家/地区	总得分
1	CHINESE ACAD SCI	中国科学院	中国	100.00
2	USDA ARS	美国农业部	美国	45.70
3	HARBIN INSTITUTE OF TECHNOLOGY	哈尔滨工业大学	中国	43.80
4	ZHEJIANG UNIVERSITY	浙江大学	中国	42.00
5	ARS	美国农业科学研究院	美国	36.10
其他中国机构: 6. 华南理工大学；7. 中国农业大学；8. 清华大学；12. 山东大学；17. 西北农林科技大学；18. 北京林业大学；20. 中国科学院大学；24. 同济大学；29. 上海交通大学；37. 大连理工大学；39. 江南大学；42. 湖南大学；43. 天津大学；49. 中国科学技术大学；50. 华东理工大学；53. 北京工业大学；54. 北京化工大学；56. 南京工业大学；57. 华中科技大学；60. 南京林业大学；69. 中国农业大学；70. 南京农业大学；75. 华南农业大学；77. 江苏大学；92. 重庆大学；93. 华中农业大学；95. 东北林业大学；102. 北京大学；108. 东南大学；111. 中国海洋大学；122. 天津理工大学；124. 东北农业大学；130. 北京师范大学；138. 南开大学；141. 南京大学；146. 四川大学；150. 复旦大学；163. 武汉大学；169. 广西大学；173. 中山大学；181. 香港浸会大学；184. 中山大学；190. 南昌大学；191. 中国科学院；197. 浙江工业大学；202. 厦门大学；204. 西安建筑科技大学；220. 吉林大学；225. 东华大学；229. 中国石油大学；236. 浙江工商大学；239. 上海大学；241. 天津工业大学；246. 中国地质大学；250. 北京科技大学；251. 福建农林大学；259. 河海大学；261. 合肥工业大学；269. 齐鲁工业大学；272. 香港理工大学；285. 浙江农林大学；308. 杭州师范大学；310. 河南农业大学；313. 暨南大学；324. 暨南大学；325. 中国矿业大学；333. 华东理工大学；334. 浙江师范大学；336. 湖南农业大学；341. 山东理工大学；369. 中国人民大学；370. 广东工业大学；375. 香港城市大学；378. 香港大学；385. 西安交通大学；395. 四川农业大学；402. 西南大学；420. 福州大学；429. 北京航空航天大学；434. 常州大学；438. 浙江理工大学；455. 江西农业大学；458. 石河子大学；473. 昆明理工大学；475. 青岛农业大学；479. 华东师范大学；480. 北京理工大学；481. 湖北工业大学；498. 太原理工大学；500. 大连工业大学；504. 武汉理工大学；522. 兰州大学；527. 天津城建大学；535. 中南林业科技大学；552. 南京师范大学；563. 沈阳农业大学；570. 华北电力大学；572. 青岛科技大学；573. 安徽农业大学；582. 香港大学；584. 郑州大学；605. 上海理工大学；616. 河南工业大学；621. 浙江科技学院；627. 南京理工大学；629. 桂林理工大学；668. 河南科技大学			

五十五、农业资源与环境学科

表 2-79 农业资源与环境学科（前 5 强与中国大学）

排名	英文名称	中文名称	国家/地区	总得分
1	CHINESE ACAD SCI	中国科学院	中国	100.00
2	USDA ARS	美国农业部	美国	20.40
3	NORTHWEST A&F UNIVERSITY - CHINA	西北农林科技大学	中国	19.20
4	INRA	法国国家农业科学研究院	法国	19.20
5	UNIVERSITY CHINESE ACAD SCI	中国科学院大学	中国	18.20
其他中国机构: 8. 中国农业大学；10. 南京农业大学；16. 中国农业大学；21. 浙江大学；34. 华中农业大学；36. 北京师范大学；60. 兰州大学；87. 南京师范大学；100. 南京大学；122. 西南大学；130. 中山大学；135. 浙江农林大学；153. 四川农业大学；167. 沈阳农业大学；172. 华南农业大学；175. 中国科学院；177. 北京林业大学；178. 北京大学；197. 南京信息工程大学；204. 中国地质大学；221. 山东农业大学；223. 河海大学；228. 福建农林大学；280. 东北农业大学；291. 东北师范大学；302. 福建农林大学；311. 南京林业大学；314. 清华大学；316. 石河子大学；321. 湖南农业大学；331. 扬州大学；352. 内蒙古农业大学；401. 东北林业大学；418. 武汉大学；430. 西安工业大学；431. 华东师范大学；452. 香港浸会大学；472. 青岛农业大学；491. 江西农业大学；492. 海南大学；497. 复旦大学；498. 南开大学；506. 河南大学；514. 厦门大学；521. 安徽农业大学；529. 吉林农业大学；531. 河南农业大学；536. 吉林农业科技学院；548. 甘肃农业大学；557. 广西大学；560. 天津大学；567. 山西农业大学；580. 上海交通大学；586. 四川大学；588. 杭州师范大学；605. 陕西师范大学；618. 宁夏大学；632. 贵州大学；682. 中国科学院；702. 湖南大学；705. 云南农业大学；717. 新疆大学；721. 山西大学；746. 云南大学；767. 西北大学；773. 内蒙古大学；792. 吉林大学；799. 同济大学；801. 临沂大学；806. 香港科技大学；846. 河南科技大学；854. 长江大学；857. 山东大学；865. 中南大学；866. 中国矿业大学；868. 香港城市大学；871. 中南林业科技大学；890. 中国海洋大学；905. 香港理工大学；914. 盐城师范学院；921. 浙江工业大学；933. 滨州学院；945. 上海大学；946. 华南师范大学；990. 河北农业大学；1013. 西安科技大学			

五十六、轻工技术与工程学科

表 2-80 轻工技术与工程学科（前 5 强与中国大学）

排名	英文名称	中文名称	国家/地区	总得分
1	SOUTH CHINA UNIVERSITY OF TECHNOLOGY	华南理工大学	中国	100.00
2	BEIJING FORESTRY UNIVERSITY	北京林业大学	中国	85.80
3	AALTO UNIVERSITY	阿尔托大学	芬兰	79.80
4	NANJING FORESTRY UNIVERSITY	南京林业大学	中国	76.60
5	NORTHEAST FORESTRY UNIVERSITY - CHINA	东北林业大学	中国	65.10

其他中国机构：13. 中国科学院；25. 天津理工大学；27. 中国科学院；37. 福建农林大学；50. 齐鲁工业大学；60. 东华大学；64. 广西大学；71. 武汉大学；72. 江南大学；81. 陕西科技大学；88. 浙江理工大学；107. 浙江农林大学；109. 中南林业科技大学；126. 华南农业大学；136. 浙江大学；150. 武汉纺织大学；156. 南京农业大学；158. 西南林业大学；169. 江苏大学；181. 西北农林科技大学；182. 香港理工大学；183. 四川大学；191. 中国科学院大学；193. 中国科学技术大学；196. 安徽农业大学；232. 昆明理工大学；256. 天津大学；260. 西南大学；274. 苏州大学；277. 东南大学；280. 华中科技大学；285. 华东理工大学；287. 齐鲁工业大学；296. 青岛科技大学；299. 南京工业大学；302. 天津工业大学；303. 清华大学；315. 青岛大学；322. 四川农业大学；323. 南京大学；325. 北京理工大学；332. 内蒙古农业大学；333. 浙江科技学院；337. 华北电力大学；345. 中国农业大学；349. 厦门大学；352. 盐城工学院；361. 哈尔滨工业大学；364. 上海交通大学；371. 大连工业大学；372. 北华大学；377. 南京理工大学；380. 河南农业大学；384. 郑州大学；393. 华中农业大学；406. 南京信息工程大学；414. 山东农业大学；420. 北京化工大学；443. 南开大学；451. 武汉大学；455. 西南林业大学；464. 东北师范大学；473. 湖北工业大学；474. 河南工业大学；484. 大连理工大学；490. 北京科技大学；498. 南昌大学；508. 福建师范大学；509. 同济大学；512. 中南民族大学；525. 山东大学；532. 暨南大学；535. 泰山学院；537. 齐齐哈尔大学；549. 中国东北大学；553. 上海理工大学；561. 复旦大学；578. 北京大学；588. 北京科技大学；594. 宁夏大学；595. 海南大学；599. 长沙理工大学；601. 福州大学；603. 浙江农林大学；604. 武汉工程大学；610. 湖南师范大学；617. 香港城市大学；662. 北京工商大学；668. 中国石油大学；682. 齐鲁工业大学；686. 东北农业大学；697. 上海师范大学；722. 湘潭大学；727. 合肥工业大学；729. 中国农业大学；730. 重庆大学；746. 西南科技大学；779. 中南林业科技大学

五十七、软件工程学科

表 2-81 软件工程学科（前 5 强与中国大学）

排名	英文名称	中文名称	国家/地区	总得分
1	CHINESE ACAD SCI	中国科学院	中国	100.00
2	TSINGHUA UNIVERSITY	清华大学	中国	73.50
3	ZHEJIANG UNIVERSITY	浙江大学	中国	57.80
4	NANYANG TECHNOL UNIVERSITY	南洋理工大学	新加坡	57.10
5	STANFORD UNIVERSITY	斯坦福大学	美国	42.10

其他中国机构：9. 香港理工大学；10. 香港中文大学；11. 北京航空航天大学；12. 北京大学；13. 香港城市大学；16. 西安电子科技大学；17. 上海交通大学；20. 中国科学技术大学；23. 电子科技大学；24. 华中科技大学；29. 西安交通大学；35. 大连理工大学；36. 国防科技大学；38. 哈尔滨工业大学；40. 香港科技大学；41. 武汉大学；44. 南京大学；69. 北京邮电大学；70. 天津大学；74. 中国科学院大学；80. 合肥工业大学；81. 西北工业大学；82. 香港大学；84. 中山大学；86. 南京理工大学；93. 北京理工大学；98. 山东大学；99. 北京交通大学；110. 南京信息工程大学；111. 东南大学；113. 厦门大学；116. 华南理工大学；124. 香港浸会大学；129. 同济大学；132. 上海大学；136. 深圳大学；137. 湖南大学；154. 南京航空航天大学；161. 复旦大学；166. 重庆大学；167. 华东师范大学；169. 杭州电子科技大学；174. 中南大学；183. 澳门大学；202. 河海大学；208. 中国东北大学；239. 南京邮电大学；255. 北京工业大学；263. 四川大学；309. 中国地质大学；318. 吉林大学；333. 西南交通大学；335. 北京科技大学；363. 中国矿业大学；380. 苏州大学；414. 兰州大学；426. 北京师范大学；434. 福建师范大学；439. 宁波大学；456. 安徽大学；462. 杭州师范大学；470. 重庆邮电大学；478. 南京师范大学；479. 广州大学；482. 武汉理工大学；492. 南开大学；520. 浙江工业大学；533. 中国人民大学；549. 江西财经大学；604. 广东工业大学；627. 浙江工商大学；629. 桂林电子科技大学；634. 清华大学；635. 哈尔滨工程大学；647. 中国人民解放军陆军工程大学；659. 辽宁师范大学；660. 华南农业大学；671. 中国石油大学；680. 江苏大学；692. 上海理工大学；696. 西安工业大学；722. 湖南科技大学；737. 华北电力大学；738. 西南大学；743. 暨南大学；759. 江南大学；768. 中国海洋大学；774. 大连海事大学；775. 河南大学；781. 华侨大学；782. 广西师范大学；784. 温州大学；790. 华南师范大学；793. 长沙理工大学；797. 上海科技大学；801. 扬州大学；806. 武汉大学；809. 福州大学；814. 东华大学；823. 陕西师范大学；848. 西北大学；863. 郑州大学；872. 浙江师范大学；874. 西交利物浦大学；892. 首都师范大学；910. 南昌大学；916. 广西大学；918. 上海师范大学；927. 燕山大学；961. 西安邮电大学；973. 山东师范大学；1000. 天津科技大学

五十八、商业与管理学科

表 2-82 商业与管理学科（前 5 强与中国大学）

排名	英文名称	中文名称	国家/地区	总得分
1	ERASMUS UNIVERSITY ROTTERDAM	鹿特丹大学	荷兰	100.00
2	ARIZONA STATE UNIVERSITY	亚利桑那州立大学	美国	77.80
3	MICHIGAN STATE UNIVERSITY	密歇根州立大学	美国	77.70
4	PENN STATE UNIVERSITY	宾夕法尼亚州立大学	美国	74.60
5	HARVARD UNIVERSITY	哈佛大学	美国	74.30

其他中国机构：11. 香港理工大学；15. 香港城市大学；59. 香港中文大学；62. 香港科技大学；92. 北京大学；97. 香港大学；100. 清华大学；115. 上海交通大学；118. 西安交通大学；133. 中山大学；138. 中国人民大学；142. 香港浸会大学；157. 浙江大学；158. 复旦大学；204. 华中科技大学；216. 中国科学技术大学；234. 西南财经大学；241. 南京大学；300. 厦门大学；306. 中国科学院；310. 澳门大学；322. 对外经济贸易大学；338. 同济大学；350. 武汉大学；365. 上海财经大学；369. 中山大学；386. 华南理工大学；413. 哈尔滨工业大学；435. 天津大学；444. 上海大学；449. 南开大学；482. 宁波诺丁汉大学；486. 北京交通大学；492. 北京航空航天大学；498. 四川大学；504. 湖南大学；505. 大连理工大学；518. 北京理工大学；523. 东南大学；546. 电子科技大学；551. 暨南大学；610. 吉林大学；620. 北京师范大学；660. 山东大学；672. 合肥工业大学；675. 中国东北大学；698. 重庆大学；714. 江西财经大学；720. 中央财经大学；725. 中国科学院；729. 山东大学；746. 东北财经大学；749. 西交利物浦大学；753. 北京科技大学；761. 深圳大学；768. 西北工业大学；820. 西南交通大学；849. 澳门科技大学；859. 华东师范大学；875. 华东理工大学；889. 浙江财经大学；910. 南京航空航天大学；916. 苏州大学；924. 浙江工商大学；1047. 中南财经政法大学；1053. 华东理工大学；1072. 武汉理工大学；1077. 南京审计大学；1098. 北京邮电大学；1101. 香港公开大学；1132. 东华大学；1196. 西安电子科技大学；1227. 河海大学；1250. 中国科学院；1259. 大连海事大学；1308. 中国矿业大学；1329. 浙江工业大学；1336. 兰州大学；1342. 南京理工大学；1345. 香港树仁大学；1359. 安徽财经大学；1364. 南京财经大学；1396. 华南师范大学；1399. 广东外语外贸大学；1400. 福州大学；1458. 安徽大学；1470. 华侨大学；1513. 华北电力大学；1557. 汕头大学；1585. 华南农业大学；1590. 陕西师范大学；1595. 广西大学；1609. 浙江理工大学；1617. 上海对外经贸大学；1644. 北京第二外国语学院；1665. 上海海事大学；1676. 北京联合大学；1704. 广东工业大学；1705. 杭州电子科技大学；1711. 首都经济贸易大学；1718. 天津科技大学；1734. 浙江师范大学；1739. 山东财经大学；1761. 中国地质大学；1785. 北京化工大学；1791. 华中农业大学；1793. 上海外国语大学；1806. 澳门城市大学；1812. 云南财经大学；1829. 广州大学；1831. 南京信息工程大学；1849. 江南大学；1876. 西北大学；1881. 山西大学

五十九、社会学学科

表 2-83 社会学学科（前 5 强与中国大学）

排名	英文名称	中文名称	国家/地区	总得分
1	UNIVERSITY MICHIGAN	密歇根大学	美国	100.00
2	HARVARD UNIVERSITY	哈佛大学	美国	92.30
3	UNIVERSITY NORTH CAROLINA	北卡罗来纳大学	美国	85.50
4	UNIVERSITY OF TORONTO	多伦多大学	加拿大	78.90
5	UNIVERSITY OF ILLINOIS CHICAGO	伊利诺伊大学	美国	75.70

其他中国机构：140. 香港大学；154. 香港中文大学；174. 香港理工大学；199. 香港城市大学；223. 中国科学院；262. 北京大学；373. 北京师范大学；394. 中国人民大学；436. 复旦大学；451. 中山大学；457. 清华大学；486. 香港浸会大学；526. 浙江大学；545. 澳门大学；546. 中南大学；557. 南京大学；583. 东南大学；584. 西安交通大学；609. 同济大学；613. 中国农业大学；629. 中国科学院；738. 中山大学；767. 香港科技大学；837. 西南大学；843. 中国科学院大学；890. 华东师范大学；906. 上海交通大学；908. 四川大学；937. 武汉大学；940. 吉林大学；984. 山东大学；1039. 北京交通大学；1080. 厦门大学；1086. 华中科技大学；1114. 华南师范大学；1115. 陕西师范大学；1147. 北京航空航天大学；1210. 上海大学；1236. 香港教育大学；1295. 中央财经大学；1327. 哈尔滨工业大学；1375. 西北大学；1433. 上海财经大学；1530. 浙江工商大学；1643. 兰州大学；1680. 湖南大学；1699. 武汉理工大学；1753. 暨南大学；1844. 南开大学；1854. 首都师范大学；1898. 深圳大学；1899. 山东师范大学；1918. 中国科学技术大学；1985. 天津大学；1987. 西南财经大学；1997. 北京科技大学；2014. 空军军医大学；2027. 华中师范大学；2065. 北京工业大学；2094. 西南交通大学；2114. 中国政法大学；2165. 南京大学；2181. 宁波诺丁汉大学；2232. 天津师范大学；2387. 长安大学；2393. 广州大学；2419. 西北农林科技大学；2449. 广东外语外贸大学；2491. 浙江师范大学；2502. 南京农业大学；2506. 福建师范大学；2543. 上海财经大学；2544. 华东理工大学；2557. 对外经济贸易大学；2585. 安徽医科大学；2658. 华南理工大学；2691. 北京林业大学；2725. 浙江财经大学；2744. 云南大学；2865. 中国地质大学；2951. 宁波诺丁汉大学；3024. 重庆大学；3043. 河南大学；3057. 北京理工大学；3093. 华侨大学；3096. 河海大学；3138. 中央民族大学；3270. 中南财经政法大学；3402. 澳门科技大学；3410. 辽宁石油化工大学；3456. 上海纽约大学；3483. 首都医科大学；3498. 西交利物浦大学；3499. 浙江理工大学；3555. 上海外国语大学；3606. 上海海事大学；3643. 天津医科大学；3771. 江西财经大学；3806. 郑州大学；3814. 上海理工大学；3861. 杭州师范大学

六十、社会政策与管理学科

表 2-84　社会政策与管理学科（前 5 强与中国大学）

排名	英文名称	中文名称	国家/地区	总得分
1	ERASMUS UNIVERSITY ROTTERDAM	鹿特丹大学	荷兰	100.00
2	UNIVERSITY OF GEORGIA	佐治亚大学	美国	90.20
3	UTRECHT UNIVERSITY	乌得勒支大学	荷兰	79.00
4	CARDIFF UNIVERSITY	卡迪夫大学	英国	76.10
5	INDIANA UNIVERSITY	印第安纳大学	美国	71.00

其他中国机构：19. 香港城市大学；43. 香港大学；80. 清华大学；143. 中国人民大学；164. 上海交通大学；170. 香港理工大学；180. 复旦大学；267. 香港中文大学；276. 中山大学；289. 北京大学；312. 浙江大学；356. 上海财经大学；376. 哈尔滨工业大学；396. 西安交通大学；412. 中山大学；450. 中国科学院；496. 大连理工大学；530. 香港浸会大学；624. 武汉大学；634. 北京师范大学；656. 中国科学院；682. 南京大学；696. 澳门大学；712. 华中科技大学；717. 同济大学；722. 中央财经大学；730. 暨南大学；771. 厦门大学；792. 香港科技大学；834. 北京航空航天大学；838. 西南财经大学；879. 对外经济贸易大学；906. 电子科技大学；946. 南开大学；1005. 四川大学；1134. 香港教育大学；1155. 兰州大学；1175. 三峡大学；1209. 中南财经政法大学；1229. 山东财经大学；1264. 浙江工商大学；1285. 重庆大学；1330. 江西财经大学；1340. 天津大学；1423. 南京财经大学；1476. 浙江财经大学；1499. 北京建筑大学；1518. 华南师范大学；1532. 华东师范大学；1554. 深圳大学；1596. 浙江师范大学；1602. 青海民族大学；1647. 宁波诺丁汉大学；1679. 中南大学；1686. 西交利物浦大学；1722. 华南理工大学；1751. 曲阜师范大学；1757. 西北大学；1797. 中国东北大学；1835. 西南交通大学；1843. 南京师范大学；1855. 北京工业大学；1868. 中国农业大学；1886. 首都经济贸易大学；1949. 西北工业大学；1988. 中国海洋大学；2145. 华东理工大学；2271. 中国科学院大学；2276. 香港城市大学；2284. 广东外语外贸大学；2343. 香港公开大学；2390. 大连海事大学；2418. 天津财经大学；2534. 陕西师范大学；2608. 湖北经济学院；2622. 首都师范大学；2629. 上海立信会计金融学院；2636. 河南工业大学；2684. 中国科学技术大学；2685. 华侨大学；2712. 浙江师范大学；2780. 安徽大学；2900. 北京第二外国语学院；2960. 湘潭大学；3000. 上海交通大学；3024. 中南民族大学；3128. 长沙理工大学；3136. 上海外国语大学；3143. 南方科技大学；3151. 湖南大学；3193. 北京理工大学；3235. 杭州师范大学；3267. 广西财经学院；3344. 云南民族大学；3351. 三亚学院

六十一、生态学学科

表 2-85　生态学学科（前 5 强与中国大学）

排名	英文名称	中文名称	国家/地区	总得分
1	CHINESE ACAD SCI	中国科学院	中国	100.00
2	CSIC	国家科研委员会	西班牙	64.30
3	US GEOL SURVEY	美国地质勘探局	美国	57.80
4	UNIVERSITY CALIF DAVIS	加州大学戴维斯分校	美国	57.50
5	UNIVERSITY OF CALIFORNIA BERKELEY	加州大学伯克利分校	美国	55.20

其他中国机构：109. 中国科学院大学；171. 北京师范大学；183. 北京大学；273. 中国科学院；280. 浙江大学；299. 香港大学；336. 中国农业大学；348. 南京农业大学；351. 西北农林科技大学；362. 兰州大学；365. 中国农业大学；369. 华东师范大学；371. 南京大学；378. 北京林业大学；385. 中山大学；434. 厦门大学；439. 清华大学；442. 复旦大学；496. 武汉大学；510. 中国海洋大学；549. 华中农业大学；588. 上海交通大学；728. 南京师范大学；731. 四川大学；766. 东北师范大学；814. 华南农业大学；831. 同济大学；834. 上海海洋大学；837. 中国地质大学；839. 东北林业大学；847. 云南大学；853. 内蒙古大学；861. 四川农业大学；877. 香港科技大学；903. 香港中文大学；925. 河海大学；940. 西南大学；986. 浙江农林大学；1053. 山东大学；1063. 西北大学；1098. 福建农林大学；1112. 北京航空航天大学；1119. 暨南大学；1129. 南京林业大学；1134. 南京信息工程大学；1157. 杭州师范大学；1210. 广西大学；1268. 陕西师范大学；1283. 哈尔滨工业大学；1313. 国防科技大学；1322. 中南林业科技大学；1351. 华南师范大学；1373. 南开大学；1381. 河南大学；1418. 西华师范大学；1460. 内蒙古农业大学；1483. 安徽师范大学；1484. 沈阳农业大学；1498. 香港城市大学；1500. 扬州大学；1521. 台州学院；1540. 香港理工大学；1546. 重庆大学；1549. 南昌大学；1557. 中国医学科学院-北京协和医学院；1558. 华中师范大学；1559. 海南大学；1571. 中国矿业大学；1596. 浙江海洋大学；1634. 华北电力大学；1647. 天津大学；1659. 西安交通大学；1711. 山东农业大学；1778. 江西农业大学；1781. 海南师范大学；1820. 湖北大学；1833. 中国科学技术大学；1839. 湖南农业大学；1854. 中南大学；1885. 云南农业大学；1901. 安徽农业大学；1906. 首都师范大学；1913. 中国科学院；1930. 中央民族大学；1931. 山西大学；1940. 华东理工大学；1979. 大连理工大学；1988. 湖南大学；2005. 南京航空航天大学；2006. 福建师范大学；2007. 东南大学；2008. 西南林业大学；2013. 中国人民大学；2017. 青岛农业大学；2021. 昆明理工大学；2053. 吉林大学；2061. 香港浸会大学；2114. 东北农业大学；2173. 甘肃农业大学；2208. 石河子大学；2242. 上海财经大学；2283. 大连海洋大学；2289. 北京理工大学；2292. 河南科技大学；2301. 海军军医大学；2310. 河南农业大学

六十二、生物学学科

表 2-86 生物学学科（前 5 强与中国大学）

排名	英文名称	中文名称	国家/地区	总得分
1	HARVARD UNIVERSITY	哈佛大学	美国	100.00
2	CHINESE ACAD SCI	中国科学院	中国	92.40
3	UNIVERSITY OF OXFORD	牛津大学	英国	47.90
4	UNIVERSITY OF WASHINGTON	华盛顿大学	美国	47.70
5	UNIVERSITY OF CAMBRIDGE	剑桥大学	英国	44.30

其他中国机构：43. 上海交通大学；49. 浙江大学；57. 复旦大学；67. 北京大学；68. 中山大学；92. 中国农业大学；99. 中国科学院大学；125. 中国农业大学；128. 山东大学；133. 中国医学科学院-北京协和医学院；141. 香港大学；142. 四川大学；176. 华中科技大学；177. 南京农业大学；184. 南京医科大学；187. 清华大学；193. 华中农业大学；197. 武汉大学；201. 吉林大学；222. 中南大学；236. 香港中文大学；237. 西北农林科技大学；259. 南京大学；261. 首都医科大学；293. 同济大学；297. 厦门大学；306. 苏州大学；317. 西安交通大学；332. 空军军医大学；333. 南方医科大学；334. 海军军医大学；337. 哈尔滨医科大学；351. 南开大学；352. 中国海洋大学；359. 重庆医科大学；362. 中国医科大学；363. 中国科学院；371. 陆军军医大学；400. 华南农业大学；421. 温州医科大学；443. 暨南大学；445. 西南大学；454. 中国科学技术大学；458. 郑州大学；512. 天津医科大学；519. 中国药科大学；535. 四川农业大学；538. 安徽医科大学；545. 北京师范大学；551. 东南大学；552. 兰州大学；570. 广州医科大学；593. 华东师范大学；608. 扬州大学；613. 江南大学；638. 山东农业大学；648. 南昌大学；684. 江苏大学；706. 华南理工大学；722. 大连医科大学；727. 香港科技大学；729. 北京林业大学；743. 上海海洋大学；744. 东北农业大学；745. 青岛大学；751. 南通大学；760. 福建农林大学；789. 南京师范大学；796. 天津大学；802. 哈尔滨工业大学；811. 沈阳药科大学；815. 云南大学；830. 汕头大学；844. 河北医科大学；898. 香港理工大学；899. 广西医科大学；900. 华东理工大学；901. 大连理工大学；913. 香港城市大学；914. 福建医科大学；920. 华南师范大学；943. 深圳大学；955. 重庆大学；958. 宁波大学；965. 西北大学；967. 杭州师范大学；972. 香港浸会大学；986. 上海中医药大学；1000. 上海大学；1008. 东北林业大学；1049. 电子科技大学；1051. 南京中医药大学；1097. 湖南农业大学；1098. 湖南师范大学；1099. 湖南大学；1116. 河北大学；1120. 广西大学；1126. 首都师范大学；1127. 东北师范大学；1145. 华中师范大学；1147. 河南农业大学；1163. 安徽农业大学；1166. 昆明医科大学；1188. 陕西师范大学；1217. 青岛农业大学；1229. 吉林农业大学

六十三、生物医学工程（可授工学、理学、医学学位）学科

表 2-87 生物医学工程（可授工学、理学、医学学位）学科（前 5 强与中国大学）

排名	英文名称	中文名称	国家/地区	总得分
1	HARVARD UNIVERSITY	哈佛大学	美国	100.00
2	CHINESE ACAD SCI	中国科学院	中国	87.80
3	STANFORD UNIVERSITY	斯坦福大学	美国	62.50
4	SHANGHAI JIAO TONG UNIVERSITY	上海交通大学	中国	59.00
5	UNIVERSITY OF PITTSBURGH	匹兹堡大学	美国	54.90

其他中国机构：17. 四川大学；23. 复旦大学；29. 浙江大学；31. 北京大学；33. 清华大学；57. 苏州大学；58. 香港大学；73. 中山大学；87. 空军军医大学；115. 华中科技大学；120. 武汉大学；121. 中国医学科学院-北京协和医学院；127. 同济大学；129. 西安交通大学；140. 首都医科大学；142. 吉林大学；146. 天津大学；149. 香港中文大学；150. 南方医科大学；169. 中国科学院大学；179. 南京大学；183. 北京航空航天大学；195. 东南大学；197. 山东大学；201. 陆军军医大学；205. 香港城市大学；212. 华东理工大学；242. 香港理工大学；248. 中国科学技术大学；249. 东华大学；268. 中南大学；270. 暨南大学；271. 南京医科大学；282. 重庆大学；290. 南开大学；300. 哈尔滨工业大学；325. 厦门大学；337. 华东理工大学；340. 海军军医大学；344. 天津医科大学；354. 西南交通大学；378. 重庆医科大学；411. 北京理工大学；432. 华东师范大学；437. 温州医科大学；442. 郑州大学；444. 北京工业大学；453. 哈尔滨医科大学；461. 中国医科大学；465. 深圳大学；495. 上海大学；497. 大连理工大学；499. 中国药科大学；534. 大连医科大学；535. 香港科技大学；555. 南通大学；563. 中国东北大学；575. 广州医科大学；606. 西北工业大学；624. 江苏大学；630. 青岛大学；640. 电子科技大学；648. 北京化工大学；672. 北京师范大学；684. 湖南大学；689. 汕头大学；726. 沈阳药科大学；728. 福建医科大学；729. 安徽医科大学；759. 澳门大学；781. 南昌大学；792. 武汉理工大学；798. 南京航空航天大学；812. 兰州大学；837. 山东师范大学；847. 华南师范大学；862. 南京理工大学；865. 哈尔滨工程大学；943. 西南大学；954. 西北大学；975. 北京科技大学；1084. 国防科技大学；1094. 华东理工大学；1112. 西安电子科技大学；1121. 宁波大学；1140. 南京师范大学；1161. 昆明医科大学；1185. 西北农林科技大学；1187. 南京工业大学；1193. 广西医科大学；1217. 上海师范大学；1243. 北京交通大学；1245. 湖北大学；1254. 河北大学；1261. 合肥工业大学；1275. 中国海洋大学；1282. 上海中医药大学；1284. 安徽大学；1319. 宁夏医科大学；1338. 太原理工大学；1339. 武汉科技大学；1341. 浙江理工大学；1364. 江南大学；1398. 福州大学；1405. 佳木斯大学；1429. 河北大学；1456. 杭州师范大学

六十四、石油与天然气工程学科

表 2-88 石油与天然气工程学科（前 5 强与中国大学）

排名	英文名称	中文名称	国家/地区	总得分
1	CHINESE ACAD SCI	中国科学院	中国	100.00
2	TSINGHUA UNIVERSITY	清华大学	中国	41.50
3	CHINA UNIVERSITY OF PETROLEUM	中国石油大学	中国	28.00
4	ZHEJIANG UNIVERSITY	浙江大学	中国	25.40
5	TIANJIN UNIVERSITY	天津大学	中国	25.20

其他中国机构：6. 上海交通大学；7. 西安交通大学；8. 中国科学院大学；9. 中国科学技术大学；10. 哈尔滨工业大学；11. 华中科技大学；12. 华南理工大学；17. 中国矿业大学；21. 华北电力大学；23. 大连理工大学；28. 北京理工大学；29. 重庆大学；31. 北京大学；36. 东南大学；37. 山东大学；41. 中国地质大学；43. 同济大学；49. 香港理工大学；52. 吉林大学；55. 北京化工大学；56. 华东理工大学；58. 复旦大学；59. 中南大学；62. 厦门大学；64. 南开大学；65. 湖南大学；74. 武汉大学；75. 南京工业大学；78. 香港城市大学；79. 武汉理工大学；81. 中山大学；84. 苏州大学；85. 北京科技大学；86. 北京航空航天大学；94. 南京大学；96. 四川大学；100. 西南石油大学；111. 香港科技大学；116. 北京工业大学；131. 太原理工大学；132. 江苏大学；159. 南京航空航天大学；161. 上海大学；178. 南京理工大学；192. 合肥工业大学；200. 兰州大学；204. 哈尔滨工程大学；211. 福州大学；222. 香港大学；223. 北京交通大学；232. 北京师范大学；254. 中国农业大学；259. 东华大学；274. 北京林业大学；275. 中国东北大学；286. 西北工业大学；289. 中国海洋大学；304. 电子科技大学；309. 上海理工大学；310. 郑州大学；312. 浙江工业大学；314. 广东工业大学；316. 湘潭大学；320. 西北农林科技大学；339. 香港中文大学；343. 华东师范大学；350. 深圳大学；362. 广西大学；368. 青岛科技大学；369. 安徽工业大学；382. 南昌大学；395. 浙江师范大学；402. 西北大学；403. 河南理工大学；406. 山东科技大学；409. 昆明理工大学；414. 天津工业大学；424. 暨南大学；430. 南京师范大学；433. 华南师范大学；434. 燕山大学；437. 暨南大学；441. 河海大学；459. 陕西师范大学；470. 西南大学；471. 南京林业大学；476. 青岛大学；478. 西南交通大学；480. 东北师范大学；491. 湖北大学；492. 华南农业大学；493. 东北石油大学；504. 中国科学院；505. 宁波大学；512. 扬州大学；513. 西安建筑科技大学；516. 华中农业大学；524. 华侨大学；529. 常州大学；531. 兰州理工大学；543. 武汉科技大学；550. 黑龙江大学；552. 上海电力学院；555. 香港浸会大学；578. 山东理工大学

六十五、食品科学与工程（可授工学、农学学位）学科

表 2-89 食品科学与工程（可授工学、农学学位）学科（前 5 强与中国大学）

排名	英文名称	中文名称	国家/地区	总得分
1	CSIC	国家科研委员会	西班牙	100.00
2	JIANGNAN UNIVERSITY	江南大学	中国	86.20
3	ARS	美国农业科学研究院	美国	85.50
4	CHINA AGRICULTURAL UNIVERSITY	中国农业大学	中国	75.40
5	INRA	法国国家农业科学研究院	法国	74.80

其他中国机构：6. 中国科学院；9. 华南理工大学；11. 浙江大学；17. 中国农业大学；20. 南京农业大学；23. 西北农林科技大学；46. 南昌大学；61. 华中农业大学；78. 上海交通大学；88. 天津工业大学；96. 江苏大学；107. 中国海洋大学；118. 吉林大学；127. 暨南大学；128. 东北农业大学；144. 四川大学；149. 中国科学院大学；156. 西南大学；160. 华南农业大学；176. 武汉大学；188. 浙江工商大学；198. 陕西师范大学；209. 香港大学；211. 北京工商大学；230. 河南工业大学；238. 中山大学；241. 哈尔滨工业大学；244. 山东农业大学；250. 扬州大学；264. 合肥工业大学；265. 北京大学；266. 天津大学；273. 福建农林大学；279. 华中科技大学；287. 香港中文大学；296. 南开大学；324. 上海海洋大学；337. 山东大学；342. 大连工业大学；349. 北京林业大学；353. 中南大学；354. 厦门大学；355. 浙江工业大学；364. 安徽农业大学；371. 苏州大学；373. 青岛农业大学；374. 华东理工大学；380. 中国药科大学；384. 兰州大学；387. 福州大学；391. 宁波大学；421. 东北林业大学；432. 四川农业大学；434. 湖南农业大学；435. 南京财经大学；437. 湖南大学；438. 湖北工业大学；449. 清华大学；453. 沈阳农业大学；458. 中国医学科学院-北京协和医学院；466. 沈阳药科大学；472. 复旦大学；495. 南京师范大学；527. 西北大学；539. 内蒙古农业大学；550. 渤海大学；575. 北京化工大学；580. 澳门大学；585. 河南科技学院；588. 集美大学；593. 昆明理工大学；597. 上海应用技术大学；601. 中国科学院；603. 武汉轻工大学；616. 中国科学院；618. 中国农业大学；624. 郑州大学；628. 南京大学；632. 河北大学；633. 广西大学；637. 香港浸会大学；639. 西安交通大学；642. 山西大学；661. 河北农业大学；677. 香港理工大学；698. 浙江海洋大学；707. 上海师范大学；720. 北京师范大学；721. 海南大学；730. 深圳大学；740. 河南农业大学；747. 东南大学；754. 石河子大学；764. 吉林农业大学；783. 浙江农林大学；788. 南京中医药大学；792. 广东药科大学；793. 河南科技大学；794. 大连理工大学；795. 南京工业大学；812. 江西师范大学；816. 重庆大学；826. 同济大学；827. 南方医科大学；840. 江西农业大学；851. 上海大学；854. 华中师范大学；882. 大连医科大学；897. 烟台大学；909. 空军军医大学

六十六、世界史学科

表 2-90　世界史学科（前 5 强与中国大学）

排名	英文名称	中文名称	国家/地区	总得分
1	UNIVERSITY OF OXFORD	牛津大学	英国	100.00
2	UNIVERSITY OF CAMBRIDGE	剑桥大学	英国	95.50
3	HARVARD UNIVERSITY	哈佛大学	美国	87.50
4	UTRECHT UNIVERSITY	乌得勒支大学	荷兰	86.40
5	UNIVERSITY LONDON	伦敦大学	英国	64.10

其他中国机构：310. 香港大学；418. 香港科技大学；435. 香港中文大学；442. 香港城市大学；458. 北京大学；546. 香港浸会大学；609. 华东师范大学；618. 澳门大学；637. 中国传媒大学；673. 中山大学；688. 江西师范大学；736. 中国科学院；779. 上海交通大学；888. 复旦大学；1026. 华南师范大学；1064. 清华大学；1068. 暨南大学；1075. 北京体育大学；1091. 成都体育学院；1146. 苏州大学；1160. 上海交大学；1191. 中国人民大学；1198. 首都经济贸易大学；1227. 山东大学；1398. 厦门大学；1431. 西南大学；1467. 上海理工大学；1485. 西交利物浦大学；1582. 岭南大学；1654. 湖北工业大学；1667. 东南大学；1721. 广东外语外贸大学；1833. 西华师范大学；2040. 洛阳师范学院；2077. 电子科技大学

六十七、兽医学学科

表 2-91　兽医学学科（前 5 强与中国大学）

排名	英文名称	中文名称	国家/地区	总得分
1	UNIVERSITY CALIF DAVIS	加州大学戴维斯分校	美国	100.00
2	GHENT UNIVERSITY	根特大学	比利时	75.20
3	UNIVERSITY OF GUELPH	圭尔夫大学	加拿大	63.80
4	UNIVERSIDADE DE SAO PAULO	圣保罗大学	巴西	61.70
5	COLORADO STATE UNIVERSITY	科罗拉多州立大学	美国	59.80

其他中国机构：20. 中国科学院；41. 中国农业大学；66. 中国农业大学；78. 南京农业大学；89. 中国科学院；91. 华中农业大学；96. 西北农林科技大学；108. 华南农业大学；130. 中山大学；137. 四川农业大学；171. 浙江大学；181. 扬州大学；188. 中国海洋大学；226. 中国科学院大学；232. 吉林大学；262. 东北农业大学；267. 山东农业大学；311. 上海海洋大学；327. 宁波大学；362. 厦门大学；363. 香港大学；445. 青岛农业大学；451. 山东大学；466. 大连海洋大学；478. 河南农业大学；482. 集美大学；485. 吉林农业大学；514. 中国医学科学院-北京协和医学院；530. 南京师范大学；533. 广东海洋大学；542. 广西大学；543. 浙江海洋大学；558. 复旦大学；570. 西南大学；576. 黑龙江八一农垦大学；577. 河南科技大学；588. 上海交通大学；626. 山西农业大学；634. 湖南农业大学；636. 安徽农业大学；646. 北京大学；650. 江西农业大学；658. 内蒙古农业大学；701. 华东师范大学；703. 甘肃农业大学；775. 香港中文大学；776. 华南理工大学；780. 四川大学；792. 山东师范大学；824. 南昌大学；845. 山东农业大学；847. 首都医科大学；848. 云南农业大学；866. 华南师范大学；900. 石河子大学；920. 海南大学；931. 福建农林大学；973. 兰州大学；1038. 西南民族大学；1072. 天津师范大学；1087. 南方医科大学；1093. 东北林业大学；1178. 河南师范大学；1187. 汕头大学；1199. 长江大学；1228. 武汉大学；1238. 苏州大学；1272. 暨南大学；1288. 陆军军医大学；1302. 华南理工大学；1329. 河南科技学院；1335. 沈阳农业大学；1361. 湖南师范大学；1372. 南京医科大学；1381. 清华大学；1402. 内蒙古大学；1441. 海军军医大学；1455. 延边大学；1485. 江苏大学；1494. 重庆医科大学；1509. 河北农业大学；1515. 仲恺农业工程学院；1605. 武汉轻工大学；1608. 中南大学；1609. 华中科技大学；1625. 淮海工学院；1694. 中国药科大学；1755. 大连理工大学；1772. 郑州大学；1788. 锦州医科大学；1841. 佛山科学技术学院；1851. 浙江农林大学；1861. 香港城市大学

六十八、数学学科

表 2-92　数学学科（前 5 强与中国大学）

排名	英文名称	中文名称	国家/地区	总得分
1	CHINESE ACAD SCI	中国科学院	中国	100.00
2	UNIVERSITY MICHIGAN	密歇根大学	美国	70.20
3	MASSACHUSETTS INSTITUTE OF TECHNOLOGY	麻省理工学院	美国	69.30

续表

排名	英文名称	中文名称	国家/地区	总得分
4	RUSSIAN ACAD SCI	俄罗斯科学院	俄罗斯	66.80
5	UNIVERSITY OF CALIFORNIA LOS ANGELES	加州大学洛杉矶分校	美国	63.20
其他中国机构：19. 哈尔滨工业大学；21. 清华大学；25. 上海交通大学；26. 北京大学；27. 浙江大学；29. 大连理工大学；33. 东南大学；42. 山东大学；43. 复旦大学；46. 香港城市大学；50. 上海大学；51. 中南大学；53. 西安交通大学；55. 华中科技大学；57. 北京师范大学；60. 南开大学；66. 厦门大学；73. 中国科学技术大学；74. 中山大学；85. 兰州大学；89. 同济大学；90. 香港中文大学；93. 北京航空航天大学；95. 湖南大学；99. 电子科技大学；101. 南京大学；102. 武汉大学；103. 华东师范大学；107. 重庆大学；111. 华南师范大学；115. 四川大学；124. 香港理工大学；125. 吉林大学；127. 香港大学；130. 北京理工大学；136. 天津大学；140. 南京师范大学；144. 浙江师范大学；148. 西北工业大学；149. 曲阜师范大学；152. 南京航空航天大学；164. 华南理工大学；166. 北京交通大学；168. 中国矿业大学；174. 中国东北大学；191. 上海师范大学；203. 河海大学；205. 香港浸会大学；209. 华南理工大学；209. 华中师范大学；212. 苏州大学；218. 西南大学；229. 山东科技大学；231. 湘潭大学；241. 东北师范大学；271. 西安电子科技大学；273. 华东大学；313. 北京工业大学；322. 河南师范大学；328. 江南大学；338. 香港科技大学；343. 郑州大学；351. 首都师范大学；355. 湖南师范大学；357. 天津师范大学；362. 河南理工大学；371. 山西大学；374. 杭州电子科技大学；377. 华北电力大学；383. 安徽大学；385. 北京科技大学；388. 西北师范大学；400. 江苏大学；402. 云南大学；405. 国防科技大学；407. 中国科学院大学；408. 南京信息工程大学；421. 上海理工大学；425. 陕西师范大学；436. 西南交通大学；440. 哈尔滨工程大学；462. 北京邮电大学；467. 山东师范大学；471. 华东理工大学；475. 澳门大学；479. 重庆师范大学；488. 浙江工业大学；490. 江西师范大学；491. 扬州大学；494. 中国人民大学；508. 广州大学；509. 中国石油大学；513. 江苏师范大学；535. 深圳大学；559. 福建师范大学；562. 长沙理工大学；563. 南昌大学；564. 太原理工大学；567. 贵州大学；579. 西南财经大学；581. 上海财经大学；586. 西北大学；593. 河南大学；595. 中国地质大学；606. 宁波大学；626. 兰州理工大学；628. 中国海洋大学；636. 合肥工业大学；660. 昆明理工大学；669. 温州大学；676. 暨南大学；678. 暨南大学；683. 杭州师范大学；687. 青岛大学；712. 河北师范大学			

六十九、水产学科

表 2-93 水产学科（前 5 强与中国大学）

排名	英文名称	中文名称	国家/地区	总得分
1	CHINESE ACAD SCI	中国科学院	中国	100.00
2	CHINESE ACAD FISHERY SCI	中国水产科学研究院	中国	70.30
3	FISHERIES & OCEANS CANADA	加拿大渔业及海洋部	加拿大	64.10
4	NOAA	美国国家海洋和大气管理局	美国	61.50
5	INST MARINE RES	挪威海洋研究所	挪威	51.80
其他中国机构：7. 中国海洋大学；13. 上海海洋大学；22. 中山大学；23. 华中农业大学；25. 中国科学院大学；39. 宁波大学；44. 南京农业大学；49. 大连海洋大学；57. 四川农业大学；71. 厦门大学；76. 西北农林科技大学；83. 浙江大学；85. 浙江大学；87. 广东海洋大学；91. 集美大学；119. 华东师范大学；137. 华南农业大学；150. 南京大学；163. 山东大学；200. 青岛农业大学；203. 中国农业大学；214. 华南师范大学；239. 海南大学；264. 汕头大学；270. 西南大学；421. 河南大学；427. 苏州大学；443. 暨南大学；505. 香港大学；515. 天津师范大学；519. 南昌大学；531. 淮海工学院；584. 东北农业大学；614. 华东理工大学；615. 大连理工大学；637. 天津农业大学；640. 湖南师范大学；646. 盐城工学院；650. 长江大学；685. 安徽农业大学；703. 浙江工商大学；717. 上海大学；740. 广西大学；747. 香港中文大学；756. 上海交通大学；763. 辽宁师范大学；773. 中国农业大学；849. 扬州大学；853. 仲恺农业工程学院；856. 电子科技大学；885. 山东师范大学；943. 鲁东大学；944. 云南农业大学；965. 湖南农业大学；973. 福建师范大学；979. 复旦大学；1017. 香港城市大学；1018. 吉林农业大学；1066. 浙江工业大学；1075. 武汉轻工大学；1078. 北京大学；1080. 沈阳农业大学；1082. 江苏大学；1095. 华中师范大学；1104. 清华大学；1121. 武汉大学；1127. 北京师范大学；1131. 同济大学；1139. 湖州师范学院；1140. 浙江万里学院；1166. 山东农业大学；1169. 南京大学；1194. 南方医科大学；1212. 大连工业大学；1213. 河北大学；1226. 四川大学；1228. 盐城师范学院；1232. 长沙学院；1238. 云南大学；1256. 山东大学；1258. 吉林大学；1279. 深圳大学；1297. 温州医科大学；1305. 三峡大学；1318. 杭州师范大学；1339. 烟台大学；1349. 大连医科大学；1378. 江南大学			

七十、水利工程学科

表 2-94 水利工程学科（前 5 强与中国大学）

排名	英文名称	中文名称	国家/地区	总得分
1	CHINESE ACAD SCI	中国科学院	中国	100.00
2	DELFT UNIVERSITY TECHNOL	代尔夫特大学	荷兰	36.20
3	US GEOL SURVEY	美国地质勘探局	美国	34.00

续表

排名	英文名称	中文名称	国家/地区	总得分
4	HOHAI UNIVERSITY	河海大学	中国	22.80
5	TEXAS A&M UNIVERSITY COLLEGE STATION	德州农工大学	美国	22.10

其他中国机构：6. 北京师范大学；8. 清华大学；12. 中国科学院大学；16. 同济大学；21. 武汉大学；27. 中国地质大学；28. 哈尔滨工业大学；33. 浙江大学；35. 西北农林科技大学；36. 南京大学；38. 大连理工大学；58. 中国农业大学；63. 中山大学；69. 上海交通大学；79. 北京大学；96. 天津大学；118. 香港科技大学；122. 中国矿业大学；141. 四川大学；155. 香港大学；180. 北京林业大学；181. 华中科技大学；188. 中国海洋大学；197. 中国科学技术大学；214. 香港理工大学；216. 山东大学；225. 兰州大学；236. 华北电力大学；248. 西安工业大学；256. 长安大学；266. 北京工业大学；268. 吉林大学；270. 湖南大学；272. 华东师范大学；280. 华南理工大学；283. 南开大学；320. 哈尔滨工程大学；328. 南京信息工程大学；336. 重庆大学；348. 中国农业大学；350. 华中农业大学；358. 郑州大学；388. 中南大学；409. 南京农业大学；415. 香港中文大学；440. 合肥工业大学；446. 西安建筑科技大学；460. 天津工业大学；461. 中国科学院；468. 西南大学；473. 复旦大学；495. 武汉理工大学；496. 南京大学；513. 中国科学院；528. 北京师范大学；537. 南京师范大学；561. 广西大学；565. 东华大学；578. 陕西师范大学；582. 东北农业大学；586. 中国石油大学；587. 西安交通大学；589. 成都理工大学；593. 浙江工业大学；598. 厦门大学；599. 南京工业大学；606. 南京林业大学；616. 北京科技大学；633. 香港城市大学；660. 华北水利水电大学；680. 暨南大学；692. 江苏大学；693. 北京化工大学；699. 内蒙古农业大学；704. 福建师范大学；708. 上海大学；729. 广东工业大学；751. 山东科技大学；760. 西北大学；764. 南京理工大学；773. 青岛科技大学；774. 太原理工大学；782. 山西大学；785. 天津师范大学；797. 华南师范大学；821. 新疆大学；849. 西南石油大学；855. 东北师范大学；870. 长江大学；877. 中国人民大学；898. 四川农业大学；926. 北京建筑大学；955. 大连海事大学；960. 扬州大学；961. 华东理工大学；969. 香港浸会大学；976. 暨南大学；998. 河南理工大学；999. 南昌大学；1006. 浙江工商大学；1009. 江南大学

七十一、体育学学科

表 2-95 体育学学科（前 5 强与中国大学）

排名	英文名称	中文名称	国家/地区	总得分
1	UNIVERSITY OF QUEENSLAND	昆士兰大学	澳大利亚	100.00
2	UNIVERSITY NORTH CAROLINA	北卡罗来纳大学	美国	89.90
3	UNIVERSITY OF PITTSBURGH	匹兹堡大学	美国	87.60
4	UNIVERSIDADE DE SAO PAULO	圣保罗大学	巴西	85.10
5	MCMASTER UNIVERSITY	麦克马斯特大学	加拿大	79.20

其他中国机构：145. 香港理工大学；209. 香港大学；248. 香港中文大学；341. 上海交通大学；409. 上海体育学院；501. 北京大学；629. 香港浸会大学；635. 四川大学；736. 北京体育大学；788. 复旦大学；856. 南京医科大学；1028. 河北医科大学；1113. 福建医科大学；1118. 中南大学；1120. 空军军医大学；1179. 首都医科大学；1188. 中国科学院；1228. 同济大学；1272. 陆军军医大学；1276. 浙江大学；1293. 温州医科大学；1308. 中山大学；1432. 海军军医大学；1435. 天津体育学院；1459. 苏州大学；1478. 南方医科大学；1495. 吉林大学；1571. 西安交通大学；1576. 青岛大学；1667. 宁波大学；1699. 中国医科大学；1764. 重庆医科大学；1842. 深圳大学；1863. 华中科技大学；1896. 武汉大学；1903. 山东大学；1932. 华东师范大学；1940. 清华大学；1969. 香港教育大学；2093. 首都体育学院；2184. 北京航空航天大学；2192. 陕西师范大学；2208. 天津医科大学；2253. 山东体育学院；2256. 北京师范大学；2414. 成都体育学院；2508. 南京大学；2549. 东南大学；2606. 青海大学；2786. 厦门大学；2908. 广西医科大学；2972. 新疆医科大学；3068. 华南师范大学；3106. 湖南师范大学；3249. 兰州大学；3319. 中国科学技术大学；3674. 华中农业大学；3824. 扬州大学；3896. 香港城市大学；3918. 哈尔滨医科大学；3959. 辽宁师范大学；4136. 福建中医药大学；4176. 暨南大学；4213. 南通大学；4263. 河北师范大学；4287. 澳门大学；4380. 武汉体育学院；4401. 武汉体育学院；4499. 沈阳体育学院；4501. 山东师范大学；4804. 广州中医药大学；4841. 南京中医药大学；4860. 郑州大学；4930. 中国医学科学院-北京协和医学院；4933. 大连理工大学；4991. 上海中医药大学；5218. 华北理工大学；5226. 北京工业大学；5361. 安徽医科大学；5551. 北京中医药大学；5574. 上海理工大学；5783. 西藏大学；5841. 山西医科大学；6019. 徐州医科大学；6108. 南昌大学；6143. 大连医科大学；6205. 成都体育学院

七十二、天文学学科

表 2-96 天文学学科（前 5 强与中国大学）

排名	英文名称	中文名称	国家/地区	总得分
1	CALIFORNIA INSTITUTE OF TECHNOLOGY	加州理工学院	美国	100.00
2	NASA	美国航空航天局	美国	79.60
3	CHINESE ACAD SCI	中国科学院	中国	69.50
4	UNIVERSITY OF CALIFORNIA BERKELEY	加州大学伯克利分校	美国	66.90
5	HARVARD SMITHSONIAN CTR ASTROPHYS	哈佛史密森尼天文学和天体物理学研究中心	美国	65.50

续表

其他中国机构：53. 北京大学；99. 中国科学技术大学；121. 南京大学；146. 中国科学院大学；187. 清华大学；288. 山东大学；327. 北京师范大学；355. 中山大学；362. 上海交通大学；468. 香港大学；477. 武汉大学；481. 北京航空航天大学；489. 华中科技大学；554. 兰州大学；695. 香港中文大学；775. 南开大学；777. 浙江大学；802. 南京师范大学；803. 南京信息工程大学；818. 广西大学；858. 香港科技大学；864. 复旦大学；917. 华中师范大学；935. 厦门大学；941. 河南师范大学；987. 云南大学；1010. 湖南师范大学；1046. 四川大学；1064. 上海师范大学；1069. 南昌大学；1118. 郑州大学；1124. 广西师范大学；1146. 中国海洋大学；1176. 中国地质大学；1184. 湖南大学；1202. 山西大学；1220. 辽宁大学；1249. 广州大学；1265. 重庆大学；1297. 中国科学院；1307. 澳门科技大学；1312. 哈尔滨工业大学；1336. 苏州大学；1342. 杭州师范大学；1353. 黄山学院；1411. 河北师范大学；1412. 国防科技大学；1431. 南华大学；1433. 河南科技大学；1460. 云南师范大学；1480. 天津师范大学；1511. 大连理工大学；1556. 东南大学；1568. 重庆邮电大学；1630. 浙江工业大学；1665. 西安交通大学；1741. 中国东北大学；1750. 宁波大学；1778. 山东大学；1802. 香港理工大学；1815. 辽宁师范大学；1835. 西华师范大学；1896. 北京石油化工学院；1997. 西南交通大学；2007. 北京理工大学；2012. 上海大学；2045. 辽宁科技大学；2051. 电子科技大学；2064. 河海大学；2086. 吉林大学；2097. 南京航空航天大学；2123. 昆明理工大学；2170. 贵州大学；2179. 华东师范大学；2191. 西南大学；2203. 新疆大学；2216. 同济大学；2234. 上海海洋大学；2266. 烟台大学；2332. 北京工业大学；2337. 天津大学；2380. 中国石油大学；2387. 信阳师范学院；2390. 西北工业大学；2400. 长沙理工大学；2411. 中国矿业大学；2412. 华北电力大学；2433. 暨南大学；2456. 暨南大学；2461. 河南理工大学；2479. 湘潭大学；2480. 扬州大学；2512. 山西大同大学；2514. 曲阜师范大学；2527. 安徽师范大学；2575. 河北大学；2582. 西安电子科技大学

七十三、统计学（可授理学、经济学学位）学科

表 2-97 统计学（可授理学、经济学学位）学科（前 5 强与中国大学）

排名	英文名称	中文名称	国家/地区	总得分
1	UNIVERSITY MICHIGAN	密歇根大学	美国	100.00
2	HARVARD UNIVERSITY	哈佛大学	美国	89.10
3	UNIVERSITY NORTH CAROLINA	北卡罗来纳大学	美国	74.10
4	UNIVERSITY OF CALIFORNIA BERKELEY	加州大学伯克利分校	美国	73.30
5	CHINESE ACAD SCI	中国科学院	中国	72.40

其他中国机构：36. 香港大学；61. 北京大学；76. 南开大学；78. 华东师范大学；82. 香港中文大学；85. 浙江大学；94. 北京师范大学；99. 复旦大学；104. 上海财经大学；110. 香港浸会大学；112. 清华大学；116. 香港城市大学；136. 武汉大学；139. 中国科学技术大学；143. 山东大学；150. 中南大学；151. 香港科技大学；156. 厦门大学；157. 中国人民大学；176. 上海交通大学；191. 同济大学；204. 中山大学；206. 东北大学；224. 北京工业大学；232. 吉林大学；240. 华南理工大学；269. 北京师范大学；270. 香港理工大学；271. 华中科技大学；279. 苏州大学；296. 哈尔滨工业大学；315. 重庆大学；319. 大连理工大学；334. 云南大学；336. 湖南大学；341. 华中师范大学；345. 西南财经大学；348. 安徽大学；351. 中央财经大学；366. 西安交通大学；387. 兰州大学；401. 四川大学；419. 中国东北大学；431. 电子科技大学；435. 天津大学；447. 深圳大学；465. 西北工业大学；480. 南京审计大学；481. 南京理工大学；494. 中国科学院大学；498. 西南大学；510. 华南理工大学；511. 澳门大学；512. 北京交通大学；523. 华东理工大学；526. 北京航空航天大学；531. 河海大学；537. 东华大学；541. 南京理工大学；545. 安徽师范大学；546. 南京师范大学；547. 曲阜师范大学；594. 江苏师范大学；601. 华北电力大学；614. 上海大学；618. 暨南大学；627. 首都师范大学；628. 浙江工商大学；651. 中国矿业大学；677. 国防科技大学；685. 上海财经大学；700. 云南财经大学；710. 西安电子科技大学；716. 南京航空航天大学；717. 南京信息工程大学；718. 广西师范大学；788. 江西财经大学；794. 杭州电子科技大学；801. 对外经济贸易大学；803. 浙江财经大学；806. 河南财经大学；818. 广州大学；824. 湖南工业大学；828. 辽宁工业大学；832. 中国农业大学；842. 首都经济贸易大学；845. 南通大学；887. 中南财经政法大学；888. 山西大同大学；892. 合肥工业大学；901. 西北大学；902. 武汉理工大学；904. 南京农业大学；937. 嘉兴学院；971. 哈尔滨医科大学；976. 重庆工商大学；989. 华南理工大学；1003. 西南交通大学；1015. 河南大学；1033. 陕西师范大学；1045. 浙江工业大学；1057. 苏州科技大学；1063. 重庆文理学院；1068. 上海对外经贸大学；1073. 南京林业大学；1093. 中国地质大学；1100. 福建师范大学；1110. 温州大学；1130. 江苏大学；1154. 南昌大学；1157. 华侨大学；1159. 长沙理工大学；1169. 杭州师范大学；1176. 河北工业大学；1184. 郑州大学；1187. 上海海事大学；1192. 河北师范大学

七十四、统计学与运筹学学科

表 2-98 统计学与运筹学学科（前 5 强与中国大学）

排名	英文名称	中文名称	国家/地区	总得分
1	UNIVERSITY MICHIGAN	密歇根大学	美国	100.00
2	CHINESE ACAD SCI	中国科学院	中国	82.40
3	MASSACHUSETTS INSTITUTE OF TECHNOLOGY	麻省理工学院	美国	75.90
4	UNIVERSITY OF CALIFORNIA BERKELEY	加州大学伯克利分校	美国	75.50
5	HARVARD UNIVERSITY	哈佛大学	美国	73.70

续表

其他中国机构：6. 香港理工大学；19. 清华大学；20. 香港城市大学；24. 上海交通大学；26. 香港大学；42. 华中科技大学；54. 浙江大学；57. 中国科学技术大学；59. 香港中文大学；66. 香港科技大学；69. 北京航空航天大学；71. 大连理工大学；74. 东南大学；76. 同济大学；79. 北京大学；83. 西安交通大学；91. 哈尔滨工业大学；92. 中国东北大学；104. 电子科技大学；107. 南开大学；115. 复旦大学；117. 北京交通大学；118. 中南大学；128. 武汉大学；135. 中山大学；139. 重庆大学；142. 天津大学；145. 北京理工大学；153. 西北工业大学；164. 华东师范大学；165. 厦门大学；167. 华南理工大学；172. 上海财经大学；178. 香港浸会大学；179. 上海大学；184. 南京航空航天大学；193. 山东大学；196. 北京师范大学；200. 四川大学；201. 湖南大学；204. 南京大学；218. 南京理工大学；221. 国防科技大学；222. 西安电子科技大学；227. 中国人民大学；245. 合肥工业大学；257. 吉林大学；262. 西南财经大学；302. 北京工业大学；330. 北京科技大学；331. 东北师范大学；340. 苏州大学；350. 深圳大学；366. 西南交通大学；382. 华东理工大学；385. 中国科学院大学；401. 兰州大学；422. 东华大学；430. 武汉理工大学；432. 中国矿业大学；460. 河海大学；462. 华北电力大学；475. 安徽大学；485. 云南大学；487. 曲阜师范大学；500. 中央财经大学；502. 西南大学；516. 暨南大学；521. 福州大学；523. 南京师范大学；553. 澳门大学；554. 广东工业大学；556. 浙江工业大学；592. 沈阳航空航天大学；597. 杭州电子科技大学；600. 华中师范大学；606. 大连海事大学；614. 南京审计大学；616. 郑州大学；621. 江南大学；634. 浙江财经大学；641. 燕山大学；654. 重庆师范大学；666. 北京邮电大学；673. 对外经济贸易大学；691. 南京信息工程大学；694. 浙江师范大学；700. 浙江工商大学；712. 中国石油大学；718. 中国地质大学；721. 江西财经大学；724. 长沙理工大学；735. 上海师范大学；739. 上海海事大学；758. 江苏师范大学；764. 南昌大学；787. 上海理工大学；791. 天津工业大学；806. 广西大学；807. 哈尔滨工程大学；831. 安徽师范大学；838. 华南师范大学；846. 东北财经大学；855. 河南师范大学；864. 中国农业大学；873. 聊城大学；875. 昆明理工大学；887. 北京化工大学；913. 南京邮电大学；926. 广西师范大学；933. 南京农业大学；936. 重庆工商大学；942. 中国人民解放军陆军工程大学；943. 山东科技大学；946. 中南财经政法大学；947. 宁波诺丁汉大学；949. 重庆交通大学

七十五、图书情报与档案管理学科

表 2-99　图书情报与档案管理学科（前 5 强与中国大学）

排名	英文名称	中文名称	国家/地区	总得分
1	HARVARD UNIVERSITY	哈佛大学	美国	100.00
2	INDIANA UNIVERSITY	印第安纳大学	美国	89.70
3	UNIVERSITY MARYLAND	马里兰大学	美国	84.00
4	UNIVERSITY WISCONSIN	威斯康星大学	美国	83.20
5	UNIVERSITY OF ILLINOIS CHICAGO	伊利诺伊大学	美国	82.70

其他中国机构：6. 武汉大学；7. 香港城市大学；19. 中国科学院；48. 香港理工大学；69. 北京大学；77. 香港大学；83. 南京大学；85. 复旦大学；91. 香港科技大学；98. 清华大学；100. 浙江大学；102. 中国科学技术大学；117. 中山大学；125. 大连理工大学；129. 华中科技大学；164. 哈尔滨工业大学；172. 香港中文大学；205. 北京航空航天大学；212. 中国科学院大学；222. 香港浸会大学；238. 上海交通大学；253. 同济大学；310. 北京师范大学；315. 中国人民大学；334. 北京理工大学；347. 西南财经大学；389. 天津大学；390. 西安交通大学；420. 华南理工大学；445. 上海财经大学；453. 吉林大学；462. 华东师范大学；471. 四川大学；483. 武汉科技大学；488. 深圳大学；502. 对外经济贸易大学；522. 北京邮电大学；534. 北京交通大学；538. 中国地质大学；553. 西南交通大学；557. 南京理工大学；560. 合肥工业大学；561. 华中师范大学；587. 南开大学；608. 上海大学；638. 电子科技大学；648. 厦门大学；656. 福州大学；704. 宁波诺丁汉大学；708. 南京农业大学；737. 中南大学；748. 中国医学科学院-北京协和医学院；749. 东南大学；753. 西交利物浦大学；763. 苏州大学；769. 华南师范大学；784. 武汉理工大学；808. 广州大学；819. 重庆大学；860. 华中农业大学；871. 浙江财经大学；912. 广东工业大学；919. 南京医科大学；921. 河海大学；924. 河南大学；925. 暨南大学；960. 澳门大学；1003. 安徽大学；1010. 山西大学；1012. 澳门大学；1024. 国防科技大学；1030. 山东大学；1050. 浙江工业大学；1060. 汕头大学；1065. 西安电子科技大学；1081. 中国矿业大学；1088. 陕西师范大学；1127. 东北林业大学；1137. 北京科技大学；1139. 华东理工大学；1155. 中国科学院；1173. 西南大学；1204. 中山大学；1210. 南京信息工程大学；1214. 哈尔滨医科大学；1215. 南京财经大学；1255. 中南财经政法大学；1264. 内蒙古大学；1296. 南京航空航天大学；1318. 浙江工商大学；1327. 湖南大学；1334. 北京工业大学；1369. 杭州电子科技大学；1374. 天津师范大学；1380. 新乡学院；1425. 中央财经大学；1437. 山西医科大学；1440. 中国农业大学；1466. 南京邮电大学；1505. 华北水利水电大学；1520. 中国计量大学；1527. 华南农业大学；1539. 湘潭大学；1612. 香港树仁大学；1640. 福建农林大学；1663. 东北财经大学；1664. 大连海事大学；1683. 江苏科技大学；1689. 山东科技大学

七十六、土木工程学科

表 2-100　土木工程学科（前 5 强与中国大学）

排名	英文名称	中文名称	国家/地区	总得分
1	CHINESE ACAD SCI	中国科学院	中国	100.00
2	TONGJI UNIVERSITY	同济大学	中国	82.80
3	TSINGHUA UNIVERSITY	清华大学	中国	59.20
4	DELFT UNIVERSITY TECHNOL	代尔夫特大学	荷兰	47.90
5	HONG KONG POLYTECHNIC UNIVERSITY	香港理工大学	中国香港	45.10

续表

其他中国机构：6. 大连理工大学；7. 哈尔滨工业大学；8. 浙江大学；9. 东南大学；13. 上海交通大学；17. 河海大学；19. 香港科技大学；20. 天津大学；22. 武汉大学；23. 香港大学；25. 湖南大学；34. 中南大学；37. 南京大学；39. 香港城市大学；41. 华中科技大学；54. 北京交通大学；55. 武汉理工大学；60. 华南理工大学；63. 中国矿业大学；73. 北京师范大学；90. 中国科学院大学；93. 西南交通大学；99. 北京工业大学；103. 中国地质大学；107. 中国科学技术大学；108. 山东大学；109. 中山大学；111. 长安大学；114. 四川大学；133. 北京大学；149. 西安建筑科技大学；168. 南京工业大学；208. 华北电力大学；216. 合肥工业大学；226. 北京航空航天大学；251. 西北农林科技大学；252. 深圳大学；262. 南开大学；278. 西安交通大学；283. 哈尔滨工程大学；285. 中国海洋大学；288. 浙江工业大学；296. 福州大学；303. 长沙理工大学；312. 广东工业大学；319. 复旦大学；324. 北京科技大学；327. 兰州大学；331. 吉林大学；338. 中国石油大学；344. 中国东北大学；362. 南京农业大学；368. 厦门大学；372. 上海大学；373. 广州大学；374. 西北工业大学；381. 香港中文大学；387. 北京理工大学；389. 南京理工大学；393. 中国农业大学；413. 郑州大学；417. 东华大学；419. 北京林业大学；426. 南京航空航天大学；434. 广西大学；452. 南京林业大学；457. 暨南大学；464. 华东师范大学；473. 西安工业大学；494. 山东科技大学；503. 北京建筑大学；504. 江苏大学；525. 大连海事大学；533. 暨南大学；534. 成都理工大学；547. 华南师范大学；548. 华侨大学；554. 太原理工大学；555. 河南理工大学；566. 上海理工大学；568. 澳门大学；569. 东北师范大学；575. 华中农业大学；578. 国防科技大学；579. 江苏科技大学；580. 华东理工大学；584. 重庆交通大学；607. 苏州大学；621. 香港浸会大学；622. 北京化工大学；625. 南昌大学；634. 上海海事大学；650. 宁波大学；655. 沈阳建筑大学；657. 温州大学；666. 西南石油大学；687. 山东建筑大学；710. 扬州大学；714. 昆明理工大学；723. 中国人民解放军陆军工程大学；742. 三峡大学；750. 西南科技大学；753. 青岛科技大学；766. 长江大学；767. 中国农业大学；768. 中国科学院；771. 河北工业大学；793. 浙江工商大学

七十七、外国语言文学学科

表 2-101　外国语言文学学科（前 5 强与中国大学）

排名	英文名称	中文名称	国家/地区	总得分
1	TEXAS TECH UNIVERSITY	得克萨斯理工大学	美国	100.00
2	MICHIGAN STATE UNIVERSITY	密歇根州立大学	美国	79.10
3	UNIVERSITY NORTH CAROLINA	北卡罗来纳大学	美国	70.10
4	UNIVERSITY OF GRANADA	格拉纳达大学	西班牙	69.00
5	UNIVERSITY OF ILLINOIS CHICAGO	伊利诺伊大学	美国	66.80
其他中国机构：无				

七十八、物理学学科

表 2-102　物理学学科（前 5 强与中国大学）

排名	英文名称	中文名称	国家/地区	总得分
1	CHINESE ACAD SCI	中国科学院	中国	100.00
2	RUSSIAN ACAD SCI	俄罗斯科学院	俄罗斯	40.50
3	MASSACHUSETTS INSTITUTE OF TECHNOLOGY	麻省理工学院	美国	34.10
4	UNIVERSITY OF TOKYO	东京大学	日本	32.10
5	UNIVERSITY OF CALIFORNIA BERKELEY	加州大学伯克利分校	美国	31.30
其他中国机构：7. 清华大学；11. 中国科学技术大学；12. 北京大学；26. 浙江大学；31. 南京大学；34. 上海交通大学；41. 中国科学院大学；48. 华中科技大学；58. 哈尔滨工业大学；59. 西安交通大学；64. 复旦大学；73. 山东大学；81. 吉林大学；106. 北京航空航天大学；121. 天津大学；130. 电子科技大学；144. 中山大学；145. 东南大学；155. 苏州大学；159. 大连理工大学；182. 四川大学；186. 南开大学；187. 华南理工大学；204. 兰州大学；211. 北京理工大学；215. 香港城市大学；219. 武汉大学；222. 上海大学；224. 香港科技大学；252. 香港理工大学；258. 西北工业大学；259. 厦门大学；269. 重庆大学；284. 香港大学；298. 国防科技大学；299. 北京科技大学；303. 香港中文大学；307. 湖南大学；308. 同济大学；324. 北京师范大学；333. 中国大学；334. 南京理工大学；338. 武汉理工大学；341. 南京航空航天大学；355. 华中师范大学；358. 中国科学院；360. 华东师范大学；366. 北京邮电大学；373. 西安电子科技大学；427. 深圳大学；428. 华南理工大学；440. 北京交通大学；459. 北京工业大学；464. 北京化工大学；486. 江苏大学；502. 中国东北大学；509. 山西大学；511. 郑州大学；515. 南京邮电大学；530. 西南交通大学；536. 海南大学；559. 哈尔滨工程大学；560. 宁波大学；586. 华东师范大学；593. 安徽大学；613. 太原理工大学；614. 中国矿业大学；618. 湘潭大学；621. 河南大学；624. 上海理工大学；638. 合肥工业大学；645. 东华大学；657. 燕山大学；658. 陕西师范大学；672. 华北电力大学；674. 南京师范大学；692. 浙江师范大学；700. 西南大学；704. 中国地质大学；710. 西北大学；712. 南昌大学；734. 中国计量大学；746. 长春理工大学；763. 中国石油大学；765. 湖南师范大学；773. 东北师范大学；782. 广东工业大学；786. 中国人民大学；793. 河北工业大学；807. 浙江工业大学；813. 暨南大学；838. 河南大学；841. 江南大学；845. 暨南大学；851. 香港浸会大学；862. 青岛大学；867. 广西大学；869. 杭州电子科技大学；881. 山东师范大学；883. 首都师范大学；901. 杭州师范大学；908. 昆明理工大学；936. 南京信息工程大学；944. 天津科技大学；969. 湖北大学；996. 西北师范大学；1027. 天津工业大学；1035. 浙江理工大学；1038. 江西师范大学；1042. 河北大学；1043. 桂林电子科技大学				

七十九、戏剧与影视学学科

表 2-103　戏剧与影视学学科（前 5 强与中国大学）

排名	英文名称	中文名称	国家/地区	总得分
1	UNIVERSITY OF AMSTERDAM	阿姆斯特丹大学	荷兰	100.00
2	INDIANA UNIVERSITY	印第安纳大学	美国	79.90
3	MICHIGAN STATE UNIVERSITY	密歇根州立大学	美国	60.40
4	OHIO STATE UNIVERSITY	俄亥俄州立大学	美国	57.50
5	PENN STATE UNIVERSITY	宾夕法尼亚州立大学	美国	55.70
其他中国机构：91. 香港中文大学；175. 香港浸会大学；220. 中国传媒大学；258. 南京大学；336. 香港大学；381. 澳门科技大学；416. 暨南大学；459. 中山大学；529. 杭州电子科技大学；545. 上海交通大学；550. 长江大学；552. 南洋理工大学				

八十、现代语言学学科

表 2-104　现代语言学学科（前 5 强与中国大学）

排名	英文名称	中文名称	国家/地区	总得分
1	UNIVERSITY OF ILLINOIS CHICAGO	伊利诺伊大学	美国	100.00
2	RADBOUD UNIVERSITY NIJMEGEN	内梅亨大学	荷兰	94.30
3	UNIVERSITY OF TORONTO	多伦多大学	加拿大	93.10
4	UNIVERSITY COLLEGE LONDON	伦敦大学学院	英国	90.70
5	PENN STATE UNIVERSITY	宾夕法尼亚州立大学	美国	81.70
其他中国机构：15. 香港大学；62. 香港中文大学；103. 香港理工大学；125. 香港城市大学；138. 北京师范大学；163. 广东外语外贸大学；168. 浙江大学；235. 中国科学院；250. 北京大学；280. 香港浸会大学；324. 澳门大学；359. 上海外国语大学；396. 中山大学；424. 上海交通大学；446. 清华大学；447. 复旦大学；448. 华南师范大学；452. 香港教育大学；484. 北京外国语大学；496. 中国人民大学；547. 厦门大学；564. 中山大学；572. 北京语言大学；590. 华中科技大学；605. 南京大学；606. 对外经济贸易大学；610. 西安外国语大学；677. 华中师范大学；682. 华东师范大学；691. 南开大学；701. 杭州师范大学；702. 西南大学；722. 北京航空航天大学；749. 汕头大学；776. 东北师范大学；789. 暨南大学；791. 深圳大学；798. 西安交通大学；802. 首都医科大学；847. 首都师范大学；850. 北京第二外国语学院；876. 东南大学；878. 西交利物浦大学；904. 天津师范大学；918. 上海财经大学；934. 南京师范大学；943. 江苏师范大学；951. 中国科学院大学；981. 吉林大学；1001. 辽宁师范大学；1062. 山东大学；1067. 哈尔滨工业大学；1078. 浙江财经大学；1082. 大连理工大学；1122. 中国科学院；1134. 陕西师范大学；1203. 上海海事大学；1238. 中央民族大学；1248. 福建师范大学；1296. 香港科技大学；1298. 湖南大学；1317. 四川大学；1333. 莆田学院；1346. 中国地质大学；1381. 宁波大学；1435. 同济大学；1439. 香港公开大学；1441. 宁波诺丁汉大学；1472. 西南财经大学；1502. 曲阜师范大学；1519. 贵州大学；1540. 重庆大学；1562. 浙江工业大学；1564. 江西师范大学；1565. 华南理工大学；1570. 北京联合大学；1585. 四川师范大学；1631. 浙江大学；1748. 黑龙江大学；1806. 大连海事大学；1825. 苏州大学；1871. 江苏大学；1888. 山西大学；1908. 中国海洋大学；1916. 香港树仁大学；1918. 中国东北大学；1923. 天津大学；1937. 西北农林科技大学；1945. 西北师范大学；1970. 华侨大学；1988. 空军军医大学；1993. 西华师范大学；2014. 中南大学；2017. 东华大学；2045. 郑州大学；2120. 湖南师范大学；2127. 西安工程大学；2279. 中央财经大学；2313. 上海纽约大学；2318. 南京中医药大学；2333. 北京科技大学；2355. 南昌大学；2397. 南通大学；2419. 外交学院；2476. 厦门理工学院；2569. 浙江师范大学				

八十一、心理学（可授教育学、理学学位）学科

表 2-105　心理学（可授教育学、理学学位）学科（前 5 强与中国大学）

排名	英文名称	中文名称	国家/地区	总得分
1	HARVARD UNIVERSITY	哈佛大学	美国	100.00
2	UNIVERSITY OF CALIFORNIA LOS ANGELES	加州大学洛杉矶分校	美国	73.50
3	UNIVERSITY MICHIGAN	密歇根大学	美国	72.50
4	UNIVERSITY COLLEGE LONDON	伦敦大学学院	英国	69.00
5	UNIVERSITY OF TORONTO	多伦多大学	加拿大	67.80

续表

其他中国机构：118. 香港大学；131. 香港中文大学；136. 中国科学院；145. 北京师范大学；183. 北京大学；359. 香港城市大学；364. 香港理工大学；367. 西南大学；415. 中山大学；454. 浙江大学；492. 清华大学；494. 澳门大学；498. 华南师范大学；511. 上海交通大学；518. 华东师范大学；587. 复旦大学；589. 中国人民大学；605. 中国科学院大学；690. 香港科技大学；693. 首都医科大学；703. 四川大学；705. 陕西师范大学；718. 中南大学；741. 南京大学；764. 香港浸会大学；774. 深圳大学；784. 华中科技大学；847. 香港教育大学；875. 首都师范大学；911. 武汉大学；925. 华中师范大学；959. 中山大学；967. 山东大学；968. 电子科技大学；1000. 西安交通大学；1008. 浙江师范大学；1012. 上海师范大学；1033. 杭州师范大学；1040. 东南大学；1059. 空军军医大学；1088. 苏州大学；1124. 山东师范大学；1157. 辽宁师范大学；1170. 安徽医科大学；1178. 中国科学技术大学；1203. 南京医科大学；1219. 同济大学；1291. 天津师范大学；1366. 南京师范大学；1368. 重庆医科大学；1369. 中国医科大学；1398. 陆军军医大学；1429. 暨南大学；1501. 南开大学；1518. 河南大学；1536. 吉林大学；1541. 广州大学；1580. 中央财经大学；1595. 香港树仁大学；1666. 厦门大学；1692. 中国医学科学院-北京协和医学院；1715. 广州医科大学；1717. 天津医科大学；1735. 北京航空航天大学；1756. 广东外语外贸大学；1758. 东北师范大学；1772. 大连医科大学；1776. 上海体育学院；1831. 江西师范大学；1861. 郑州大学；1868. 温州医科大学；1872. 海军军医大学；1873. 大连理工大学；1880. 宁波大学；1903. 浙江理工大学；1925. 河北医科大学；1952. 哈尔滨医科大学；2059. 天津大学；2063. 上海大学；2165. 湖北大学；2215. 南方医科大学；2229. 上海财经大学；2275. 北京理工大学；2381. 西安电子科技大学；2388. 山东医科大学；2436. 哈尔滨工业大学；2454. 湖南师范大学；2511. 南通大学；2519. 南京中医药大学；2521. 南昌大学；2524. 北京交通大学；2540. 中国科学院；2546. 兰州大学；2596. 西北师范大学；2652. 重庆文理学院；2653. 中国药科大学；2701. 江苏师范大学；2720. 新乡医学院；2742. 上海外国语大学；2771. 福建师范大学；2780. 海南师范大学；2890. 西南财经大学；2936. 昆明医科大学；2946. 华南理工大学；2987. 浙江财经大学；2993. 北京科技大学；2995. 北京林业大学；3013. 青岛大学

八十二、新闻传播学学科

表 2-106　新闻传播学学科（前 5 强与中国大学）

排名	英文名称	中文名称	国家/地区	总得分
1	UNIVERSITY OF AMSTERDAM	阿姆斯特丹大学	荷兰	100.00
2	UNIVERSITY TEXAS AUSTIN	得克萨斯大学奥斯汀分校	美国	96.30
3	MICHIGAN STATE UNIVERSITY	密歇根州立大学	美国	82.10
4	OHIO STATE UNIVERSITY	俄亥俄州立大学	美国	75.00
5	UNIVERSITY WISCONSIN	威斯康星大学	美国	65.50

其他中国机构：50. 香港中文大学；62. 香港城市大学；103. 香港浸会大学；190. 香港大学；241. 复旦大学；266. 香港理工大学；293. 浙江大学；302. 清华大学；316. 上海交通大学；336. 中山大学；437. 武汉大学；480. 中国人民大学；488. 岭南大学；493. 澳门大学；504. 北京大学；505. 华中科技大学；508. 中国科学技术大学；533. 中国传媒大学；537. 北京师范大学；547. 中国科学院；564. 宁波诺丁汉大学；583. 暨南大学；589. 澳门科技大学；605. 北京邮电大学；731. 广东外语外贸大学；745. 南京大学；782. 北京工业大学；825. 四川大学；828. 西安交通大学；829. 厦门大学；852. 江西财经大学；863. 上海理工大学；881. 深圳大学；940. 天津大学；968. 西南交通大学；978. 大连理工大学；1005. 对外经济贸易大学；1029. 浙江财经大学；1122. 南京财经大学；1164. 中国科学院；1169. 香港理工大学；1201. 北京航空航天大学；1226. 东南大学；1305. 重庆大学；1335. 华南理工大学；1344. 华中师范大学；1367. 中国科学院大学；1390. 杭州电子科技大学；1436. 新乡医学院；1508. 同济大学；1512. 华东师范大学；1522. 华南师范大学；1524. 山东大学；1527. 南京审计大学；1544. 北京理工大学；1559. 香港公开大学；1662. 西交利物浦大学；1710. 湖南大学；1811. 浙江工商大学；1834. 电子科技大学；1843. 太原理工大学；1868. 西南大学；1905. 哈尔滨工业大学；1953. 南开大学；1968. 西安外国语大学；1995. 宁波诺丁汉大学；2002. 南京师范大学；2094. 北京外国语大学；2095. 北京第二外国语学院；2096. 北京语言大学；2105. 江苏师范大学；2106. 吉林大学；2121. 中南大学；2195. 南京航空航天大学；2209. 武汉科技大学；2216. 中国医学科学院-北京协和医学院；2253. 华南农业大学；2281. 北京林业大学；2331. 浙江大学；2432. 中央财经大学；2479. 中国人民大学；2488. 河海大学；2490. 江南大学；2538. 西北工业大学；2608. 西南财经大学；2631. 南京邮电大学；2657. 上海财经大学；2770. 香港教育大学；2851. 上海金融学院；2925. 山东师范大学；2926. 汕头大学；2954. 武汉工商学院；2960. 烟台大学；2981. 中央财经大学；2982. 北京交通大学；3118. 南昌航空大学；3287. 南京信息工程大学；3419. 上海工程技术大学；3509. 广州大学

八十三、信息与通信工程学科

表 2-107　信息与通信工程学科（前 5 强与中国大学）

排名	英文名称	中文名称	国家/地区	总得分
1	BEIJING UNIVERSITY OF POSTS & TELECOMMUNICATIONS	北京邮电大学	中国	100.00
2	XIDIAN UNIVERSITY	西安电子科技大学	中国	96.50
3	TSINGHUA UNIVERSITY	清华大学	中国	95.50
4	UNIVERSITY OF ELECTRONIC SCIENCE & TECHNOLOGY OF CHINA	电子科技大学	中国	87.90
5	SOUTHEAST UNIVERSITY - CHINA	东南大学	中国	78.80

续表

其他中国机构：6. 中国科学院；8. 上海交通大学；12. 浙江大学；16. 华中科技大学；17. 香港城市大学；18. 北京交通大学；19. 香港科技大学；20. 南京邮电大学；22. 北京航空航天大学；26. 华南理工大学；28. 国防科技大学；29. 中国科学技术大学；30. 哈尔滨工业大学；33. 西安交通大学；35. 北京大学；38. 北京理工大学；40. 大连理工大学；46. 香港中文大学；50. 南京理工大学；52. 中国人民解放军陆军工程大学；59. 武汉大学；62. 南京航空航天大学；64. 香港理工大学；67. 南京信息工程大学；68. 香港大学；83. 深圳大学；86. 中山大学；93. 西北工业大学；100. 南京大学；107. 西南交通大学；110. 同济大学；115. 山东大学；116. 中南大学；126. 天津大学；127. 重庆大学；134. 中国东北大学；154. 哈尔滨工程大学；155. 湖南大学；158. 重庆邮电大学；160. 北京科技大学；168. 厦门大学；184. 复旦大学；185. 中国科学院大学；188. 上海大学；196. 广东工业大学；219. 桂林电子科技大学；227. 河海大学；230. 杭州电子科技大学；233. 吉林大学；257. 澳门大学；259. 合肥工业大学；265. 苏州大学；266. 广州大学；273. 四川大学；286. 浙江工业大学；317. 西南大学；329. 华北电力大学；350. 北京工业大学；355. 中国矿业大学；372. 武汉理工大学；374. 暨南大学；377. 宁波大学；389. 燕山大学；391. 中国地质大学；412. 江苏大学；430. 大连海事大学；431. 华东师范大学；446. 南通大学；470. 广东石油化工学院；481. 福州大学；482. 郑州大学；490. 浙江工商大学；497. 西安工业大学；508. 华侨大学；517. 南开大学；526. 上海科技大学；535. 华中师范大学；538. 华南师范大学；552. 南昌大学；554. 福建师范大学；557. 湖南科技大学；566. 天津师范大学；582. 西安邮电大学；585. 澳门科技大学；586. 中国石油大学；617. 北京化工大学；631. 北京师范大学；634. 江南大学；635. 东华大学；642. 清华大学；646. 上海海事大学；660. 中国人民解放军陆军工程大学；667. 华东交通大学；676. 安徽大学；682. 山东科技大学；684. 兰州大学；689. 曲阜师范大学；694. 南京师范大学；702. 陕西师范大学；707. 山东师范大学；723. 中南财经政法大学；755. 浙江理工大学；764. 西北大学；768. 扬州大学；774. 中南民族大学

八十四、药学（可授医学、理学学位）学科

表 2-108 药学（可授医学、理学学位）学科（前 5 强与中国大学）

排名	英文名称	中文名称	国家/地区	总得分
1	CHINESE ACAD SCI	中国科学院	中国	100.00
2	HARVARD UNIVERSITY	哈佛大学	美国	73.90
3	UNIVERSITY NORTH CAROLINA	北卡罗来纳大学	美国	52.70
4	CHINA PHARMACEUTICAL UNIVERSITY	中国药科大学	中国	51.20
5	UNIVERSIDADE DE SAO PAULO	圣保罗大学	巴西	50.10

其他中国机构：12. 上海交通大学；13. 浙江大学；14. 北京大学；18. 复旦大学；19. 中国医学科学院-北京协和医学院；20. 中山大学；21. 沈阳药科大学；22. 山东大学；38. 四川大学；71. 海军军医大学；75. 南京医科大学；86. 香港中文大学；97. 华中科技大学；107. 中南大学；109. 南京大学；112. 苏州大学；117. 吉林大学；124. 首都医科大学；137. 暨南大学；153. 温州医科大学；158. 西安交通大学；165. 武汉大学；174. 南方医科大学；178. 空军军医大学；181. 南京中医药大学；194. 香港大学；195. 上海中医药大学；213. 重庆医科大学；220. 中国科学院大学；224. 郑州大学；229. 中国医科大学；251. 哈尔滨医科大学；253. 兰州大学；273. 安徽医科大学；301. 同济大学；306. 南开大学；311. 陆军军医大学；316. 大连医科大学；328. 东南大学；342. 天津医科大学；348. 清华大学；356. 北京中医药大学；358. 澳门大学；386. 中国海洋大学；414. 华东理工大学；433. 青岛大学；442. 河北医科大学；463. 西南大学；464. 广州中医药大学；469. 广州医科大学；473. 天津中医药大学；484. 厦门大学；501. 南昌大学；505. 西北农林科技大学；512. 南通大学；516. 香港浸会大学；538. 天津大学；552. 江苏大学；556. 中国农业大学；559. 香港理工大学；571. 浙江中医药大学；590. 广西医科大学；606. 广东药科大学；610. 延边大学；657. 烟台大学；663. 中国农业大学；673. 浙江工业大学；679. 成都中医药大学；688. 华东师范大学；695. 河南大学；702. 中国科学技术大学；727. 昆明医科大学；731. 福建医科大学；762. 北京师范大学；766. 香港科技大学；780. 华南农业大学；786. 徐州医科大学；788. 西北大学；789. 大连理工大学；792. 华中农业大学；795. 云南大学；819. 江西中医药大学；845. 华南理工大学；869. 南京农业大学；885. 宁夏医科大学；891. 黑龙江中医药大学；910. 江南大学；932. 山西医科大学；959. 扬州大学；960. 辽宁中医药大学；960. 河北大学；970. 新疆医科大学；971. 新乡医学院；991. 重庆大学；992. 广西师范大学；997. 南京师范大学；1010. 澳门科技大学；1025. 南华大学；1040. 汕头大学；1047. 宁波大学；1050. 福建中医药大学；1062. 深圳大学；1073. 北京化工大学；1080. 中国科学院；1154. 湖南中医药大学；1168. 吉林农业大学；1179. 东北农业大学

八十五、冶金工程学科

表 2-109 冶金工程学科（前 5 强与中国大学）

排名	英文名称	中文名称	国家/地区	总得分
1	CHINESE ACAD SCI	中国科学院	中国	100.00
2	UNIVERSITY OF SCIENCE & TECHNOLOGY BEIJING	北京科技大学	中国	58.50
3	CENTRAL SOUTH UNIVERSITY	中南大学	中国	56.90
4	HARBIN INSTITUTE OF TECHNOLOGY	哈尔滨工业大学	中国	40.00
5	NORTHEASTERN UNIVERSITY	中国东北大学	中国	37.30

其他中国机构：6. 西北工业大学；9. 上海交通大学；10. 清华大学；12. 重庆大学；15. 西安交通大学；16. 北京航空航天大学；18. 华中科技大学；19. 浙江大学；23. 上海大学；24. 大连理工大学；28. 华南理工大学；29. 吉林大学；30. 燕山大学；31. 天津大学；33. 山东大学；39. 昆明理工大学；40. 四川大学；48. 中国科学技术大学；50. 太原理工大学；53. 北京工业大学；57. 中国科学院大学；63. 南京航空航天大学；64. 香港城市大学；67. 武汉理工大学；70. 江苏大学；71. 湖南大学；73. 北京理工大学；79. 哈尔滨工程大学；82. 香港理工大学；88. 武汉科技大学；93. 南京理工大学；96. 东南大学；100. 南京工业大学；101. 北京大学；109. 同济大学；125. 中国科学院；133. 西安工业大学；135. 湘潭大学；143. 兰州理工大学；146. 厦门大学；147. 安徽工业大学；149. 电子科技大学；152. 中国矿业大学；158. 南京大学；166. 广西大学；178. 兰州大学；179. 合肥工业大学；180. 南昌航空大学；185. 西南交通大学；188. 复旦大学；191. 武汉大学；197. 西安建筑科技大学；198. 中国地质大学；204. 河北工业大学；205. 中国石油大学；215. 江苏科技大学；223. 深圳大学；232. 郑州大学；233. 国防科技大学；238. 沈阳工业大学；246. 北京化工大学；248. 苏州大学；249. 哈尔滨理工大学；250. 河海大学；255. 内蒙古科技大学；259. 重庆理工大学；260. 陕西科技大学；261. 常州大学；267. 广东工业大学；268. 南昌大学；271. 杭州电子科技大学；272. 西南大学；274. 北京交通大学；275. 中北大学；276. 河南科技大学；286. 香港大学；289. 福州大学；301. 暨南大学；302. 华东理工大学；307. 江西科技学院；312. 浙江工业大学；315. 宁波大学；318. 太原科技大学；327. 安徽大学；333. 中山大学；334. 中国计量大学；341. 沈阳航空航天大学；346. 浙江理工大学；347. 桂林电子科技大学；354. 山东科技大学；366. 西安理工大学；367. 华东师范大学；369. 河南理工大学；378. 陕西师范大学；393. 长安大学；398. 武汉工程大学；403. 东华大学；422. 沈阳理工大学；423. 长沙理工大学；433. 上海工程技术大学；436. 云南大学；439. 西北大学；440. 湖南科技大学；444. 中国海洋大学；445. 桂林理工大学；447. 浙江师范大学

八十六、仪器科学与技术学科

表2-110 仪器科学与技术学科（前5强与中国大学）

排名	英文名称	中文名称	国家/地区	总得分
1	CHINESE ACAD SCI	中国科学院	中国	100.00
2	HARBIN INSTITUTE OF TECHNOLOGY	哈尔滨工业大学	中国	45.20
3	TSINGHUA UNIVERSITY	清华大学	中国	41.80
4	IST NAZL FIS NUCL	国立原子物理学研究所	意大利	40.00
5	RUSSIAN ACAD SCI	俄罗斯科学院	俄罗斯	38.40

其他中国机构：6. 北京航空航天大学；7. 浙江大学；13. 华中科技大学；15. 吉林大学；16. 上海交通大学；21. 东南大学；22. 西安交通大学；26. 大连理工大学；27. 中国科学技术大学；28. 天津大学；38. 中国科学院大学；44. 重庆大学；53. 北京大学；57. 山东大学；59. 武汉大学；62. 南京航空航天大学；70. 北京理工大学；74. 电子科技大学；87. 中国东北大学；89. 国防科技大学；91. 香港理工大学；107. 香港城市大学；108. 西北工业大学；113. 湖南大学；149. 南京理工大学；178. 华南理工大学；180. 中南大学；212. 同济大学；216. 北京交通大学；221. 南京大学；227. 哈尔滨工程大学；233. 厦门大学；238. 四川大学；244. 上海大学；248. 南开大学；255. 暨南大学；258. 西安电子科技大学；261. 北京化工大学；265. 中山大学；287. 复旦大学；294. 合肥工业大学；300. 香港中文大学；303. 中国科学院；307. 香港大学；312. 西南交通大学；316. 深圳大学；317. 西南大学；320. 山西大学；330. 兰州大学；343. 江南大学；346. 武汉理工大学；347. 华中师范大学；353. 北京科技大学；355. 江苏大学；382. 郑州大学；397. 中国矿业大学；398. 苏州大学；409. 杭州电子科技大学；416. 香港科技大学；421. 华东理工大学；437. 北京师范大学；439. 西北大学；451. 燕山大学；460. 华北电力大学；465. 中北大学；472. 华南师范大学；473. 渤海大学；507. 福州大学；513. 中国计量大学；539. 青岛科技大学；540. 东华大学；553. 北京工业大学；559. 南京师范大学；568. 中国石油大学；570. 浙江工业大学；581. 陕西师范大学；587. 北京邮电大学；598. 安徽大学；604. 河海大学；616. 华东理工大学；644. 曲阜师范大学；651. 澳门大学；652. 天津大学；665. 长春理工大学；668. 暨南大学；669. 扬州大学；672. 山东大学；690. 中国地质大学；691. 大连海事大学；695. 广东工业大学；699. 南昌大学；700. 南京工业大学；701. 山东师范大学；713. 上海理工大学；718. 浙江理工大学；719. 南京邮电大学；723. 宁波大学；745. 安徽师范大学；749. 首都师范大学；767. 湘潭大学；793. 东北师范大学；799. 太原理工大学；809. 青岛大学；840. 广西大学；853. 黑龙江大学；859. 福建师范大学；868. 湖北大学；874. 天津科技大学；885. 安阳师范学院；888. 云南大学；909. 南京信息工程大学；928. 香港浸会大学；931. 江西师范大学

八十七、艺术理论学学科

表2-111 艺术理论学学科（前5强与中国大学）

排名	英文名称	中文名称	国家/地区	总得分
1	CNR	意大利国家研究委员会	意大利	100.00
2	DELFT UNIVERSITY TECHNOL	代尔夫特大学	荷兰	86.30
3	UNIVERSITY OF BOLOGNA	博洛尼亚大学	意大利	85.00
4	UNIVERSITY OF FLORENCE	佛罗伦萨大学	意大利	70.60
5	UNIVERSITY COLLEGE LONDON	伦敦大学学院	英国	45.00

续表

其他中国机构：35. 中国科学院；38. 浙江大学；110. 中国科学技术大学；166. 南京大学；179. 香港理工大学；237. 北京大学；270. 西北大学；323. 浙江工业大学；347. 中国科学院大学；351. 西安交通大学；358. 北京工商大学；360. 清华大学；365. 香港城市大学；412. 中国矿业大学；418. 同济大学；422. 扬州大学；427. 中国地质大学；431. 复旦大学；439. 四川大学；528. 北京化工大学；534. 兰州大学；544. 湖南大学；547. 南昌大学；611. 重庆大学；626. 华中科技大学；684. 广东工业大学；714. 北京建筑大学；718. 南开大学；754. 南京工业大学；877. 重庆科技学院；899. 武汉大学；928. 北京科技大学；1045. 中山大学；1054. 浙江理工大学；1092. 陕西师范大学；1132. 云南师范大学；1136. 中国科学院；1200. 南京林业大学；1201. 北京农学院；1283. 中国人民大学；1302. 北京工业大学；1309. 吉林大学；1342. 河南理工大学；1356. 闽江学院；1392. 中国东北大学；1422. 福州大学；1432. 北京体育大学；1497. 菏泽学院；1500. 河南大学

八十八、艺术与设计学科

表 2-112　艺术与设计学科（前 5 强与中国大学）

排名	英文名称	中文名称	国家/地区	总得分
1	CNR	意大利国家研究委员会	意大利	100.00
2	DELFT UNIVERSITY TECHNOL	代尔夫特大学	荷兰	86.30
3	UNIVERSITY OF BOLOGNA	博洛尼亚大学	意大利	85.00
4	UNIVERSITY OF FLORENCE	佛罗伦萨大学	意大利	70.60
5	UNIVERSITY COLLEGE LONDON	伦敦大学学院	英国	45.00

其他中国机构：35. 中国科学院；38. 浙江大学；110. 中国科学技术大学；163. 南京大学；179. 香港理工大学；238. 北京大学；272. 西北大学；325. 浙江工业大学；335. 中国科学院大学；351. 西安交通大学；357. 北京工商大学；359. 清华大学；368. 香港城市大学；412. 中国矿业大学；413. 中国地质大学；417. 扬州大学；420. 同济大学；431. 复旦大学；435. 四川大学；531. 兰州大学；534. 北京化工大学；545. 湖南大学；564. 南昌大学；585. 重庆大学；632. 华中科技大学；688. 北京建筑大学；695. 广东工业大学；726. 南开大学；744. 南京工业大学；861. 武汉大学；872. 重庆科技学院；937. 北京科技大学；1019. 中山大学；1026. 浙江理工大学；1075. 云南师范大学；1111. 中国科学院；1142. 陕西师范大学；1186. 中国人民大学；1253. 南京林业大学；1275. 北京农学院；1291. 闽江学院；1314. 河南理工大学；1330. 北京工业大学；1349. 福州大学；1394. 吉林大学；1423. 北京体育大学；1454. 中国东北大学；1511. 河南大学；1705. 菏泽学院

八十九、音乐与舞蹈学学科

表 2-113　音乐与舞蹈学学科（前 5 强与中国大学）

排名	英文名称	中文名称	国家/地区	总得分
1	UNIVERSITY OF JYVASKYLA	尤瓦斯吉拉大学	芬兰	100.00
2	UNIVERSITY LONDON	伦敦大学	英国	99.60
3	MCGILL UNIVERSITY	麦吉尔大学	加拿大	80.40
4	UNIVERSITY OF MELBOURNE	墨尔本大学	澳大利亚	64.60
5	UNIVERSITY OF SYDNEY	悉尼大学	澳大利亚	61.00

其他中国机构：166. 香港浸会大学；191. 香港大学；328. 上海师范大学；515. 华南师范大学；577. 中国科学院；622. 陕西师范大学；625. 华东师范大学；853. 香港中文大学；924. 香港理工大学；931. 中国人民大学；970. 上海交通大学；984. 北京体育大学；1002. 苏州科技大学；1018. 河南理工大学；1030. 首都医科大学；1032. 中国矿业大学；1203. 香港城市大学

九十、应用经济学学科

表 2-114　应用经济学学科（前 5 强与中国大学）

排名	英文名称	中文名称	国家/地区	总得分
1	NBER	全国经济研究所	美国	100.00
2	HARVARD UNIVERSITY	哈佛大学	美国	61.10
3	UNIVERSITY OF CALIFORNIA BERKELEY	加州大学伯克利分校	美国	44.70

续表

排名	英文名称	中文名称	国家/地区	总得分
4	NATL BUR ECON RES	国家货币经济研究所	美国	41.20
5	STANFORD UNIVERSITY	斯坦福大学	美国	40.60

其他中国机构：49. 北京大学；52. 清华大学；74. 中国科学院；77. 中国人民大学；82. 香港大学；101. 香港科技大学；109. 香港中文大学；113. 厦门大学；124. 上海财经大学；129. 中央财经大学；147. 香港理工大学；152. 香港城市大学；154. 浙江大学；158. 上海交通大学；186. 西南财经大学；195. 复旦大学；221. 对外经济贸易大学；306. 北京师范大学；323. 武汉大学；326. 中山大学；332. 南京大学；350. 暨南大学；367. 湖南大学；393. 北京理工大学；403. 北京航空航天大学；404. 南开大学；428. 北京交通大学；429. 中国科学院；431. 香港浸会大学；458. 华中科技大学；459. 西安交通大学；486. 中国农业大学；488. 山东大学；501. 同济大学；503. 南京航空航天大学；520. 澳门大学；533. 中山大学；548. 华北电力大学；573. 天津大学；580. 中南财经政法大学；592. 东南大学；606. 华南理工大学；607. 江西财经大学；631. 中国科学技术大学；639. 西南交通大学；640. 首都经济贸易大学；659. 华东师范大学；686. 大连理工大学；687. 中国科学院大学；705. 上海大学；707. 南京农业大学；717. 哈尔滨工业大学；794. 中国海洋大学；797. 重庆大学；813. 苏州大学；815. 西交利物浦大学；831. 四川大学；900. 闽江学院；906. 南京审计大学；919. 宁波诺丁汉大学；920. 中南大学；929. 大连海事大学；942. 深圳大学；974. 浙江财经大学；980. 中国石油大学；981. 河南大学；1001. 西北农林科技大学；1106. 南京财经大学；1114. 电子科技大学；1122. 浙江财经大学；1234. 陕西师范大学；1241. 华南农业大学；1261. 华南师范大学；1263. 北京林业大学；1264. 西北大学；1275. 中国农业大学；1338. 中国地质大学；1340. 华中农业大学；1341. 广东外语外贸大学；1359. 东北财经大学；1373. 北京化工大学；1382. 浙江工商大学；1425. 兰州大学；1460. 上海海事大学；1505. 南京信息工程大学；1509. 合肥工业大学；1530. 安徽财经大学；1535. 浙江理工大学；1629. 南京师范大学；1647. 吉林大学；1658. 华东理工大学；1685. 南京师范大学；1700. 上海对外经贸大学；1703. 北京工商大学；1717. 福州大学；1732. 华东理工大学；1766. 北京工业大学；1813. 中国东北大学；1822. 湖南师范大学；1826. 上海立信会计金融学院；1853. 河海大学；1865. 北京科技大学；1876. 云南财经大学；1887. 江南大学；1945. 上海立信会计金融学院；1958. 澳门科技大学；2015. 内蒙古大学；2018. 华侨大学；2032. 浙江工业大学；2033. 天津财经大学；2083. 武汉理工大学；2094. 山西财经大学

九十一、语言学学科

表 2-115　语言学学科（前 5 强与中国大学）

排名	英文名称	中文名称	国家/地区	总得分
1	UNIVERSITY OF ILLINOIS CHICAGO	伊利诺伊大学	美国	100.00
2	RADBOUD UNIVERSITY NIJMEGEN	内梅亨大学	荷兰	97.40
3	UNIVERSITY OF TORONTO	多伦多大学	加拿大	94.90
4	UNIVERSITY COLLEGE LONDON	伦敦大学学院	英国	91.30
5	PENN STATE UNIVERSITY	宾夕法尼亚州立大学	美国	81.10

其他中国机构：15. 香港大学；62. 香港中文大学；104. 香港理工大学；127. 香港城市大学；140. 北京师范大学；163. 广东外语外贸大学；170. 浙江大学；211. 中国科学院；245. 北京大学；275. 香港浸会大学；319. 澳门大学；366. 上海交通大学；367. 上海外国语大学；392. 清华大学；407. 中山大学；447. 华南师范大学；460. 复旦大学；473. 香港教育大学；500. 北京外国语大学；502. 中国人民大学；540. 厦门大学；574. 北京语言大学；584. 中山大学；593. 华中科技大学；619. 对外经济贸易大学；626. 西安外国语大学；636. 南京大学；672. 华东师范大学；698. 华中师范大学；710. 南开大学；732. 西南大学；735. 杭州师范大学；737. 北京航空航天大学；750. 西安交通大学；766. 汕头大学；788. 深圳大学；806. 东北师范大学；807. 首都医科大学；828. 暨南大学；841. 东南大学；865. 中国科学技术大学；879. 江苏师范大学；894. 西交利物浦大学；907. 北京第二外国语学院；913. 首都师范大学；914. 中国科学院大学；935. 天津师范大学；942. 上海财经大学；946. 南京师范大学；964. 北京工业大学；1005. 辽宁师范大学；1055. 吉林大学；1111. 中国科学院；1116. 浙江财经大学；1137. 哈尔滨工业大学；1153. 陕西师范大学；1165. 山东大学；1188. 香港科技大学；1200. 大连理工大学；1238. 湖南大学；1250. 上海海事大学；1297. 中央民族大学；1334. 武汉大学；1341. 福建师范大学；1353. 中国地质大学；1359. 宁波大学；1364. 华南理工大学；1397. 莆田学院；1424. 北京理工大学；1434. 四川大学；1447. 宁波诺丁汉大学；1475. 曲阜师范大学；1495. 同济大学；1501. 香港公开大学；1524. 西南财经大学；1571. 重庆大学；1575. 贵州大学；1576. 苏州大学；1592. 江苏大学；1600. 四川师范大学；1618. 江西师范大学；1621. 上海大学；1653. 北京联合大学；1674. 浙江工业大学；1686. 浙江工商大学；1719. 山西大学；1723. 南京航空航天大学；1756. 中国海洋大学；1776. 大连海事大学；1835. 西北农林科技大学；1872. 香港树仁大学；1949. 太原理工大学；1979. 中国东北大学；2010. 郑州大学；2023. 华侨大学；2068. 湖南师范大学；2088. 西安工程大学；2103. 东华大学；2107. 空军军医大学；2118. 西北师范大学；2264. 西华师范大学；2279. 集美大学；2286. 黑龙江大学；2295. 中南大学；2373. 北方民族大学；2486. 外交学院；2492. 厦门理工学院；2523. 西昌学院

九十二、园艺学学科

表 2-116　园艺学学科（前 5 强与中国大学）

排名	英文名称	中文名称	国家/地区	总得分
1	ARS	美国农业科学研究院	美国	100.00
2	USDA ARS	美国农业部	美国	89.90

续表

排名	英文名称	中文名称	国家/地区	总得分
3	CHINESE ACAD SCI	中国科学院	中国	83.10
4	CHINA AGRICULTURAL UNIVERSITY	中国农业大学	中国	80.90
5	UNIVERSITY OF FLORIDA	佛罗里达大学	美国	77.30

其他中国机构：7. 南京农业大学；10. 中国农业大学；11. 华中农业大学；14. 西北农林科技大学；18. 浙江大学；34. 山东农业大学；41. 华南农业大学；52. 四川农业大学；67. 武汉大学；70. 中国科学院大学；72. 北京林业大学；75. 沈阳农业大学；77. 西南大学；107. 河南农业大学；114. 中国科学院；116. 东北农业大学；125. 扬州大学；126. 上海交通大学；162. 北京航空航天大学；172. 福建农林大学；174. 国防科技大学；183. 安徽农业大学；203. 中国科学院；222. 浙江农林大学；225. 南京林业大学；269. 甘肃农业大学；270. 海南大学；275. 青岛农业大学；297. 长江大学；332. 兰州大学；341. 哈尔滨工业大学；342. 湖南农业大学；361. 江西农业大学；378. 南京航空航天大学；386. 杭州师范大学；387. 广西大学；388. 河北农业大学；405. 山西农业大学；418. 河南科技大学；427. 东北林业大学；430. 清华大学；444. 西北工业大学；466. 江苏大学；467. 电子科技大学；475. 贵州大学；506. 江南大学；534. 昆明理工大学；540. 河北农业大学；542. 山东大学；545. 南京信息工程大学；547. 宁波大学；556. 北京理工大学；559. 中南林业科技大学；563. 合肥工业大学；587. 山东理工大学；588. 新疆农业大学；597. 吉林农业科技学院；603. 南京大学；618. 河南科技学院；655. 北京师范大学；687. 仲恺农业工程学院；693. 石河子大学；697. 云南大学；701. 河海大学；714. 南京师范大学；730. 山西大学；738. 黑龙江八一农垦大学；750. 重庆大学；756. 吉林大学；757. 北京农学院；765. 浙江师范大学；771. 中南大学；779. 北京大学；803. 华中科技大学；805. 天津大学；808. 中国地质大学；812. 云南农业大学；870. 同济大学；883. 河北科技师范学院；939. 西北大学；964. 首都师范大学；978. 南昌大学；1022. 上海理工大学；1029. 中国矿业大学；1032. 香港理工大学；1033. 复旦大学；1099. 香港大学

九十三、哲学学科

表 2-117 哲学学科（前 5 强与中国大学）

排名	英文名称	中文名称	国家/地区	总得分
1	UNIVERSITY OF OXFORD	牛津大学	英国	100.00
2	HARVARD UNIVERSITY	哈佛大学	美国	99.20
3	UNIVERSITY MICHIGAN	密歇根大学	美国	66.00
4	UNIVERSITY OF PENNSYLVANIA	宾夕法尼亚大学	美国	62.20
5	COLUMBIA UNIVERSITY	哥伦比亚大学	美国	55.10

其他中国机构：180. 北京大学；222. 上海交通大学；264. 香港浸会大学；270. 香港大学；275. 香港城市大学；285. 香港中文大学；304. 厦门大学；345. 澳门大学；360. 复旦大学；361. 中国人民大学；380. 浙江大学；445. 西安交通大学；449. 中山大学；468. 华中科技大学；472. 中山大学；474. 西南财经大学；532. 香港理工大学；563. 中国科学院；577. 清华大学；664. 同济大学；691. 暨南大学；700. 山东大学；719. 武汉大学；742. 对外经济贸易大学；841. 上海财经大学；889. 中国医学科学院-北京协和医学院；897. 北京师范大学；904. 宁夏医科大学；946. 宁波诺丁汉大学；996. 南京大学；1039. 上海大学；1168. 香港公开大学；1175. 四川大学；1188. 南京农业大学；1202. 天津医科大学；1266. 西北工业大学；1281. 中南大学；1284. 南开大学；1355. 北京科技大学；1484. 华北理工大学；1556. 重庆大学；1575. 北京工商大学；1634. 海军军医大学；1667. 香港教育大学；1680. 浙江中医药大学；1732. 东北财经大学；1850. 汕头大学；1893. 西交利物浦大学；1917. 香港教育大学；1974. 温州医科大学；1975. 广东技术师范学院；1977. 石河子大学；1985. 福建农林大学；2139. 华南师范大学；2140. 华南理工大学；2149. 湘潭大学；2261. 苏州大学；2271. 中国科学院；2506. 陆军军医大学；2569. 南京医科大学；2644. 深圳大学；2686. 四川师范大学；2729. 中国农业大学；2730. 中国政法大学；2845. 首都师范大学；2857. 华中师范大学；2884. 华东理工大学；2957. 天津大学；3025. 澳门科技大学；3087. 华东师范大学；3107. 天津体育学院；3124. 中南财经政法大学；3136. 南昌大学；3228. 西南林业大学；3309. 新疆医科大学；3438. 昆明理工大学；3484. 中国东北大学；3685. 西交通大学；3779. 上海纽约大学；3796. 南京审计大学；3941. 河海大学；3947. 哈尔滨工业大学；4003. 华东理工大学；4481. 北京航空航天大学；4540. 南方医科大学；4542. 上海应用技术大学；4566. 湖南商学院；4605. 温州大学；4635. 澳门大学；4732. 华侨大学；4753. 福建中医药大学；4786. 广东工业大学；5108. 上海立信会计金融学院；5121. 东南大学

九十四、政治学学科

表 2-118 政治学学科（前 5 强与中国大学）

排名	英文名称	中文名称	国家/地区	总得分
1	HARVARD UNIVERSITY	哈佛大学	美国	100.00
2	UNIVERSITY OF OXFORD	牛津大学	英国	74.60
3	PRINCETON UNIVERSITY	普林斯顿大学	美国	71.10
4	STANFORD UNIVERSITY	斯坦福大学	美国	66.40
5	YALE UNIVERSITY	耶鲁大学	美国	63.00

续表

其他中国机构：209. 中国人民大学；231. 香港城市大学；235. 香港大学；272. 北京大学；280. 复旦大学；299. 清华大学；316. 香港中文大学；372. 浙江大学；373. 厦门大学；435. 西南财经大学；489. 上海交通大学；521. 对外经济贸易大学；547. 湖南大学；555. 武汉大学；559. 上海财经大学；574. 中山大学；615. 澳门大学；654. 西安交通大学；663. 香港理工大学；715. 中央财经大学；726. 中国农业大学；735. 香港科技大学；786. 吉林大学；789. 宁波诺丁汉大学；814. 中国科学院；837. 中国科学院；864. 南京大学；870. 暨南大学；921. 华中科技大学；929. 北京师范大学；961. 外交学院；998. 中国海洋大学；1008. 岭南大学；1012. 华东师范大学；1018. 四川大学；1064. 哈尔滨工业大学；1105. 中南财经政法大学；1147. 南开大学；1149. 山东大学；1150. 香港浸会大学；1209. 天津师范大学；1321. 西南交通大学；1379. 江西财经大学；1432. 上海对外经贸大学；1563. 北京外国语大学；1577. 北京航空航天大学；1598. 华北电力大学；1601. 西交利物浦大学；1711. 同济大学；1726. 中南大学；1751. 华南理工大学；1850. 上海海事大学；1915. 大连海事大学；1923. 上海外国语大学；2082. 上海立信会计金融学院；2101. 大连理工大学；2217. 香港教育大学；2256. 东北财经大学；2276. 深圳大学；2288. 重庆大学；2294. 华东政法大学；2333. 湖南大学；2353. 河南大学；2354. 广东外语外贸大学；2375. 西南大学；2376. 西南政法大学；2458. 北京理工大学；2554. 闽江学院；2618. 浙江理工大学；2754. 苏州大学；2755. 上海海洋大学；2756. 陕西师范大学；2758. 华中农业大学；2778. 中国政法大学；2797. 南京审计大学；2822. 浙江工商大学；2843. 首都经济贸易大学；2866. 电子科技大学；3028. 北京信息科技大学；3098. 安徽财经大学；3103. 江南大学；3262. 天津大学；3269. 上海纽约大学；3271. 南京农业大学；3336. 东北师范大学；3440. 云南大学；3442. 温州大学；3494. 南京师范大学；3495. 南京财经大学；3720. 中国科学院；3805. 西北大学；3827. 南京信息工程大学；4001. 武汉理工大学；4077. 长沙理工大学；4133. 广州大学；4212. 香港公开大学；4261. 太原理工大学；4279. 国际关系学院；4376. 哈尔滨工程大学；4431. 重庆工商大学

九十五、植物保护学科

表 2-119　植物保护学科（前 5 强与中国大学）

排名	英文名称	中文名称	国家/地区	总得分
1	CHINESE ACAD SCI	中国科学院	中国	100.00
2	USDA ARS	美国农业部	美国	95.80
3	ARS	美国农业科学研究院	美国	75.60
4	INRA	法国国家农业科学研究院	法国	65.20
5	AGR & AGRIFOOD CANADA	加拿大农业与农产食品部	加拿大	59.80

其他中国机构：7. 中国农业大学；11. 南京农业大学；12. 西北农林科技大学；22. 华中农业大学；41. 浙江大学；55. 中国科学院大学；63. 山东农业大学；73. 四川农业大学；89. 华南农业大学；91. 兰州大学；106. 北京林业大学；111. 北京师范大学；125. 扬州大学；151. 广西大学；152. 西南大学；159. 沈阳农业大学；162. 东北农业大学；170. 河南大学；218. 福建农林大学；226. 华南理工大学；237. 湖南大学；246. 甘肃农业大学；254. 东北林业大学；272. 北京大学；277. 中国科学院；304. 浙江农林大学；311. 武汉大学；321. 内蒙古农业大学；351. 青岛农业大学；356. 南京林业大学；363. 河海大学；380. 石河子大学；394. 中山大学；403. 上海交通大学；424. 清华大学；431. 中国科学院；438. 长江大学；469. 南京大学；509. 东北师范大学；518. 复旦大学；521. 河北农业大学；523. 安徽农业大学；524. 南京信息工程大学；569. 山西农业大学；574. 南京师范大学；622. 云南农业大学；625. 江西农业大学；639. 吉林农业科技学院；645. 杭州师范大学；684. 江苏大学；704. 河南科技大学；707. 江南大学；709. 南开大学；722. 河北农业大学；727. 吉林大学；744. 香港浸会大学；759. 香港中文大学；779. 吉林农业大学；780. 厦门大学；790. 海南大学；837. 福建师范大学；840. 云南大学；881. 四川大学；894. 电子科技大学；911. 新疆农业大学；945. 山东大学；977. 中南林业科技大学；990. 天津大学；992. 华东师范大学；1052. 贵州大学；1072. 中国医学科学院-北京协和医学院；1080. 河南科技学院；1081. 天津理工大学；1094. 山西大学；1098. 重庆大学；1112. 西安工业大学；1120. 青岛科技大学；1143. 首都师范大学；1173. 南昌大学；1221. 华中科技大学；1245. 合肥工业大学；1258. 青海大学；1308. 昆明理工大学；1312. 宁夏大学；1332. 黑龙江八一农垦大学；1334. 中南大学；1340. 东华大学；1342. 香港大学；1355. 哈尔滨工业大学

九十六、作物学学科

表 2-120　作物学学科（前 5 强与中国大学）

排名	英文名称	中文名称	国家/地区	总得分
2	CHINESE ACAD SCI	中国科学院	中国	100.00
3	USDA ARS	美国农业部	美国	95.80
4	ARS	美国农业科学研究院	美国	75.60
5	INRA	法国国家农业科学研究院	法国	65.20
6	AGR & AGRIFOOD CANADA	加拿大农业与农产食品部	加拿大	59.80

续表

其他中国机构：7. 中国农业大学；11. 南京农业大学；12. 西北农林科技大学；23. 华中农业大学；41. 浙江大学；55. 中国科学院大学；63. 山东农业大学；72. 四川农业大学；89. 华南农业大学；91. 兰州大学；106. 北京林业大学；111. 北京师范大学；127. 扬州大学；151. 西南大学；154. 广西大学；159. 沈阳农业大学；162. 东北农业大学；175. 河南农业大学；194. 山东农业大学；220. 福建农林大学；225. 华南理工大学；236. 湖南农业大学；241. 甘肃农业大学；252. 东北林业大学；272. 中国科学院；275. 北京大学；297. 浙江农林大学；310. 武汉大学；331. 内蒙古农业大学；346. 青岛农业大学；357. 南京林业大学；359. 河海大学；377. 石河子大学；392. 中山大学；410. 上海交通大学；422. 中国科学院；429. 清华大学；448. 长江大学；468. 南京大学；501. 东北师范大学；513. 安徽农业大学；515. 南京信息工程大学；520. 复旦大学；526. 河北农业大学；551. 南京师范大学；570. 山西农业大学；603. 云南农业大学；643. 江西农业大学；646. 吉林农业科技学院；648. 杭州师范大学；693. 江苏大学；700. 江南大学；714. 吉林大学；730. 河南科技大学；737. 河北农业大学；740. 南开大学；741. 吉林农业大学；748. 香港浸会大学；752. 香港中文大学；766. 厦门大学；811. 海南大学；837. 四川大学；842. 云南大学；850. 福建师范大学；914. 山东大学；926. 新疆农业大学；933. 电子科技大学；1000. 中南林业科技大学；1009. 华东师范大学；1012. 天津大学；1060. 天津理工大学；1065. 贵州大学；1066. 河南科技学院；1067. 中国医学科学院-北京协和医学院；1088. 首都师范大学；1098. 重庆大学；1116. 青岛科技大学；1135. 西安工业大学；1150. 山西大学；1215. 华中科技大学；1236. 青海大学；1250. 南昌大学；1254. 合肥工业大学；1275. 昆明理工大学；1285. 中南大学；1289. 黑龙江八一农垦大学；1324. 东华大学；1347. 宁夏大学；1351. 香港大学；1356. 哈尔滨工业大学

九十七、系统科学学科排行榜

该学科没有 ESI 收录数据。

九十八、公安学学科排行榜

该学科没有 ESI 收录数据。

九十九、中药学学科排行榜

该学科没有 ESI 收录数据。

一〇〇、兵器科学与技术学科排行榜

该学科没有 ESI 收录数据。

一〇一、中医学学科排行榜

该学科没有 ESI 收录数据。

一〇二、中国语言文学学科排行榜

该学科没有 ESI 收录数据。

一〇三、风景园林学学科排行榜

该学科没有 ESI 收录数据。

一〇四、设计学学科排行榜

该学科没有 ESI 收录数据。

一〇五、马克思主义理论学科排行榜

该学科没有 ESI 收录数据。

一〇六、中西医结合学科排行榜

该学科没有 ESI 收录数据。

一〇七、草学学科排行榜

该学科没有 ESI 收录数据。

一〇八、中国史学科排行榜

该学科没有 ESI 收录数据。

第五节 世界一流大学一级指标排行榜（2020）（分 3 个指标）

一、教学水平排行榜

表 2-121 教学水平排行榜（前 10 强与中国大学）

排名	英文名称	中文名称	国家/地区	总得分
1	HARVARD UNIVERSITY	哈佛大学	美国	100.00
2	UNIVERSITY OF CALIFORNIA LOS ANGELES	加州大学洛杉矶分校	美国	98.62
3	STANFORD UNIVERSITY	斯坦福大学	美国	98.09
4	UNIVERSITY OF OXFORD	牛津大学	英国	96.60
5	UNIVERSITY OF WASHINGTON	华盛顿大学	美国	95.99
6	UNIVERSITY OF CAMBRIDGE	剑桥大学	英国	95.62
7	UNIVERSITY OF TORONTO	多伦多大学	加拿大	94.37
8	UNIVERSITY OF FLORIDA	佛罗里达大学	美国	93.28
9	UNIVERSITY OF MELBOURNE	墨尔本大学	澳大利亚	92.95
10	COLUMBIA UNIVERSITY	哥伦比亚大学	美国	92.76

其他中国机构：17. 清华大学；24. 浙江大学；31. 北京大学；33. 上海交通大学；40. 中山大学；49. 香港中文大学；53. 中国科学院大学；60. 香港城市大学；65. 南京大学；68. 华中科技大学；75. 武汉大学；76. 复旦大学；84. 电子科技大学；90. 中南大学；91. 哈尔滨工业大学；95. 山东大学；103. 天津大学；107. 华南理工大学；116. 台湾大学；121. 北京航空航天大学；124. 四川大学；125. 中国东北大学；129. 吉林大学；130. 香港大学；131. 同济大学；138. 西北工业大学；141. 北京理工大学；149. 南开大学；151. 厦门大学；177. 上海大学；181. 中国农业大学；187. 深圳大学；195. 大连理工大学；196. 北京师范大学；226. 重庆大学；210. 香港理工大学；243. 北京科技大学；248. 江苏大学；253. 中国医科大学；271. 香港科技大学；278. 北京化工大学；289. 澳门大学；291. 华中农业大学；295. 苏州大学；297. 台湾成功大学；300. 南京航空航天大学；302. 青岛大学；306. 广东工业大学；308. 福州大学；309. 南京理工大学；322. 湖南大学；329. 中国科学技术大学；330. 台湾交通大学；339. 华东理工大学；343. 南京信息工程大学；345. 西安电子科技大学；349. 郑州大学；351. 台湾清华大学；352. 中国石油大学；363. 北京交通大学；377. 台湾中国医药大学；384. 东南大学；398. 南京农业大学；401. 南昌大学；403. 合肥工业大学；410. 哈尔滨工程大学；411. 南京工业大学；413. 中国海洋大学；419. 华中师范大学；420. 华东师范大学；431. 兰州大学；436. 广州大学；437. 华北电力大学；438. 暨南大学；446. 浙江工业大学；451. 首都医科大学；455. 北京邮电大学；456. 香港浸会大学；458. 华南师范大学；464. 南京师范大学；469. 山东科技大学；473. 东华大学；491. 安徽大学；496. 河海大学；503. 济南大学；510. 西南交通大学；516. 陕西师范大学；526. 扬州大学；527. 河南大学；532. 山西大学；534. 上海理工大学；568. 南京医科大学；571. 福建师范大学；579. 西北农林科技大学；587. "台湾中央大学"；593. 杭州电子科技大学；603. 北京工业大学；611. 长庚大学；619. 西安交通大学；627. 湖南师范大学；628. 江南大学；629. 台湾阳明大学；633. 台北医学大学；650. 南方医科大学；652. 太原理工大学；655. 华南农业大学；660. 湖北大学；672. 中国人民大学；675. 浙江师范大学；685. 宁波大学；686. 贵州大学；689. 温州医科大学；693. 河北大学；694. 广西大学；708. 高雄医学大学；714. 云南大学；725. 台湾师范大学；729. 北京林业大学；748. 东北农业大学；754. 福建农林大学；760. 曲阜师范大学；768. 中国矿业大学；788. 南京林业大学；797. 中国地质大学；800. 青岛科技大学；813. 哈尔滨医科大学；837. 天津医科大学；849. 华侨大学；853. 昆明理工大学；855. 四川农业大学；867. 河北工业大学；870. 燕山大学；871. 浙江理工大学；879. 台湾中兴大学；881. 山东师范大学；886. 杭州师范大学；892. 首都师范大学；895. 淡江大学；907. 南通大学；912. 湘潭大学；916. 西南大学；924. 长沙理工大学；927. 台湾科技大学；935. 上海师范大学；937. 逢甲大学；938. 台湾中原大学；939. 武汉科技大学；947. 大连海事大学；959. 东北林业大学；963. 重庆邮电大学；966. 西南石油大学；972. 安徽工业大学；988. 中国药科大学；1013. 台北科技大学；1017. 重庆医科大学；1018. 天津中医药大学；1022. 辅仁大学；1023. 温州大学；1028. 上海财经大学；1038. 烟台大学；1042. 台湾海洋大学；1043. 台湾东华大学；1047. 河南理工大学；1058. 安徽农业大学；1060. 黑龙江大学；1063. 江苏科技大学；1069. 东北师范大学；1070. 西南科技大学；1071. 台湾政治大学；1074. 中国计量大学；1076. 台湾中正大学；1077. 辽宁工业大学；1080. 南昌航空大学；1084. 浙江工商大学；1097. 河南科技大学；1105. 河南工业大学；1106. 西安理工大学；1108. 山东农业大学；1114. 陕西科技大学；1119. 武汉工程大学；1124. 湖南科技大学；1130. 天津科技大学；1131. 山东理工大学；1133. 安徽医科大学；1136. 天津理工大学；1138. 西安建筑科技大学；1139. 上海海洋大学；1142. 三峡大学；1143. 河南师范大学；1144. 江苏师范大学；1167. 常州大学；1171. 中南民族大学；1182. 义守大学；1186. 河南农业大学；1190. 香港教育大学；1192. 大连医科大学；1194. 南方医科大学；1202. 齐鲁工业大学；1203. 天津工业大学；1211. 江西师范大学；1213. 新疆大学；1221. 渤海大学；1223. 河北大学；1228. 哈尔滨理工大学；1230. 青岛农业大学；1231. 西北师范大学；1234. 中山医学大学；1235. 重庆工商大学；1237. 国防科技大学；1239. 湖南农业大学；1240. 北京中医药大学；1251. 上海中医药大学；1252. 广西医科大学；1255. 东北林业大学；1259. 空军军医大学；1266. 海南大学；1272. 桂林工业大学；1275. 兰州理工大学；1285. 彰化师范大学；1287. 中北大学；1292. 石河子大学；1295. 湖南工业大学；1305. 沈阳农业大学；1312. 南华大学；1334. 长安大学；1342. 聊城大学；1344. 海军军医大学；1349. 亚洲大学（中国台湾）；1350. 河北农业大学；1355. 江西农业大学；1370. 西华师范大学；1375. 西北大学；1379. 兰州交通大学；1381. 广州医科大学；1383. 哈尔滨师范大学；1397. 浙江中医药大学；1402. 广东药科大学；1416. 华北理工大学；1422. 陆军军医大学；1426. 浙江农林大学；1431. 沈阳药科大学；1439. 桂林电子科技大学；1446. 南京中医药大学；1447. 台湾医学院；1450. 山东第一医科大学；1453. 广州中医药大学；1455. 徐州医科大学；1464. 高雄医学大学；1470. 台湾中山大学；1472. 长春师范大学；1484. 中国医学科学院-北京协和医学院；1530. 中国人民解放军理工大学

二、科研能力排行榜

表 2-122　科研能力排行榜（前 10 强与中国大学）

排名	英文名称	中文名称	国家/地区	总得分
1	HARVARD UNIVERSITY	哈佛大学	美国	100.00
2	STANFORD UNIVERSITY	斯坦福大学	美国	84.06
3	MASSACHUSETTS INSTITUTE OF TECHNOLOGY	麻省理工学院	美国	83.59
4	UNIVERSITY OF CAMBRIDGE	剑桥大学	英国	76.52
5	CORNELL UNIVERSITY	康奈尔大学	美国	75.22
6	UNIVERSITY OF WASHINGTON	华盛顿大学	美国	75.00
7	UNIVERSITY OF OXFORD	牛津大学	英国	74.98
8	COLUMBIA UNIVERSITY	哥伦比亚大学	美国	74.72
9	UNIVERSITY OF TOKYO	东京大学	日本	74.14
10	CALIFORNIA INSTITUTE OF TECHNOLOGY	加州理工学院	美国	73.50

其他中国机构：13. 浙江大学；14. 清华大学；19. 北京大学；28. 上海交通大学；33. 华南理工大学；36. 华中科技大学；39. 哈尔滨工业大学；40. 吉林大学；42. 东南大学；44. 天津大学；47. 中南大学；48. 中山大学；49. 山东大学；50. 西安交通大学；52. 中国科学院大学；57. 复旦大学；61. 武汉大学；63. 江南大学；68. 四川大学；69. 南京大学；75. 苏州大学；76. 电子科技大学；80. 大连理工大学；81. 同济大学；88. 北京航空航天大学；106. 武汉理工大学；110. 重庆大学；111. 江苏大学；113. 北京理工大学；122. 厦门大学；123. 中国科学技术大学；131. 西北工业大学；132. 台湾大学；134. 浙江工业大学；135. 南京理工大学；142. 南京航空航天大学；143. 暨南大学；146. 山东科技大学；147. 湖南大学；153. 广东工业大学；156. 郑州大学；161. 福州大学；162. 西安电子科技大学；163. 上海大学；167. 南开大学；170. 中国农业大学；177. 济南大学；180. 北京科技大学；183. 昆明理工大学；185. 深圳大学；187. 香港大学；188. 中国地质大学；191. 北京工业大学；193. 华北电力大学；195. 河海大学；196. 华东理工大学；200. 广西大学；202. 中国东北大学；203. 北京化工大学；218. 香港中文大学；225. 东华大学；231. 合肥工业大学；233. 哈尔滨工程大学；243. 南京工业大学；246. 西南交通大学；254. 南京信息工程大学；256. 兰州大学；260. 南京邮电大学；266. 北京师范大学；267. 长安大学；269. 四川农业大学；270. 华东师范大学；272. 西北农林科技大学；274. 扬州大学；276. 贵州大学；287. 西南大学；292. 宁波大学；293. 香港理工大学；294. 南昌大学；299. 南京农业大学；300. 哈尔滨理工大学；302. 华中农业大学；304. 香港城市大学；306. 中国医学科学院-北京协和医学院；312. 西南石油大学；315. 浙江理工大学；325. 香港科技大学；332. 燕山大学；333. 中国海洋大学；335. 华南农业大学；338. 青岛科技大学；340. 青岛大学；342. 常州大学；346. 北京交通大学；354. 上海理工大学；358. 北京林业大学；359. 三峡大学；361. 台湾清华大学；365. 北京邮电大学；367. 陕西科技大学；371. 中国计量大学；372. 太原理工大学；373. 国防科技大学；394. 福建农林大学；398. 首都师范大学；408. 南京林业大学；415. 华南师范大学；417. 杭州电子科技大学；421. 武汉科技大学；422. 湘潭大学；425. 河南师范大学；443. 南京医科大学；449. 浙江师范大学；459. 河北工业大学；461. 西北大学；471. 南京师范大学；477. 东北林业大学；486. 中国矿业大学；488. 江苏科技大学；500. 山西大学；502. 山东农业大学；503. 山东理工大学；512. 南通大学；519. 河南科技大学；520. 长沙理工大学；523. 华北理工大学；524. 桂林电子科技大学；526. 温州大学；527. 西安建筑科技大学；529. 海南大学；531. 海军医大学；534. 台湾交通大学；557. 华侨大学；559. 安徽大学；560. 西安建筑科技大学；563. 重庆邮电大学；569. 哈尔滨医科大学；570. 广州大学；571. 华中师范大学；576. 东北农业大学；588. 中北大学；595. 湖南农业大学；596. 东北师范大学；601. 台湾成功大学；603. 台湾中国医药大学；607. 武汉工程大学；610. 安徽工业大学；617. "台湾中央大学"；626. 山东师范大学；630. 青岛农业大学；639. 长庚大学；641. 陕西师范大学；643. 天津科技大学；644. 海南大学；651. 河南大学；655. 台湾阳明大学；656. 台湾科技大学；659. 齐鲁工业大学；665. 南昌航空大学；672. 湖南工业大学；674. 温州医科大学；683. 中国药科大学；685. 江西师范大学；688. 台湾中山大学；694. 江苏师范大学；704. 湖北大学；706. 兰州理工大学；726. 大连海事大学；731. 天津医科大学；733. 云南大学；737. 山东第一医科大学；739. 上海海洋大学；740. 福建师范大学；742. 杭州师范大学；749. 河南工业大学；751. 重庆医科大学；757. 台湾中兴大学；760. 安徽农业大学；763. 天津理工大学；764. 黑龙江大学；767. 曲阜师范大学；794. 南方科技大学；796. 辽宁工业大学；799. 浙江工商大学；802. 香港浸会大学；821. 浙江农林大学；825. 台北医学大学；834. 高雄科技大学；839. 西北师范大学；841. 陆军军医大学；842. 中国医科大学；849. 天津工业大学；860. 湖南师范大学；863. 上海师范大学；867. 首都师范大学；868. 亚洲大学（中国台湾）；870. 南华大学；872. 河北大学；899. 西南科技大学；905. 澳门大学；915. 渤海大学；920. 聊城大学；922. 中国人民大学；928. 沈阳药科大学；939. 新疆大学；941. 兰州交通大学；942. 河南农业大学；943. 广州医科大学；969. 南京中医药大学；1000. 台北科技大学；1002. 哈尔滨师范大学；1011. 安徽医科大学；1032. 烟台大学；1044. 香港教育大学；1054. 中国人民解放军理工大学；1067. 台湾医学院；1069. 石河子大学；1080. 广西大学；1111. 沈阳师范大学；1114. 台湾师范大学；1115. 上海中医药大学；1131. 湖南科技大学；1140. 台湾中原大学；1170. 河北农业大学；1172. 大连医科大学；1177. 河南理工大学；1189. 广东药科大学；1192. 西华师范大学；1197. 浙江中医药大学；1200. 重庆工商大学；1243. 逢甲大学；1248. 淡江大学；1257. 中山医学大学；1269. 河北理工大学；1291. 广州中医药大学；1311. 河北医科大学；1312. 上海财经大学；1324. 长春科技大学；1332. 台湾海洋大学；1337. 桂林工业大学；1347. 义守大学；1362. 徐州医科大学；1380. 北京中医药大学；1389. 天津中医药大学；1393. 江西农业大学；1412. 辅仁大学；1445. 高雄科技大学；1485. 中南民族大学；1509. 台湾东华大学；1517. 台湾中正大学；1520. 彰化师范大学；1535. 台湾政治大学

三、影响力排行榜

表 2-123 影响力排行榜（前 10 强与中国大学）

排名	英文名称	中文名称	国家/地区	总得分
1	HARVARD UNIVERSITY	哈佛大学	美国	100.000
2	STANFORD UNIVERSITY	斯坦福大学	美国	99.999
3	UNIVERSITY OF CALIFORNIA BERKELEY	加州大学伯克利分校	美国	99.997
4	UNIVERSITY OF WASHINGTON	华盛顿大学	美国	99.996
5	UNIVERSITY OF OXFORD	牛津大学	英国	99.994
6	COLUMBIA UNIVERSITY	哥伦比亚大学	美国	99.993
7	CORNELL UNIVERSITY	康奈尔大学	美国	99.993
8	UNIVERSITY OF CAMBRIDGE	剑桥大学	英国	99.989
9	UNIVERSITY OF CALIFORNIA LOS ANGELES	加州大学洛杉矶分校	美国	99.988
10	YALE UNIVERSITY	耶鲁大学	美国	99.987

其他中国机构：29. 清华大学；38. 北京大学；64. 上海交通大学；79. 香港大学；86. 西安交通大学；91. 浙江大学；98. 复旦大学；100. 台湾大学；102. 香港中文大学；125. 中国科学技术大学；136. 武汉大学；165. 南京大学；163. 中山大学；175. 山东大学；187. 厦门大学；208. 华中科技大学；224. 香港科技大学；242. 同济大学；228. 四川大学；249. 香港城市大学；255. 哈尔滨工业大学；262. 香港理工大学；264. 吉林大学；286. 北京师范大学；274. 中南大学；305. 台湾清华大学；298. 南开大学；300. 台湾成功大学；313. 天津大学；314. 东南大学；324. 台湾交通大学；340. 北京航空航天大学；352. 大连理工大学；353. 华东师范大学；384. 北京理工大学；388. 中国农业大学；391. 重庆大学；404. 中国地质大学；409. 华南理工大学；442. 上海大学；444. 西北工业大学；449. 深圳大学；453. 北京科技大学；461. 中国人民大学；464. 郑州大学；463. 暨南大学；486. 南京理工大学；503. 武汉理工大学；494. 香港浸会大学；514. 台湾中山大学；505. 华中农业大学；522. 南京航空航天大学；527. 南京农业大学；529. 合肥工业大学；530. "台湾中央大学"；531. 西安电子科技大学；535. 华东理工大学；547. 华中师范大学；528. 中国海洋大学；556. 西北农林科技大学；558. 中国东北大学；549. 台湾阳明大学；560. 台湾师范大学；563. 南京医科大学；571. 南京师范大学；574. 西北大学；582. 西南交通大学；590. 北京化工大学；591. 中国矿业大学；595. 湖南大学；598. 华南师范大学；581. 西南大学；586. 澳门大学；611. 浙江工业大学；614. 南昌大学；644. 中国石油大学；624. 江苏大学；647. 河海大学；648. 东华大学；650. 福州大学；640. 青岛大学；656. 北京邮电大学；659. 北京交通大学；643. 扬州大学；666. 陕西师范大学；690. 台湾科技大学；698. 广东工业大学；720. 中国医学科学院-北京协和医学院；723. 济南大学；729. 杭州电子科技大学；731. 云南大学；732. 国防科技大学；709. 中国医科大学；739. 河南大学；694. 台湾中兴大学；743. 湖南师范大学；696. 天津医科大学；748. 河北工业大学；752. 南京邮电大学；758. 山东师范大学；760. 安徽大学；705. 首都医科大学；770. 湘潭大学；789. 河北大学；796. 上海理工大学；821. 三峡大学；810. 辅仁大学；812. 贵州大学；734. 苏州大学；833. 首都师范大学；735. 南京林业大学；837. 华侨大学；740. 山东科技大学；742. 高雄医学大学；844. 燕山大学；747. 上海师范大学；749. 南方医科大学；851. 四川农业大学；852. 山东理工大学；854. 台湾海洋大学；857. 昆明理工大学；859. 湖北大学；772. 哈尔滨医科大学；766. 东北林业大学；875. 重庆邮电大学；784. 台湾中国医药大学；896. 大连海事大学；814. 南通大学；903. 西安建筑科技大学；904. 南方科技大学；海南大学；813. 福建师范大学；911. 青岛科技大学；918. 武汉科技大学；832. 长安大学；923. 新疆大学；834. 台北医学大学；838. 电子科技大学；843. 重庆医科大学；913. 台北医学大学；940. 西北师范大学；926. 浙江理工大学；949. 河北师范大学；958. 烟台大学；862. 安徽医科大学；942. 台湾中原大学；928. 逢甲大学；874. 杭州师范大学；956. 温州大学；883. 南京工业大学；978. 江苏师范大学；889. 长庚大学；987. 中南民族大学；997. 西南石油大学；945. 山东农业大学；1012. 浙江农林大学；1014. 福建师范大学；1017. 中北大学；927. 东北农业大学；1025. 南京中医药大学；989. 天津大学；1034. 安徽农业大学；1041. 台湾东华大学；1005. 黑龙江大学；1045. 哈尔滨理工大学；960. 曲阜师范大学；964. 中国计量大学；1064. 北京中医药大学；981. 亚洲大学（中国台湾）；994. 安徽工业大学；1006. 华南农业大学；1102. 河北大学；1103. 河南农业大学；1111. 义守大学；1028. 武汉工程大学；1115. 大连医科大学；1127. 哈尔滨师范大学；1046. 天津理工大学；1148. 长沙理工大学；1152. 聊城大学；1154. 陕西科技大学；1061. 温州医科大学；1072. 齐鲁工业大学；1163. 沈阳农业大学；1081. 河北医科大学；1170. 中国人民解放军理工大学；1087. 北京工业大学；1147. 浙江工商大学；1178. 天津中医药大学；1186. 广州医科大学；1189. 上海海事大学；1110. 青岛农业大学；1198. 上海中医药大学；1123. 河南工业大学；1128. 南昌航空大学；1208. 兰州理工大学；1211. 广西医科大学；1137. 常州大学；1143. 陆军军医大学；1144. 江苏科技大学；1160. 广州大学；1239. 广东药科大学；1241. 桂林电子科技大学；1190. 彰化师范大学；1252. 南华大学；1176. 湖南农业大学；1280. 高雄科技大学；1216. 辽宁工业大学；1222. 渤海大学；1222. 中山医学大学；1277. 湖南工业大学；1231. 江西师范大学；1302. 广州中医药大学；1283. 浙江中医药大学；1251. 湖南师范大学；1298. 湖北理工大学；徐州医科大学；1266. 沈阳药科大学；1292. 台湾医学院；1293. 兰州交通大学；1294. 河南科技大学；1316. 中国科学院大学；1345. 北京林业大学；1349. 江南大学；1351. 东北师范大学；1356. 宁波大学；1358. 华北电力大学；1359. 中国药科大学；1360. 广西大学；1365. 哈尔滨工程大学；1372. 南京信息工程大学；1373. 浙江师范大学；1387. 太原理工大学；1389. 山西大学；1402. 台湾政治大学；1403. 西安理工大学；1438. 海军军医大学；1451. 空军军医大学；1458. 天津工业大学；1470. 香港教育大学；1474. 西南大学；1489. 石河子大学；1493. 淡江大学；1502. 上海财经大学；1505. 河南理工大学；1516. 湖南科技大学；1522. 重庆工商大学；1530. 桂林工业大学；1540. 西华师范大学；1541. 江西农业大学；1555. 山东第一医科大学；1566. 长春科技大学

第六节 世界一流大学基本指标排行榜（2020）（分9个指标）

一、高被引论文数排行榜

表 2-124 高被引论文数排行榜（前 10 强与中国大学）

排名	英文名称	中文名称	国家/地区	总得分
1	HARVARD UNIVERSITY	哈佛大学	美国	100.00
2	STANFORD UNIVERSITY	斯坦福大学	美国	81.76
3	MASSACHUSETTS INSTITUTE OF TECHNOLOGY	麻省理工学院	美国	78.38
4	UNIVERSITY OF TORONTO	多伦多大学	加拿大	77.45
5	UNIVERSITY OF OXFORD	牛津大学	英国	76.81
6	UNIVERSITY OF WASHINGTON	华盛顿大学	美国	76.12
7	JOHNS HOPKINS UNIVERSITY	约翰·霍普金斯大学	美国	75.70
8	UNIVERSITY COLLEGE LONDON	伦敦大学学院	英国	75.47
9	UNIVERSITY OF CALIFORNIA BERKELEY	加州大学伯克利分校	美国	73.92
10	UNIVERSITY OF CAMBRIDGE	剑桥大学	英国	73.76

其他中国机构：27. 清华大学；40. 中国科学院大学；48. 北京大学；75. 浙江大学；77. 上海交通大学；82. 中国科学技术大学；110. 复旦大学；111. 中山大学；122. 南京大学；128. 华中科技大学；142. 中南大学；145. 香港大学；154. 哈尔滨工业大学；155. 香港中文大学；166. 武汉大学；166. 湖南大学；176. 东南大学；177. 台湾大学；186. 华南理工大学；193. 西安交通大学；194. 苏州大学；204. 香港理工大学；205. 电子科技大学；210. 四川大学；225. 山东大学；232. 香港城市大学；233. 天津大学；233. 南开大学；237. 山东科技大学；249. 同济大学；251. 厦门大学；258. 吉林大学；261. 香港科技大学；267. 北京航空航天大学；272. 北京理工大学；292. 大连理工大学；302. 西北工业大学；311. 武汉理工大学；318. 郑州大学；327. 中国医学科学院-北京协和医学院；335. 北京师范大学；335. 重庆大学；341. 中国地质大学；371. 深圳大学；389. 中国石油大学；396. 中国农业大学；406. 华东理工大学；411. 兰州大学；413. 北京科技大学；418. 华东师范大学；418. 福州大学；418. 中国矿业大学；430. 上海大学；430. 北京化工大学；433. 江苏大学；447. 南京理工大学；447. 台湾清华大学；464. 华北电力大学；489. 南京信息工程大学；502. 南京航空航天大学；507. 南京医科大学；511. 曲阜师范大学；512. 华中师范大学；513. 南京工业大学；517. 首都医科大学；524. 华中农业大学；526. 青岛大学；536. 西安电子科技大学；539. 西北农林科技大学；540. 南京农业大学；540. 江南大学；547. 中国东北大学；553. 台湾成功大学；563. 东华大学；564. 西南大学；567. 广东工业大学；574. 南京邮电大学；577. 中国海洋大学；579. 扬州大学；579. 浙江工业大学；583. 南京师范大学；589. 暨南大学；592. 南昌大学；592. 广州大学；603. 北京交通大学；606. 台湾中国医药大学；606. "台湾中央大学"；623. 合肥工业大学；624. 浙江师范大学；633. 南方医科大学；638. 澳门大学；651. 哈尔滨工程大学；665. 长沙理工大学；673. 山东师范大学；675. 西南交通大学；680. 北京工业大学；681. 香港浸会大学；684. 海军军医大学；684. 北京邮电大学；697. 台湾阳明大学；702. 西北大学；703. 陕西师范大学；707. 河海大学；711. 华南农业大学；727. 济南大学；732. 台湾交通大学；741. 南方医科大学；741. 河南大学；746. 渤海大学；752. 天津医科大学；752. 东北师范大学；764. 湘潭大学；764. 青岛科技大学；764. 燕山大学；764. 西南科技大学；774. 上海理工大学；786. 华南师范大学；786. 西南石油大学；797. 宁波大学；813. 江苏科技大学；817. 国防科技大学；826. 长安大学；832. 中国人民大学；832. 湖南科技大学；834. 陆军军医大学；834. 福建农林大学；834. 广州医科大学；840. 山西大学；840. 空军军医大学；851. 武汉工程大学；852. 哈尔滨医科大学；855. 兰州理工大学；859. 长庚大学；859. 北京林业大学；873. 台湾大学；873. 安徽大学；883. 湖南农业大学；883. 华北理工大学；890. 中国医科大学；890. 杭州师范大学；890. 辽宁大学；899. 台湾中山大学；899. 河南师范大学；899. 安徽医科大学；910. 北京师范大学；916. 中国医科大学；920. 广西大学；920. 高雄医科大学；920. 太原理工大学；920. 贵州大学；931. 杭州电子科技大学；939. 湖南工业大学；939. 东北农业大学；948. 上海大学；950. 台湾中兴大学；963. 浙江理工大学；963. 南京林业大学；963. 天津理工大学；963. 重庆邮电大学；971. 江苏师范大学；971. 海南大学；971. 重庆工商大学；985. 天津工业大学；985. 浙江农林大学；992. 聊城大学；1003. 昆明理工大学；1003. 山东第一医科大学；1015. 温州大学；1015. 福建师范大学；1025. 西安建筑科技大学；1036. 华侨大学；1036. 中北大学；1044. 重庆医科大学；1044. 安徽理工大学；1056. 西华师范大学；1070. 西北师范大学；1080. 湖南师范大学；1088. 湖北大学；1088. 温州大学；1088. 西安理工大学；1109. 陕西科技大学；1122. 中国药科大学；1122. 黑龙江大学；1122. 南昌航空大学；1134. 四川农业大学；1134. 常州大学；1134. 江西师范大学；1145. 山东大学；1156. 中国计量大学；1177. 首都师范大学；1183. 河南工业大学；1191. 东北林业大学；1191. 武汉科技大学；1191. 三峡大学；1191. 河南理工大学；1204. 齐鲁工业大学；1204. 中南民族大学；1204. 上海财经大学；1204. 烟台大学；1214. 南通大学；1214. 香港教育大学；1226. 云南大学；1226. 台北大学；1239. 浙江工商大学；1245. 哈尔滨理工大学；1250. 亚洲大学（中国台湾）；1250. 南京中医药大学；1258. 南华大学；1271. 河南大学；1286. 广西医科大学；1295. 河北工业大学；1295. 中国人民解放军理工大学；1310. 桂林电子科技大学；1324. 青岛农业大学；1324. 上海海洋大学；1324. 沈阳药科大学；1345. 台湾师范大学；1345. 大连医科大学；1359. 安徽农业大学；1359. 中山医科大学；1373. 台湾海洋大学；1373. 天津科技大学；1373. 徐州医科大学；1380. 台湾中原大学；1380. 兰州交通大学；1380. 浙江中医药大学；1390. 石河子大学；1390. 辅仁大学；1390. 河北医科大学；1390. 哈尔滨师范大学；1408. 新疆大学；1416. 逢甲大学；1416. 上海中医药大学；1430. 河南农业大学；1440. 山东理工大学；1440. 台湾东华大学；1440. 北京中医药大学；1440. 台湾医学院；1449. 淡江大学；1456. 义守大学；1456. 广州中医药大学；1477. 台湾中正大学；1477. 河北农业大学；1485. 河北师范大学；1485. 江西农业大学；1505. 沈阳农业大学；1505. 长春科技大学；1509. 台湾政治大学；1509. 广东药科大学；1515. 桂林工业大学；1520. 高雄医科大学；1531. 彰化师范大学；1533. 天津中医药大学

二、高被引科学家数排行榜

表 2-125 高被引科学家数排行榜（前 10 强与中国大学）

排名	英文名称	中文名称	国家/地区	总得分
1	HARVARD UNIVERSITY	哈佛大学	美国	100.00
2	STANFORD UNIVERSITY	斯坦福大学	美国	84.50
3	UNIVERSITY OF CALIFORNIA BERKELEY	加州大学伯克利分校	美国	72.24
3	WASHINGTON UNIVERSITY	圣路易斯华盛顿大学	美国	72.24
5	MASSACHUSETTS INSTITUTE OF TECHNOLOGY	麻省理工学院	美国	71.91
5	UNIVERSITY OF CALIFORNIA SAN DIEGO	加州大学圣迭戈分校	美国	71.91
7	DUKE UNIVERSITY	杜克大学	美国	71.57
8	UNIVERSITY OF CALIFORNIA LOS ANGELES	加州大学洛杉矶分校	美国	71.23
9	YALE UNIVERSITY	耶鲁大学	美国	70.89
10	UNIVERSITY OF CAMBRIDGE	剑桥大学	英国	70.53

其他中国机构：14. 清华大学；36. 中国科学技术大学；36. 电子科技大学；39. 浙江大学；42. 台湾中国医药大学；49. 苏州大学；52. 北京大学；52. 东南大学；59. 上海交通大学；67. 华南理工大学；75. 香港城市大学；82. 香港大学；88. 华中科技大学；88. 南开大学；96. 中山大学；96. 哈尔滨工业大学；118. 复旦大学；118. 香港中文大学；118. 香港理工大学；118. 北京航空航天大学；118. 北京理工大学；118. 西北工业大学；133. 中南大学；133. 湖南大学；133. 吉林大学；133. 香港科技大学；149. 北京化工大学；167. 南京大学；167. 武汉大学；167. 西安交通大学；167. 武汉理工大学；167. 福州大学；167. 广东工业大学；167. 辽宁工业大学；195. 四川大学；195. 山东大学；195. 天津大学；195. 厦门大学；195. 北京科技大学；227. 台湾大学；227. 同济大学；227. 大连理工大学；227. 北京师范大学；227. 深圳大学；227. 中国农业大学；227. 华中农业大学；227. 南京农业大学；227. 哈尔滨工程大学；271. 华东理工大学；271. 中国矿业大学；271. 上海大学；271. 江苏大学；271. 南京理工大学；271. 南京航空航天大学；271. 西安电子科技大学；271. 中国东北大学；271. 台湾成功大学；271. 济南大学；271. 台湾交通大学；341. 中国科学院大学；341. 山东科技大学；341. 重庆大学；341. 中国地质大学；341. 台湾清华大学；341. 华北电力大学；341. 南京信息工程大学；341. 华中师范大学；341. 南京工业大学；341. 青岛大学；341. 东华大学；341. 西南大学；341. 南昌大学；341. 北京交通大学；341. 合肥工业大学；341. 华南农业大学；341. 上海理工大学；341. 福建师范大学；431. 中国医学科学院-北京协和医学院；431. 中国石油大学；431. 曲阜师范大学；431. 中国海洋大学；431. 扬州大学；431. 浙江工业大学；431. 南京师范大学；431. 广州大学；431. 浙江师范大学；431. 南方科技大学；431. 澳门大学；431. 北京工业大学；431. 北京邮电大学；431. 陕西师范大学；431. 渤海大学；431. 东北师范大学；431. 华南师范大学；431. 山西大学；431. 安徽大学；431. 台湾中山大学；431. 安徽工业大学；431. 贵州大学；431. 杭州电子科技大学；431. 湖南工业大学；431. 湖南师范大学；431. 西安理工大学；431. 黑龙江大学；431. 南昌航空大学；431. 烟台大学；431. 香港教育大学

三、杰出校友数排行榜

表 2-126 杰出校友数排行榜（前 10 强与中国大学）

排名	英文名称	中文名称	国家/地区	总得分
1	PRINCETON UNIVERSITY	普林斯顿大学	美国	100.00
2	HARVARD UNIVERSITY	哈佛大学	美国	86.60
2	STANFORD UNIVERSITY	斯坦福大学	美国	86.60
4	CALIFORNIA INSTITUTE OF TECHNOLOGY	加州理工学院	美国	79.06
5	MASSACHUSETTS INSTITUTE OF TECHNOLOGY	麻省理工学院	美国	70.71
5	UNIVERSITY OF CAMBRIDGE	剑桥大学	英国	70.71
5	CORNELL UNIVERSITY	康奈尔大学	美国	70.71
8	UNIVERSITY OF EDINBURGH	爱丁堡大学	英国	61.24
8	UNIVERSITY OF TOKYO	东京大学	日本	61.24
8	NAGOYA UNIVERSITY	名古屋大学	日本	61.24

其他中国机构：21. 北京大学

四、进入 ESI 学科数排行榜

表 2-127 进入 ESI 学科数排行榜(前 10 强与中国大学)

排名	英文名称	中文名称	国家/地区	总得分
1	HARVARD UNIVERSITY	哈佛大学	美国	100.00
1	STANFORD UNIVERSITY	斯坦福大学	美国	100.00
1	UNIVERSITY OF CAMBRIDGE	剑桥大学	英国	100.00
1	CORNELL UNIVERSITY	康奈尔大学	美国	100.00
1	UNIVERSITY OF EDINBURGH	爱丁堡大学	英国	100.00
1	UNIVERSITY OF CALIFORNIA BERKELEY	加州大学伯克利分校	美国	100.00
1	YALE UNIVERSITY	耶鲁大学	美国	100.00
1	COLUMBIA UNIVERSITY	哥伦比亚大学	美国	100.00
1	UNIVERSITY OF CHICAGO	芝加哥大学	美国	100.00
1	UNIVERSITY OF CALIFORNIA LOS ANGELES	加州大学洛杉矶分校	美国	100.00
1	UNIVERSITY OF OXFORD	牛津大学	英国	100.00
1	IMPERIAL COLLEGE LONDON	伦敦帝国学院	英国	100.00
1	ETH ZURICH	苏黎世联邦理工学院	瑞士	100.00
1	UNIVERSITY OF WASHINGTON	华盛顿大学	美国	100.00
1	UNIVERSITY OF FLORIDA	佛罗里达大学	美国	100.00
1	UNIVERSITY OF WISCONSIN MADISON	威斯康星大学麦迪逊分校	美国	100.00
1	JOHNS HOPKINS UNIVERSITY	约翰·霍普金斯大学	美国	100.00
1	UNIVERSITY COLLEGE LONDON	伦敦大学学院	英国	100.00
1	UNIVERSITY OF BRITISH COLUMBIA	英属哥伦比亚大学	加拿大	100.00
1	UNIVERSITY OF TORONTO	多伦多大学	加拿大	100.00
1	UNIVERSITY OF MANCHESTER	曼彻斯特大学	英国	100.00
1	UNIVERSITY OF CALIFORNIA DAVIS	加州大学戴维斯分校	美国	100.00
1	OHIO STATE UNIVERSITY	俄亥俄州立大学	美国	100.00
1	PENNSYLVANIA STATE UNIVERSITY-UNIVERSITY PARK	宾夕法尼亚州立大学帕克分校	美国	100.00

其他中国机构:25. 北京大学;45. 清华大学;45. 香港大学;45. 中山大学;83. 浙江大学;83. 上海交通大学;83. 复旦大学;83. 香港中文大学;83. 台湾大学;125. 武汉大学;125. 山东大学;125. 中国科学院大学;163. 吉林大学;163. 南京大学;163. 四川大学;163. 厦门大学;198. 华中科技大学;198. 中南大学;198. 台湾成功大学;245. 西安交通大学;245. 同济大学;282. 中国科学技术大学;282. 苏州大学;282. 南开大学;282. 北京师范大学;319. 东南大学;319. 香港理工大学;319. 香港浸会大学;356. 香港城市大学;356. 香港科技大学;356. 中国医学科学院-北京协和医学院;356. 兰州大学;356. 华东师范大学;394. 哈尔滨工业大学;394. 天津大学;394. 西南大学;435. 台湾中国医药大学;435. 华南理工大学;435. 中国农业大学;435. 重庆大学;435. 暨南大学;435. 长庚大学;491. 大连理工大学;491. 华中农业大学;491. 上海大学;491. 台湾清华大学;491. 中国海洋大学;491. 台湾中山大学;491. 海军军医大学;491. 台湾中兴大学;548. 电子科技大学;548. 南京农业大学;548. 华东理工大学;548. 台湾交通大学;548. 青岛大学;548. 华南农业大学;548. 澳门大学;548. 郑州大学;548. 南京医科大学;548. 西北农林科技大学;548. 台湾阳明大学;617. 湖南大学;617. 深圳大学;617. 中国矿业大学;617. "台湾中央大学";617. 中国地质大学;617. 南昌大学;617. 扬州大学;617. 浙江工业大学;617. 首都医科大学;617. "台湾中央大学";617. 天津医科大学;617. 陆军军医大学;617. 北京林业大学;617. 台北医学大学;617. 温州医科大学;689. 北京航空航天大学;689. 北京理工大学;689. 合肥工业大学;689. 东北师范大学;689. 江南大学;689. 西北大学;689. 南方医科大学;689. 宁波大学;689. 空军军医大学;689. 高雄医科大学;689. 重庆医科大学;767. 西北工业大学;767. 广东工业大学;767. 北京科技大学;767. 南京航空航天大学;767. 山东科技大学;767. 华北电力大学;767. 华中师范大学;767. 中国石油大学;767. 北京工业大学;767. 华南师范大学;767. 河海大学;767. 哈尔滨医科大学;767. 台湾科技大学;767. 中国医科大学;767. 杭州师范大学;767. 广西大学;767. 上海师范大学;767. 南京林业大学;767. 安徽医科大学;767. 中国药科大学;767. 东北林业大学;880. 北京化工大学;880. 福州大学;880. 哈尔滨工程大学;880. 南京理工大学;880. 中国东北大学;880. 济南大学;880. 南京信息工程大学;880. 南京工业大学;880. 东华大学;880. 北京交通大学;880. 福建师范大学;880. 浙江师范大学;880. 陕西师范大学;880. 安徽大学;880. 南京邮电大学;880. 西南交通大学;880. 河南大学;880. 湘潭大学;880. 国防科技大学;880. 长安大学;880. 中国人民大学;880. 广州医科大学;880. 东北农业大学;880. 天津工业大学;880. 浙江农林大学;880. 南通大学;880. 亚洲大学(中国台湾);880. 高雄科技大学;1000. 武汉理工大学;1000. 西安电子科技大学;1000. 上海理工大学;1000. 曲阜师范大学;1000. 南方科技大学;1000. 北京邮电大学;1000. 渤海大学;1000. 山西大学;1000. 安徽工业大学;1000. 杭州电子科技大学;1000. 黑龙江大学;1000. 南昌航空大学;1000. 香港教育大学;1000. 山东师范大学;1000. 青岛大学;1000. 燕山大学;1000. 西南科技大学;1000. 江苏科技大学;1000. 武汉工程大学;1000. 海南大学;1000. 湖南农业大学;1000. 华北理工大学;1000. 河南师范大学;1000. 太原理工大学;1000. 浙江理工大学;1000. 天津理工大学;1000. 海南医学院;1000. 昆明理工大学;1000. 山东第一医科大学;1000. 华侨大学;1000. 中北大学;1000. 温州大学;1000. 四川农业大学;1000. 常州大学;1000. 河北农业大学;1000. 中国计量大学;1000. 首都师范大学;1000. 河南工业大学;1000. 武汉科技大学;1000. 齐鲁工业大学;1000. 台北科技大学;1000. 河南科技大学;1000. 河北工业大学;1000. 青岛农业大学;1000. 沈

续表

阳药科大学；1000. 台湾师范大学；1000. 中山医学大学；1000. 台湾海洋大学；1000. 天津科技大学；1000. 台湾中原大学；1000. 石河子大学；1000. 河北医科大学；1000. 新疆大学；1000. 逢甲大学；1225. 辽宁工业大学；1225. 广州大学；1225. 贵州大学；1225. 湖南工业大学；1225. 湖南师范大学；1225. 西安理工大学；1225. 烟台大学；1225. 长沙理工大学；1225. 西南石油大学；1225. 湖南科技大学；1225. 福建农林大学；1225. 兰州理工大学；1225. 大连海事大学；1225. 重庆邮电大学；1225. 江苏师范大学；1225. 重庆工商大学；1225. 聊城大学；1225. 西安建筑科技大学；1225. 西华师范大学；1225. 西北师范大学；1225. 湖北大学；1225. 陕西科技大学；1225. 江西师范大学；1225. 三峡大学；1225. 河南理工大学；1225. 中南民族大学；1225. 上海财经大学；1225. 云南大学；1225. 浙江工商大学；1225. 哈尔滨理工大学；1225. 南京中医药大学；1225. 南华大学；1225. 广西医科大学；1225. 中国人民解放军理工大学；1225. 桂林电子科技大学；1225. 上海海洋大学；1225. 大连医科大学；1225. 安徽农业大学；1225. 徐州医科大学；1225. 兰州交通大学；1225. 浙江中医药大学；1225. 辅仁大学；1225. 哈尔滨师范大学；1225. 河北大学；1225. 上海中医药大学；1225. 河南农业大学；1225. 山东理工大学；1225. 台湾东华大学；1225. 北京中医药大学；1225. 台湾医学院；1225. 淡江大学；1225. 义守大学；1225. 广州中医药大学；1225. 台湾中正大学；1225. 河北农业大学；1225. 河北师范大学；1225. 江西农业大学；1225. 沈阳农业大学；1225. 长春科技大学；1225. 台湾政治大学；1225. 广东药科大学；1225. 桂林工业大学；1225. 彰化师范大学；1225. 天津中医药大学

五、发表论文数排行榜

表2-128 发表论文数排行榜（前10强与中国大学）

排名	英文名称	中文名称	国家/地区	总得分
1	HARVARD UNIVERSITY	哈佛大学	美国	100.00
2	UNIVERSITY OF TORONTO	多伦多大学	加拿大	73.51
3	UNIVERSITY OF CHINESE ACADEMY OF SCIENCES	中国科学院大学	中国	70.53
4	UNIVERSITY COLLEGE LONDON	伦敦大学学院	英国	67.37
5	JOHNS HOPKINS UNIVERSITY	约翰·霍普金斯大学	美国	66.26
6	UNIVERSIDADE DE SAO PAULO	圣保罗大学	巴西	65.70
7	UNIVERSITY OF OXFORD	牛津大学	英国	64.78
8	STANFORD UNIVERSITY	斯坦福大学	美国	63.96
9	SHANGHAI JIAO TONG UNIVERSITY	上海交通大学	中国	63.60
10	SORBONNE UNIVERSITE	索邦大学	法国	63.15

其他中国机构：11. 浙江大学；17. 清华大学；19. 北京大学；44. 复旦大学；45. 中山大学；56. 华中科技大学；59. 四川大学；62. 山东大学；69. 南京大学；70. 西安交通大学；71. 台湾大学；73. 吉林大学；78. 中国科学技术大学；80. 哈尔滨工业大学；81. 中南大学；106. 武汉大学；126. 同济大学；130. 天津大学；131. 东南大学；137. 香港大学；151. 华南理工大学；154. 大连理工大学；168. 苏州大学；172. 北京航空航天大学；173. 香港中文大学；193. 中国医学科学院-北京协和医学院；207. 厦门大学；216. 首都医科大学；219. 香港理工大学；229. 电子科技大学；232. 台湾成功大学；233. 重庆大学；238. 郑州大学；242. 南开大学；248. 西北工业大学；249. 北京师范大学；254. 北京理工大学；262. 兰州大学；264. 香港城市大学；265. 南京医科大学；270. 中国地质大学；281. 北京科技大学；292. 中国农业大学；303. 华东理工大学；304. 湖南大学；312. 中国石油大学；318. 上海大学；325. 中国东北大学；327. 长庚大学；347. 江苏大学；353. 华东师范大学；363. 中国矿业大学；364. 香港科技大学；370. 西北农林科技大学；374. 南京航空航天大学；374. 南京理工大学；377. 西安电子科技大学；378. 江南大学；383. 台湾清华大学；385. 台湾中国医药大学；387. 台湾交通大学；392. 南京阳明大学；395. 深圳大学；400. 南京农业大学；401. 暨南大学；418. 西南大学；434. 北京化工大学；438. 国防科技大学；452. 上海海洋大学；459. 武汉理工大学；461. 南昌大学；464. 中国医科大学；472. 华中农业大学；477. 海军军医大学；491. 南京工业大学；494. 北京交通大学；500. 台北医学大学；503. 天津医科大学；506. 温州大学；508. 青岛大学；524. 北京工业大学；529. 河海大学；530. 西南交通大学；531. 浙江工业大学；541. 空军军医大学；543. "台湾中央大学"；561. 哈尔滨医科大学；568. 合肥工业大学；569. 扬州大学；570. 高雄医学大学；572. 重庆医科大学；573. 北京邮电大学；574. 台湾中兴大学；575. 陆军军医大学；579. 华南农业大学；582. 福州大学；592. 西北大学；597. 东华大学；598. 南京信息工程大学；605. 山东第一医科大学；609. 华北电力大学；618. 南京师范大学；621. 华南农业大学；626. 台湾中山大学；632. 哈尔滨工程大学；640. 宁波大学；651. 陕西师范大学；654. 中国药科大学；656. 广州医科大学；664. 台湾阳明大学；668. 济南大学；672. 东北师范大学；675. 太原理工大学；679. 安徽医科大学；699. 昆明理工大学；720. 山西大学；722. 澳门大学；728. 华中师范大学；730. 北京林业大学；731. 广东工业大学；737. 广西大学；742. 河南大学；748. 南通大学；754. 香港浸会大学；763. 燕山大学；774. 安徽大学；783. 南京邮电大学；799. 山东科技大学；825. 青岛科技大学；831. 四川农业大学；834. 上海理工大学；841. 湘潭大学；844. 云南大学；851. 河南师范大学；857. 南京林业大学；861. 中国人民大学；862. 台北科技大学；871. 湖南师范大学；880. 河北医科大学；888. 浙江师范大学；889. 南方医科大学；893. 大连医科大学；900. 杭州师范大学；902. 中山医学院；905. 台湾医学院；907. 山东师范大学；909. 台湾师范大学；921. 天津工业大学；921. 浙江理工大学；924. 首都师范大学；925. 广西医科大学；927. 杭州电子科技大学；930. 南京中医药大学；935. 长安大学；947. 福建农林大学；950. 山东农业大学；952. 东北林业大学；957. 西南石油大学；961. 河北大学；965. 贵州大学；968. 亚洲大学（中国台湾）；975. 河北工业大学；977. 东北农业大学；981. 河南科技大学；984. 高雄医学大学；991. 齐鲁工业大学；1000. 广州大学；1003. 常州大学；1013. 上海中医药大学；1015. 上海师范大学；1027. 西安理工大学；1034. 福建师范大学；1040. 武汉科技大学；1055. 逢甲大学；1058. 曲阜师范大学；1058. 辅仁大学；1062. 西北师范大学；1064. 台湾中原大学；1065. 湖北大学；1067. 河南大学；1072. 台湾海洋大学；1075. 江苏师范大学；1082. 天津科技大学；1091. 北京中医药大学；1093. 西南石油大学；1094. 徐州医科大学；1096. 广州中医药大学；1106. 江西师范大学；1107. 华侨大学；1112. 新疆大学；1113. 中国计量大学；1116. 中北大学；1128. 江苏师范大学；1148. 台湾中正大学；1150. 上海海洋大学；1152. 义守大学；1158. 兰州理工大学；1163. 长沙理工大学；1178. 温州大学；1190. 天津理工大学；1200. 大连海事大学；1204. 石河子大学；1205. 聊城大学；1207. 湖南农业大学；1211. 南华大学；1215. 淡江大学；1221. 长春科技大学；1230. 陕西科技大学；1234. 海南大学；1241. 西安建筑科技大学；1246. 黑龙江大学；1249. 桂林电子科技大学；1257. 三峡大学；1258. 武汉工程大学；1261. 浙江中医药

续表

大学；1269. 浙江农林大学；1274. 山东理工大学；1275. 台湾东华大学；1283. 哈尔滨理工大学；1284. 河北师范大学；1289. 安徽农业大学；1299. 浙江工商大学；1300. 湖南科技大学；1302. 青岛农业大学；1305. 烟台大学；1306. 河南农业大学；1308. 安徽工业大学；1313. 华北理工大学；1318. 香港教育大学；1325. 重庆邮电大学；1335. 桂林工业大学；1340. 河南工业大学；1342. 中南民族大学；1354. 广东药科大学；1369. 沈阳农业大学；1374. 中国人民解放军理工大学；1381. 南昌航空大学；1389. 彰化师范大学；1407. 渤海大学；1408. 河北农业大学；1412. 台湾政治大学；1414. 兰州交通大学；1424. 上海财经大学；1425. 天津中医药大学；1436. 哈尔滨师范大学；1446. 江西农业大学；1458. 西华师范大学；1487. 重庆工商大学；1497. 湖南工业大学；1530. 辽宁工业大学

六、篇均被引次数排行榜

表2-129 篇均被引次数排行榜（前10强与中国大学）

排名	英文名称	中文名称	国家/地区	总得分
1	ROCKEFELLER UNIVERSITY	洛克菲勒大学	美国	100.00
2	MASSACHUSETTS INSTITUTE OF TECHNOLOGY	麻省理工学院	美国	93.44
3	UNIVERSITY OF CALIFORNIA SANTA CRUZ	加州大学圣克鲁兹分校	美国	91.92
4	CALIFORNIA INSTITUTE OF TECHNOLOGY	加州理工学院	美国	87.32
5	BARCELONA INSTITUTE OF SCIENCE & TECHNOLOGY	巴塞罗那科学技术学院	西班牙	86.01
6	UNIVERSITY OF CALIFORNIA BERKELEY	加州大学伯克利分校	美国	85.29
7	UNIVERSITY OF CALIFORNIA SAN FRANCISCO	加州大学旧金山分校	美国	85.07
8	BRANDEIS UNIVERSITY	布兰迪斯大学	美国	84.68
9	MEKELLE UNIVERSITY	默克莱大学	埃塞俄比亚	84.02
10	HARVARD UNIVERSITY	哈佛大学	美国	83.98

其他中国机构：244. 香港科技大学；354. 香港大学；398. 香港中文大学；460. 辽宁工业大学；471. 南开大学；502. 华中师范大学；504. 中国科学技术大学；506. 北京大学；513. 台湾清华大学；514. 香港浸会大学；527. 清华大学；530. 香港城市大学；545. 福州大学；570. 南京大学；589. 台湾大学；591. 华东理工大学；592. 北京化工大学；601. 复旦大学；638. 苏州大学；643. 湖南大学；643. 武汉理工大学；688. 华南理工大学；692. 海军军医大学；694. 香港理工大学；700. 湖南工业大学；704. 空军军医大学；710. 厦门大学；748. 黑龙江大学；754. 东华大学；755. 中山大学；762. 兰州大学；771. 重庆工商大学；771. 中国医学科学院-北京协和医学院；796. 东北师范大学；801. 西华师范大学；821. 浙江大学；825. 浙江师范大学；826. "台湾中央大学"；835. 陆军军医大学；838. 渤海大学；842. 上海交通大学；849. 南京工业大学；863. 华东师范大学；868. 台湾阳明大学；870. 杭州师范大学；877. 武汉大学；880. 北京师范大学；882. 中国科学院大学；900. 大连理工大学；900. 华中农业大学；903. 华中科技大学；908. 中国农业大学；911. 天津医科大学；915. 哈尔滨医科大学；918. 台湾中国医药大学；923. 中山医学大学；935. 安徽工业大学；941. 南京邮电大学；957. 华北理工大学；965. 山东大学；967. 台湾交通大学；980. 南京农业大学；981. 台湾中兴大学；981. 中南民族大学；987. 台湾成功大学；988. 湘潭大学；990. 中国地质大学；990. 哈尔滨师范大学；994. 台北医学大学；995. 吉林大学；1003. 南京医科大学；1009. 同济大学；1015. 天津大学；1020. 东南大学；1022. 上海师范大学；1028. 北京理工大学；1037. 哈尔滨工业大学；1037. 长庚大学；1044. 高雄医学大学；1051. 中南大学；1053. 中国药科大学；1055. 西北大学；1055. 南昌航空大学；1059. 温州大学；1064. 四川大学；1068. 西安交通大学；1070. 济南大学；1078. 上海大学；1080. 浙江理工大学；1088. 湖北大学；1092. 重庆医科大学；1095. 江西师范大学；1097. 台湾科技大学；1099. 西南大学；1101. 北京工业大学；1111. 中国人民大学；1111. 武汉工程大学；1113. 南京师范大学；1127. 台湾医学院；1129. 南京理工大学；1131. 江苏大学；1133. 澳门大学；1133. 湖南农业大学；1138. 中国海洋大学；1144. 台湾中山大学；1145. 哈尔滨工程大学；1145. 沈阳药科大学；1148. 台湾中原大学；1158. 安徽医科大学；1158. 曲阜师范大学；1162. 浙江大学；1165. 青岛科技大学；1165. 江苏师范大学；1176. 华北电力大学；1181. 北京航空航天大学；1181. 华南师范大学；1185. 亚洲大学（中国台湾）；1186. 清华大学；1190. 西北农林科技大学；1192. 华南农业大学；1194. 首都医科大学；1196. 南方科技大学；1198. 江南大学；1199. 北京林业大学；1202. 暨南大学；1223. 大连医科大学；1225. 中国海洋大学；1225. 陕西师范大学；1229. 重庆大学；1232. 华南农业大学；1235. 广西医科大学；1235. 台湾海洋大学；1237. 河南师范大学；1248. 广州医科大学；1248. 河南工业大学；1253. 温州医科大学；1255. 青岛农业大学；1256. 华侨大学；1257. 扬州大学；1259. 首都师范大学；1260. 南昌大学；1262. 安徽大学；1266. 东北林业大学；1269. 台北科技大学；1273. 西北师范大学；1274. 中国石油大学；1279. 山东第一医科大学；1280. 电子科技大学；1280. 山西大学；1283. 北京工业大学；1283. 台湾师范大学；1285. 河北师范大学；1286. 深圳大学；1286. 河南大学；1294. 南京信息工程大学；1295. 中国计量大学；1298. 南京航空航天大学；1298. 青岛大学；1303. 聊城大学；1305. 南京中医药大学；1306. 郑州大学；1307. 山东师范大学；1312. 山东大学；1312. 香港教育大学；1315. 湖南师范大学；1317. 福建师范大学；1322. 浙江工商大学；1324. 义守大学；1326. 上海中医药大学；1330. 广东工业大学；1330. 烟台大学；1339. 西北工业大学；1341. 广东药科大学；1342. 宁波大学；1349. 徐州医科大学；1350. 河北医科大学；1357. 天津科技大学；1357. 淡江大学；1361. 云南大学；1362. 燕山大学；1364. 兰州交通大学；1369. 三峡大学；1371. 南通大学；1372. 河北农业大学；1380. 大连海事大学；1380. 中国人民解放军理工大学；1383. 台湾中正大学；1385. 新疆大学；1386. 海南大学；1389. 上海海洋大学；1397. 天津工业大学；1400. 逢甲大学；1400. 彰化师范大学；1402. 高雄科技大学；1405. 江苏科技大学；1405. 长沙理工大学；1408. 太原科技大学；1408. 四川农业大学；1410. 东北农业大学；1411. 桂林工业大学；1413. 中国矿业大学；1413. 上海理工大学；1416. 河南农业大学；1417. 北京交通大学；1417. 天津中医药大学；1422. 福建农林大学；1425. 中国东北大学；1426. 陕西科技大学；1433. 兰州理工大学；1433. 石河子大学；1437. 西南交通大学；1441. 广西大学；1442. 武汉科技大学；1442. 安徽农业大学；1446. 昆明理工大学；1448. 江西农业大学；1455. 湖南科技大学；1461. 河北大学；1462. 齐鲁工业大学；1464. 浙江中医药大学；1465. 台湾政治大学；1470. 杭州电子科技大学；1473. 西南科技大学；1473. 山东理工大学；1475. 广州大学；1483. 河海大学；1484. 西安建筑科技大学；1486. 重庆邮电大学；1488. 西安电子科技大学；1491. 广州中医药大学；1492. 河北工业大学；1497. 上海财经大学；1500. 北京中医药大学；1504. 河南理工大学；1504. 桂林电子科技大学；1506. 北京邮电大学；1507. 国防科技大学；1509. 贵州大学；1511. 南京林业大学；1512. 西南石油大学；1512. 长春科技大学；1518. 哈尔滨大学；1520. 河南科技大学；1522. 中北大学；1524. 长安大学；1528. 沈阳农业大学；1534. 西安理工大学

七、国际合作论文数排行榜

表 2-130 国际合作论文数排行榜（前 10 强与中国大学）

排名	英文名称	中文名称	国家/地区	总得分
1	UNIVERSITY OF WASHINGTON	华盛顿大学	美国	100.00
2	UNIVERSITY OF CALIFORNIA LOS ANGELES	加州大学洛杉矶分校	美国	91.83
3	UNIVERSITY OF FLORIDA	佛罗里达大学	美国	86.37
4	UNIVERSITY OF OXFORD	牛津大学	英国	84.60
5	UNIVERSITY OF TORONTO	多伦多大学	加拿大	82.76
6	UNIVERSITY OF CAMBRIDGE	剑桥大学	英国	76.13
7	UNIVERSITY OF CHICAGO	芝加哥大学	美国	73.59
8	UNIVERSITY OF AMSTERDAM	阿姆斯特丹大学	荷兰	73.01
9	UNIVERSITY OF EDINBURGH	爱丁堡大学	英国	71.79
10	IMPERIAL COLLEGE LONDON	伦敦帝国学院	英国	70.84

其他中国机构：15. 中国科学院大学；20. 浙江大学；27. 清华大学；28. 中山大学；29. 上海交通大学；31. 北京大学；34. 香港中文大学；39. 南京大学；48. 武汉大学；73. 复旦大学；74. 山东大学；76. 香港城市大学；77. 华中科技大学；81. 中国医科大学；82. 中国东北大学；85. 天津大学；89. 中南大学；93. 台湾大学；114. 同济大学；116. 四川大学；123. 哈尔滨工业大学；136. 西安交通大学；137. 上海大学；143. 重庆大学；144. 中国科学技术大学；147. 电子科技大学；149. 厦门大学；153. 北京航空航天大学；154. 吉林大学；158. 深圳大学；160. 中国农业大学；169. 湖南大学；180. 郑州大学；191. 西北工业大学；196. 华南理工大学；202. 大连理工大学；208. 澳门大学；209. 北京师范大学；210. 北京理工大学；223. 西北大学；239. 江苏大学；241. 首都医科大学；257. 青岛大学；280. 香港大学；287. 中国石油大学；291. 华东师范大学；296. 南开大学；297. 暨南大学；301. 兰州大学；306. 武汉理工大学；317. 香港浸会大学；323. 北京科技大学；339. 中国矿业大学；343. 南京信息工程大学；347. 南京航空航天大学；348. 河海大学；351. 河南大学；358. 华中农业大学；359. 南京理工大学；361. 台湾成功大学；364. 广州大学；374. 西南交通大学；387. 香港理工大学；398. 中国海洋大学；403. 北京交通大学；414. 南京医科大学；416. 台湾清华大学；421. 湖北大学；422. 南方医科大学；429. 台湾交通大学；434. 长庚大学；441. 西北农林科技大学；444. 华东理工大学；446. 南京工业大学；454. 广东工业大学；458. 浙江工业大学；465. 西安电子科技大学；466. 河北大学；468. 北京化工大学；470. 南昌大学；477. 南方科技大学；479. 北京工业大学；483. 台北医学大学；484. 广州医科大学；486. 山东科技大学；487. 华南师范大学；489. 北京邮电大学；492. 福州大学；"台湾中央大学"；498. 南京中医药大学；501. 合肥工业大学；508. 江南大学；509. 安徽大学；523. 华中师范大学；527. 太原理工大学；533. 温州医科大学；549. 南京农业大学；556. 华北电力大学；558. 台湾阳明大学；562. 天津中医药大学；571. 宁波大学；581. 天津医科大学；585. 香港科技大学；591. 山西大学；中国医学科学院-北京协和医学院；595. 扬州大学；606. 广西大学；607. 高雄医科大学；614. 陕西师范大学；618. 云南大学；627. 台湾中山大学；641. 南京林业大学；649. 中国人民大学；651. 东华大学；655. 哈尔滨工程大学；657. 北京林业大学；672. 南京邮电大学；675. 青岛大学；680. 台湾中兴大学；692. 上海理工大学；700. 长沙理工大学；701. 杭州电子科技大学；704. 台湾师范大学；712. 福建师范大学；715. 河北工业大学；726. 华南农业大学；733. 哈尔滨医科大学；752. 贵州大学；760. 湖南师范大学；763. 济南大学；773. 昆明理工大学；781. 南通大学；782. 浙江理工大学；784. 四川农业大学；793. 杭州师范大学；805. 华侨大学；812. 山东师范大学；818. 江苏科技大学；836. 首都师范大学；839. 燕山大学；843. 齐鲁工业大学；848. 武汉科技大学；859. 台湾中原大学；864. 上海师范大学；867. 大连海事大学；868. 东北林业大学；872. 海南大学；872. 逢甲大学；884. 西南石油大学；894. 浙江师范大学；898. 湘潭大学；912. 江苏师范大学；915. 淡江大学；917. 河南师范大学；917. 重庆邮电大学；934. 大连医科大学；940. 曲阜师范大学；943. 浙江农林大学；943. 上海海洋大学；946. 天津理工大学；949. 温州大学；954. 河南工业大学；958. 河南科技大学；960. 重庆医科大学；968. 河南农业大学；968. 西南大学；976. 南京中医药大学；986. 桂林电子科技大学；989. 陕西科技大学；989. 上海财经大学；996. 天津中医药大学；1006. 河南理工大学；1013. 西安建筑科技大学；1014. 上海中医药大学；1017. 湖南农业大学；1018. 台湾东华大学；1019. 三峡大学；1020. 中国计量大学；1024. 安徽农业大学；1028. 浙江工商大学；1032. 台湾科技大学；1033. 广州中医药大学；1039. 安徽医科大学；1045. 广西医科大学；1055. 台湾海洋大学；1057. 南华大学；1062. 中国药科大学；1062. 武汉工程大学；1069. 新疆大学；1074. 山东理工大学；1078. 北京中医药大学；1089. 兰州理工大学；1097. 陆军军医大学；1106. 青岛农业大学；1110. 沈阳农业大学；1114. 江西师范大学；1115. 中南民族大学；1116. 中山医学大学；1122. 烟台大学；1126. 桂林工业大学；1134. 山东农业大学；1135. 河北医科大学；1138. 石河子大学；1140. 常州大学；1151. 浙江中医药大学；1153. 重庆工商大学；1155. 湖南农业大学；1158. 哈尔滨理工大学；1163. 台湾中正大学；1168. 义守大学；1168. 台湾政治大学；1170. 安徽工业大学；1180. 江西农业大学；1181. 中北大学；1184. 沈阳药科大学；1193. 长春科技大学；1202. 河北师范大学；1203. 华北理工大学；1206. 河北农业大学；1214. 西华师范大学；1216. 聊城大学；1228. 黑龙江大学；1236. 苏州大学；1246. 湖南工业大学；1246. 东北农业大学；1253. 天津工业大学；1260. 西北师范大学；1262. 南昌航空大学；1262. 高雄科技大学；1264. 彰化师范大学；1276. 哈尔滨师范大学；1280. 渤海大学；1282. 兰州交通大学；1289. 广东药科大学；1298. 辽宁工业大学；1298. 山东第一医科大学；1310. 西安理工大学；1313. 徐州医科大学；1316. 中国人民解放军理工大学；1318. 中国地质大学；1330. 空军军医大学；1338. 台湾中国医药大学；1339. 国防科技大学；1359. 亚洲大学（中国台湾）；1365. 西南大学；1365. 长安大学；1378. 东北师范大学；1378. 东南大学；1386. 台湾医学院；1402. 海军军医大学；1402. 香港教育大学

八、发明专利数排行榜

表 2-131　发明专利数排行榜（前 10 强与中国大学）

排名	英文名称	中文名称	国家/地区	总得分
1	JIANGNAN UNIVERSITY	江南大学	中国	100.00
2	ZHEJIANG UNIVERSITY	浙江大学	中国	98.89
3	SOUTH CHINA UNIVERSITY OF TECHNOLOGY	华南理工大学	中国	96.31
4	TIANJIN UNIVERSITY	天津大学	中国	86.97
5	SOUTHEAST UNIVERSITY-CHINA	东南大学	中国	85.94
6	TSINGHUA UNIVERSITY	清华大学	中国	85.91
7	JILIN UNIVERSITY	吉林大学	中国	83.10
8	HARBIN INSTITUTE OF TECHNOLOGY	哈尔滨工业大学	中国	79.15
9	UNIVERSITY OF ELECTRONIC SCIENCE & TECHNOLOGY OF CHINA	电子科技大学	中国	77.02
10	SHANGHAI JIAO TONG UNIVERSITY	上海交通大学	中国	74.01

其他中国机构：11. 昆明理工大学；12. 广东工业大学；13. 浙江工业大学；14. 华中科技大学；15. 西安交通大学；16. 广西大学；17. 江苏大学；18. 中南大学；19. 山东大学；20. 武汉理工大学；21. 山东科技大学；22. 济南大学；23. 暨南大学；24. 北京航空航天大学；25. 南京航空航天大学；26. 河海大学；27. 大连理工大学；28. 西安电子科技大学；29. 哈尔滨工程大学；30. 南京理工大学；31. 重庆大学；32. 长安大学；33. 北京工业大学；34. 武汉大学；35. 贵州大学；36. 四川农业大学；37. 同济大学；38. 苏州大学；39. 中国石油大学；40. 四川大学；41. 华北电力大学；42. 北京理工大学；43. 福州大学；44. 西北工业大学；45. 西南交通大学；46. 哈尔滨工程大学；47. 三峡大学；48. 合肥工业大学；49. 西南石油大学；50. 中国东北大学；51. 陕西科技大学；52. 深圳大学；53. 上海大学；54. 常州大学；55. 中山大学；56. 浙江理工大学；57. 南京邮电大学；58. 中国计量大学；59. 东华大学；60. 南京信息工程大学；61. 宁波大学；62. 郑州大学；63. 燕山大学；64. 扬州大学；65. 武汉科技大学；66. 北京科技大学；67. 上海理工大学；68. 中国农业大学；69. 青岛科技大学；70. 南京工业大学；71. 南京林业大学；72. 福建农林大学；73. 厦门大学；74. 山东理工大学；75. 南京大学；76. 杭州电子科技大学；77. 太原理工大学；78. 北京化工大学；79. 河北工业大学；80. 北京林业大学；81. 北京大学；82. 复旦大学；83. 桂林电子科技大学；84. 华南农业大学；85. 中国地质大学；86. 北京邮电大学；87. 南昌大学；88. 湖南大学；89. 西北农林科技大学；90. 河南科技大学；91. 河南师范大学；92. 西安理工大学；93. 国防科技大学；94. 东北林业大学；95. 西南大学；96. 北京交通大学；97. 华东理工大学；98. 重庆邮电大学；99. 江苏科技大学；100. 西安建筑科技大学；101. 湘潭大学；102. 温州大学；103. 华北理工大学；104. 青岛大学；105. 山东农业大学；106. 中北大学；107. 华中农业大学；108. 青岛农业大学；109. 南通大学；110. 华侨大学；111. 中国海洋大学；112. 南京农业大学；113. 长沙理工大学；115. 华南师范大学；116. 天津工业大学；117. 华东师范大学；118. 东北农业大学；120. 南昌航空大学；121. 湖南工业大学；122. 湖南农业大学；123. 海南大学；124. 安徽工业大学；125. 浙江师范大学；126. 武汉工程大学；127. 南开大学；128. 齐鲁工业大学；129. 山西大学；130. 安徽农业大学；131. 广州大学；132. 兰州大学；133. 上海海洋大学；134. 河南工业大学；135. 河南工业大学；136. 安徽大学；137. 江西师范大学；138. 兰州理工大学；139. 辽宁工业大学；141. 大连海事大学；142. 浙江工商大学；144. 西北大学；145. 湖北大学；146. 江苏师范大学；147. 南京师范大学；149. 北京师范大学；152. 福建师范大学；153. 云南大学；154. 山东师范大学；155. 天津理工大学；157. 兰州交通大学；158. 黑龙江大学；160. 河南农业大学；162. 河北大学；163. 浙江农林大学；164. 南华大学；167. 河南大学；173. 哈尔滨师范大学；174. 西北师范大学；175. 新疆大学；176. 中国科学院大学；186. 沈阳农业大学；188. 台湾清华大学；189. 哈尔滨医科大学；189. 台湾科技大学；189. 中国药科大学；228. 台湾大学；229. 陕西师范大学；229. 天津工业大学；229. 亚洲大学（中国台湾）；276. 东北师范大学；277. 聊城大学；278. 首都师范大学；279. 南方医科大学；279. 中国人民解放军理工大学；283. 杭州师范大学；303. 湖南师范大学；304. 中国矿业大学；322. 温州医科大学；322. 台湾中山大学；324. 烟台大学；325. 空军军医大学；351. 首都医科大学；353. 河北农业大学；356. 西南科技大学；356. 石河子大学；356. 渤海大学；356. 山东第一医科大学；356. 香港教育大学；440. 沈阳药科大学；441. 上海师范大学；471. 曲阜师范大学；477. 广东药科大学；479. 南京中医药大学；482. 台湾交通大学；502. 南方科技大学；503. 华中师范大学；508. 海军军医大学；535. 重庆医科大学；536. 中国医学科学院-北京协和医学院；538. 中国科学技术大学；543. 浙江中医药大学；547. 南京医科大学；549. 台北医学大学；555. 上海中医药大学；558. 天津中医药大学；560. 台湾中兴大学；562. 香港科技大学；563. "台湾中央大学"；567. 香港城市大学；570. 淡江大学；570. 上海财经大学；570. 河南理工大学；570. 南师范大学；570. 桂林工业大学；570. 重庆工商大学；570. 江西农业大学；570. 长春科技大学；570. 河北师范大学；570. 西华师范大学；570. 台湾医学院；734. 中国人民大学；741. 台湾中原大学；745. 香港中文大学；747. 香港理工大学；751. 广西医科大学；757. 广州中医药大学；761. 台湾师范大学；765. 逢甲大学；770. 长庚大学；776. 香港大学；780. 高雄医学大学；782. 台湾中国医药大学；792. 天津医科大学；810. 大连医科大学；819. 广州医科大学；821. 义守大学；824. 北京中医药大学；825. 中国医科大学；828. 香港浸会大学；835. 台湾阳明大学；841. 台北医学大学；860. 澳门大学；862. 安徽医科大学；882. 徐州医科大学；898. 陆军军医大学；911. 台湾海洋大学；959. 河北医科大学；991. 彰化师范大学；1043. 高雄科技大学；1074. 中山医学大学；1124. 辅仁大学；1242. 台湾政治大学；1289. 台湾成功大学；1344. 台湾东华大学；1437. 中南民族大学；1437. 台湾中正大学

九、网络影响力排行榜

表 2-132　网络影响力排行榜（前 10 强与中国大学）

排名	英文名称	中文名称	国家/地区	总得分
1	HARVARD UNIVERSITY	哈佛大学	美国	100.000
2	STANFORD UNIVERSITY	斯坦福大学	美国	99.996
3	MASSACHUSETTS INSTITUTE OF TECHNOLOGY	麻省理工学院	美国	99.991
4	UNIVERSITY OF CALIFORNIA BERKELEY	加州大学伯克利分校	美国	99.987
5	UNIVERSITY OF WASHINGTON	华盛顿大学	美国	99.983
6	WASHINGTON UNIVERSITY	圣路易斯华盛顿大学	美国	99.983
7	UNIVERSITY OF OXFORD	牛津大学	英国	99.974
8	COLUMBIA UNIVERSITY	哥伦比亚大学	美国	99.970
9	CORNELL UNIVERSITY	康奈尔大学	美国	99.970
10	UNIVERSITY OF PENNSYLVANIA	宾夕法尼亚大学	美国	99.962

其他中国机构：42. 清华大学；48. 香港大学；55. 北京大学；83. 上海交通大学；87. 浙江大学；120. 香港中文大学；126. 台湾大学；133. 复旦大学；143. 中国科学技术大学；170. 武汉大学；176. 南京大学；187. 香港城市大学；190. 香港科技大学；196. 哈尔滨工业大学；202. 华中科技大学；208. 西安交通大学；210. 香港理工大学；212. 山东大学；245. 中山大学；249. 同济大学；266. 天津大学；276. 厦门大学；279. 东南大学；287. 四川大学；292. 北京航空航天大学；300. 南开大学；301. 吉林大学；303. 北京师范大学；306. 中南大学；322. 华南理工大学；336. 大连理工大学；354. 台湾清华大学；357. 台湾成功大学；361. 苏州大学；362. 台湾交通大学；368. 北京理工大学；387. 重庆大学；391. 兰州大学；396. 华东师范大学；409. 中国科学院大学；422. 西北工业大学；432. 中国农业大学；464. 华东理工大学；468. 中国地质大学；473. 香港浸会大学；479. 西安电子科技大学；480. 上海大学；482. 中国人民大学；484. 北京科技大学；500. 南京航空航天大学；518. 北京化工大学；519. 中国东北大学；525. 暨南大学；525. 南京理工大学；525. "台湾中央大学"；533. 武汉理工大学；534. 深圳大学；544. 北京交通大学；552. 郑州大学；564. 台湾阳明大学；570. 合肥工业大学；575. 北京邮电大学；582. 西南交通大学；614. 台湾师范大学；615. 西南大学；623. 华中农业大学；627. 华南师范大学；629. 福州大学；641. 华中师范大学；648. 中国海洋大学；654. 南京师范大学；655. 西北农林科技大学；657. 江苏大学；663. 浙江工业大学；665. 河海大学；668. 东华大学；671. 国防科技大学；674. 南昌大学；676. 澳门大学；680. 台湾科技大学；689. 江南大学；691. 华北电力大学；693. 南京医科大学；707. 哈尔滨工程大学；708. 陕西师范大学；715. 东北师范大学；787. 中国石油大学；794. 青岛大学；795. 广东工业大学；799. 南京信息工程大学；803. 北京邮电大学；810. 太原理工大学；813. 北京林业大学；827. 扬州大学；828. 淡江大学；836. 安徽大学；844. 台北医学大学；845. 中国药科大学；851. 空军军医大学；852. 广西大学；860. 杭州电子科技大学；863. 河南大学；868. 南京工业大学；869. 济南大学；872. 山西大学；877. 燕山大学；879. 浙江师范大学；880. 湖南师范大学；885. 宁波大学；887. 台湾政治大学；890. 上海理工大学；896. 长庚大学；898. 台湾中正大学；900. 云南大学；902. 台湾中国医药大学；907. 高雄医科大学；909. 湘潭大学；910. 华侨大学；911. 哈尔滨医科大学；928. 台北科技大学；930. 辅仁大学；938. 首都师范大学；940. 海军医大学；946. 四川农业大学；956. 昆明理工大学；957. 首都医科大学；973. 山东师范大学；975. 中国医科大学；987. 南京农业大学；993. 浙江理工大学；996. 福建师范大学；998. 广州大学；1001. 电子科技大学；1005. 温州医科大学；1005. 逢甲大学；1013. 上海师范大学；1015. 青岛科技大学；1015. 杭州师范大学；1022. 重庆邮电大学；1023. 长安大学；1026. 台湾海洋大学；1037. 台湾中原大学；1038. 香港教育大学；1048. 大连海事大学；1053. 山东农业大学；1058. 武汉科技大学；1066. 南京林业大学；1072. 河北工业大学；1073. 西南石油大学；1077. 东北林业大学；1081. 上海财经大学；1083. 天津工业大学；1085. 台湾东华大学；1087. 南通大学；1089. 山东科技大学；1094. 南方医科大学；1096. 重庆医科大学；1107. 亚洲大学（中国台湾）；1113. 安徽农业大学；1114. 河南理工大学；1116. 温州大学；1120. 曲阜师范大学；1127. 湖北大学；1129. 中国计量大学；1133. 福建农林大学；1135. 西安理工大学；1141. 贵州大学；1142. 浙江工商大学；1152. 台湾中兴大学；1160. 北京师范大学；1161. 常州大学；1161. 河北大学；1170. 西南大学；1171. 武汉工程大学；1172. 山东理工大学；1179. 义守大学；1188. 长沙理工大学；1200. 安徽医科大学；1219. 中南民族大学；1219. 湖南农业大学；1219. 东北农业大学；1220. 陕西科技大学；1221. 天津医科大学；1223. 河南科技大学；1227. 河北师范大学；1228. 西安建筑大学；1229. 天津师范大学；1232. 三峡大学；1236. 河南工业大学；1237. 安徽工业大学；1238. 华南农业大学；1250. 彰化师范大学；1251. 南昌航空大学；1255. 天津工业大学；1259. 哈尔滨理工大学；1262. 上海海洋大学；1265. 江西师范大学；1267. 重庆工商大学；1269. 湖南农业大学；1271. 江苏科技大学；1275. 黑龙江大学；1279. 北京工业大学；1282. 河南师范大学；1285. 江苏师范大学；1293. 中山医学大学；1294. 新疆大学；1301. 青岛农业大学；1311. 河南农业大学；1319. 北京中医药大学；1321. 烟台大学；1326. 桂林工业大学；1329. 中北大学；1331. 大连海事大学；1338. 石河子大学；1339. 广西医科大学；1341. 兰州交通大学；1343. 河北工业大学；1345. 兰州理工大学；1348. 上海中医药大学；1352. 渤海大学；1355. 聊城大学；1356. 哈尔滨师范大学；1363. 沈阳农业大学；1365. 齐鲁工业大学；1368. 河北农业大学；1375. 天津中医药大学；1377. 西华师范大学；1378. 江西农业大学；1383. 南华大学；1387. 广东药科大学；1389. 海南大学；1405. 湖南工业大学；1407. 辽宁工业大学；1414. 浙江中医药大学；1416. 华北理工大学；1419. 湖南大学；1427. 台湾医学院；1429. 陆军军医大学；1430. 沈阳药科大学；1433. 浙江农林大学；1434. 中国矿业大学；1436. 山东第一医科大学；1437. 南方科技大学；1438. 广州医科大学；1444. 桂林电子科技大学；1445. 徐州医科大学；1450. 南京中医药大学；1453. 广州中医药大学；1457. 西北大学；1461. 高雄科技大学；1470. 长春师范大学；1471. 台湾中山大学；1478. 中国人民解放军理工大学；1478. 中国医学科学院-北京协和医学院

第七节 世界一流大学各大洲排行榜（2020）

一、亚洲一流大学排行榜（前100名）

表 2-133 亚洲一流大学排行榜（前100名）

所在洲排名	英文名称	中文名称	国家/地区	世界排名	总得分
1	UNIVERSITY OF TOKYO	东京大学	日本	18	87.03
2	TSINGHUA UNIVERSITY	清华大学	中国	19	87.02
3	PEKING UNIVERSITY	北京大学	中国	21	86.58
4	KYOTO UNIVERSITY	京都大学	日本	32	83.94
5	SHANGHAI JIAO TONG UNIVERSITY	上海交通大学	中国	40	82.87
6	ZHEJIANG UNIVERSITY	浙江大学	中国	43	82.50
7	UNIVERSITY OF CHINESE ACADEMY OF SCIENCES	中国科学院大学	中国	53	81.77
8	NATIONAL UNIVERSITY OF SINGAPORE	新加坡国立大学	新加坡	59	81.18
9	NANJING UNIVERSITY	南京大学	中国	60	81.18
10	FUDAN UNIVERSITY	复旦大学	中国	61	81.18
11	SUN YAT-SEN UNIVERSITY	中山大学	中国	66	80.64
12	NAGOYA UNIVERSITY	名古屋大学	日本	70	80.48
13	NANYANG TECHNOLOGICAL UNIVERSITY	南洋理工大学	新加坡	72	80.27
14	SEOUL NATIONAL UNIVERSITY（SNU）	首尔大学	韩国	77	80.13
15	CHINESE UNIVERSITY OF HONG KONG	香港中文大学	中国香港	97	79.24
16	WUHAN UNIVERSITY	武汉大学	中国	98	79.22
17	KING ABDULAZIZ UNIVERSITY	阿卜杜勒阿齐兹国王大学	沙特阿拉伯	103	79.00
18	TAIWAN UNIVERSITY	台湾大学	中国台湾	106	78.85
19	UNIVERSITY OF SCIENCE & TECHNOLOGY OF CHINA	中国科学技术大学	中国	108	78.64
20	HUAZHONG UNIVERSITY OF SCIENCE & TECHNOLOGY	华中科技大学	中国	114	78.49
21	UNIVERSITY OF HONG KONG	香港大学	中国香港	115	78.37
22	SHANDONG UNIVERSITY	山东大学	中国	129	77.89
23	CENTRAL SOUTH UNIVERSITY	中南大学	中国	133	77.79
24	TOHOKU UNIVERSITY	日本东北大学	日本	134	77.78
25	XI'AN JIAOTONG UNIVERSITY	西安交通大学	中国	142	77.54
26	OSAKA UNIVERSITY	大阪大学	日本	152	77.17
27	SICHUAN UNIVERSITY	四川大学	中国	153	77.14
28	HARBIN INSTITUTE OF TECHNOLOGY	哈尔滨工业大学	中国	156	77.07
29	TEL AVIV UNIVERSITY	特拉维夫大学	以色列	157	77.04
30	XIAMEN UNIVERSITY	厦门大学	中国	162	76.91
31	KOREA UNIVERSITY	高丽大学	韩国	165	76.77

续表

所在洲排名	英文名称	中文名称	国家/地区	世界排名	总得分
32	HEBREW UNIVERSITY OF JERUSALEM	耶路撒冷希伯来大学	以色列	179	76.45
33	JILIN UNIVERSITY	吉林大学	中国	183	76.37
34	TIANJIN UNIVERSITY	天津大学	中国	192	76.27
35	TONGJI UNIVERSITY	同济大学	中国	196	76.17
36	SOUTH CHINA UNIVERSITY OF TECHNOLOGY	华南理工大学	中国	199	76.14
37	CITY UNIVERSITY OF HONG KONG	香港城市大学	中国香港	200	76.11
38	YONSEI UNIVERSITY	延世大学	韩国	203	75.90
39	TOKYO INSTITUTE OF TECHNOLOGY	东京工业大学	日本	205	75.78
40	SOUTHEAST UNIVERSITY-CHINA	东南大学	中国	206	75.74
41	HONG KONG UNIVERSITY OF SCIENCE & TECHNOLOGY	香港科技大学	中国香港	209	75.71
42	KYUSHU UNIVERSITY	九州大学	日本	210	75.66
43	NANKAI UNIVERSITY	南开大学	中国	215	75.53
44	BEIJING NORMAL UNIVERSITY	北京师范大学	中国	235	74.89
45	KING SAUD UNIVERSITY	沙特国王大学	沙特阿拉伯	237	74.83
46	UNIVERSITI MALAYA	马来亚大学	马来西亚	242	74.76
47	HOKKAIDO UNIVERSITY	北海道大学	日本	247	74.67
48	SUZHOU UNIVERSITY	苏州大学	中国	252	74.58
49	HONG KONG POLYTECHNIC UNIVERSITY	香港理工大学	中国香港	261	74.40
50	SUNGKYUNKWAN UNIVERSITY（SKKU）	成均馆大学	韩国	265	74.35
51	DALIAN UNIVERSITY OF TECHNOLOGY	大连理工大学	中国	275	74.20
52	CHINA AGRICULTURAL UNIVERSITY	中国农业大学	中国	285	73.77
53	BEIHANG UNIVERSITY	北京航空航天大学	中国	290	73.70
54	TECHNION ISRAEL INSTITUTE OF TECHNOLOGY	以色列理工大学	以色列	299	73.48
55	CHONGQING UNIVERSITY	重庆大学	中国	306	73.29
56	LANZHOU UNIVERSITY	兰州大学	中国	312	73.22
57	UNIVERSITY OF TEHRAN	德黑兰大学	伊朗	315	73.21
58	TAIWAN CHENG KUNG UNIVERSITY	台湾成功大学	中国台湾	322	73.12
59	KYUNG HEE UNIVERSITY	庆熙大学	韩国	324	73.10
60	UNIVERSITY OF TSUKUBA	筑波大学	日本	327	73.04
61	HANYANG UNIVERSITY	汉阳大学	韩国	335	72.94
62	BEIJING INSTITUTE OF TECHNOLOGY	北京理工大学	中国	338	72.89
63	KING ABDULLAH UNIVERSITY OF SCIENCE & TECHNOLOGY	阿卜杜拉国王理工大学	沙特阿拉伯	339	72.88
64	SHANGHAI UNIVERSITY	上海大学	中国	345	72.77
65	HUNAN UNIVERSITY	湖南大学	中国	351	72.69
66	EAST CHINA NORMAL UNIVERSITY	华东师范大学	中国	354	72.66
67	EAST CHINA UNIVERSITY OF SCIENCE & TECHNOLOGY	华东理工大学	中国	366	72.34

续表

所在洲排名	英文名称	中文名称	国家/地区	世界排名	总得分
68	UNIVERSITY OF ELECTRONIC SCIENCE & TECHNOLOGY OF CHINA	电子科技大学	中国	367	72.33
69	SHENZHEN UNIVERSITY	深圳大学	中国	371	72.21
70	WUHAN UNIVERSITY OF TECHNOLOGY	武汉理工大学	中国	376	72.10
71	KYUNGPOOK NATIONAL UNIVERSITY	庆北国立大学	韩国	382	71.90
72	KEIO UNIVERSITY	庆应义塾大学	日本	387	71.75
73	NORTHWESTERN POLYTECHNICAL UNIVERSITY	西北工业大学	中国	389	71.70
74	TAIWAN TSING HUA UNIVERSITY	台湾清华大学	中国台湾	403	71.54
75	UNIVERSITY OF SCIENCE & TECHNOLOGY BEIJING	北京科技大学	中国	407	71.48
76	JIANGSU UNIVERSITY	江苏大学	中国	408	71.43
77	NANJING UNIVERSITY OF SCIENCE & TECHNOLOGY	南京理工大学	中国	409	71.41
78	ZHENGZHOU UNIVERSITY	郑州大学	中国	418	71.29
79	MAHIDOL UNIVERSITY	国立玛希隆大学	泰国	426	71.07
80	HUAZHONG AGRICULTURAL UNIVERSITY	华中农业大学	中国	427	71.07
81	NANJING AGRICULTURAL UNIVERSITY	南京农业大学	中国	433	70.94
82	JINAN UNIVERSITY	暨南大学	中国	438	70.90
83	FUZHOU UNIVERSITY	福州大学	中国	440	70.86
84	BEIJING UNIVERSITY OF CHEMICAL TECHNOLOGY	北京化工大学	中国	441	70.82
85	PUSAN NATIONAL UNIVERSITY	釜山国立大学	韩国	444	70.77
86	NORTHWEST A&F UNIVERSITY-CHINA	西北农林科技大学	中国	445	70.75
87	CHINA UNIVERSITY OF GEOSCIENCES	中国地质大学	中国	446	70.75
88	ISLAMIC AZAD UNIVERSITY	伊斯兰阿扎德大学	伊朗	447	70.73
89	TEHRAN UNIVERSITY OF MEDICAL SCIENCES	德黑兰医科大学	伊朗	456	70.56
90	HIROSHIMA UNIVERSITY	广岛大学	日本	458	70.51
91	OKAYAMA UNIVERSITY	冈山大学	日本	459	70.49
92	CHINA UNIVERSITY OF PETROLEUM	中国石油大学	中国	461	70.42
93	SOUTHWEST UNIVERSITY-CHINA	西南大学	中国	463	70.42
94	SHINSHU UNIVERSITY	信州大学	日本	472	70.33
95	POHANG UNIVERSITY OF SCIENCE & TECHNOLOGY (POSTECH)	浦项科技大学	韩国	475	70.30
96	KOBE UNIVERSITY	神户大学	日本	476	70.30
97	BAR ILAN UNIVERSITY	巴伊兰大学	以色列	477	70.29
98	BEN GURION UNIVERSITY	本古里安大学	以色列	478	70.27
99	TAIWAN CHIAO TUNG UNIVERSITY	台湾交通大学	中国台湾	479	70.24
100	CHINA MEDICAL UNIVERSITY TAIWAN	台湾中国医药大学	中国台湾	482	70.20

亚洲前一百强主要由中国、日本、韩国高校占据。中国高校占据了亚洲前一百强的半壁江山，共有 52 所高校进入，清华大学、北京大学仍分别位列亚洲第二、第三名；前十名中共有 7 所中国高校，在亚洲的实力不容小觑。日本共有 14 所高校进入亚洲一流高校前一百强，其中东京大学位居亚洲第一，京都大学位列亚洲第四，表现均不俗。韩国共有 9 所高校进入亚洲前一百强，其中首尔大学位列亚洲第十四名，实力也较强。而中国台湾、香港地区也分别有 5 所高校进入前一百强，其中香港中文大学位列亚洲第十五名，台湾大学位列亚洲第十八名，仍有上升空间。亚洲一流高校前十名的中国高校有清华大学、北京大学、上海交通大学、浙江大学、中国科学院大学、南京大学、复旦大学。

二、北美洲一流大学排行榜（前 100 名）

表 2-134　北美洲一流大学排行榜（前 100 名）

所在洲排名	英文名称	中文名称	国家/地区	世界排名	总得分
1	HARVARD UNIVERSITY	哈佛大学	美国	1	100.00
2	STANFORD UNIVERSITY	斯坦福大学	美国	2	93.79
3	MASSACHUSETTS INSTITUTE OF TECHNOLOGY	麻省理工学院	美国	3	91.79
4	UNIVERSITY OF WASHINGTON	华盛顿大学	美国	6	90.23
5	UNIVERSITY OF CALIFORNIA LOS ANGELES	加州大学洛杉矶分校	美国	7	89.55
6	COLUMBIA UNIVERSITY	哥伦比亚大学	美国	8	89.16
7	CORNELL UNIVERSITY	康奈尔大学	美国	9	88.05
8	UNIVERSITY OF CHICAGO	芝加哥大学	美国	10	88.00
9	YALE UNIVERSITY	耶鲁大学	美国	11	87.86
10	JOHNS HOPKINS UNIVERSITY	约翰·霍普金斯大学	美国	12	87.84
11	DUKE UNIVERSITY	杜克大学	美国	13	87.77
12	UNIVERSITY OF CALIFORNIA BERKELEY	加州大学伯克利分校	美国	14	87.39
13	NORTHWESTERN UNIVERSITY	美国西北大学	美国	16	87.07
14	PRINCETON UNIVERSITY	普林斯顿大学	美国	20	87.00
15	WASHINGTON UNIVERSITY	圣路易斯华盛顿大学	美国	22	86.33
16	UNIVERSITY OF FLORIDA	佛罗里达大学	美国	24	86.18
17	CALIFORNIA INSTITUTE OF TECHNOLOGY	加州理工学院	美国	25	85.83
18	UNIVERSITY OF TORONTO	多伦多大学	加拿大	26	85.43
19	UNIVERSITY OF PENNSYLVANIA	宾夕法尼亚大学	美国	27	85.32
20	UNIVERSITY OF BRITISH COLUMBIA	英属哥伦比亚大学	加拿大	28	85.27
21	MCGILL UNIVERSITY	麦吉尔大学	加拿大	29	85.07
22	UNIVERSITY OF CALIFORNIA SAN DIEGO	加州大学圣迭戈分校	美国	31	84.29
23	UNIVERSITY OF WISCONSIN MADISON	威斯康星大学麦迪逊分校	美国	41	82.82
24	UNIVERSITY OF TEXAS AUSTIN	得克萨斯大学奥斯汀分校	美国	44	82.42
25	UNIVERSITY OF CALIFORNIA SANTA BARBARA	加州大学圣塔芭芭拉分校	美国	47	82.09
26	OHIO STATE UNIVERSITY	俄亥俄州立大学	美国	48	82.05
27	MCMASTER UNIVERSITY	麦克马斯特大学	加拿大	50	81.80
28	UNIVERSITY OF CALIFORNIA SAN FRANCISCO	加州大学旧金山分校	美国	57	81.47
29	UNIVERSITY OF PITTSBURGH	匹兹堡大学	美国	58	81.30
30	BOSTON UNIVERSITY	波士顿大学	美国	63	80.93

续表

所在洲排名	英文名称	中文名称	国家/地区	世界排名	总得分
31	UNIVERSITY OF CALIFORNIA DAVIS	加州大学戴维斯分校	美国	64	80.91
32	UNIVERSITY OF ALBERTA	阿尔伯塔大学	加拿大	65	80.75
33	UNIVERSITY OF CALIFORNIA IRVINE	加州大学尔湾分校	美国	69	80.54
34	BROWN UNIVERSITY	布朗大学	美国	71	80.33
35	NEW YORK UNIVERSITY	纽约大学	美国	73	80.20
36	UNIVERSITY OF SOUTHERN CALIFORNIA	南加州大学	美国	75	80.15
37	UNIVERSITY OF NORTH CAROLINA CHAPEL HILL	北卡罗来纳大学教堂山分校	美国	81	79.81
38	VANDERBILT UNIVERSITY	范德比尔特大学	美国	84	79.70
39	EMORY UNIVERSITY	埃默里大学	美国	86	79.69
40	UNIVERSITY OF ARIZONA	亚利桑那大学	美国	93	79.40
41	UNIVERSITY OF COLORADO BOULDER	科罗拉多大学博尔德分校	美国	96	79.25
42	UNIVERSITY OF MARYLAND COLLEGE PARK	马里兰大学帕克分校	美国	101	79.13
43	MICHIGAN STATE UNIVERSITY	密歇根州立大学	美国	102	79.10
44	UNIVERSITY OF MONTREAL	蒙特利尔大学	加拿大	113	78.51
45	UNIVERSITY OF CALGARY	卡尔加里大学	加拿大	117	78.35
46	UNIVERSITY OF KANSAS	勘萨斯大学	美国	118	78.33
47	PURDUE UNIVERSITY	普渡大学	美国	121	78.28
48	UNIVERSITY OF ILLINOIS URBANA-CHAMPAIGN	伊利诺伊大学厄巴纳-香槟分校	美国	124	78.07
49	GEORGIA INSTITUTE OF TECHNOLOGY	佐治亚理工学院	美国	126	77.99
50	UNIVERSITY OF MINNESOTA TWIN CITIES	明尼苏达大学双城分校	美国	128	77.90
51	UNIVERSITY OF IOWA	艾奥瓦大学	美国	131	77.85
52	UNIVERSITY OF VIRGINIA	弗吉尼亚大学	美国	132	77.81
53	CASE WESTERN RESERVE UNIVERSITY	凯斯西储大学	美国	137	77.73
54	ARIZONA STATE UNIVERSITY	亚利桑那州立大学	美国	139	77.69
55	UNIVERSITY OF UTAH	犹他大学	美国	140	77.68
56	UNIVERSITY OF CALIFORNIA RIVERSIDE	加州大学河滨分校	美国	141	77.65
57	UNIVERSITY OF OTTAWA	渥太华大学	加拿大	148	77.32
58	UNIVERSITY OF CALIFORNIA SANTA CRUZ	加州大学圣克鲁兹分校	美国	149	77.27
59	UNIVERSITY OF ROCHESTER	罗切斯特大学	美国	154	77.09
60	NORTHEASTERN UNIVERSITY	美国东北大学	美国	159	76.96
61	BAYLOR COLLEGE OF MEDICINE	贝勒医学院	美国	160	76.94
62	CARNEGIE MELLON UNIVERSITY	卡内基梅隆大学	美国	163	76.87
63	DALHOUSIE UNIVERSITY	达尔豪西大学	加拿大	164	76.78
64	NORTH CAROLINA STATE UNIVERSITY	北卡罗来纳州立大学	美国	170	76.58
65	ICAHN SCHOOL OF MEDICINE AT MOUNT SINAI	西奈山伊坎医学院	美国	173	76.56
66	IOWA STATE UNIVERSITY	艾奥瓦州立大学	美国	174	76.53
67	UNIVERSITY OF CONNECTICUT	康涅狄格大学	美国	177	76.49
68	RICE UNIVERSITY	莱斯大学	美国	178	76.47
69	UNIVERSITY OF MASSACHUSETTS AMHERST	马萨诸塞大学阿默斯特分校	美国	180	76.44

续表

所在洲排名	英文名称	中文名称	国家/地区	世界排名	总得分
70	PENNSYLVANIA STATE UNIVERSITY-UNIVERSITY PARK	宾夕法尼亚州立大学帕克分校	美国	182	76.38
71	UNIVERSITY OF MIAMI	迈阿密大学	美国	188	76.30
72	TUFTS UNIVERSITY	塔夫茨大学	美国	189	76.29
73	UNIVERSITY OF SOUTH FLORIDA	南佛罗里达大学	美国	195	76.20
74	UNIVERSITY OF CINCINNATI	辛辛那提大学	美国	198	76.16
75	STATE UNIVERSITY OF NEW YORK STONY BROOK	纽约州立大学石溪分校	美国	201	76.03
76	UNIVERSITY OF WESTERN ONTARIO	西安大略大学	加拿大	202	75.90
77	LAVAL UNIVERSITY	拉瓦尔大学	加拿大	213	75.59
78	UNIVERSITY OF WATERLOO	滑铁卢大学	加拿大	219	75.44
79	OREGON STATE UNIVERSITY	俄勒冈州立大学	美国	223	75.32
80	FLORIDA STATE UNIVERSITY	佛罗里达州立大学	美国	224	75.25
81	COLORADO STATE UNIVERSITY	科罗拉多州立大学	美国	228	75.21
82	UNIVERSITY OF SOUTH CAROLINA	南卡罗来纳大学	美国	232	75.05
83	WASHINGTON STATE UNIVERSITY	华盛顿州立大学	美国	236	74.84
84	LOUISIANA STATE UNIVERSITY	路易斯安那州立大学	美国	239	74.80
85	RUTGERS STATE UNIVERSITY NEW BRUNSWICK	罗格斯大学新不斯维克分校	美国	240	74.80
86	ROCKEFELLER UNIVERSITY	洛克菲勒大学	美国	241	74.79
87	UNIVERSITY OF ILLINOIS CHICAGO	伊利诺伊大学	美国	249	74.64
88	UNIVERSITY OF MANITOBA	曼尼托巴大学	加拿大	250	74.62
89	UNIVERSITY OF ALABAMA BIRMINGHAM	亚拉巴马大学伯明翰分校	美国	254	74.54
90	UNIVERSITY OF NEW MEXICO	新墨西哥大学	美国	260	74.41
91	OREGON HEALTH & SCIENCE UNIVERSITY	俄勒冈健康与科学大学	美国	262	74.39
92	DARTMOUTH COLLEGE	达特茅斯学院	美国	263	74.37
93	VIRGINIA POLYTECHNIC INSTITUTE & STATE UNIVERSITY	弗吉尼亚理工学院暨州立大学	美国	266	74.34
94	INDIANA UNIVERSITY BLOOMINGTON	第安纳大学伯明顿分校	美国	267	74.30
95	STATE UNIVERSITY OF NEW YORK-BUFFALO	纽约州立大学布法罗分校	美国	269	74.30
96	UNIVERSITY OF DELAWARE	特拉华大学	美国	270	74.27
97	UNIVERSITY OF TENNESSEE KNOXVILLE	田纳西大学诺克斯维尔分校	美国	271	74.26
98	UNIVERSITY OF KENTUCKY	肯塔基大学	美国	272	74.26
99	GEORGE WASHINGTON UNIVERSITY	乔治·华盛顿大学	美国	291	73.63
100	VIRGINIA COMMONWEALTH UNIVERSITY	弗吉尼亚州立联邦大学	美国	295	73.53

北美洲一流高校前一百强中只有美国和加拿大两国的高校进入前一百强。其中美国高校为 87 所，加拿大高校为 13 所。结合全球高校前三十强排行榜来看，美国就占了 18 所，可见美国高校仍然占据绝对优势。加拿大高校排名最靠前的是多伦多大学，位列第十八名，英属哥伦比亚大学位列第二十名，今年排名稍有回落，麦吉尔大学位列第二十一名，而这三所高校也已进入全球一流高校排行榜的前三十强，表现也值得关注。

三、南美洲一流大学排行榜（前30名）

表 2-135　南美洲一流大学排行榜（前30名）

所在洲排名	英文名称	中文名称	国家/地区	世界排名	总得分
1	UNIVERSIDADE DE SAO PAULO	圣保罗大学	巴西	85	79.69
2	UNIVERSIDADE FEDERAL DO RIO DE JANEIRO	里约热内卢联邦大学	巴西	233	74.98
3	UNIVERSIDADE ESTADUAL DE CAMPINAS	坎皮纳斯州立大学	巴西	311	73.24
4	UNIVERSITY OF BUENOS AIRES	布宜诺斯艾利斯大学	阿根廷	365	72.40
5	UNIVERSIDADE FEDERAL DO RIO GRANDE DO SUL	南大河联邦大学	巴西	383	71.88
6	PONTIFICIA UNIVERSIDAD CATOLICA DE CHILE	智利天主教大学	智利	405	71.50
7	UNIVERSIDAD DE CHILE	智利大学	智利	430	71.01
8	UNIVERSIDADE FEDERAL DE MINAS GERAIS	米纳斯吉拉斯联邦大学	巴西	466	70.39
9	UNIVERSIDADE ESTADUAL PAULISTA	圣保罗州立大学	巴西	470	70.35
10	UNIVERSIDADE FEDERAL DE SAO PAULO	圣保罗联邦大学	巴西	593	68.37
11	NATIONAL UNIVERSITY OF LA PLATA	拉普拉塔国立大学	阿根廷	639	67.64
12	UNIVERSIDADE DO ESTADO DO RIO DE JANEIRO	里约热内卢天主教大学	巴西	659	67.46
13	UNIVERSITY OF THE ANDES COLOMBIA	哥伦比亚安第斯大学	哥伦比亚	728	66.65
14	UNIVERSIDADE FEDERAL DE SAO CARLOS	巴西圣保罗联邦大学	巴西	755	66.34
15	UNIVERSIDAD NACIONAL DE COLOMBIA	哥伦比亚国立大学	哥伦比亚	756	66.33
16	UNIVERSIDADE FEDERAL DO PARANA	巴拉那联邦大学	巴西	762	66.26
17	UNIVERSIDADE FEDERAL DO CEARA	塞阿拉联邦大学	巴西	763	66.26
18	UNIVERSIDADE FEDERAL DE SANTA CATARINA	圣卡塔琳娜联邦大学	巴西	774	66.13
19	UNIVERSIDAD DE CONCEPCION	康塞普森大学	智利	788	65.92
20	UNIVERSIDADE DE BRASILIA	巴西利亚大学	巴西	790	65.89
21	UNIVERSITY OF THE REPUBLIC-URUGUAY	乌拉圭共和国大学	乌拉圭	796	65.84
22	UNIVERSIDADE FEDERAL FLUMINENSE	弗鲁米嫩塞联邦大学	巴西	799	65.83
23	UNIVERSIDADE FEDERAL DE PERNAMBUCO	贝南博古联邦大学	巴西	825	65.50
24	UNIVERSIDADE FEDERAL DE PELOTAS	佩洛塔斯联邦大学	巴西	860	65.11
25	UNIVERSIDADE FEDERAL DA BAHIA	巴伊亚州联邦大学	巴西	863	65.05
26	UNIVERSIDADE FEDERAL DO RIO GRANDE DO NORTE	北里奥格兰德联邦大学	巴西	893	64.75
27	NATIONAL UNIVERSITY OF CORDOBA	国立科尔多瓦大学	阿根廷	908	64.47
28	UNIVERSIDADE FEDERAL DE GOIAS	戈亚斯联邦大学	巴西	915	64.42
29	UNIVERSIDAD DE ANTIOQUIA	安蒂奥基亚大学	哥伦比亚	993	63.63
30	UNIVERSIDAD TECNICA FEDERICO SANTA MARIA	费德里科圣玛丽亚科技大学	智利	995	63.62

南美洲一流高校前30强中巴西占据了前30强的19席，表现不俗，其中圣保罗大学、里约热内卢联邦大学、坎皮纳斯州立大学位列南美洲一流高校前三名。阿根廷布宜诺斯艾利斯大学位列第四名。智利虽然只有4所大学进入前30强，但是智利天主教大学、智利大学分别以第六名和第七名的身份进入前十强，表现不错。

四、欧洲一流大学排行榜（前30名）

表2-136 欧洲一流大学排行榜（前30名）

所在洲排名	英文名称	中文名称	国家/地区	世界排名	总得分
1	UNIVERSITY OF CAMBRIDGE	剑桥大学	英国	4	90.59
2	UNIVERSITY OF OXFORD	牛津大学	英国	5	90.40
3	IMPERIAL COLLEGE LONDON	伦敦帝国学院	英国	15	87.17
4	UNIVERSITY OF EDINBURGH	爱丁堡大学	英国	17	87.03
5	UNIVERSITY COLLEGE LONDON	伦敦大学学院	英国	23	86.31
6	UNIVERSITY OF COPENHAGEN	哥本哈根大学	丹麦	34	83.38
7	UNIVERSITY OF MANCHESTER	曼彻斯特大学	英国	36	83.17
8	ETH ZURICH	苏黎世联邦理工学院	瑞士	37	83.12
9	UNIVERSITY OF OSLO	奥斯陆大学	挪威	38	82.96
10	RUPRECHT KARLS UNIVERSITY HEIDELBERG	海德堡大学	德国	39	82.93
11	UNIVERSITY OF BRISTOL	布里斯托尔大学	英国	42	82.75
12	UNIVERSITY OF GRONINGEN	格罗宁根大学	荷兰	45	82.37
13	TECHNICAL UNIVERSITY OF MUNICH	慕尼黑理工大学	德国	49	81.83
14	UNIVERSITY OF MUNICH	慕尼黑大学	德国	51	81.79
15	KINGS COLLEGE LONDON	伦敦国王学院	英国	52	81.79
16	UNIVERSITY OF BIRMINGHAM	伯明翰大学	英国	54	81.72
17	UNIVERSITY OF ZURICH	苏黎世大学	瑞士	55	81.62
18	UNIVERSITY OF GENEVA	日内瓦大学	瑞士	56	81.49
19	SORBONNE UNIVERSITE	索邦大学	法国	62	80.94
20	UNIVERSITY OF BARCELONA	巴塞罗那大学	西班牙	67	80.57
21	UNIVERSITY OF HELSINKI	赫尔辛基大学	芬兰	68	80.54
22	AARHUS UNIVERSITY	奥尔胡斯大学	丹麦	74	80.15
23	UNIVERSITE DE PARIS	巴黎大学	法国	76	80.13
24	UPPSALA UNIVERSITY	乌普萨拉大学	瑞典	78	79.97
25	LEIDEN UNIVERSITY	莱顿大学	荷兰	79	79.96
26	UTRECHT UNIVERSITY	乌得勒支大学	荷兰	80	79.95
27	VRIJE UNIVERSITEIT AMSTERDAM	阿姆斯特丹自由大学	荷兰	82	79.79
28	UNIVERSITY OF AMSTERDAM	阿姆斯特丹大学	荷兰	87	79.62
29	UNIVERSITY OF SOUTHAMPTON	南安普敦大学	英国	88	79.58
30	RADBOUD UNIVERSITY NIJMEGEN	内梅亨大学	荷兰	89	79.56

欧洲一流高校排行榜前30强中各国大学表现较为均衡，英国、丹麦、瑞士、挪威、德国、荷兰、法国、西班牙、芬兰、瑞典等国均有高校进入前三十强。其中英国共有10名高校进入，前十名中，有六所高校为英国高校，剑桥大学、牛津大学、伦敦帝国学院、爱丁堡大学、伦敦大学学院位列前五名。丹麦的哥本哈根大学和瑞士的苏黎世联邦理工学院分别为第六名、第八名，也值得关注。

五、非洲一流大学排行榜（前30名）

表 2-137 非洲一流大学排行榜（前30名）

所在洲排名	英文名称	中文名称	国家/地区	世界排名	总得分
1	UNIVERSITY OF CAPE TOWN	开普敦大学	南非	211	75.60
2	UNIVERSITY OF WITWATERSRAND	金山大学	南非	321	73.13
3	STELLENBOSCH UNIVERSITY	斯坦陵布什大学	南非	379	72.07
4	UNIVERSITY OF KWAZULU NATAL	夸祖鲁纳塔尔大学	南非	413	71.31
5	UNIVERSITY OF PRETORIA	比勒陀利亚大学	南非	500	69.94
6	UNIVERSITY OF JOHANNESBURG	约翰内斯堡大学	南非	655	67.48
7	MAKERERE UNIVERSITY	麦克雷雷大学	乌干达	758	66.31
8	NORTH WEST UNIVERSITY-SOUTH AFRICA	南非西北大学	南非	909	64.46
9	UNIVERSITY OF IBADAN	伊巴丹大学	尼日利亚	951	64.02
10	UNIVERSITE DE TUNIS-EL-MANAR	突尼斯玛纳尔大学	突尼斯	989	63.65
11	ADDIS ABABA UNIVERSITY	亚的斯亚贝巴大学	埃塞俄比亚	1019	63.45
12	UNIVERSITE DE SFAX	斯法克斯大学	突尼斯	1043	63.23
13	RHODES UNIVERSITY	罗得斯大学	南非	1058	63.10
14	UNIVERSITY OF THE WESTERN CAPE	南非西开普大学	南非	1073	62.99
15	UNIVERSITY OF NAIROBI	内罗毕大学	肯尼亚	1090	62.82
16	KWAME NKRUMAH UNIVERSITY SCIENCE & TECHNOLOGY	夸梅恩克鲁玛科技大学	加纳	1096	62.79
17	UNIVERSITY OF ZAMBIA	赞比亚大学	赞比亚	1120	62.54
18	UNIVERSITY OF THE FREE STATE	自由州大学	南非	1130	62.45
19	UNIVERSITY OF GHANA	加纳大学	加纳	1142	62.34
20	MOHAMMED V UNIVERSITY	穆罕默德五世大学	摩洛哥	1183	62.07
21	MUHIMBILI UNIVERSITY OF HEALTH & ALLIED SCIENCES	莫西比利健康与综合科学大学	坦桑尼亚	1200	61.85
22	UNIVERSITY OF SOUTH AFRICA	南非大学	南非	1216	61.65
23	UNIVERSITY OF ZIMBABWE	津巴布韦大学	津巴布韦	1219	61.62
24	UNIVERSITY OF MALAWI	马拉维大学	马拉维	1292	60.99
25	JIMMA UNIVERSITY	季马大学	埃塞俄比亚	1346	60.57
26	UNIVERSITE DE MONASTIR	莫纳斯提尔大学	突尼斯	1434	59.02
27	MEKELLE UNIVERSITY	默克莱大学	埃塞俄比亚	1436	58.96
28	UNIVERSITE DE CARTHAGE	迦太基大学	突尼斯	1440	58.87
29	NELSON MANDELA UNIVERSITY	纳尔逊·曼德拉大学	南非	1445	58.42
30	UNIVERSITY OF CAPE TOWN	尼日利亚大学	尼日利亚	1486	45.18

非洲一流高校排行榜前30强中南非有12所高校进入，数量最多。南非开普敦大学、金山大学、斯坦陵布什大学位列前三名。

六、大洋洲一流大学排行榜（前 30 名）

表 2-138 大洋洲一流大学排行榜（前 30 名）

所在洲排名	英文名称	中文名称	国家/地区	世界排名	总得分
1	UNIVERSITY OF MELBOURNE	墨尔本大学	澳大利亚	30	84.77
2	UNIVERSITY OF SYDNEY	悉尼大学	澳大利亚	33	83.66
3	UNIVERSITY OF QUEENSLAND	昆士兰大学	澳大利亚	35	83.36
4	MONASH UNIVERSITY	莫纳什大学	澳大利亚	46	82.19
5	UNIVERSITY OF NEW SOUTH WALES SYDNEY	新南威尔斯大学悉尼分校	澳大利亚	83	79.76
6	UNIVERSITY OF WESTERN AUSTRALIA	西澳大学	澳大利亚	99	79.16
7	AUSTRALIAN NATIONAL UNIVERSITY	澳大利亚国立大学	澳大利亚	109	78.61
8	UNIVERSITY OF ADELAIDE	阿德莱德大学	澳大利亚	122	78.26
9	UNIVERSITY OF AUCKLAND	奥克兰大学	新西兰	175	76.51
10	DEAKIN UNIVERSITY	迪肯大学	澳大利亚	264	74.35
11	GRIFFITH UNIVERSITY	格里菲斯大学	澳大利亚	274	74.21
12	CURTIN UNIVERSITY	科廷大学	澳大利亚	278	74.12
13	UNIVERSITY OF TECHNOLOGY SYDNEY	悉尼科技大学	澳大利亚	279	74.03
14	UNIVERSITY OF WOLLONGONG	伍伦贡大学	澳大利亚	289	73.71
15	UNIVERSITY OF NEWCASTLE	澳大利亚纽卡索大学	澳大利亚	296	73.52
16	UNIVERSITY OF OTAGO	奥塔哥大学	新西兰	298	73.48
17	MACQUARIE UNIVERSITY	麦考瑞大学	澳大利亚	340	72.85
18	QUEENSLAND UNIVERSITY OF TECHNOLOGY	昆士兰科技大学	澳大利亚	346	72.75
19	UNIVERSITY OF TASMANIA	塔斯马尼亚大学	澳大利亚	350	72.72
20	UNIVERSITY OF SOUTH AUSTRALIA	南澳大利亚大学	澳大利亚	364	72.41
21	JAMES COOK UNIVERSITY	詹姆斯库克大学	澳大利亚	374	72.16
22	LA TROBE UNIVERSITY	拉特罗巴大学	澳大利亚	397	71.62
23	ROYAL MELBOURNE INSTITUTE OF TECHNOLOGY	皇家墨尔本理工大学	澳大利亚	423	71.20
24	FLINDERS UNIVERSITY SOUTH AUSTRALIA	南澳大利亚佛林德斯大学	澳大利亚	465	70.40
25	WESTERN SYDNEY UNIVERSITY	西悉尼大学	澳大利亚	467	70.39
26	UNIVERSITY OF CANTERBURY	坎特伯雷大学	新西兰	468	70.38
27	SWINBURNE UNIVERSITY OF TECHNOLOGY	斯文本科技大学	澳大利亚	497	69.97
28	VICTORIA UNIVERSITY	维多利亚大学	澳大利亚	612	68.01
29	MASSEY UNIVERSITY	梅西大学	新西兰	613	68.00
30	VICTORIA UNIVERSITY WELLINGTON	惠灵顿瑞士维多利亚大学	新西兰	616	67.99

大洋洲一流高校排行榜前30强中，澳大利亚进入25所，新西兰进入5所。澳大利亚墨尔本大学、悉尼大学和昆士兰大学占据了前三名。新西兰只有奥克兰大学进入了前十名。

第三章

数据分析

第一节 我们离世界一流大学还有多远？

一、国家（地区）科研竞争力排名与分析

本次的国家（地区）科研竞争力评价以进入 ESI 学科数大于等于 2 个学科的所有大学作为统计样本，得出国家（地区）科研竞争力排行榜。在科研竞争力方面，美国牢牢占据了榜首位置，除专利外其他指标的得分都位居首位，显示了绝对领先的科研水平；紧随其后的是中国、英国、德国、法国、意大利、日本、西班牙、加拿大、澳大利亚（表 3-1）。中国大陆（内地）位于第 2 位，中国台湾位于第 17 位，中国香港位于第 30 位。从各个具体指标来看，中国大学的 ESI 收录论文数和专利数继续保持较高水平，篇均被引次数、高被引论文数相对偏低。这说明中国大学的科研能力和影响力发展不均衡，虽然科研能力迅速提高，但影响力水平提高不是特别显著。因此，中国大学未来努力的重点和方向是在保持科研产出数量稳定的前提下适当偏重质量，以求得科研能力和影响力水平的同步发展。

表 3-1 国家（地区）科研竞争力前 30 强（2020）

排名	国家/地区	发表论文得分	论文被引得分	专利得分	高被引论文得分	国际合作论文得分	总分
1	美国	100.00	100.00	74.16	100.00	100.00	100.00
2	中国	92.72	81.48	100.00	85.84	97.54	95.49
3	英国	74.65	74.86	50.73	74.57	85.00	87.02
4	德国	70.93	69.66	50.69	69.46	72.12	83.67
5	法国	71.34	71.94	58.83	68.50	56.58	83.48
6	意大利	66.72	66.56	46.13	64.83	70.60	81.47
7	日本	66.58	62.76	53.96	59.43	68.57	80.00
8	西班牙	63.73	61.76	45.85	59.38	65.03	78.65
9	加拿大	63.05	59.06	41.76	61.37	70.60	78.52
10	澳大利亚	62.59	58.64	40.13	61.45	71.76	78.42
11	韩国	63.05	56.33	52.02	55.73	62.60	76.85
12	巴西	60.07	51.65	44.03	51.62	63.30	74.20
13	土耳其	54.45	51.92	45.91	48.80	55.47	72.62
14	印度	55.33	53.22	45.77	47.95	51.16	72.51
15	伊朗	54.98	49.70	45.08	48.41	56.04	72.00
16	荷兰	52.88	49.33	36.07	53.21	55.56	71.87
17	中国台湾	54.71	49.85	43.33	46.54	55.06	71.46
18	瑞典	50.97	49.33	40.42	49.88	55.61	71.38
19	波兰	52.38	47.86	42.55	45.86	53.47	70.35
20	瑞士	47.38	46.75	30.67	48.29	49.91	68.78
21	奥地利	45.22	46.39	31.10	44.20	50.44	67.76
22	希腊	43.41	45.61	38.07	42.17	44.30	66.87
23	比利时	45.92	44.51	26.39	45.83	46.14	66.85
24	南非	44.45	41.91	27.28	42.26	50.04	65.70
25	芬兰	43.35	42.98	27.26	42.13	47.67	65.61
26	葡萄牙	44.40	42.61	29.03	41.51	47.44	65.57

续表

排名	国家/地区	发表论文得分	论文被引得分	专利得分	高被引论文得分	国际合作论文得分	总分
27	挪威	42.75	43.18	31.01	41.55	45.60	65.52
28	爱尔兰	40.26	42.60	26.92	39.61	44.51	64.30
29	埃及	42.07	38.70	38.94	36.85	47.88	64.15
30	中国香港	41.97	38.72	31.63	41.39	45.79	64.15

从进入世界科研竞争力排行榜前600名的大学来看，国家科研竞争力前10位为美国、中国、英国、法国、德国、意大利、澳大利亚、加拿大、西班牙、荷兰。从具体的科研竞争力前600名大学国家或地区分布来看，美国有176所，中国有52所，英国有47所，法国有44所，德国有43所，意大利有35所，澳大利亚有20所，加拿大有18所，西班牙有16所，荷兰有12所（表3-2）。这10个国家一共占前600名的77.17%。可见世界上优秀的大学和科研院所大多集中在这几个国家，它们拥有其他国家难以企及的科研实力。中国有6所大学进入前100位，清华大学（第18位）、浙江大学（第20位）、上海交通大学（第39位）、北京大学（第56位）、华南理工大学（第57位）、中国科学院大学（第77位）。100名至200名中有12所，中山大学（第109位）、天津大学（第116位）、华中科技大学（第118位）、南京大学（第124位）、复旦大学（第137位）、吉林大学（第147位）、哈尔滨工业大学（第148位）、武汉大学（第161位）、山东大学（第167位）、江南大学（第181位）、中南大学（第183位）、东南大学（第194位）。前300名中有26所，即以上18所及武汉理工大学（第231位）、苏州大学（第247位）、四川大学（第256位）、大连理工大学（第269位）、同济大学（第279位）、电子科技大学（第283位）、西安交通大学（第287位）、中国科学技术大学（第299位）。前400名中有33所；前500名中有38所；前600名中有52所。

表3-2 科研竞争力前600名大学国家（地区）分布与比例

国家/地区	前600名		前500名		前400名		前300名		前200名		前100位	
	数量/所	比例/%	数量/所	比例/%	数量/所	比例/%	数量/所	比例/%	数量/所	比例/%	数量/所	比例/%
美国	176	29.33	157	31.40	123	30.75	90	30.00	68	34.00	45	45.00
中国	52	8.67	38	7.60	33	8.25	26	8.67	18	9.00	6	6.00
英国	47	7.83	42	8.40	38	9.50	32	10.67	25	12.50	13	13.00
法国	44	7.33	35	7.00	27	6.75	18	6.00	9	4.50	3	3.00
德国	43	7.17	37	7.40	34	8.50	25	8.33	12	6.00	2	2.00
意大利	35	5.83	28	5.60	21	5.25	15	5.00	5	2.50	0	0.00
澳大利亚	20	3.33	15	3.00	9	2.25	8	2.67	8	4.00	5	5.00
加拿大	18	3.00	17	3.40	14	3.50	9	3.00	8	4.00	4	4.00
西班牙	16	2.67	12	2.40	8	2.00	4	1.33	2	1.00	2	2.00
荷兰	12	2.00	11	2.20	9	2.25	9	3.00	9	4.50	6	6.00
中国香港	6	1.00	4	0.80	4	1.00	3	1.00	1	0.50	0	0.00
中国台湾	2	0.33	2	0.40	1	0.25	1	0.33	0	0.00	0	0.00

从ESI收录论文数来看，2020年国家科研竞争力排名前5位的国家发文量均达到了1 131 753篇以上，其中排名第1位的美国发文量达到了惊人的4 884 203篇。中国的发文量位居世界第2位，达3 076 856篇。

从篇均被引次数来看，2020年国家科研竞争力排名前5位的国家只有美国和中国的得分超过80分，中国居于第2位，具有一定的优势。

从高被引论文数来看，国家科研竞争力排名前5位的国家高被引论文数均在22 755篇以上，排名第1

位的美国为 141 232 篇。中国的高被引论文数排名世界第 2 位，为 44 853 篇，较去年 34 441 篇有了很大幅度的提高。从绝对数量来看，占排名第 1 位的美国的 31.76%，而上一年为 20.07%。这反映出虽然中国的科研影响力在不断提升，但与发达国家相比还存在较大的差距。

从国际合作论文数来看，国家科研竞争力排名前 5 位的国家国际合作论文数均在 33 662 篇以上，排名第一位的美国为 346 752 篇，中国排名第二，为 261 035 篇。排名与 2019 年相同，但与第一名的美国的差距仍然较大，在国际合作论文方面还有很大的进步空间。

从发明专利来看，国家科研竞争力前 5 位的国家差异比较大。一个国家的专利水平反映了它在世界上的科研创新力。中国的专利数排名世界第 1 位，证明了我国在专利方面生产能力比较强大，但同时也可以看到我国的专利核心竞争力不足、层次比较低。在今后一段时间内，我们在继续保持这种创新优势的同时，也要扩大专利成果的转化力度，将我国大学所具有的创新能力转化为实际的生产力，以此推动我国的经济发展和社会进步。

二、中国进入 ESI 排行的大学排名与分析

2020 年世界大学综合竞争力评价中，有 2 个及以上学科进入 ESI 排行的大学有 1541 所。其中，美国有 264 所，英国有 93 所，中国有 217 所，德国有 66 所，法国有 85 所，意大利有 57 所，澳大利亚有 39 所，加拿大有 39 所，西班牙有 51 所，荷兰有 15 所。上述 10 个国家 2 个及以上学科进入 ESI 排行的大学数目约占总数的 60.09%，说明世界上比较优秀的大学都集中分布在少数国家，特别是美国、中国、英国、德国、意大利五国在进入 ESI 排行大学总数方面占据着绝对优势。通过以上数据可以看出，中国的整体科研实力是在稳步提升的，而且中国是唯一以发展中国家身份进入科研竞争力世界前 10 强的国家，这一点是值得充分肯定的，但与美国相比，还存在不小的差距。

表 3-3 中显示的是世界顶尖大学，即进入此次排行的前 1%的 15 所大学，以及中国进入此次排行的大学名单。可以看出，美国的大学依旧牢牢占据世界顶尖大学军团的阵容。

2020 年中国大学科学研究在世界大学中的表现不凡，国内名牌大学在本次评价中的排名普遍上升，这是中国大学加大加强科研力度的重要表现。

另外，中国香港进入排行的共有 7 所学校，其中有 6 所进入了世界大学排行榜的前 600 强，即香港中文大学、香港大学、香港科技大学、香港城市大学、香港理工大学、香港浸会大学。

中国台湾进入此次排行的大学有 29 所，其中有 6 所学校进入世界大学排行榜的前 600 强，即台湾大学、台湾清华大学、"台湾中央大学"、台湾阳明大学、台湾成功大学、台湾交通大学。

此外，中国澳门的澳门大学以 8 个 ESI 学科保持在此次排行之列。

以上大学的大学科研竞争力排行如表 3-3 所示。

表 3-3　世界顶尖大学与中国进入 ESI 排行的大学科研竞争力排名

综合竞争力排名	学校名称	国家/地区
1	哈佛大学	美国
2	麻省理工学院	美国
3	华盛顿大学	美国
4	斯坦福大学	美国
5	牛津大学	英国
6	加州大学洛杉矶分校	美国
7	多伦多大学	加拿大
8	剑桥大学	英国
9	约翰·霍普金斯大学	美国
10	芝加哥大学	美国

续表

综合竞争力排名	学校名称	国家/地区
11	哥伦比亚大学	美国
12	洛克菲勒大学	美国
13	伦敦大学学院	英国
14	伦敦帝国学院	英国
15	加州大学伯克利分校	美国
18	清华大学	中国
20	浙江大学	中国
39	上海交通大学	中国
56	北京大学	中国
57	华南理工大学	中国
77	中国科学院大学	中国
109	中山大学	中国
116	天津大学	中国
118	华中科技大学	中国
124	南京大学	中国
137	复旦大学	中国
147	吉林大学	中国
148	哈尔滨工业大学	中国
161	武汉大学	中国
167	山东大学	中国
171	香港中文大学	中国香港
181	江南大学	中国
183	中南大学	中国
194	东南大学	中国
231	武汉理工大学	中国
239	香港大学	中国香港
247	苏州大学	中国
251	台湾大学	中国台湾
256	四川大学	中国
269	大连理工大学	中国
279	同济大学	中国
283	电子科技大学	中国
287	西安交通大学	中国
294	香港科技大学	中国香港
299	中国科学技术大学	中国
308	福州大学	中国
312	南开大学	中国
313	香港城市大学	中国香港
317	湖南大学	中国
318	厦门大学	中国

续表

综合竞争力排名	学校名称	国家/地区
351	北京航空航天大学	中国
383	江苏大学	中国
396	北京化工大学	中国
403	北京理工大学	中国
419	华东理工大学	中国
432	重庆大学	中国
471	中国农业大学	中国
476	浙江工业大学	中国
489	台湾清华大学	中国台湾
502	南京理工大学	中国
507	东华大学	中国
511	上海大学	中国
519	暨南大学	中国
530	香港理工大学	中国香港
538	济南大学	中国
561	华中师范大学	中国
562	广东工业大学	中国
566	兰州大学	中国
568	辽宁工业大学	中国
571	山东科技大学	中国
573	香港浸会大学	中国香港
578	南京工业大学	中国
580	南京航空航天大学	中国
584	中国石油大学	中国
596	西北工业大学	中国
609	北京师范大学	中国
626	华东师范大学	中国
642	中国东北大学	中国
643	北京科技大学	中国
644	深圳大学	中国
646	南京邮电大学	中国
650	中国医学科学院-北京协和医学院	中国
651	郑州大学	中国
656	华北电力大学	中国
683	北京工业大学	中国
698	华中农业大学	中国
699	昆明理工大学	中国
703	中国地质大学	中国
710	哈尔滨工程大学	中国
717	广西大学	中国

续表

综合竞争力排名	学校名称	国家/地区
725	合肥工业大学	中国
729	湖南工业大学	中国
748	海军军医大学	中国
762	西安电子科技大学	中国
764	浙江理工大学	中国
765	河海大学	中国
766	空军军医大学	中国
771	浙江师范大学	中国
782	南京农业大学	中国
796	南京信息工程大学	中国
813	"台湾中央大学"	中国台湾
840	黑龙江大学	中国
842	西北农林科技大学	中国
848	西北大学	中国
849	东北师范大学	中国
854	台湾阳明大学	中国台湾
857	台湾成功大学	中国台湾
858	四川农业大学	中国
861	西南交通大学	中国
862	扬州大学	中国
867	青岛科技大学	中国
868	南京医科大学	中国
873	湘潭大学	中国
878	常州大学	中国
882	中国海洋大学	中国
886	西南大学	中国
903	华北理工大学	中国
904	首都医科大学	中国
908	台湾交通大学	中国台湾
917	陆军军医大学	中国
919	南昌大学	中国
923	哈尔滨医科大学	中国
926	重庆工商大学	中国
931	北京林业大学	中国
932	中国医科大学	中国
935	天津医科大学	中国
937	杭州师范大学	中国
942	安徽工业大学	中国
946	宁波大学	中国
947	青岛大学	中国

续表

综合竞争力排名	学校名称	国家/地区
952	渤海大学	中国
961	中国计量大学	中国
962	台湾中国医药大学	中国台湾
963	西华师范大学	中国
967	华南农业大学	中国
972	三峡大学	中国
973	温州大学	中国
983	长庚大学	中国台湾
984	华南师范大学	中国
992	贵州大学	中国
993	南京师范大学	中国
1005	台北医学大学	中国台湾
1008	哈尔滨理工大学	中国
1016	澳门大学	中国澳门
1018	台湾中兴大学	中国台湾
1026	燕山大学	中国
1028	湖北大学	中国
1037	河南师范大学	中国
1039	陕西科技大学	中国
1041	南昌航空大学	中国
1055	中山医学大学	中国台湾
1056	南方医科大学	中国
1060	武汉工程大学	中国
1062	高雄医科大学	中国台湾
1063	山东农业大学	中国
1066	上海理工大学	中国
1067	长安大学	中国
1070	太原理工大学	中国
1077	湖南农业大学	中国
1079	北京交通大学	中国
1080	中国药科大学	中国
1082	东北林业大学	中国
1085	上海师范大学	中国
1092	江西师范大学	中国
1099	哈尔滨师范大学	中国
1102	福建农林大学	中国
1107	台湾科技大学	中国台湾
1120	西南石油大学	中国
1128	台湾中山大学	中国台湾
1131	重庆医科大学	中国

续表

续表

综合竞争力排名	学校名称	国家/地区
1133	山西大学	中国
1134	华侨大学	中国
1138	安徽大学	中国
1143	江苏师范大学	中国
1150	中南民族大学	中国
1153	中国人民大学	中国
1156	武汉科技大学	中国
1159	河南大学	中国
1163	南方科技大学	中国
1165	青岛农业大学	中国
1166	陕西师范大学	中国
1168	曲阜师范大学	中国
1181	浙江农林大学	中国
1183	温州医科大学	中国
1186	中国矿业大学	中国
1198	天津理工大学	中国
1204	杭州电子科技大学	中国
1208	北京邮电大学	中国
1211	河南工业大学	中国
1212	南华大学	中国
1222	沈阳药科大学	中国
1223	南通大学	中国
1224	江苏科技大学	中国
1228	安徽医科大学	中国
1230	广州医科大学	中国
1242	台湾中原大学	中国台湾
1243	山东师范大学	中国
1245	南京林业大学	中国
1246	亚洲大学（中国台湾）	中国台湾
1252	长沙理工大学	中国
1255	台湾医学院	中国台湾
1266	山东理工大学	中国
1274	河北工业大学	中国
1277	天津科技大学	中国
1280	福建师范大学	中国
1284	首都师范大学	中国
1292	山东第一医科大学	中国
1294	海南大学	中国
1296	广州大学	中国

续表

综合竞争力排名	学校名称	国家/地区
1297	浙江工商大学	中国
1298	云南大学	中国
1300	大连医科大学	中国
1305	西北师范大学	中国
1306	国防科技大学	中国
1309	广西医科大学	中国
1313	湖南师范大学	中国
1315	东北农业大学	中国
1317	台湾东华大学	中国台湾
1321	辅仁大学	中国台湾
1328	台北科技大学	中国台湾
1330	台湾师范大学	中国台湾
1331	大连海事大学	中国
1333	台湾海洋大学	中国台湾
1335	桂林电子科技大学	中国
1336	上海海洋大学	中国
1344	南京中医药大学	中国
1346	聊城大学	中国
1353	重庆邮电大学	中国
1359	西安建筑科技大学	中国
1370	河北师范大学	中国
1378	齐鲁工业大学	中国
1380	香港教育大学	中国香港
1384	烟台大学	中国
1385	兰州理工大学	中国
1394	上海中医药大学	中国
1395	兰州交通大学	中国
1396	安徽农业大学	中国
1403	河南科技大学	中国
1406	新疆大学	中国
1407	河北大学	中国
1412	天津工业大学	中国
1414	河南农业大学	中国
1417	义守大学	中国台湾
1418	广东药科大学	中国
1420	淡江大学	中国台湾
1423	河北医科大学	中国
1430	中国人民解放军理工大学	中国
1431	河北农业大学	中国

续表

续表

综合竞争力排名	学校名称	国家/地区
1437	徐州医科大学	中国
1438	天津中医药大学	中国
1440	逢甲大学	中国台湾
1455	中北大学	中国
1456	台湾中正大学	中国台湾
1458	石河子大学	中国
1459	西安理工大学	中国
1464	西南科技大学	中国
1465	桂林工业大学	中国
1468	高雄科技大学	中国台湾
1476	湖南科技大学	中国
1479	彰化师范大学	中国台湾
1489	浙江中医药大学	中国
1490	江西农业大学	中国
1506	台湾政治大学	中国台湾
1507	广州中医药大学	中国
1508	河南理工大学	中国
1515	上海财经大学	中国
1520	北京中医药大学	中国
1522	长春科技大学	中国
1528	沈阳农业大学	中国

为了更详细、更有针对性地分析排名结果，在这一部分，我们对中国进入 ESI 排行前 100 名的 9 所大学进行单个指标的科研竞争力比较分析。

2020 年，中国进入世界一流大学综合竞争力排行榜前 100 名的大学有 9 所，分别是清华大学（第 19 名）、北京大学（第 21 名）、上海交通大学（第 40 名）、浙江大学（第 43 名）、中国科学院大学（第 53 名）、南京大学（第 60 名）、复旦大学（第 61 名）、中山大学（第 66 名）、武汉大学（第 98 名）。

我们按照各项评价指标，将其与它们同档次的大学进行比较，因清华大学与北京大学、上海交通大学与浙江大学、南京大学和复旦大学与中山大学各名次相近，故我们放在一起进行比较，以更好地分析排名结果。

（一）清华大学与北京大学

清华大学在此次排行中处于第 19 位，北京大学位于第 21 位，在 1541 所大学中，相对来说比较靠前。我们选取与清华大学和北京大学排名处于同一阶段的其他 8 所大学进行比较分析，分别是伦敦帝国学院（英国）、美国西北大学（美国）、爱丁堡大学（英国）、东京大学（日本）、普林斯顿大学（美国）、圣路易斯华盛顿大学（美国）、伦敦大学学院（英国）、佛罗里达大学（美国）。

1. 综合竞争力排名分析

这 10 所大学的综合竞争力排名如表 3-4 所示。其中，只有清华大学和北京大学是在发展中国家，其余 8 所都分布在发达国家。

表 3-4 清华大学、北京大学与同档次大学综合竞争力排名比较

排名	学校名称	国家/地区	排名	学校名称	国家/地区
15	伦敦帝国学院	英国	20	普林斯顿大学	美国
16	美国西北大学	美国	21	北京大学	中国
17	爱丁堡大学	英国	22	圣路易斯华盛顿大学	美国
18	东京大学	日本	23	伦敦大学学院	英国
19	清华大学	中国	24	佛罗里达大学	美国

注：阴影覆盖的表单元是本书所列举的中国大学范例的情况，下同

2. 高被引科学家数排名分析

从表 3-5 中可以看出，和其他同档次大学相比，清华大学的高被引科学家数排名领先于其综合竞争力排名，而北京大学的高被引科学家数排名明显落后于其综合竞争力排名。这说明仍需要进一步加强高影响力科研队伍的建设。

表 3-5 清华大学、北京大学与同档次大学高被引科学家数排名比较

综合竞争力排名	学校名称	国家/地区	高被引科学家数排名
15	伦敦帝国学院	英国	29
16	美国西北大学	美国	25
17	爱丁堡大学	英国	42
18	东京大学	日本	88
19	清华大学	中国	14
20	普林斯顿大学	美国	20
21	北京大学	中国	52
22	圣路易斯华盛顿大学	美国	3
23	伦敦大学学院	英国	15
24	佛罗里达大学	美国	67

3. 进入 ESI 学科数排名分析

从学科数来看，如表 3-7 所示，北京大学进入 ESI 的学科数为 21 个，只有空间科学这一学科还未进入，与 2019 年持平。清华大学进入 ESI 的学科数为 20 个，除了空间科学还有精神病学与行为科学这一学科未进入 ESI 排名，较 2019 年增加一个学科，即农业科学学科。和同档次的大学相比，美国西北大学以较低的 ESI 学科数仍位于较高的综合竞争力排名，可见顶尖高校的综合竞争力很强，虽然学科数会有所影响，但并不是决定因素。

表 3-6 清华大学、北京大学与同档次大学进入 ESI 学科数比较

综合竞争力排名	学校名称	国家/地区	学科数
15	伦敦帝国学院	英国	22
16	美国西北大学	美国	19
17	爱丁堡大学	英国	22
18	东京大学	日本	21
19	清华大学	中国	20
20	普林斯顿大学	美国	20
21	北京大学	中国	21
22	圣路易斯华盛顿大学	美国	19
23	伦敦大学学院	英国	22
24	佛罗里达大学	美国	22

4. ESI 收录论文数排名分析

从 ESI 收录论文数来看,清华大学在 ESI 收录论文数的排名为 17,北京大学的排名为 19,从表 3-7 中可以看出,与同档次的大学相比,清华大学和北京大学排名相对靠前,表明其论文产出较多。

表 3-7 清华大学、北京大学与同档次大学 ESI 收录论文数排名比较

综合竞争力排名	学校名称	国家/地区	ESI 收录论文数排名
15	伦敦帝国学院	英国	20
16	美国西北大学	美国	55
17	爱丁堡大学	英国	77
18	东京大学	日本	13
19	清华大学	中国	17
20	普林斯顿大学	美国	171
21	北京大学	中国	19
22	圣路易斯华盛顿大学	美国	88
23	伦敦大学学院	英国	4
24	佛罗里达大学	美国	40

5. 篇均被引次数排名分析

从篇均被引次数来看,在综合竞争力排名相近的 10 所大学中,美国圣路易斯华盛顿大学的篇均被引次数最多,为 31.24,高居榜首。而清华大学的篇均被引数是 16.7,北京大学的篇均被引数是 16.91。如表 3-8 所示,在 10 所排名相近的大学中,清华大学与北京大学的篇均被引次数排名均靠后,清华大学、北京大学的篇均被引次数排名落后于其竞争力排名,表明论文被引次数较低,论文不仅要有数量,更重要的是需要提高质量。

表 3-8 清华大学、北京大学与同档次大学篇均被引次数排名比较

综合竞争力排名	学校名称	国家/地区	篇均被引次数排名
15	伦敦帝国学院	英国	49
16	美国西北大学	美国	38
17	爱丁堡大学	英国	47
18	东京大学	日本	392
19	清华大学	中国	527
20	普林斯顿大学	美国	16
21	北京大学	中国	506
22	圣路易斯华盛顿大学	美国	13
23	伦敦大学学院	英国	84
24	佛罗里达大学	美国	411

6. 高被引论文数排名分析

从高被引论文数来看,在综合竞争力排名相近的 10 所大学中,伦敦大学学院的高被引论文数是 3208 篇,排名第一。清华大学高被引论文数是 1906 篇,北京大学高被引论文数是 1543 篇,和伦敦大学学院相比还是有很大差距。如表 3-9 所示,清华大学的高被引论文数排名在第 27 位,北京大学排名在第 48 位,和同档次的学校相比,清华大学排名位于中段,北京大学的高被引论文数排名处于相对落后的位置,落后于其综合竞争力排名。

表 3-9 清华大学、北京大学与同档次大学高被引论文数排名比较

综合竞争力排名	学校名称	国家/地区	高被引论文数排名
15	伦敦帝国学院	英国	14
16	美国西北大学	美国	24
17	爱丁堡大学	英国	36
18	东京大学	日本	55
19	清华大学	中国	27
20	普林斯顿大学	美国	53
21	北京大学	中国	48
22	圣路易斯华盛顿大学	美国	30
23	伦敦大学学院	英国	8
24	佛罗里达大学	美国	70

7. 国际合作论文数排名分析

如表 3-10 所示，在这 10 所大学中，排名最靠前的是佛罗里达大学，清华大学与北京大学的国际合作论文数排名处于较为靠前的位置，但仍有较大进步空间。

表 3-10 清华大学、北京大学与同档次大学国际合作论文数排名比较

综合竞争力排名	学校名称	国家/地区	国际合作论文数排名
15	伦敦帝国学院	英国	10
16	美国西北大学	美国	19
17	爱丁堡大学	英国	9
18	东京大学	日本	37
19	清华大学	中国	27
20	普林斯顿大学	美国	135
21	北京大学	中国	31
22	圣路易斯华盛顿大学	美国	45
23	伦敦大学学院	英国	21
24	佛罗里达大学	美国	3

8. 发明专利数排名分析

从发明专利数来看，清华大学排名为第 6 名，北京大学排名为第 81 名。如表 3-11 所示，与同档次的大学相比，两所大学发明专利数排名有显著优势，但仍需继续努力。

表 3-11 清华大学、北京大学与同档次大学发明专利数排名比较

综合竞争力排名	学校名称	国家/地区	发明专利数排名
15	伦敦帝国学院	英国	1314
16	美国西北大学	美国	187
17	爱丁堡大学	英国	841
18	东京大学	日本	119
19	清华大学	中国	6
20	普林斯顿大学	美国	730
21	北京大学	中国	81
22	圣路易斯华盛顿大学	美国	168
23	伦敦大学学院	英国	1139
24	佛罗里达大学	美国	738

9. 网络影响力排名分析

从表 3-12 中可以看出，清华大学与北京大学相对于同档次的大学，网络影响力排名靠后，落后于其他同档次的大学，且低于其综合竞争力总排名，说明清华大学、北京大学在国际上的网络影响力有待进一步提升。

表 3-12　清华大学、北京大学与同档次大学网络影响力排名比较

综合竞争力排名	学校名称	国家/地区	网络影响力排名
15	伦敦帝国学院	英国	57
16	美国西北大学	美国	27
17	爱丁堡大学	英国	44
18	东京大学	日本	68
19	清华大学	中国	42
20	普林斯顿大学	美国	23
21	北京大学	中国	55
22	圣路易斯华盛顿大学	美国	5
23	伦敦大学学院	英国	22
24	佛罗里达大学	美国	33

（二）上海交通大学与浙江大学

上海交通大学与浙江大学在综合竞争力排名排行中分别处于第 40 名、第 43 名，在 1541 所大学中比较靠前。我们选取与上海交通大学与浙江大学排名处于同一范围其他 8 所大学进行比较分析，这 8 所大学分别是苏黎世联邦理工学院（瑞士）、奥斯陆大学（挪威）、海德堡大学（德国）、威斯康星大学麦迪逊分校（美国）、布里斯托尔大学（英国）、得克萨斯大学奥斯汀分校（美国）、格罗宁根大学（荷兰）、莫纳什大学（澳大利亚）。

1. 综合竞争力排名分析

这 10 所大学的综合竞争力排名如表 3-13 所示。

表 3-13　上海交通大学、浙江大学与同档次大学综合竞争力排名比较

排名	学校名称	国家/地区	排名	学校名称	国家/地区
37	苏黎世联邦理工学院	瑞士	42	布里斯托尔大学	英国
38	奥斯陆大学	挪威	43	浙江大学	中国
39	海德堡大学	德国	44	得克萨斯大学奥斯汀分校	美国
40	上海交通大学	中国	45	格罗宁根大学	荷兰
41	威斯康星大学麦迪逊分校	美国	46	莫纳什大学	澳大利亚

2. 高被引科学家数排名分析

从表 3-14 中可以看出，和其他同档次大学相比，浙江大学、上海交通大学的高被引科学家数排名位于前段，与其综合竞争力排名较为相近，在同档次大学中分别位于第 1 名和第 5 名的位置。这说明浙江大学、上海交通大学拥有较高影响力的科研队伍。

表 3-14　上海交通大学、浙江大学与同档次大学高被引科学家数排名比较

综合竞争力排名	学校名称	国家/地区	高被引科学家数排名
37	苏黎世联邦理工学院	瑞士	47
38	奥斯陆大学	挪威	195
39	海德堡大学	德国	109
40	上海交通大学	中国	59

续表

综合竞争力排名	学校名称	国家/地区	高被引科学家数排名
41	威斯康星大学麦迪逊分校	美国	82
42	布里斯托尔大学	英国	45
43	浙江大学	中国	39
44	得克萨斯大学奥斯汀分校	美国	47
45	格罗宁根大学	荷兰	118
46	莫纳什大学	澳大利亚	75

3. 进入ESI学科数分析

从学科数来看，如表3-15所示，上海交通大学与浙江大学进入ESI学科数都是19个，上海交通大学进入ESI的学科数与去年相比维持不变，浙江大学新增了1个，为经济学与商学学科，和同档次的大学相比，学科有待进一步发展，期待其建立更加完善、强大的学科体系。

表3-15 上海交通大学、浙江大学与同档次大学进入ESI学科数比较

综合竞争力排名	学校名称	国家/地区	学科数
37	苏黎世联邦理工学院	瑞士	22
38	奥斯陆大学	挪威	20
39	海德堡大学	德国	17
40	上海交通大学	中国	19
41	威斯康星大学麦迪逊分校	美国	22
42	布里斯托尔大学	英国	20
43	浙江大学	中国	19
44	得克萨斯大学奥斯汀分校	美国	19
45	格罗宁根大学	荷兰	20
46	莫纳什大学	澳大利亚	19

4. ESI收录论文数排名分析

从ESI收录论文数来看，在ESI中收录上海交通大学、浙江大学的论文数排名分别是第9位和第11位，从表3-16中可以看出，与同档次的大学相比，上海交通大学、浙江大学分别位于第1位和第2位，表明其发表论文数很多，科研影响力也较大。

表3-16 上海交通大学、浙江大学与同档次大学ESI收录论文数排名比较

综合竞争力排名	学校名称	国家/地区	ESI收录论文数排名
37	苏黎世联邦理工学院	瑞士	66
38	奥斯陆大学	挪威	103
39	海德堡大学	德国	67
40	上海交通大学	中国	9
41	威斯康星大学麦迪逊分校	美国	38
42	布里斯托尔大学	英国	133
43	浙江大学	中国	11
44	得克萨斯大学奥斯汀分校	美国	82
45	格罗宁根大学	荷兰	90
46	莫纳什大学	澳大利亚	42

5. 篇均被引次数排名分析

从篇均被引次数来看，浙江大学、上海交通大学的篇均被引次数分别为 13.59 与 13.4，相较去年的 12.63 与 12.36，有了一定的提高。如表 3-17 所示，在综合竞争力排名相近的 10 所大学中，浙江大学、上海交通大学的篇均被引次数排名落后，且与其他高校差距较大，表明浙江大学、上海交通大学在论文质量方面需采取措施，提升质量。

表 3-17　上海交通大学、浙江大学与同档次大学篇均被引次数排名比较

综合竞争力排名	学校名称	国家/地区	篇均被引次数排名
37	苏黎世联邦理工学院	瑞士	81
38	奥斯陆大学	挪威	193
39	海德堡大学	德国	83
40	上海交通大学	中国	842
41	威斯康星大学麦迪逊分校	美国	113
42	布里斯托尔大学	英国	99
43	浙江大学	中国	821
44	得克萨斯大学奥斯汀分校	美国	124
45	格罗宁根大学	荷兰	137
46	莫纳什大学	澳大利亚	351

6. 高被引论文数排名分析

从高被引论文数来看，上海交通大学高被引论文数是 1201 篇，浙江大学高被引论文数是 1240 篇。如表 3-18 所示，上海交通大学、浙江大学的高被引论文数排名分别在第 77 位和 75 位，和同档次的学校相比，上海交通大学、浙江大学的高被引论文数排名较为靠后，高被引论文数量不多。

表 3-18　上海交通大学、浙江大学与同档次大学高被引论文数排名比较

综合竞争力排名	学校名称	国家/地区	高被引论文数排名
37	苏黎世联邦理工学院	瑞士	46
38	奥斯陆大学	挪威	80
39	海德堡大学	德国	44
40	上海交通大学	中国	77
41	威斯康星大学麦迪逊分校	美国	38
42	布里斯托尔大学	英国	84
43	浙江大学	中国	75
44	得克萨斯大学奥斯汀分校	美国	57
45	格罗宁根大学	荷兰	72
46	莫纳什大学	澳大利亚	59

7. 国际合作论文数排名分析

如表 3-19 所示，在这 10 所大学中，上海交通大学和浙江大学的国际合作论文数排名都位于前列，可以看出这两所高校比较注重国际论文合作。

表 3-19 上海交通大学、浙江大学与同档次大学国际合作论文数排名比较

综合竞争力排名	学校名称	国家/地区	国际合作论文数排名
37	苏黎世联邦理工学院	瑞士	561
38	奥斯陆大学	挪威	58
39	海德堡大学	德国	1285
40	上海交通大学	中国	29
41	威斯康星大学麦迪逊分校	美国	204
42	布里斯托尔大学	英国	61
43	浙江大学	中国	20
44	得克萨斯大学奥斯汀分校	美国	90
45	格罗宁根大学	荷兰	43
46	莫纳什大学	澳大利亚	12

8. 发明专利数排名分析

从发明专利数来看，浙江大学排名第 2，上海交通大学排名第 10。如表 3-20 所示，与同档次的大学相比，上海交通大学、浙江大学发明专利数排名有非常显著的优势。

表 3-20 上海交通大学、浙江大学与同档次大学发明专利数排名比较

综合竞争力排名	学校名称	国家/地区	发明专利数排名
37	苏黎世联邦理工学院	瑞士	1266
38	奥斯陆大学	挪威	982
39	海德堡大学	德国	177
40	上海交通大学	中国	10
41	威斯康星大学麦迪逊分校	美国	1535
42	布里斯托尔大学	英国	938
43	浙江大学	中国	2
44	得克萨斯大学奥斯汀分校	美国	1437
45	格罗宁根大学	荷兰	1437
46	莫纳什大学	澳大利亚	792

9. 网络影响力排名分析

从表 3-21 中可以看出，上海交通大学和浙江大学相对于同档次的大学，网络影响力排名位于中段，表明上海交通大学和浙江大学在国际上的网络影响力仍需进一步提升。

表 3-21 上海交通大学、浙江大学与同档次大学网络影响力排名比较

综合竞争力排名	学校名称	国家/地区	网络影响力排名
37	苏黎世联邦理工学院	瑞士	34
38	奥斯陆大学	挪威	93
39	海德堡大学	德国	101
40	上海交通大学	中国	83
41	威斯康星大学麦迪逊分校	美国	15
42	布里斯托尔大学	英国	135
43	浙江大学	中国	87
44	得克萨斯大学奥斯汀分校	美国	24
45	格罗宁根大学	荷兰	88
46	莫纳什大学	澳大利亚	86

（三）中国科学院大学

中国科学院大学在综合竞争力排名中位于第 53 名，我们选取与其排名处于同一范围的其他 4 所大学进行比较分析，这 4 所大学依次是慕尼黑大学（德国）、伦敦国王学院（英国）、伯明翰大学（英国）、苏黎世大学（瑞士）。

1. 综合竞争力排名分析

这 5 所大学的综合竞争力排名如表 3-22 所示。

表 3-22　中国科学院大学与同档次大学综合竞争力排名比较

综合竞争力排名	学校名称	国家/地区
51	慕尼黑大学	德国
52	伦敦国王学院	英国
53	中国科学院大学	中国
54	伯明翰大学	英国
55	苏黎世大学	瑞士

2. 高被引科学家数排名分析

从表 3-23 中可以看出，和其他同档次大学相比，中国科学院大学的高被引科学家数量排名较为落后，还需进一步加强科研队伍的建设，提高科研队伍影响力。

表 3-23　中国科学院大学与同档次大学高被引科学家数排名比较

综合竞争力排名	学校名称	国家/地区	高被引科学家数排名
51	慕尼黑大学	德国	75
52	伦敦国王学院	英国	24
53	中国科学院大学	中国	341
54	伯明翰大学	英国	227
55	苏黎世大学	瑞士	59

3. 进入 ESI 学科数分析

从进入 ESI 学科数来看，如表 3-24 所示，2020 年中国科学院大学进入 ESI 的学科数为 18 个。其同档次大学中只有伦敦国王学院与其学科数一致，其他高校都高于 18 个。相较于同档次大学，中国科学院大学进入 ESI 学科数量较少，学科体系有待进一步完善。

表 3-24　中国科学院大学同档次大学进入 ESI 学科数比较

综合竞争力排名	学校名称	国家/地区	学科数
51	慕尼黑大学	德国	21
52	伦敦国王学院	英国	18
53	中国科学院大学	中国	18
54	伯明翰大学	英国	19
55	苏黎世大学	瑞士	21

4. ESI 收录论文数排名分析

从 ESI 收录论文数排名来看，如表 3-25 所示，中国科学院大学 ESI 收录论文数排第 3 位，远远高于同档次其他大学，可见中国科学院大学在论文发表方面表现优秀。

表3-25 中国科学院大学同档次大学ESI收录论文数排名比较

综合竞争力排名	学校名称	国家/地区	ESI收录论文数排名
51	慕尼黑大学	德国	60
52	伦敦国王学院	英国	72
53	中国科学院大学	中国	3
54	伯明翰大学	英国	129
55	苏黎世大学	瑞士	97

5. 篇均被引次数排名分析

从篇均被引次数来看，中国科学院大学的篇均被引次数为12.93，排名在同档次大学中不够理想，其他四所大学中，排名较低的伯明翰大学的篇均被引次数为22.24，可见差距较大。如表3-26所示，在综合竞争力排名相近的5所大学中，中国科学院大学虽在ESI收录论文数指标上表现优异，但在篇均被引次数指标上表现较弱，可见需继续努力提高论文质量。

表3-26 中国科学院大学与同档次大学篇均被引次数排名比较

综合竞争力排名	学校名称	国家/地区	篇均被引次数排名
51	慕尼黑大学	德国	116
52	伦敦国王学院	英国	70
53	中国科学院大学	中国	882
54	伯明翰大学	英国	159
55	苏黎世大学	瑞士	76

6. 高被引论文数排名分析

从高被引论文数来看，2020年中国科学院大学的高被引论文数为1657篇。如表3-27所示，和同档次的学校相比，中国科学院大学的高被引论文数排名较为靠前，表明其在高被引论文的发表上保持较高水准。

表3-27 中国科学院大学与同档次大学高被引论文数排名比较

综合竞争力排名	学校名称	国家/地区	高被引论文数排名
51	慕尼黑大学	德国	51
52	伦敦国王学院	英国	35
53	中国科学院大学	中国	40
54	伯明翰大学	英国	81
55	苏黎世大学	瑞士	67

7. 国际合作论文数排名分析

如表3-28所示，中国科学院大学的国际合作论文数排名与同档次的大学比较排名处于较为靠后的位置，其国际合作程度还有待进一步提高。

表3-28 中国科学院大学与同档次大学国际合作论文数排名比较

综合竞争力排名	学校名称	国家/地区	国际合作论文数排名
51	慕尼黑大学	德国	72
52	伦敦国王学院	英国	135
53	中国科学院大学	中国	114
54	伯明翰大学	英国	104
55	苏黎世大学	瑞士	33

8. 发明专利数排名分析

从发明专利数来看，中国科学院大学排名为第 176 名。如表 3-29 所示，与同档次大学相比位于前列，科技创新能力值得肯定。

表 3-29　中国科学院大学与同档次大学发明专利数排名比较

综合竞争力排名	学校名称	国家/地区	发明专利数排名
51	慕尼黑大学	德国	1437
52	伦敦国王学院	英国	856
53	中国科学院大学	中国	176
54	伯明翰大学	英国	872
55	苏黎世大学	瑞士	1171

9. 网络影响力排名分析

从表 3-30 中可以看出，中国科学院大学相对于同档次的大学，其网络影响力排名处于较为靠后的位置，特别是相比伦敦国王学院、慕尼黑大学和苏黎世大学的排名落后较多，说明中国科学院大学需要进一步提升国际知名度。

表 3-30　中国科学院大学与同档次大学网络影响力排名比较

综合竞争力排名	学校名称	国家/地区	网络影响力排名
51	慕尼黑大学	德国	100
52	伦敦国王学院	英国	76
53	中国科学院大学	中国	409
54	伯明翰大学	英国	542
55	苏黎世大学	瑞士	119

（四）南京大学、复旦大学与中山大学

南京大学、复旦大学与中山大学在综合竞争力排名中分别处于第 60 名、第 61 名、第 66 名，我们选取与三所高校排名处于同一阶段的其他 9 所大学进行比较分析，这 9 所大学依次是新加坡国立大学（新加坡）、索邦大学（法国）、波士顿大学（美国）、加州大学戴维斯分校（美国）、阿尔伯塔大学（加拿大）、巴塞罗那大学（西班牙）、赫尔辛基大学（芬兰）、加州大学尔湾分校（美国）、名古屋大学（日本）。

1. 综合竞争力排名分析

这 12 所大学的综合竞争力排名如表 3-31 所示。

表 3-31　南京大学、复旦大学和中山大学与同档次大学综合竞争力排名比较

综合竞争力排名	学校名称	国家/地区	综合竞争力排名	学校名称	国家/地区
59	新加坡国立大学	新加坡	65	阿尔伯塔大学	加拿大
60	南京大学	中国	66	中山大学	中国
61	复旦大学	中国	67	巴塞罗那大学	西班牙
62	索邦大学	法国	68	赫尔辛基大学	芬兰
63	波士顿大学	美国	69	加州大学尔湾分校	美国
64	加州大学戴维斯分校	美国	70	名古屋大学	日本

2. 高被引科学家数排名分析

从表 3-32 中可以看出，和其他同档次大学相比，中山大学的高被引科学家数排名处于中等位置，而复旦大学和南京大学较为落后，说明复旦大学和南京大学还需进一步加强科研队伍的建设。

表 3-32　南京大学、复旦大学和中山大学与同档次大学高被引科学家数排名比较

综合竞争力排名	学校名称	国家/地区	高被引科学家数排名
59	新加坡国立大学	新加坡	33
60	南京大学	中国	167
61	复旦大学	中国	118
62	索邦大学	法国	96
63	波士顿大学	美国	67
64	加州大学戴维斯分校	美国	59
65	阿尔伯塔大学	加拿大	149
66	中山大学	中国	96
67	巴塞罗那大学	西班牙	109
68	赫尔辛基大学	芬兰	96
69	加州大学尔湾分校	美国	75
70	名古屋大学	日本	195

3. 进入 ESI 学科数排名分析

从进入 ESI 学科数来看，如表 3-33 所示，2020 年南京大学、复旦大学和中山大学进入 ESI 的学科数分别为 17、19、20 个。其同档次大学中只有加州大学戴维斯分校有 22 个进入 ESI 学科。和同档次的大学相比，中山大学、复旦大学处于中等水平，而南京大学表现不太理想，学科体系有待进一步完善。

表 3-33　南京大学、复旦大学和中山大学与同档次大学进入 ESI 学科数比较

综合竞争力排名	学校名称	国家/地区	学科数
59	新加坡国立大学	新加坡	21
60	南京大学	中国	17
61	复旦大学	中国	19
62	索邦大学	法国	21
63	波士顿大学	美国	19
64	加州大学戴维斯分校	美国	22
65	阿尔伯塔大学	加拿大	20
66	中山大学	中国	20
67	巴塞罗那大学	西班牙	19
68	赫尔辛基大学	芬兰	20
69	加州大学尔湾分校	美国	21
70	名古屋大学	日本	16

4. ESI 收录论文数排名分析

从 ESI 收录论文数排名来看，如表 3-34 所示，南京大学、复旦大学和中山大学分别排在第 69 位、第 44 位、第 45 位。与同档次的大学相比，复旦大学和中山大学都进入较前的位置，表现较为理想。

表 3-34　南京大学、复旦大学和中山大学与同档次大学 ESI 收录论文数排名比较

综合竞争力排名	学校名称	国家/地区	ESI 收录论文数排名
59	新加坡国立大学	新加坡	39
60	南京大学	中国	69
61	复旦大学	中国	44
62	索邦大学	法国	10
63	波士顿大学	美国	123
64	加州大学戴维斯分校	美国	49
65	阿尔伯塔大学	加拿大	64
66	中山大学	中国	45
67	巴塞罗那大学	西班牙	65
68	赫尔辛基大学	芬兰	94
69	加州大学尔湾分校	美国	143
70	名古屋大学	日本	145

5. 篇均被引次数排名分析

从篇均被引次数来看，南京大学、复旦大学和中山大学的篇均被引次数分别为 16.25、15.82 和 14.07，较之去年均有所提高，排名分别为 570、601、755，三所高校在科研影响力方面距离世界顶尖大学水平还有较大距离。如表 3-35 所示，在综合竞争力排名相近的 12 所大学中，我国的三所大学的篇均被引次数排名偏后，说明论文的质量有待加强。

表 3-35　南京大学、复旦大学和中山大学与同档次大学篇均被引次数排名比较

综合竞争力排名	学校名称	国家/地区	篇均被引次数排名
59	新加坡国立大学	新加坡	193
60	南京大学	中国	570
61	复旦大学	中国	601
62	索邦大学	法国	173
63	波士顿大学	美国	43
64	加州大学戴维斯分校	美国	171
65	阿尔伯塔大学	加拿大	412
66	中山大学	中国	755
67	巴塞罗那大学	西班牙	180
68	赫尔辛基大学	芬兰	139
69	加州大学尔湾分校	美国	63
70	名古屋大学	日本	626

6. 高被引论文数排名分析

从高被引论文数来看，南京大学、复旦大学和中山大学的高被引论文数分别为 912 篇、966 篇和 965 篇，其中中山大学较去年的 762 篇有了很大提高。如表 3-36 所示，和同档次的学校相比，三所高校的高被引论文数排名较为靠后，表明其被引论文数有待增加，需要产出更多有质量的论文。

表 3-36 南京大学、复旦大学和中山大学与同档次大学高被引论文数排名比较

综合竞争力排名	学校名称	国家/地区	高被引论文数排名
59	新加坡国立大学	新加坡	42
60	南京大学	中国	122
61	复旦大学	中国	110
62	索邦大学	法国	23
63	波士顿大学	美国	59
64	加州大学戴维斯分校	美国	54
65	阿尔伯塔大学	加拿大	87
66	中山大学	中国	111
67	巴塞罗那大学	西班牙	61
68	赫尔辛基大学	芬兰	82
69	加州大学尔湾分校	美国	89
70	名古屋大学	日本	278

7. 国际合作论文数排名分析

如表 3-37 所示，三所大学的国际合作论文数排名都进入了前 100 名，与同档次的大学相比排名处于较为靠前的位置，其国际合作程度较高。

表 3-37 南京大学、复旦大学和中山大学与同档次大学国际合作论文数排名比较

综合竞争力排名	学校名称	国家/地区	国际合作论文数排名
59	新加坡国立大学	新加坡	1386
60	南京大学	中国	39
61	复旦大学	中国	73
62	索邦大学	法国	72
63	波士顿大学	美国	117
64	加州大学戴维斯分校	美国	168
65	阿尔伯塔大学	加拿大	35
66	中山大学	中国	28
67	巴塞罗那大学	西班牙	50
68	赫尔辛基大学	芬兰	68
69	加州大学尔湾分校	美国	1402
70	名古屋大学	日本	214

8. 发明专利数排名分析

从发明专利数来看，南京大学、复旦大学和中山大学排名分别为第 75 名、第 82 名和第 55 名。如表 3-38 所示，三所大学与同档次大学相比位于前列，科技创新能力值得肯定。

表 3-38　南京大学、复旦大学和中山大学与同档次大学发明专利数排名比较

综合竞争力排名	学校名称	国家/地区	发明专利数排名
59	新加坡国立大学	新加坡	354
60	南京大学	中国	75
61	复旦大学	中国	82
62	索邦大学	法国	778
63	波士顿大学	美国	791
64	加州大学戴维斯分校	美国	1535
65	阿尔伯塔大学	加拿大	776
66	中山大学	中国	55
67	巴塞罗那大学	西班牙	898
68	赫尔辛基大学	芬兰	998
69	加州大学尔湾分校	美国	1384
70	名古屋大学	日本	151

9. 网络影响力排名分析

从表 3-39 中可以看出，南京大学、复旦大学和中山大学相对于同档次的大学，其网络影响力排名处于较为靠后的位置，特别是相比加州大学尔湾分校、波士顿大学和新加坡国立大学三所高校，网络影响力落后较大，说明三所大学的国际知名度需要进一步提高。

表 3-39　南京大学、复旦大学和中山大学与同档次大学网络影响力排名比较

综合竞争力排名	学校名称	国家/地区	网络影响力排名
59	新加坡国立大学	新加坡	54
60	南京大学	中国	176
61	复旦大学	中国	133
62	索邦大学	法国	373
63	波士顿大学	美国	45
64	加州大学戴维斯分校	美国	247
65	阿尔伯塔大学	加拿大	70
66	中山大学	中国	245
67	巴塞罗那大学	西班牙	130
68	赫尔辛基大学	芬兰	89
69	加州大学尔湾分校	美国	34
70	名古屋大学	日本	263

（五）武汉大学

武汉大学在综合竞争力排名中处于第 98 名，我们选取与武汉大学排名处于同一阶段的其他 4 所大学进行比较分析，这 4 所大学依次是科罗拉多大学博尔德分校（美国）、香港中文大学（中国香港）、西澳大学（澳大利亚）、图卢兹大学（法国）。

1. 综合竞争力排名分析

这 5 所大学的综合竞争力排名如表 3-40 所示。

表 3-40　武汉大学与同档次大学综合竞争力排名比较

排名	学校名称	国家/地区
96	科罗拉多大学博尔德分校	美国
97	香港中文大学	中国香港
98	武汉大学	中国
99	西澳大学	澳大利亚
100	图卢兹大学	法国

2. 高被引科学家数排名分析

从表 3-41 中可以看出，和其他同档次大学相比，武汉大学的高被引科学家数排名较其综合竞争力排名较为靠后，在同档次大学中排名第四，说明武汉大学需要组建具有更高影响力的科研队伍。

表 3-41　武汉大学与同档次大学高被引科学家数排名分析

综合竞争力排名	学校名称	国家/地区	高被引科学家数排名
96	科罗拉多大学博尔德分校	美国	109
97	香港中文大学	中国香港	118
98	武汉大学	中国	167
99	西澳大学	澳大利亚	82
100	图卢兹大学	法国	271

3. 进入 ESI 学科数排名分析

从进入 ESI 学科数来看，如表 3-42 所示，2020 年武汉大学进入 ESI 的学科数为 18，和同档次的大学相比较为落后，学科体系有很大的进步空间。

表 3-42　武汉大学与同档次大学进入 ESI 学科数比较

综合竞争力排名	学校名称	国家/地区	学科数
96	科罗拉多大学博尔德分校	美国	21
97	香港中文大学	中国香港	19
98	武汉大学	中国	18
99	西澳大学	澳大利亚	18
100	图卢兹大学	法国	21

4. ESI 收录论文数排名分析

从 ESI 收录论文数排名来看，如表 3-43 所示，武汉大学排行第 106 位，与同档次的大学比较处于前列，共 42 207 篇，而同档次的大学中，ESI 收录论文数排名较为靠前的图卢兹大学，其 ESI 收录论文数为 40 121 篇，表明武汉大学 ESI 收录数量远远高于同档次大学。

表 3-43　武汉大学与同档次大学 ESI 收录论文数排名比较

综合竞争力排名	学校名称	国家/地区	ESI 收录论文数排名
96	科罗拉多大学博尔德分校	美国	152
97	香港中文大学	中国香港	173
98	武汉大学	中国	106
99	西澳大学	澳大利亚	127
100	图卢兹大学	法国	121

5. 篇均被引次数排名分析

从篇均被引次数来看，武汉大学的篇均被引次数为 12.99 次，排名为第 877 名，说明武汉大学在科研影响力方面距离世界顶尖大学水平还有较大的差距。如表 3-44 所示，在科研竞争力排名相近的 5 所大学中，武汉大学的篇均被引次数排在最后，严重落后于其综合竞争力排名。

表 3-44　武汉大学与同档次大学篇均被引次数排名比较

综合竞争力排名	学校名称	国家/地区	篇均被引次数排名
96	科罗拉多大学博尔德分校	美国	37
97	香港中文大学	中国香港	398
98	武汉大学	中国	877
99	西澳大学	澳大利亚	255
100	图卢兹大学	法国	405

6. 高被引论文数排名分析

从高被引论文数来看，武汉大学的高被引论文数为 711 篇。如表 3-45 所示，和同档次的学校相比，武汉大学的高被引论文数排在第五位，相对于其较高的 ESI 收录论文数，高被引论文数较低，表明其论文质量还有待提高。

表 3-45　武汉大学与同档次大学高被引论文数排名比较

综合竞争力排名	学校名称	国家/地区	高被引论文数排名
96	科罗拉多大学博尔德分校	美国	74
97	香港中文大学	中国香港	155
98	武汉大学	中国	166
99	西澳大学	澳大利亚	104
100	图卢兹大学	法国	157

7. 国际合作论文数排名分析

如表 3-46 所示，武汉大学的国际合作论文数排名高于其综合竞争力排名，与同档次的大学比较排名处于靠前位置，其国际合作程度较高。

表 3-46　武汉大学与同档次大学国际合作论文数排名比较

综合竞争力排名	学校名称	国家/地区	国际合作论文数排名
96	科罗拉多大学博尔德分校	美国	1402
97	香港中文大学	中国香港	34
98	武汉大学	中国	48
99	西澳大学	澳大利亚	66
100	图卢兹大学	法国	134

8. 发明专利数排名分析

从发明专利数来看，如表 3-47 所示，与同档次的大学相比，武汉大学排在第 34 位，位列同档次大学第 1 位。与其综合竞争力排名相比，武汉大学的发明专利数排名远远高于其综合竞争力排名，表明其科技创新能力比较强。

表 3-47　武汉大学与同档次大学发明专利数排名比较

综合竞争力排名	学校名称	国家/地区	发明专利数排名
96	科罗拉多大学博尔德分校	美国	472
97	香港中文大学	中国香港	745
98	武汉大学	中国	34
99	西澳大学	澳大利亚	961
100	图卢兹大学	法国	762

9. 网络影响力排名分析

从表 3-48 中可以看出，武汉大学相对于同档次的大学，其网络影响力排名处于较为落后的位置，低于其综合竞争力排名，说明武汉大学需尽快扩大国际知名度。

表 3-48　武汉大学与同档次大学网络影响力排名比较

综合竞争力排名	学校名称	国家/地区	网络影响力排名
96	科罗拉多大学博尔德分校	美国	52
97	香港中文大学	中国香港	120
98	武汉大学	中国	170
99	西澳大学	澳大利亚	139
100	图卢兹大学	法国	783

第二节　我们离世界一流学科还有多远？

一、中国大学进入 ESI 学科排行的学科详细列表与分析

表 3-49 给出了中国大学进入 ESI 学科排行的学科数量及学科排名情况，经过综合分析此表和"世界一流大学综合竞争力排行榜"（表 2-2），我们得出以下结论。

（1）从进入 ESI 学科排行的学科排名来看，中国大学学科的总体实力不是很强，虽然我国很多大学在农业科学、计算机科学、材料科学、化学、工程学、地球科学领域有不俗的表现，但是主要还是集中在中国农业大学、江南大学、浙江大学、清华大学、东南大学、华中科技大学、上海交通大学、中国科学院大学、北京大学、中国科学技术大学、哈尔滨工业大学、中国地质大学等少数大学，没有形成一个较大的一流学科建设群。由此可以表明，我国大学的世界一流学科建设任重而道远。

（2）从进入 ESI 学科排行的学科数排名来看，北京大学有 21 个学科进入 ESI 学科排行，清华大学、中山大学有 20 个学科进入 ESI 学科排行，复旦大学、上海交通大学、浙江大学有 19 个学科进入 ESI 学科排行。

（3）从进入 ESI 学科排行的覆盖面来看，中国大学所有进入 ESI 学科排行学科共计 21 个，与 2019 年世界大学评价的结果相比较，在整体上保持一致，但是空间科学仍然没有中国大学进入排名。

表 3-49　进入 ESI 学科排行的中国大学及其学科排名表

学校名称	进入 ESI 学科排行的学科数	详细情况
北京大学	21	农业科学（138/611）、生物学与生物化学（51/702）、化学（7/964）、临床医学（115/1377）、计算机科学（53/388）、经济学与商学（40/284）、工程学（35/1170）、环境科学与生态学（21/716）、地球科学（17/448）、免疫学（147/414）、材料科学（9/669）、数学（39/210）、微生物学（113/298）、分子生物学与遗传学（84/466）、综合交叉学科（28/72）、神经科学与行为科学（131/529）、药理学与毒理学（26/621）、物理学（22/518）、植物学与动物学（199/827）、精神病学与行为科学（154/525）、社会科学（135/1009）
中山大学	20	农业科学（209/611）、生物学与生物化学（113/702）、化学（30/964）、临床医学（98/1377）、计算机科学（45/388）、经济学与商学（126/284）、工程学（166/1170）、环境科学与生态学（105/716）、地球科学（85/448）、免疫学（183/414）、材料科学（54/669）、数学（50/210）、微生物学（74/298）、分子生物学与遗传学（121/466）、神经科学与行为科学（184/529）、药理学与毒理学（28/621）、物理学（157/518）、植物学与动物学（111/827）、精神病学与行为科学（468/525）、社会科学（159/1009）
清华大学	20	农业科学（557/611）、生物学与生物化学（60/702）、化学（2/964）、临床医学（495/1377）、计算机科学（1/388）、经济学与商学（133/284）、工程学（2/1170）、环境科学与生态学（16/716）、地球科学（44/448）、免疫学（213/414）、材料科学（1/669）、数学（72/210）、微生物学（193/298）、分子生物学与遗传学（188/466）、综合交叉学科（11/72）、神经科学与行为科学（367/529）、药理学与毒理学（336/621）、物理学（7/518）、植物学与动物学（247/827）、社会科学（297/1009）
浙江大学	19	农业科学（9/611）、生物学与生物化学（75/702）、化学（5/964）、临床医学（179/1377）、计算机科学（14/388）、经济学与商学（177/284）、工程学（6/1170）、环境科学与生态学（39/716）、地球科学（236/448）、免疫学（175/414）、材料科学（7/669）、数学（68/210）、微生物学（37/298）、分子生物学与遗传学（112/466）、神经科学与行为科学（246/529）、药理学与毒理学（41/621）、物理学（81/518）、植物学与动物学（41/827）、社会科学（308/1009）
上海交通大学	19	农业科学（164/611）、生物学与生物化学（24/702）、化学（40/964）、临床医学（73/1377）、计算机科学（9/388）、经济学与商学（140/284）、工程学（5/1170）、环境科学与生态学（160/716）、免疫学（116/414）、材料科学（13/669）、数学（47/210）、微生物学（142/298）、分子生物学与遗传学（52/466）、神经科学与行为科学（138/529）、药理学与毒理学（31/621）、物理学（69/518）、植物学与动物学（334/827）、精神病学与行为科学（216/525）、社会科学（423/1009）
复旦大学	19	农业科学（533/611）、生物学与生物化学（57/702）、化学（17/964）、临床医学（88/1377）、计算机科学（184/388）、经济学与商学（205/284）、工程学（183/1170）、环境科学与生态学（172/716）、地球科学（254/448）、免疫学（119/414）、材料科学（20/669）、数学（43/210）、微生物学（69/298）、分子生物学与遗传学（92/466）、神经科学与行为科学（111/529）、药理学与毒理学（49/621）、物理学（128/518）、植物学与动物学（307/827）、社会科学（337/1009）
中国科学院大学	18	农业科学（10/611）、生物学与生物化学（29/702）、化学（1/964）、临床医学（648/1377）、计算机科学（41/388）、工程学（27/1170）、环境科学与生态学（5/716）、地球科学（7/448）、免疫学（331/414）、材料科学（2/669）、微生物学（41/298）、分子生物学与遗传学（101/466）、神经科学与行为科学（259/529）、药理学与毒理学（117/621）、物理学（25/518）、植物学与动物学（5/827）、精神病学与行为科学（486/525）、社会科学（177/1009）
武汉大学	18	农业科学（215/611）、生物学与生物化学（225/702）、化学（35/964）、临床医学（288/1377）、计算机科学（11/388）、工程学（73/1170）、环境科学与生态学（211/716）、地球科学（65/448）、免疫学（235/414）、材料科学（40/669）、数学（97/210）、微生物学（163/298）、分子生物学与遗传学（279/466）、神经科学与行为科学（303/529）、药理学与毒理学（220/621）、物理学（311/518）、植物学与动物学（450/827）、社会科学（169/1009）
山东大学	18	农业科学（521/611）、生物学与生物化学（132/702）、化学（31/964）、临床医学（256/1377）、计算机科学（123/388）、工程学（70/1170）、环境科学与生态学（252/716）、地球科学（311/448）、免疫学（348/414）、材料科学（47/669）、数学（46/210）、微生物学（210/298）、分子生物学与遗传学（219/466）、神经科学与行为科学（360/529）、药理学与毒理学（53/621）、物理学（116/518）、植物学与动物学（341/827）、社会科学（613/1009）
吉林大学	17	农业科学（208/611）、生物学与生物化学（139/702）、化学（19/964）、临床医学（384/1377）、计算机科学（221/388）、工程学（115/1170）、环境科学与生态学（411/716）、地球科学（184/448）、免疫学（335/414）、材料科学（24/669）、数学（123/210）、微生物学（262/298）、分子生物学与遗传学（304/466）、神经科学与行为科学（342/529）、药理学与毒理学（97/621）、物理学（221/518）、植物学与动物学（640/827）
南京大学	17	农业科学（271/611）、生物学与生物化学（289/702）、化学（11/964）、临床医学（275/1377）、计算机科学（43/388）、工程学（103/1170）、环境科学与生态学（52/716）、地球科学（29/448）、免疫学（382/414）、材料科学（33/669）、数学（76/210）、分子生物学与遗传学（320/466）、神经科学与行为科学（220/529）、药理学与毒理学（189/621）、物理学（33/518）、植物学与动物学（482/827）、社会科学（444/1009）

续表

学校名称	进入ESI学科排行的学科数	详细情况
四川大学	17	农业科学（296/611）、生物学与生物化学（126/702）、化学（26/964）、临床医学（194/1377）、计算机科学（25/388）、工程学（50/1170）、环境科学与生态学（280/716）、免疫学（229/414）、材料科学（34/669）、数学（127/210）、分子生物学与遗传学（177/466）、神经科学与行为科学（209/529）、药理学与毒物学（58/621）、物理学（349/518）、植物学与动物学（506/827）、精神病学与行为科学（342/525）、社会科学（572/1009）
厦门大学	17	农业科学（495/611）、生物学与生物化学（268/702）、化学（28/964）、临床医学（644/1377）、计算机科学（113/388）、经济学与商学（103/284）、工程学（141/1170）、环境科学与生态学（371/716）、地球科学（349/448）、材料科学（59/669）、数学（62/210）、微生物学（214/298）、分子生物学与遗传学（362/466）、药理学与毒物学（479/621）、物理学（428/518）、植物学与动物学（457/827）、社会科学（338/1009）
华中科技大学	16	农业科学（427/611）、生物学与生物化学（162/702）、化学（65/964）、临床医学（217/1377）、计算机科学（4/388）、工程学（9/1170）、环境科学与生态学（228/716）、免疫学（257/414）、材料科学（18/669）、数学（74/210）、分子生物学与遗传学（223/466）、神经科学与行为科学（222/529）、药理学与毒物学（123/621）、物理学（118/518）、植物学与动物学（769/827）、社会科学（450/1009）
中南大学	16	农业科学（431/611）、生物学与生物化学（198/702）、化学（70/964）、临床医学（206/1377）、计算机科学（10/388）、工程学（14/1170）、环境科学与生态学（192/716）、地球科学（106/448）、免疫学（305/414）、材料科学（11/669）、数学（26/210）、分子生物学与遗传学（165/466）、神经科学与行为科学（187/529）、药理学与毒物学（125/621）、精神病学与行为科学（297/525）、社会科学（268/1009）
同济大学	15	生物学与生物化学（233/702）、化学（104/964）、临床医学（369/1377）、计算机科学（24/388）、工程学（13/1170）、环境科学与生态学（90/716）、地球科学（136/448）、免疫学（413/414）、材料科学（57/669）、数学（148/210）、分子生物学与遗传学（249/466）、神经科学与行为科学（385/529）、药理学与毒物学（328/621）、物理学（437/518）、社会科学（335/1009）
西安交通大学	15	生物学与生物化学（245/702）、化学（52/964）、临床医学（307/1377）、计算机科学（38/388）、经济学与商学（258/284）、工程学（4/1170）、环境科学与生态学（585/716）、地球科学（158/448）、材料科学（14/669）、数学（105/210）、分子生物学与遗传学（232/466）、神经科学与行为科学（379/529）、药理学与毒物学（138/621）、物理学（186/518）、社会科学（404/1009）
北京师范大学	14	农业科学（112/611）、生物学与生物化学（640/702）、化学（195/964）、临床医学（1339/1377）、工程学（322/1170）、环境科学与生态学（46/716）、地球科学（32/448）、材料科学（334/669）、数学（51/210）、神经科学与行为科学（221/529）、物理学（369/518）、植物学与动物学（611/827）、精神病学与行为科学（278/525）、社会科学（148/1009）
苏州大学	14	农业科学（475/611）、生物学与生物化学（284/702）、化学（20/964）、临床医学（342/1377）、计算机科学（299/388）、工程学（289/1170）、环境科学与生态学（534/716）、免疫学（351/414）、材料科学（19/669）、数学（168/210）、分子生物学与遗传学（243/466）、神经科学与行为科学（390/529）、药理学与毒物学（110/621）、物理学（321/518）
南开大学	14	农业科学（520/611）、生物学与生物化学（339/702）、化学（12/964）、临床医学（989/1377）、计算机科学（238/388）、工程学（246/1170）、环境科学与生态学（181/716）、材料科学（38/669）、数学（45/210）、分子生物学与遗传学（417/466）、药理学与毒物学（396/621）、物理学（270/518）、植物学与动物学（647/827）、社会科学（876/1009）
中国科学技术大学	14	生物学与生物化学（292/702）、化学（3/964）、临床医学（902/1377）、计算机科学（39/388）、工程学（33/1170）、环境科学与生态学（370/716）、地球科学（141/448）、免疫学（375/414）、材料科学（5/669）、数学（78/210）、分子生物学与遗传学（414/466）、物理学（15/518）、植物学与动物学（735/827）、社会科学（652/1009）
东南大学	13	生物学与生物化学（304/702）、化学（62/964）、临床医学（479/1377）、计算机科学（7/388）、工程学（3/1170）、环境科学与生态学（189/716）、材料科学（72/669）、数学（25/210）、分子生物学与遗传学（324/466）、神经科学与行为科学（450/529）、药理学与毒物学（175/621）、物理学（271/518）、社会科学（237/1009）
兰州大学	12	农业科学（250/611）、生物学与生物化学（534/702）、化学（53/964）、临床医学（686/1377）、工程学（298/1170）、环境科学与生态学（315/716）、地球科学（129/448）、材料科学（139/669）、数学（92/210）、药理学与毒物学（385/621）、物理学（335/518）、植物学与动物学（346/827）
中国医学科学院-北京协和医学院	12	农业科学（570/611）、生物学与生物化学（195/702）、化学（527/964）、临床医学（110/1377）、免疫学（121/414）、材料科学（570/669）、微生物学（159/298）、分子生物学与遗传学（157/466）、神经科学与行为科学（267/529）、药理学与毒物学（13/621）、植物学与动物学（415/827）、社会科学（710/1009）

续表

学校名称	进入ESI学科排行的学科数	详细情况
华东师范大学	12	生物学与生物化学（567/702）、化学（90/964）、临床医学（1159/1377）、计算机科学（243/388）、工程学（347/1170）、环境科学与生态学（128/716）、地球科学（206/448）、材料科学（212/669）、数学（63/210）、物理学（481/518）、植物学与动物学（351/827）、社会科学（336/1009）
西南大学	11	农业科学（202/611）、生物学与生物化学（511/702）、化学（181/964）、计算机科学（199/388）、工程学（436/1170）、环境科学与生态学（611/716）、材料科学（294/669）、数学（153/210）、神经科学与行为科学（440/529）、药理学与毒物学（486/621）、植物学与动物学（302/827）
天津大学	11	农业科学（377/611）、生物学与生物化学（332/702）、化学（18/964）、临床医学（1271/1377）、计算机科学（68/388）、工程学（24/1170）、环境科学与生态学（376/716）、材料科学（23/669）、药理学与毒物学（545/621）、物理学（383/518）、社会科学（792/1009）
哈尔滨工业大学	11	农业科学（444/611）、生物学与生物化学（277/702）、化学（49/964）、临床医学（1250/1377）、计算机科学（13/388）、工程学（1/1170）、环境科学与生态学（76/716）、材料科学（12/669）、数学（17/210）、物理学（224/518）、社会科学（622/1009）
中国农业大学	10	农业科学（2/611）、生物学与生物化学（157/702）、化学（432/964）、工程学（505/1170）、环境科学与生态学（155/716）、微生物学（63/298）、分子生物学与遗传学（286/466）、药理学与毒物学（506/621）、植物学与动物学（13/827）、社会科学（702/1009）
华南理工大学	10	农业科学（7/611）、生物学与生物化学（295/702）、化学（13/964）、临床医学（1015/1377）、计算机科学（66/388）、工程学（19/1170）、环境科学与生态学（444/716）、材料科学（17/669）、物理学（476/518）、社会科学（567/1009）
暨南大学	10	农业科学（184/611）、生物学与生物化学（291/702）、化学（283/964）、临床医学（698/1377）、工程学（521/1170）、环境科学与生态学（185/716）、材料科学（175/669）、分子生物学与遗传学（339/466）、药理学与毒物学（198/621）、植物学与动物学（776/827）
重庆大学	10	生物学与生物化学（604/702）、化学（197/964）、临床医学（1268/1377）、计算机科学（128/388）、工程学（18/1170）、环境科学与生态学（248/716）、材料科学（37/669）、数学（136/210）、物理学（490/518）、植物学与动物学（802/827）
华中农业大学	9	农业科学（47/611）、生物学与生物化学（354/702）、化学（488/964）、工程学（973/1170）、环境科学与生态学（325/716）、微生物学（130/298）、分子生物学与遗传学（272/466）、药理学与毒物学（352/621）、植物学与动物学（42/827）
中国海洋大学	9	农业科学（226/611）、生物学与生物化学（495/702）、化学（235/964）、工程学（162/1170）、环境科学与生态学（246/716）、地球科学（73/448）、材料科学（322/669）、药理学与毒物学（420/621）、植物学与动物学（236/827）
海军军医大学	9	生物学与生物化学（396/702）、化学（683/964）、临床医学（287/1377）、免疫学（306/414）、分子生物学与遗传学（265/466）、神经科学与行为科学（430/529）、药理学与毒物学（131/621）、植物学与动物学（772/827）、社会科学（1003/1009）
大连理工大学	9	生物学与生物化学（438/702）、化学（44/964）、计算机科学（19/388）、工程学（16/1170）、环境科学与生态学（375/716）、材料科学（50/669）、数学（98/210）、物理学（448/518）、社会科学（488/1009）
上海大学	9	生物学与生物化学（636/702）、化学（102/964）、计算机科学（84/388）、工程学（155/1170）、环境科学与生态学（324/716）、材料科学（83/669）、数学（89/210）、物理学（417/518）、社会科学（922/1009）
西北农林科技大学	8	农业科学（5/611）、生物学与生物化学（281/702）、化学（583/964）、工程学（545/1170）、环境科学与生态学（152/716）、分子生物学与遗传学（303/466）、药理学与毒物学（538/621）、植物学与动物学（53/827）
南京农业大学	8	农业科学（12/611）、生物学与生物化学（367/702）、化学（838/964）、工程学（540/1170）、环境科学与生态学（161/716）、微生物学（135/298）、分子生物学与遗传学（346/466）、植物学与动物学（21/827）
华南农业大学	8	农业科学（137/611）、生物学与生物化学（553/702）、化学（476/964）、工程学（1033/1170）、环境科学与生态学（588/716）、材料科学（349/669）、微生物学（97/298）、植物学与动物学（94/827）
华东理工大学	8	农业科学（537/611）、生物学与生物化学（350/702）、化学（16/964）、计算机科学（258/388）、工程学（157/1170）、环境科学与生态学（481/716）、材料科学（94/669）、药理学与毒物学（517/621）
南京医科大学	8	生物学与生物化学（239/702）、化学（848/964）、临床医学（192/1377）、免疫学（326/414）、分子生物学与遗传学（114/466）、神经科学与行为科学（227/529）、药理学与毒物学（84/621）、社会科学（923/1009）

续表

学校名称	进入ESI学科排行的学科数	详细情况
郑州大学	8	生物学与生物化学（247/702）、化学（37/964）、临床医学（352/1377）、工程学（224/1170）、材料科学（48/669）、分子生物学与遗传学（293/466）、神经科学与行为科学（371/529）、药理学与毒物学（194/621）
电子科技大学	8	生物学与生物化学（391/702）、化学（133/964）、计算机科学（8/388）、工程学（15/1170）、材料科学（70/669）、数学（30/210）、神经科学与行为科学（372/529）、物理学（237/518）
青岛大学	8	生物学与生物化学（502/702）、化学（212/964）、临床医学（588/1377）、计算机科学（315/388）、工程学（292/1170）、材料科学（126/669）、神经科学与行为科学（418/529）、药理学与毒物学（364/621）
南昌大学	7	农业科学（46/611）、生物学与生物化学（383/702）、化学（213/964）、临床医学（547/1377）、工程学（351/1170）、材料科学（211/669）、药理学与毒物学（399/621）
江苏大学	7	农业科学（53/611）、生物学与生物化学（548/702）、化学（108/964）、临床医学（819/1377）、工程学（94/1170）、材料科学（107/669）、药理学与毒物学（562/621）
扬州大学	7	农业科学（97/611）、化学（292/964）、临床医学（1026/1377）、计算机科学（209/388）、工程学（318/1170）、材料科学（289/669）、植物学与动物学（228/827）
北京林业大学	7	农业科学（206/611）、生物学与生物化学（614/702）、化学（691/964）、工程学（835/1170）、环境科学与生态学（334/716）、材料科学（323/669）、植物学与动物学（144/827）
南京师范大学	7	农业科学（230/611）、化学（268/964）、工程学（313/1170）、环境科学与生态学（502/716）、地球科学（269/448）、材料科学（312/669）、植物学与动物学（619/827）
浙江工业大学	7	农业科学（459/611）、生物学与生物化学（610/702）、化学（118/964）、计算机科学（246/388）、工程学（191/1170）、环境科学与生态学（415/716）、材料科学（221/669）
首都医科大学	7	生物学与生物化学（271/702）、临床医学（138/1377）、免疫学（203/414）、分子生物学与遗传学（274/466）、神经科学与行为科学（88/529）、药理学与毒物学（72/621）、社会科学（898/1009）
陆军军医大学	7	生物学与生物化学（320/702）、化学（910/964）、临床医学（392/1377）、免疫学（333/414）、分子生物学与遗传学（318/466）、神经科学与行为科学（251/529）、药理学与毒物学（313/621）
天津医科大学	7	生物学与生物化学（402/702）、临床医学（316/1377）、免疫学（387/414）、材料科学（641/669）、分子生物学与遗传学（312/466）、神经科学与行为科学（270/529）、药理学与毒物学（344/621）
湖南大学	7	生物学与生物化学（415/702）、化学（27/964）、计算机科学（47/388）、工程学（30/1170）、环境科学与生态学（86/716）、材料科学（62/669）、物理学（337/518）
温州医科大学	7	生物学与生物化学（457/702）、化学（846/964）、临床医学（371/1377）、材料科学（650/669）、分子生物学与遗传学（338/466）、神经科学与行为科学（458/529）、药理学与毒物学（154/621）
深圳大学	7	生物学与生物化学（474/702）、化学（217/964）、临床医学（949/1377）、计算机科学（27/388）、工程学（186/1170）、材料科学（97/669）、物理学（323/518）
中国地质大学	7	化学（201/964）、计算机科学（140/388）、工程学（147/1170）、环境科学与生态学（227/716）、地球科学（3/448）、材料科学（135/669）、社会科学（511/1009）
中国矿业大学	7	化学（500/964）、计算机科学（187/388）、工程学（79/1170）、环境科学与生态学（271/716）、地球科学（71/448）、材料科学（230/669）、数学（57/210）
江南大学	6	农业科学（6/611）、生物学与生物化学（267/702）、化学（260/964）、临床医学（985/1377）、工程学（189/1170）、材料科学（242/669）
合肥工业大学	6	农业科学（118/611）、化学（419/964）、计算机科学（157/388）、工程学（96/1170）、地球科学（344/448）、材料科学（190/669）
宁波大学	6	农业科学（476/611）、化学（538/964）、临床医学（969/1377）、工程学（308/1170）、材料科学（366/669）、植物学与动物学（667/827）
南方医科大学	6	生物学与生物化学（276/702）、化学（936/964）、临床医学（279/1377）、分子生物学与遗传学（283/466）、神经科学与行为科学（365/529）、药理学与毒物学（182/621）
空军军医大学	6	生物学与生物化学（346/702）、临床医学（336/1377）、材料科学（430/669）、分子生物学与遗传学（325/466）、神经科学与行为科学（229/529）、药理学与毒物学（254/621）
重庆医科大学	6	生物学与生物化学（521/702）、临床医学（433/1377）、免疫学（349/414）、分子生物学与遗传学（386/466）、神经科学与行为科学（242/529）、药理学与毒物学（314/621）
北京理工大学	6	化学（82/964）、计算机科学（46/388）、工程学（12/1170）、材料科学（45/669）、物理学（324/518）、社会科学（611/1009）

续表

学校名称	进入ESI学科排行的学科数	详细情况
北京航空航天大学	6	化学（136/964）、计算机科学（32/388）、工程学（11/1170）、材料科学（51/669）、物理学（154/518）、社会科学（454/1009）
东北师范大学	6	化学（178/964）、工程学（881/1170）、环境科学与生态学（531/716）、材料科学（336/669）、数学（161/210）、植物学与动物学（693/827）
西北大学	6	化学（196/964）、临床医学（1231/1377）、工程学（732/1170）、地球科学（115/448）、材料科学（277/669）、药理学与毒物学（522/621）
东北林业大学	5	农业科学（331/611）、化学（512/964）、工程学（1005/1170）、材料科学（353/669）、植物学与动物学（446/827）
南京林业大学	5	农业科学（333/611）、化学（439/964）、工程学（453/1170）、材料科学（306/669）、植物学与动物学（500/827）
广西大学	5	农业科学（349/611）、化学（407/964）、工程学（301/1170）、材料科学（331/669）、植物学与动物学（560/827）
哈尔滨医科大学	5	生物学与生物化学（303/702）、临床医学（370/1377）、分子生物学与遗传学（282/466）、神经科学与行为科学（486/529）、药理学与毒物学（294/621）
中国医科大学	5	生物学与生物化学（442/702）、临床医学（313/1377）、分子生物学与遗传学（309/466）、神经科学与行为科学（279/529）、药理学与毒物学（242/621）
安徽医科大学	5	生物学与生物化学（520/702）、临床医学（434/1377）、免疫学（345/414）、分子生物学与遗传学（393/466）、药理学与毒物学（270/621）
中国药科大学	5	生物学与生物化学（523/702）、化学（381/964）、临床医学（1003/1377）、材料科学（472/669）、药理学与毒物学（24/621）
山东科技大学	5	化学（92/964）、工程学（140/1170）、地球科学（117/448）、材料科学（350/669）、数学（3/210）
北京科技大学	5	化学（124/964）、计算机科学（131/388）、工程学（77/1170）、环境科学与生态学（584/716）、材料科学（16/669）
中国石油大学	5	化学（126/964）、计算机科学（290/388）、工程学（81/1170）、地球科学（75/448）、材料科学（137/669）
西北工业大学	5	化学（169/964）、计算机科学（73/388）、工程学（28/1170）、材料科学（15/669）、物理学（338/518）
华中师范大学	5	化学（180/964）、工程学（1050/1170）、材料科学（344/669）、数学（140/210）、物理学（290/518）
北京工业大学	5	化学（275/964）、计算机科学（273/388）、工程学（129/1170）、环境科学与生态学（569/716）、材料科学（136/669）
南京航空航天大学	5	化学（394/964）、计算机科学（137/388）、工程学（54/1170）、材料科学（76/669）、社会科学（842/1009）
华北电力大学	5	化学（398/964）、工程学（61/1170）、环境科学与生态学（176/716）、材料科学（367/669）、社会科学（972/1009）
广东工业大学	5	化学（402/964）、计算机科学（79/388）、工程学（90/1170）、环境科学与生态学（388/716）、材料科学（219/669）
华南师范大学	5	化学（413/964）、工程学（637/1170）、材料科学（261/669）、数学（102/210）、植物学与动物学（510/827）
杭州师范大学	5	化学（590/964）、临床医学（1273/1377）、工程学（1140/1170）、神经科学与行为科学（464/529）、植物学与动物学（491/827）
上海师范大学	5	化学（617/964）、工程学（1070/1170）、材料科学（480/669）、数学（157/210）、植物学与动物学（674/827）
河海大学	5	计算机科学（78/388）、工程学（114/1170）、环境科学与生态学（175/716）、地球科学（286/448）、材料科学（437/669）
东北农业大学	4	农业科学（139/611）、生物学与生物化学（358/702）、环境科学与生态学（308/716）、植物学与动物学（378/827）
浙江农林大学	4	农业科学（172/611）、工程学（611/1170）、环境科学与生态学（525/716）、植物学与动物学（414/827）
陕西师范大学	4	农业科学（378/611）、化学（281/964）、工程学（607/1170）、材料科学（163/669）

续表

学校名称	进入ESI学科排行的学科数	详细情况
广州医科大学	4	生物学与生物化学（407/702）、临床医学（408/1377）、分子生物学与遗传学（256/466）、药理学与毒物学（251/621）
北京化工大学	4	生物学与生物化学（535/702）、化学（42/964）、工程学（158/1170）、材料科学（53/669）
南京工业大学	4	生物学与生物化学（572/702）、化学（63/964）、工程学（380/1170）、材料科学（67/669）
福州大学	4	化学（41/964）、计算机科学（287/388）、工程学（406/1170）、材料科学（151/669）
河南大学	4	化学（141/964）、临床医学（1118/1377）、工程学（916/1170）、材料科学（226/669）
济南大学	4	化学（166/964）、临床医学（837/1377）、工程学（595/1170）、材料科学（160/669）
东华大学	4	化学（167/964）、计算机科学（303/388）、工程学（182/1170）、材料科学（99/669）
浙江师范大学	4	化学（209/964）、工程学（443/1170）、材料科学（417/669）、数学（29/210）
南京理工大学	4	化学（219/964）、计算机科学（97/388）、工程学（41/1170）、材料科学（96/669）
南京邮电大学	4	化学（274/964）、计算机科学（77/388）、工程学（195/1170）、材料科学（171/669）
安徽大学	4	化学（350/964）、计算机科学（263/388）、工程学（613/1170）、材料科学（364/669）
哈尔滨工程大学	4	化学（361/964）、计算机科学（228/388）、工程学（120/1170）、材料科学（154/669）
湘潭大学	4	化学（408/964）、工程学（460/1170）、材料科学（265/669）、数学（103/210）
中国东北大学	4	化学（427/964）、计算机科学（50/388）、工程学（40/1170）、材料科学（82/669）
福建师范大学	4	化学（452/964）、计算机科学（267/388）、工程学（928/1170）、材料科学（586/669）
天津工业大学	4	化学（568/964）、工程学（578/1170）、材料科学（370/669）、数学（141/210）
中国人民大学	4	化学（711/964）、经济学与商学（70/284）、工程学（891/1170）、社会科学（463/1009）
西南交通大学	4	化学（800/964）、计算机科学（56/388）、工程学（101/1170）、材料科学（166/669）
南通大学	4	临床医学（778/1377）、工程学（569/1170）、神经科学与行为科学（403/529）、药理学与毒物学（475/621）
南京信息工程大学	4	计算机科学（12/388）、工程学（410/1170）、环境科学与生态学（273/716）、地球科学（43/448）
北京交通大学	4	计算机科学（61/388）、工程学（83/1170）、材料科学（208/669）、社会科学（832/1009）
国防科技大学	4	计算机科学（62/388）、工程学（122/1170）、材料科学（371/669）、物理学（447/518）
长安大学	4	工程学（379/1170）、环境科学与生态学（182/716）、地球科学（338/448）、材料科学（503/669）
天津科技大学	3	农业科学（103/611）、生物学与生物化学（598/702）、化学（640/964）
四川农业大学	3	农业科学（124/611）、生物学与生物化学（439/702）、植物学与动物学（202/827）
河南工业大学	3	农业科学（171/611）、化学（805/964）、工程学（950/1170）
山东农业大学	3	农业科学（183/611）、化学（885/964）、植物学与动物学（121/827）
青岛农业大学	3	农业科学（201/611）、化学（871/964）、植物学与动物学（531/827）
湖南农业大学	3	农业科学（293/611）、环境科学与生态学（540/716）、植物学与动物学（430/827）
石河子大学	3	农业科学（434/611）、化学（856/964）、临床医学（1261/1377）
河南科技大学	3	农业科学（496/611）、临床医学（1342/1377）、工程学（682/1170）
山东第一医科大学	3	生物学与生物化学（482/702）、临床医学（347/1377）、药理学与毒物学（325/621）
华北理工大学	3	生物学与生物化学（608/702）、化学（543/964）、临床医学（1226/1377）
武汉理工大学	3	化学（54/964）、工程学（112/1170）、材料科学（22/669）
青岛科技大学	3	化学（151/964）、工程学（271/1170）、材料科学（181/669）
山东师范大学	3	化学（210/964）、工程学（625/1170）、植物学与动物学（318/827）
南方科技大学	3	化学（262/964）、工程学（568/1170）、材料科学（177/669）
燕山大学	3	化学（266/964）、工程学（340/1170）、材料科学（116/669）

续表

学校名称	进入ESI学科排行的学科数	详细情况
太原理工大学	3	化学（322/964）、工程学（392/1170）、材料科学（172/669）
浙江理工大学	3	化学（328/964）、工程学（651/1170）、材料科学（314/669）
西南科技大学	3	化学（337/964）、工程学（491/1170）、材料科学（198/669）
天津理工大学	3	化学（346/964）、工程学（574/1170）、材料科学（433/669）
河南师范大学	3	化学（392/964）、工程学（920/1170）、材料科学（282/669）
常州大学	3	化学（411/964）、工程学（798/1170）、材料科学（386/669）
山西大学	3	化学（412/964）、工程学（771/1170）、材料科学（333/669）
中北大学	3	化学（431/964）、工程学（792/1170）、材料科学（158/669）
黑龙江大学	3	化学（440/964）、工程学（1045/1170）、材料科学（315/669）
武汉工程大学	3	化学（448/964）、工程学（487/1170）、材料科学（380/669）
曲阜师范大学	3	化学（471/964）、工程学（287/1170）、数学（8/210）
温州大学	3	化学（487/964）、工程学（806/1170）、材料科学（456/669）
上海理工大学	3	化学（510/964）、工程学（273/1170）、材料科学（375/669）
海南大学	3	化学（557/964）、材料科学（335/669）、植物学与动物学（553/827）
昆明理工大学	3	化学（585/964）、工程学（465/1170）、材料科学（284/669）
江苏科技大学	3	化学（593/964）、工程学（428/1170）、材料科学（111/669）
南昌航空大学	3	化学（623/964）、工程学（777/1170）、材料科学（300/669）
齐鲁工业大学	3	化学（645/964）、工程学（808/1170）、材料科学（445/669）
沈阳药科大学	3	化学（689/964）、临床医学（1323/1377）、药理学与毒物学（52/621）
华侨大学	3	化学（690/964）、工程学（566/1170）、材料科学（545/669）
首都师范大学	3	化学（693/964）、材料科学（461/669）、植物学与动物学（530/827）
河北工业大学	3	化学（699/964）、工程学（689/1170）、材料科学（363/669）
中国计量大学	3	化学（748/964）、工程学（701/1170）、材料科学（477/669）
新疆大学	3	化学（759/964）、工程学（669/1170）、材料科学（649/669）
武汉科技大学	3	化学（777/964）、工程学（675/1170）、材料科学（296/669）
安徽工业大学	3	化学（810/964）、工程学（237/1170）、材料科学（329/669）
渤海大学	3	化学（957/964）、计算机科学（233/388）、工程学（263/1170）
河北医科大学	3	临床医学（620/1377）、神经科学与行为科学（480/529）、药理学与毒物学（551/621）
西安电子科技大学	3	计算机科学（3/388）、工程学（62/1170）、地球科学（388/448）
北京邮电大学	3	计算机科学（15/388）、工程学（226/1170）、物理学（451/518）
杭州电子科技大学	3	计算机科学（93/388）、工程学（368/1170）、材料科学（446/669）
福建农林大学	2	农业科学（83/611）、植物学与动物学（209/827）
安徽农业大学	2	农业科学（177/611）、植物学与动物学（286/827）
沈阳农业大学	2	农业科学（300/611）、植物学与动物学（617/827）
浙江工商大学	2	农业科学（345/611）、工程学（925/1170）
上海海洋大学	2	农业科学（417/611）、植物学与动物学（289/827）
江西农业大学	2	农业科学（423/611）、植物学与动物学（707/827）
河南农业大学	2	农业科学（472/611）、植物学与动物学（436/827）
河北农业大学	2	农业科学（494/611）、植物学与动物学（655/827）

续表

学校名称	进入ESI学科排行的学科数	详细情况
江西师范大学	2	化学（311/964）、材料科学（629/669）
湖南科技大学	2	化学（342/964）、工程学（532/1170）
西北师范大学	2	化学（373/964）、材料科学（525/669）
河北大学	2	化学（458/964）、材料科学（352/669）
湖南师范大学	2	化学（485/964）、临床医学（1279/1377）
西华师范大学	2	化学（517/964）、工程学（1152/1170）
江苏师范大学	2	化学（519/964）、工程学（873/1170）
陕西科技大学	2	化学（525/964）、材料科学（189/669）
三峡大学	2	化学（537/964）、工程学（810/1170）
湖北大学	2	化学（539/964）、材料科学（291/669）
西南石油大学	2	化学（574/964）、工程学（188/1170）
中南民族大学	2	化学（597/964）、工程学（1073/1170）
烟台大学	2	化学（612/964）、药理学与毒物学（529/621）
聊城大学	2	化学（614/964）、工程学（604/1170）
云南大学	2	化学（653/964）、植物学与动物学（665/827）
贵州大学	2	化学（673/964）、植物学与动物学（248/827）
重庆工商大学	2	化学（721/964）、工程学（469/1170）
长春科技大学	2	化学（751/964）、材料科学（526/669）
兰州交通大学	2	化学（762/964）、工程学（690/1170）
山东理工大学	2	化学（772/964）、工程学（698/1170）
河北师范大学	2	化学（816/964）、植物学与动物学（826/827）
哈尔滨师范大学	2	化学（853/964）、材料科学（555/669）
桂林工业大学	2	化学（919/964）、材料科学（539/669）
南华大学	2	化学（928/964）、临床医学（1021/1377）
广东药科大学	2	化学（961/964）、临床医学（1172/1377）
广西医科大学	2	临床医学（511/1377）、药理学与毒物学（511/621）
大连医科大学	2	临床医学（600/1377）、药理学与毒物学（340/621）
南京中医药大学	2	临床医学（612/1377）、药理学与毒物学（180/621）
徐州医科大学	2	临床医学（722/1377）、药理学与毒物学（495/621）
上海中医药大学	2	临床医学（799/1377）、药理学与毒物学（164/621）
北京中医药大学	2	临床医学（871/1377）、药理学与毒物学（241/621）
广州中医药大学	2	临床医学（875/1377）、药理学与毒物学（347/621）
浙江中医药大学	2	临床医学（940/1377）、药理学与毒物学（346/621）
天津中医药大学	2	临床医学（1194/1377）、药理学与毒物学（445/621）
重庆邮电大学	2	计算机科学（110/388）、工程学（442/1170）
广州大学	2	计算机科学（111/388）、工程学（488/1170）
大连海事大学	2	计算机科学（148/388）、工程学（331/1170）
中国人民解放军理工大学	2	计算机科学（169/388）、工程学（510/1170）
辽宁工业大学	2	计算机科学（261/388）、工程学（243/1170）

续表

学校名称	进入ESI学科排行的学科数	详细情况
上海财经大学	2	经济学与商学（178/284）、社会科学（732/1009）
西安建筑科技大学	2	工程学（374/1170）、环境科学与生态学（343/716）
长沙理工大学	2	工程学（479/1170）、材料科学（203/669）
西安理工大学	2	工程学（524/1170）、材料科学（257/669）
河南理工大学	2	工程学（544/1170）、材料科学（536/669）
哈尔滨理工大学	2	工程学（575/1170）、材料科学（271/669）
兰州理工大学	2	工程学（667/1170）、材料科学（337/669）
桂林电子科技大学	2	工程学（736/1170）、材料科学（487/669）
湖南工业大学	2	工程学（1088/1170）、材料科学（381/669）
甘肃农业大学	1	农业科学（420/611）
南京财经大学	1	农业科学（445/611）
武汉轻工大学	1	农业科学（448/611）
大连工业大学	1	农业科学（467/611）
内蒙古农业大学	1	农业科学（493/611）
郑州轻工业大学	1	化学（296/964）
安徽师范大学	1	化学（370/964）
洛阳师范学院	1	化学（494/964）
上海科技大学	1	化学（514/964）
广西师范大学	1	化学（641/964）
天津师范大学	1	化学（697/964）
东华理工大学	1	化学（701/964）
江西科技师范大学	1	化学（708/964）
辽宁大学	1	化学（728/964）
淮北师范大学	1	化学（736/964）
信阳师范学院	1	化学（829/964）
辽宁师范大学	1	化学（860/964）
安阳师范学院	1	化学（921/964）
福建医科大学	1	临床医学（483/1377）
新疆医科大学	1	临床医学（727/1377）
昆明医科大学	1	临床医学（729/1377）
广东医科大学	1	临床医学（796/1377）
汕头大学	1	临床医学（815/1377）
昆山杜克大学	1	临床医学（876/1377）
山西医科大学	1	临床医学（880/1377）
西安医学院	1	临床医学（905/1377）
宁夏医科大学	1	临床医学（920/1377）
西南医科大学	1	临床医学（967/1377）
滨州医学院	1	临床医学（981/1377）
新乡医学院	1	临床医学（1027/1377）

续表

学校名称	进入ESI学科排行的学科数	详细情况
延边大学	1	临床医学（1045/1377）
湖北医药学院	1	临床医学（1073/1377）
贵州医科大学	1	临床医学（1076/1377）
锦州医科大学	1	临床医学（1080/1377）
内蒙古医科大学	1	临床医学（1090/1377）
山东中医药大学	1	临床医学（1150/1377）
遵义医科大学	1	临床医学（1171/1377）
潍坊医学院	1	临床医学（1182/1377）
海南医学院	1	临床医学（1209/1377）
川北医学院	1	临床医学（1221/1377）
桂林医学院	1	临床医学（1244/1377）
福建中医药大学	1	临床医学（1272/1377）
中央财经大学	1	经济学与商学（236/284）
湖北工业大学	1	工程学（475/1170）
绍兴文理学院	1	工程学（570/1170）
上海电力大学	1	工程学（589/1170）
中国人民解放军空军工程大学	1	工程学（641/1170）
鲁东大学	1	工程学（646/1170）
东北电力大学	1	工程学（665/1170）
山东财经大学	1	工程学（685/1170）
青岛理工大学	1	工程学（772/1170）
中国人民解放军海军工程大学	1	工程学（778/1170）
东北石油大学	1	工程学（801/1170）
宁波诺丁汉大学	1	工程学（820/1170）
上海工程技术大学	1	工程学（851/1170）
沈阳航空航天大学	1	工程学（858/1170）
华东交通大学	1	工程学（866/1170）
东北财经大学	1	工程学（887/1170）
重庆交通大学	1	工程学（892/1170）
江西财经大学	1	工程学（901/1170）
北京建筑大学	1	工程学（937/1170）
山东建筑大学	1	工程学（980/1170）
北方工业大学	1	工程学（999/1170）
西华大学	1	工程学（1014/1170）
浙江财经大学	1	工程学（1043/1170）
河北科技大学	1	工程学（1112/1170）
闽江学院	1	工程学（1130/1170）
成都理工大学	1	地球科学（251/448）

续表

续表

学校名称	进入ESI学科排行的学科数	详细情况
云南农业大学	1	植物学与动物学（567/827）
吉林农业大学	1	植物学与动物学（669/827）
西南财经大学	1	社会科学（532/1009）
对外经济贸易大学	1	社会科学（864/1009）

二、22个学科的评价分析

本书对ESI收录的22个学科通过学科竞争力的综合排名、科研能力排名、影响力排名、师资力量排名四个方面进行评价，选取具有代表性的指标进行分析。学科竞争力的综合排名评价是对学科的整体情况进行分析；学科科研能力评价是通过选取ESI收录论文数、总被引次数或发明专利数进行分析；学科的影响力评价是通过选取高被引论文指标进行分析；师资力量评价是通过选取高被引科学家进行分析。对ESI收录的22个学科的具体评价分析结果如下。

（一）农业科学

进入ESI农业科学学科排名的大学共有611所。从国家或地区分布来看，这些大学隶属于美国、中国、法国、意大利、西班牙、巴西、英国、澳大利亚等51个国家或地区。这些大学的国家或地区分布如图3-1所示。

图3-1 进入ESI农业科学学科排名的大学国家或地区分布

注：图中所列数据之和应为100%，如不等于，则是由四舍五入造成的，余同

从图3-1可以看出，美国高校的数量位居世界第一位，有86所大学，占比高达14.08%，远高于其他国家或地区。接下来依次是中国大陆（内地）（68所）、法国（36所）、意大利（35所）、西班牙（35所）、巴西（33所）、英国（31所）。中国大陆（内地）的68所大学分别是：中国农业大学、西北农林科技大学、江南大学、华南理工大学、浙江大学、中国科学院大学、南京农业大学、南昌大学、华中农业大学、江苏大学、福建农林大学、扬州大学、天津科技大学、北京师范大学、合肥工业大学、四川农业大学、华南农业大学、北京大学、东北农业大学、上海交通大学、河南工业大学、浙江农林大学、安徽农业大学、山东农业大学、暨南大学、青岛农业大学、西南大学、北京林业大学、吉林大学、中山大学、武汉大学、中国海洋大学、南京师范大学、兰州大学、南京大学、湖南农业大学、四川大学、沈阳农业大学、东北林业大学、南京林业大学、浙江工商大学、广西大学、天津大学、陕西师范大学、上海海洋大学、甘肃农业大学、江西农业大学、华中科技大学、中南大学、石河子大学、哈尔滨工业大学、南京财经大学、武汉轻工大学、浙江工业大学、大连工业大学、河南农业大学、苏州大学、宁波大学、内蒙古农业大学、河北农业大学、厦门大学、河南科技大学、南开大学、山东大学、复旦大学、华东理工大学、清华大学、中国医学科学院-北京协和医学院。中国台湾有8所，分别是台湾大学、台湾中兴大学、台湾中国医药大学、中山医学大学、亚洲大学（中国台湾）、高雄科技大学、台北医学大学、高雄医科大学。中国香港有3所，分别是香港大学、香港中文大学、香港浸会大学。

1. 农业科学学科竞争力综合排名分析

从综合排名来看，位居前10位的大学分别是瓦格宁根大学（荷兰）、中国农业大学（中国）、圣保罗

大学（巴西）、加州大学戴维斯分校（美国）、西北农林科技大学（中国）、江南大学（中国）、华南理工大学（中国）、佛罗里达大学（美国）、浙江大学（中国）、中国科学院大学（中国）。进入前100位的中国大学有12所，分别是中国农业大学（第2位）、西北农林科技大学（第5位）、江南大学（第6位）、华南理工大学（第7位）、浙江大学（第9位）、中国科学院大学（第10位）、南京农业大学（第12位）、南昌大学（第46位）、华中农业大学（第47位）、江苏大学（第53位）、福建农林大学（第83位）、扬州大学（第97位）；中国（包含港澳台）其他大学进入ESI农业科学排名的名次如表3-50所示。

表3-50 农业科学学科综合排名（前10位与中国大学）

综合排名	机构名称	星级	档次	国家/地区	综合排名	机构名称	星级	档次	国家/地区
1	瓦格宁根大学	5★+	顶尖	荷兰	6	江南大学	5★+	顶尖	中国
2	中国农业大学	5★+	顶尖	中国	7	华南理工大学	5★	著名	中国
3	圣保罗大学	5★+	顶尖	巴西	8	佛罗里达大学	5★	著名	美国
4	加州大学戴维斯分校	5★+	顶尖	美国	9	浙江大学	5★	著名	中国
5	西北农林科技大学	5★+	顶尖	中国	10	中国科学院大学	5★	著名	中国
其他中国机构：12. 南京农业大学；46. 南昌大学；47. 华中农业大学；53. 江苏大学；83. 福建农林大学；97. 扬州大学；103. 天津科技大学；112. 北京师范大学；118. 合肥工业大学；124. 四川农业大学；137. 华南农业大学；138. 北京大学；139. 东北农业大学；144. 台湾大学；164. 上海交通大学；171. 河南工业大学；172. 浙江农林大学；177. 安徽农业大学；183. 山东农业大学；184. 暨南大学；201. 青岛农业大学；202. 西南大学；206. 北京林业大学；208. 吉林大学；209. 中山大学；215. 武汉大学；226. 中国海洋大学；230. 南京师范大学；239. 台湾中国医药大学；250. 兰州大学；255. 台湾中兴大学；271. 南京大学；293. 湖南农业大学；296. 四川大学；300. 沈阳农业大学；313. 香港大学；331. 东北林业大学；333. 南京林业大学；345. 浙江工商大学；349. 广西大学；357. 香港中文大学；377. 天津大学；378. 陕西师范大学；417. 上海海洋大学；420. 甘肃农业大学；423. 江西农业大学；427. 华中科技大学；431. 中南大学；434. 石河子大学；444. 哈尔滨工业大学；445. 南京财经大学；448. 武汉轻工大学；456. 亚洲大学（中国台湾）；459. 浙江工业大学；467. 大连工业大学；472. 河南农业大学；475. 苏州大学；476. 宁波大学；486. 台北医学大学；493. 内蒙古农业大学；494. 河北农业大学；495. 厦门大学；496. 河南科技大学；513. 香港浸会大学；520. 南开大学；521. 山东大学；526. 中山医学大学；533. 复旦大学；537. 华东理工大学；557. 清华大学；570. 中国医学科学院-北京协和医学院；593. 高雄医科大学；601. 高雄科技大学									

2. 农业科学学科的科研能力排名分析

从发文量来看，位居前10位的大学按照名次依次是圣保罗大学（巴西）、中国农业大学（中国）、圣保罗州立大学（巴西）、瓦格宁根大学（荷兰）、维索萨联邦大学（巴西）、西北农林科技大学（中国）、南京农业大学（中国）、佛罗里达大学（美国）、加州大学戴维斯分校（美国）、江南大学（中国）。圣保罗大学以5596篇位居发文量榜首，发文量超过3000篇的有10所，它们分别是圣保罗大学、中国农业大学、圣保罗州立大学、瓦格宁根大学、维索萨联邦大学、西北农林科技大学、南京农业大学、佛罗里达大学、加州大学戴维斯分校、江南大学。超过2000篇但少于3000篇的有20所；超过1000篇但少于2000篇的有80所；超过500篇但少于1000篇的有179所；超过100篇但少于500篇的有319所，100篇以下的有3所。中国大陆（内地）在发文量进入前100名的大学共有11所，包括中国农业大学（第2位）、西北农林科技大学（第6位）、南京农业大学（第7位）、江南大学（第10位）、中国科学院大学（第11位）、浙江大学（第13位）、华中农业大学（第25位）、华南理工大学（第37位）、华南农业大学（第68位）、东北农业大学（第79位）、山东农业大学（第100位）。中国（包含港澳台）其他进入ESI农业科学排名的大学发文量排名如表3-51所示。

表3-51 农业科学学科发文量排名（前10位与中国大学）

发文量排名	机构名称	国家/地区	发文量排名	机构名称	国家/地区
1	圣保罗大学	巴西	6	西北农林科技大学	中国
2	中国农业大学	中国	7	南京农业大学	中国
3	圣保罗州立大学	巴西	8	佛罗里达大学	美国
4	瓦格宁根大学	荷兰	9	加州大学戴维斯分校	美国
5	维索萨联邦大学	巴西	10	江南大学	中国

续表

其他中国机构：11. 中国科学院大学；13. 浙江大学；25. 华中农业大学；37. 华南理工大学；68. 华南农业大学；79. 东北农业大学；100. 山东农业大学；107. 台湾大学；108. 江苏大学；111. 四川农业大学；112. 南昌大学；113. 西南大学；119. 上海交通大学；164. 扬州大学；167. 天津科技大学；169. 福建农林大学；178. 沈阳农业大学；181. 北京林业大学；206. 吉林大学；217. 中国海洋大学；228. 台湾中兴大学；232. 台湾中国医药大学；236. 兰州大学；240. 湖南农业大学；243. 北京师范大学；254. 暨南大学；256. 安徽农业大学；261. 中山大学；271. 北京大学；277. 青岛农业大学；284. 四川大学；290. 河南农业大学；297. 广西大学；309. 河南工业大学；326. 浙江工商大学；327. 陕西师范大学；327. 河北农业大学；338. 浙江农林大学；346. 南京林业大学；356. 大连工业大学；358. 合肥工业大学；360. 南京师范大学；363. 甘肃农业大学；369. 东北林业大学；379. 石河子大学；382. 内蒙古农业大学；388. 台北医学大学；404. 天津大学；405. 武汉大学；410. 中山医学大学；418. 江西农业大学；418. 河南科技大学；422. 南京大学；424. 上海海洋大学；429. 香港大学；433. 香港中文大学；443. 华中科技大学；447. 苏州大学；451. 南开大学；460. 宁波大学；472. 浙江工业大学；483. 哈尔滨工业大学；483. 亚洲大学（中国台湾）；483. 复旦大学；486. 清华大学；498. 华东理工大学；501. 南京财经大学；510. 厦门大学；511. 山东大学；525. 中国医学科学院-北京协和医学院；545. 中南大学；553. 武汉轻工大学；558. 香港浸会大学；581. 高雄医学大学；597. 高雄科技大学

3. 农业科学学科科研影响力排名分析

从总被引次数来看，位居前10位的大学依次是瓦格宁根大学（荷兰）、中国农业大学（中国）、圣保罗大学（巴西）、加州大学戴维斯分校（美国）、康奈尔大学（美国）、南京农业大学（中国）、西北农林科技大学（中国）、佛罗里达大学（美国）、江南大学（中国）、北卡罗来纳大学（美国）。瓦格宁根大学总被引次数超过80 000次，总被引次数超过30 000次的大学共有18所，分别是瓦格宁根大学、中国农业大学、圣保罗大学、加州大学戴维斯分校、康奈尔大学、南京农业大学、西北农林科技大学、佛罗里达大学、江南大学、北卡罗来纳大学、浙江大学、中国科学院大学、根特大学、哥本哈根大学、奥尔胡斯大学、圭尔夫大学、坎皮纳斯州立大学、华南理工大学；总被引次数在20 000次以上30 000次以下的有27所；总被引次数在10 000次以上20 000次以下的有91所；总被引次数在5000次以上10 000次以下的有167所；总被引次数在2000次以上5000次以下的有308所；所有大学的总被引次数均在2000次以上。中国（包含港澳台）在总被引次数方面进入前100名的大学共有10所，中国大陆（内地）的大学是中国农业大学（第2位）、南京农业大学（第6位）、西北农林科技大学（第7位）、江南大学（第9位）、浙江大学（第11位）、中国科学院大学（第12位）、华南理工大学（第18位）、华中农业大学（第35位）、南昌大学（第81位），中国台湾的大学是台湾大学（第99位）。中国（包含港澳台）其他进入ESI农业科学排名的高校总被引次数排名如表3-52所示。

表3-52 农业科学学科总被引次数排名（前10位与中国大学）

总被引次数排名	机构名称	国家/地区	总被引次数排名	机构名称	国家/地区
1	瓦格宁根大学	荷兰	6	南京农业大学	中国
2	中国农业大学	中国	7	西北农林科技大学	中国
3	圣保罗大学	巴西	8	佛罗里达大学	美国
4	加州大学戴维斯分校	美国	9	江南大学	中国
5	康奈尔大学	美国	10	北卡罗来纳大学	美国

其他中国机构：11. 浙江大学；12. 中国科学院大学；18. 华南理工大学；35. 华中农业大学；81. 南昌大学；99. 台湾大学；128. 华南农业大学；135. 台湾中国医药大学；137. 上海交通大学；142. 山东农业大学；157. 东北农业大学；159. 北京师范大学；160. 江苏大学；170. 北京林业大学；175. 西南大学；181. 天津科技大学；182. 台湾中兴大学；193. 中山大学；196. 中国海洋大学；206. 北京大学；209. 四川农业大学；221. 兰州大学；226. 扬州大学；251. 吉林大学；260. 中山医学大学；275. 暨南大学；296. 四川大学；299. 浙江工商大学；305. 湖南农业大学；316. 香港大学；320. 香港中文大学；328. 东北林业大学；330. 武汉大学；338. 沈阳农业大学；339. 南京师范大学；341. 台北医学大学；354. 陕西师范大学；362. 合肥工业大学；364. 南开大学；367. 安徽农业大学；372. 青岛农业大学；391. 浙江农林大学；394. 南京大学；408. 广西大学；415. 亚洲大学（中国台湾）；420. 天津大学；426. 河南工业大学；436. 河南科技大学；437. 华中科技大学；445. 厦门大学；447. 哈尔滨工业大学；453. 复旦大学；457. 内蒙古农业大学；475. 上海海洋大学；493. 甘肃农业大学；503. 浙江工业大学；506. 高雄科技大学；507. 中南大学；511. 香港浸会大学；514. 南京财经大学；520. 山东大学；522. 石河子大学；527. 中国医学科学院-北京协和医学院；531. 南京林业大学；532. 宁波大学；534. 华东理工大学；536. 河北农业大学；543. 江西农业大学；543. 清华大学；545. 苏州大学；573. 高雄医科大学；597. 大连工业大学；598. 河南科技大学；605. 武汉轻工大学

4. 农业科学学科的影响力排名分析

从高被引论文数来看，位居前10位的大学按照排名次序依次是瓦格宁根大学（荷兰）、华南理工大学（中国）、都柏林大学学院（爱尔兰）、马萨诸塞大学阿默斯特分校（美国）、中国农业大学（中国）、加州大学戴维斯分校（美国）、康奈尔大学（美国）、江南大学（中国）、浙江大学（中国）、瓦伦西亚大学（西班牙）。高被引论文数最高的是瓦格宁根大学，高被引论文数为 142 篇，其次是华南理工大学、都柏林大学学院，高被引论文数分别为 98 篇、93 篇。高被引论文数在 30 篇及以上的大学共有 33 所；20 篇以上 30 篇以下的大学有 50 所；10 篇以上 20 篇以下的大学有 120 所；1 篇以上 10 篇以下的大学有 389 所；剩下的 19 所大学的高被引论文数为 0 篇。中国大陆（内地）有 12 所大学进入高被引论文数排名前 100 位，它们分别是华南理工大学（第 2 位）、中国农业大学（第 5 位）、江南大学（第 8 位）、浙江大学（第 9 位）、西北农林科技大学（第 11 位）、中国科学院大学（第 14 位）、南京农业大学（第 17 位）、南昌大学（第 21 位）、江苏大学（第 44 位）、华中农业大学（第 59 位）、福建农林大学（第 64 位）、合肥工业大学（第 73 位）。中国（包含港澳台）其他大学高被引论文数排名如表 3-53 所示。

表 3-53 农业科学学科高被引论文数排名（前 10 位与中国大学）

高被引论文数排名	机构名称	国家/地区	高被引论文数排名	机构名称	国家/地区
1	瓦格宁根大学	荷兰	6	加州大学戴维斯分校	美国
2	华南理工大学	中国	7	康奈尔大学	美国
3	都柏林大学学院	爱尔兰	8	江南大学	中国
4	马萨诸塞大学阿默斯特分校	美国	9	浙江大学	中国
5	中国农业大学	中国	10	瓦伦西亚大学	西班牙
其他中国机构：11. 西北农林科技大学；14. 中国科学院大学；17. 南京农业大学；21. 南昌大学；44. 江苏大学；59. 华中农业大学；64. 福建农林大学；73. 合肥工业大学；120. 天津科技大学；120. 中山大学；128. 北京师范大学；136. 东北农业大学；136. 吉林大学；136. 香港大学；148. 扬州大学；148. 北京大学；188. 上海交通大学；188. 安徽农业大学；188. 中国海洋大学；188. 武汉轻工大学；204. 华南农业大学；204. 台湾大学；204. 北京林业大学；204. 四川大学；204. 东北林业大学；204. 中南大学；233. 河南工业大学；233. 浙江农林大学；233. 武汉大学；233. 兰州大学；233. 湖南农业大学；233. 香港中文大学；271. 青岛农业大学；271. 广西大学；271. 天津大学；271. 江西农业大学；271. 南京财经大学；308. 四川农业大学；308. 山东农业大学；308. 暨南大学；308. 西南大学；308. 南京师范大学；308. 台湾中兴大学；308. 浙江工商大学；308. 上海海洋大学；358. 台湾中国医药大学；358. 沈阳农业大学；358. 甘肃农业大学；358. 华中科技大学；358. 石河子大学；358. 哈尔滨工业大学；358. 浙江工业大学；358. 苏州大学；358. 宁波大学；358. 香港浸会大学；411. 南京大学；411. 陕西师范大学；411. 亚洲大学（中国台湾）；411. 大连工业大学；411. 厦门大学；411. 河南科技大学；411. 山东大学；459. 华东理工大学；496. 内蒙古农业大学；496. 河北农业大学；496. 复旦大学；496. 清华大学；496. 中国医学科学院-北京协和医学院；496. 高雄医学大学；556. 南京林业大学；556. 河南农业大学；556. 台北医学大学；556. 南开大学；556. 高雄科技大学；593. 中山医学大学						

5. 农业科学学科的师资力量排名分析

从高被引科学家数来看，数量最多的是康奈尔大学（美国）、西澳大学（澳大利亚）和沙特国王大学（沙特阿拉伯），其高被引科学家数都为 4 位。拥有 3 位高被引科学家的大学有 7 所，分别是瓦格宁根大学（荷兰）、巴塞罗那大学（美西班牙）、悉尼大学（澳大利亚）、维戈大学（西班牙）、阿卜杜勒阿齐兹国王大学（沙特阿拉伯）、米尼奥大学（葡萄牙）、米格尔·埃尔南德斯·德埃尔切大学（西班牙）。拥有 2 位高被引科学家的大学有 14 所，分别是华南理工大学（中国）、佛罗里达大学（美国）、根特大学（比利时）、都柏林大学学院（爱尔兰）、马萨诸塞大学阿默斯特分校（美国）、罗格斯大学新不斯维克分校（美国）、雷丁大学（英国）、南昌大学（中国）、瓦伦西亚大学（西班牙）、科克大学学院（爱尔兰）、瓦伦西亚理工大学（西班牙）、英属哥伦比亚大学（加拿大）、鲁汶大学（比利时）、纳瓦拉大学（西班牙）。拥有 1 位高被引科学家的大学有 41 所，其余 543 所大学的高被引科学家数均为 0 位。其中华南理工大学、南昌大学高被引科学家均为 2 位，中国农业大学、南京农业大学、华中农业大学、中山大学高被引科学家均为 1 位；香港大学的高被引科学家数为 1 位。中国（包含港澳台）其他高校高被引科学家数排名如表 3-54 所示。

表 3-54 农业科学学科高被引科学家数排名（前 4 位与中国大学）

高被引科学家数排名	机构名称	国家/地区	高被引科学家数排名	机构名称	国家/地区
1	康奈尔大学	美国	4	悉尼大学	澳大利亚
1	西澳大学	澳大利亚	4	维戈大学	西班牙
1	沙特国王大学	沙特阿拉伯	4	阿卜杜勒阿齐兹国王大学	沙特阿拉伯
4	瓦格宁根大学	荷兰	4	米尼奥大学	葡萄牙
4	巴塞罗那大学	西班牙	4	米格尔·埃尔南德斯·德埃尔切大学	西班牙
其他中国机构：11. 华南理工大学；11. 南昌大学；25. 中国农业大学；25. 南京农业大学；25. 华中农业大学；25. 中山大学；25. 香港大学					

综合分析上述指标，可以看出美国在各指标中都占据要位，可见其在农业科学领域有着较强的科研实力。中国大陆（内地）、中国台湾、中国香港进入 ESI 排行的大学共有 79 所。中国农业大学（第 2 位）、西北农林科技大学（第 5 位）、江南大学（第 6 位）进入 ESI 农业科学排行前 1%，华南理工大学（第 7 位）、浙江大学（9 位）、中国科学院大学（第 10 位）、南京农业大学（第 12 位）这 4 所院校进入 ESI 农业科学排行前 5%。由此可见，中国在农业科学领域有着一定的研究实力，但实力突出的大学仍然较少，仍需进一步提升科研实力，争取能够早日跻身世界一流学科行列。

（二）生物学与生物化学

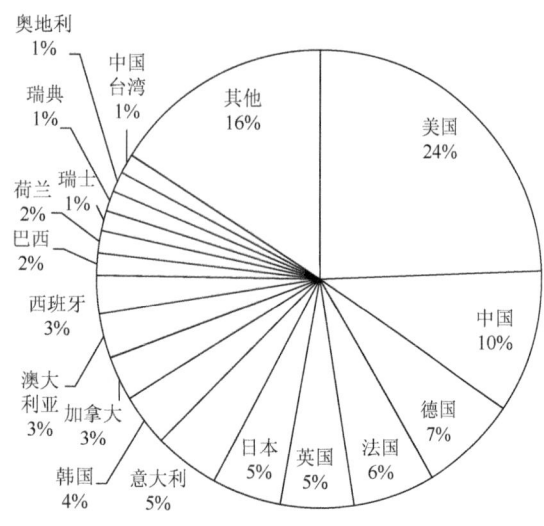

图 3-2 进入 ESI 生物学与生物化学学科排名的大学的国家或地区分布

进入 ESI 生物学与生物化学学科排名的大学共有 702 所。从国家或地区分布来看，这些高校隶属于美国、中国、德国、法国、英国、日本、意大利、韩国、加拿大、澳大利亚、西班牙、荷兰、巴西、瑞士、瑞典、奥地利、中国台湾等 52 个国家或地区。从图 3-2 可以很直观地看出这些高校的国家或地区分布情况。

从图 3-2 可以看出，美国的大学数量最多，位居首位，远远多于其他国家或地区。而中国大陆（内地）只有 71 所，它们分别是、上海交通大学、中国科学院大学、北京大学、复旦大学、清华大学、浙江大学、中山大学、四川大学、山东大学、吉林大学、中国农业大学、华中科技大学、中国医学科学院-北京协和医学院、中南大学、武汉大学、同济大学、南京医科大学、西安交通大学、郑州大学、江南大学、厦门大学、首都医科大学、南方医科大学、哈尔滨工业大学、西北农林科技大学、苏州大学、南京大学、暨南大学、中国科学技术大学、华南理工大学、哈尔滨医科大学、东南大学、陆军军医大学、天津大学、南开大学、空军军医大学、华东理工大学、华中农业大学、东北农业大学、南京农业大学、南昌大学、电子科技大学、海军军医大学、天津医科大学、广州医科大学、湖南大学、大连理工大学、四川农业大学、中国医科大学、温州医科大学、深圳大学、山东第一医科大学、中国海洋大学、青岛大学、西南大学、安徽医科大学、重庆医科大学、中国药科大学、兰州大学、北京化工大学、江苏大学、华南农业大学、华东师范大学、南京工业大学、天津科技大学、重庆大学、华北理工大学、浙江工业大学、北京林业大学、上海大学、北京师范大学；中国台湾有 10 所，分别是台湾大学、台湾成功大学、台湾清华大学、长庚大学、台湾中国医药大学、台湾阳明大学、台湾中兴大学、台北医学大学、高雄医科大学、台湾交通大学；中国香港有 5 所，分别是香港大学、香港中文大学、香港科技大学、香港城市大学、香港浸会大学。

1. 生物学与生物化学学科竞争力综合排名分析

从综合排名来看，位居前 10 的大学分别是哈佛大学（美国）、麻省理工学院（美国）、斯坦福大学（美国）、加州大学圣迭戈分校（美国）、剑桥大学（英国）、约翰·霍普金斯大学（美国）、加州大学伯克利分校（美国）、牛津大学（英国）、哥本哈根大学（丹麦）、加州大学旧金山分校（美国）。进入前 100 位的中国大陆（内地）、中国台湾、中国香港的大学只有 6 所，分别是上海交通大学（第 24 位）、中国科学院大学（第 29 位）、北京大学（第 51 位）、复旦大学（第 57 位）、清华大学（第 60 位）、浙江大学（第 75 位）。中国（包含港澳台）其他进入 ESI 生物学与生物化学排名的大学如表 3-55 所示。

表 3-55 生物学与生物化学学科综合排名（前 10 位与中国大学）

综合排名	机构名称	星级	档次	国家/地区	综合排名	机构名称	星级	档次	国家/地区
1	哈佛大学	5★+	顶尖	美国	6	约翰·霍普金斯大学	5★+	顶尖	美国
2	麻省理工学院	5★+	顶尖	美国	7	加州大学伯克利分校	5★+	顶尖	美国
3	斯坦福大学	5★+	顶尖	美国	8	牛津大学	5★	著名	英国
4	加州大学圣迭戈分校	5★+	顶尖	美国	9	哥本哈根大学	5★	著名	丹麦
5	剑桥大学	5★+	顶尖	英国	10	加州大学旧金山分校	5★	著名	美国

其他中国机构：24. 上海交通大学；29. 中国科学院大学；51. 北京大学；57. 复旦大学；60. 清华大学；75. 浙江大学；113. 中山大学；126. 四川大学；132. 山东大学；139. 吉林大学；157. 中国农业大学；162. 华中科技大学；170. 台湾大学；195. 中国医学科学院-北京协和医学院；198. 中南大学；225. 武汉大学；233. 同济大学；239. 南京医科大学；241. 香港大学；245. 西安交通大学；247. 郑州大学；267. 江南大学；268. 厦门大学；271. 首都医科大学；276. 南方医科大学；277. 哈尔滨工业大学；281. 西北农林科技大学；284. 苏州大学；289. 南京大学；291. 暨南大学；292. 中国科学技术大学；295. 华南理工大学；303. 哈尔滨医科大学；304. 东南大学；316. 香港中文大学；320. 陆军军医大学；332. 天津大学；339. 南开大学；346. 空军军医大学；350. 华东理工大学；354. 华中农业大学；358. 东北农业大学；367. 南京农业大学；373. 台湾成功大学；383. 南昌大学；391. 电子科技大学；396. 海军军医大学；402. 天津医科大学；407. 广州医科大学；415. 湖南大学；428. 台湾清华大学；435. 长庚大学；438. 大连理工大学；454. 四川农业大学；465. 中国医科大学；472. 台湾阳明大学；457. 温州医科大学；459. 台湾阳明大学；474. 深圳大学；482. 山东第一医科大学；490. 台湾中兴大学；495. 中国海洋大学；502. 青岛大学；506. 台北医学大学；511. 西南大学；520. 安徽医科大学；521. 重庆医科大学；523. 中国药科大学；534. 兰州大学；535. 北京化工大学；548. 江苏大学；553. 华南农业大学；567. 华东师范大学；569. 香港科技大学；572. 南京工业大学；588. 高雄医科大学；598. 天津科技大学；604. 重庆大学；608. 华北理工大学；610. 浙江工业大学；614. 北京林业大学；620. 台湾交通大学；636. 上海大学；640. 北京师范大学；654. 香港城市大学；687. 香港浸会大学

2. 生物学与生物化学学科的科研能力排名分析

从发文量来看，位居前 10 位的大学按照名次依次是哈佛大学（美国）、圣保罗大学（巴西）、东京大学（日本）、上海交通大学（中国）、牛津大学（英国）、多伦多大学（加拿大）、北卡罗来纳大学（美国）、加州大学圣迭戈分校（美国）、哥本哈根大学（丹麦）、约翰·霍普金斯大学（美国）。发文量最多的是哈佛大学，共发文 12 971 篇。发文量超过 5000 篇的大学有 11 所，分别是哈佛大学（12 971 篇）、圣保罗大学（5831 篇）、东京大学（5683 篇）、上海交通大学（5664 篇）、牛津大学（5658 篇）、多伦多大学（5407 篇）、北卡罗来纳大学（5293 篇）、加州大学圣迭戈分校（5263 篇）、哥本哈根大学（5220 篇）、约翰·霍普金斯大学（5101 篇）、剑桥大学（5063 篇）。超过 4000 篇但少于 5000 篇的有 12 所；超过 3000 篇但少于 4000 篇的有 33 所；超过 2000 篇但少于 3000 篇的有 64 所；超过 1000 篇但少于 2000 篇的有 207 所；超过 100 篇但少于 1000 篇的有 375 所；所有大学的发文量均多于 100 篇。中国大陆（内地）、中国台湾、中国香港在发文量进入前 100 名的大学有 14 所，它们分别是上海交通大学（第 4 位）、中国科学院大学（第 14 位）、浙江大学（第 15 位）、复旦大学（第 25 位）、北京大学（第 31 位）、山东大学（第 38 位）、中山大学（第 41 位）、四川大学（第 65 位）、清华大学（第 66 位）、吉林大学（第 69 位）、华中科技大学（第 76 位）、中国医学科学院-北京协和医学院（第 87 位）、江南大学（第 91 位）、南京医科大学（第 99 位）。中国（包含港澳台）其他进入 ESI 生物学与生物化学学科排名的高校发文量排名如表 3-56 所示。

表 3-56 生物学与生物化学学科发文量排名（前 10 位与中国大学）

发文量排名	机构名称	国家/地区	发文量排名	机构名称	国家/地区
1	哈佛大学	美国	6	多伦多大学	加拿大
2	圣保罗大学	巴西	7	北卡罗来纳大学	美国
3	东京大学	日本	8	加州大学圣迭戈分校	美国
4	上海交通大学	中国	9	哥本哈根大学	丹麦
5	牛津大学	英国	10	约翰·霍普金斯大学	美国

其他中国机构：4. 上海交通大学；14. 中国科学院大学；15. 浙江大学；25. 复旦大学；31. 北京大学；38. 山东大学；41. 中山大学；65. 四川大学；66. 清华大学；69. 吉林大学；76. 华中科技大学；87. 中国医学科学院-中国协和医学院；91. 江南大学；99. 南京医科大学；103. 中南大学；106. 武汉大学；115. 同济大学；121. 首都医科大学；132. 台湾大学；138. 苏州大学；146. 郑州大学；153. 西安交通大学；158. 中国农业大学；177. 南方医科大学；179. 南京大学；192. 哈尔滨医科大学；199. 华东理工大学；200. 南京农业大学；203. 华中农业大学；220. 中国医科大学；223. 香港大学；224. 温州医科大学；227. 中国科学技术大学；229. 海军军医大学；244. 南开大学；245. 中国人民解放军陆军军医大学；247. 哈尔滨工业大学；249. 西北农林科技大学；251. 厦门大学；253. 香港中文大学；254. 天津大学；257. 空军军医大学；空军理工大学；260. 山东第一医科大学；268. 天津医科大学；282. 暨南大学；298. 长庚大学；301. 东南大学；308. 重庆医科大学；319. 台湾成功大学；320. 南昌大学；328. 青岛大学；330. 台湾阳明大学；347. 台湾中国医药大学；347. 中国海洋大学；353. 广州医科大学；360. 大连理工大学；369. 安徽医科大学；371. 中国药科大学；380. 台北医学大学；382. 兰州大学；414. 江苏大学；422. 西南大学；432. 四川农业大学；456. 华南农业大学；459. 台湾中兴大学；466. 深圳大学；471. 南京工业大学；476. 天津科技大学；484. 台湾清华大学；492. 东北农业大学；492. 北京化工大学；494. 浙江工业大学；517. 重庆大学；540. 华东师范大学；552. 高雄医科大学；572. 香港科技大学；590. 上海大学；592. 北京师范大学；610. 北京林业大学；614. 湖南大学；638. 电子科技大学；651. 香港浸会大学；670. 香港城市大学；671. 台湾交通大学；700. 华北理工大学

3. 生物学与生物化学学科科研影响力排名分析

从总被引次数来看，位居前 10 位的大学分别是哈佛大学（美国）、麻省理工学院（美国）、加州大学伯克利分校（美国）、斯坦福大学（美国）、加州大学圣迭戈分校（美国）、约翰·霍普金斯大学（美国）、牛津大学（英国）、剑桥大学（英国）、哥本哈根大学（丹麦）、加州大学旧金山分校（美国）。总被引次数最高的高校是哈佛大学，达 52 0326 次；麻省理工学院以 24 2362 的被引次数排名第 2。总被引次数在 100 000 次以上 20 0000 次以下的有 21 所；总被引次数在 50 000 次以上 10 0000 次以下的有 68 所；总被引次数在 10 000 次以上 50 000 次以下的有 438 所；总被引在 6000 次以上 10 000 次以下的有 173 所。所有大学的总被引次数均在 6000 次以上。中国（包含港澳台）进入 ESI 生物学与生物化学学科总被引次数排名的大学如表 3-57 所示。

表 3-57 生物学与生物化学学科总被引次数排名（前 10 位与中国大学）

总被引次数排名	机构名称	国家/地区	总被引次数排名	机构名称	国家/地区
1	哈佛大学	美国	6	约翰·霍普金斯大学	美国
2	麻省理工学院	美国	7	牛津大学	英国
3	加州大学伯克利分校	美国	8	剑桥大学	英国
4	斯坦福大学	美国	9	哥本哈根大学	丹麦
5	加州大学圣迭戈分校	美国	10	加州大学旧金山分校	美国

其他中国机构：43. 上海交通大学；52. 中国科学院大学；72. 浙江大学；79. 北京大学；85. 清华大学；96. 复旦大学；116. 中山大学；126. 山东大学；178. 华中科技大学；182. 香港大学；195. 台湾大学；197. 四川大学；201. 中国农业大学；209. 中国医学科学院-中国协和医学院；217. 吉林大学；223. 同济大学；224. 华南理工大学；225. 武汉大学；241. 江南大学；255. 中南大学；260. 哈尔滨工业大学；268. 中国科学技术大学；274. 南京医科大学；291. 苏州大学；294. 南京农业大学；295. 香港中文大学；297. 南京大学；303. 华东理工大学；307. 南开大学；314. 台湾成功大学；322. 厦门大学；323. 华中农业大学；328. 空军军医大学；334. 东南大学；338. 哈尔滨医科大学；344. 天津大学；349. 西北农林科技大学；350. 西安交通大学；359. 海军军医大学；368. 暨南大学；397. 首都医科大学；401. 南方医科大学；404. 中国人民解放军陆军军医大学；408. 台湾阳明大学；419. 大连理工大学；440. 湖南大学；443. 长庚大学；445. 台湾中国医药大学；448. 深圳大学；451. 中国医科大学；471. 中国海洋大学；481. 电子科技大学；482. 郑州大学；493. 台湾中兴大学；497. 温州医科大学；505. 北京化工大学；523. 香港科技大学；530. 南昌大学；532. 台湾清华大学；548. 重庆医科大学；553. 西南大学；555. 兰州大学；556. 台北医学大学；563. 南京工业大学；575. 安徽医科大学；584. 中国药科大学；588. 华东师范大学；591. 山东第一医科大学；598. 上海大学；601. 重庆大学；612. 广州医科大学；615. 北京师范大学；618. 北京林业大学；619. 东北农业大学；624. 江苏大学；632. 华南农业大学；635. 高雄医科大学；644. 台湾交通大学；646. 四川农业大学；653. 天津科技大学；663. 浙江工业大学；669. 华北理工大学；674. 香港浸会大学；682. 青岛大学；687. 香港城市大学

4. 生物学与生物化学学科影响力排名分析

从高被引论文数来看，位居前10位的大学依次是哈佛大学（美国）、麻省理工学院（美国）、斯坦福大学（美国）、加州大学伯克利分校（美国）、加州大学圣迭戈分校（美国）、加州大学旧金山分校（美国）、剑桥大学（英国）、华盛顿大学（美国）、西雅图华盛顿大学（美国）、约翰·霍普金斯大学（美国）。高被引论文数最多的大学是哈佛大学，达714篇。拥有100篇以上高被引论文数的大学共23所；拥有50篇以上100篇以下高被引论文数的大学共54所；拥有10篇以上50篇以下高被引论文数的大学共323所；有1篇以上10篇以下高被引论文数的大学有325所；剩下的8所大学的高被引论文数为0篇。中国大陆（内地）、中国台湾、中国香港有6所大学进入ESI生物学与生物化学学科排名前100位，分别是中国科学院大学（第42位）、清华大学（第47位）、上海交通大学（第61位）、北京大学（第61位）、电子科技大学（第75位）、复旦大学（第97位），其高被引论文数分别为68篇、63篇、55篇、55篇、51篇、39篇。除此之外，中国（包含港澳台）其他进入ESI生物学与生物化学学科高被引论文数排名的大学如表3-58所示。

表3-58 生物学与生物化学学科高被引论文数排名（前10位与中国大学）

高被引论文数排名	机构名称	国家/地区	高被引论文数排名	机构名称	国家/地区
1	哈佛大学	美国	6	加州大学旧金山分校	美国
2	麻省理工学院	美国	7	剑桥大学	英国
3	斯坦福大学	美国	8	华盛顿大学	美国
4	加州大学伯克利分校	美国	9	西雅图华盛顿大学	美国
5	加州大学圣迭戈分校	美国	10	约翰·霍普金斯大学	美国
其他中国机构：42. 中国科学院大学；47. 清华大学；61. 上海交通大学；61. 北京大学；75. 电子科技大学；97. 复旦大学；116. 浙江大学；133. 湖南大学；153. 中山大学；162. 东南大学；179. 中南大学；199. 华中科技大学；199. 香港大学；199. 哈尔滨工业大学；199. 华北理工大学；228. 四川大学；233. 中国农业大学；253. 中国医学科学院-中国协和医学院；253. 天津大学；283. 台湾大学；283. 武汉大学；283. 中国科学技术大学；283. 香港中文大学；283. 哈尔滨理工大学；297. 同济大学；297. 南京医科大学；297. 南开大学；316. 厦门大学；332. 山东大学；332. 华南理工大学；348. 暨南大学；348. 吉林大学；348. 南开大学；348. 台湾成功大学；348. 空军军医大学；348. 西安交通大学；370. 苏州大学；370. 西北农林科技大学；370. 郑州大学；370. 东北农业大学；370. 台湾交通大学；423. 南方医科大学；423. 大连理工大学；423. 深圳大学；462. 天津医科大学；462. 台湾中兴大学；462. 香港城市大学；494. 华中农业大学；494. 台湾中国医药大学；494. 西南大学；494. 华东师范大学；494. 北京林业大学；494. 高雄医学大学；530. 华东理工大学；530. 中国人民解放军陆军军医大学；530. 长庚大学；530. 北京化工大学；530. 香港科技大学；530. 南昌大学；530. 台湾清华大学；530. 台北医学大学；530. 广州医科大学；530. 华南农业大学；530. 四川农业大学；530. 青岛大学；585. 江南大学；585. 首都医科大学；585. 安徽医科大学；585. 中国药科大学；585. 江苏大学；625. 南京农业大学；625. 海军军医大学；625. 台湾阳明大学；625. 兰州大学；625. 南京工业大学；625. 上海大学；625. 重庆大学；625. 北京师范大学；625. 天津科技大学；625. 浙江工业大学；656. 中国海洋大学；656. 山东第一医科大学；656. 香港浸会大学；674. 中国医科大学；674. 温州医科大学；674. 重庆医科大学					

5. 生物学与生物化学师资力量排名分析

从高被引科学家数来看，数量最多的大学是加州大学圣克鲁兹分校，其高被引科学家数为11位。其次是乔治城大学、南加州大学、哈佛大学、斯坦福大学，其高被引科学家数分别为10位、6位、5位和5位。拥有5位高被引科学家的大学有2所，分别是哈佛大学、斯坦福大学。拥有4位高被引科学家的大学有2所，即剑桥大学和麻省理工学院。拥有3位高被引科学家的大学有4所，是加州大学圣迭戈分校、哥本哈根大学、日内瓦大学、特拉华大学。拥有2位高被引科学家的大学有5所，分别是加州大学旧金山分校、西雅图华盛顿大学、苏黎世大学、艾克斯-马赛大学、得克萨斯大学达拉斯分校。拥有1位高被引科学家的大学有26所，其余659所大学的高被引科学家数均为0。中国大陆（内地）、中国台湾及中国香港的大学中，高被引科学家数为1的是清华大学和东南大学。如表3-59所示。

表3-59 生物学与生物化学学科高被引科学家数排名（前12位与中国大学）

高被引科学家数排名	机构名称	国家/地区	高被引科学家数排名	机构名称	国家/地区
1	加州大学圣克鲁兹分校	美国	3	南加州大学	美国
2	乔治城大学	美国	4	哈佛大学	美国

续表

高被引科学家数排名	机构名称	国家/地区	高被引科学家数排名	机构名称	国家/地区
4	斯坦福大学	美国	8	特拉华大学	美国
6	麻省理工学院	美国	12	加州大学旧金山分校	美国
6	剑桥大学	英国	12	西雅图华盛顿大学	美国
8	加州大学圣迭戈分校	美国	12	苏黎世大学	瑞士
8	哥本哈根大学	丹麦	12	艾克斯-马赛大学	法国
8	日内瓦大学	瑞士	12	得克萨斯大学达拉斯分校	美国
其他中国机构：17. 清华大学；18. 东南大学					

从以上几个指标的分析可以看出：每个指标最强的大学基本上都分布在美国，各个指标排名前10位的大学也大多属于美国，这说明美国在生物学与生物化学方面具有突出的研究实力。中国大陆（内地）、中国台湾、中国香港的所有大学中按照综合排名来看，仅有上海交通大学、中国科学院大学两所处于著名档次，清华大学、北京大学、复旦大学处于知名档次，其他都处于一般档次；在发文量前100名中，中国（包含港澳台）大学有11所；总被引次数前100名的中国（包含港澳台）大学只有6所。由此可见中国在生物学与生物化学学科上的研究实力较薄弱，应该重点加强该领域的科研实践，在强调发文数量的同时，保障并提高论文的质量，以增强我国在该领域的科研竞争力和影响力。

（三）化学

图3-3 进入ESI化学学科排名的大学国家或地区分布

进入ESI化学学科排名的大学共有964所。从国家或地区分布来看，这些大学主要隶属于中国、美国、法国、德国、印度、英国、日本、西班牙、意大利、韩国、伊朗、加拿大、澳大利亚、巴西、波兰、中国台湾、土耳其、比利时、荷兰等60个国家或地区，如图3-3所示。

从图3-3可以看出，中国大陆（内地）化学学科的大学数量位居第1位，遥遥领先于其他国家或地区。排行榜中大学数量排名前10名的国家或地区分别是：中国大陆（内地）有175所、美国有158所、法国有56所、德国有53所、印度有40所、英国有39所、日本有37所、西班牙有35所、意大利有35所、韩国有33所。中国大陆（内地）分别是中国科学院大学、清华大学、中国科学技术大学、浙江大学、北京大学、南京大学、南开大学、华南理工大学、华东理工大学、复旦大学、天津大学、吉林大学、苏州大学、四川大学、湖南大学、厦门大学、中山大学、山东大学、武汉大学、郑州大学、上海交通大学、福州大学、北京化工大学、大连理工大学、哈尔滨工业大学、西安交通大学、兰州大学、武汉理工大学、东南大学、南京工业大学、华中科技大学、中南大学、北京理工大学、华东师范大学、山东科技大学、上海大学、同济大学、江苏大学、浙江工业大学、北京科技大学、中国石油大学、电子科技大学、北京航空航天大学、河南大学、青岛科技大学、济南大学、东华大学、西北工业大学、东北师范大学、华中师范大学、西南大学、北京师范大学、西北大学、重庆大学、中国地质大学、浙江师范大学、山东师范大学、青岛大学、南昌大学、深圳大学、南京理工大学、中国海洋大学、江南大学、南方科技大学、燕山大学、南京师范大学、南京邮电大学、北京工业大学、陕西师范大学、暨南大学、扬州大学、郑州轻工业大学、江西师范大学、太原理工大学、浙江理工大学、西南科技大学、湖南科技大学、天津理工大学、安徽大学、哈尔滨工程大学、安徽师范大学、西北师范大学、中国药科大学、河南师范大学、南京航空航天大学、华北电力大学、广东工业大学、广西大学、湘潭大学、常州大学、山西大学、华南师范大学、合肥工业大学、中国东北大学、中北大学、中国农业大学、南京林业大学、黑龙江大学、武汉工程大学、福建师范大学、河北大学、曲阜师范大学、华南农业大学、湖南师范大学、温州大学、华中农业大学、洛阳师范学院、中国矿业大学、上海理工大学、东北林业大学、上海科技大学、西华师范大学、江苏师范大学、陕西科技大学、中国医学科学院-北京协和医学院、三峡大学、宁波大学、湖北大学、华北理工大学、海南大学、天津工业大学、西南石油大学、西北农林科技大学、昆明理工大学、杭州师范大学、江苏科技大学、中南民族大学、烟台大学、聊城大学、上海师范大学、南昌航空大学、天津科技大学、广西师范大学、齐鲁工业大学、云南大学、贵州大学、海军军医大学、沈阳药科大学、华侨大学、北京林业大学、首都师范大学、天津师范大学、河北工业大学、东华理工大学、江西科技师范大学、中国人民大学、重庆工商大学、辽宁大学、淮北师范大学、中国计量大学、长春科技大学、新疆大学、兰州交通大学、山东理工大学、武汉科技大学、西南交通大学、河南工业大学、安徽工业大学、河北师范大学、信阳师范学院、南京农业大学、温州医科大学、南京医科大学、哈尔滨师范大学、石河子大学、辽宁师范大学、青岛农业大学、山东农业大学、陆军军医大学、桂林工业大学、安阳师范学院、南华大学、南方医科大学、渤海大学、广东药科大学。中国台湾有15所大学，分别是台湾大学、台湾清华大学、台湾交通大学、台湾成功大学、台湾科技大学、台湾中原大学、台湾中兴大学、"台湾中央大学"、台北科技大学、台湾师范大学、台湾中山大学、高雄医科大学、台湾中国医药大学、长庚大学、台湾东华大学。中国香港有6所，分别是香港科技大学、香港城市大学、香港中文大学、香港理工大学、香港大学、香港浸会大学。

1. 化学学科学科竞争力综合排名分析

从综合排名来看，位居前10位的大学分别是中国科学院大学（中国）、清华大学（中国）、中国科学技术大学（中国）、南洋理工大学（新加坡）、浙江大学（中国）、加州大学伯克利分校（美国）、北京大学（中国）、麻省理工学院（美国）、斯坦福大学（美国）、新加坡国立大学（新加坡）。进入前100位的中国大陆（内地）有35所，分别是中国科学院大学（第1名）、清华大学（第2名）、中国科学技术大学（第3名）、浙江大学（第5名）、北京大学（第7名）、南京大学（第11名）、南开大学（第12名）、华南理工大学（第13名）、华东理工大学（第16名）、复旦大学（第17名）、天津大学（第18名）、吉林大学（第19名）、苏州大学（第20名）、四川大学（第26名）、湖南大学（第27名）、厦门大学（第28名）、中山大学（第30名）、山东大学（第31名）、武汉大学（第35名）、郑州大学（第37名）、上海交通大学（第40名）、福州大学（第41名）、北京化工大学（第42名）、大连理工大学（第44名）、哈尔滨工业大学（第49名）、西安交通大学（第52名）、兰州大学（第53名）、武汉理工大学（第54名）、东南大学（第62名）、南京工业大学（第63名）、华中科技大学（第65名）、中南大学（第70名）、北京理工大学（第82名）、华东师范大学（第90名）、山东科技大学（第92名）；中国台湾的大学是台湾大学（第68名）；中国香港的大学是香港科技大学（第72名）。中国（包含港澳台）其他进入ESI化学学科排名的大学如表3-60所示。

表3-60 化学学科综合排名（前10位与中国大学）

综合排名	机构名称	星级	档次	国家/地区	综合排名	机构名称	星级	档次	国家/地区
1	中国科学院大学	5★+	顶尖	中国	6	加州大学伯克利分校	5★+	顶尖	美国
2	清华大学	5★+	顶尖	中国	7	北京大学	5★+	顶尖	中国
3	中国科学技术大学	5★+	顶尖	中国	8	麻省理工学院	5★+	顶尖	美国
4	南洋理工大学	5★+	顶尖	新加坡	9	斯坦福大学	5★+	顶尖	美国
5	浙江大学	5★+	顶尖	中国	10	新加坡国立大学	5★+	顶尖	新加坡
其他中国机构：11. 南京大学；12. 南开大学；13. 华南理工大学；16. 华东理工大学；17. 复旦大学；18. 天津大学；19. 吉林大学；20. 苏州大学；26. 四川大学；27. 湖南大学；28. 厦门大学；30. 中山大学；31. 山东大学；35. 武汉大学；37. 郑州大学；40. 上海交通大学；41. 福州大学；42. 北京化工大学；44. 大连理工大学；49. 哈尔滨工业大学；52. 西安交通大学；53. 兰州大学；54. 武汉理工大学；62. 东南大学；63. 南京工业大学；65. 华中科技大学；68. 台湾大学；70. 中南大学；72. 香港科技大学；82. 北京理工大学；90. 华东师范大学；92. 山东科技大学；102. 上海大学；104. 同济大学；108. 江苏大学；118. 浙江工业大学；124. 北京科技大学；126. 中国石油大学；133. 电子科技大学									

续表

136. 北京航空航天大学；141. 河南大学；151. 青岛科技大学；161. 香港城市大学；166. 济南大学；167. 东华大学；169. 西北工业大学；178. 东北师范大学；179. 香港理工大学；180. 华中师范大学；181. 西南大学；195. 北京师范大学；196. 西北大学；197. 重庆大学；199. 香港中文大学；201. 中国地质大学；209. 浙江师范大学；210. 山东师范大学；212. 青岛大学；213. 南昌大学；217. 深圳大学；219. 南京理工大学；220. 台湾清华大学；235. 中国海洋大学；242. 香港大学；260. 江南大学；262. 南方科技大学；266. 燕山大学；268. 南京师范大学；274. 南京邮电大学；275. 北京工业大学；281. 陕西师范大学；283. 暨南大学；292. 扬州大学；296. 郑州轻工业大学；311. 江西师范大学；315. 台湾交通大学；322. 太原理工大学；328. 浙江理工大学；337. 西南科技大学；342. 湖南科技大学；346. 天津理工大学；350. 安徽大学；361. 哈尔滨工程大学；370. 安徽师范大学；373. 西北师范大学；381. 中国药科大学；392. 河南大学；394. 南京航空航天大学；398. 华北电力大学；407. 广东工业大学；408. 广西民族大学；411. 湘潭大学；412. 山西大学；413. 华南师范大学；415. 台湾成功大学；419. 合肥工业大学；426. 香港浸会大学；427. 中国东北大学；431. 中北大学；432. 中国农林大学；440. 黑龙江大学；448. 武汉工程大学；452. 福建师范大学；458. 河北大学；466. 台湾科技大学；471. 曲阜师范大学；476. 华南农业大学；485. 湖南师范大学；487. 温州大学；488. 华中农业大学；492. 台湾中原大学；494. 洛阳师范学院；500. 中国矿业大学；504. 台湾中兴大学；510. 上海理工大学；512. 东北林业大学；514. 上海科技大学；517. 西华师范大学；519. 江苏师范大学；525. 陕西科技大学；527. 中国医学科学院-北京协和医学院；534. "台湾中央大学"；537. 三峡大学；538. 宁波大学；539. 湖北大学；543. 华北理工大学；557. 海南大学；568. 天津工业大学；573. 台北科技大学；574. 西南石油大学；583. 西北农林科技大学；585. 昆明理工大学；590. 杭州师范大学；593. 江苏大学；597. 中南民族大学；609. 台湾师范大学；612. 烟台大学；614. 聊城大学；617. 上海师范大学；623. 南昌航空大学；640. 天津师范大学；641. 广西师范大学；645. 齐鲁工业大学；653. 云南大学；660. 台湾中山大学；673. 贵州大学；683. 海军军医大学；689. 沈阳药科大学；690. 华侨大学；691. 北京林业大学；693. 首都师范大学；697. 天津师范大学；699. 河北工业大学；701. 东华理工大学；708. 江西科技师范大学；711. 中国人民大学；721. 重庆工商大学；728. 辽宁大学；735. 高雄医学大学；736. 淮北师范大学；748. 中国计量大学；751. 长春师范大学；759. 新疆大学；762. 兰州交通大学；772. 山东理工大学；777. 武汉科技大学；800. 西南交通大学；805. 河南工业大学；806. 台湾中国医药大学；810. 安徽工业大学；816. 河北师范大学；829. 信阳师范学院；831. 长庚大学；838. 南京农业大学；846. 温州医科大学；848. 南京医科大学；853. 哈尔滨师范大学；856. 石河子大学；860. 辽宁师范大学；871. 青岛农业大学；885. 山东农业大学；910. 陆军军医大学；919. 桂林工业大学；921. 安阳师范学院；928. 南华大学；936. 南方医科大学；957. 渤海大学；961. 广东药科大学；964. 台湾东华大学

2. 化学学科科研能力排名分析

从发文量来看，位居前10位的大学依次是中国科学院大学（中国）、浙江大学（中国）、吉林大学（中国）、清华大学（中国）、伊斯兰阿扎德大学（伊朗）、四川大学（中国）、中国科学技术大学（中国）、南京大学（中国）、京都大学（日本）、华东理工大学（中国）。发文量超过10 000篇的有10所；不少于5000篇但少于10 000篇的有47所；不少于4000篇但少于5000篇的有44所；不少于3000篇但少于4000篇的有64所；不少于2000篇但少于3000篇的有163所；不少于1000篇但少于2000篇的有361所；发文量不少于200篇但在1000篇以下的有275所；所有大学的发文量均在200篇以上。中国大陆（内地）、中国台湾、中国香港在发文量进入前100名的大学共有36所。中国大陆（内地）的大学是中国科学院大学（第1名）、浙江大学（第2名）、吉林大学（第3名）、清华大学（第4名）、四川大学（第6名）、中国科学技术大学（第7名）、南京大学（第8名）、华东理工大学（第10名）、天津大学（第11名）、北京大学（第12名）、南开大学（第14名）、华南理工大学（第16名）、山东大学（第17名）、北京化工大学（第18名）、复旦大学（第21名）、大连理工大学（第22名）、上海交通大学（第23名）、苏州大学（第24名）、厦门大学（第30名）、中山大学（第33名）、哈尔滨工业大学（第34名）、武汉大学（第41名）、兰州大学（第42名）、南京工业大学（第45名）、中南大学（第47名）、华中科技大学（第48名）、西安交通大学（第50名）、郑州大学（第52名）、湖南大学（第55名）、北京理工大学（第56名）、东南大学（第60名）、中国石油大学（第64名）、浙江工业大学（第75名）、福州大学（第78名）、华东师范大学（第96名）；中国台湾的大学是台湾大学（第49名）。中国（包含港澳台）其他进入ESI化学学科发文量排名的大学如表3-61所示。

表3-61 化学学科发文量排名（前10位与中国大学）

发文量排名	机构名称	国家/地区	发文量排名	机构名称	国家/地区
1	中国科学院大学	中国	6	四川大学	中国
2	浙江大学	中国	7	中国科学技术大学	中国
3	吉林大学	中国	8	南京大学	中国
4	清华大学	中国	9	京都大学	日本
5	伊斯兰阿扎德大学	伊朗	10	华东理工大学	中国
其他中国机构：11. 天津大学；12. 北京大学；14. 南开大学；16. 华南理工大学；17. 山东大学；18. 北京化工大学；21. 复旦大学；22. 大连理工大学；23. 上海交通大学；24. 苏州大学；30. 厦门大学；33. 中山大学；34. 哈尔滨工业大学；41. 武汉大学；42. 兰州大学；45. 南京工					

续表

业大学；47. 中南大学；48. 华中科技大学；49. 台湾大学；50. 西安交通大学；52. 郑州大学；55. 湖南大学；56. 北京理工大学；60. 东南大学；64. 中国石油大学；75. 浙江工业大学；78. 福州大学；96. 华东师范大学；102. 江苏大学；111. 江南大学；115. 西南大学；116. 南京理工大学；118. 上海大学；121. 西北大学；122. 重庆大学；124. 东北师范大学；126. 同济大学；128. 青岛科技大学；129. 北京科技大学；145. 中国药科大学；147. 台湾清华大学；157. 东华大学；170. 济南大学；174. 北京师范大学；183. 武汉理工大学；185. 北京航空航天大学；200. 陕西师范大学；204. 西北工业大学；206. 香港科技大学；207. 台湾交通大学；235. 中国农业大学；236. 中国医学科学院-北京协和医学院；237. 太原理工大学；243. 中国东北大学；250. 南昌大学；254. 台湾成功大学；256. 扬州大学；260. 华南师范大学；262. 暨南大学；267. 中国矿业大学；268. 中国地质大学；269. 香港城市大学；273. 河南大学；277. 湘潭大学；284. 常州大学；291. 山西大学；298. 合肥工业大学；308. 香港理工大学；312. 中国海洋大学；315. 深圳大学；315. 河南师范大学；319. 华中师范大学；336. 香港大学；342. 电子科技大学；351. 香港中文大学；353. 西北师范大学；360. 沈阳药科大学；363. 昆明理工大学；368. 浙江理工大学；377. 天津工业大学；378. 河北大学；383. 宁波大学；388. 齐鲁工业大学；390. 山东师范大学；395. 安徽大学；398. 青岛大学；409. 江西师范大学；421. 南京师范大学；423. 浙江师范大学；424. 台湾中兴大学；426. 北京工业大学；433. 聊城大学；434. 台湾科技大学；435. 贵州大学；436. 西北农林科技大学；449. 黑龙江大学；455. 西南石油大学；462. 高雄医科大学；464. 台北科技大学；484. 哈尔滨工程大学；487. 台湾中山大学；490. 河北工业大学；497. 南方科技大学；500. 安徽师范大学；501. 中北大学；507. 香港浸会大学；509. 广东工业大学；515. 天津科技大学；516. 湖北大学；522. 广西师范大学；524. 台湾中原大学；529. 广西大学；530. 江苏师范大学；532. 山东科技大学；532. 曲阜师范大学；534. 南京航空航天大学；535. 南京林业大学；538. 西南科技大学；543. "台湾中央大学"；547. 杭州师范大学；554. 南京邮电大学；559. 湖南师范大学；564. 温州大学；567. 武汉工程大学；569. 首都师范大学；571. 华中农业大学；575. 华侨大学；585. 云南大学；587. 燕山大学；591. 天津师范大学；592. 台湾中国医药大学；598. 新疆大学；602. 福建师范大学；606. 洛阳师范学院；615. 东北林业大学；616. 陕西科技大学；617. 北京林业大学；623. 长庚大学；626. 长春科技大学；641. 华北电力大学；642. 中南民族大学；644. 天津师范大学；661. 辽宁大学；668. 山东理工大学；687. 华侨大学；694. 上海师范大学；698. 辽宁师范大学；699. 湖南科技大学；701. 南京农业大学；707. 上海理工大学；714. 海军军医大学；715. 西南交通大学；720. 江苏科技大学；738. 石河子大学；739. 烟台大学；745. 桂林工业大学；756. 郑州轻工业大学；762. 河南工业大学；763. 南京医科大学；765. 广东药科大学；767. 安徽工业大学；773. 河北大学；774. 兰州交通大学；777. 江西科技师范大学；779. 中国人民大学；788. 中国计量大学；799. 渤海大学；800. 上海科技大学；801. 山东农业大学；804. 台湾师范大学；805. 东华理工大学；815. 南方医科大学；817. 海南大学；824. 温州医科大学；841. 武汉科技大学；853. 哈尔滨师范大学；862. 三峡大学；862. 南昌航空大学；868. 华北理工大学；880. 青岛农业大学；883. 淮北师范大学；905. 台湾东华大学；914. 南华大学；930. 信阳师范学院；933. 西华师范大学；934. 安阳师范学院；935. 陆军军医大学；952. 重庆工商大学

3. 化学学科科研影响力排名分析

从总被引次数来看，位居前10位的大学依次是中国科学院大学（中国）、加州大学伯克利分校（美国）、南洋理工大学（新加坡）、清华大学（中国）、浙江大学（中国）、中国科学技术大学（中国）、麻省理工学院（美国）、新加坡国立大学（新加坡）、南京大学（中国）、北京大学（中国）。总被引次数超过10 0000次的大学共有60所；总被引次数在50 000次以上10 0000次以下的有138所；总被引次数在10 000次以上50 000次以下的有645所；总被引次数在5000次以上10 000次以下的有121所；所有大学的总被引次数均在8100次以上。中国大陆（内地）、中国台湾在总被引次数进入前100名的大学共有30所。中国大陆（内地）的是中国科学院大学（第1名）、清华大学（第4名）、浙江大学（第5名）、中国科学技术大学（第6名）、南京大学（第9名）、北京大学（第10名）、吉林大学（第11名）、华东理工大学（第16名）、南开大学（第17名）、复旦大学（第20名）、华南理工大学（第24名）、四川大学（第26名）、大连理工大学（第27名）、天津大学（第30名）、厦门大学（第32名）、苏州大学（第37名）、中山大学（第38名）、山东大学（第40名）、武汉大学（第42名）、上海交通大学（第43名）、北京化工大学（第45名）、湖南大学（第50名）、兰州大学（第51名）、福州大学（第60名）、华中科技大学（第76名）、哈尔滨工业大学（第77名）、华东师范大学（第87名）、武汉理工大学（第95名）、南京工业大学（第98名）；中国台湾的大学是台湾大学（第64名）。中国（包含港澳台）其他进入ESI化学学科总被引次数指标排名的大学如表3-62所示。

表3-62 化学学科总被引次数排名（前10位与中国大学）

总被引次数排名	机构名称	国家/地区	总被引次数排名	机构名称	国家/地区
1	中国科学院大学	中国	6	中国科学技术大学	中国
2	加州大学伯克利分校	美国	7	麻省理工学院	美国
3	南洋理工大学	新加坡	8	新加坡国立大学	新加坡
4	清华大学	中国	9	南京大学	中国
5	浙江大学	中国	10	北京大学	中国

续表

其他中国机构：11. 吉林大学；16. 华东理工大学；17. 南开大学；20. 复旦大学；24. 华南理工大学；26. 四川大学；27. 大连理工大学；30. 天津大学；32. 厦门大学；37. 苏州大学；38. 中山大学；40. 山东大学；42. 武汉大学；43. 上海交通大学；45. 北京化工大学；50. 湖南大学；51. 兰州大学；60. 福州大学；64. 北京大学；76. 华中科技大学；77. 哈尔滨工业大学；87. 华东师范大学；95. 武汉理工大学；98. 南京工业大学；103. 西安交通大学；106. 香港科技大学；117. 北京师范大学；121. 中国石油大学；127. 东南大学；133. 东北师范大学；141. 郑州大学；151. 台湾清华大学；160. 上海大学；163. 江苏大学；169. 西南大学；171. 中国石油大学；178. 同济大学；195. 华中师范大学；197. 东华大学；200. 北京航空航天大学；201. 香港城市大学；202. 浙江工业大学；208. 南京理工大学；218. 重庆大学；223. 江南大学；224. 台湾交通大学；231. 西北大学；232. 香港理工大学；237. 济南大学；239. 香港大学；244. 香港中文大学；248. 北京师范大学；258. 青岛科技大学；303. 陕西师范大学；315. 中国药科大学；340. 台湾成功大学；342. 中国地质大学；344. 香港浸会大学；349. 浙江师范大学；351. 湘潭大学；357. 西北工业大学；363. 南京师范大学；366. 扬州大学；375. 华南师范大学；376. 南昌大学；388. 南京邮电大学；392. 台湾中兴大学；393. 江西师范大学；394. 浙江理工大学；398. 河南大学；400. 常州大学；402. 北京工业大学；409. 山西大学；410. 合肥工业大学；417. 河南师范大学；419. 中国农业大学；420. 黑龙江大学；427. 安徽大学；432. 暨南大学；440. 哈尔滨工程大学；455. 中国医学科学院-北京协和医学院；456. 青岛大学；460. 山东师范大学；467. 中国海洋大学；470. 中国东北大学；471. 台湾科技大学；480. 太原理工大学；492. 西北师范大学；501. 电子科技大学；514. 安徽大学；515. 南方科技大学；520. 台北科技大学；530. 台湾中原大学；532. 深圳大学；536. 杭州师范大学；537. 南京航空航天大学；541. 温州大学；549. 中国矿业大学；551. 湖南师范大学；552. "台湾中央大学"；553. 江苏师范大学；559. 湖北大学；564. 天津工业大学；565. 曲阜师范大学；567. 上海大学；571. 台湾中山大学；582. 山东科技大学；593. 宁波大学；598. 西北农林科技大学；600. 中南民族大学；607. 广西师范大学；612. 华中农业大学；614. 华侨大学；626. 东北林业大学；626. 高雄医科大学；629. 河北大学；636. 天津理工大学；641. 云南大学；650. 首都师范大学；651. 聊城大学；653. 贵州大学；654. 沈阳药科大学；655. 齐鲁工业大学；658. 中国人民大学；665. 华南农业大学；668. 北京林业大学；674. 福建师范大学；675. 昆明理工大学；677. 广东工业大学；682. 天津师范大学；685. 西南石油大学；692. 武汉工程大学；695. 华北电力大学；696. 合肥工业大学；河北工业大学；713. 长庚大学；735. 天津科技大学；739. 淮北师范大学；760. 西南大学；768. 台湾中国医药大学；769. 广西大学；771. 新疆大学；782. 海军军医大学；787. 湖南科技大学；791. 陕西科技大学；794. 洛阳师范学院；796. 安徽工业大学；800. 辽宁大学；801. 上海科技大学；804. 中国计量大学；810. 南京农业大学；811. 山东理工大学；816. 上海理工大学；824. 兰州交通大学；827. 西华师范大学；837. 山东农业大学；838. 南京医科大学；841. 烟台大学；846. 长春师范大学；849. 南昌航空大学；850. 南华大学；851. 河北师范大学；855. 郑州轻工业大学；858. 南京林业大学；859. 哈尔滨师范大学；866. 江西科技师范大学；873. 渤海大学；875. 辽宁师范大学；877. 三峡大学；878. 江苏科技大学；880. 河南工业大学；882. 安阳师范学院；883. 中北大学；888. 温州医科大学；895. 信阳师范学院；903. 石河子大学；910. 重庆工商大学；911. 东华理工大学；913. 西南交通大学；922. 海南大学；927. 华北理工大学；952. 青岛农业大学；952. 陆军军医大学；954. 桂林工业大学；955. 南方医科大学；958. 武汉科技大学；961. 广东药科大学；964. 台湾东华大学

4. 化学学科影响力排名分析

从高被引论文数来看，位居前 10 名的大学按照排名次序依次是中国科学院大学（中国）、南洋理工大学（新加坡）、清华大学（中国）、中国科学技术大学（中国）、加州大学伯克利分校（美国）、斯坦福大学（美国）、美国西北大学（美国）、麻省理工学院（美国）、浙江大学（中国）、新加坡国立大学（新加坡）、阿卜杜勒阿齐兹国王大学（沙特阿拉伯）。400 篇以上的大学有 11 所；300 篇以上 400 篇以下的大学有 5 所；200 篇以上 300 篇以下的大学有 8 所；100 篇以上 200 篇以下的大学有 43 所；50 篇以上 100 篇以下的大学有 103 所；10 篇以上 50 篇以下的大学有 461 所；1 篇以上 10 篇以下的大学有 332 所；剩下的 11 所大学的高被引论文数为 0 篇。中国大陆（内地）、中国台湾、中国香港有 35 所大学进入 ESI 化学学科高被引论文数排名前 100 位。中国大陆（内地）的分别是中国科学院大学（第 1 名）、清华大学（第 3 名）、中国科学技术大学（第 4 名）、浙江大学（第 9 名）、北京大学（第 12 名）、湖南大学（第 15 名）、复旦大学（第 16 名）、南京大学（第 17 名）、南开大学（第 18 名）、苏州大学（第 19 名）、华南理工大学（第 20 名）、厦门大学（第 22 名）、福州大学（第 24 名）、天津大学（第 25 名）、武汉理工大学（第 25 名）、中山大学（第 27 名）、华东理工大学（第 30 名）、吉林大学（第 30 名）、武汉大学（第 34 名）、山东科技大学（第 41 名）、四川大学（第 47 名）、郑州大学（第 47 名）、上海交通大学（第 50 名）、北京化工大学（第 56 名）、大连理工大学（第 61 名）、南京工业大学（第 61 名）、西安交通大学（第 66 名）、山东大学（第 67 名）、华中科技大学（第 70 名）、哈尔滨工业大学（第 72 名）、东南大学（第 74 名）、北京航空航天大学（第 82 名）、华东师范大学（第 84 名）、北京理工大学（第 94 名）、电子科技大学（第 100 名）；中国香港的大学是香港科技大学（第 56 名）。在这 35 所大学中，中国科学院大学的高被引论文篇数在 400 篇以上，清华大学、中国科学技术大学的高被引论文数在 300 篇以上。中国（包含港澳台）其他进入 ESI 化学学科高被引论文数排名的大学如表 3-63 所示。

表 3-63 化学学科高被引论文数排名（前 10 位与中国大学）

高被引论文数排名	机构名称	国家/地区	高被引论文数排名	机构名称	国家/地区
1	中国科学院大学	中国	7	美国西北大学	美国
2	南洋理工大学	新加坡	8	麻省理工学院	美国
3	清华大学	中国	9	浙江大学	中国
4	中国科学技术大学	中国	10	新加坡国立大学	新加坡
5	加州大学伯克利分校	美国	10	阿卜杜勒阿齐兹国王大学	沙特阿拉伯
6	斯坦福大学	美国			

其他中国机构：12. 北京大学；15. 湖南大学；16. 复旦大学；17. 南京大学；18. 南开大学；19. 苏州大学；20. 华南理工大学；22. 厦门大学；24. 福州大学；25. 天津大学；25. 武汉理工大学；27. 中山大学；30. 华东理工大学；30. 吉林大学；34. 武汉大学；41. 山东科技大学；47. 四川大学；47. 郑州大学；50. 上海交通大学；56. 北京化工大学；56. 香港科技大学；61. 东华大学；66. 大连理工大学；66. 西安交通大学；67. 山东大学；70. 华中科技大学；72. 南京理工大学；74. 东南大学；82. 北京航空航天大学；84. 华东师范大学；94. 北京理工大学；100. 电子科技大学；106. 台湾大学；108. 香港城市大学；109. 兰州大学；115. 中南大学；123. 华中师范大学；125. 上海大学；128. 江苏大学；132. 西北工业大学；132. 香港理工大学；137. 北京科技大学；142. 南方科技大学；150. 重庆大学；161. 青岛大学；161. 湖南科技大学；167. 香港中文大学；167. 深圳大学；178. 同济大学；178. 中国地质大学；186. 浙江工业大学；193. 东华大学；196. 东北师范大学；196. 浙江师范大学；205. 中国石油大学；205. 南京师范大学；205. 南京邮电大学；211. 河南大学；211. 山东师范大学；221. 济南大学；221. 陕西师范大学；227. 南京理工大学；236. 北京师范大学；247. 燕山大学；247. 北京工业大学；255. 西南科技大学；263. 青岛科技大学；263. 台湾清华大学；263. 香港大学；263. 天津理工大学；263. 曲阜师范大学；283. 西北大学；283. 江西师范大学；291. 南昌大学；291. 上海科技大学；291. 西华师范大学；297. 安徽大学；297. 重庆工商大学；303. 郑州轻工业大学；325. 西南大学；325. 河南师范大学；325. 武汉工程大学；341. 南京航空航天大学；351. 扬州大学；351. 浙江理工大学；351. 哈尔滨工程大学；351. 黑龙江大学；351. 江苏师范大学；351. 华北理工大学；368. 中国海洋大学；368. 暨南大学；368. 太原理工大学；368. 香港浸会大学；368. 三峡大学；384. 安徽师范大学；384. 台湾科技大学；400. 山西大学；400. "台湾中央大学"；412. 江南大学；412. 华北电力大学；412. 常州大学；412. 华南农业大学；412. 陕西科技大学；412. 湖北大学；430. 台湾交通大学；430. 西北师范大学；430. 合肥工业大学；430. 南京林业大学；430. 上海理工大学；430. 海南大学；430. 西南石油大学；430. 中南民族大学；455. 中国东北大学；455. 福建师范大学；472. 广东工业大学；472. 广西大学；472. 南昌航空大学；490. 湘潭大学；490. 河南师范大学；490. 宁波大学；490. 江苏科技大学；490. 上海师范大学；514. 中北大学；514. 华中农业大学；514. 东北林业大学；514. 淮北师范大学；514. 武汉科技大学；544. 台湾成功大学；568. 中国矿业大学；568. 西北农林科技大学；568. 昆明理工大学；568. 杭州师范大学；568. 信阳师范学院；596. 湖南师范大学；596. 洛阳师范学院；596. 台湾中兴大学；596. 台北科技大学；596. 中国计量大学；622. 温州大学；622. 天津工业大学；622. 台湾师范大学；622. 聊城大学；622. 云南大学；622. 天津师范大学；622. 中国人民大学；622. 辽宁大学；622. 兰州交通大学；657. 台湾中原大学；657. 广西师范大学；657. 华侨大学；657. 北京林业大学；694. 中国药科大学；694. 长春科技大学；694. 西南交通大学；694. 河南工业大学；694. 青岛农业大学；694. 陆军军医大学；727. 河北大学；727. 烟台大学；727. 首都师范大学；727. 东华理工大学；727. 山东理工大学；727. 河北师范大学；727. 温州医科大学；727. 哈尔滨师范大学；773. 齐鲁工业大学；773. 河北工业大学；773. 安徽工业大学；773. 安阳师范学院；810. 中国医学科学院-北京协和医学院；810. 台湾中山大学；810. 贵州大学；810. 江西科技师范大学；810. 新疆大学；810. 南京医科大学；810. 石河子大学；856. 海军军医大学；856. 南京农业大学；856. 辽宁师范大学；856. 山东农业大学；856. 南华大学；900. 天津科技大学；900. 沈阳药科大学；900. 台湾中国医药大学；900. 桂林工业大学；900. 南方医科大学；932. 高雄医科大学；932. 长庚大学；954. 渤海大学；954. 广东药科大学；954. 台湾东华大学

5. 化学学科师资力量排名分析

从高被引科学家数来看，高被引科学家数最多的是加州大学伯克利分校，为 10 人，美国西北大学高被引科学家是 9 人；清华大学高被引科学家是 5 人，有 5 位高被引科学家数的高校有 3 所，分别是清华大学、斯坦福大学、新加坡国立大学；有 4 位高被引科学家数的大学有 2 所，分别是阿卜杜拉国王理工大学、沙特国王大学；有 3 位高被引科学家数的大学有 11 所，分别是中国科学技术大学、浙江大学、北京大学、麻省理工学院、华南理工大学、阿卜杜勒阿齐兹国王大学、中山大学、福州大学、威斯康星大学麦迪逊分校、耶鲁大学、阿德莱德大学；有 2 位高被引科学家数的科研机构有 22 所，有 1 位高被引科学家数的大学有 62 所；其他 861 所大学均没有高被引科学家数。中国大陆（内地）、中国台湾、中国香港有 32 所高校有高被引科学家，中国高被引科学家最多的大学是清华大学，有 5 名高被引科学家。中国科学技术大学、浙江大学、北京大学、华南理工大学、中山大学、福州大学有 3 名高被引科学家；南开大学、复旦大学、苏州大学、湖南大学、上海交通大学、武汉理工大学、香港科技大学、电子科技大学有 2 名高被引科学家；南京大学、华东理工大学、天津大学、厦门大学、山东大学、武汉大学、北京化工大学、大连理工大学、上海大学、北京科技大学、香港城市大学、西北工业大学、华中师范大学、南方科技大学、北京工业大学、陕西师范大学、福建师范大学有 1 名高被引科学家，如表 3-64 所示。

表 3-64　化学学科高被引科学家数排名（前 9 位与中国大学）

高被引科学家数排名	机构名称	国家/地区	高被引科学家数排名	机构名称	国家/地区
1	加州大学伯克利分校	美国	4	新加坡国立大学	新加坡
2	美国西北大学	美国	7	阿卜杜拉国王理工大学	沙特阿拉伯
3	洛桑联邦理工学院	瑞士	7	沙特国王大学	沙特阿拉伯
4	清华大学	中国	9	中国科学技术大学	中国
4	斯坦福大学	美国	9	浙江大学	中国
其他中国机构：9. 北京大学；9. 华南理工大学；9. 中山大学；9. 福州大学；20. 南开大学；20. 复旦大学；20. 苏州大学；20. 湖南大学；20. 上海交通大学；20. 武汉理工大学；20. 香港科技大学；20. 电子科技大学；42. 南京大学；42. 华东理工大学；42. 天津大学；42. 厦门大学；42. 山东大学；42. 武汉大学；42. 北京化工大学；42. 大连理工大学；42. 上海大学；42. 北京科技大学；42. 香港城市大学；42. 西北工业大学；42. 华中师范大学；42. 南方科技大学；42. 北京工业大学；42. 陕西师范大学；42. 福建师范大学					

从以上几个指标的分析可以看出：与往年相比，化学学科的每个指标中最强的大学基本上都分布在美国，今年，在综合排名、发文数量和高被引论文数等指标看，中国的大学都进入前列，特别是中国科学院大学在多项指标上表现优异。在高被引科学家数这一指标上，美国的大学仍处于领先位置，说明美国在化学学科方面具有优秀的科研团队和突出的研究实力，而我国的清华大学、中国科学技术大学和浙江大学也进入了前十位。在发文量前 100 名中，中国大学有 36 所；总被引次数前 100 名的中国大学有 30 所；高被引论文前 100 名的中国大学有 35 所。由此可见，中国在化学学科上的研究实力有了很大提升，在该领域的科研实践、科研竞争力和影响力有了很大的提升。

（四）临床医学

图 3-4　进入 ESI 临床医学学科排名的大学的国家或地区分布

进入 ESI 临床医学学科排名的大学共有 1377 所。从国家或地区分布来看，这些大学隶属于美国、法国、中国、英国、日本、西班牙、德国、意大利、土耳其、巴西、韩国、澳大利亚、加拿大、中国台湾、瑞典、伊朗、荷兰、波兰、奥地利、南非、埃及、希腊、葡萄牙等 99 个国家或地区，如图 3-4 所示。

从图 3-4 可以看出，美国的大学数量位居第 1 位，达 244 所，遥遥领先于其他国家或地区，法国、中国、英国、日本、西班牙、德国、意大利的大学占比也比较大。中国大陆（内地）有 99 所，分别为上海交通大学、复旦大学、中山大学、中国医学科学院-北京协和医学院、北京大学、首都医科大学、浙江大学、南京医科大学、四川大学、中南大学、华中科技大学、山东大学、南京大学、南方医科大学、海军军医大学、武汉大学、西安交通大学、中国医科大学、天津医科大学、空军军医大学、苏州大学、山东第一医科大学、郑州大学、同济大学、哈尔滨医科大学、温州医科大学、吉林大学、陆军军医大学、广州医科大学、重庆医科大学、安徽医科大学、东南大学、福建医科大学、清华大学、广西医科大学、南昌大学、青岛大学、大连医科大学、南京中医药大学、河北医科大学、厦门大学、中国科学院大学、兰州大学、暨南大学、徐州医科大学、新疆医科大学、昆明医科大学、南通大学、广东医科大学、上海中医药大学、汕头大学、江苏大学、济南大学、北京中医药大学、广州中医药大学、昆山杜克大学、山西医科大学、中国科学技术大学、西安医学院、宁夏医科大学、浙江中医药大学、深圳大学、西南医科大学、宁波大学、滨州医学院、江南大学、南开大学、中国药科大学、华南理工大学、南华大学、扬州大学、新乡医学院、延边大学、湖北医药学院、贵州医科大学、锦州医科大学、内蒙古医科大学、河南大学、山东中医药大学、华东师范大学、遵义医科大学、广东药科大学、潍坊医学院、天津中医药大学、海南医学院、川北医学院、华北理工大学、西北大学、桂林医学院、哈尔滨工业大学、石河子大学、重庆大学、天津大学、福建中医药大学、杭州师范大学、湖南师范大学、沈阳药科大学、北京师范大学、河南科技大学。中国台湾有 22 所，分别为台湾大学、台湾阳明大学、台湾中国医药大学、台北医学大学、长庚大学、高雄医科大学、台湾成功大学、中山医学大学、台湾医学院、辅仁大学、义守大学、慈济大学、亚洲大学（中国台湾）、台湾中兴大学、台湾中山大学、台湾清华大学、台湾交通大学、弘光科技大学、长庚科技大学、台北护理健康大学、嘉南药理科技大学、中台科技大学。中国香港有 5 所，分别是香港中文大学、香港大学、香港理工大学、香港浸会大学和香港科技大学。中国澳门有 1 所，为澳门大学。

1. 临床医学学科竞争力综合排名分析

从综合排名来看，位居前 10 位的大学依次是哈佛大学（美国）、多伦多大学（加拿大）、约翰·霍普金斯大学（美国）、加州大学旧金山分校（美国）、宾夕法尼亚大学（美国）、伦敦大学学院（英国）、华盛顿大学（美国）、密歇根大学（美国）、杜克大学（美国）、斯坦福大学（美国），可以看出前 10 名中美国占了 8 席，占据绝对优势。中国（包含港澳台）在临床医学学科排名前 100 位的大学仅有 3 所，即上海交通大学、复旦大学、中山大学；进入前 200 位的大学有 9 所，分别为中国医学科学院-北京协和医学院（第 110 名）、台湾大学（第 111 名）、北京大学（第 115 名）、香港中文大学（第 122 名）、香港大学（第 133 名）、首都医科大学（第 138 名）、浙江大学（第 179 名）、南京医科大学（第 192 名）、四川大学（第 194 名）。进入前 300 位的大学有 11 所，分别是中南大学（第 206 名）、台湾阳明大学（第 210 名）、华中科技大学（第 217 名）、山东大学（第 256 名）、台湾中国医药大学（第 269 名）、南京大学（第 275 名）、南方医科大学（第 279 名）、台北医学大学（第 286 名）、海军军医大学（第 287 名）、武汉大学（第 288 名）、长庚大学（第 293 名）。进入前 400 位的大学为 14 所，依次是西安交通大学（第 307 名）、中国医科大学（第 313 名）、天津医科大学（第 316 名）、空军军医大学（第 336 名）、苏州大学（第 342 名）、山东第一医科大学（第 347 名）、郑州大学（第 352 名）、同济大学（第 369 名）、哈尔滨医科大学（第 370 名）、温州医科大学（第 371 名）、高雄医科大学（第 378 名）、吉林大学（第 384 名）、台湾成功大学（第 389 名）、陆军军医大学（第 392 名）。中国（包含港澳台）其他进入 ESI 临床医学学科综合排名的大学如表 3-65 所示。

表 3-65 临床医学学科综合排名（前 10 位与中国大学）

综合排名	机构名称	名次所居比例/%	档次	国家/地区	综合排名	机构名称	名次所居比例/%	档次	国家/地区
1	哈佛大学	5★+	顶尖	美国	6	伦敦大学学院	5★+	顶尖	英国
2	多伦多大学	5★+	顶尖	加拿大	7	华盛顿大学	5★+	顶尖	美国
3	约翰·霍普金斯大学	5★+	顶尖	美国	8	密歇根大学	5★+	顶尖	美国
4	加州大学旧金山分校	5★+	顶尖	美国	9	杜克大学	5★+	顶尖	美国
5	宾夕法尼亚大学	5★+	顶尖	美国	10	斯坦福大学	5★+	顶尖	美国
其他中国机构：73. 上海交通大学；88. 复旦大学；98. 中山大学；110. 中国医学科学院-北京协和医学院；111. 台湾大学；115. 北京大学；122. 香港中文大学；133. 香港大学；138. 首都医科大学；179. 浙江大学；192. 南京医科大学；194. 四川大学；206. 中南大学；210. 台湾阳明大学；217. 华中科技大学；256. 山东大学；269. 台湾中国医药大学；275. 南京大学；279. 南方医科大学；286. 台北医学大学；287. 海军军医大学；288. 武汉大学；293. 长庚大学；307. 西安交通大学；313. 中国医科大学；316. 天津医科大学；336. 空军军医大学；342. 苏州大学；347. 山东第一医科大学；352. 郑州大学；369. 同济大学；370. 哈尔滨医科大学；371. 温州医科大学；378. 高雄医科大学；384. 吉林大学；389. 台湾成功大学；392. 陆军军医大学；408. 广州医科大学；433. 重庆医科大学；434. 安徽医科大学；479. 东南大学；483. 福建医科大学；487. 香港理工大学；495. 清华大学；507. 中山医学大学；511. 广西医科大学；547. 南昌大学；549. 台湾医学院；588. 青岛大学；600. 大连医科大学；612. 南京中医药大学；620. 河北医科大学；644. 厦门大学；648. 中国科学院大学；686. 兰州大学；698. 暨南大学；720. 辅仁大学；722. 徐州医科大学；727. 新疆医科大学；729. 昆明医科大学；766. 义守大学；778. 南通大学；783. 慈济大学；796. 广东医科大学；799. 上海中医药大学；803. 亚洲大学（中国台湾）；815. 汕头大学；819. 江苏大学；837. 济南大学；871. 北京中医药大学；875. 广州中医药大学；876. 昆山杜克大学；880. 山西医科大学；902. 中国科学技术大学；905. 西安医学院；915. 台湾中兴大学；920. 宁夏医科大学；940. 浙江中医药大学；949. 深圳大学；967. 西南医科大学；969. 宁波大学；981. 滨州医学院；985. 江南大学；989. 南开大学；1015. 华南理工大学；1021. 扬州大学；1026. 大理大学；1027. 新乡医学院；1045. 延边大学；1049. 台湾中山大学；1073. 湖北医药学院；1076. 贵州医科大学；1080. 锦州医科大学；1090. 内蒙古医科大学；1100. 台湾清华大学；1118. 河南大学；1143. 台湾交通大学；1150. 山东中医药大学；1159. 华东师范大学；1170. 香港浸会大学；1171. 遵义医科大学；1172. 广东药科大学；1176. 弘光科技大学；1182. 潍坊医学院；1189. 长庚科技大学；1194. 天津中医药大学；1209. 海南医学院；1221. 川北医学院；1223. 台北护理健康大学；1226. 华北理工大学；1231. 西北大学；1244. 桂林医学院；1250. 哈尔滨工业大学；1261. 石河子大学；1264. 嘉南药理科技大学；1268. 重庆大学；1271. 天津大学；1272. 福建中医药大学；1273. 杭州师范大学；1278. 香港科技大学；1279. 湖南师范大学；1309. 中台科技大学；1323. 沈阳药科大学；1334. 澳门大学；1339. 北京师范大学；1342. 河南科技大学

2. 临床医学学科科研能力排名分析

从发文量来看，位居前 10 位的大学按照名次依次哈佛大学（美国）、多伦多大学（加拿大）、约翰·霍普金斯大学（美国）、宾夕法尼亚大学（美国）、伦敦大学学院（英国）、密歇根大学（美国）、加州大学旧金山分校（美国）、巴黎大学（法国）、华盛顿大学（美国）、匹兹堡大学（美国）。哈佛大学发文量高达 87 886 篇，多伦多大学发文超过了 40 000 篇，另外约翰·霍普金斯大学、宾夕法尼亚大学也都超过了 30 000 篇。不少于 20 000 篇但少于 30 000 篇的有 20 所；不少于 10 000 篇但少于 20 000 篇的有 90 所；不少于 5000 篇但少于 10 000 篇的有 149 所；不少于 3000 篇但少于 5000 篇的有 153 所；不少于 1000 篇但少于 3000 篇的有 368 所；不少于 500 篇但少于 1000 篇的有 272 所；500 篇以下的有 321 所。中国（包含港澳台）发文量进入前 100 名的大学共有 9 所，分别为上海交通大学（第 20 名）、复旦大学（第 40 名）、中山大学（第 41 名）、首都医科大学（第 57 名）、北京大学（第 62 名）、中国医学科学院-北京协和医学院（第 67 名）、四川大学（第 83 名）、浙江大学（第 87 名）、南京医科大学（第 100 名）。位于 100 名以后 200 名以前的大学共有 14 所，分别为台湾大学（第 106 名）、山东大学（第 112 名）、华中科技大学（第 115 名）、长庚大学（第 126 名）、中南大学（第 130 名）、台湾阳明大学（第 131 名）、香港大学（第 150 名）、香港中文大学（第 152 名）、南方医科大学（第 162 名）、中国医科大学（第 173 名）、台湾中国医药大学（第 181 名）、天津医科大学（第 186 名）、海军军医大学（第 193 名）、郑州大学（第 197 名）。位于 200 名以后 300 名以前的大学共有 15 所，分别为台北医学大学（第 204 名）、吉林大学（第 206 名）、西安交通大学（第 218 名）、武汉大学（第 220 名）、同济大学（第 224 名）、苏州大学（第 225 名）、山东第一医科大学（第 239 名）、温州医科大学（第 242 名）、空军军医大学（第 244 名）、哈尔滨医科大学（第 255 名）、重庆医科大学（第 257 名）、南京大学（第 259 名）、陆军军医大学（第 270 名）、高雄医科大学（第 273 名）、广州医科大学（第 298 名）。其他进入临床医学学科发文量排名的大学如表 3-66 所示。

表 3-66 临床医学学科发文量排名（前 10 位与中国大学）

发文量排名	机构名称	国家/地区	发文量排名	机构名称	国家/地区
1	哈佛大学	美国	6	密歇根大学	美国
2	多伦多大学	加拿大	7	加州大学旧金山分校	美国
3	约翰·霍普金斯大学	美国	8	巴黎大学	法国
4	宾夕法尼亚大学	美国	9	华盛顿大学	美国
5	伦敦大学学院	英国	10	匹兹堡大学	美国

其他中国机构：20. 上海交通大学；40. 复旦大学；41. 中山大学；57. 首都医科大学；62. 北京大学；67. 中国医学科学院-北京协和医学院；83. 四川大学；87. 浙江大学；100. 南京医科大学；106. 台湾大学；112. 山东大学；115. 华中科技大学；126. 长庚大学；130. 中南大学；131. 台湾阳明大学；150. 香港大学；152. 香港中文大学；162. 南方医科大学；173. 中国医科大学；181. 台湾中国医药大学；186. 天津医科大学；193. 海军军医大学；197. 郑州大学；204. 台北医学大学；206. 吉林大学；218. 西安交通大学；220. 武汉大学；224. 同济大学；225. 苏州大学；239. 山东第一医科大学；242. 温州医科大学；244. 空军军医大学；255. 哈尔滨医科大学；257. 重庆医科大学；259. 南京大学；270. 陆军军医大学；273. 高雄医科大学；298. 广州医科大学；317. 安徽医科大学；328. 福建医科大学；341. 台湾成功大学；360. 青岛大学；388. 台湾医学院；395. 广西医科大学；404. 河北医科大学；414. 中山医学大学；435. 南昌大学；449. 东南大学；459. 暨南大学；469. 大连医科大学；478. 厦门大学；498. 南通大学；518. 慈济大学；538. 香港理工大学；545. 清华大学；546. 辅仁大学；559. 上海中医药大学；560. 亚洲大学（中国台湾）；566. 南京中医药大学；568. 广州中医药大学；579. 兰州大学；585. 昆明医科大学；593. 北京中医药大学；597. 徐州医科大学；610. 新疆医科大学；634. 江苏大学；637. 中国科学院大学；646. 山西医科大学；653. 浙江中医药大学；655. 义守大学；663. 汕头大学；697. 广东医科大学；699. 济南大学；724. 深圳大学；740. 西南医科大学；758. 台湾中兴大学；802. 南开大学；805. 台湾中山大学；806. 滨州医学院；806. 扬州大学；825. 湖北医药学院；827. 江南大学；830. 新乡学院；854. 宁波大学；858. 西安医学院；858. 南华大学；869. 宁夏医科大学；897. 中国科学技术大学；897. 中国药科大学；900. 贵州医科大学；905. 华南理工大学；905. 遵义医科大学；918. 内蒙古医科大学；935. 潍坊医学院；942. 锦州医科大学；948. 川北医学院；958. 台北护理健康大学；963. 嘉藥药理科技大学；966. 河南大学；976. 台湾清华大学；976. 天津中医药大学；980. 弘光科技大学；988. 福建中医药大学；990. 长庚科技大学；997. 山东中医药大学；1007. 华北理工大学；1013. 台湾交通大学；1016. 中台科技大学；1042. 石河子大学；1043. 湖南师范大学；1048. 海南医学院；1060. 桂林医学院；1065. 延边大学；1071. 河南科技大学；1074. 香港浸会大学；1091. 广东药科大学；1103. 杭州师范大学；1103. 澳门大学；1110. 华东师范大学；1112. 天津大学；1113. 重庆大学；1134. 香港科技大学；1138. 哈尔滨工业大学；1161. 西北大学；1175. 北京师范大学；1250. 沈阳药科大学；1311. 昆山杜克大学

3. 临床医学学科科研影响力排名分析

从总被引次数来看，位居前 10 位的大学依次是哈佛大学（美国）、多伦多大学（加拿大）、约翰·霍普金斯大学（美国）、加州大学旧金山分校（美国）、宾夕法尼亚大学（美国）、伦敦大学学院（英国）、华盛顿大学（美国）、密歇根大学（美国）、杜克大学（美国）、牛津大学（英国）。总被引次数超过 100 万次的大学共有 3 所，并且哈佛大学的被引次数超过 250 万次。总被引次数在 50 万次以上 100 万次以下的有 22 所，分别是加州大学旧金山分校（美国）、宾夕法尼亚大学（美国）、伦敦大学学院（英国）、华盛顿大学（美国）、密歇根大学（美国）、杜克大学（美国）、牛津大学（英国）、匹兹堡大学（美国）、巴黎大学（法国）、加州大学洛杉矶分校（美国）、斯坦福大学（美国）、伦敦帝国学院（英国）、悉尼大学（澳大利亚）、哥伦比亚大学（美国）、巴黎第七大学（法国）、哥本哈根大学（丹麦）、卡罗林斯卡医学院（瑞典）、北卡罗来纳大学（美国）、鹿特丹大学（荷兰）、埃默里大学（美国）、圣路易斯华盛顿大学（美国）、阿姆斯特丹大学（荷兰）。总被引次数在 40 万次以上 50 万次以下的有 14 所；总被引次数在 10 万次以上 40 万次以下的有 204 所；总被引次数在 5 万次以上 10 万次以下的有 167 所；总被引次数在 1 万次以上 5 万次以下的有 527 所；总被引在 5000 次以上 1 万次以下的有 270 所；少于 5000 次的有 170 所。所有大学的总被引次数均在 3000 次以上。论文总被引次数进入前 100 名的大学中只有 1 所中国（包含港澳台）大学，上海交通大学（第 82 名），进入前 200 名的大学也只有 8 所，分别是复旦大学（第 102 名）、中山大学（第 105 名）、台湾大学（第 130 名）、中国医学科学院-北京协和医学院（第 131 名）、香港大学（第 138 名）、香港中文大学（第 139 名）、北京大学（第 141 名）、首都医科大学（第 180 名），如表 3-67 所示。

表 3-67 临床医学学科总被引次数排名（前 10 位与中国大学）

总被引次数排名	机构名称	国家/地区	总被引次数排名	机构名称	国家/地区
1	哈佛大学	美国	6	伦敦大学学院	中国
2	多伦多大学	加拿大	7	华盛顿大学	中国
3	约翰·霍普金斯大学	美国	8	密歇根大学	中国
4	加州大学旧金山分校	美国	9	杜克大学	中国台湾
5	宾夕法尼亚大学	美国	10	牛津大学	中国台湾

其他中国机构：82. 上海交通大学；102. 复旦大学；105. 中山大学；130. 台湾大学；131. 中国医学科学院-北京协和医学院；138. 香港大学；139. 香港中文大学；141. 北京大学；180. 首都医科大学；203. 浙江大学；204. 南京医科大学；208. 四川大学；223. 中南大学；224. 台湾阳明大学；239. 华中科技大学；242. 长庚大学；251. 山东大学；270. 海军军医大学；280. 台湾中国医药大学；297. 南京大学；306. 台北医学大学；308. 天津医科大学；310. 南方医科大学；313. 空军军医大学；325. 武汉大学；327. 中国医科大学；335. 同济大学；345. 哈尔滨医科大学；362. 重庆医科大学；367. 苏州大学；371. 西安交通大学；374. 陆军军医大学；379. 山东第一医科大学；381. 高雄医科大学；384. 台湾成功大学；399. 郑州大学；414. 吉林大学；430. 温州医科大学；461. 广州医科大学；489. 安徽医科大学；491. 中山医学大学；522. 东南大学；536. 广西医科大学；569. 台湾医学院；583. 福建医科大学；605. 香港理工大学；622. 河北医科大学；625. 厦门大学；629. 青岛大学；655. 清华大学；658. 辅仁大学；660. 大连医科大学；670. 南昌大学；674. 暨南大学；701. 慈济大学；705. 南通大学；706. 南京中医药大学；721. 中国科学院大学；727. 亚洲大学（中国台湾）；747. 汕头大学；765. 兰州大学；772. 上海中医药大学；791. 新疆医科大学；792. 江苏大学；799. 义守大学；810. 广东医科大学；830. 昆明医科大学；840. 台湾中兴大学；847. 徐州医科大学；871. 山西医科大学；890. 昆山杜克大学；902. 南开大学；913. 北京中医药大学；918. 广州中医药大学；919. 济南大学；956. 中国药科大学；961. 南华大学；971. 宁波大学；973. 台湾中山大学；979. 浙江中医药大学；981. 深圳大学；993. 江南大学；1004. 宁夏医科大学；1016. 西安医学院；1020. 中国科学技术大学；1021. 扬州大学；1023. 台湾清华大学；1024. 西南医科大学；1027. 新乡医学院；1037. 华南理工大学；1039. 湖北医药学院；1050. 内蒙古医科大学；1069. 锦州医科大学；1085. 香港浸会大学；1087. 华东师范大学；1089. 台湾交通大学；1094. 滨州医学院；1133. 海南医学院；1143. 弘光科技大学；1145. 山东中医药大学；1155. 香港教育大学；1159. 福建中医药大学；1161. 河南医科大学；1174. 嘉南药理科技大学；1195. 河南大学；1199. 延边大学；1202. 长庚科技大学；1225. 中台科技大学；1234. 澳门大学；1236. 潍坊医学院；1237. 广东药科大学；1239. 遵义医科大学；1244. 天津中医药大学；1256. 台北护理健康大学；1267. 川北医学院；1277. 哈尔滨工业大学；1280. 华北理工大学；1319. 杭州师范大学；1320. 桂林医学院；1321. 湖南师范大学；1338. 河南科技大学；1341. 重庆大学；1355. 天津大学；1362. 石河子大学；1365. 北京师范大学；1366. 西北大学；1374. 沈阳药科大学

4. 临床医学学科影响力排名分析

从高被引论文数来看，位居前 10 位的大学按照排名依次哈佛大学（美国）、多伦多大学（加拿大）、约翰·霍普金斯大学（美国）、加州大学旧金山分校（美国）、宾夕法尼亚大学（美国）、伦敦大学学院（英国）、华盛顿大学（美国）、杜克大学（美国）、牛津大学（英国）、斯坦福大学（美国）。排在前 10 位的大学只有 1 所是加拿大的高校，2 所是英国的高校，其他 7 所均隶属于美国。其中，哈佛大学高被引论文数超过4000篇，约翰·霍普金斯大学、多伦多大学高被引论文数均超过1500篇，加州大学旧金山分校、宾夕法尼亚大学、伦敦大学学院、华盛顿大学、杜克大学、牛津大学高被引论文数分别为1273篇、1241篇、1129篇、1204篇、1204篇、1108篇。其中高被引论文数为500篇以上1000篇以下的大学有41所；100篇以上500篇以下的大学有244所；50篇以上100篇以下的大学有141所；1篇以上50篇以下的大学有916所；剩下的22所大学的高被引论文数为0篇。高被引论文数排名在前100名的中国（包含港澳台）高校为0所；进入前200名的为8所，分别是香港中文大学（第114名）、上海交通大学（第138名）、中国医学科学院-北京协和医学院（第141名）、香港大学（第156名）、台湾大学（第157名）、复旦大学（第159名）、中山大学（第177名）、北京大学（第191名）。这8所大学的高被引论文数均超过了190篇，如表3-68所示。

表3-68 临床医学学科高被引论文数排名（前10位与中国大学）

高被引论文数排名	机构名称	国家/地区	高被引论文数排名	机构名称	国家/地区
1	哈佛大学	美国	6	伦敦大学学院	英国
2	多伦多大学	加拿大	7	华盛顿大学	美国
3	约翰·霍普金斯大学	美国	8	杜克大学	美国
4	加州大学旧金山分校	美国	9	牛津大学	英国
5	宾夕法尼亚大学	美国	10	斯坦福大学	美国

其他中国机构：114. 香港中文大学；138. 上海交通大学；141. 中国医学科学院-北京协和医学院；156. 香港大学；157. 台湾大学；159. 复旦大学；177. 中山大学；191. 北京大学；254. 南京医科大学；259. 首都医科大学；283. 浙江大学；285. 中南大学；296. 台湾阳明大学；305. 四川大学；322. 南京大学；325. 华中科技大学；362. 南方医科大学；368. 海军军医大学；390. 同济大学；390. 台湾中国医药大学；390. 天津医科大学；396. 武汉大学；403. 郑州大学；413. 空军军医大学；422. 中国医学科学院；422. 苏州大学；440. 山东大学；440. 台北医学大学；440. 西安交通大学；440. 哈尔滨医科大学；440. 台湾成功大学；466. 长庚大学；466. 陆军军医大学；501. 吉林大学；501. 广州医科大学；512. 山东第一医科大学；512. 高雄医学大学；522. 东南大学；561. 香港理工大学；561. 清华大学；579. 中国科学院大学；594. 温州医科大学；594. 安徽医科大学；594. 南京中医药大学；621. 重庆医科大学；633. 福建医科大学；687. 厦门大学；687. 昆明杜克大学；728. 中山医学大学；728. 广西医科大学；728. 南昌大学；786. 兰州大学；786. 辅仁大学；804. 青岛大学；821. 徐州医科大学；837. 河北医科大学；837. 汕头大学；837. 江苏大学；837. 宁波大学；871. 大连医科大学；871. 新疆医科大学；891. 昆明医科大学；891. 中国科学技术大学；891. 华南理工大学；917. 暨南大学；917. 江南大学；917. 中国药科大学；936. 义守大学；936. 上海中医药大学；936. 西南医科大学；970. 台湾医学院；970. 广东医科大学；970. 山西医科大学；970. 西安医学院；970. 台湾中兴大学；970. 深圳大学；1004. 北京中医药大学；1004. 西北大学；1044. 亚洲大学（中国台湾）；1044. 济南大学；1044. 宁夏医科大学；1044. 贵州医科大学；1044. 广东药科大学；1076. 慈济大学；1076. 广州中医药大学；1076. 南华大学；1076. 新乡医学院；1076. 锦州医科大学；1076. 河南大学；1076. 华东师范大学；1133. 南通大学；1133. 浙江中医药大学；1133. 南开大学；1133. 扬州大学；1133. 延边大学；1184. 内蒙古医科大学；1184. 台湾清华大学；1184. 台湾交通大学；1184. 山东中医药大学；1184. 香港浸会大学；1184. 哈尔滨工业大学；1184. 沈阳药科大学；1233. 桂林医学院；1233. 重庆大学；1233. 天津长庚科技大学；1273. 滨州医学院；1273. 台湾中山大学；1273. 湖北医药学院；1273. 遵义医科大学；1273. 弘光科技大学；1273. 潍坊医学院；1273. 长庚科技大学；1273. 天津中医药大学；1273. 海南医学院；1273. 华北理工大学；1273. 石河子大学；1273. 杭州师范大学；1314. 川北医学院；1314. 台北护理健康大学；1314. 香港科技大学；1314. 湖南师范大学；1314. 北京师范大学；1356. 嘉南药理大学；1356. 福建中医药大学；1356. 中台科技大学；1356. 澳门大学；1356. 河南科技大学

5. 临床医学学科师资力量排名分析

从高被引科学家数来看，高被引科学家数最多的是30人，为美国的哈佛大学；其次是杜克大学（美国）和约翰·霍普金斯大学（美国），高被引科学家数为9人；再次是西奈山伊坎医学院（美国），其高被引科学家为7人；麦克马斯特大学（加拿大）有6位高被引科学家；有5位高被引科学家的科研机构有2所，分别是宾夕法尼亚大学（美国）、斯坦福大学（美国）。有4位高被引科学家的科研机构有6所，分别是巴黎大学（法国）、美国西北大学（美国）、加州大学圣迭戈分校（美国）、柏林查理特医科大学（德国）、鲁汶大学（比利时）、波士顿大学（美国）。有3位高被引科学家的科研机构有21所，分别是多伦多大学（加拿大）、加州大学旧金山分校（美国）、华盛顿大学（美国）、密歇根大学（美国）、加州大学洛杉矶分校（美国）、匹兹堡大学（美国）、牛津大学（英国）、伦敦帝国学院（英国）、哥伦比亚大学（美国）、北卡罗来纳大学（美国）、阿姆斯特丹大学（荷兰）、鹿特丹大学（荷兰）、范德比尔特大学（美国）、康奈尔大学（美国）、英属哥伦比亚大学（加拿大）、贝勒医学院（美国）、米兰比可卡大学（意大利）、新南威尔斯大学悉尼分校（澳大利亚）、格拉斯哥大学（英国）、乌普萨拉大学（瑞典）、法兰克福大学（德国）。有2位高被引科学家数的科研机构有27所；有1位高被引科学家的科研机构有60所；其他1256所科研机构的高产作者数为0人。中国（包含港澳台）只有香港中文大学和台湾大学有1位高被引科学家，这也说明我国在临床医学领域的高水平研究人员还相当欠缺，如表3-69所示。

表 3-69 临床医学学科高被引科学家数排名（前 8 位与中国大学）

高被引科学家数排名	机构名称	国家/地区	高被引科学家数排名	机构名称	国家/地区
1	哈佛大学	美国	8	巴黎大学	法国
2	约翰·霍普金斯大学	美国	8	美国西北大学	美国
2	杜克大学	美国	8	加州大学圣迭戈分校	美国
4	西奈山伊坎医学院	美国	8	柏林查理特医科大学	德国
5	麦克马斯特大学	加拿大	8	鲁汶大学	比利时
6	宾夕法尼亚大学	美国	8	波士顿大学	美国
6	斯坦福大学	美国			
其他中国机构：62. 台湾大学；62. 香港中文大学					

综合以上各项指标可以看出，美国在临床医学领域处于绝对领先地位，特别是哈佛大学，在综合排名、发文量、引文数、高被引论文数和高被引科学家这五大指标的排名中，均排名第 1 位，处于世界顶尖领域。中国的临床医学科研能力比较薄弱，整体层次低，需要进一步加强研究，尤其是在高被引科学家数量方面相当薄弱，需要加强这方面人才的培养和引进。

（五）计算机科学

进入 ESI 计算机科学学科排名的大学共有 388 所。从国家或地区分布来看，这些大学分别隶属于美国、中国、英国、加拿大、澳大利亚、法国、意大利、德国、西班牙、中国台湾、荷兰、韩国、印度、中国香港、瑞士等 39 个国家或地区，如图 3-5 所示。

美国进入 ESI 计算机科学学科排名的大学数量仍以绝对优势排在首位（85 所，占比 21.91%），其数量超过了分别排在第 2 位与第 3 位的中国大陆（内地）（69 所，占比 17.78%）与英国（27 所，占比 6.96%）。中国大陆（内地）进入 ESI 计算机科学学科的大学数量排在第 2 位，按排名顺序依次为清华大学、西安电子科技大学、华中科技大学、东南大学、电子科技大学、上海交通大学、中南大学、武汉大学、南京信息工程大学、哈尔滨工业大学、浙江大学、北京邮电大学、大连理工大学、同济大学、四川大学、深圳大学、

图 3-5 进入 ESI 计算机科学学科排名的大学的国家或地区分布

北京航空航天大学、西安交通大学、中国科学技术大学、中国科学院大学、南京大学、中山大学、北京理工大学、湖南大学、中国东北大学、北京大学、西南交通大学、北京交通大学、国防科技大学、华南理工大学、天津大学、西北工业大学、南京邮电大学、河海大学、广东工业大学、上海大学、杭州电子科技大学、南京理工大学、重庆邮电大学、广州大学、厦门大学、山东大学、重庆大学、北京科技大学、南京航空航天大学、中国地质大学、大连海事大学、合肥工业大学、中国人民解放军理工大学、复旦大学、中国矿业大学、西南大学、扬州大学、吉林大学、哈尔滨工程大学、渤海大学、南开大学、华东师范大学、浙江工业大学、华东理工大学、辽宁工业大学、安徽大学、福建师范大学、北京工业大学、福州大学、中国石油大学、苏州大学、东华大学、青岛大学。中国台湾有 9 所（占比 2.32%，排在第 10 位），按排名顺序依次为台湾成功大学、台湾大学、台湾科技大学、台湾交通大学、台湾中山大学、"台湾中央大学"、台湾清华大学、逢甲大学、高雄科技大学。中国香港有 6 所（占比 1.55%，排在第 14 位），按照排名顺序依次为香港城市大学、香港理工大学、香港中文大学、香港科技大学、香港大学、香港浸会大学。中国澳门有 1 所，为澳门大学。

总体来看，中国（包含港澳台）共有 85 所大学进入 ESI 计算机科学学科排名之列。

1. 计算机科学学科竞争力综合排名分析

从计算机科学学科的综合排名来看，位居前 10 位的大学分别是清华大学（中国）、南洋理工大学（新加坡）、西安电子科技大学（中国）、华中科技大学（中国）、斯坦福大学（美国）、新加坡国立大学（新加坡）、东南大学（中国）、电子科技大学（中国）、上海交通大学（中国）、中南大学（中国）。从进入前 10 位的国家或地区来看，其中中国有 7 所，新加坡有 2 所，美国有 1 所。不可否认的是，中国的大学在计算机学科领域的快速发展的力量不可小觑。

中国（包含港澳台）进入 ESI 计算机科学学科科研竞争力前 50 名的还有 22 所，它们分别是武汉大学（中国）、南京信息工程大学（中国）、哈尔滨工业大学（中国）、浙江大学（中国）、北京邮电大学（中国）、香港城市大学（中国香港）、大连理工大学（中国）、香港理工大学（中国香港）、同济大学（中国）、四川大学（中国）、深圳大学（中国）、北京航空航天大学（中国）、香港中文大学（中国香港）、西安交通大学（中国）、中国科学技术大学（中国）、中国科学院大学（中国）、南京大学（中国）、中山大学（中国）、北京理工大学（中国）、湖南大学（中国）、香港科技大学（中国香港）、中国东北大学（中国），其他进入 ESI 计算机科学学科排名的中国（包含港澳台）大学如表 3-70 所示。

表 3-70 计算机科学学科综合排名（前 10 位与中国大学）

综合排名	机构名称	名次所居比例/%	档次	国家/地区	综合排名	机构名称	名次所居比例/%	档次	国家/地区
1	清华大学	5★+	顶尖	中国	6	新加坡国立大学	5★	著名	新加坡
2	南洋理工大学	5★+	顶尖	新加坡	7	东南大学	5★	著名	中国
3	西安电子科技大学	5★+	顶尖	中国	8	电子科技大学	5★	著名	中国
4	华中科技大学	5★+	顶尖	中国	9	上海交通大学	5★	著名	中国
5	斯坦福大学	5★	著名	美国	10	中南大学	5★	著名	中国
其他中国机构：11. 武汉大学；12. 南京信息工程大学；13. 哈尔滨工业大学；14. 浙江大学；15. 北京邮电大学；18. 香港城市大学；19. 大连理工大学；22. 香港理工大学；24. 同济大学；25. 四川大学；27. 深圳大学；32. 北京航空航天大学；35. 香港中文大学；38. 西安交通大学；39. 中国科学技术大学；41. 中国科学院大学；43. 南京大学；45. 中山大学；46. 北京理工大学；47. 湖南大学；49. 香港科技大学；50. 中国东北大学；53. 北京大学；56. 西南交通大学；59. 澳门大学；61. 北京交通大学；62. 国防科技大学；66. 华南理工大学；68. 天津大学；73. 西北工业大学；77. 南京邮电大学；78. 河海大学；79. 广东工业大学；84. 上海大学；86. 台湾成功大学；93. 杭州电子科技大学；97. 南京理工大学；101. 香港大学；105. 台湾大学；110. 重庆邮电大学；111. 广州大学；113. 厦门大学；123. 山东大学；128. 重庆大学；131. 北京科技大学；132. 南京航空航天大学；137. 南京航空航天大学；140. 中国地质大学；148. 大连海事大学；157. 合肥工业大学；166. 台湾交通大学；169. 中国人民解放军理工大学；184. 复旦大学；187. 中国矿业大学；199. 西南大学；209. 扬州大学；221. 吉林大学；228. 哈尔滨工程大学；233. 渤海大学；238. 南开大学；243. 华东师范大学；246. 浙江工业大学；258. 华东理工大学；261. 辽宁大学；262. 台湾中山大学；263. 安徽大学；267. 福建师范大学；272. "台湾中央大学"；273. 北京工业大学；284. 台湾清华大学；287. 福州大学；290. 中国石油大学；299. 苏州大学；303. 东华大学；315. 青岛大学；344. 逢甲大学；353. 香港浸会大学；370. 高雄科技大学										

2. 计算机科学学科的科研能力排名分析

从发文量来看，位居前 10 位的大学按照名次依次是：清华大学（中国）、西安电子科技大学（中国）、北京邮电大学（中国）、浙江大学（中国）、南洋理工大学（新加坡）、上海交通大学（中国）、华中科技大学（中国）、电子科技大学（中国）、东南大学（中国）、北京航空航天大学（中国）。从进入前 10 位的国家或地区上看，有 2 个国家，其中中国 9 所，新加坡 1 所；从发文量上看，发文量大于 2000 篇的有 19 所；不少于 1500 篇但少于 2000 篇的有 28 所；不少于 1000 篇但少于 1500 篇的有 76 所；不少于 500 篇但少于 1000 篇的有 171 所；少于 500 篇的有 95 所。只有 122 所大学的发文量在 1000 篇以上，其他 266 所大学的发文量均在 1000 篇以下。中国（包含港澳台）大学中计算机科学学科领域的发文量在 1000 篇及以上的共有 47 所，超过全世界范围内该学科发文量在 1000 篇及以上大学数量（122 所）的 1/3，说明中国在计算机科学学科领域有一大批具有高科研生产力的大学。

中国（包含港澳台）在发文量进入前 100 名的大学共有 42 所。其中中国大陆（内地）的大学有：清华大学（第 1 名）、西安电子科技大学（第 2 名）、北京邮电大学（第 3 名）、浙江大学（第 4 名）、上海交通大学（第 6 名）、华中科技大学（第 7 名）、电子科技大学（第 8 名）、东南大学（第 9 名）、北京航空航天大学（第 10 名）、哈尔滨工业大学（第 11 名）、国防科技大学（第 14 名）、大连理工大学（第 16 名）、中国科学院大学（第 18 名）、武汉大学（第 22 名）、西安交通大学（第 23 名）、中国科学技术大学（第 23 名）、北京大学（第 28 名）、北京交通大学（第 29 名）、北京理工大学（第 33 名）、中国东北大学（第 34 名）、中山大学（第 37 名）、天津大学（第 42 名）、同济大学（第 45 名）、南京大学（第 51 名）、中南大学（第 52 名）、华南理工大学（第 52 名）、南京邮电大学（第 55 名）、西北工业大学（第 56 名）、南京航空航天大学（第 63 名）、山东大学（第 66 名）、南京理工大学（第 71 名）、湖南大学（第 74 名）、南京信息工程大学（第 77 名）、深圳大学（第 79 名）、重庆大学（第 97 名）。中国台湾的大学有台湾交通大学（第 41 名）、台湾成功大学（第 66 名）、台湾大学（第 69 名）。中国香港的大学有香港城市大学（第 13 名）、香港理工大学（第 30 名）、香港中文大学（第 38 名）、香港科技大学（第 43 名）。其他进入 ESI 计算机科学学科发文量排名的中国（包含港澳台）大学如表 3-71 所示。

表 3-71　计算机科学学科发文量排名（前 10 位与中国大学）

发文量排名	机构名称	国家/地区	发文量排名	机构名称	国家/地区
1	清华大学	中国	6	上海交通大学	中国
2	西安电子科技大学	中国	7	华中科技大学	中国
3	北京邮电大学	中国	8	电子科技大学	中国
4	浙江大学	中国	9	东南大学	中国
5	南洋理工大学	新加坡	10	北京航空航天大学	中国

其他中国机构：11. 哈尔滨工业大学；13. 香港城市大学；14. 国防科技大学；16. 大连理工大学；18. 中国科学院大学；22. 武汉大学；23. 西安交通大学；23. 中国科学技术大学；28. 北京大学；29. 北京交通大学；30. 香港理工大学；33. 北京理工大学；34. 中国东北大学；37. 中山大学；38. 香港中文大学；41. 台湾交通大学；42. 天津大学；43. 香港科技大学；45. 同济大学；51. 南京大学；52. 中南大学；52. 华南理工大学；55. 南京邮电大学；56. 西北工业大学；63. 南京航空航天大学；66. 台湾成功大学；66. 山东大学；69. 台湾大学；71. 南京理工大学；74. 湖南大学；77. 南京信息工程大学；79. 深圳大学；97. 重庆大学；101. 四川大学；103. 台湾科技大学；111. 香港大学；116. 西南交通大学；122. 复旦大学；129. 厦门大学；131. 上海大学；141. 北京科技大学；148. 合肥工业大学；148. 台湾清华大学；154. 吉林大学；156. 杭州电子科技大学；160. 中国地质大学；165. 河海大学；170. 澳门大学；173. 中国矿业大学；183. 北京工业大学；192. "台湾中央大学"；195. 华东师范大学；203. 苏州大学；210. 重庆邮电大学；211. 哈尔滨工程大学；219. 广东工业大学；231. 中国人民解放军理工大学；243. 广州大学；255. 台湾中山大学；259. 逢甲大学；264. 安徽大学；267. 浙江工业大学；287. 西南大学；295. 中国石油大学；297. 福州大学；312. 大连海事大学；313. 华东理工大学；317. 南开大学；328. 高雄科技大学；344. 东华大学；345. 福建师范大学；362. 香港浸会大学；363. 扬州大学；372. 青岛大学；382. 渤海大学；383. 辽宁工业大学

3. 计算机科学学科科研影响力排名分析

从总被引次数来看，位居前 10 位的大学按依次是南洋理工大学（新加坡）、清华大学（中国）、东南大学（中国）、新加坡国立大学（新加坡）、得克萨斯大学奥斯汀分校（美国）、华中科技大学（中国）、苏黎世联邦理工学院（瑞士）、斯坦福大学（美国）、威斯康星大学麦迪逊分校（美国）、西安电子科技大学（中国）。进入前 10 位的国家看，有 4 个国家，其中美国 3 所、新加坡 2 所、中国 4 所、瑞士 1 所。

中国（包含港澳台）的大学中总被引次数最高的是清华大学（48 5316，第 2 位），除此之外，进入计算机科学学科总被引次数排名前 100 位的大学还有 34 所，分别是东南大学（第 3 名）、华中科技大学（第 6 名）、西安电子科技大学（第 10 名）、香港城市大学（第 11 名）、浙江大学（第 12 名）、上海交通大学（第 13 名）、北京邮电大学（第 14 名）、电子科技大学（第 17 名）、大连理工大学（第 19 名）、哈尔滨工业大学（第 20 名）、香港理工大学（第 24 名）、香港科技大学（第 26 名）、南京信息工程大学（第 27 名）、台湾大学（第 30 名）、西安交通大学（第 33 名）、北京航空航天大学（第 34 名）、香港中文大学（第 35 名）、中国科学技术大学（第 36 名）、武汉大学（第 39 名）、中南大学（第 42 名）、北京大学（第 47 名）、同济大学（第 49 名）、中国东北大学（第 55 名）、中山大学（第 64 名）、华南理工大学（第 66 名）、北京交通大学（第 69 名）、国防科技大学（第 70 名）、深圳大学（第 72 名）、四川大学（第 74 名）、湖南大学（第 81 名）、南京大学（第 87 名）、北京理工大学（第 90 名）、香港大学（第 94 名）、西北工业大学（第 96 名）。其他进入计算机科学学科总被引次数排名的中国（包含港澳台）大学如表 3-72 所示。从总被引次数的情况来看，中国（包含港澳台）进入计算机科学学科总被引次数排名的 85 所大学中，总被引次数大于等于 10 000 次的有 43 所，不少于 5000 次但少于 10 000 次的有 21 所，不少于 3000 次但少于 5000 次的有 21 所。总被引次数分布表明我国的大学在计算机学科领域的科研影响力取得了很大的进步，但是与美国、法国等国家相比还有较大差距。

表 3-72　计算机科学学科总被引次数排名（前 10 位与中国大学）

总被引次数排名	机构名称	国家/地区	总被引次数排名	机构名称	国家/地区
1	南洋理工大学	新加坡	6	华中科技大学	中国
2	清华大学	中国	7	苏黎世联邦理工学院	瑞士
3	东南大学	中国	8	斯坦福大学	美国
4	新加坡国立大学	新加坡	9	威斯康星大学麦迪逊分校	美国
5	得克萨斯大学奥斯汀分校	美国	10	西安电子科技大学	中国
其他中国机构：11. 香港城市大学；12. 浙江大学；13. 上海交通大学；14. 北京邮电大学；17. 电子科技大学；19. 大连理工大学；20. 哈尔滨工业大学；24. 香港理工大学；26. 香港科技大学；27. 南京信息工程大学；30. 台湾大学；33. 西安交通大学；34. 北京航空航天大学；35. 香港中文大学；36. 中国科学技术大学；39. 武汉大学；42. 中南大学；47. 北京大学；55. 中国东北大学；64. 中山大学；66. 华南理工大学；69. 北京交通大学；70. 国防科技大学；72. 深圳大学；74. 四川大学；81. 湖南大学；87. 南京大学；90. 北京理工大学；94. 香港大学；96. 西北工业大学；101. 天津大学；102. 南京理工大学；104. 台湾科技大学；107. 台湾成功大学；108. 中国科学院大学；113. 西南交通大学；115. 澳门大学；116. 台湾交通大学；119. 南京邮电大学；127. 山东大学；131. 厦门大学；135. 南京航空航天大学；140. 重庆大学；141. 中国地质大学；153. 上海大学；156. 北京科技大学；159. 合肥工业大学；166. 河海大学；172. 复旦大学；174. 广东工业大学；177. 中国人民解放军工程大学；186. 广州大学；192. 杭州电子科技大学；210. 台湾清华大学；217. 西南大学；224. "台湾中央大学"；235. 中国矿业大学；268. 扬州大学；270. 华东师范大学；278. 重庆邮电大学；281. 安徽大学；283. 台湾中山大学；299. 浙江工业大学；300. 北京工业大学；301. 渤海大学；303. 哈尔滨工程大学；308. 苏州大学；314. 辽宁工业大学；315. 大连海事大学；327. 南开大学；331. 华东理工大学；335. 东华大学；337. 福州大学；340. 香港浸会大学；347. 中国石油大学；358. 吉林大学；361. 福建师范大学；368. 逢甲大学；371. 青岛大学；381. 高雄科技大学					

4. 计算机科学学科影响力排名分析

从高被引论文数来看，位居前 10 位的大学按照排名次序依次是东南大学（中国）、阿卜杜勒阿齐兹国王大学（沙特阿拉伯）、南洋理工大学（新加坡）、中南大学（中国）、清华大学（中国）、新加坡国立大学（新加坡）、南京信息工程大学（中国）、电子科技大学（中国）、西安电子科技大学（中国）、华中科技大学（中国）。从总体来看，高被引论文数大于等于 50 篇的大学仅有 17 所，不少于 10 篇但少于 50 篇的有 180 所，其他的 191 所大学均为小于 10 篇，其中 3 所的高被引论文数为 0 篇。

中国（包含港澳台）进入计算机科学学科排名的所有大学中有 50 所大学进入高被引论文指标排名的前 100 位，其中东南大学（第 1 名）、中南大学（第 4 名）、清华大学（第 5 名）、南京信息工程大学（第 7 名）、电子科技大学（第 8 名）、西安电子科技大学（第 9 名）、华中科技大学（第 10 名）的高被引论文数分别为 105 篇、87 篇、84 篇、83 篇、81 篇、79 篇、79 篇，进入了该学科高被引论文数排名前 10 强。其他进入计算机科学学科高被引论文数排名的中国（包含港澳台）大学如表 3-73 所示。

表 3-73　计算机科学学科高被引论文数排名（前 10 位与中国大学）

高被引论文数排名	机构名称	国家/地区	高被引论文数排名	机构名称	国家/地区
1	东南大学	中国	6	新加坡国立大学	新加坡
2	阿卜杜勒阿齐兹国王大学	沙特阿拉伯	7	南京信息工程大学	中国
3	南洋理工大学	新加坡	8	电子科技大学	中国
4	中南大学	中国	9	西安电子科技大学	中国
5	清华大学	中国	10	华中科技大学	中国
其他中国机构：11. 大连理工大学；13. 武汉大学；14. 四川大学；16. 哈尔滨工业大学；17. 上海交通大学；18. 北京邮电大学；18. 香港城市大学；20. 广州大学；25. 香港理工大学；26. 浙江大学；28. 深圳大学；28. 西安交通大学；28. 中国科学技术大学；33. 中国东北大学；33. 澳门大学；36. 广东工业大学；41. 同济大学；42. 西北工业大学；43. 天津大学；43. 南京邮电大学；43. 渤海大学；46. 北京航空航天大学；49. 北京理工大学；53. 重庆邮电大学；56. 香港科技大学；56. 北京大学；56. 北京交通大学；56. 华南理工大学；66. 厦门大学；66. 香港中文大学；70. 中山大学；70. 扬州大学；70. 辽宁工业大学；75. 南京大学；75. 北京科技大学；77. 西南交通大学；84. 杭州电子科技大学；88. 湖南大学；88. 香港大学；94. 河海大学；94. 上海大学；94. 南京理工大学；94. 大连海事大学；101. 中国地质大学；108. 西南大学；108. 南开大学；112. 国防科技大学；112. 重庆大学；112. 中国人民解放军工程大学；130. 合肥工业大学；135. 中国矿业大学；135. 哈尔滨工程大学；135. 华东理工大学；135. 福建师范大学；148. 山东大学；148. 浙江工业大学；160. 中国科学院大学；160. 台湾科技大学；160. 青岛大学；176. 南京航空航天大学；198. 华东师范大学；198. 台湾中山大学；198. 安徽大学；198. 福州大学；198. 中国石油大学；198. 东华大学；237. 台湾成功大学；237. 复旦大学；259. 香港浸会大学；286. 北京工业大学；307. 台湾科技大学；307. 苏州大学；307. 逢甲大学；342. "台湾中央大学"；342. 高雄科技大学；359. 吉林大学；377. 台湾交通大学；377. 台湾清华大学					

5. 计算机科学学科师资力量排名分析

从高被引科学家数来看，高被引科学家最多的是 4 人，只有 3 所大学，即格拉纳达大学（西班牙）、电子科技大学（中国）、中南大学（中国）。有 3 位高被引科学家的大学有 7 所，分别是阿卜杜勒阿齐兹国王大学（沙特阿拉伯）、东南大学（中国）、辽宁工业大学（中国）、南洋理工大学（新加坡）、四川大学（中国）、悉尼科技大学（澳大利亚）、浙江大学（中国）。有 2 位高被引科学家的科研院所有 8 所，分别是得克萨斯大学奥斯汀分校（美国）、广东工业大学（中国）、华南理工大学（中国）、华中科技大学（中国）、南加州大学（美国）、南京信息工程大学（中国）、西北工业大学（中国）、佐治亚理工学院（美国）。其中有高被引科学家的大学中美国有 7 所，中国（包含港澳台）有 24 所，英国有 4 所。如表 3-74 所示。

表 3-74 计算机科学学科高被引科学家数排名（前 4 位与中国大学）

高被引科学家数排名	机构名称	国家/地区	高被引科学家数排名	机构名称	国家/地区
1	格拉纳达大学	西班牙	4	辽宁工业大学	中国
1	电子科技大学	中国	4	南洋理工大学	新加坡
1	中南大学	中国	4	四川大学	中国
4	阿卜杜勒阿齐兹国王大学	沙特阿拉伯	4	悉尼科技大学	澳大利亚
4	东南大学	中国	4	浙江大学	中国
其他中国机构：11. 广东工业大学；11. 华南理工大学；11. 华中科技大学；11. 南京信息工程大学；11. 西北工业大学；19. 北京交通大学；19. 北京科技大学；19. 北京邮电大学；19. 中国东北大学；19. 广州大学；19. 哈尔滨工业大学；19. 清华大学；19. 深圳大学；19. 武汉大学；19. 西安电子科技大学；19. 香港城市大学；19. 香港大学；19. 扬州大学					

（六）经济学与商学

进入 ESI 经济学与商学学科排名的大学共有 284 所。从国家或地区分布来看，这些大学分别隶属于美国、英国、澳大利亚、加拿大、德国、中国、荷兰、西班牙、中国香港、比利时、瑞典等 28 个国家或地区。

从图 3-6 可以很直观地看出各个国家进入排名的大学数量的比例。其中美国（112 所）占 39.44%，英国（37 所）占 13.03%，澳大利亚（17 所）占 5.99%，加拿大（15 所）占 5.28%，德国（15 所）占 5.28%，中国大陆（内地）（11 所）占 3.87%，荷兰（10 所）占 3.52% 等。从进入 ESI 经济学与商学学科排名的大学数量来看，美国属于经济学与商学学科领域的绝对"霸主"。此外，英国的 37 所和澳大利亚的 17 所大学也属于该学科领域不可低估的两个重要科研主力军。中国目前只有 19 所大学进入该排名，其中中国大陆（内地）11 所、中国香港 6 所、中国台湾 2 所，它们分别是香港理工大学、北京大学、香港大学、中国人民大学、香港

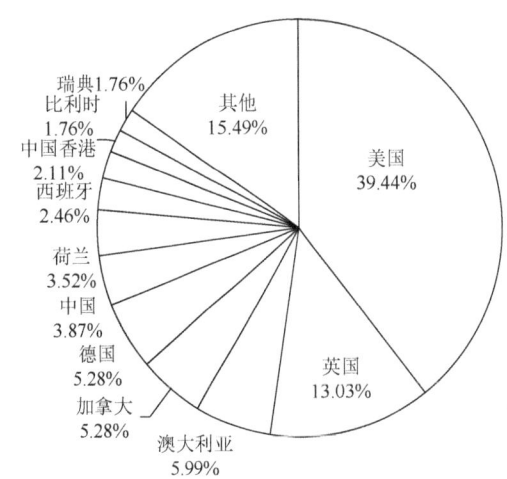

图 3-6 进入 ESI 经济学与商学学科排名的大学的国家或地区分布

城市大学、香港中文大学、厦门大学、香港科技大学、台湾大学、中山大学、清华大学、上海交通大学、香港浸会大学、浙江大学、上海财经大学、复旦大学、中央财经大学、台湾政治大学、西安交通大学。

1. 经济学与商学学科竞争力综合排名分析

如表 3-75 所示，ESI 经济学与商学学科的科研竞争力综合排名位居前 10 位的大学有 7 所来自美国，它们依次分别是哈佛大学、斯坦福大学、麻省理工学院、加州大学伯克利分校、宾夕法尼亚大学、哥伦比亚

大学、芝加哥大学。排名第 10 位的是牛津大学（英国）。值得注意的是，该学科的综合排名居前 20 位的有 14 所来自美国，居该学科前 40 位的有 25 所来自美国，居前 100 位的有 46 所来自美国，可想而知，美国在经济学与商学学科领域的科研竞争综合实力是目前世界上任何一个国家或地区都无法超越的。中国（包含港澳台）进入该学科综合排名前 100 位的大学有 6 所，即香港理工大学、北京大学、香港大学、中国人民大学、香港城市大学、香港中文大学。

表 3-75　经济学与商学学科综合排名（前 10 位与中国大学）

综合排名	机构名称	星级	档次	国家/地区	综合排名	机构名称	星级	档次	国家/地区
1	哈佛大学	5★+	顶尖	美国	6	鹿特丹大学	5★	著名	荷兰
2	斯坦福大学	5★+	顶尖	美国	7	哥伦比亚大学	5★	著名	美国
3	麻省理工学院	5★	著名	美国	8	芝加哥大学	5★	著名	美国
4	加州大学伯克利分校	5★	著名	美国	9	伦敦政治经济学院	5★	著名	英国
5	宾夕法尼亚大学	5★	著名	美国	10	牛津大学	5★	著名	英国
其他中国机构：36. 香港理工大学；40. 北京大学；61. 香港大学；70. 中国人民大学；88. 香港城市大学；94. 香港中文大学；103. 厦门大学；109. 香港科技大学；120. 台湾大学；126. 中山大学；133. 清华大学；140. 上海交通大学；155. 香港浸会大学；177. 浙江大学；178. 上海财经大学；205. 复旦大学；236. 中央财经大学；244. 台湾政治大学；258. 西安交通大学									

2. 经济学与商学学科的科研能力排名分析

从发文量来看，如表 3-76 所示，位居前 10 位的大学按排名依次是哈佛大学（美国）、伦敦政治经济学院（英国）、鹿特丹大学（荷兰）、斯坦福大学（美国）、莫纳什大学（澳大利亚）、宾夕法尼亚大学（美国）、牛津大学（英国）、哥伦比亚大学（美国）、加州大学伯克利分校（美国）、麻省理工学院（美国）。其中有 6 所大学均来自美国，实际上，发文量居前 20 位、前 30 位、前 40 位、前 100 位中分别有 11 所、18 所、23 所、38 所大学来自美国，可见美国是该学科领域绝对的超级科研生产大国。此外，发文量居前 100 位中英国也占据 14 所，其中除伦敦政治经济学院（第 2 名）和牛津大学（第 7 位）进入前 10 位外，曼彻斯特大学（第 17 名）、华威大学（第 18 名）、剑桥大学（第 22 名）、诺丁汉大学（第 27 名）等英国学校在该学科领域的科研生产力也是不容忽视的。中国（包含港澳台）的 19 所大学在该学科发文量排名情况依次是北京大学（第 47 名）、中国人民大学（第 54 名）、香港城市大学（第 61 名）、香港中文大学（第 67 名）、香港理工大学（第 76 名）、清华大学（第 80 名）、台湾大学（第 94 名）、香港大学（第 103 名）、上海财经大学（第 105 名）、浙江大学（第 111 名）、中央财经大学（第 113 名）、香港科技大学（第 129 名）、上海交通大学（第 131 名）、台湾政治大学（第 157 名）、复旦大学（第 160 名）、厦门大学（第 161 名）、中山大学（第 195 名）、西安交通大学（第 204 名）、香港浸会大学（第 258 名）。

从发文数量来看，该学科发文量大于等于 2000 篇的大学有 9 所，不少于 1500 篇但少于 2000 篇的有 18 所，不少于 1000 篇但少于 1500 篇的有 45 所，不少于 500 篇但少于 1000 篇的有 170 所，少于 500 篇的有 42 所（发文量最少的为 60 篇）。由此可见，发文量在 1000 篇以上的大学（72 所）只占到入选 ESI 经济学与商学学科大学数（284 所）的 25.35%，发文总量（107 853 篇）占到入选 ESI 经济学与商学学科排名的 284 所大学发文总量（245 724 篇）的 43.89%。其中，发文量在 1000 篇以上的大学有 31 所来自美国，占到入选 ESI 经济学与商学学科排名大学数（284 所）的 10.92%，总发文量（48 794 篇）占到了入选 ESI 经济学与商学学科的 253 所大学发文总量（245 724 篇）的 19.86%，占到了发文数量在 1000 篇以上的大学发文总量（107 853 篇）的 45.24%。可想而知，该学科领域发文量排名前 1/4 的大学承担了该学科近 4/9 的科研生产力，其中美国的前 31 所大学承担了近 1/4 的科研生产力。中国（包含港澳台）的 19 所大学发文量如下：北京大学（1265 篇）、中国人民大学（1184 篇）、香港城市大学（1096 篇）、香港中文大学（1018 篇）、香港理工大学（985 篇）、清华大学（974 篇）、台湾大学（904 篇）、香港大学（857 篇）、上海财经大学（842 篇）、浙江大学（826 篇）、中央财经大学（824 篇）、香港科技大学（769 篇）、上海交通大学（767篇）、台湾政治大学（713篇）、复旦大学（703篇）、厦门大学（699篇）、中山大学（600篇）、西安交通大学（578篇）、香港浸会大学（434篇），除前4所大学外，发文量均在1000篇以下，与美国排名靠前的大学的科研生产力有着十分巨大的差距。可见，中国想要在该学科领域建设世界高水平知名、著名乃至顶尖水准的学科，在增强学科科研生产力方面还有很长的路要走。

表3-76　经济学与商学学科发文量排名（前10位与中国大学）

发文量排名	机构名称	国家/地区	发文量排名	机构名称	国家/地区
1	哈佛大学	美国	6	宾夕法尼亚大学	美国
2	伦敦政治经济学院	英国	7	牛津大学	英国
3	鹿特丹大学	荷兰	8	哥伦比亚大学	美国
4	斯坦福大学	美国	9	加州大学伯克利分校	美国
5	莫纳什大学	澳大利亚	10	麻省理工学院	美国

其他中国机构：47. 北京大学；54. 中国人民大学；61. 香港城市大学；67. 香港中文大学；76. 香港理工大学；80. 清华大学；94. 台湾大学；103. 香港大学；105. 上海财经大学；111. 浙江大学；113. 中央财经大学；129. 香港科技大学；131. 上海交通大学；157. 台湾政治大学；160. 复旦大学；161. 厦门大学；195. 中山大学；204. 西安交通大学；258. 香港浸会大学

3. 经济学与商学学科科研影响力排名分析

从总被引次数来看，位居前10位的大学依次是哈佛大学（美国）、伦敦政治经济学院（英国）、鹿特丹大学（荷兰）、斯坦福大学（美国）、莫纳什大学（澳大利亚）、宾夕法尼亚大学（美国）、牛津大学（英国）、哥伦比亚大学（美国）、加州大学伯克利分校（美国）、麻省理工学院（美国）。此外，居前20位的美国的大学有11所，居前30位的美国的大学有13所，居前60位的美国的大学有27所，可见，美国有一大批大学在经济学与商学学科领域有着巨大的科研影响力。除了美国外，在总被引次数方面，荷兰、英国、加拿大等国家的一些大学也值得关注，例如，荷兰的鹿特丹大学排在第11位，英国的牛津大学、剑桥大学分别排在第15位、第27位，加拿大的多伦多大学排在第20位，这些大学在该领域也具有较大的科研影响力。中国（包含港澳台）的19所大学总被引次数排名情况分别为香港城市大学（第60名）、香港中文大学（第70名）、香港理工大学（第76名）、香港科技大学（第80名）、北京大学（第83名）、香港大学（第95名）、清华大学（第123名）、中国人民大学（第145名）、上海交通大学（第148名）、香港浸会大学（第180名）、台湾大学（第205名）、上海财经大学（第213名）、复旦大学（第214名）、西安交通大学（第230名）、浙江大学（第232名）、厦门大学（第243名）、台湾政治大学（第250名）、中山大学（第258名）、中央财经大学（第279名），其中有6所进入前100位之列，在该学科领域具有一定的科研影响力，如表3-77所示。

从总被引次数的统计数据看，总被引次数大于等于30 000次的大学共有13所，分别是哈佛大学（美国）、麻省理工学院（美国）、宾夕法尼亚大学（美国）、加州大学伯克利分校（美国）、斯坦福大学（美国）、芝加哥大学（美国）、纽约大学（美国）、哥伦比亚大学（美国）、伦敦政治经济学院（英国）、密歇根大学（美国）、鹿特丹大学（荷兰）、美国西北大学（美国）、杜克大学（美国），其中有11所来自美国；不少于20 000次但少于30 000次的有21所，其中15所来自美国；不少于10 000次但少于20 000次的有73所；不少于5000次但少于10 000次的有158所；不少于4000次但少于5000次的有19所（其中总被引次数最少的为4516次）。中国（包含港澳台）的19所大学总被引次数如下：香港城市大学（15 288次）、香港中文大学（14 254次）、香港理工大学（13 378次）、香港科技大学（12 518次）、北京大学（12 404次）、香港大学（11 284次）、清华大学（9151次）、中国人民大学（7937次）、上海交通大学（7851次）、香港浸会大学（7109次）、台湾大学（6319次）、上海财经大学（6103次）、复旦大学（6014次）、西安交通大学（5665次）、浙江大学（5636次）、厦门大学（5403次）、台湾政治大学（5244次）、中山大学（5109次）、中央财经大学（4708次）。中国在该学科领域有一定的科研影响力，但与美国、英国、加拿大、荷兰等国家相比，还存在不小的差距。

表 3-77 经济学与商学学科总被引次数排名（前 10 位与中国大学）

总被引次数排名	机构名称	国家/地区	总被引次数排名	机构名称	国家/地区
1	哈佛大学	美国	6	芝加哥大学	美国
2	麻省理工学院	美国	7	纽约大学	美国
3	宾夕法尼亚大学	美国	8	哥伦比亚大学	美国
4	加州大学伯克利分校	美国	9	伦敦政治经济学院	英国
5	斯坦福大学	美国	10	密歇根大学	美国
其他中国机构：60. 香港城市大学；70. 香港中文大学；76. 香港理工大学；80. 香港科技大学；83. 北京大学；95. 香港大学；123. 清华大学；145. 中国人民大学；148. 上海交通大学；180. 香港浸会大学；205. 台湾大学；213. 上海财经大学；214. 复旦大学；230. 西安交通大学；232. 浙江大学；243. 厦门大学；250. 台湾政治大学；258. 中山大学；279. 中央财经大学					

4. 经济学与商学学科影响力排名分析

从高被引论文数排名来看，如表 3-78 所示，位居前 10 位的大学依次为哈佛大学（美国）、麻省理工学院（美国）、加州大学伯克利分校（美国）、斯坦福大学（美国）、芝加哥大学（美国）、宾夕法尼亚大学（美国）、纽约大学（美国）、哥伦比亚大学（美国）、伦敦政治经济学院（英国）、耶鲁大学（美国）。此外，在高被引论文数排名前 20 位的大学中除了荷兰的鹿特丹大学和英国的牛津大学以外均都来自美国，居前 30 位中有 22 所来自美国，位居前 100 位中有 52 所来自美国。此外，位居前 100 位的大学中，英国有 12 所，澳大利亚有 8 所，加拿大有 7 所，中国（包含港澳台）有 6 所，荷兰有 5 所。总体来说，无论从绝对规模来看，还是从实际实力排名来看，美国有一批数量众多的大学始终走在经济学与商科学科的前面。

表 3-78 经济学与商学学科高被引论文数排名（前 10 位与中国大学）

高被引论文数排名	机构名称	国家/地区	高被引论文数排名	机构名称	国家/地区
1	哈佛大学	美国	6	宾夕法尼亚大学	美国
2	麻省理工学院	美国	7	纽约大学	美国
3	加州大学伯克利分校	美国	8	哥伦比亚大学	美国
4	斯坦福大学	美国	9	伦敦政治经济学院	英国
5	芝加哥大学	美国	10	耶鲁大学	美国
其他中国机构：50. 北京大学；58. 香港理工大学；67. 香港中文大学；67. 香港科技大学；79. 香港城市大学；89. 上海交通大学；102. 香港大学；127. 厦门大学；141. 浙江大学；149. 中国人民大学；163. 清华大学；163. 上海财经大学；180. 中山大学；199. 复旦大学；265. 中央财经大学；265. 台湾政治大学；265. 西安交通大学；274. 台湾大学；274. 香港浸会大学					

5. 经济学与商学学科师资力量排名分析

从高被引科学家数来看，高被引科学家最多的是 9 人，只有 1 所大学，即美国的哈佛大学；美国的加州大学伯克利分校的高被引科学家有 6 人；芝加哥大学（美国）的高被引科学家有 5 人；斯坦福大学的高被引科学家有 4 人；有 3 位高被引科学家数的大学有 4 所，分别是麻省理工学院（美国）、普林斯顿大学（美国）、亚利桑那州立大学（美国）、达特茅斯学院（美国）；有 2 位高被引科学家的大学有 9 所，分别是宾夕法尼亚大学（美国）、纽约大学（美国）、格罗宁根大学（荷兰）、博科尼大学（意大利）、新加坡国立大学（新加坡）、德国波恩大学（德国）、南卡罗来纳大学哥伦比亚分校（美国）、迈阿密大学（美国）、康涅狄格大学（美国）；有 1 位高被引科学家的大学有 35 所；其他 232 所大学均没有高被引科学家。中国（包含港澳台）拥有经济学与商学学科高被引科学家的大学仅有 2 所，即为香港大学和香港中文大学，如表 3-79 所示。中国的经济学与商学学科师资力量亟待加强。

表 3-79 经济学与商学学科高被引科学家数排名（前 9 位与中国大学）

高被引科学家数排名	机构名称	国家/地区	高被引科学家数排名	机构名称	国家/地区
1	哈佛大学	美国	9	纽约大学	美国
2	加州大学伯克利分校	美国	9	格罗宁根大学	荷兰
3	芝加哥大学	美国	9	博科尼大学	意大利
4	斯坦福大学	美国	9	新加坡国立大学	新加坡
5	麻省理工学院	美国	9	德国波恩大学	德国
5	普林斯顿大学	美国	9	南卡罗来纳大学哥伦比亚分校	美国
5	亚利桑那州立大学	美国	9	迈阿密大学	美国
5	达特茅斯学院	美国	9	康涅狄格大学	美国
9	宾夕法尼亚大学	美国			

其他中国机构：18. 香港大学；18. 香港中文大学

（七）工程学

进入 ESI 工程学学科排名的大学共有 1170 所。从国家或地区分布来看，这些大学分别隶属于中国、美国、法国、英国、韩国、德国、意大利、西班牙、土耳其、伊朗、中国台湾、加拿大、印度、澳大利亚、日本等 68 个国家或地区。这些大学的国家或地区分布情况如图 3-7 所示。

从图 3-7 可以看出，中国大陆（内地）的大学数量位居第 1 位，美国的大学数量位居第 2 位，中国大陆（内地）有 181 所大学，分别是哈尔滨工业大学、清华大学、东南大学、西安交通大学、上海交通大学、浙江大学、华中科技大学、北京航空航天大学、北京理工大学、同济大学、中南大学、电子科技大学、大连理工大学、重庆大学、华南理工大学、天津大学、中国科学院大学、西北工业大学、湖南大学、中国科学技术大学、北京大学、中国东北大学、南京理工大学、四川大学、南京航空航天大学、华北电力大学、西安电子科技大学、山东大学、武汉大学、北京科技大学、中国矿业大学、中国石油大学、北京交通大学、广东工业大学、江苏大学、合肥工业大学、西南交通大学、南京大学、武汉理工大学、河海大学、

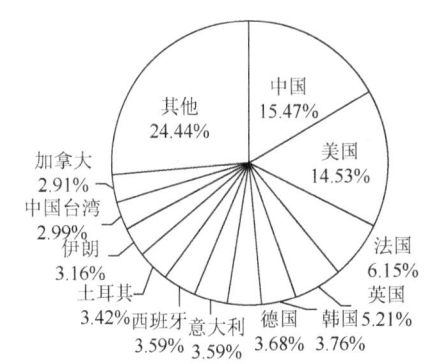

图 3-7 进入 ESI 工程学学科排名的大学的国家或地区分布

吉林大学、哈尔滨工程大学、国防科技大学、北京工业大学、山东科技大学、厦门大学、中国地质大学、上海大学、华东理工大学、北京化工大学、中国海洋大学、中山大学、东华大学、复旦大学、深圳大学、西南石油大学、江南大学、浙江工业大学、南京邮电大学、郑州大学、北京邮电大学、安徽工业大学、辽宁工业大学、南开大学、渤海大学、青岛科技大学、上海理工大学、曲阜师范大学、苏州大学、青岛大学、兰州大学、广西大学、宁波大学、南京师范大学、扬州大学、北京师范大学、大连海事大学、燕山大学、华东师范大学、南昌大学、杭州电子科技大学、西安建筑科技大学、长安大学、南京工业大学、太原理工大学、福州大学、南京信息工程大学、江苏科技大学、西南大学、重庆邮电大学、浙江师范大学、南京林业大学、湘潭大学、昆明理工大学、重庆工商大学、湖北工业大学、长沙理工大学、武汉工程大学、广州大学、西南科技大学、中国农业大学、中国人民解放军理工大学、暨南大学、西安理工大学、湖南科技大学、南京农业大学、河南理工大学、西北农林科技大学、华侨大学、南方科技大学、南通大学、绍兴文理学院、天津理工大学、哈尔滨理工大学、天津工业大学、上海电力大学、济南大学、聊城大学、陕西师范大学、浙江农林大学、安徽大学、山东师范大学、华南师范大学、中国人民解放军空军工程大学、鲁东大学、浙江理工大学、东北电力大学、兰州理工大学、新疆大学、武汉科技大学、河南科技大学、山东财经大学、河北工业大学、兰州交通大学、山东理工大学、中国计量大学、西北大学、桂林电子科技大学、山西大学、青岛理工大学、南昌航

空大学、中国人民解放军海军工程大学、中北大学、常州大学、东北石油大学、温州大学、齐鲁工业大学、三峡大学、宁波诺丁汉大学、北京林业大学、上海工程技术大学、沈阳航空航天大学、华东交通大学、江苏师范大学、东北师范大学、东北财经大学、中国人民大学、重庆交通大学、江西财经大学、河南大学、河南师范大学、浙江工商大学、福建师范大学、北京建筑大学、河南工业大学、华中农业大学、山东建筑大学、北方工业大学、东北林业大学、西华大学、华南农业大学、浙江财经大学、黑龙江大学、华中师范大学、上海师范大学、中南民族大学、湖南工业大学、河北科技大学、闽江学院、杭州师范大学、西华师范大学。中国台湾有35所，分别是台湾成功大学、台湾大学、台湾交通大学、台湾科技大学、台北科技大学、台湾清华大学、台湾中山大学、高雄科技大学、"台湾中央大学"、台湾中原大学、逢甲大学、台湾中兴大学、长庚大学、元智大学、台湾中正大学、台湾海洋大学、云林科技大学、明志科技大学、淡江大学、朝阳科技大学、高雄应用科技大学、台南大学、虎尾科技大学、台湾师范大学、勤益科技大学、义守大学、宜兰大学、屏东科技大学、高雄大学、台湾联合大学、正修科技大学、彰化师范大学、昆山科技大学、中华大学、南开科技大学。中国香港有6所，分别是香港理工大学、香港城市大学、香港大学、香港科技大学、香港中文大学、香港浸会大学。中国澳门地区有2所，即澳门大学、澳门科技大学。

1. 工程学学科竞争力综合排名分析

从综合排名来看，位居前10位的大学分别是哈尔滨工业大学（中国）、清华大学（中国）、麻省理工学院（美国）、东南大学（中国）、西安交通大学（中国）、上海交通大学（中国）、浙江大学（中国）、香港理工大学（中国香港）、华中科技大学（中国）、南洋理工大学（新加坡）。进入前100位的中国（包含港澳台）的大学有41所，包括4个中国香港的大学及1个中国台湾的大学，中国（包含港澳台）其他进入ESI工程学学科排名的大学如表3-80所示。

表3-80 工程学学科综合排名（前10位与中国大学）

综合排名	机构名称	名次所居比例/%	档次	国家/地区	综合排名	机构名称	名次所居比例/%	档次	国家/地区
1	哈尔滨工业大学	5★+	顶尖	中国	6	上海交通大学	5★+	顶尖	中国
2	清华大学	5★+	顶尖	中国	7	浙江大学	5★+	顶尖	中国
3	麻省理工学院	5★+	顶尖	美国	8	香港理工大学	5★+	顶尖	中国香港
4	东南大学	5★+	顶尖	中国	9	华中科技大学	5★+	顶尖	中国
5	西安交通大学	5★+	顶尖	中国	10	南洋理工大学	5★+	顶尖	新加坡

其他中国机构：11. 北京航空航天大学；12. 北京理工大学；13. 同济大学；14. 中南大学；15. 电子科技大学；16. 大连理工大学；18. 重庆大学；19. 华南理工大学；24. 天津大学；26. 香港城市大学；27. 中国科学院大学；28. 西北工业大学；30. 湖南大学；33. 中国科学技术大学；35. 北京大学；40. 中国东北大学；41. 南京理工大学；49. 香港大学；50. 四川大学；54. 南京航空航天大学；61. 华北电力大学；62. 西安电子科技大学；69. 香港科技大学；70. 山东大学；73. 武汉大学；76. 台湾成功大学；77. 北京科技大学；79. 中国矿业大学；81. 中国石油大学；83. 北京交通大学；90. 广东工业大学；94. 江苏大学；96. 合肥工业大学；101. 西南交通大学；103. 南京大学；112. 武汉理工大学；114. 河海大学；115. 吉林大学；120. 哈尔滨工程大学；122. 国防科技大学；129. 北京工业大学；132. 台湾大学；134. 台湾交通大学；140. 山东科技大学；141. 厦门大学；145. 香港中文大学；147. 中国地质大学；155. 上海大学；157. 华东理工大学；158. 北京化工大学；162. 中国海洋大学；166. 中山大学；182. 东华大学；183. 复旦大学；186. 深圳大学；188. 西南石油大学；189. 江南大学；191. 浙江工业大学；195. 南京邮电大学；221. 台湾科技大学；224. 郑州大学；226. 北京邮电大学；237. 安徽工业大学；243. 辽宁工业大学；246. 南开大学；249. 台北科技大学；261. 台湾清华大学；263. 渤海大学；271. 青岛科技大学；273. 上海理工大学；287. 曲阜师范大学；289. 苏州大学；292. 青岛大学；298. 兰州大学；301. 广西大学；302. 澳门大学；308. 宁波大学；313. 南京师范大学；318. 扬州大学；322. 北京师范大学；331. 大连海事大学；340. 燕山大学；347. 华东师范大学；351. 南昌大学；367. 台湾中山大学；368. 杭州电子科技大学；374. 西安建筑科技大学；379. 长安大学；380. 南京工业大学；392. 太原理工大学；406. 福州大学；408. 高雄科技大学；410. 南京信息工程大学；418. "台湾中央大学"；428. 江苏科技大学；436. 西南大学；441. 台湾中原大学；442. 重庆邮电大学；443. 浙江师范大学；453. 南京林业大学；460. 湘潭大学；465. 昆明理工大学；469. 重庆工商大学；475. 湖北工业大学；476. 逢甲大学；479. 长沙理工大学；487. 武汉工程大学；488. 广州大学；491. 西南湖南科技大学；505. 中国农业大学；508. 台湾中兴大学；510. 中国人民解放军陆军工程大学；518. 长庚大学；521. 暨南大学；524. 西安理工大学；532. 绍兴文理学院；574. 天津理工大学；575. 哈尔滨理工大学；578. 天津工业大学；589. 上海电力大学；595. 济南大学；600. 元智大学；604. 聊城大学；607. 陕西师范大学；611. 浙江农林大学；613. 安徽大学；625. 山东师范大学；637. 华南师范大学；641. 中国人民解放军空军工程大学；646. 鲁东大学；651. 浙江理工大学；665. 东北电力大学；667. 兰州理工大学；669. 新疆大学；675. 武汉科技大学；681. 台湾中正大学；682. 河南科技大学；685. 山东财经大学；689. 河北工业大学；690. 兰州交通大学；698. 山东理工大学；701. 中国计量大学；704. 台湾海洋大学；722. 香港浸会大学；723. 云林科技大学；732. 西北大学；736. 桂林电子科技大学；751. 澳门科技大学；770. 明志科技大学；771. 山西大学；772. 青岛理工大学；777. 南昌航空大学；778. 中国人民解放军海军工程大学；780. 淡江大学；792. 中北大学；798. 常州大学；801. 东北石油大学；804. 朝阳科技大学；806. 温州大学；808. 齐鲁工业大学；810. 三峡大学；820. 宁波诺丁汉大学；835. 北京林业大学；851. 上海工程技术大学；858. 沈阳航空航天大学；863. 高雄应用科技大学；866. 华东交通大学；873. 江苏师范大学；876. 台南大学；877. 虎尾科技

大学；881. 东北师范大学；887. 东北财经大学；891. 中国人民大学；892. 重庆交通大学；901. 江西财经大学；916. 河南大学；920. 河南师范大学；925. 浙江工商大学；928. 福建师范大学；937. 北京建筑大学；950. 河南工业大学；956. 台湾师范大学；962. 勤益科技大学；973. 华中农业大学；980. 山东建筑大学；999. 北方工业大学；1005. 东北林业大学；1011. 义守大学；1014. 西华大学；1022. 宜兰大学；1033. 华南农业大学；1043. 浙江财经大学；1045. 黑龙江大学；1050. 华中师范大学；1054. 屏东科技大学；1059. 高雄大学；1070. 上海师范大学；1073. 中南民族大学；1088. 湖南工业大学；1098. 台湾联合大学；1112. 河北科技大学；1129. 正修科技大学；1130. 闽江学院；1131. 彰化师范大学；1136. 昆山科技大学；1140. 杭州师范大学；1152. 西华师范大学；1155. 中华大学；1164. 南开科技大学

2. 工程学学科科研能力排名分析

发文量超过 6000 篇的大学有 33 所，它们分别是：清华大学（中国）、上海交通大学（中国）、哈尔滨工业大学（中国）、西安交通大学（中国）、浙江大学（中国）、伊斯兰阿扎德大学（伊朗）、北京航空航天大学（中国）、东南大学（中国）、华中科技大学（中国）、天津大学（中国）、大连理工大学（中国）、南洋理工大学（新加坡）、同济大学（中国）、电子科技大学（中国）、中国科学院大学（中国）、重庆大学（中国）、南京航空航天大学（中国）、香港理工大学（中国香港）、佐治亚理工学院（美国）、新加坡国立大学（新加坡）、北京理工大学（中国）、西北工业大学（中国）、代尔夫特理工大学（荷兰）、西安电子科技大学（中国）、麻省理工学院（美国）、华南理工大学（中国）、德黑兰大学（伊朗）、伦敦帝国学院（英国）、普渡大学（美国）、首尔大学（韩国）、密歇根大学（美国）、德州农工大学（美国）、中国科学技术大学（中国）。发文量超过 5000 篇但少于 6000 篇的有 23 所；超过 4000 篇但少于 5000 篇的有 23 所；超过 3000 篇但少于 4000 篇的有 60 所；超过 2000 篇但少于 3000 篇的有 98 所；超过 1000 篇但少于 2000 篇的有 247 所；发文量在 100 篇（包括 100 篇）以上 1000 篇以下的有 684 所；100 篇以下的有 2 所。中国（包含港澳台）在 ESI 工程学学科发文量排名进入前 100 名的大学共有 44 所。其他进入 ESI 工程学学科发文量排名的中国（包含港澳台）大学如表 3-81 所示。

表 3-81 工程学学科发文量排名（前 10 位与中国大学）

发文量排名	机构名称	国家/地区	发文量排名	机构名称	国家/地区
1	清华大学	中国	6	伊斯兰阿扎德大学	伊朗
2	上海交通大学	中国	7	北京航空航天大学	中国
3	哈尔滨工业大学	中国	8	东南大学	中国
4	西安交通大学	中国	9	华中科技大学	中国
5	浙江大学	中国	10	天津大学	中国

其他中国机构：11. 大连理工大学；13. 同济大学；14. 电子科技大学；15. 中国科学院大学；16. 重庆大学；17. 南京航空航天大学；18. 香港理工大学；21. 北京理工大学；22. 西北工业大学；24. 西安电子科技大学；26. 华南理工大学；33. 中国科学技术大学；35. 香港城市大学；36. 中国石油大学；39. 中国矿业大学；41. 北京交通大学；42. 华北电力大学；44. 国防科技大学；46. 山东大学；47. 台湾成功大学；48. 湖南大学；50. 中国东北大学；52. 中南大学；53. 南京理工大学；58. 台湾大学；61. 武汉大学；67. 西南交通大学；68. 北京大学；77. 哈尔滨工程大学；80. 河海大学；84. 四川大学；87. 台湾交通大学；91. 吉林大学；94. 香港科技大学；99. 香港大学；103. 上海大学；109. 北京工业大学；110. 北京科技大学；114. 北京邮电大学；123. 中山大学；126. 武汉理工大学；127. 合肥工业大学；131. 江苏大学；134. 台湾清华大学；154. 中国地质大学；164. 台湾清华大学；170. 厦门大学；174. 华东理工大学；177. 南京大学；180. 深圳大学；184. 复旦大学；193. 广东工业大学；198. 香港中文大学；220. 燕山大学；227. 台北科技大学；243. 浙江工业大学；246. 山东科技大学；260. 南京邮电大学；265. 高雄科技大学；266. 西南石油大学；268. 江南大学；272. 长安大学；274. "台湾中央大学"；282. 太原理工大学；283. 上海理工大学；286. 杭州电子科技大学；301. 南京工业大学；303. 苏州大学；304. 台湾中山大学；314. 福州大学；326. 西安理工大学；330. 大连海事大学；336. 南开大学；343. 郑州大学；345. 北京师范大学；348. 北京化工大学；367. 东华大学；378. 中国人民解放军空军工程大学；381. 逢甲大学；389. 南京信息工程大学；393. 长沙理工大学；398. 台湾中兴大学；409. 兰州大学；411. 中国农业大学；419. 宁波大学；421. 中国人民解放军理工大学；424. 西安建筑科技大学；437. 中国海洋大学；439. 河南理工大学；442. 台湾海洋大学；447. 广州大学；452. 昆明理工大学；458. 广西大学；480. 华东师范大学；484. 河北工业大学；485. 南京中原大学；496. 台湾中原大学；505. 江苏科技大学；507. 西南大学；511. 重庆邮电大学；511. 天津工业大学；511. 元智大学；514. 华侨大学；517. 暨南大学；524. 云林科技大学；529. 南昌大学；556. 武汉科技大学；559. 长庚大学；571. 哈尔滨理工大学；577. 台湾中正大学；581. 浙江理工大学；584. 安徽大学；585. 中国计量大学；590. 青岛大学；601. 扬州大学；604. 兰州理工大学；610. 桂林电子科技大学；611. 青岛科技大学；622. 淡江大学；639. 曲阜师范大学；639. 中北大学；641. 湘潭大学；657. 济南大学；664. 中国人民解放军海军工程大学；670. 西北农林科技大学；685. 南方科技大学；686. 华南师范大学；691. 高雄应用科技大学；694. 山东师范大学；695. 勤益科技大学；697. 湖南科技大学；703. 南通大学；703. 重庆交通大学；705. 西北大学；712. 华东交通大学；719. 南京林业大学；719. 青岛理工大学；729. 山东理工大学；731. 虎尾科技大学；737. 河南科技大学；737. 上海工程技术大学；751. 齐鲁大学；762. 沈阳航空航天大学；768. 天津理工大学；768. 三峡大学；774. 温州大学；774. 东北电力大学；778. 山西大学；778. 浙江师范大学；786. 安徽大学；786. 北京建筑大学；794. 三峡大学；794. 台湾师范大学；797. 西南科技大学；822. 常州大学；824. 渤海大学；840. 新疆大学；843. 陕西师范大学；851. 西华大学；865. 山东建筑大学；872. 北京林业大学；875. 彰化师范大学；885. 香港浸会大学；885. 东北石油大学；885. 宁波诺丁汉大学；901. 义守大学；906. 兰州交通大学；916. 南昌航空大学；937. 南京农业大学；943. 江苏师范大学；947. 明志科技大学；952. 浙江工商大学；957. 中国人民大学；959. 武汉工程大学；959. 河南师范大学；961. 宜兰大学；964. 屏

续表

东科技大学；971. 北方工业大学；971. 台湾联合大学；975. 东北林业大学；980. 湖北工业大学；980. 东北师范大学；989. 朝阳科技大学；1000. 河南工业大学；1005. 高雄大学；1009. 辽宁工业大学；1018. 华南农业大学；1026. 中华大学；1027. 黑龙江大学；1029. 聊城大学；1029. 昆山科技大学；1036. 台南大学；1039. 福建师范大学；1050. 浙江财经大学；1060. 上海师范大学；1061. 华中农业大学；1065. 江西财经大学；1069. 鲁东大学；1071. 河南大学；1087. 华中师范大学；1087. 正修科技大学；1090. 南开科技大学；1094. 重庆工商大学；1102. 东北财经大学；1105. 绍兴文理学院；1133. 河北科技大学；1135. 中南民族大学；1143. 湖南工业大学；1151. 山东财经大学；1154. 闽江学院；1155. 浙江农林大学；1162. 杭州师范大学；1168. 西华师范大学

3. 工程学学科科研影响力排名分析

从总被引次数来看，总被引次数超过 50 000 次的大学共有 59 所，分别是清华大学（中国）、哈尔滨工业大学（中国）、上海交通大学（中国）、浙江大学（中国）、西安交通大学（中国）、南洋理工大学（新加坡）、华中科技大学（中国）、新加坡国立大学（新加坡）、伊斯兰阿扎德大学（伊朗）、东南大学（中国）、香港理工大学（中国香港）、麻省理工学院（美国）、香港城市大学（中国香港）、北京航空航天大学（中国）、天津大学（中国）、大连理工大学（中国）、佐治亚理工学院（美国）、伦敦帝国学院（英国）、加州大学伯克利分校（美国）、同济大学（中国）、代尔夫特理工大学（荷兰）、密歇根大学（美国）、马来亚大学（马来西亚）、华南理工大学（中国）、丹麦科技大学（丹麦）、伊利诺伊大学厄巴纳-香槟分校（美国）、中国科学技术大学（中国）、德黑兰大学（伊朗）、新南威尔士大学悉尼分校（澳大利亚）、中国科学院大学（中国）、斯坦福大学（美国）、苏黎世联邦理工学院（瑞士）、电子科技大学（中国）、北京理工大学（中国）、普渡大学（美国）、重庆大学（中国）、奥尔堡大学（丹麦）、德州农工大学（美国）、米兰大学理工学院（意大利）、洛桑联邦理工学院（瑞士）、鲁汶大学（比利时）、瑞典皇家理工学院（瑞典）、伦敦大学（英国）、得克萨斯大学奥斯汀分校（美国）、湖南大学（中国）、滑铁卢大学（加拿大）、阿卜杜勒阿齐兹国王大学（沙特阿拉伯）、里斯本大学（葡萄牙）、北卡罗来纳大学（美国）、多伦多大学（加拿大）、华北电力大学（中国）、北京大学（中国）、南京航空航天大学（中国）、香港科技大学（中国香港）、剑桥大学（英国）、加泰罗尼亚理工大学（西班牙）、香港大学（中国香港）、阿米尔卡比尔理工大学（伊朗）、西北工业大学（中国）；总被引次数在 30 000 次以上 40 000 次以下的有 59 所；总被引次数在 20 000 次以上 30 000 次以下的有 94 所；总被引次数在 10 000 次以上 20 000 次以下的有 230 所；总被引次数在 5000 次以上 10 000 次以下的有 328 所；总被引次数在 5000 次以下的有 370 所；所有大学的总被引次数均在 2700 次以上。中国（包含港澳台）进入 ESI 工程学学科总被引次数排名前 100 名的大学共有 37 所。其他进入 ESI 工程学学科总被引次数排名的中国（包含港澳台）的大学如表 3-82 所示。

表 3-82　工程学学科总被引次数排名（前 10 位与中国大学）

总被引次数排名	机构名称	国家/地区	总被引次数排名	机构名称	国家/地区
1	清华大学	中国	6	南洋理工大学	新加坡
2	哈尔滨工业大学	中国	7	华中科技大学	中国
3	上海交通大学	中国	8	新加坡国立大学	新加坡
4	浙江大学	中国	9	伊斯兰阿扎德大学	伊朗
5	西安交通大学	中国	10	东南大学	中国
其他中国高校：11. 香港理工大学；13. 香港城市大学；14. 北京航空航天大学；15. 天津大学；16. 大连理工大学；20. 同济大学；24. 华南理工大学；27. 中国科学技术大学；30. 中国科学院大学；33. 电子科技大学；34. 北京理工大学；36. 重庆大学；45. 湖南大学；51. 华北电力大学；52. 北京大学；53. 南京航空航天大学；54. 香港科技大学；57. 香港大学；59. 西北工业大学；60. 中国石油大学；62. 中南大学；63. 台湾成功大学；64. 西安电子科技大学；69. 山东大学；76. 中国东北大学；77. 台湾大学；79. 北京交通大学；83. 中国矿业大学；86. 南京理工大学；89. 武汉大学；125. 国防科技大学；126. 西南交通大学；129. 南京大学；130. 台湾交通大学；132. 北京科技大学；136. 香港中文大学；140. 中山大学；146. 四川大学；151. 上海大学；167. 华东理工大学；168. 江苏大学；169. 河海大学；170. 厦门大学；173. 中国地质大学；176. 北京工业大学；179. 合肥工业大学；186. 台湾科技大学；196. 哈尔滨工程大学；197. 台湾清华大学；204. 吉林大学；206. 武汉理工大学；220. 广东工业大学；230. 复旦大学；246. 江南大学；249. 北京邮电大学；262. 北京化工大学；264. 澳门大学；268. 深圳大学；273. 南开大学；276. 北京师范大学；280. 台北科技大学；293. 浙江工业大学；296. 苏州大学；298. 东华大学；307. 台湾中山大学；324. 高雄科技大学；325. "台湾中央大学"；339. 兰州大学；347. 南京工业大学；356. 燕山大学；357. 大连海事大学；382. 太原理工大学；392. 山东科					

续表

技大学；412. 南京邮电大学；413. 渤海大学；417. 杭州电子科技大学；421. 福州大学；423. 上海理工大学；427. 辽宁工业大学；429. 逢甲大学；431. 西南石油大学；433. 南京信息工程大学；435. 台湾中兴大学；439. 郑州大学；455. 中国农业大学；461. 西南大学；462. 华东师范大学；464. 昆明理工大学；467. 南京师范大学；478. 中国海洋大学；483. 元智大学；485. 中国人民解放军理工大学；507. 长安大学；523. 西北农林科技大学；524. 台湾中原大学；533. 宁波大学；539. 青岛大学；545. 暨南大学；546. 曲阜师范大学；576. 长沙理工大学；585. 广西大学；586. 扬州大学；587. 香港浸会大学；595. 南昌大学；597. 天津工业大学；600. 西安建筑科技大学；601. 济南大学；603. 河南理工大学；615. 华南师范大学；626. 华侨大学；628. 西安理工大学；639. 青岛科技大学；642. 广州大学；645. 云南科技大学；648. 安徽大学；661. 西北大学；674. 湘潭大学；674. 南京农业大学；680. 台湾海洋大学；681. 台湾中正大学；684. 山东师范大学；691. 浙江师范大学；694. 安徽工业大学；697. 淡江大学；698. 长庚大学；700. 中国计量大学；702. 江苏科技大学；702. 中国人民解放军空军工程大学；707. 浙江理工大学；715. 中国人民解放军海军工程大学；727. 武汉科技大学；732. 台南大学；736. 重庆邮电大学；750. 高雄应用科技大学；751. 南京林业大学；756. 山西大学；759. 北京林业大学；768. 兰州理工大学；770. 河北工业大学；774. 东北师范大学；788. 沈阳航空航天大学；798. 南通大学；810. 虎尾科技大学；818. 宁波诺丁汉大学；826. 桂林电子科技大学；831. 常州大学；834. 南昌航空大学；835. 天津理工大学；843. 齐鲁工业大学；848. 温州大学；851. 东北石油大学；857. 澳门科技大学；859. 武汉工程大学；863. 台湾师范大学；872. 江苏师范大学；879. 上海电力大学；882. 西南科技大学；882. 中国人民大学；884. 聊城大学；893. 江西财经大学；895. 三峡大学；898. 绍兴文理学院；899. 青岛理工大学；904. 陕西师范大学；912. 哈尔滨理工大学；919. 中北大学；922. 鲁东大学；942. 浙江工商大学；945. 东北财经大学；947. 湖南科技大学；948. 华中农业大学；952. 北京建筑大学；959. 义守大学；963. 浙江农林大学；966. 新疆大学；968. 南方科技大学；972. 福建师范大学；981. 勤益科技大学；994. 河南师范大学；995. 屏东科技大学；998. 华东交通大学；1000. 河南大学；1007. 河南工业大学；1014. 北方工业大学；1022. 南开科技大学；1031. 宜兰大学；1034. 黑龙江大学；1037. 重庆交通大学；1039. 高雄大学；1040. 重庆工商大学；1055. 台湾联合大学；1058. 华南农业大学；1065. 中华大学；1067. 海洋工程大学；1072. 山东建筑大学；1080. 浙江财经大学；1088. 彰化师范大学；1090. 河南大学；1100. 山东理工大学；1102. 闽江学院；1106. 东北林业大学；1107. 明志科技大学；1111. 中南民族大学；1114. 上海师范大学；1116. 正修科技大学；1117. 河北科技大学；1121. 兰州交通大学；1127. 杭州师范大学；1132. 西华师范大学；1135. 湖北工业大学；1136. 山东财经大学；1138. 湖南工业大学；1145. 昆山科技大学；1150. 朝阳科技大学；1155. 西华大学；1161. 东北电力大学；1166. 华中师范大学

4. 工程学学科影响力排名分析

从高被引论文数来看，排在前10位的大学中，中国（包含港澳台）有6所，沙特阿拉伯有1所，伊朗有1所，马来西亚有1所，新加坡有1所。高被引论文数最高的是中国的哈尔滨工业大学。有100篇以上高被引论文的大学有35所，它们分别是哈尔滨工业大学（中国）、清华大学（中国）、阿卜杜勒阿齐兹国王大学（沙特阿拉伯）、华中科技大学（中国）、伊斯兰阿扎德大学（伊朗）、中南大学（中国）、马来亚大学（马来西亚）、东南大学（中国）、南洋理工大学（新加坡）、浙江大学（中国）、湖南大学（中国）、西安交通大学（中国）、上海交通大学（中国）、香港理工大学（中国香港）、新加坡国立大学（新加坡）、北京理工大学（中国）、香港城市大学（中国香港）、电子科技大学（中国）、麻省理工学院（美国）、奥尔堡大学（丹麦）、加州大学伯克利分校（美国）、西北工业大学（中国）、北京航空航天大学（中国）、华南理工大学（中国）、重庆大学（中国）、大连理工大学（中国）、中国科学技术大学（中国）、同济大学（中国）、中国科学院大学（中国）、中国石油大学（中国）、天津大学（中国）、斯坦福大学（美国）、华北电力大学（中国）、新南威尔斯大学悉尼分校（澳大利亚）、悉尼科技大学（澳大利亚）；有50篇以上100篇以下的大学有77所；有10篇以上50篇以下的大学有480所；有1篇以上10篇以下的大学有560所；有18所大学的高被引论文数为0篇。中国（包含港澳台）进入ESI工程学学科排名的所有大学中有47所进入排名前100位。这47所大学的高被引论文数均在50篇以上。其他进入ESI工程学学科高被引论文数排名的中国（包含港澳台）大学如表3-83所示。

表3-83 工程学学科高被引论文数排名（前10位与中国大学）

高被引论文数排名	机构名称	国家/地区	高被引论文数排名	机构名称	国家/地区
1	哈尔滨工业大学	中国	6	中南大学	中国
2	清华大学	中国	7	马来亚大学	马来西亚
3	阿卜杜勒阿齐兹国王大学	沙特阿拉伯	8	东南大学	中国
4	华中科技大学	中国	9	南洋理工大学	新加坡
5	伊斯兰阿扎德大学	伊朗	10	浙江大学	中国
其他中国机构：10. 湖南大学；12. 西安交通大学；12. 上海交通大学；14. 香港理工大学；16. 北京理工大学；17. 香港城市大学；18. 电子科技大学；22. 西北工业大学；23. 北京航空航天大学；24. 华南理工大学；25. 重庆大学；26. 大连理工大学；27. 中国科学技术大学；28. 同济大学；29. 中国科学院大学；30. 中国石油大学；31. 天津大学；32. 华北电力大学；37. 北京大学；41. 江苏大学；43. 中国东北大学；46. 广东工业大学；48. 武汉大学；51. 西安电子科技大学；53. 中国矿业大学；54. 南京航空航天大学；57. 香港大学；61. 四川大学；62. 南京理工					

续表

大学；64. 山东科技大学；65. 北京科技大学；66. 渤海大学；76. 南京大学；86. 西南交通大学；86. 上海大学；93. 山东大学；93. 北京交通大学；93. 哈尔滨工程大学；93. 中山大学；98. 江南大学；98. 苏州大学；102. 香港中文大学；103. 香港科技大学；103. 合肥工业大学；103. 中国地质大学；108. 辽宁工业大学；124. 华东理工大学；124. 北京化工大学；126. 大连海事大学；137. 武汉理工大学；137. 厦门大学；140. 东华大学；140. 西南石油大学；145. 台湾成功大学；145. 深圳大学；149. 国防科技大学；149. 浙江工业大学；149. 西南大学；163. 广州大学；165. 吉林大学；165. 北京工业大学；165. 青岛科技大学；165. 上海理工大学；173. 南开大学；179. 南京邮电大学；179. 郑州大学；196. 复旦大学；196. 澳门大学；204. 河海大学；204. 长安大学；214. 中国海洋大学；214. 扬州大学；223. 青岛大学；223. 北京师范大学；227. 北京邮电大学；227. 曲阜师范大学；227. 南京信息工程大学；241. 安徽工业大学；241. 西北农林科技大学；250. 兰州大学；250. 南京师范大学；250. 昆明理工大学；250. 长沙理工大学；262. 杭州电子科技大学；270. 暨南大学；270. 山东师范大学；270. 澳门科技大学；289. 台湾交通大学；289. 华东师范大学；289. 西安建筑科技大学；289. 湘潭大学；289. 济南大学；308. 台湾大学；308. 江苏科技大学；308. 重庆邮电大学；308. 湖南科技大学；321. 南昌大学；321. 湖北工业大学；321. 南昌理工大学；321. 东北财经大学；346. 台湾大学；346. 福州大学；346. 西南科技大学；346. 华侨大学；361. 广西大学；361. 燕山大学；361. 浙江师范大学；361. 浙江农林大学；361. 聊城大学；378. 浙江农林大学；378. 安徽大学；378. 华南师范大学；378. 兰州理工大学；398. 台北科技大学；398. 宁波大学；398. 浙江工业大学；398. 重庆工商大学；398. 武汉工程大学；398. 南京农业大学；398. 河南理工大学；398. 绍兴文理学院；398. 鲁东大学；398. 河南大学；426. 太原理工大学；426. 东北石油大学；446. 台湾中山大学；446. 天津工业大学；446. 浙江理工大学；446. 青岛理工大学；475. 中国人民解放军理工大学；475. 南方科技大学；475. 江西财经大学；499. 西安理工大学；499. 山东财经大学；499. 香港浸会大学；499. 常州大学；499. 三峡大学；499. 宁波诺丁汉大学；499. 福建师范大学；545. 台湾清华大学；545. 逢甲大学；545. 中国农业大学；545. 天津理工大学；545. 陕西师范大学；545. 武汉科技大学；545. 桂林电子科技大学；545. 山西大学；545. 上海工程技术大学；545. 江苏师范大学；545. 河南师范大学；593. 上海电力大学；593. 兰州交通大学；593. 温州大学；593. 中国人民大学；593. 河南工业大学；593. 华中师范大学；593. 西华师范大学；633. 东北电力大学；633. 台湾中正大学；633. 中北大学；633. 齐鲁工业大学；633. 浙江工商大学；633. 华中农业大学；633. 中南民族大学；633. 湖南工业大学；691. 南通大学；691. 河北工业大学；691. 中国计量大学；691. 西北大学；691. 北京林业大学；691. 台南大学；691. 东北师范大学；691. 东北林业大学；754. 台湾中原大学；754. 台湾中兴大学；754. 华东交通大学；754. 浙江财经大学；754. 杭州师范大学；807. 长庚大学；807. 哈尔滨理工大学；807. 新疆大学；807. 重庆交通大学；807. 山东建筑大学；807. 北方工业大学；807. 华南农业大学；807. 上海师范大学；807. 河北大学；807. 闽江学院；879. 大智大学；879. 河南科技大学；879. 中国人民解放军海军工程大学；879. 西华大学；879. 宜兰大学；879. 黑龙江大学；879. 高雄科技大学；"台湾中央大学"；944. 中国人民解放军空军工程大学；944. 山东理工大学；944. 明志科技大学；944. 沈阳航空航天大学；944. 北京建筑大学；944. 高雄大学；1027. 云林大学；1027. 淡江大学；1027. 朝阳科技大学；1027. 虎尾科技大学；1027. 义守大学；1027. 屏东科技大学；1027. 正修科技大学；1097. 台湾海洋大学；1097. 高雄应用科技大学；1097. 台湾师范大学；1097. 勤益科技大学；1097. 台湾联合大学；1097. 昆山科技大学；1153. 彰化师范大学；1153. 中华大学；1153. 南开科技大学

5. 工程学学科师资力量排名分析

从高被引科学家数来看，哈尔滨工业大学（中国）、奥尔堡大学（丹麦）有8位高被引科学家；东南大学（中国）有6位高被引科学家；阿卜杜勒阿齐兹国王大学（沙特阿拉伯）和法赫德国王石油矿产大学（沙特阿拉伯）有5位高被引科学家；有4位高被引科学家的大学有4所；有3位高被引科学家的大学有9所；有2位高被引科学家的大学有17所；有1位高被引科学家的大学有56所；其他1078所大学高被引科学家数均为0。中国（包含港澳台）进入ESI工程学学科高被引科学家数排名的大学中有18所在2人及以上，它们是哈尔滨工业大学、东南大学、北京航空航天大学、广东工业大学、浙江大学、香港理工大学、北京理工大学、中南大学、香港城市大学、辽宁工业大学、西安交通大学、同济大学、电子科技大学、重庆大学、西北工业大学、北京大学、中国东北大学、香港大学；有1位高被引科学家的大学有13所，如表3-84所示。

表3-84 工程学学科高被引科学家数排名（前10位与中国大学）

高被引科学家数排名	机构名称	国家/地区	高被引科学家数排名	机构名称	国家/地区
1	哈尔滨工业大学	中国	6	北京航空航天大学	中国
1	奥尔堡大学	丹麦	6	悉尼科技大学	澳大利亚
3	东南大学	中国	6	广东工业大学	中国
4	阿卜杜勒阿齐兹国王大学	沙特阿拉伯	6	斯文本科技大学	澳大利亚
4	法赫德国王石油矿产大学	沙特阿拉伯	10	浙江大学	中国
其他中国机构：10. 香港理工大学；10. 北京理工大学；10. 中南大学；10. 香港城市大学；10. 辽宁工业大学；19. 西安交通大学；19. 同济大学；19. 电子科技大学；19. 重庆大学；19. 西北工业大学；19. 北京大学；19. 中国东北大学；19. 香港大学；36. 清华大学；36. 上海交通大学；36. 华中科技大学；36. 大连理工大学；36. 华南理工大学；36. 南京理工大学；36. 四川大学；36. 台湾成功大学；36. 北京科技大学；36. 合肥工业大学；36. 北京化工大学；36. 东华大学；36. 安徽工业大学					

（八）环境科学与生态学

进入ESI环境科学与生态学学科排名高校共有716所。这些高校分别隶属于美国、中国、英国、德国、法国、西班牙、加拿大、澳大利亚、意大利、巴西、荷兰、瑞士等 53 个国家或地区。这些高校的国家或地区分布情况如图 3-8 所示。

从图 3-8 可以看出，美国进入 ESI 环境科学与生态学学科排名的高校数量位居第 1 位，遥遥领先于其他国家或地区。中国大陆（内地）有 57 所高校，包括中国科学院大学、清华大学、北京大学、浙江大学、北京师范大学、南京大学、哈尔滨工业大学、湖南大学、同济大学、中山大学、华东师范大学、西北农林科技大学、中国农业大学、上海交通大学、南京农业大学、复旦大学、河海大学、华北电力大学、南开大学、长安大学、暨南大学、东南大学、中南大学、武汉大学、中国地质大学、华中科技大学、中国海洋大学、重庆大学、山东大学、中国矿业大学、南京信息工程大学、四川大学、东北农业大学、兰州大学、上海大学、华中农业大学、北京林业大学、西安建筑科技大学、中国科学技术大学、厦门大学、大连理工大学、

图 3-8 进入 ESI 环境科学与生态学领域排名的大学的国家或地区分布

天津大学、广东工业大学、吉林大学、浙江工业大学、华南理工大学、华东理工大学、南京师范大学、浙江农林大学、东北师范大学、苏州大学、湖南农业大学、北京工业大学、北京科技大学、西安交通大学、华南农业大学、西南大学；中国香港有 7 所，包括香港大学、香港理工大学、香港科技大学、香港城市大学、香港教育大学、香港中文大学、香港浸会大学；中国台湾有 6 所，分别是台湾大学、台湾成功大学、台湾中兴大学、台湾中山大学、台湾清华大学、台湾中国医药大学。由此可见，中国在环境科学与生态学领域仍存在很大的发展空间。

1. 环境科学与生态学学科竞争力综合排名分析

从综合排名来看，位居环境科学与生态学学科综合排名前 10 位的高校分别是瓦格宁根大学（荷兰）、加州大学伯克利分校（美国）、苏黎世联邦理工学院（瑞士）、昆士兰大学（澳大利亚）、中国科学院大学（中国）、加州大学戴维斯分校（美国）、牛津大学（英国）、明尼苏达大学双城分校（美国）、华盛顿大学（美国）、斯坦福大学（美国），分布在荷兰、美国、瑞士、澳大利亚、中国、英国 6 个国家，其中美国占了 5 所。排名前 100 位的高校中的中国大陆（内地）大学共有 9 所，即中国科学院大学、清华大学、北京大学、浙江大学、北京师范大学、南京大学、哈尔滨工业大学、湖南大学、同济大学。其他进入 ESI 环境科学与生态学学科综合排名的中国（包含港澳台）高校如表 3-85 所示。

表 3-85 环境科学与生态学学科综合排名（前 10 位与中国大学）

综合排名	机构名称	星级	档次	国家/地区	综合排名	机构名称	星级	档次	国家/地区
1	瓦格宁根大学	5★+	顶尖	荷兰	6	加州大学戴维斯分校	5★+	顶尖	美国
2	加州大学伯克利分校	5★+	顶尖	美国	7	牛津大学	5★+	顶尖	英国
3	苏黎世联邦理工学院	5★+	顶尖	瑞士	8	明尼苏达大学双城分校	5★	著名	美国
4	昆士兰大学	5★+	顶尖	澳大利亚	9	华盛顿大学	5★	著名	美国
5	中国科学院大学	5★+	顶尖	中国	10	斯坦福大学	5★	著名	美国

其他中国机构：16. 清华大学；21. 北京大学；39. 浙江大学；46. 北京师范大学；52. 南京大学；76. 哈尔滨工业大学；86. 湖南大学；90. 同济大学；105. 中山大学；112. 香港大学；128. 华东师范大学；148. 香港理工大学；152. 西北农林科技大学；155. 中国农业大学；160. 上海交通大学；161. 南京农业大学；172. 复旦大学；175. 河海大学；176. 华北电力大学；181. 南开大学；182. 长安大学；185. 暨南大学；189. 东南大学；192. 中南大学；204. 香港科技大学；211. 武汉大学；227. 中国地质大学；228. 华中科技大学；232. 中国海洋大学；246. 中国海洋大学；248. 重庆大学；252. 山东大学；271. 中国矿业大学；273. 南京信息工程大学；280. 四川大学；315. 东北农业大学；315. 兰州大学；324. 上海大学；334. 华中农业大学；334. 北京林业大学；341. 香港城市大学；343. 西安建筑科技大学；370. 中国科学技术大学；371. 厦门大学；375. 大连理工大学；376. 天津大学；388. 广东工业大学；411. 吉林大学；415. 浙江工业大学；444. 华南理工大学；467. 台湾成功大学；475. 香港教育大学；481. 华东理工大学；482. 香港中文大学；502. 南京师范大学；507. 香港浸会大学；525. 浙江农林大学；531. 东北师范大学；534. 苏州大学；540. 湖南农业大学；569. 北京工业大学；584. 北京科技大学；585. 西安交通大学；588. 华南农业大学；611. 西南大学；621. 台湾中兴大学；663. 台湾中山大学；679. 台湾清华大学；703. 台湾中国医药大学

2. 环境科学与生态学学科科研能力排名分析

从发文量来看，超过3000篇的有21所，分别是中国科学院大学（中国）、北卡罗来纳大学（美国）、瓦格宁根大学（荷兰）、昆士兰大学（澳大利亚）、加州大学戴维斯分校（美国）、佛罗里达大学（美国）、加州大学伯克利分校（美国）、圣保罗大学（巴西）、清华大学（中国）、北京师范大学（中国）、墨西哥国立自治大学（墨西哥）、瑞典农业科学大学（瑞典）、苏黎世联邦理工学院（瑞士）、英属哥伦比亚大学（加拿大）、奥尔胡斯大学（丹麦）、北京大学（中国）、伦敦大学（英国）、华盛顿大学（美国）、浙江大学（中国）、南京大学（中国）、西雅图华盛顿大学（美国），其中中国科学院大学的发文量位居第1位，远远高于位居第2位的北卡罗来纳大学（美国）。超过2000篇但少于3000篇的有43所，超过1500篇但少于2000篇的有50所，超过1000篇但少于1500篇的有99所，超过500篇但少于1000篇的有282所，不到500篇的有221所。

中国（包含港澳台）居前100位的高校有16所，除中国科学院大学外，还有清华大学、北京师范大学、北京大学、浙江大学、南京大学、同济大学、河海大学、中山大学、中国地质大学、西北农林科技大学、中国农业大学、哈尔滨工业大学、台湾大学、武汉大学、中国海洋大学。在中国（包含港澳台）的高校中，中国科学院大学、清华大学、北京师范大学、北京大学、浙江大学、南京大学、同济大学、河海大学、中山大学、中国地质大学、西北农林科技大学、中国农业大学、哈尔滨工业大学、台湾大学、武汉大学、中国海洋大学发文量在1500篇以上，其他机构发文量都在1500篇以下。其他进入ESI环境科学与生态学学科发文量排名的中国（包含港澳台）高校如表3-86所示。

表3-86 环境科学与生态学学科发文量排名（前10位与中国大学）

发文量排名	机构名称	国家/地区	发文量排名	机构名称	国家/地区
1	中国科学院大学	中国	6	佛罗里达大学	美国
2	北卡罗来纳大学	美国	7	加州大学伯克利分校	美国
3	瓦格宁根大学	荷兰	8	圣保罗大学	巴西
4	昆士兰大学	澳大利亚	9	清华大学	中国
5	加州大学戴维斯分校	美国	10	北京师范大学	中国

其他中国机构：16. 北京大学；19. 浙江大学；20. 南京大学；40. 同济大学；50. 河海大学；60. 中山大学；61. 中国地质大学；70. 西北农林科技大学；78. 中国农业大学；85. 哈尔滨工业大学；86. 台湾大学；94. 武汉大学；98. 中国海洋大学；118. 香港大学；137. 上海交通大学；138. 复旦大学；139. 北京林业大学；147. 山东大学；148. 南京农业大学；150. 中国矿业大学；155. 兰州大学；160. 南开大学；161. 华东师范大学；171. 厦门大学；174. 四川大学；185. 天津大学；187. 南京信息工程大学；197. 华中农业大学；199. 暨南大学；202. 华中科技大学；205. 大连理工大学；227. 华北电力大学；230. 华南理工大学；240. 香港理工大学；242. 重庆大学；249. 香港城市大学；257. 吉林大学；276. 台湾成功大学；278. 东南大学；302. 中南大学；318. 中国科学技术大学；319. 香港科技大学；323. 湖南大学；323. 南京师范大学；358. 浙江工业大学；385. 华南农业大学；402. 西南大学；403. 长安大学；419. 西安交通大学；421. 东北师范大学；429. 香港中文大学；434. 北京科技大学；464. 上海大学；471. 香港浸会大学；486. 西安建筑科技大学；506. 台湾中国医药大学；516. 北京工业大学；518. 东北农业大学；531. 华东理工大学；548. 台湾中兴大学；555. 广东工业大学；557. 台湾中山大学；608. 浙江农林大学；611. 湖南农业大学；628. 苏州大学；656. 香港教育大学；709. 台湾清华大学

3. 环境科学与生态学学科科研影响力排名分析

总被引次数最高的是加州大学伯克利分校，达到13 3570次；总被引次数在50 000次以上的有52所，它们是：加州大学伯克利分校（美国）、瓦格宁根大学（荷兰）、加州大学戴维斯分校（美国）、苏黎世联邦理工学院（瑞士）、昆士兰大学（澳大利亚）、中国科学院大学（中国）、北卡罗来纳大学（美国）、英属哥伦比亚大学（加拿大）、斯坦福大学（美国）、佛罗里达大学（美国）、瑞典农业科学大学（瑞典）、明尼苏达大学双城分校（美国）、牛津大学（英国）、华盛顿大学（美国）、哈佛大学（美国）、西雅图华盛顿大学（美国）、威斯康星大学麦迪逊分校（美国）、斯德哥尔摩大学（瑞典）、杜克大学（美国）、詹姆斯库克大学（澳大利亚）、奥尔胡斯大学（丹麦）、伦敦帝国学院（英国）、伦敦大学（英国）、哥本哈根大学（丹麦）、俄勒冈州立大学（美国）、加州大学圣塔芭芭拉分校（美国）、耶鲁大学（美国）、科罗拉多大学博尔德分校（美国）、埃克塞特大学（英国）、乌得勒支大学（荷兰）、索邦大学（法国）、马里兰大学帕克分校（美国）、科罗拉多州立大学（美国）、密歇根州立大学（美国）、康奈尔大学（美国）、北京大学（中国）、密歇根大学（美国）、麦吉尔大学（加拿大）、墨尔本大学（澳大利亚）、新南威尔斯大学悉尼分校（澳大利亚）、清华大学（中国）、亚利桑那大学（美国）、剑桥大学（英国）、赫尔辛基大学（芬兰）、亚利桑那州立大学（美国）、多伦多大学（加拿大）、西澳大学（澳大利亚）、加州大学洛杉矶分校（美国）、哥伦比亚大学（美国）、伯尔尼大学（瑞士）、利兹大学（英国）、魁北克大学(加拿大)；总被引次数超过30 000次少于40 000次的有48所；总被引次数超过20 000次少于30 000次的有74所；总被引次数超过10 000次少于20 000次的有209所；总被引次数在10 000次以下的有310所；进入排名的所有高校的总被引次数均在4388次以上。

进入ESI环境科学与生态学学科总被引次数排名的中国（包含港澳台）高校共有70所，除中国科学院大学、北京大学、清华大学、北京师范大学、浙江大学、南京大学、同济大学、香港大学、哈尔滨工业大学、中山大学、中国农业大学、南开大学、台湾大学、复旦大学、西北农林科技大学、南京农业大学、中国地质大学、上海交通大学、中国海洋大学、河海大学、湖南大学、香港科技大学、华东师范大学、香港理工大学、香港城市大学、武汉大学、山东大学、厦门大学、兰州大学、大连理工大学、中国科学技术大学、北京林业大学、华北电力大学、华中科技大学、华中农业大学外，其他高校的总被引次数均在10 000次以下，具体总被引次数排名如表3-87所示。

表3-87 环境科学与生态学学科总被引次数排名（前10位与中国大学）

总被引次数排名	机构名称	国家/地区	总被引次数排名	机构名称	国家/地区
1	加州大学伯克利分校	美国	6	中国科学院大学	中国
2	瓦格宁根大学	荷兰	7	北卡罗来纳大学	美国
3	加州大学戴维斯分校	美国	8	英属哥伦比亚大学	加拿大
4	苏黎世联邦理工学院	瑞士	9	斯坦福大学	美国
5	昆士兰大学	澳大利亚	10	佛罗里达大学	美国

其他中国机构：36. 北京大学；41. 清华大学；53. 北京师范大学；62. 浙江大学；63. 南京大学；107. 同济大学；130. 香港大学；140. 哈尔滨工业大学；142. 中山大学；172. 中国农业大学；173. 南开大学；184. 台湾大学；202. 复旦大学；203. 西北农林科技大学；214. 南京农业大学；215. 中国地质大学；217. 上海交通大学；222. 中国海洋大学；233. 河海大学；240. 湖南大学；244. 香港科技大学；256. 华东师范大学；267. 香港理工大学；279. 香港城市大学；310. 武汉大学；314. 山东大学；322. 厦门大学；323. 兰州大学；342. 大连理工大学；345. 中国科学技术大学；351. 北京林业大学；386. 华北电力大学；401. 华中科技大学；405. 华中农业大学；407. 暨南大学；409. 台湾成功大学；411. 南京信息工程大学；417. 中南大学；425. 香港浸会大学；430. 华南理工大学；449. 香港中文大学；457. 天津大学；460. 中国矿业大学；466. 浙江工业大学；496. 重庆大学；517. 四川大学；531. 广东工业大学；544. 南京师范大学；550. 上海大学；584. 浙江农林大学；590. 东北师范大学；604. 北京工业大学；620. 东南大学；622. 台湾清华大学；627. 吉林大学；642. 西安交通大学；648. 长安大学；663. 东北农业大学；664. 北京科技大学；666. 西安建筑科技大学；669. 台湾中兴大学；676. 苏州大学；678. 华东理工大学；681. 西南大学；692. 湖南农业大学；694. 台湾中山大学；698. 华南农业大学；706. 台湾中国医药大学；710. 香港教育大学

4. 环境科学与生态学学科影响力排名分析

从高被引论文数来看，排在前10位的高校中有4个隶属于美国。高被引论文数最多的是荷兰的瓦格宁根大学，达到201篇；其次是加州大学伯克利分校（美国）、苏黎世联邦理工学院（瑞士）、昆士兰大学（澳大利亚）、牛津大学（英国）、明尼苏达大学双城分校（美国）、斯坦福大学（美国）、英属哥伦比亚大学（加拿大）、埃克塞特大学（英国）、华盛顿大学（美国）、西雅图华盛顿大学（美国）、伦敦大学（英国）、哈佛大学（美国）、加州大学戴维斯分校（美国）、瑞典农业科学大学（瑞典）、佛罗里达大学（美国）、杜克大学（美国）、伦敦帝国学院（英国）、詹姆斯库克大学（澳大利亚）、耶鲁大学（美国）、加州大学圣塔芭芭拉分校（美国）、北卡罗来纳大学（美国）、科罗拉多大学博尔德分校（美国）、哥本哈根大学（丹麦）、清华大学（中国）、斯德哥尔摩大学（瑞典），高被引论文数均在100篇以上；高被引论文数高篇数段集中在70~100篇，共有25所高校；在50篇以上70篇以下的高校有41所；高被引论文数在30篇以上50篇以下的高校有90所；高被引论文数在20篇以上30篇以下的高校有88所；高被引论文数在10篇以上20篇以下的高校有208所；高被引论文数在10篇以下的高校有235所，其中高被引论文数为 0 篇的高校有 3 所，相较 2019 年的 1 所，0 篇大学个数有所上升。在中国（包含港澳台）的高校中，清华大学的高被引论文数为 101 篇，位居中国第 1 位，其次是中国科学院大学、北京大学，分别为 84 篇和 79 篇。其他进入 ESI 环境科学与生态学学科高被引论文数排名的中国（包含港澳台）高校如表 3-88 所示。

表 3-88　环境科学与生态学学科高被引论文数排名（前 10 位与中国大学）

高被引论文数排名	机构名称	国家/地区	高被引论文数排名	机构名称	国家/地区
1	瓦格宁根大学	荷兰	6	明尼苏达大学双城分校	美国
2	加州大学伯克利分校	美国	7	斯坦福大学	美国
3	苏黎世联邦理工学院	瑞士	8	英属哥伦比亚大学	加拿大
4	昆士兰大学	澳大利亚	9	埃克塞特大学	英国
5	牛津大学	英国	10	华盛顿大学	美国
其他中国机构：25. 清华大学；34. 中国科学院大学；39. 北京大学；42. 湖南大学；73. 浙江大学；83. 北京师范大学；101. 香港理工大学；107. 南京大学；122. 香港大学；126. 华北电力大学；131. 哈尔滨工业大学；131. 华东师范大学；136. 中南大学；138. 中山大学；162. 上海交通大学；168. 同济大学；175. 长安大学；212. 西北农林科技大学；228. 复旦大学；239. 南京农业大学；259. 东北农业大学；271. 中国农业大学；271. 南开大学；271. 重庆大学；271. 苏州大学；286. 暨南大学；286. 香港科技大学；286. 中国海洋大学；286. 浙江工业大学；286. 湖南农业大学；295. 华中科技大学；295. 天津大学；295. 浙江农林大学；317. 中国地质大学；317. 中国科学技术大学；338. 台湾大学；353. 西安建筑科技大学；353. 广东工业大学；373. 东南大学；373. 武汉大学；373. 中国矿业大学；373. 兰州大学；373. 香港城市大学；395. 河海大学；395. 南京信息工程大学；395. 上海大学；426. 北京林业大学；426. 大连理工大学；426. 香港教育大学；426. 香港中文大学；452. 东北师范大学；479. 山东大学；479. 南京师范大学；479. 北京工业大学；505. 四川大学；505. 厦门大学；505. 华南理工大学；505. 香港浸会大学；534. 北京科技大学；534. 台湾清华大学；576. 台湾成功大学；576. 华东理工大学；576. 西安交通大学；576. 华南农业大学；576. 台湾中兴大学；640. 华中农业大学；640. 吉林大学；640. 西南大学；640. 台湾中山大学；705. 台湾中国医药大学					

5. 环境科学与生态学学科师资力量排名分析

从高被引科学家数来看，排在前 10 位的高校中有 11 个隶属于美国，4 个隶属于澳大利亚，4 个隶属于英国，3 个分别隶属于比利时、荷兰和加拿大。高被引科学家数最多的是荷兰的瓦格宁根大学、澳大利亚的昆士兰大学、美国的明尼苏达大学双城分校，均为 4 人；其次是斯坦福大学（美国）、英属哥伦比亚大学（加拿大）、埃克塞特大学（英国）、剑桥大学（英国）、耶鲁大学（美国）、杜克大学（美国），高被引科学家数均为 3 人；高被引科学家数为 2 人的高校有 13 所；高被引科学家数为 1 人的高校有 66 所；高被引科学家数为 0 人的高校有 628 所。在中国（包含港澳台）的高校中，北京大学、浙江大学、哈尔滨工业大学、香港大学的高被引科学家数为 1 人，位居中国第 1 位，其他高校的高被引科学家数均为 0 人，如表 3-89 所示。

表 3-89　环境科学与生态学学科高被引科学家数排名（前 10 位与中国大学）

高被引科学家数排名	机构名称	国家/地区	高被引科学家数排名	机构名称	国家/地区
1	瓦格宁根大学	荷兰	10	佛罗里达大学	美国
1	昆士兰大学	澳大利亚	10	詹姆斯库克大学	澳大利亚
1	明尼苏达大学双城分校	美国	10	加州大学圣塔芭芭拉分校	美国
4	斯坦福大学	美国	10	墨尔本大学	澳大利亚
4	英属哥伦比亚大学	加拿大	10	澳大利亚国立大学	澳大利亚
4	埃克塞特大学	英国	10	密歇根大学	美国
4	剑桥大学	英国	10	加州大学尔湾分校	美国
4	耶鲁大学	美国	10	亚利桑那州立大学	美国
4	杜克大学	美国	10	安特卫普大学	比利时
10	加州大学伯克利分校	美国	10	北亚利桑那大学	美国
10	牛津大学	英国	10	瑟赛克斯大学	英国
其他中国机构：23. 北京大学；23. 浙江大学；23. 哈尔滨工业大学；23. 香港大学					

从高被引科学家数这项指标可以看出，位居前 10 名的大学所在国家分布较为分散，但相对来说还是美国的高校较多。总的来说，所有指标排名前 10 位的高校中隶属于美国的高校都有较大比重。在综合排名中，美国有 5 所高校排名前 10 位，美国在环境科学与生态学领域占有绝对领先的地位。同时也可看出，中国高校在各指标中的排名均靠后，表明中国的高校在环境科学与生态学学科领域力量较弱，仅有中国科学院大学、北京大学、清华大学、浙江大学、北京师范大学五所大学跻身前 50 名，中国（包含港澳台）大学仅有一所大学进入前 10 的现象需引起重视，应以美国等国际上先进的高校为标杆，吸取经验，加快发展。

（九）地球科学

进入 ESI 地球科学学科排名的高校共有 448 所。从图 3-9 的国家或地区分布来看，这些高校分布在美国、法国、英国、中国、德国、加拿大、意大利、澳大利亚、西班牙、日本、荷兰等 42 个国家或地区。其中，美国拥有全球数量最多的从事地球科学研究的高校，共计 117 所，约占全球高校总数的 26.1%。中国大陆（内地）有 31 所进入排名，中国香港有 5 所，中国台湾有 3 所。

1. 地球科学学科竞争力综合排名分析

通过对多个指标进行综合统计排名，位居前 10 位的高校有 5 所均分布在美国，2 所在法国，1 所在瑞士，2 所在中国。它们依次是科罗拉多大学博尔德分校（美国）、加州理工学院（美国）、中国地质大学（中国）、苏黎世联邦理工学院（瑞士）、索邦大学（法国）、华盛顿大学（美国）、中国科学院大学（中国）、凡尔赛大学（法国）、马里兰大学帕克分校（美国）、哥伦比亚大学（美国）。表 3-90 列出了 ESI 地球科学学科综合排名前 10 位的高校和该排名中的中国（包含港澳台）高校。

图 3-9 进入 ESI 地球科学领域排名的大学的国家或地区分布

表 3-90 地球科学学科综合排名（前 10 位与中国大学）

综合排名	机构名称	星级	档次	国家/地区	综合排名	机构名称	星级	档次	国家/地区
1	科罗拉多大学博尔德分校	5★+	顶尖	美国	6	华盛顿大学	5★	著名	美国
2	加州理工学院	5★+	顶尖	美国	7	中国科学院大学	5★	著名	中国
3	中国地质大学	5★+	顶尖	中国	8	凡尔赛大学	5★	著名	法国
4	苏黎世联邦理工学院	5★+	顶尖	瑞士	9	马里兰大学帕克分校	5★	著名	美国
5	索邦大学	5★	著名	法国	10	哥伦比亚大学	5★	著名	美国
其他中国机构：17. 北京大学；29. 南京大学；32. 北京师范大学；43. 南京信息工程大学；44. 清华大学；65. 武汉大学；71. 中国矿业大学；73. 中国海洋大学；75. 中国石油大学；78. 香港大学；85. 中山大学；91. 台湾大学；106. 中南大学；115. 西北大学；117. 山东科技大学；129. 兰州大学；136. 同济大学；141. 中国科学技术大学；158. 西安交通大学；184. 吉林大学；206. 华东师范大学；231. 香港中文大学；236. 浙江大学；251. 成都理工大学；254. 复旦大学；269. 南京师范大学；286. 河海大学；311. 山东大学；322. "台湾中央大学"；337. 香港城市大学；338. 长安大学；343. 香港理工大学；344. 合肥工业大学；349. 厦门大学；370. 香港科技大学；388. 西安电子科技大学；411. 台湾成功大学									

2. 地球科学学科的科研能力排名分析

从发文量排名来看，位居前 10 位的依次是中国科学院大学（中国）、中国地质大学（中国）、索邦大学（法国）、科罗拉多大学博尔德分校（美国）、加州理工学院（美国）、苏黎世联邦理工学院（瑞士）、东京大学（日本）、中国石油大学（中国）、华盛顿大学（美国）、北京大学（中国），其中 4 所来自中国，3 所来自美国，1 所来自法国，1 所来自日本，1 所来自瑞士。发文量最多的是中国科学院大学，为 11 152

篇。中国地质大学的发文量是 10 938 篇,法国的索邦大学发文量是 6463 篇。表 3-91 列出了 ESI 地球科学学科发文量排名前 10 位的高校和该排名中的中国(包含港澳台)高校。

表 3-91　地球科学学科发文量排名(前 10 位与中国大学)

发文量排名	机构名称	国家/地区	发文量排名	机构名称	国家/地区
1	中国科学院大学	中国	6	苏黎世联邦理工学院	瑞士
2	中国地质大学	中国	7	东京大学	日本
3	索邦大学	法国	8	中国石油大学	中国
4	科罗拉多大学博尔德分校	美国	9	华盛顿大学	美国
5	加州理工学院	美国	10	北京大学	中国
其他中国机构:12. 南京信息工程大学;13. 南京大学;14. 武汉大学;26. 北京师范大学;34. 中国海洋大学;39. 中国矿业大学;66. 吉林大学;73. 中山大学;74. 清华大学;80. 台湾大学;82. 中国科学技术大学;84. 同济大学;86. 兰州大学;101. 浙江大学;112. 中南大学;117. 成都理工大学;129. 河海大学;140. 西北大学;150. 香港大学;164. "台湾中央大学";176. 山东科技大学;200. 长安大学;240. 西安交通大学;241. 华东师范大学;244. 香港理工大学;253. 西安电子科技大学;279. 厦门大学;298. 复旦大学;302. 香港中文大学;306. 台湾成功大学;333. 南京师范大学;343. 合肥工业大学;347. 山东大学;376. 香港科技大学;399. 香港城市大学					

3. 地球科学学科科研影响力排名分析

从总被引次数来看,居前 10 位的 4 所是美国的高校,2 所是法国的高校,2 所是中国的高校,1 所是瑞士的高校,1 所是荷兰的高校。其中美国的科罗拉多大学博尔德分校的总被引次数最高,高达 17 3728 次,排在第 2 位的是美国的加州理工学院,总被引次数为 15 5946 次。中国地质大学排在第 4 位,总被引次数为 14 3829 次。表 3-92 列出了 ESI 地球科学学科总被引次数排名前 10 位的高校和该排名中的中国(包含港澳台)高校。

表 3-92　地球科学学科总被引次数排名(前 10 位与中国大学)

总被引次数排名	机构名称	国家/地区	总被引次数排名	机构名称	国家/地区
1	科罗拉多大学博尔德分校	美国	6	华盛顿大学	美国
2	加州理工学院	美国	7	哥伦比亚大学	美国
3	苏黎世联邦理工学院	瑞士	8	凡尔赛大学	法国
4	中国地质大学	中国	9	乌得勒支大学	荷兰
5	索邦大学	法国	10	中国科学院大学	中国
其他中国机构:18. 北京大学;37. 南京大学;53. 北京师范大学;66. 武汉大学;78. 南京信息工程大学;82. 清华大学;83. 香港大学;88. 中国石油大学;93. 台湾大学;103. 兰州大学;112. 中国矿业大学;115. 中国海洋大学;122. 西北大学;133. 中国科学技术大学;164. 西安交通大学;169. 吉林大学;170. 中山大学;183. 同济大学;235. 中南大学;264. 浙江大学;274. 香港理工大学;287. 华东师范大学;290. "台湾中央大学";295. 成都理工大学;298. 河海大学;306. 香港中文大学;330. 山东科技大学;331. 厦门大学;333. 复旦大学;370. 西安电子科技大学;375. 长安大学;376. 香港科技大学;377. 香港城市大学;390. 南京师范大学;398. 台湾成功大学;411. 山东大学;429. 合肥工业大学					

4. 地球科学学科影响力排名分析

从高被引论文数来看,排名第 1 位的是加州理工学院,有 277 篇高被引论文。位居前 10 位的高校有 5 所来自美国,2 所来自法国,1 所来自瑞士,1 所来自荷兰,1 所来自中国,按照排名次序依次是加州理工学院(美国)、科罗拉多大学博尔德分校(美国)、苏黎世联邦理工学院(瑞士)、华盛顿大学(美国)、哥伦比亚大学(美国)、凡尔赛大学(法国)、马里兰大学帕克分校(美国)、索邦大学(法国)、中国地质大学(中国)、乌得勒支大学(荷兰)。表 3-93 为进入 ESI 地球科学学科高被引论文数排名前 10 位高校与中国(包含港澳台)高校。

表 3-93　地球科学学科高被引论文数排名（前 10 位与中国大学）

高被引论文数排名	机构名称	国家/地区	高被引论文数排名	机构名称	国家/地区
1	加州理工学院	美国	6	凡尔赛大学	法国
2	科罗拉多大学博尔德分校	美国	7	马里兰大学帕克分校	美国
3	苏黎世联邦理工学院	瑞士	8	索邦大学	法国
3	华盛顿大学	美国	9	中国地质大学	中国
5	哥伦比亚大学	美国	10	乌得勒支大学	荷兰
其他中国机构：20. 北京大学；30. 中国科学院大学；37. 清华大学；42. 武汉大学；45. 北京师范大学；47. 中国石油大学；62. 南京信息工程大学；69. 南京大学；76. 山东科技大学；82. 中国矿业大学；84. 香港大学；105. 中山大学；105. 中国海洋大学；120. 兰州大学；130. 西北大学；141. 中国科学技术大学；158. 台湾大学；183. 西安交通大学；199. 南京师范大学；223. 华东师范大学；223. 成都理工大学；235. 香港中文大学；247. 复旦大学；262. 同济大学；262. 浙江大学；289. 吉林大学；289. 香港科技大学；304. 河海大学；304. 长安大学；314. 厦门大学；345. 山东大学；386. 香港城市大学；406. "台湾中央大学"；406. 香港理工大学；418. 合肥工业大学；430. 西安电子科技大学；430. 台湾成功大学					

5. 地球科学学科师资力量排名分析

从高被引科学家数来看，高被引科学家数最多的是 5 人，有 2 所大学，即美国的加州理工学院和芬兰的赫尔辛基大学；其次 4 所高校的高被引科学家数为 3 人，12 所高校的高被引科学家数为 2 人，44 所高校的高被引科学家数是 1 人，其他 386 所高校均没有高被引科学家。表 3-94 为进入 ESI 地球科学学科的高被引科学家排名前 7 位的高校与高被引科学家数大于 0 人的中国（包含港澳台）高校。

表 3-94　地球科学学科高被引科学家数排名（前 7 位与中国大学）

高被引科学家数排名	机构名称	国家/地区	高被引科学家数排名	机构名称	国家/地区
1	加州理工学院	美国	7	哥伦比亚大学	美国
1	赫尔辛基大学	芬兰	7	乌得勒支大学	荷兰
3	普林斯顿大学	美国	7	哈佛大学	美国
3	加州大学尔湾分校	美国	7	雷丁大学	英国
3	利兹大学	英国	7	埃克塞特大学	英国
3	清华大学	中国	7	佐治亚理工学院	美国
7	科罗拉多大学博尔德分校	美国	7	香港大学	中国香港
7	苏黎世联邦理工学院	瑞士	7	科廷大学	澳大利亚
7	索邦大学	法国	7	波士顿大学	美国
其他中国机构：19. 中国地质大学；19. 北京大学；19. 北京师范大学；19. 武汉大学；19. 中国矿业大学；19. 西安交通大学					

（十）免疫学

进入 ESI 免疫学学科排名的高校共有 414 所。从图 3-10 的国家或地区分布来看，这些高校分布在美国、德国、英国、法国、中国、意大利、日本、澳大利亚、加拿大、荷兰等 53 个国家或地区。其中，美国拥有全球数量最多的从事免疫学研究的高校，共计 107 所，约占全球高校总数的 25.85%。中国大陆（内地）有 25 所进入排名。

1. 免疫学学科竞争力综合排名分析

通过对多个指标进行综合统计排名，位居前 10 位的高校有 6 所分布在美国，3 所在英国，1 所在澳大利亚。它们依次是哈佛大学（美国）、约翰·霍普金斯大学（美国）、加州大学旧金山分校（美国）、宾夕法尼亚大学（美国）、牛津大学（英国）、华盛顿大学（美国）、伦敦帝国学院（英国）、伦

图 3-10　进入 ESI 免疫学学科排名的大学的国家或地区分布

敦大学学院（英国）、圣路易斯华盛顿大学（美国）、墨尔本大学（澳大利亚）。表 3-95 列出了 ESI 免疫学学科综合排名前 10 位的高校和该排名中的中国（包含港澳台）高校。

表 3-95　免疫学学科综合排名（前 10 位与中国大学）

综合排名	机构名称	名次所居比例/%	档次	国家/地区	综合排名	机构名称	名次所居比例/%	档次	国家/地区
1	哈佛大学	5★+	顶尖	美国	6	华盛顿大学	5★	著名	美国
2	约翰·霍普金斯大学	5★+	顶尖	美国	7	伦敦帝国学院	5★	著名	英国
3	加州大学旧金山分校	5★+	顶尖	美国	8	伦敦大学学院	5★	著名	英国
4	宾夕法尼亚大学	5★+	顶尖	美国	9	圣路易斯华盛顿大学	5★	著名	美国
5	牛津大学	5★	著名	英国	10	墨尔本大学	5★	著名	澳大利亚
其他中国机构：116. 上海交通大学；119. 复旦大学；121. 中国医学科学院-北京协和医学院；127. 香港大学；147. 北京大学；175. 浙江大学；183. 中山大学；195. 台湾大学；203. 首都医科大学；213. 清华大学；229. 四川大学；235. 武汉大学；257. 华中科技大学；305. 中南大学；306. 海军军医大学；309. 长庚大学；326. 南京医科大学；327. 香港中文大学；331. 中国科学院大学；333. 陆军军医大学；335. 吉林大学；342. 台湾阳明大学；345. 安徽医科大学；348. 山东大学；349. 重庆医科大学；351. 苏州大学；375. 中国科学技术大学；382. 南京大学；387. 天津医科大学；390. 台湾中国医药大学；413. 同济大学；414. 台湾成功大学									

2. 免疫学学科的科研能力排名分析

从发文量排名来看，位居前 10 位的依次是哈佛大学（美国）、约翰·霍普金斯大学（美国）、伦敦帝国学院（英国）、华盛顿大学（美国）、加州大学旧金山分校（美国）、牛津大学（英国）、伦敦大学学院（英国）、卡罗林斯卡医学院（瑞典）、伦敦卫生与热带医学学院（英国）、巴黎第七大学（法国），其中美国的高校有 4 所，4 所来自英国，1 所来自瑞典，1 所来自法国。发文量最多的是哈佛大学，为 8980 篇，排名第 10 位的巴黎第七大学发文量为 3285 篇。表 3-96 列出了 ESI 免疫学学科发文量排名前 10 位的高校和该排名中的中国（包含港澳台）高校。

表 3-96　免疫学学科发文量排名（前 10 位与中国大学）

发文量排名	机构名称	国家/地区	发文量排名	机构名称	国家/地区
1	哈佛大学	美国	6	牛津大学	英国
2	约翰·霍普金斯大学	美国	7	伦敦大学学院	英国
3	伦敦帝国学院	英国	8	卡罗林斯卡医学院	瑞典
4	华盛顿大学	美国	9	伦敦卫生与热带医学学院	英国
5	加州大学旧金山分校	美国	10	巴黎第七大学	法国
其他中国机构：64. 复旦大学；94. 中山大学；96. 上海交通大学；98. 中国医学科学院-北京协和医学院；103. 浙江大学；104. 首都医科大学；106. 台湾大学；129. 北京大学；138. 香港大学；145. 山东大学；161. 长庚大学；165. 华中科技大学；179. 吉林大学；187. 南京医科大学；195. 中南大学；200. 台湾阳明大学；205. 四川大学；214. 中国科学院大学；227. 重庆医科大学；234. 安徽医科大学；239. 陆军军医大学；243. 香港中文大学；247. 武汉大学；253. 苏州大学；275. 海军军医大学；290. 台湾中国医药大学；302. 台湾成功大学；311. 同济大学；313. 南京大学；332. 清华大学；359. 天津医科大学；392. 中国科学技术大学					

3. 免疫学学科科研影响力排名分析

从总被引次数来看，位居前 10 位的 6 所是美国的高校，2 所是英国的高校，1 所是法国的高校，1 所是瑞典的高校，其中哈佛大学的总被引次数最高，高达 29 8384 次，排名第 10 位的卡罗林斯卡医学院的总被引次数为 85 683 次。表 3-97 列出了 ESI 免疫学学科总被引次数排名前 10 位的高校和该排名中的中国（包含港澳台）高校。

表 3-97　免疫学学科总被引次数排名（前 10 位与中国大学）

总被引次数排名	机构名称	国家/地区	总被引次数排名	机构名称	国家/地区
1	哈佛大学	美国	6	华盛顿大学	美国
2	约翰·霍普金斯大学	美国	7	伦敦帝国学院	英国
3	加州大学旧金山分校	美国	8	巴黎第七大学	法国
4	宾夕法尼亚大学	美国	9	圣路易斯华盛顿大学	美国
5	牛津大学	英国	10	卡罗林斯卡医学院	瑞典
其他中国机构：143. 中山大学；145. 复旦大学；148. 上海交通大学；152. 浙江大学；153. 香港大学；155. 中国医学科学院-北京协和医学院；161. 台湾大学；174. 北京大学；205. 首都医科大学；246. 海军军医大学；251. 山东大学；257. 华中科技大学；260. 长庚大学；291. 中南大学；299. 香港中文大学；303. 台湾阳明大学；309. 清华大学；312. 南京医科大学；316. 陆军军医大学；317. 吉林大学；332. 四川大学；341. 中国科学院大学；350. 南京大学；350. 武汉大学；354. 苏州大学；363. 重庆医科大学；366. 安徽医科大学；383. 中国科学技术大学；400. 台湾中国医药大学；401. 同济大学；409. 天津医科大学；410. 台湾成功大学					

4. 免疫学学科影响力排名分析

从高被引论文数来看，排在第 1 位的是哈佛大学，有 313 篇高被引论文。位居前 10 位的高校有 8 所来自美国，1 所来自英国，1 所来自澳大利亚，按照排名次序依次是哈佛大学（美国）、宾夕法尼亚大学（美国）、加州大学旧金山分校（美国）、约翰·霍普金斯大学（美国）、圣路易斯华盛顿大学（美国）、牛津大学（英国）、华盛顿大学（美国）、斯坦福大学（美国）、墨尔本大学（澳大利亚）、西奈山伊坎医学院（美国）。表 3-98 为进入 ESI 免疫学学科高被引论文数排名前 10 位的高校和该排名中的中国（包含港澳台）高校。

表 3-98　免疫学学科高被引论文数排名（前 10 位与中国大学）

高被引论文数排名	机构名称	国家/地区	高被引论文数排名	机构名称	国家/地区
1	哈佛大学	美国	6	牛津大学	英国
2	宾夕法尼亚大学	美国	7	华盛顿大学	美国
3	加州大学旧金山分校	美国	8	斯坦福大学	美国
4	约翰·霍普金斯大学	美国	9	墨尔本大学	澳大利亚
5	圣路易斯华盛顿大学	美国	10	西奈山伊坎医学院	美国
其他中国机构：136. 上海交通大学；145. 中国医学科学院-北京协和医学院；159. 清华大学；165. 浙江大学；177. 北京大学；195. 复旦大学；214. 香港大学；247. 中山大学；247. 首都医科大学；247. 华中科技大学；247. 中国科学技术大学；267. 台湾大学；267. 武汉大学；267. 海军军医大学；319. 四川大学；319. 中南大学；319. 香港中文大学；319. 中国科学院大学；319. 陆军军医大学；319. 安徽医科大学；349. 重庆医科大学；349. 苏州大学；349. 天津医科大学；371. 南京医科大学；390. 长庚大学；390. 吉林大学；390. 台湾阳明大学；390. 南京大学；390. 台湾中国医药大学；412. 山东大学；412. 同济大学；412. 台湾成功大学					

5. 免疫学学科师资力量排名分析

从高被引科学家数来看，高被引科学家数最多的是 6 人，有 1 所大学，为澳大利亚的墨尔本大学；其次是美国的哈佛大学、加州大学旧金山分校、西奈山伊坎医学院，有 5 人；1 所高校的高被引科学家数为 4 人，3 所高校的高被引科学家数是 3 人，8 所高校的高被引科学家数是 2 人，34 所高校的高被引科学家数是 1 人，其他 364 所高校均没有高被引科学家数。表 3-99 为进入 ESI 免疫学学科高被引科学家数排名前 9 的高校和该排名的中国（包含港澳台）高校。

表 3-99　免疫学学科高被引科学家数排名（前 9 位与中国大学）

高被引科学家数排名	机构名称	国家/地区	高被引科学家数排名	机构名称	国家/地区
1	墨尔本大学	澳大利亚	2	西奈山伊坎医学院	美国
2	哈佛大学	美国	5	圣路易斯华盛顿大学	美国
2	加州大学旧金山分校	美国	6	康奈尔大学	美国

续表

高被引科学家数排名	机构名称	国家/地区	高被引科学家数排名	机构名称	国家/地区
6	根特大学	比利时	9	艾克斯-马赛大学	法国
6	洛克菲勒大学	美国	9	莫纳什大学	澳大利亚
9	牛津大学	英国	9	耶鲁大学	美国
9	北卡罗来纳大学	美国	9	苏黎世大学	瑞士
9	斯坦福大学	美国	9	大阪大学	日本

其他中国机构：17.清华大学

（十一）材料科学

材料科学学科领域一共有669所高校进入了ESI材料科学学科排名。从国家或地区分布来看，这些高校隶属于中国、美国、法国、德国、韩国、英国、意大利、澳大利亚、日本、加拿大、印度、西班牙、伊朗等48个国家或地区，进入ESI材料科学学科排名的高校所属国家或地区分布如图3-11所示。

从图3-11可以看出，美国和中国进入ESI材料科学学科排名的高校数量相近，分别占20.78%和18.09%。中国（包含港澳台）进入排名的共有158所，它们分别是清华大学、中国科学院大学、中国科学技术大学、浙江大学、北京大学、中南大学、哈尔滨工业大学、上海交通大学、西安交通大学、西北工业大学、北京科技大学、华南理工大学、华中科技大学、苏州大学、复旦大学、武汉理工大学、天津大学、吉林大学、南京大学、四川大学、香港城市大学、重庆大学、南开大学、武汉大学、北京理工大学、山东大学、郑州大学、大连理工大学、北京航空航天大学、北京化工大学、中山大学、

图3-11 进入ESI材料科学学科排名的大学的国家或地区分布

同济大学、香港科技大学、厦门大学、湖南大学、南京工业大学、电子科技大学、东南大学、香港理工大学、南京航空航天大学、中国东北大学、上海大学、台湾大学、华东理工大学、南京理工大学、深圳大学、东华大学、台湾清华大学、江苏大学、江苏科技大学、燕山大学、香港大学、青岛大学、中国地质大学、北京工业大学、中国石油大学、兰州大学、香港中文大学、台湾交通大学、福州大学、哈尔滨工程大学、中北大学、济南大学、陕西师范大学、西南交通大学、台湾成功大学、南京邮电大学、太原理工大学、暨南大学、南方科技大学、青岛科技大学、陕西科技大学、合肥工业大学、西南大学、长沙理工大学、北京交通大学、南昌大学、华东师范大学、广东工业大学、浙江工业大学、河南大学、中国矿业大学、江南大学、西安理工大学、华南师范大学、湘潭大学、哈尔滨理工大学、西北大学、河南师范大学、昆明理工大学、扬州大学、湖北大学、西南大学、武汉科技大学、南昌航空大学、南京林业大学、台湾科技大学、南京师范大学、浙江理工大学、黑龙江大学、中国海洋大学、北京林业大学、安徽工业大学、广西大学、山西大学、北京师范大学、海南大学、东北师范大学、兰州理工大学、华中师范大学、华南农业大学、山东科技大学、河北大学、东北林业大学、河北工业大学、安徽大学、宁波大学、华北电力大学、天津工业大学、国防科技大学、上海理工大学、武汉工程大学、湖南工业大学、常州大学、浙江师范大学、台北科技大学、空军军医大学、天津理工大学、河海大学、齐鲁工业大学、杭州电子科技大学、台湾中兴大学、"台湾中央大学"、温州大学、首都师范大学、中国药科大学、长庚大学、中国计量大学、上海师范大学、香港浸会大学、桂林电子科技大学、长安大学、西北师范大学、长春科技大学、河南理工大学、桂林工业大学、华侨大学、澳门大学、哈尔滨师范大学、中国医学科学院-北京协和医学院、福建师范大学、台湾中

山大学、逢甲大学、江西师范大学、台湾中原大学、天津医科大学、新疆大学、温州医科大学、台湾海洋大学。

1. 材料科学学科竞争力综合排名分析

从综合排名来看，位居全世界材料科学前10位的高校分别是清华大学（中国）、中国科学院大学（美国）、南洋理工大学（法国）、麻省理工学院（德国）、中国科学技术大学（韩国）、佐治亚理工学院（英国）、浙江大学（意大利）、新加坡国立大学（澳大利亚）、北京大学（日本）、斯坦福大学（加拿大）。进入前100位的中国（（包含港澳台）的高校有47所分别是清华大学、中国科学院大学、中国科学技术大学、浙江大学、北京大学、中南大学、哈尔滨工业大学、上海交通大学、西安交通大学、西北工业大学、北京科技大学、华南理工大学、华中科技大学、苏州大学、复旦大学、武汉理工大学、天津大学、吉林大学、南京大学、四川大学、香港城市大学、重庆大学、南开大学、武汉大学、北京理工大学、山东大学、郑州大学、大连理工大学、北京航空航天大学、北京化工大学、中山大学、同济大学、香港科技大学、厦门大学、湖南大学、南京工业大学、电子科技大学、东南大学、香港理工大学、南京航空航天大学、中国东北大学、上海大学、台湾大学、华东理工大学、南京理工大学、深圳大学、东华大学。在材料科学学科领域的顶尖高校中，中国大陆（内地）有4所，即清华大学、中国科学院大学、中国科学技术大学、浙江大学；著名高校有15所，即北京大学、中南大学、哈尔滨工业大学、上海交通大学、西安交通大学、西北工业大学、北京科技大学、华南理工大学、华中科技大学、苏州大学、复旦大学、武汉理工大学、天津大学、吉林大学、南京大学。其他进入ESI材料科学学科综合排名的中国（包含港澳台）高校如表3-100所示。

表3-100 材料科学学科综合排名（前10位与中国大学）

综合排名	机构名称	名次所居比例/%	档次	国家/地区	综合排名	机构名称	名次所居比例/%	档次	国家/地区
1	清华大学	5★+	顶尖	中国	6	佐治亚理工学院	5★+	顶尖	美国
2	中国科学院大学	5★+	顶尖	中国	7	浙江大学	5★+	顶尖	中国
3	南洋理工大学	5★+	顶尖	新加坡	8	新加坡国立大学	5★	著名	新加坡
4	麻省理工学院	5★+	顶尖	美国	9	北京大学	5★	著名	中国
5	中国科学技术大学	5★+	顶尖	中国	10	斯坦福大学	5★	著名	美国

其他中国机构：11. 中南大学；12. 哈尔滨工业大学；13. 上海交通大学；14. 西安交通大学；15. 西北工业大学；16. 北京科技大学；17. 华南理工大学；18. 华中科技大学；19. 苏州大学；20. 复旦大学；22. 武汉理工大学；23. 天津大学；24. 吉林大学；33. 南京大学；34. 四川大学；35. 香港城市大学；37. 重庆大学；38. 南开大学；40. 武汉大学；45. 北京理工大学；47. 山东大学；48. 郑州大学；50. 大连理工大学；51. 北京航空航天大学；53. 北京化工大学；54. 中山大学；57. 同济大学；58. 香港科技大学；59. 厦门大学；62. 湖南大学；67. 南京工业大学；70. 电子科技大学；72. 东南大学；75. 香港理工大学；76. 南京航空航天大学；82. 中国东北大学；83. 上海大学；86. 台湾大学；94. 华东理工大学；96. 南京理工大学；97. 深圳大学；99. 东华大学；102. 台湾清华大学；107. 江苏大学；111. 江苏大学；116. 燕山大学；119. 香港大学；126. 青岛大学；135. 中国地质大学；136. 北京工业大学；137. 中国石油大学；144. 兰州大学；148. 香港中文大学；149. 上海交通大学；151. 福州大学；154. 哈尔滨工程大学；158. 中北大学；160. 济南大学；163. 陕西师范大学；166. 西南交通大学；169. 台湾成功大学；171. 南京邮电大学；172. 太原理工大学；175. 暨南大学；177. 南方科技大学；181. 青岛大学；189. 陕西科技大学；190. 合肥工业大学；198. 西南科技大学；203. 长沙理工大学；208. 北京交通大学；211. 南昌大学；212. 华东师范大学；219. 广东工业大学；221. 浙江工业大学；226. 河南大学；230. 中国矿业大学；242. 江南大学；257. 西安理工大学；261. 华南师范大学；265. 湘潭大学；271. 哈尔滨理工大学；277. 西北大学；282. 河南师范大学；284. 昆明理工大学；289. 扬州大学；291. 湖北大学；294. 西南大学；296. 武汉大学；300. 南昌航空大学；306. 南京林业大学；307. 台湾科技大学；312. 南京师范大学；314. 浙江工业大学；315. 黑龙江大学；322. 中国海洋大学；323. 北京林业大学；329. 安徽工业大学；331. 广西大学；333. 山西大学；334. 北京师范大学；335. 海南大学；336. 东北大学；337. 兰州理工大学；344. 华中师范大学；349. 华南农业大学；350. 山东科技大学；352. 河北大学；353. 东北林业大学；363. 河北工业大学；364. 安徽大学；366. 宁波大学；367. 华北电力大学；370. 天津工业大学；371. 国防科技大学；375. 上海理工大学；380. 武汉工程大学；381. 湖南工业大学；386. 常州大学；417. 浙江师范大学；418. 台北科技大学；430. 空军军医大学；433. 天津理工大学；437. 河海大学；445. 齐鲁工业大学；446. 杭州电子科技大学；447. 台湾中兴大学；453. "台湾中央大学"；456. 温州大学；461. 首都师范大学；472. 中国药科大学；476. 长庚大学；477. 中国计量大学；480. 上海师范大学；481. 香港浸会大学；487. 桂林电子科技大学；503. 长安大学；525. 西北师范大学；526. 长春科技大学；536. 河南理工大学；539. 桂林工业大学；545. 华侨大学；548. 澳门大学；555. 哈尔滨师范大学；570. 中国医学科学院-北京协和医学院；586. 福建师范大学；603. 台湾中山大学；625. 逢甲大学；629. 江西师范大学；633. 台湾中原大学；641. 天津医科大学；649. 新疆大学；650. 温州医科大学；668. 台湾海洋大学

2. 材料科学学科科研能力排名分析

从发文量来分析，发文量位居前10位的高校依次是中国科学院大学（中国）、清华大学（中国）、哈尔滨工业大学（中国）、北京科技大学（中国）、中南大学（中国）、上海交通大学（中国）、西北工业大学（中国）、华南理工大学（中国）、浙江大学（中国）、西安交通大学（中国）。在前10位中，中国大陆（内地）占据了10席，由此可见，中国在发文量一项上颇具优势。发文量在5000篇以上10 000篇以下的高校有27所；发文量在2000篇以上5000篇以下的高校有108所；发文量在1000篇以上2000篇以下的高校有197所；发文量在500篇以上1000篇以下的高校有244所；发文量在100篇以上500篇以下的高校有93所。中国（包含港澳台）发文量进入前100名的高校共有50所，分别是：中国科学院大学、清华大学、哈尔滨工业大学、北京科技大学、中南大学、上海交通大学、西北工业大学、华南理工大学、浙江大学、西安交通大学、中国科学技术大学、天津大学、吉林大学、中国东北大学、华中科技大学、四川大学、北京航空航天大学、北京大学、重庆大学、大连理工大学、武汉理工大学、苏州大学、山东大学、东南大学、复旦大学、南京大学、上海大学、同济大学、东华大学、南京工业大学、武汉大学、香港城市大学、北京理工大学、台湾大学、南京航空航天大学、湖南大学、北京化工大学、香港理工大学、电子科技大学、中山大学、厦门大学、南京理工大学、江苏大学、太原理工大学、深圳大学、台湾成功大学、华东理工大学、郑州大学、南开大学、台湾清华大学。其他进入ESI材料科学学科发文量排名的中国（包含港澳台）高校如表3-101所示。

表3-101 材料科学学科发文量排名（前10位与中国大学）

发文量排名	机构名称	国家/地区	发文量排名	机构名称	国家/地区
1	中国科学院大学	中国	6	上海交通大学	中国
2	清华大学	中国	7	西北工业大学	中国
3	哈尔滨工业大学	中国	8	华南理工大学	中国
4	北京科技大学	中国	9	浙江大学	中国
5	中南大学	中国	10	西安交通大学	中国
其他中国机构：11. 中国科学技术大学；12. 天津大学；13. 吉林大学；14. 中国东北大学；14. 华中科技大学；16. 四川大学；17. 北京航空航天大学；18. 北京大学；19. 重庆大学；20. 大连理工大学；21. 武汉理工大学；22. 苏州大学；23. 山东大学；24. 东南大学；25. 复旦大学；26. 南京大学；27. 上海大学；28. 同济大学；29. 东华大学；30. 南京工业大学；31. 武汉大学；32. 香港城市大学；33. 北京理工大学；34. 台湾大学；35. 南京航空航天大学；36. 湖南大学；37. 北京化工大学；38. 香港理工大学；39. 电子科技大学；40. 中山大学；41. 厦门大学；42. 南京理工大学；43. 江苏大学；44. 太原理工大学；45. 深圳大学；46. 台湾成功大学；47. 华东理工大学；48. 郑州大学；49. 南开大学；50. 台湾清华大学；51. 北京工业大学；52. 燕山大学；53. 昆明理工大学；54. 西南交通大学；55. 兰州大学；56. 西南大学；57. 中国石油大学；58. 台湾交通大学；59. 中国矿业大学；60. 中国地质大学；61. 合肥工业大学；62. 武汉科技大学；63. 哈尔滨工程大学；64. 广东工业大学；65. 江南大学；66. 福州大学；67. 济南大学；68. 陕西科技大学；69. 香港大学；70. 广西大学；71. 湘潭大学；72. 浙江工业大学；73. 西南大学；74. 天津工业大学；75. 台湾科技大学；76. 河北工业大学；76. 华南师范大学；78. 兰州交通大学；79. 常州大学；80. 西安理工大学；81. 国防科技大学；82. 南昌大学；83. 青岛科技大学；84. 暨南大学；85. 南方科技大学；86. 陕西师范大学；87. 青岛大学；88. 浙江理工大学；89. 河海大学；90. 江苏科技大学；91. 宁波大学；92. 湖北大学；93. 北京交通大学；94. 南京林业大学；95. 西南科技大学；96. 香港中文大学；97. 中北大学；98. 安徽大学；99. 齐鲁工业大学；100. 长安大学；101. 台北科技大学；102. 华南师范大学；103. 安徽工业大学；104. 河南大学；105. "台湾中央大学"；106. 台湾中兴大学；107. 南京邮电大学；108. 扬州大学；109. 哈尔滨理工大学；110. 上海理工大学；111. 东北林业大学；112. 南昌航空大学；113. 桂林电子科技大学；114. 北京林业大学；115. 西北大学；116. 台湾中山大学；117. 山东科技大学；118. 武汉工程大学；119. 天津理工大学；120. 东北师范大学；121. 逢甲大学；122. 华北电力大学；123. 杭州电子科技大学；124. 中国计量大学；125. 北京师范大学；126. 长春科技大学；127. 长沙理工大学；128. 长庚大学；129. 桂林工业大学；130. 中国海洋大学；131. 河南理工大学；132. 河北大学；133. 浙江师范大学；134. 河南师范大学；135. 华侨大学；136. 黑龙江大学；137. 南京师范大学；138. 上海师范大学；139. 温州大学；140. 山西大学；141. 湖南工业大学；142. 新疆大学；143. 台湾中原大学；143. 福建师范大学；145. 西北师范大学；146. 台湾海洋大学；147. 华南农业大学；148. 海南大学；149. 空军军医大学；150. 澳门大学；151. 哈尔滨师范大学；152. 中国医学科学院-北京协和医学院；153. 江西师范大学；154. 华中师范大学；155. 中国药科大学；156. 香港浸会大学；157. 首都师范大学；158. 温州医科大学；159. 天津医科大学					

3. 材料科学学科科研影响力排名分析

从总被引次数来看，位居前10位的分别是中国科学院大学（中国）、南洋理工大学（新加坡）、清华大学（中国）、麻省理工学院（美国）、斯坦福大学（美国）、佐治亚理工学院（美国）、新加坡国立大学（新加坡）、加州大学伯克利分校（美国）、北京大学（中国）、浙江大学（中国）。总被引次数高于10 0000次的高校有33所，总被引次数在50 000次以上10 0000次以下的高校有74所；总被引次数在20 000

次以上50 000次以下的高校有159所；总被引次数在10 000次以上20 000次以下的高校有227所；总被引次数在10 000次以下的高校有176所。这582所高校的总被引次数均在6600次以上。中国（包含港澳台）进入ESI材料科学学科总被引次数排名前100名的高校共有41所，这些高校是中国科学院大学、清华大学、北京大学、浙江大学、上海交通大学、中国科学技术大学、复旦大学、哈尔滨工业大学、苏州大学、华中科技大学、华南理工大学、吉林大学、中南大学、北京科技大学、天津大学、西安交通大学、南京大学、香港城市大学、四川大学、北京航空航天大学、武汉理工大学、西北工业大学、武汉大学、大连理工大学、山东大学、台湾大学、中山大学、南开大学、香港科技大学、北京理工大学、重庆大学、北京化工大学、厦门大学、台湾清华大学、香港理工大学、同济大学、东南大学、南京工业大学、东华大学、湖南大学、上海大学。其他进入ESI材料科学学科总被引次数排名的中国（包含港澳台）高校如表3-102所示。

表3-102 材料科学学科总被引次数排名（前10位与中国大学）

总被引次数排名	机构名称	国家/地区	总被引次数排名	机构名称	国家/地区
1	中国科学院大学	中国	6	佐治亚理工学院	美国
2	南洋理工大学	新加坡	7	新加坡国立大学	新加坡
3	清华大学	中国	8	加州大学伯克利分校	美国
4	麻省理工学院	美国	9	北京大学	中国
5	斯坦福大学	美国	10	浙江大学	中国

其他中国机构：11. 上海交通大学；12. 中国科学技术大学；13. 复旦大学；14. 哈尔滨工业大学；17. 苏州大学；20. 华中科技大学；22. 华南理工大学；23. 吉林大学；25. 中南大学；27. 北京科技大学；30. 天津大学；31. 西安交通大学；35. 南京大学；36. 香港城市大学；41. 四川大学；43. 北京航空航天大学；45. 武汉理工大学；46. 西北工业大学；47. 武汉大学；48. 大连理工大学；50. 山东大学；52. 台湾大学；57. 中山大学；58. 南开大学；59. 香港科技大学；60. 北京理工大学；63. 重庆大学；64. 北京化工大学；68. 厦门大学；69. 台湾清华大学；71. 香港理工大学；74. 同济大学；78. 东南大学；88. 南京工业大学；89. 东华大学；92. 湖南大学；99. 上海大学；101. 华东理工大学；103. 南京航空航天大学；104. 南京理工大学；106. 中国东北大学；121. 兰州大学；123. 台湾交通大学；124. 电子科技大学；131. 哈尔滨工程大学；134. 江苏大学；136. 香港中文大学；137. 福州大学；142. 香港大学；143. 郑州大学；151. 台湾成功大学；161. 深圳大学；170. 中国石油大学；191. 北京工业大学；192. 太原理工大学；195. 华东师范大学；198. 合肥工业大学；201. 南京邮电大学；212. 中国地质大学；213. 燕山大学；224. 西南交通大学；247. 暨南大学；254. 湘潭大学；260. 陕西师范大学；263. 济南大学；264. 西南大学；265. 浙江工业大学；267. 台湾科技大学；271. 东北师范大学；273. 南方科技大学；277. 华中师范大学；285. 湖北大学；305. 中国矿业大学；310. 北京师范大学；311. 昆明理工大学；314. 青岛大学；320. 北京交通大学；325. 华南师范大学；329. 安徽大学；331. 青岛科技大学；332. 南昌大学；333. 安徽工业大学；336. 浙江师范大学；337. 浙江理工大学；348. 武汉科技大学；355. 扬州大学；363. 河南大学；365. 陕西师范大学；369. 广东工业大学；370. 国防科技大学；373. 江南大学；383. 江苏科技大学；388. 中国海洋大学；390. 常州大学；391. 西北大学；396. 香港浸会大学；397. 广西大学；399. 宁波大学；400. "台湾中央大学"；401. 黑龙江大学；408. 天津工业大学；410. 河北工业大学；411. 南京师范大学；420. 江汉大学；422. 东华大学；430. 上海大学；433. 华北电力大学；437. 武汉工程大学；439. 兰州理工大学；440. 河南大学；447. 空军军医大学；449. 河南师范大学；450. 西安理工大学；454. 台北科技大学；457. 上海海洋大学；465. 南昌航空大学；479. 西南科技大学；485. 温州大学；486. 天津理工大学；488. 华南农业大学；493. 杭州电子科技大学；496. 山东科技大学；501. 北京林业大学；502. 东北林业大学；503. 台湾中山大学；536. 中国医学科学院-北京协和医学院；537. 哈尔滨师范大学；544. 西北师范大学；549. 齐鲁工业大学；550. 温州医科大学；552. 山西大学；555. 中国计量大学；556. 南京林业大学；563. 华侨大学；564. 中北大学；567. 河北大学；569. 逢甲大学；581. 长沙理工大学；586. 湖南工业大学；588. 长春科技大学；599. 中国药科大学；614. 桂林工业大学；620. 桂林电子科技大学；626. 天津医科大学；630. 哈尔滨理工大学；632. 河南理工大学；635. 首都师范大学；636. 海南大学；639. 新疆大学；640. 长安大学；647. 江西师范大学；649. 台湾中原大学；652. 台湾海洋大学；660. 福建师范大学；661. 澳门大学

4. 材料科学学科影响力排名分析

从高被引论文数排名来看，位居前9位的高校按照排名次序依次是南洋理工大学（新加坡）、清华大学（中国）、中国科学院大学（中国）、斯坦福大学（美国）、麻省理工学院（美国）、佐治亚理工学院（美国）、北京大学（中国）、中国科学技术大学（中国）、苏州大学（中国）、加州大学伯克利分校（美国）。高被引论文数在100篇以上的高校有34所；高被引论文数在50篇以上100篇以下的高校有60所；高被引论文数在10篇以上50篇以下的高校有243所；高被引论文数在1篇以上10篇以下的高校有311所；有21所高校的高被引论文数为0篇。中国大陆（内地）、中国香港、中国台湾进入ESI材料科学学科排名的所有高校中有44所进入前100位，它们分别是清华大学、中国科学院大学、北京大学、中国科学技术大学、苏州大学、浙江大学、复旦大学、华中科技大学、武汉理工大学、上海交通大学、南开大学、天津大学、西安交通大学、华南理工大学、香港城市大学、南京大学、吉林大学、西北工业大学、武汉大学、香港科技大学、北京理工大学、郑州大学、中南大学、中山大学、湖南大学、哈尔滨工业大学、重庆大学、北京航空航天大学、北京科技大学、同济大学、厦门大学、山东大学、南京理工大学、北京化工大学、四川大学、香港理工大学、深圳大学、电子科技大学、南京工业大学、江苏科技大学、南京航空航天大学、大连理工大学、台湾清华大学、台湾大学。其他进入 ESI 材料科学学科高被引论文数排名的中国（包含港澳台）高校如表 3-103 所示。

表 3-103　材料科学学科高被引论文数排名（前 9 位与中国大学）

高被引论文数排名	机构名称	国家/地区	高被引论文数排名	机构名称	国家/地区
1	南洋理工大学	新加坡	6	佐治亚理工学院	美国
2	清华大学	中国	7	北京大学	中国
3	中国科学院大学	中国	8	中国科学技术大学	中国
4	斯坦福大学	美国	9	苏州大学	中国
5	麻省理工学院	美国	9	加州大学伯克利分校	美国
其他中国机构：12. 浙江大学；14. 复旦大学；15. 华中科技大学；16. 武汉理工大学；18. 上海交通大学；22. 南开大学；23. 天津大学；25. 西安交通大学；25. 华南理工大学；28. 香港城市大学；29. 南京大学；32. 吉林大学；33. 西北工业大学；35. 武汉大学；38. 香港科技大学；40. 北京理工大学；40. 郑州大学；43. 中南大学；44. 中山大学；44. 湖南大学；46. 哈尔滨工业大学；52. 重庆大学；54. 北京航空航天大学；56. 北京科技大学；58. 同济大学；63. 厦门大学；65. 山东大学；65. 南京理工大学；68. 北京化工大学；69. 四川大学；73. 香港理工大学；73. 深圳大学；78. 电子科技大学；80. 南京工业大学；80. 江苏科技大学；83. 南京航空航天大学；85. 大连理工大学；92. 台湾清华大学；94. 台湾大学；101. 东南大学；108. 福州大学；108. 哈尔滨工程大学；113. 香港浸会大学；113. 青岛大学；116. 上海大学；116. 东华大学；116. 江苏大学；125. 香港中文大学；125. 南京邮电大学；134. 哈尔滨工程大学；134. 陕西师范大学；134. 南方科技大学；142. 兰州大学；147. 浙江工业大学；147. 扬州大学；147. 华中师范大学；151. 燕山大学；151. 台湾交通大学；151. 山东科技大学；164. 中国石油大学；174. 中北大学；174. 青岛科技大学；180. 西南科技大学；180. 北京交通大学；180. 华东师范大学；185. 长沙理工大学；194. 中国地质大学；194. 北京工业大学；194. 暨南大学；194. 合肥工业大学；194. 海南大学；202. 南昌大学；202. 华南农业大学；202. 华北电力大学；209. 南京师范大学；209. 北京师范大学；223. 中国东北大学；223. 中国矿业大学；233. 湖北大学；233. 黑龙江大学；242. 太原理工大学；242. 陕西科技大学；242. 河南大学；242. 河南师范大学；242. 安徽工业大学；242. 武汉工程大学；255. 西南交通大学；255. 西北大学；255. 浙江理工大学；255. 上海大学；268. 西安理工大学；268. 山西大学；268. 东北师范大学；268. 兰州理工大学；268. 湖南工业大学；286. 广东工业大学；286. 湘潭大学；286. 哈尔滨理工大学；286. 南京林业大学；286. 温州大学；303. 台湾成功大学；303. 中国海洋大学；303. 香港浸会大学；318. 华南师范大学；318. 广西大学；318. 澳门大学；338. 西南大学；338. 武汉科技大学；338. 宁波大学；338. 天津理工大学；357. 南昌航空大学；357. 台湾科技大学；357. 河北大学；357. 浙江师范大学；357. 杭州电子科技大学；357. 首都师范大学；357. 上海师范大学；357. 西北师范大学；396. 江南大学；396. 北京林业大学；396. 河北工业大学；396. 安徽大学；396. 中国计量大学；428. 天津工业大学；428. 台北大学；428. 中国药科大学；428. 桂林电子科技大学；428. 哈尔滨师范大学；461. 国防科技大学；461. 齐鲁工业大学；461. 河南理工大学；461. 中国医学科学院-北京协和医学院；461. 福建师范大学；503. 常州大学；503. 空军军医大学；503. 长庚大学；503. 长春科技大学；503. 桂林工业大学；503. 华侨大学；503. 江西师范大学；503. 天津医科大学；543. 昆明理工大学；543. 东北林业大学；543. 台湾中兴大学；543. 长安大学；590. 河海大学；590. "台湾中央大学"；590. 台湾中原大学；590. 温州医科大学；626. 新疆大学；649. 台湾中山大学；649. 逢甲大学；649. 台湾海洋大学					

5. 材料科学学科师资力量排名分析

从高被引科学家数来看，高被引科学家数最多的是 9 人，为斯坦福大学（美国）；其次是南洋理工大学（新加坡），有 8 位高被引科学家。有 2 所高校的高被引科学家数为 7 位，分别美国西北大学（美国）和莱斯大学（美国）；有 1 所高校的高被引科学家数为 6 位，为清华大学（中国）；有 1 所高校的高被引科学家数为 5 位，为苏州大学（中国）；其次是麻省理工学院（美国）、北京大学（中国）、剑桥大学（英国）、洛桑联邦理工学院（瑞士），有 4 人；有 3 位高被引科学家的高校有 4 所，分别是中国科学技术大学（中国）、佐治亚理工学院（美国）、香港城市大学（中国香港）、伍伦贡大学（澳大利亚）；有 2 位高被引科学家的高校有 16 所，分别是浙江大学（中国）、新加坡国立大学（新加坡）、华南理工大学（中国）、华中科技大学（中国）、加州大学伯克利分校（美国）、武汉理工大学（中国）、得克萨斯大学奥斯汀分校（美国）、南开大学（中国）、北京化工大学（中国）、中山大学（中国）、北卡罗来纳州立大学（美国）、曼彻斯特大学（英国）、加州大学圣塔芭芭拉分校（美国）、马里兰大学帕克分校（美国）、南京理工大学（中国）、德雷塞尔大学（美国）。有 1 位高被引科学家的高校有 39 所，其他高校均没有高被引科学家。中国（包含港澳台）进入 ESI 材料科学学科高被引科学家排名的高校有 26 所，它们分别是清华大学、苏州大学、北京大学、中国科学技术大学、香港城市大学、浙江大学、华南理工大学、华中科技大学、武汉理工大学、南开大学、北京化工大学、中山大学、南京理工大学、上海交通大学、西安交通大学、西北工业大学、北京科技大学、复旦大学、北京理工大学、北京航空航天大学、同济大学、电子科技大学、香港理工大学、台湾大学、深圳大学、福州大学。材料科学学科高被引科学家数排名前 8 位与中国（包含港澳台）大学如表 3-104 所示。

表 3-104　材料科学学科高被引科学家数排名（前 8 位与中国大学）

高被引科学家数排名	机构名称	国家/地区	高被引科学家数排名	机构名称	国家/地区
1	斯坦福大学	美国	7	苏州大学	中国
2	南洋理工大学	新加坡	8	麻省理工学院	美国
2	加州大学洛杉矶分校	美国	8	北京大学	中国
4	美国西北大学	美国	8	剑桥大学	英国
4	莱斯大学	美国	8	洛桑联邦理工学院	瑞士
6	清华大学	中国			

其他中国机构：12. 中国科学技术大学；12. 香港城市大学；16. 浙江大学；16. 华南理工大学；16. 华中科技大学；16. 武汉理工大学；16. 南开大学；16. 北京化工大学；16. 中山大学；16. 南京理工大学；32. 上海交通大学；32. 西安交通大学；32. 西北工业大学；32. 北京科技大学；32. 复旦大学；32. 北京理工大学；32. 北京航空航天大学；32. 同济大学；32. 电子科技大学；32. 香港理工大学；32. 台湾大学；32. 深圳大学；32. 福州大学

综合分析上述指标可见，中国在材料科学领域有着较强的科研实力。中国大陆（内地）、中国台湾、中国香港进入 ESI 排行的大学共有 159 所。清华大学、中国科学院大学这 2 所学校进入 ESI 材料科学排行前 1%，其中，清华大学所有的排名均位居前 6 位，可见其材料科学的影响力很高；清华大学、中国科学院大学、中国科学技术大学、浙江大学、北京大学、中南大学、哈尔滨工业大学、上海交通大学、西安交通大学、西北工业大学、北京科技大学、华南理工大学、华中科技大学、苏州大学、复旦大学、武汉理工大学、天津大学、吉林大学、南京大学、四川大学这 20 所大学进入 ESI 材料科学排行前 5%；香港城市大学、重庆大学、南开大学、武汉大学、北京理工大学、山东大学、郑州大学、大连理工大学、北京航空航天大学、北京化工大学、中山大学、同济大学、香港科技大学、厦门大学、湖南大学、南京工业大学这 16 所大学进入 ESI 材料科学排行前 10%。总体说来，中国在材料科学领域有着一定的研究实力，但在高被引论文和高被引科学家这两个方面还有上升空间。

（十二）数学

进入 ESI 数学学科排名的高校共有 210 所。从国家或地区分布来看，这些高校隶属于美国、中国、法国、意大利、英国、德国、西班牙、加拿大等 33 个国家或地区。拥有这些研究机构 10 所及以上的国家或地区分别是美国、中国、法国、意大利、英国、德国；5 所以上 10 所以下的国家或地区是西班牙、加拿大（图 3-12）。

从图 3-12 可以看出，美国进入 ESI 数学学科排名的高校数量遥遥领先，为 53 所。中国大陆（内地）、中国台湾和中国香港共有 43 所，它们分别是山东科技大学、曲阜师范大学、哈尔滨工业大学、东南大学、中南大学、浙江师范大学、电子科技大学、北京大学、

图 3-12　进入 ESI 数学学科排名的大学的国家或地区分布

复旦大学、南开大学、山东大学、上海交通大学、中山大学、北京师范大学、中国矿业大学、厦门大学、华东师范大学、浙江大学、清华大学、华中科技大学、南京大学、香港浸会大学、中国科学技术大学、香港中文大学、香港城市大学、上海大学、兰州大学、香港理工大学、武汉大学、大连理工大学、华南师范大学、湘潭大学、西安交通大学、吉林大学、四川大学、重庆大学、华中师范大学、天津工业大学、同济大学、西南大学、上海师范大学、东北师范大学、苏州大学。

1. 数学学科竞争力综合排名分析

从综合排名来看，位居前 10 位的高校分别是索邦大学（法国）、巴黎大学（法国）、巴黎第七大学（法国）、麻省理工学院（美国）、斯坦福大学（美国）、加州大学伯克利分校（美国）、剑桥大学（英国）、

牛津大学（英国）、普林斯顿大学（美国）、加州大学洛杉矶分校（美国）。进入前100位的中国（包含港澳台）高校共有30所，分别为哈尔滨工业大学、山东科技大学、曲阜师范大学、东南大学、中南大学、浙江师范大学、电子科技大学、北京大学、复旦大学、南开大学、山东大学、上海交通大学、中山大学、北京师范大学、中国矿业大学、厦门大学、华东师范大学、浙江大学、清华大学、华中科技大学、南京大学、香港浸会大学、中国科学技术大学、香港中文大学、香港城市大学、上海大学、兰州大学、香港理工大学、武汉大学、大连理工大学。

其他进入ESI数学学科综合排名的中国高校如表3-105所示。

表3-105 数学学科综合排名（前10位与中国大学）

综合排名	机构名称	星级	档次	国家/地区	综合排名	机构名称	星级	档次	国家/地区
1	索邦大学	5★+	顶尖	法国	6	加州大学伯克利分校	5★	著名	美国
2	巴黎大学	5★+	顶尖	法国	7	剑桥大学	5★	著名	英国
3	巴黎第七大学	5★	著名	法国	8	牛津大学	5★	著名	英国
4	麻省理工学院	5★	著名	美国	9	普林斯顿大学	5★	著名	美国
5	斯坦福大学	5★	著名	美国	10	加州大学洛杉矶分校	5★	著名	美国
其他中国机构：14. 哈尔滨工业大学；22. 山东科技大学；23. 曲阜师范大学；25. 东南大学；26. 中南大学；29. 浙江师范大学；30. 电子科技大学；39. 北京大学；43. 复旦大学；45. 南开大学；46. 山东大学；47. 上海交通大学；50. 中山大学；51. 北京师范大学；57. 中国矿业大学；62. 厦门大学；63. 华东师范大学；68. 浙江大学；72. 清华大学；74. 华中科技大学；76. 南京大学；77. 香港浸会大学；78. 中国科学技术大学；83. 香港中文大学；87. 香港城市大学；89. 上海大学；92. 兰州大学；94. 香港理工大学；97. 武汉大学；98. 大连理工大学；102. 华南师范大学；103. 湘潭大学；105. 西安交通大学；123. 吉林大学；127. 四川大学；136. 重庆大学；140. 华中师范大学；141. 天津工业大学；148. 同济大学；153. 西南大学；157. 上海师范大学；161. 东北师范大学；168. 苏州大学									

2. 数学学科的科研能力排名分析

从发文量来看，位居前10位的高校依次是索邦大学（法国）、莫斯科罗蒙诺索夫国立大学（俄罗斯）、巴黎大学（法国）、巴黎第七大学（法国）、阿卜杜勒阿齐兹国王大学（沙特阿拉伯）、伦敦大学（英国）、牛津大学（英国）、圣保罗大学（巴西）、麻省理工学院（美国）、密歇根大学（美国）。发文量超过2000篇的有12所。中国大陆（内地）数学学科发文量进入前100名的高校共有23所，它们分别是北京大学、山东大学、复旦大学、北京师范大学、南开大学、华东师范大学、浙江大学、哈尔滨工业大学、上海交通大学、清华大学、中山大学、中国科学技术大学、中南大学、厦门大学、武汉大学、东南大学、南京大学、四川大学、大连理工大学、华南师范大学、西安交通大学、上海大学、吉林大学。其他进入ESI数学学科发文量排名的中国（包含港澳台）高校如表3-106所示。

表3-106 数学学科发文量排名（前10位与中国大学）

发文量排名	机构名称	国家/地区	发文量排名	机构名称	国家/地区
1	索邦大学	法国	6	伦敦大学	英国
2	莫斯科罗蒙诺索夫国立大学	俄罗斯	7	牛津大学	英国
3	巴黎大学	法国	8	圣保罗大学	巴西
4	巴黎第七大学	法国	9	麻省理工学院	美国
5	阿卜杜勒阿齐兹国王大学	沙特阿拉伯	10	密歇根大学	美国
其他中国机构：13. 北京大学；14. 山东大学；20. 复旦大学；26. 北京师范大学；30. 南开大学；33. 华东师范大学；34. 浙江大学；39. 哈尔滨工业大学；45. 上海交通大学；47. 清华大学；48. 中山大学；53. 中国科学技术大学；57. 中南大学；60. 厦门大学；68. 武汉大学；71. 东南大学；75. 南京大学；79. 四川大学；85. 大连理工大学；88. 华南师范大学；91. 西安交通大学；93. 上海大学；96. 吉林大学；102. 浙江师范大学；103. 兰州大学；107. 曲阜师范大学；110. 香港中文大学；113. 重庆大学；121. 华中科技大学；129. 同济大学；131. 华中师范大学；136. 上海师范大学；137. 苏州大学；138. 中国矿业大学；139. 电子科技大学；149. 香港城市大学；157. 西南大学；158. 东北师范大学；178. 山东科技大学；180. 天津工业大学；189. 香港理工大学；200. 香港浸会大学；203. 湘潭大学					

3. 数学学科科研影响力排名分析

从总被引次数来看，位居前 10 位的高校依次是索邦大学（法国）、阿卜杜勒阿齐兹国王大学（沙特阿拉伯）、巴黎大学（法国）、巴黎第七大学（法国）、麻省理工学院（美国）、斯坦福大学（美国）、普林斯顿大学（美国）、牛津大学（英国）、加州大学伯克利分校（美国）、加州大学洛杉矶分校（美国）。总被引次数超过 10 000 次的高校共有 35 所，除前 10 名外，其他 25 名分别是哈佛大学（美国）、巴黎文理研究大学（法国）、剑桥大学（英国）、纽约大学（美国）、得克萨斯大学奥斯汀分校（美国）、明尼苏达大学双城分校（美国）、伦敦大学（英国）、德州农工大学（美国）、密歇根大学（美国）、哥伦比亚大学（美国）、苏黎世联邦理工学院（瑞士）、威斯康星大学麦迪逊分校（美国）、芝加哥大学（美国）、华盛顿大学（美国）、西雅图华盛顿大学（美国）、山东科技大学（中国）、宾夕法尼亚州立大学（美国）、罗格斯大学新不斯维克分校（美国）、伦敦帝国学院（英国）、哈尔滨工业大学（中国）、图卢兹大学（法国）、曲阜师范大学（中国）、罗马大学（意大利）、华威大学（英国）、艾克斯-马赛大学（法国）；总被引次数在 5000 次以上 10 000 次以下的有 135 所；总被引次数在 5000 次以下 4000 次以上的有 40 所；所有高校的总被引次数均在 4000 次以上。中国大陆（内地）及中国香港数学学科总被引次数排在前 100 名的高校共有 23 所，它们分别是山东科技大学、哈尔滨工业大学、曲阜师范大学、复旦大学、北京师范大学、东南大学、北京大学、山东大学、上海交通大学、中南大学、南开大学、香港中文大学、厦门大学、清华大学、浙江大学、南京大学、兰州大学、浙江师范大学、华东师范大学、香港浸会大学、香港城市大学、中山大学、香港理工大学。其他进入 ESI 数学学科总被引次数排名的中国（包含港澳台）高校如表 3-107 所示。

表 3-107　数学学科总被引次数排名（前 10 位与中国大学）

总被引次数排名	机构名称	国家/地区	总被引次数排名	机构名称	国家/地区
1	索邦大学	法国	6	斯坦福大学	美国
2	阿卜杜勒阿齐兹国王大学	沙特阿拉伯	7	普林斯顿大学	美国
3	巴黎大学	法国	8	牛津大学	英国
4	巴黎第七大学	法国	9	加州大学伯克利分校	美国
5	麻省理工学院	美国	10	加州大学洛杉矶分校	美国
其他中国机构：26. 山东科技大学；30. 哈尔滨工业大学；32. 曲阜师范大学；36. 复旦大学；44. 北京师范大学；45. 东南大学；47. 北京大学；48. 山东大学；49. 上海交通大学；52. 中南大学；56. 南开大学；58. 香港中文大学；66. 厦门大学；72. 清华大学；75. 浙江大学；77. 南京大学；80. 兰州大学；82. 浙江师范大学；84. 华东师范大学；86. 香港浸会大学；88. 香港城市大学；89. 中山大学；95. 香港理工大学；100. 中国科学技术大学；103. 华南师范大学；108. 中国矿业大学；109. 电子科技大学；118. 上海大学；119. 华中科技大学；121. 武汉大学；127. 西安交通大学；128. 湘潭大学；146. 大连理工大学；153. 华中师范大学；156. 四川大学；158. 重庆大学；162. 吉林大学；170. 上海师范大学；186. 苏州大学；190. 天津工业大学；193. 同济大学；196. 西南大学；203. 东北师范大学					

4. 数学学科影响力排名分析

从高被引论文数来看，位居前 10 位的大学依次是山东科技大学（中国）、阿卜杜勒阿齐兹国王大学（沙特阿拉伯）、曲阜师范大学（中国）、斯坦福大学（美国）、普林斯顿大学（美国）、电子科技大学（中国）、詹卡亚大学（土耳其）、麻省理工学院（美国）、东南大学（中国）、中国矿业大学（中国）。100 篇以上高被引论文的大学有 3 所，即山东科技大学、阿卜杜勒阿齐兹国王大学和曲阜师范大学；50 篇以上 100 篇以下的大学有 12 所；20 篇以上 50 篇以下的大学有 63 所；10 篇以上 20 篇以下的大学有 75 所；2 篇以上 10 篇以下的大学有 54 所。除了圣太田大学、里昂中央理工大学、法国洛林大学有 1 篇高被引论文以外，其他所有大学的高被引论文数均超过了 1 篇。

中国（包含港澳台）进入 ESI 数学学科高被引论文数排名的大学中有 31 所进入高被引论文指标排名的前 100 位，它们分别是山东科技大学、曲阜师范大学、电子科技大学、东南大学、中国矿业大学、哈尔滨工业大学、浙江师范大学、中南大学、湘潭大学、香港理工大学、香港城市大学、香港浸会大学、天津工业大学、南开大学、上海交通大学、上海大学、厦门大学、北京大学、华东师范大学、华中科技大学、大连理工大学、复旦大学、南京大学、中国科学技术大学、西南大学、东北师范大学、山东大学、中山大学、香港中文大学、兰州大学、同济大学。在这 31 所大学中，除山东科技大学、曲阜师范大学、电子科技大学、东南大学、中国矿业大学、哈尔滨工业大学、浙江师范大学高被引论文数大于 45 篇以外，其他均在 45 篇以下。其他进入 ESI 数学学科高被引论文数排名的中国（包含港澳台）大学如表 3-108 所示。

表 3-108　数学学科高被引论文数排名（前 9 位与中国大学）

高被引论文数排名	机构名称	国家/地区	高被引论文数排名	机构名称	国家/地区
1	山东科技大学	中国	5	电子科技大学	中国
2	阿卜杜勒阿齐兹国王大学	沙特阿拉伯	7	詹卡亚大学	土耳其
3	曲阜师范大学	中国	8	麻省理工学院	美国
4	斯坦福大学	美国	9	东南大学	中国
5	普林斯顿大学	美国	9	中国矿业大学	中国
其他中国机构：11. 哈尔滨工业大学；11. 浙江师范大学；21. 中南大学；22. 湘潭大学；33. 香港理工大学；40. 香港城市大学；44. 香港浸会大学；49. 天津工业大学；51. 南开大学；51. 上海交通大学；55. 上海大学；59. 厦门大学；61. 北京大学；61. 华东师范大学；68. 华中科技大学；68. 大连理工大学；72. 复旦大学；72. 南京大学；72. 中国科学技术大学；72. 西南大学；86. 东北师范大学；91. 山东大学；91. 中山大学；91. 香港中文大学；96. 兰州大学；96. 同济大学；102. 北京师范大学；102. 浙江大学；102. 清华大学；114. 武汉大学；114. 西安交通大学；114. 吉林大学；114. 华中师范大学；122. 重庆大学；122. 上海师范大学；129. 华南师范大学；129. 苏州大学；145. 四川大学					

5. 数学学科师资力量排名分析

从高被引科学家数来看，高被引科学家数最多的是 5 人，只有 1 所，即沙特阿拉伯的阿卜杜勒阿齐兹国王大学；其次是斯坦福大学（美国）、加州大学洛杉矶分校（美国）、昆士兰科技大学（澳大利亚），为 3 人；山东科技大学（中国）、明尼苏达大学双城分校（美国）、密歇根大学（美国）、电子科技大学（中国）、北京师范大学（中国）、阿米尔卡比尔理工大学（伊朗）、米兰-比科卡大学（意大利）的高被引科学家数为 2 人；有 1 位高被引科学家的高校有 22 所，分别是曲阜师范大学（中国）、普林斯顿大学（美国）、苏黎世联邦理工学院（瑞士）、威斯康星大学麦迪逊分校（美国）、得克萨斯大学奥斯汀分校（美国）、东南大学（中国）、华盛顿大学（美国）、罗格斯大学新不斯维克分校（美国）、伦敦帝国学院（英国）、上海交通大学（中国）、中山大学（中国）、中国矿业大学（中国）、宾夕法尼亚大学（美国）、洛桑联邦理工学院（瑞士）、香港城市大学（中国香港）、上海大学（中国）、香港理工大学（中国香港）、格拉纳达大学（西班牙）、帕德博恩大学（德国）、帕尔马大学（意大利）、圣地亚哥-德孔波斯特拉大学（西班牙）、赫尔辛基大学（芬兰），如表 3-109 所示。中国在数学学科的师资力量仍需加强。

表 3-109　数学学科高被引科学家数排名（前 5 位与中国大学）

高被引科学家数排名	机构名称	国家/地区	高被引科学家数排名	机构名称	国家/地区
1	阿卜杜勒阿齐兹国王大学	沙特阿拉伯	5	密歇根大学	美国
2	斯坦福大学	美国	5	电子科技大学	中国
2	加州大学洛杉矶分校	美国	5	北京师范大学	中国
2	昆士兰科技大学	澳大利亚	5	阿米尔卡比尔理工大学	伊朗
5	山东科技大学	中国	5	米兰-比科卡大学	意大利
5	明尼苏达大学双城分校	美国			
其他中国机构：12. 曲阜师范大学；12. 东南大学；12. 上海交通大学；12. 中山大学；12. 中国矿业大学；12. 香港城市大学；12. 上海大学；12. 香港理工大学ЂЂЂЂЂ					

(十三) 微生物学

进入ESI微生物学学科排名的高校共有298所。从国家或地区分布来看，这些高校隶属于美国、英国、德国、中国、法国、加拿大、荷兰、澳大利亚等35个国家或地区。具体高校的国家或地区分布情况如图3-13所示。

从图3-13可以看出，美国的高校数量遥遥领先于其他国家或地区。美国入围98所高校，占据相对优势，然后依次为英国、德国、法国、中国、加拿大。由此可见，欧美国家在微生物学学科领域拥有无法撼动的地位，遥遥领先。中国大陆（内地）有16所，它们分别是浙江大学、中国科学院大学、中国农业大学、复旦大学、中山大学、华南农业大学、北京大学、华中农业大学、南京农业大学、上海交通大学、中国医学科学院-北京协和医学院、武汉大学、清华大学、山东大学、厦门大学、吉林大学；中国香港有1所，为香港大学；中国台湾有1所，为台湾大学。

图3-13 进入ESI微生物学学科排名的大学的国家或地区分布

1. 微生物学学科竞争力综合排名分析

从综合排名来看，位居前10位的高校分别是哈佛大学（美国）、华盛顿大学（美国）、麻省理工学院（美国）、牛津大学（英国）、康奈尔大学（美国）、加州大学伯克利分校（美国）、伦敦帝国学院（英国）、加州大学旧金山分校（美国）、艾克斯-马赛大学（法国）、杜克大学（美国）。中国的高校中只有浙江大学、中国科学院大学、中国农业大学、复旦大学、中山大学、香港大学、华南农业大学进入前100位。其他进入ESI微生物学学科综合排名的中国（包含港澳台）高校如表3-110所示。

表3-110 微生物学学科综合排名（前10位与中国大学）

综合排名	机构名称	星级	档次	国家/地区	综合排名	机构名称	星级	档次	国家/地区
1	哈佛大学	5★+	顶尖	美国	6	加州大学伯克利分校	5★	著名	美国
2	华盛顿大学	5★+	顶尖	美国	7	伦敦帝国学院	5★	著名	英国
3	麻省理工学院	5★+	顶尖	美国	8	加州大学旧金山分校	5★	著名	美国
4	牛津大学	5★	著名	英国	9	艾克斯-马赛大学	5★	著名	法国
5	康奈尔大学	5★	著名	美国	10	杜克大学	5★	著名	美国

其他中国高校：37. 浙江大学；41. 中国科学院大学；63. 中国农业大学；69. 复旦大学；74. 中山大学；88. 香港大学；97. 华南农业大学；113. 北京大学；130. 华中农业大学；135. 南京农业大学；142. 上海交通大学；159. 中国医学科学院-北京协和医学院；163. 武汉大学；193. 清华大学；210. 山东大学；214. 厦门大学；244. 台湾大学；262. 吉林大学

2. 微生物学学科科研能力排名分析

从发文量来看，位居前10位的高校依次是哈佛大学（美国）、圣保罗大学（巴西）、华盛顿大学（美国）、牛津大学（英国）、艾克斯-马赛大学（法国）、伦敦帝国学院（英国）、威斯康星大学麦迪逊分校（美国）、中国科学院大学（中国）、墨尔本大学（澳大利亚）、约翰·霍普金斯大学（美国）。发文量超过2000篇的仅有哈佛大学（美国）及圣保罗大学（巴西）；发文量超过1000篇但少于2000篇的高校有43所。中国（包含港澳台）在发文量方面进入前100名的高校有12所，它们分别是中国科学院大学（第8位）、浙江大学（第18位）、中国农业大学（第30位）、中山大学（第34位）、华中农业大学（第44位）、南京农业大学（第50位）、中国医学科学院-北京协和医学院（第67位）、复旦大学（第73位）、上海交通大学（第77位）、华南农业大学（第79位）、山东大学（第83位）、香港大学（第90位）。其他进入ESI微生物学学科发文量排名的中国（包含港澳台）高校如表3-111所示。

表 3-111 微生物学学科发文量排名（前 10 位与中国大学）

发文量排名	机构名称	国家/地区	发文量排名	机构名称	国家/地区
1	哈佛大学	美国	6	伦敦帝国学院	英国
2	圣保罗大学	巴西	7	威斯康星大学麦迪逊分校	美国
3	华盛顿大学	美国	8	中国科学院大学	中国
4	牛津大学	英国	9	墨尔本大学	澳大利亚
5	艾克斯-马赛大学	法国	10	约翰·霍普金斯大学	美国

其他中国机构：18. 浙江大学；30. 中国农业大学；34. 中山大学；44. 华中农业大学；50. 南京农业大学；67. 中国医学科学院-北京协和医学院；73. 复旦大学；77. 上海交通大学；79. 华南农业大学；83. 山东大学；90. 香港大学；110. 吉林大学；131. 北京大学；135. 厦门大学；141. 武汉大学；153. 台湾大学；212. 清华大学

3. 微生物学学科科研影响力排名分析

从总被引次数来看，位居前 10 位的高校依次是哈佛大学（美国）、华盛顿大学（美国）、麻省理工学院（美国）、牛津大学（英国）、加州大学伯克利分校（美国）、圣路易斯华盛顿大学（美国）、杜克大学（美国）、伦敦帝国学院（英国）、康奈尔大学（美国）、威斯康星大学麦迪逊分校（美国）。只有哈佛大学（美国）总被引次数超过 120 000 次；排在第二、第三位的分别是华盛顿大学（美国）、牛津大学（英国），总被引次数在 50 000 次以上 60 000 次以下；总被引次数在 40 000 次以上 50 000 次以下的高校有 2 所，分别是牛津大学（英国）、加州大学伯克利分校（美国）；总被引次数在 20 000 次以上 40 000 次以下的有 49 所；总被引次数在 10 000 次以上 20 000 次以下的有 110 所；总被引次数在 10 000 次以下的有 134 所。进入排名的所有学校总被引次数均超过 5000 次。中国（包括港澳台）进入 ESI 微生物学学科总被引次数排名前 100 名的高校有 3 所，即香港大学、浙江大学、中国科学院大学。其他进入 ESI 微生物学学科总被引次数排名的中国（包含港澳台）高校如表 3-112 所示。

表 3-112 微生物学学科总被引次数排名（前 10 位与中国大学）

总被引次数排名	机构名称	国家/地区	总被引次数排名	机构名称	国家/地区
1	哈佛大学	美国	6	圣路易斯华盛顿大学	美国
2	华盛顿大学	美国	7	杜克大学	美国
3	麻省理工学院	美国	8	伦敦帝国学院	英国
4	牛津大学	英国	9	康奈尔大学	美国
5	加州大学伯克利分校	美国	10	威斯康星大学麦迪逊分校	美国

其他中国机构：66. 香港大学；90. 浙江大学；95. 中国科学院大学；104. 中国农业大学；138. 华中农业大学；141. 中山大学；154. 南京农业大学；155. 复旦大学；156. 上海交通大学；161. 中国医学科学院-北京协和医学院；191. 北京大学；211. 清华大学；236. 华南农业大学；239. 厦门大学；242. 台湾大学；254. 山东大学；281. 吉林大学；285. 武汉大学

4. 微生物学学科影响力排名分析

从高被引论文数来看，位居前 10 位的高校按照排名次序依次是：哈佛大学（美国）、麻省理工学院（美国）、华盛顿大学（美国）、康奈尔大学（美国）、牛津大学（英国）、圣路易斯华盛顿大学（美国）、加州大学旧金山分校（美国）、杜克大学（美国）、加州大学伯克利分校（美国）、宾夕法尼亚大学（美国）。有 100 篇以上高被引论文的高校仅有 1 所，即哈佛大学；50 篇以上 100 篇以下的有 7 所；30 篇以上 50 篇以下的高校有 24 所；10 篇以上 30 篇以下的有 131 所；1 篇以上 10 篇以下的有 144 所；剩下的高校的高被引论文数为 0 篇。中国（包含港澳台）进入 ESI 微生物学学科高被引论文数排名的高校中进入前 100 位的仅有 2 所，即香港大学（第 52 名）、中国科学院大学（第 79 名）。其他进入 ESI 微生物学学科高被引论文数排名的中国（包含港澳台）高校如表 3-113 所示。

表 3-113 微生物学学科高被引论文数排名（前 10 位与中国大学）

高被引论文数排名	机构名称	国家/地区	高被引论文数排名	机构名称	国家/地区
1	哈佛大学	美国	6	圣路易斯华盛顿大学	美国
2	麻省理工学院	美国	7	加州大学旧金山分校	美国
3	华盛顿大学	美国	8	杜克大学	美国
4	康奈尔大学	美国	9	加州大学伯克利分校	美国
5	牛津大学	英国	10	宾夕法尼亚大学	美国
其他中国机构：52. 香港大学；79. 中国科学院大学；112. 清华大学；115. 浙江大学；146. 华南农业大学；156. 中国农业大学；157. 复旦大学；158. 上海交通大学；159. 北京大学；181. 华中农业大学；182. 南京农业大学；206. 厦门大学；212. 中山大学；236. 中国医学科学院-北京协和医学院；255. 山东大学；270. 台湾大学；275. 武汉大学；297. 吉林大学					

5. 微生物学学科师资力量排名分析

从高被引科学家数来看，如表 3-114 所示，高被引科学家数最多的是 5 人，有 3 所高校，即美国的洛克菲勒大学、哈佛大学和杜克大学；美国的康奈尔大学、华盛顿大学和宾夕法尼亚大学有 3 人，美国的加州大学圣迭戈分校、西奈山伊坎医学院和英国的剑桥大学有 2 人；有 1 位高被引科学家的高校有 28 所，分别是加州大学伯克利分校（美国）、北卡罗来纳大学教堂山分校（美国）、瓦格宁根大学（荷兰）、昆士兰大学（澳大利亚）、艾克斯-马赛大学（法国）、爱丁堡大学（英国）、英属哥伦比亚大学（加拿大）、威斯康星大学麦迪逊分校（美国）、维也纳大学（奥地利）、哥伦比亚大学（美国）、鲁汶大学（比利时）、赫尔辛基大学（芬兰）、加州理工学院（美国）、鹿特丹大学（荷兰）、阿伯丁大学（英国）、内梅亨大学（荷兰）、拉瓦尔大学（加拿大）、北卡罗来纳州立大学（美国）、海德堡大学（德国）、普林斯顿大学（美国）、科隆大学（德国）、维尔茨堡大学（德国）、悉尼大学（澳大利亚）、普渡大学（美国）、上海交通大学（中国）、格勒诺布尔-阿尔卑斯大学（法国）、金山大学（南非）、比萨大学（意大利），这些大学的高被引科学家数均为 1 人。中国（包含港澳台）进入微生物学学科高被引科学家排名的高校里仅上海交通大学 1 所，中国微生物学学科高被引科学家极少，仅 1 位，该学科的发展任重道远。

表 3-114 微生物学学科高被引科学家数排名（前 7 位与中国大学）

高被引科学家数排名	机构名称	国家/地区	高被引科学家数排名	机构名称	国家/地区
1	哈佛大学	美国	4	宾夕法尼亚大学	美国
1	杜克大学	美国	7	加州大学圣迭戈分校	美国
1	洛克菲勒大学	美国	7	剑桥大学	英国
4	康奈尔大学	美国	7	西奈山伊坎医学院	美国
4	圣路易斯华盛顿大学	美国			
其他中国机构：10. 上海交通大学					

从以上指标可以看出，在微生物学学科领域，美国的研究力量更为强大。按照综合排名来看，浙江大学、中国科学院大学、中国农业大学的微生物学研究在中国较为靠前，其中浙江大学在各项指标中的综合表现尤为突出。中国机构在微生物学学科总被引次数及高被引论文数中排名都比较靠后，距离欧美发达国家的水平还比较远，中国高校要达到一流水平还有很长的路要走。

（十四）分子生物学与遗传学

进入 ESI 分子生物学与遗传学学科排名的大学有 466 所。从国家或地区分布来看，这些大学隶属于美国、中国、德国、英国、意大利、日本、法国、加拿大、澳大利亚、西班牙、荷兰等 44 个国家或地区，如图 3-14 所示。

图 3-14 进入 ESI 分子生物学与遗传学学科排名的大学的国家或地区分布

从图 3-14 可以看出，美国的高校数量位居第 1 位，以 133 所遥遥领先于其他国家或地区。中国大陆（内地）也以 41 所居于第 2 位，德国以 34 所居于第 3 位。中国共有 50 所，其中，中国大陆（内地）有上海交通大学、北京大学、复旦大学、中国科学院大学、浙江大学、南京医科大学、中山大学、中国医学科学院-北京协和医学院、中南大学、四川大学、清华大学、山东大学、华中科技大学、西安交通大学、苏州大学、同济大学、广州医科大学、海军军医大学、华中农业大学、首都医科大学、武汉大学、哈尔滨医科大学、南方医科大学、中国农业大学、郑州大学、西北农林科技大学、吉林大学、中国医科大学、天津医科大学、陆军军医大学、南京大学、东南大学、空军军医大学、温州医科大学、暨南大学、南京农业大学、厦门大学、重庆医科大学、安徽医科大学、中国科学技术大学、南开大学；中国台湾有台湾大学、台湾中国医药大学、台湾阳明大学、长庚大学、台湾成功大学、台北医学大学；中国香港有香港大学、香港中文大学、香港科技大学。

1. 分子生物学与遗传学学科竞争力综合排名分析

从综合排名来看，位居前 10 位的高校依次是哈佛大学（美国）、麻省理工学院（美国）、加州大学旧金山分校（美国）、斯坦福大学（美国）、剑桥大学（英国）、约翰·霍普金斯大学（美国）、宾夕法尼亚大学（美国）、多伦多大学（加拿大）、牛津大学（英国）、加州大学圣迭戈分校（美国）。中国只有 3 所高校进入前 100 名，分别是上海交通大学（第 52 名）、北京大学（第 84 名）、复旦大学（第 92 名），这三所高校与去年的排名相比都有所上升。其他进入 ESI 分子生物学与遗传学学科综合排名的中国（包含港澳台）高校如表 3-115 所示。

表 3-115 分子生物学与遗传学学科综合排名（前 10 位与中国大学）

综合排名	机构名称	星级	档次	国家/地区	综合排名	机构名称	星级	档次	国家/地区
1	哈佛大学	5★+	顶尖	美国	6	约翰·霍普金斯大学	5★	著名	美国
2	麻省理工学院	5★+	顶尖	美国	7	宾夕法尼亚大学	5★	著名	美国
3	加州大学旧金山分校	5★+	顶尖	美国	8	多伦多大学	5★	著名	加拿大
4	斯坦福大学	5★+	顶尖	美国	9	牛津大学	5★	著名	英国
5	剑桥大学	5★	著名	英国	10	加州大学圣迭戈分校	5★	著名	美国

其他中国机构：52. 上海交通大学；84. 北京大学；92. 复旦大学；101. 中国科学院大学；112. 浙江大学；114. 南京医科大学；121. 中山大学；157. 中国医学科学院-北京协和医学院；160. 香港大学；165. 中南大学；177. 四川大学；188. 清华大学；193. 台湾大学；199. 香港中文大学；219. 山东大学；223. 华中科技大学；232. 西安交通大学；243. 苏州大学；249. 同济大学；256. 广州医科大学；265. 海军军医大学；272. 华中农业大学；274. 首都医科大学；279. 武汉大学；282. 哈尔滨医科大学；283. 南方医科大学；286. 中国农业大学；293. 郑州大学；303. 西北农林科技大学；304. 吉林大学；309. 中国医科大学；312. 天津医科大学；318. 陆军军医大学；320. 南京大学；323. 台湾中国医药大学；324. 东南大学；325. 空军军医大学；338. 温州医科大学；339. 暨南大学；346. 南京农业大学；357. 台湾阳明大学；362. 厦门大学；375. 长庚大学；382. 香港科技大学；386. 重庆医科大学；393. 安徽医科大学；410. 台湾成功大学；414. 中国科学技术大学；417. 南开大学；440. 台北医学大学

2. 分子生物学与遗传学学科科研能力排名分析

从发文量来看，位居前 10 位的高校依次是哈佛大学（美国）、多伦多大学（加拿大）、斯坦福大学（美国）、麻省理工学院（美国）、宾夕法尼亚大学（美国）、剑桥大学（英国）、约翰·霍普金斯大学（美国）、加州大学旧金山分校（美国）、上海交通大学（中国）、伦敦大学学院（英国）。只有哈佛大学（美国）的发文量超过 10 000 篇；超过 5000 篇但少于 10 000 篇的有 12 所；超过 2000 篇但少于 5000 篇的有 84 所；超过 1000 篇但少于 2000 篇的有 147 所；少于 1000 篇的有 222 所。中国（包含港澳台）进入前 100

名的高校只有上海交通大学一所。其他进入 ESI 分子生物学与遗传学学科发文量排名的中国（包含港澳台）高校如表 3-116 所示。

表 3-116　分子生物学与遗传学学科发文量排名（前 10 位与中国大学）

发文量排名	机构名称	国家/地区	发文量排名	机构名称	国家/地区
1	哈佛大学	美国	6	剑桥大学	英国
2	多伦多大学	加拿大	7	约翰·霍普金斯大学	美国
3	斯坦福大学	美国	8	加州大学旧金山分校	美国
4	麻省理工学院	美国	9	上海交通大学	中国
5	宾夕法尼亚大学	美国	10	伦敦大学学院	英国
其他中国机构：18. 复旦大学；26. 浙江大学；29. 中山大学；37. 南京医科大学；42. 中国科学院大学；43. 北京大学；57. 中国医学科学院-中国协和医学院；60. 四川大学；74. 中南大学；75. 华中科技大学；78. 山东大学；100. 吉林大学；103. 首都医科大学；104. 同济大学；108. 南方医科大学；109. 哈尔滨医科大学；118. 郑州大学；121. 西安交通大学；124. 武汉大学；127. 清华大学；132. 中国医科大学；136. 苏州大学；151. 温州医科大学；154. 西北农林科技大学；155. 中国农业大学；156. 中国人民解放军陆军军医大学；159. 海军军医大学；168. 空军军医大学；171. 南京农业大学；177. 华中农业大学；178. 天津医科大学；191. 广州医科大学；194. 南京大学；205. 重庆医科大学；239. 厦门大学；243. 暨南大学；246. 安徽医科大学；266. 东南大学；301. 中国科学技术大学；315. 南开大学					

3. 分子生物学与遗传学学科科研影响力排名分析

从总被引次数来看，位居前 10 位的高校依次是哈佛大学（美国）、麻省理工学院（美国）、加州大学旧金山分校（美国）、斯坦福大学（美国）、剑桥大学（英国）、约翰·霍普金斯大学（美国）、牛津大学（英国）、宾夕法尼亚大学（美国）、多伦多大学（加拿大）、加州大学圣迭戈分校（美国）。总被引次数在一百万次以上的学校仅有 1 所，即排名第 1 位的哈佛大学，总被引次数为 11 64899 次；总被引次数在 50 万次以上 100 万次以下的学校仅有 1 所，即排名第 2 位的麻省理工学院（62 8607 次）；总被引次数在 20 万次以上 50 万次以下的有 22 所，总被引次数在 10 万次以上 20 万次以下的有 53 所，总被引次数在 10 万次以下的有 389 所。中国（包含港澳台）进入 ESI 分子生物学与遗传学学科总被引次数排名最靠前的机构即上海交通大学，位于第 74 位，总被引次数为 10 2793 次。其他进入 ESI 分子生物学与遗传学学科总被引次数排名的中国（包含港澳台）高校如表 3-117 所示。

表 3-117　分子生物学与遗传学学科总被引次数排名（前 10 位与中国大学）

总被引次数排名	机构名称	国家/地区	总被引次数排名	机构名称	国家/地区
1	哈佛大学	美国	6	约翰·霍普金斯大学	美国
2	麻省理工学院	美国	7	牛津大学	英国
3	加州大学旧金山分校	美国	8	宾夕法尼亚大学	美国
4	斯坦福大学	美国	9	多伦多大学	加拿大
5	剑桥大学	英国	10	加州大学圣迭戈分校	美国
其他中国机构：74. 上海交通大学；93. 复旦大学；97. 北京大学；115. 中山大学；123. 浙江大学；134. 中国医学科学院-北京协和医学院；143. 清华大学；153. 中国科学院大学；156. 南京医科大学；168. 香港大学；178. 四川大学；215. 香港中文大学；230. 华中科技大学；240. 中南大学；243. 台湾大学；247. 海军军医大学；249. 山东大学；256. 同济大学；270. 华中农业大学；282. 中国农业大学；283. 空军军医大学；289. 武汉大学；290. 哈尔滨医科大学；295. 台湾中国医药大学；296. 首都医科大学；298. 陆军军医大学；300. 南方医科大学；301. 苏州大学；307. 西安交通大学；310. 南京大学；314. 天津医科大学；319. 台湾阳明大学；354. 吉林大学；356. 南京农业大学；361. 长庚大学；363. 厦门大学；364. 中国医科大学；368. 温州医科大学；383. 郑州大学；384. 广州医科大学；390. 中国科学技术大学；394. 安徽医科大学；399. 南开大学；420. 台湾成功大学；425. 西北农林科技大学；445. 台北医学大学；447. 香港科技大学；457. 重庆医科大学；461. 暨南大学；462. 东南大学					

4. 分子生物学与遗传学学科影响力排名分析

从高被引论文数来看，位居前 10 位的高校依次是哈佛大学（美国）、麻省理工学院（美国）、加州大学旧金山分校（美国）、斯坦福大学（美国）、剑桥大学（英国）、宾夕法尼亚大学（美国）、加州大学圣迭戈分校（美国）、多伦多大学（加拿大）、约翰·霍普金斯大学（美国）、华盛顿大学（美国）。高被引论文数排名第1位的是哈佛大学，高达1014篇；500篇以上900篇以下的也只有1所，即麻省理工学院；200篇以上500篇以下的有12所；100篇以上200篇以下的有33所；50篇以上100篇以下的有64所；50篇以下的有355所。中国（包含港澳台）没有进入ESI分子生物学与遗传学学科高被引论文数排名前100位的高校，排名最靠前的为北京大学（第115位），有48篇高被引论文。其他进入ESI分子生物学与遗传学学科高被引论文数排名的中国（包含港澳台）高校如表3-118所示。

表3-118 分子生物学与遗传学学科高被引论文数排名（前10位与中国大学）

高被引论文数排名	机构名称	国家/地区	高被引论文数排名	机构名称	国家/地区
1	哈佛大学	美国	6	宾夕法尼亚大学	美国
2	麻省理工学院	美国	7	加州大学圣迭戈分校	美国
3	加州大学旧金山分校	美国	8	多伦多大学	加拿大
4	斯坦福大学	美国	9	约翰·霍普金斯大学	美国
5	剑桥大学	英国	10	华盛顿大学	美国
其他中国机构：115. 北京大学；117. 中国科学院大学；123. 上海交通大学；124. 复旦大学；157. 清华大学；166. 浙江大学；193. 中山大学；194. 南京医科大学；195. 香港大学；222. 中国医学科学院-北京协和医学院；223. 四川大学；227. 华中农业大学；238. 中南大学；242. 香港中文大学；254. 海军军医大学；258. 广州医科大学；295. 中国农业大学；307. 山东大学；308. 同济大学；309. 武汉大学；335. 郑州大学；341. 台湾大学；344. 台湾中国医药大学；345. 西安交通大学；347. 天津医科大学；355. 首都医科大学；357. 南京大学；370. 华中科技大学；380. 厦门大学；381. 中国医科大学；391. 东南大学；392. 哈尔滨医科大学；393. 南方医科大学；394. 苏州大学；404. 香港科技大学；409. 长庚大学；432. 陆军军医大学；433. 台湾阳明大学；434. 吉林大学；436. 南京农业大学；437. 温州医科大学；439. 台湾成功大学；447. 空军军医大学；449. 中国科学技术大学；450. 南开大学；458. 安徽医科大学；462. 重庆医科大学；463. 暨南大学；464. 西北农林科技大学；466. 台北医学大学					

5. 分子生物学与遗传学学科师资力量排名分析

从高被引科学家数来看，高被引科学家数最多的是21人，只有哈佛大学（美国）；麻省理工学院（美国）和圣路易斯华盛顿大学（美国）有6人；斯坦福大学（美国）、加州大学圣迭戈分校（美国）、怀特黑德学院（美国）有5人；西雅图华盛顿大学（美国）、得克萨斯大学（美国）有4人；有4所大学有3位高被引科学家；有2位高被引科学家的高校有11所；有1位高被引科学家的高校有30所；其他413所高校均没有高被引科学家。中国（包含港澳台）没有高校在分子生物学与遗传学学科有高被引科学家，进入ESI分子生物学和遗传学学科高被引科学家排名的高校如表3-119所示。

表3-119 分子生物学与遗传学学科高被引科学家数排名（前9位与中国大学）

高被引科学家数排名	机构名称	国家/地区	高被引科学家数排名	机构名称	国家/地区
1	哈佛大学	美国	7	西雅图华盛顿大学	美国
2	麻省理工学院	美国	7	得克萨斯大学	美国
2	圣路易斯华盛顿大学	美国	9	约翰·霍普金斯大学	美国
4	斯坦福大学	美国	9	加州大学伯克利分校	美国
4	加州大学圣迭戈分校	美国	9	昆士兰大学	澳大利亚
4	怀特黑德学院	美国	9	英属哥伦比亚大学	加拿大
其他中国机构：无					

从以上指标可以看出，在分子生物学与遗传学学科领域，美国的研究力量非常强大。中国在分子生物学与遗传学学科各项指标上进入ESI排名前100名的高校很少，尤其是在高被引论文以及高被引科学家方面与欧美发达国家的差距较大。这说明我国分子生物学与遗传学学科的实力距离世界一流的水平还比较远，中国高校需要在这一学科上努力。

（十五）综合交叉学科

进入ESI综合交叉学科排名的高校共有72所。从国家或地区分布来看，这些大学隶属于美国、英国、瑞士、瑞典、德国、中国、加拿大、日本等国家或地区。从图3-15中可以很直观地看出这些高校的国家或地区分布情况。

从图3-15可以看出，美国的高校数目位居第1位，并且处于绝对领先的地位，一共有38所高校进入排名。排名第2位的是英国，有10所。相比之下，中国大陆（内地）只有2所高校，即清华大学和北京大学。中国香港只有1所大学，即香港大学。

图3-15 进入ESI综合交叉学科排名的大学的国家或地区分布

1. 综合交叉学科竞争力综合排名分析

从综合排名来看，位居前10位的高校分别是哈佛大学（美国）、斯坦福大学（美国）、加州大学圣迭戈分校（美国）、麻省理工学院（美国）、牛津大学（英国）、约翰·霍普金斯大学（美国）、加州大学旧金山分校（美国）、耶鲁大学（美国）、加州大学伯克利分校（美国）、乌得勒支大学（荷兰）。中国（包含港澳台）只有清华大学、北京大学和香港大学进入ESI综合交叉学科综合排名，相比其他国家在数量上存在很大不足，如表3-120所示。

表3-120 综合交叉学科综合排名（前10位与中国大学）

综合排名	机构名称	星级	档次	国家/地区	综合排名	机构名称	星级	档次	国家/地区
1	哈佛大学	5★	著名	美国	6	约翰·霍普金斯大学	5★-	知名	美国
2	斯坦福大学	5★	著名	美国	7	加州大学旧金山分校	5★-	知名	美国
3	加州大学圣迭戈分校	5★	著名	美国	8	耶鲁大学	4★	一般	美国
4	麻省理工学院	5★-	知名	美国	9	加州大学伯克利分校	4★	一般	美国
5	牛津大学	5★-	知名	英国	10	乌得勒支大学	4★	一般	荷兰
其他中国机构：11. 清华大学；28. 北京大学；57. 香港大学									

2. 综合交叉学科的科研能力排名分析

从发文量来看，位居前10位的高校依次是哈佛大学（美国）、牛津大学（英国）、麻省理工学院（美国）、斯坦福大学（美国）、加州大学圣迭戈分校（美国）、伦敦大学学院（英国）、约翰·霍普金斯大学（美国）、剑桥大学（英国）、北卡罗来纳大学（美国）、加州大学伯克利分校（美国）。发文量最高的是哈佛大学，共620篇。发文量在200篇以上500篇以下的高校有5所；发文量超过100篇但少于200篇的高校有31所；发文量超过50篇但少于100篇的高校共有26所；发文量在50篇以下的高校有9所。进入排名学校发文量最低的为10篇。综合交叉学科发文量排名前10位与中国（包含港澳台）大学如表3-121所示。

表3-121 综合交叉学科发文量排名（前10位与中国大学）

发文量排名	机构名称	国家/地区	发文量排名	机构名称	国家/地区
1	哈佛大学	美国	6	伦敦大学学院	英国
2	牛津大学	英国	7	约翰·霍普金斯大学	美国
3	麻省理工学院	美国	8	剑桥大学	英国
4	斯坦福大学	美国	9	北卡罗来纳大学	美国
5	加州大学圣迭戈分校	美国	10	加州大学伯克利分校	美国
其他中国机构：25. 北京大学；37. 清华大学；52. 香港大学					

3. 综合交叉学科科研影响力排名分析

从总被引次数来看，位居前10位的高校依次是哈佛大学（美国）、牛津大学（英国）、麻省理工学院

（美国）、加州大学伯克利分校（美国）、哥伦比亚大学（美国）、斯坦福大学（美国）、加州大学圣迭戈分校（美国）、加州大学洛杉矶分校（美国）、清华大学（中国）、耶鲁大学（美国）。中国（包含港澳台）进入排名的高校有清华大学、香港大学和北京大学，分别排在第9位、第45位和第57位，总被引次数分别为8191次、3577次和3271次。总被引次数位居第1位的高校是哈佛大学，共计33 932次，总被引次数超过20 000次的高校共有2所，分别是哈佛大学（美国）和牛津大学（英国）；麻省理工学院（美国）的总被引次数超过15 000次；总被引次数在10 000次以上15 000次以下的有4所；总被引次数在5000次以上10 000次以下的有20所；总被引次数在5000次以下的有45所。进入排名的高校总被引次数最少的为2608次，如表3-122所示。

表3-122 综合交叉学科总被引次数排名（前10位与中国大学）

总被引次数排名	机构名称	国家/地区	总被引次数排名	机构名称	国家/地区
1	哈佛大学	美国	6	斯坦福大学	美国
2	牛津大学	英国	7	加州大学圣迭戈分校	美国
3	麻省理工学院	美国	8	加州大学洛杉矶分校	美国
4	加州大学伯克利分校	美国	9	清华大学	中国
5	哥伦比亚大学	美国	10	耶鲁大学	美国
其他中国机构：45.香港大学；57.北京大学					

4. 综合交叉学科影响力排名分析

从高被引论文数来看，位居前10位的高校依次是哈佛大学（美国）、麻省理工学院（美国）、牛津大学（英国）、斯坦福大学（美国）、加州大学圣迭戈分校（美国）、哥伦比亚大学（美国）、耶鲁大学（美国）、加州大学旧金山分校（美国）、加州大学伯克利分校（美国）、美国西北大学（美国）。高被引论文数最多的是哈佛大学，共35篇，也是唯一一所超过30篇的大学；排在第2位的是麻省理工学院（美国），达到18篇；高被引论文在20篇以上30篇以下的没有学校；高被引论文在10篇以上20篇以下的有7所；1篇以上10篇以下的有63所。清华大学位于第28位，篇数为5篇；北京大学位于第50位，篇数为3篇；香港大学位于第59位，篇数为2篇，如表3-123所示。

表3-123 综合交叉学科高被引论文数排名（前10位与中国大学）

高被引论文数排名	机构名称	国家/地区	高被引论文数排名	机构名称	国家/地区
1	哈佛大学	美国	6	哥伦比亚大学	美国
2	麻省理工学院	美国	7	耶鲁大学	美国
3	牛津大学	英国	8	加州大学旧金山分校	美国
4	斯坦福大学	美国	9	加州大学伯克利分校	美国
5	加州大学圣迭戈分校	美国	10	美国西北大学	美国
其他中国机构：28.清华大学；50.北京大学；59.香港大学					

5. 综合交叉学科师资力量排名分析

综合交叉学科的高被引科学家人数排名前10的高校是哈佛大学（美国）、斯坦福大学（美国）、约翰·霍普金斯大学（美国）、哥伦比亚大学（美国）、耶鲁大学（美国）、剑桥大学（英国）、杜克大学（美国）、加州大学圣迭戈分校（美国）、加州大学洛杉矶分校（美国）、麻省理工学院（美国）。其中高被引科学家最多的高校是哈佛大学，有80位，也是唯一一个高被引科学家超过60人的高校；高被引科学家人数在30人以上60人以下的只有1所；20人以上30人以下的有10所，10人以上20人以下的有15所；10人以下的有37所；其他8所高校没有高被引科学家。中国大陆（内地）两所高校清华大学和北京大学分别以16人和7人位列第16位和35位；中国香港的香港大学以3人位列第50位，如表3-124所示。

表 3-124　综合交叉学科高被引科学家数排名（前 10 位与中国大学）

高被引科学家数排名	机构名称	国家/地区	高被引科学家数排名	机构名称	国家/地区
1	哈佛大学	美国	4	剑桥大学	英国
2	斯坦福大学	美国	8	加州大学圣地亚哥分校	美国
3	约翰·霍普金斯大学	美国	8	加州大学洛杉矶分校	美国
4	耶鲁大学	美国	10	麻省理工学院	美国
4	哥伦比亚大学	美国	10	华盛顿大学	美国
4	杜克大学	美国			
其他中国机构：16. 清华大学；35. 北京大学；50. 香港大学					

从以上各项指标的分析可以看出，综合交叉学科在世界范围内的发展还比较薄弱，相对于其他学科，该学科进入排名的学校少，发文量少，被引次数和高被引论文数值都偏低。可见，该学科的发展任重道远。另外，各项指标均反映出英美两国在综合交叉学科占有主要优势。虽然中国（包含港澳台）有 3 所大学进入排名，但离排名靠前的大学还有一定差距。我国要进一步加强综合交叉学科的建设。

（十六）神经科学与行为科学

进入 ESI 神经科学与行为科学学科排名的大学共有 529 所。从国家或地区分布来看，这些大学隶属美国、德国、中国、意大利、英国、法国、加拿大、日本、澳大利亚、西班牙、韩国等 41 个国家或地区。从图 3-16 中可以很直观地看出这些大学的国家或地区分布情况。

从图 3-16 可以看出，美国有 148 所大学，位居第 1 位，遥遥领先于其他国家或地区。德国有 39 所，英国有 34 所，意大利有 37 所，中国大陆（内地）有 38 所，法国有 33 所，日本有 21 所，加拿大有 21 所。中国台湾有 6 所，中国香港有 2 所。

图 3-16　进入 ESI 神经科学与行为科学学科的大学的国家或地区分布

1. 神经科学与行为科学学科竞争力综合排名分析

从综合排名来看，位居前 10 位的大学分别是哈佛大学（美国）、伦敦大学学院（英国）、约翰·霍普金斯大学（美国）、加州大学旧金山分校（美国）、多伦多大学（加拿大）、宾夕法尼亚大学（美国）、斯坦福大学（美国）、哥伦比亚大学（美国）、加州大学圣迭戈分校（美国）、牛津大学（英国）。进入 ESI 神经科学与行为科学学科综合排名的中国（包含港澳台）大学如表 3-125 所示。

表 3-125　神经科学与行为科学学科综合排名（前 10 位与中国大学）

综合排名	机构名称	星级	档次	国家/地区	综合排名	机构名称	星级	档次	国家/地区
1	哈佛大学	5★+	顶尖	美国	6	宾夕法尼亚大学	5★	著名	美国
2	伦敦大学学院	5★+	顶尖	英国	7	斯坦福大学	5★	著名	美国
3	约翰·霍普金斯大学	5★+	顶尖	美国	8	哥伦比亚大学	5★	著名	美国
4	加州大学旧金山分校	5★+	顶尖	美国	9	加州大学圣迭戈分校	5★	著名	美国
5	多伦多大学	5★+	顶尖	加拿大	10	牛津大学	5★	著名	英国
其他中国机构：88. 首都医科大学；111. 复旦大学；131. 北京大学；138. 上海交通大学；184. 中山大学；187. 中南大学；209. 四川大学；211. 香港大学；217. 香港中文大学；220. 南京大学；221. 北京师范大学；222. 华中科技大学；227. 南京医科大学；228. 台湾大学；229. 空军军医大学；242. 重庆医科大学；246. 浙江大学；251. 陆军军医大学；259. 中国科学院大学；267. 中国医学科学院-北京协和医学院；270. 天津医科大学；279. 中国医科大学；300. 台湾阳明大学；303. 武汉大学；341. 长庚大学；342. 吉林大学；354. 台北医学大学；360. 山东大学；365. 南方医科大学；367. 清华大学；371. 郑州大学；372. 电子科技大学；379. 西安交通大学；385. 同济大学；390. 苏州大学；403. 南通大学；418. 青岛大学；430. 海军军医大学；440. 西南大学；443. 台湾中国医药大学；450. 东南大学；458. 温州医科大学；464. 杭州师范大学；477. 台湾成功大学；480. 河北医科大学；486. 哈尔滨医科大学									

2. 神经科学与行为科学学科科研能力排名分析

从发文量来看，位居前 10 位的大学依次是哈佛大学（美国）、伦敦大学学院（英国）、多伦多大学（加拿大）、约翰·霍普金斯大学（美国）、加州大学旧金山分校（美国）、宾夕法尼亚大学（美国）、加州大学洛杉矶分校（美国）、哥伦比亚大学（美国）、加州大学圣迭戈分校（美国）、麦吉尔大学（加拿大）。发文量超过 10 000 篇的有 3 所，即哈佛大学、伦敦大学学院和多伦多大学；超过 5000 篇但少于 10 000 篇的有 13 所；超过 3000 篇但少于 5000 篇的有 43 所；超过 2000 篇但少于 3000 篇的有 55 所；超过 1000 篇但少于 2000 篇的有 152 所；超过 500 篇但少于 1000 篇的有 180 所；超过 100 篇但少于 500 篇的有 83 所；发文量最低的高校发文量为 183 篇。进入 ESI 神经科学与行为科学学科排名前 100 位的大学中，中国大陆（内地）有 4 所，其中首都医科大学排名第 46 位，上海交通大学排名第 75 位，复旦大学排第 81 位，北京大学排第 93 位。其他进入 ESI 神经科学与行为科学学科排名的中国（包含港澳台）大学如表 3-126 所示。

表 3-126　神经科学与行为科学学科发文量排名（前 10 位与中国大学）

发文量排名	机构名称	国家/地区	发文量排名	机构名称	国家/地区
1	哈佛大学	美国	6	宾夕法尼亚大学	美国
2	伦敦大学学院	英国	7	加州大学洛杉矶分校	美国
3	多伦多大学	加拿大	8	哥伦比亚大学	美国
4	约翰·霍普金斯大学	美国	9	加州大学圣迭戈分校	美国
5	加州大学旧金山分校	美国	10	麦吉尔大学	加拿大
其他中国机构：46. 首都医科大学；75. 上海交通大学；81. 复旦大学；93. 北京大学；139. 浙江大学；144. 中山大学；153. 四川大学；155. 中南大学；177. 南京医科大学；188. 华中科技大学；195. 台湾阳明大学；203. 山东大学；205. 空军军医大学；207. 北京师范大学；211. 台湾大学；221. 香港大学；222. 长庚大学；229. 中国医科大学；231. 西安交通大学；237. 陆军军医大学；238. 重庆医科大学；245. 南方医科大学；255. 香港中文大学；258. 中国科学院大学；260. 南京大学；264. 中国医学科学院-北京协和医学院；266. 苏州大学；271. 天津医科大学；277. 南通大学；285. 吉林大学；303. 郑州大学；319. 台北医学大学；325. 温州医科大学；326. 海军军医大学；330. 青岛大学；349. 电子科技大学；360. 台湾成功大学；365. 台湾中国医药大学；369. 西南大学；375. 东南大学；376. 同济大学；381. 哈尔滨医科大学；385. 清华大学；392. 武汉大学；411. 河北医科大学；494. 杭州师范大学					

3. 神经科学与行为科学学科科研影响力排名分析

从总被引次数来看，位居前 10 位的大学依次是哈佛大学（美国）、伦敦大学学院（英国）、加州大学旧金山分校（美国）、约翰·霍普金斯大学（美国）、多伦多大学（加拿大）、宾夕法尼亚大学（美国）、加州大学洛杉矶分校（美国）、斯坦福大学（美国）、哥伦比亚大学（美国）、加州大学圣迭戈分校（美国）。总被引次数超过 50 0000 次的大学共有 1 所，即位居第 1 位的哈佛大学；总被引次数在 30 0000 次以上 50 0000 次以下的只有位于第 2 位的伦敦大学学院；总被引次数在 20 0000 次以上 30 0000 次以下的有 7 所；总被引次数在 10 0000 次以上 20 0000 次以下的有 30 所；总被引次数在 50 000 次以上 10 0000 次以下的有 70 所；总被引次数在 10 000 次以上 50 000 次以下的有 299 所；总被引次数在 10 000 次以下的有 121 所；所有大学的总被引次数均在 6000 次以上。进入 ESI 神经科学与行为科学学科总被引次数排名的中国（包含港澳台）大学如表 3-127 所示。

表 3-127　神经科学与行为科学学科总被引次数排名（前 10 位与中国大学）

总被引次数排名	机构名称	国家/地区	总被引次数排名	机构名称	国家/地区
1	哈佛大学	美国	6	宾夕法尼亚大学	美国
2	伦敦大学学院	英国	7	加州大学洛杉矶分校	美国
3	加州大学旧金山分校	美国	8	斯坦福大学	美国
4	约翰·霍普金斯大学	美国	9	哥伦比亚大学	美国
5	多伦多大学	加拿大	10	加州大学圣迭戈分校	美国
其他中国机构：129. 首都医科大学；154. 复旦大学；175. 上海交通大学；177. 北京大学；196. 北京师范大学；239. 香港中文大学；240. 四川大学；245. 中山大学；247. 浙江大学；249. 华中科技大学；253. 台湾阳明大学；257. 中南大学；261. 空军军医大学；264. 南京医科大学；268. 香港大学；272. 台湾大学；297. 陆军军医大学；304. 天津医科大学；314. 长庚大学；320. 中国医科大学；322. 山东大学；338. 中国医学科学院-北京协和医学院；347. 电子科技大学；354. 重庆医科大学；362. 苏州大学；365. 南方医科大学；366. 西安交通大学；385. 南通大学；401. 海军军医大学；409. 台湾中国医药大学；410. 中国科学院大学；415. 清华大学；423. 青岛大学；433. 东南大学；442. 台北医学大学；458. 台湾成功大学；460. 哈尔滨医科大学；462. 杭州师范大学；467. 河北医科大学；468. 温州医科大学；475. 吉林大学；482. 武汉大学；499. 郑州大学；504. 西南大学；505. 同济大学					

4. 神经科学与行为科学学科影响力排名分析

从高被引论文数来看，位居前 10 位的大学依次是哈佛大学（美国）、伦敦大学学院（英国）、加州大学旧金山分校（美国）、斯坦福大学（美国）、约翰·霍普金斯大学（美国）、宾夕法尼亚大学（美国）、哥伦比亚大学（美国）、圣路易斯华盛顿大学（美国）、牛津大学（英国）、麻省理工学院（美国）。高被引论文数最高的依然是美国的哈佛大学，有 606 篇，其次是伦敦大学学院，有 366 篇。有 100 篇以上 300 篇以下高被引论文的大学有 33 所；有 50 篇以上 100 篇以下高被引论文的大学有 57 所；有 10 篇以上 50 篇以下高被引论文的大学有 229 所；有 1 篇以上 10 篇以下高被引论文的大学有 193 所；有 1 篇高被引论文的大学有 10 所；剩下的 5 所大学的高被引论文数为 0 篇。中国（包含港澳台）没有一所大学入选高被引论文数排名前 100 名，需要在高被引论文的发表上做更多的努力。进入 ESI 神经科学与行为科学学科高被引论文数排名的中国（包含港澳台）大学如表 3-128 所示。

表 3-128 神经科学与行为科学学科高被引论文数排名（前 10 位与中国大学）

高被引论文数排名	机构名称	国家/地区	高被引论文数排名	机构名称	国家/地区
1	哈佛大学	美国	6	宾夕法尼亚大学	美国
2	伦敦大学学院	英国	7	哥伦比亚大学	美国
3	加州大学旧金山分校	美国	8	圣路易斯华盛顿大学	美国
4	斯坦福大学	美国	9	牛津大学	英国
5	约翰·霍普金斯大学	美国	10	麻省理工学院	美国
其他中国机构：147. 首都医科大学；177. 复旦大学；187. 北京师范大学；197. 北京大学；221. 上海交通大学；227. 清华大学；276. 浙江大学；278. 香港大学；285. 陆军军医大学；286. 重庆医科大学；289. 武汉大学；291. 中南大学；296. 中国医学科学院-北京协和医学院；301. 中国科学院大学；303. 香港中文大学；305. 中山大学；309. 南京大学；312. 电子科技大学；324. 四川大学；327. 华中科技大学；333. 天津医科大学；353. 南京医科大学；374. 台湾大学；383. 杭州师范大学；389. 台湾阳明大学；408. 西南大学；413. 空军军医大学；417. 长庚大学；418. 中国医科大学；423. 南方医科大学；432. 青岛大学；464. 吉林大学；469. 苏州大学；470. 西安交通大学；472. 南通大学；475. 海军军医大学；477. 台湾中国医药大学；480. 东南大学；481. 台北医学大学；488. 同济大学；491. 山东大学；503. 河北医科大学；504. 温州医科大学；509. 郑州大学；520. 台湾成功大学；521. 哈尔滨医科大学					

5. 神经科学与行为科学学科师资力量排名分析

从高被引科学家数来看，高被引科学家数最多的是华盛顿大学，共 12 人。其次是英国的牛津大学、伦敦大学，分别为 11 人、7 人；斯坦福大学和哈佛大学的高被引科学家均为 5 人；宾夕法尼亚大学高被引科学家数量为 6 人；加州大学旧金山分校和加州大学圣迭戈分校均有 5 位高被引科学家；有 4 位高被引科学家数的高校有 2 所，即麻省理工学院（美国）和墨尔本大学（澳大利亚）；有 3 位高被引科学家数的高校有 9 所；有 2 位高被引科学家数的高校有 12 所；有 1 位高被引科学家数的高校有 39 所，其余 461 高校没有高被引科学家。中国（包含港澳台）只有北京师范大学一所高校的高被引科学家数大于 0。进入 ESI 神经科学与行为科学学科高被引科学家数排名的高校如表 3-129 所示。

表 3-129 神经科学与行为科学学科高被引科学家数排名（前 9 位与中国大学）

高被引科学家数排名	机构名称	国家/地区	高被引科学家数排名	机构名称	国家/地区
1	华盛顿大学	美国	9	多伦多大学	加拿大
2	牛津大学	英国	9	加州大学洛杉矶分校	美国
3	伦敦大学学院	英国	9	纽约大学	美国
4	宾夕法尼亚大学	美国	9	阿姆斯特丹自由大学	荷兰
5	哈佛大学	美国	9	帝国理工学院	英国
5	斯坦福大学	美国	9	西奈山伊坎医学院	美国
7	麻省理工学院	美国	9	南加利福尼亚大学	美国
7	墨尔本大学	澳大利亚	9	科克大学	爱尔兰
9	加州大学旧金山分校	美国			
其他中国机构：30. 北京师范大学					

（十七）药理学与毒物学

在药理学与毒物学方面，进入 ESI 排行的大学共有 621 所。从国家或地区分布来看，这些大学隶属于美国、中国、英国、意大利、德国、法国、韩国、日本、澳大利亚、西班牙等 51 个国家或地区。从图 3-17 中可以很直观地看出这些大学的国家或地区分布情况。

图 3-17 进入 ESI 药理学与毒物学学科的大学的国家或地区分布

从图 3-17 可以看出，美国有 128 所大学，位居第 1 位，遥遥领先于其他国家或地区。中国大陆（内地）有 63 所，英国有 36 所，意大利有 36 所，德国有 34 所，韩国有 30 所，日本有 26 所，法国有 33 所，澳大利亚和西班牙均为 16 所。中国大陆（内地）进入排行的大学分别是中国医学科学院-北京协和医学院、中国药科大学、北京大学、中山大学、上海交通大学、浙江大学、复旦大学、沈阳药科大学、山东大学、四川大学、首都医科大学、南京医科大学、吉林大学、苏州大学、中国科学院大学、华中科技大学、中南大学、海军军医大学、西安交通大学、温州医科大学、上海中医药大学、东南大学、南京中医药大学、南方医科大学、南京大学、郑州大学、暨南大学、武汉大学、北京中医药大学、中国医科大学、广州医科大学、空军军医大学、安徽医科大学、哈尔滨医科大学、陆军军医大学、重庆医科大学、山东第一医科大学、同济大学、清华大学、大连医科大学、天津医科大学、浙江中医药大学、广州中医药大学、华中农业大学、青岛大学、兰州大学、南开大学、南昌大学、中国海洋大学、天津中医药大学、南通大学、厦门大学、西南大学、徐州医科大学、中国农业大学、广西医科大学、华东理工大学、西北大学、烟台大学、西北农林科技大学、天津大学、河北医科大学、江苏大学。中国台湾有 12 所，分别为台湾中国医药大学、台湾大学、长庚大学、台北医学大学、高雄医学大学、台湾阳明大学、台湾成功大学、中山医学大学、台湾中兴大学、亚洲大学（中国台湾）、台湾医学院、台湾中山大学。中国香港有 4 所，分别为香港中文大学、香港大学、香港浸会大学、香港理工大学。中国澳门有 1 所，即澳门大学。

1. 药理学与毒物学学科竞争力综合排名分析

从综合排名来看，位居前 10 位的大学分别是哈佛大学（美国）、伦敦大学学院（英国）、乌得勒支大学（荷兰）、莫纳什大学（澳大利亚）、哥本哈根大学（丹麦）、北卡罗来纳大学教堂山分校（美国）、巴黎大学（法国）、巴黎第七大学（法国）、卡罗林斯卡医学院（瑞典）、约翰·霍普金斯大学（美国）。进入前 100 位的中国大陆（内地）大学有 13 所，分别是中国医学科学院-北京协和医学院（第 13 名）、中国药科大学（第 24 名）、北京大学（第 26 名）、中山大学（第 28 名）、上海交通大学（第 31 名）、浙江大学（第 41 名）、复旦大学（第 49 名）、沈阳药科大学（第 52 名）、山东大学（第 53 名）、四川大学（第 58 名）、首都医科大学（第 72 名）、南京医科大学（第 84 名）、吉林大学（第 97 名）。中国香港、中国澳门和中国台湾均没有高校进入前 100 位。其他进入 ESI 药理学与毒物学学科综合排名的中国（包含港澳台）大学如表 3-130 所示。

表 3-130 药理学与毒物学学科综合排名（前 10 位与中国大学）

综合排名	机构名称	星级	档次	国家/地区	综合排名	机构名称	星级	档次	国家/地区
1	哈佛大学	5★+	顶尖	美国	6	北卡罗来纳大学教堂山分校	5★+	顶尖	美国
2	伦敦大学学院	5★+	顶尖	英国	7	巴黎大学	5★	著名	法国
3	乌得勒支大学	5★+	顶尖	荷兰	8	巴黎第七大学	5★	著名	法国
4	莫纳什大学	5★+	顶尖	澳大利亚	9	卡罗林斯卡医学院	5★	著名	瑞典
5	哥本哈根大学	5★+	顶尖	丹麦	10	约翰·霍普金斯大学	5★	著名	美国

续表

其他中国机构：13. 中国医学科学院-北京协和医学院；24. 中国药科大学；26. 北京大学；28. 中山大学；31. 上海交通大学；41. 浙江大学；49. 复旦大学；52. 沈阳药科大学；53. 山东大学；58. 四川大学；72. 首都医科大学；84. 南京医科大学；97. 吉林大学；110. 苏州大学；111. 香港中文大学；116. 台湾中国医药大学；117. 中国科学院大学；123. 华中科技大学；125. 中南大学；129. 台湾大学；131. 海军军医大学；138. 西安交通大学；154. 温州医科大学；164. 上海中医药大学；175. 东南大学；180. 南京中医药大学；182. 南方医科大学；189. 南京大学；194. 郑州大学；198. 暨南大学；202. 香港大学；220. 武汉大学；240. 长庚大学；241. 北京中医药大学；242. 中国医科大学；251. 广州医科大学；254. 空军军医大学；256. 台北医学大学；270. 安徽医科大学；294. 哈尔滨医科大学；296. 澳门大学；312. 高雄医科大学；313. 陆军军医大学；314. 重庆医科大学；325. 山东第一医科大学；328. 同济大学；336. 清华大学；340. 大连医科大学；344. 天津医科大学；346. 浙江中医药大学；347. 广州中医药大学；348. 台湾阳明大学；352. 华中农业大学；364. 青岛大学；385. 兰州大学；393. 台湾成功大学；396. 南开大学；399. 南昌大学；420. 中国海洋大学；445. 天津中医药大学；475. 南通大学；479. 厦门大学；486. 西南大学；495. 徐州医科大学；496. 中山医学大学；502. 香港浸会大学；504. 台湾中兴大学；505. 亚洲大学（中国台湾）；506. 中国农业大学；511. 广西医科大学；512. 香港理工大学；517. 华东理工大学；522. 西北大学；529. 烟台大学；535. 台湾医学院；538. 西北农林科技大学；545. 天津大学；551. 河北医科大学；562. 江苏大学；600. 台湾中山大学

2. 药理学与毒物学学科科研能力排名分析

从发文量来看，位居前10位的大学依次是哈佛大学（美国）、中国药科大学（中国）、圣保罗大学（巴西）、中国医学科学院-北京协和医学院（中国）、德黑兰医科大学（伊朗）、上海交通大学（中国）、首尔大学（韩国）、哥本哈根大学（丹麦）、复旦大学（中国）、浙江大学（中国）。发文量超过2000篇的有21所，超过1000篇但少于2000篇的有98所，超过800篇但少于1000篇的有60所，超过600篇但少于800篇的有109所，在100篇（包括100篇）以上600篇以下的有332所，100篇以下的有1所。中国（包含港澳台）进入ESI药理学与毒物学学科发文量排名前100名的大学共有28所，它们分别是：中国药科大学（第2名）、中国医学科学院-北京协和医学院（第4名）、上海交通大学（第6名）、复旦大学（第9名）、浙江大学（第10名）、沈阳药科大学（第11名）、山东大学（第13名）、中山大学（第14名）、北京大学（第16名）、四川大学（第24名）、南京医科大学（第26名）、吉林大学（第37名）、首都医科大学（第43名）、苏州大学（第84名）、香港中文大学（第79名）、台湾中国医药大学（第41名）、中国科学院大学（第47名）、华中科技大学（第43名）、中南大学（第50名）、台湾大学（第64名）、海军军医大学（第65名）、西安交通大学（第67名）、温州医科大学（第59名）、上海中医药大学（第74名）、南京中医药大学（第56名）、南方医科大学（第84名）、郑州大学（第67名）、暨南大学（第72名）。其他进入ESI药理学与毒物学学科发文量排名的中国（包含港澳台）大学如表3-131所示。

表3-131　药理学与毒物学学科发文量排名（前10位与中国大学）

发文量排名	机构名称	国家/地区	发文量排名	机构名称	国家/地区
1	哈佛大学	美国	6	上海交通大学	中国
2	中国药科大学	中国	7	首尔大学	韩国
3	圣保罗大学	巴西	8	哥本哈根大学	丹麦
4	中国医学科学院-北京协和医学院	中国	9	复旦大学	中国
5	德黑兰医科大学	伊朗	10	浙江大学	中国

其他中国机构：11. 沈阳药科大学；13. 山东大学；14. 中山大学；16. 北京大学；24. 四川大学；26. 南京医科大学；37. 吉林大学；43. 首都医科大学；84. 苏州大学；79. 香港中文大学；41. 台湾中国医药大学；47. 中国科学院大学；43. 华中科技大学；50. 中南大学；64. 台湾大学；65. 海军军医大学；67. 西安交通大学；59. 温州医科大学；74. 上海中医药大学；214. 东南大学；56. 南京中医药大学；84. 南方医科大学；124. 南京大学；67. 郑州大学；72. 暨南大学；187. 香港大学；110. 武汉大学；175. 长庚大学；106. 北京中医药大学；126. 中国医科大学；260. 广州医科大学；153. 空军军医大学；137. 台北医学大学；144. 安徽医科大学；154. 哈尔滨医科大学；241. 澳门大学；144. 高雄医科大学；233. 陆军军医大学；176. 重庆医科大学；155. 山东第一医科大学；178. 同济大学；405. 清华大学；182. 大连医科大学；210. 天津医科大学；304. 浙江中医药大学；151. 广州中医药大学；231. 台湾阳明大学；510. 华中农业大学；200. 青岛大学；234. 兰州大学；344. 台湾成功大学；393. 南开大学；268. 南昌大学；377. 中国海洋大学；268. 天津中医药大学；377. 南通大学；337. 厦门大学；453. 西南大学；330. 徐州医科大学；433. 中山医学大学；411. 香港浸会大学；414. 台湾中兴大学；471. 亚洲大学（中国台湾）；401. 中国农业大学；460. 广西医科大学；524. 香港理工大学；419. 华东理工大学；574. 西北大学；513. 烟台大学；477. 台湾医学院；472. 西北农林科技大学；485. 天津大学；299. 河北医科大学；332. 江苏大学；430. 台湾中山大学

3. 药理学与毒物学学科科研影响力排名分析

从总被引次数来看，位居前10位的大学依次是哈佛大学（美国）、哥本哈根大学（丹麦）、北卡罗来纳大学教堂山分校（美国）、乌得勒支大学（荷兰）、伦敦大学学院（英国）、多伦多大学（加拿大）、莫纳什大学（澳大利亚）、华盛顿大学（美国）、巴黎大学（法国）、加州大学圣迭戈分校（美国）。总被引次数超过20 000次的大学共有68所；总被引次数在10 000次以上20 000次以下的有159所；总被引次数在5000次以上10 000次以下的有239所；总被引在3000次以上5000次以下的有155所，最低次数为3453次。中国（包含港澳台）进入ESI药理学与毒物学学科总被引次数排名前100名的大学共有16所。其中，中国大陆（内地）的大学是中国药科大学（第13名）、上海交通大学（第20名）、浙江大学（第22名）、复旦大学（第25名）、中国医学科学院-北京协和医学院（第26名）、北京大学（第28名）、沈阳药科大学（第38名）、中山大学（第39名）、山东大学（第44名）、四川大学（第47名）、南京医科大学（第83名）、华中科技大学（第98名）、海军军医大学（第99名）；中国台湾的大学是台湾中国医药大学（第65名）、台湾大学（第86名）；中国香港的大学是香港中文大学（第68名）。其他进入ESI药理学与毒物学学科总被引次数排名的中国（包含港澳台）大学如表3-132所示。

表3-132　药理学与毒物学学科总被引次数排名（前10位与中国大学）

总被引次数排名	机构名称	国家/地区	总被引次数排名	机构名称	国家/地区
1	哈佛大学	美国	6	多伦多大学	加拿大
2	哥本哈根大学	丹麦	7	莫纳什大学	澳大利亚
3	北卡罗来纳大学教堂山分校	美国	8	华盛顿大学	美国
4	乌得勒支大学	荷兰	9	巴黎大学	法国
5	伦敦大学学院	英国	10	加州大学圣迭戈分校	美国

其他中国机构：13. 中国药科大学；20. 上海交通大学；22. 浙江大学；25. 复旦大学；26. 中国医学科学院-北京协和医学院；28. 北京大学；38. 沈阳药科大学；39. 中山大学；44. 山东大学；47. 四川大学；65. 台湾中国医药大学；68. 香港中文大学；83. 南京医科大学；86. 台湾大学；98. 华中科技大学；99. 海军军医大学；107. 中国科学院大学；110. 苏州大学；111. 吉林大学；128. 南京中医药大学；136. 首都医科大学；141. 中南大学；142. 南京大学；156. 香港大学；157. 上海中医药大学；167. 西安交通大学；171. 长庚大学；184. 温州医科大学；186. 空军军医大学；189. 暨南大学；195. 南方医科大学；196. 武汉大学；208. 台北医学大学；214. 高雄医科大学；249. 台湾阳明大学；263. 陆军军医大学；267. 澳门大学；273. 安徽医科大学；277. 广州医科大学；280. 郑州大学；285. 哈尔滨医科大学；296. 大连医科大学；312. 北京中医药大学；315. 重庆医科大学；323. 台湾成功大学；327. 天津医科大学；329. 同济大学；332. 东南大学；350. 清华大学；365. 中山医学大学；367. 中国海洋大学；371. 南开大学；373. 广州中医药大学；385. 山东第一医科大学；403. 兰州大学；404. 香港浸会大学；417. 台湾中兴大学；421. 天津中医药大学；429. 浙江中医药大学；430. 中国农业大学；439. 广州医科大学；452. 南昌大学；454. 华东理工大学；464. 江苏大学；479. 青岛大学；483. 亚洲大学（中国台湾）；486. 厦门大学；488. 河北医科大学；493. 西南大学；500. 香港理工大学；502. 南通大学；516. 台湾医学院；521. 台湾中山大学；525. 天津大学；535. 西北农林科技大学；543. 广西医科大学；548. 徐州医科大学；549. 华南农业大学；585. 烟台大学；596. 西北大学

4. 药理学与毒物学学科影响力排名分析

从高被引论文数来看，位居前11位的大学依次是哈佛大学（美国）、伦敦大学学院（英国）、斯坦福大学（美国）、乌得勒支大学（荷兰）、麻省理工学院（美国）、华盛顿大学（美国）、加州大学圣迭戈分校（美国）、诺丁汉大学（英国）、加州大学旧金山分校（美国）、哥本哈根大学（丹麦）、北卡罗来纳大学教堂山分校（美国）。高被引论文数最高的大学是美国的哈佛大学，为141篇。高被引论文数在40篇以上的大学有20所；在30篇以上40篇以下的大学有22所；在10篇以上30篇以下的大学有170所；在1篇以上10篇以下的大学有388所；高被引论文数为0篇的大学有21所。中国大陆（内地）进入ESI药理学与毒物学学科高被引论文数排名前100名的大学有6所，分别为浙江大学（第85名）、中国医学科学院-北京协和医学院（第85名）、四川大学（第85名）、上海交通大学（第92名）、中山大学（第92名）、苏州大学（第92名）。其他进入ESI药理学与毒物学学科高被引论文数排名的中国（包含港澳台）大学如表3-133所示。

表 3-133　药理学与毒物学学科高被引论文数排名（前 11 位与中国大学）

高被引论文数排名	机构名称	国家/地区	高被引论文数排名	机构名称	国家/地区
1	哈佛大学	美国	7	加州大学圣地亚哥分校	美国
2	伦敦大学学院	英国	8	诺丁汉大学	美国
3	斯坦福大学	美国	9	加州大学旧金山分校	英国
4	乌得勒支大学	荷兰	9	哥本哈根大学	丹麦
4	麻省理工学院	美国	11	北卡罗来纳大学教堂山分校	美国
6	华盛顿大学	美国			
其他中国机构：85. 浙江大学；85. 中国医学科学院-北京协和医学院；85. 四川大学；92. 上海交通大学；92. 中山大学；92. 苏州大学；114. 北京大学；114. 山东大学；121. 吉林大学；132. 中国药科大学；132. 首都医科大学；146. 复旦大学；146. 沈阳药科大学；160. 南京医科大学；178. 中南大学；178. 西安交通大学；178. 清华大学；195. 香港中文大学；213. 中国科学院大学；213. 香港大学；213. 浙江中医药大学；247. 东南大学；288. 海军军医大学；288. 西北大学；317. 台湾大学；317. 华中科技大学；317. 南京大学；317. 温州医科大学；317. 南方科大学；317. 澳门大学；317. 中国医科大学；317. 郑州大学；317. 北京中医药大学；317. 华中农业大学；357. 上海中医药大学；357. 长庚大学；357. 陆军军医大学；357. 南开大学；357. 广州医科大学；357. 青岛大学；395. 台湾中国医药大学；395. 武汉大学；395. 安徽医科大学；395. 重庆医科大学；395. 山东第一医科大学；395. 南昌大学；395. 西南大学；395. 香港理工大学；395. 烟台大学；459. 空军军医大学；459. 暨南大学；459. 台北医学大学；459. 哈尔滨医科大学；459. 台湾成功大学；459. 天津医科大学；459. 同济大学；459. 中国海洋大学；459. 兰州大学；459. 亚洲大学（中国台湾）；459. 南通大学；459. 广西医科大学；515. 台湾阳明大学；515. 大连医科大学；515. 广州中医药大学；515. 厦门大学；515. 台湾医学院；515. 天津大学；515. 西北农林科技大学；515. 徐州医科大学；570. 南京中医药大学；570. 高雄医学大学；570. 中山医学大学；570. 香港浸会大学；570. 台湾中兴大学；570. 天津中医药大学；570. 中国农业大学；570. 华东理工大学；601. 江苏大学；601. 河北医科大学；601.台湾中山大学					

5. 药理学与毒物学学科师资力量排名分析

从高被引科学家数来看，高被引科学家数最多的大学为 7 人，即英国的爱丁堡大学；其次是英国的布里斯托尔大学，有 5 人。诺丁汉大学（英国）有 4 人，美国的哈佛大学和耶鲁大学、英国的伦敦大学学院、澳大利亚的莫纳什大学和墨尔本大学与法国的蒙彼利埃大学有 3 人。有 2 位高被引科学家数的大学有 10 所，分别是乌得勒支大学（荷兰）、巴黎大学（法国）、莱顿大学（荷兰）、剑桥大学（英国）、美国东北大学（美国）、奥克兰大学（新西兰）、鲁汶大学（比利时）、加州大学戴维斯分校（美国）、慕尼黑大学（德国）、阿伯丁大学（英国）；有 1 位高被引科学家数的大学有 41 所，其他大学均没有高被引科学家，中国（包含港澳台）在该学科领域没有高被引科学家，如表 3-134 所示。

表 3-134　药理学与毒物学学科高被引科学家数排名（前 10 位与中国大学）

高被引科学家数排名	机构名称	国家/地区	高被引科学家数排名	机构名称	国家/地区
1	爱丁堡大学	英国	10	巴黎大学	英国
2	布里斯托尔大学	英国	10	莱顿大学	美国
3	诺丁汉大学	英国	10	剑桥大学	美国
4	哈佛大学	美国	10	美国东北大学	美国
4	伦敦大学学院	英国	10	奥克兰大学	芬兰
4	莫纳什大学	澳大利亚	10	鲁汶大学	英国
4	墨尔本大学	澳大利亚	10	加州大学戴维斯分校	新西兰
4	耶鲁大学	美国	10	慕尼黑大学	新西兰
4	蒙彼利埃大学	法国	10	阿伯丁大学	英国
10	乌得勒支大学	荷兰			
其他中国机构：无					

从以上几个指标的分析可以看出，每个指标最强的高校基本上都来自美国。中国大陆（内地）、中国台湾、中国香港的所有高校中按照综合排名来看，排名最靠前的中国医学科学院-北京协和医学院，位居第

13 位，属于世界著名高校阵列，但是其他高校需要对标国际，找出适合自身的发展途径。

（十八）物理学

进入 ESI 物理学学科排名的大学共有 518 所。从国家或地区分布来看，这些大学隶属于美国、中国、法国、意大利、德国、英国、土耳其、日本、韩国、西班牙等 56 个国家或地区。

从图 3-18 可以看出，进入排名的美国大学数量位居第 1 位，共 119 所高校，遥遥领先于其他国家或地区，而中国大陆（内地）只有 38 所，它们分别是清华大学、中国科学技术大学、北京大学、中国科学院大学、南京大学、上海交通大学、浙江大学、山东大学、华中科技大学、复旦大学、北京航空航天大学、中山大学、西安交通大学、吉林大学、哈尔滨工业大学、电子科技大学、南开大学、东南大学、华中师范大学、武汉大学、苏州大学、深圳大学、北京理工大学、兰州大学、湖南大学、西北工业大学、四川大学、北京师范大学、天津大学、上海大学、厦门大学、同济大学、国防科技大学、大连理工大学、北京邮电大学、华南理工大学、华东师范大学、重庆大学。中国台湾有 5 所，它们分别是台湾大学、台湾清华大学、"台湾中央大学"、台湾交通大学、台湾成功大学。中国香港有 5 所，它们分别是香港大学、香港中文大学、香港科技大学、香港城市大学、香港理工大学。

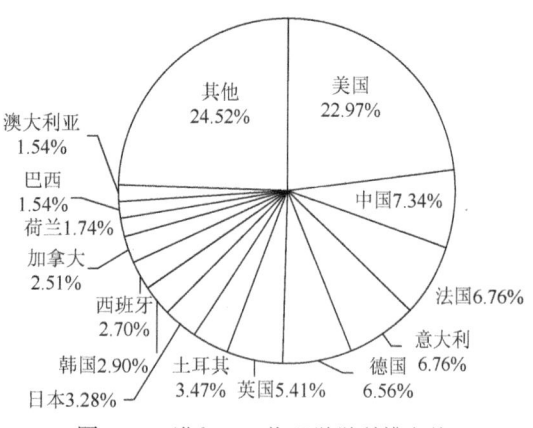

图 3-18 进入 ESI 物理学学科排名的大学的国家或地区的分布

1. 物理学学科竞争力综合排名分析

从综合排名来看，位居前 10 位的大学分别是麻省理工学院（美国）、东京大学（日本）、芝加哥大学（美国）、斯坦福大学（美国）、加州大学伯克利分校（美国）、索邦大学（法国）、清华大学（中国）、剑桥大学（英国）、哈佛大学（美国）、马里兰大学帕克分校（美国）。进入 ESI 排名的中国大陆（内地）、中国台湾、中国香港大学有 48 所。其他进入 ESI 物理学学科综合排名的中国（包含港澳台）高校的如表 3-135 所示。

表 3-135 物理学学科综合排名（前 10 位与中国大学）

综合排名	机构名称	星级	档次	国家/地区	综合排名	机构名称	星级	档次	国家/地区
1	麻省理工学院	5★+	顶尖	美国	6	索邦大学	5★	著名	法国
2	东京大学	5★+	顶尖	日本	7	清华大学	5★	著名	中国
3	芝加哥大学	5★+	顶尖	美国	8	剑桥大学	5★	著名	英国
4	斯坦福大学	5★+	顶尖	美国	9	哈佛大学	5★	著名	美国
5	加州大学伯克利分校	5★+	顶尖	美国	10	马里兰大学帕克分校	5★	著名	美国
其他中国机构：15. 中国科学技术大学；22. 北京大学；25. 中国科学院大学；33. 南京大学；69. 上海交通大学；81. 浙江大学；97. 台湾大学；116. 山东大学；118. 华中科技大学；128. 复旦大学；154. 北京航空航天大学；157. 中山大学；159. 台湾清华大学；186. 西安交通大学；219. 香港大学；221. 吉林大学；224. 哈尔滨工业大学；225. 香港中文大学；237. 电子科技大学；264. "台湾中央大学"；270. 南开大学；271. 东南大学；284. 香港科技大学；290. 华中师范大学；311. 武汉大学；321. 苏州大学；323. 深圳大学；324. 北京理工大学；335. 兰州大学；337. 湖南大学；338. 西北工业大学；349. 四川大学；383. 北京师范大学；389. 天津大学；389. 香港城市大学；408. 香港理工大学；417. 上海大学；418. 台湾交通大学；428. 厦门大学；437. 同济大学；442. 台湾成功大学；447. 国防科技大学；448. 大连理工大学；451. 北京邮电大学；476. 华南理工大学；481. 华东师范大学；490. 重庆大学									

2. 物理学学科的科研能力排名分析

从发文量来看，位居前 10 位的大学依次是东京大学（日本）、中国科学院大学（中国）、中国科学技术大学（中国）、清华大学（中国）、索邦大学（法国）、麻省理工学院（美国）、莫斯科罗蒙诺索夫国立大学（俄罗斯）、芝加哥大学（美国）、北京大学（中国）、加州大学伯克利分校（美国）。发文量超过 10 000 篇的有 9 所；超过 5000 篇但少于 10 000 篇的有 54 所；超过 4000 篇但少于 5000 篇的有 42 所；超过 3000 篇但少于 4000 篇的有 78 所；超过 1000 篇但少于 3000 篇的有 290 所；发文量在 1000 篇以下的有 45 所。中国进入 ESI 物理学学科发文量排名前 100 名的大学共有 17 所。其他进入 ESI 物理学学科发文量排名的中国（包含港澳台）大学如表 3-136 所示。

表 3-136　物理学学科发文量排名（前 10 位与中国大学）

发文量排名	机构名称	国家/地区	发文量排名	机构名称	国家/地区
1	东京大学	日本	6	麻省理工学院	美国
2	中国科学院大学	中国	7	莫斯科罗蒙诺索夫国立大学	俄罗斯
3	中国科学技术大学	中国	8	芝加哥大学	美国
4	清华大学	中国	9	北京大学	中国
5	索邦大学	法国	10	加州大学伯克利分校	美国
其他中国机构：19. 南京大学；22. 上海交通大学；23. 浙江大学；26. 华中科技大学；33. 哈尔滨工业大学；41. 西安交通大学；48. 山东大学；52. 北京航空航天大学；56. 电子科技大学；60. 台湾大学；61. 复旦大学；85. 吉林大学；97. 中山大学；110. 四川大学；113. 天津大学；114. 东南大学；126. 兰州大学；132. 国防科技大学；148. 大连理工大学；149. 南开大学；153. 台湾清华大学；156. 北京理工大学；157. 台湾交通大学；166. 上海大学；172. 北京邮电大学；174. 西北工业大学；184. 苏州大学；188. 北京师范大学；202. 武汉大学；216. 台湾成功大学；241. 华东师范大学；247. 华中师范大学；250. "台湾中央大学"；257. 同济大学；261. 香港科技大学；262. 重庆大学；265. 香港大学；267. 深圳大学；273. 湖南大学；280. 厦门大学；288. 华南理工大学；298. 香港城市大学；300. 香港中文大学；314. 香港理工大学					

3. 物理学学科的科研影响力排名分析

从总被引次数来看，位居前 10 位的大学依次是麻省理工学院（美国）、东京大学（日本）、芝加哥大学（美国）、加州大学伯克利分校（美国）、斯坦福大学（美国）、索邦大学（法国）、剑桥大学（英国）、哈佛大学（美国）、牛津大学（英国）、加州理工学院（美国）。总被引次数超过 20 0000 次的大学共有 12 所；总被引次数在 10 0000 次以上 20 0000 次以下的有 93 所；总被引次数在 50 000 次以上 10 0000 次以下的有 181 所；所有大学的总被引次数均在 20 000 次以上。中国大陆（内地）进入 ESI 物理学学科总被引次数排名前 100 名的大学共有 5 所，它们是清华大学（第 14 名）、中国科学技术大学（第 20 名）、北京大学（第 22 名）、南京大学（第 57 名）、中国科学院大学（第 98 名）。其他进入 ESI 物理学学科总被引次数排名的中国（包含港澳台）大学如表 3-137 所示。

表 3-137　物理学学科总被引次数排名（前 10 位与中国大学）

总被引次数排名	机构名称	国家/地区	总被引次数排名	机构名称	国家/地区
1	麻省理工学院	美国	6	索邦大学	法国
2	东京大学	日本	7	剑桥大学	英国
3	芝加哥大学	美国	8	哈佛大学	美国
4	加州大学伯克利分校	美国	9	牛津大学	英国
5	斯坦福大学	美国	10	加州理工学院	美国
其他中国机构：14. 清华大学；20. 中国科学技术大学；22. 北京大学；57. 南京大学；98. 中国科学院大学；104. 上海交通大学；110. 台湾大学；126. 山东大学；131. 浙江大学；180. 华中科技大学；183. 中山大学；193. 复旦大学；223. 台湾清华大学；250. "台湾中央大学"；254. 北京航空航天大学；269. 西安交通大学；274. 哈尔滨工业大学；275. 香港大学；284. 吉林大学；304. 香港中文大学；306. 东南大学；310. 电子科技大学；315. 南开大学；327. 香港科技大学；345. 华中师范大学；353. 苏州大学；376. 兰州大学；384. 台湾交通大学；414. 天津大学；421. 香港城市大学；426. 北京师范大学；429. 上海大学；430. 北京理工大学；438. 大连理工大学；442. 武汉大学；450. 湖南大学；460. 国防科技大学；463. 四川大学；465. 华南理工大学；467. 香港理工大学；477. 深圳大学；481. 北京邮电大学；483. 台湾成功大学；485. 厦门大学；487. 华东师范大学；492. 西北工业大学；501. 同济大学；507. 重庆大学					

4. 物理学学科影响力排名分析

从高被引论文数来看，位居前 10 位的大学依次是麻省理工学院（美国）、斯坦福大学（美国）、加州大学伯克利分校（美国）、芝加哥大学（美国）、哈佛大学（美国）、东京大学（日本）、加州理工学院（美国）、普林斯顿大学（美国）、马里兰大学帕克分校（美国）、剑桥大学（英国）。高被引论文数超过500次的大学共有3所；总被引次数在300次以上500次以下的15所；总被引次数在100次以上300次以下的有236所；总被引次数在1次以上100次以下的有254所。中国进入ESI物理学学科高被引论文数排名前100名的大学共有6所，分别是清华大学（第16名）、中国科学技术大学（第20名）、北京大学（第36名）、南京大学（第51名）、上海交通大学（第85名）、中国科学院大学（第98名）。其他进入ESI物理学学科高被引论文数排名的中国（包含港澳台）大学如表3-138所示。

表3-138 物理学学科高被引论文数排名（前10位与中国大学）

高被引论文数排名	机构名称	国家/地区	高被引论文数排名	机构名称	国家/地区
1	麻省理工学院	美国	6	东京大学	日本
2	斯坦福大学	美国	7	加州理工学院	美国
3	加州大学伯克利分校	美国	8	普林斯顿大学	美国
4	芝加哥大学	美国	9	马里兰大学帕克分校	美国
5	哈佛大学	美国	10	剑桥大学	英国
其他中国机构：16. 清华大学；20. 中国科学技术大学；36. 北京大学；51. 南京大学；85. 上海交通大学；98. 中国科学院大学；101. 山东大学；110. 中山大学；155. 台湾大学；208. 台湾清华大学；230. 复旦大学；240. 香港大学；240. 香港中文大学；244. 北京航空航天大学；252. "台湾中央大学"；255. 浙江大学；258. 香港科技大学；268. 华中科技大学；326. 南开大学；338. 华中师范大学；365. 电子科技大学；370. 吉林大学；370. 东南大学；370. 武汉大学；379. 深圳大学；383. 苏州大学；385. 湖南大学；407. 西安交通大学；414. 香港城市大学；418. 哈尔滨工业大学；418. 北京理工大学；446. 天津大学；446. 北京师范大学；466. 四川大学；466. 西北工业大学；470. 兰州大学；470. 上海大学；473. 厦门大学；478. 华南理工大学；478. 北京邮电大学；483. 同济大学；486. 华东师范大学；496. 重庆大学；500. 台湾交通大学；500. 香港理工大学；503. 国防科技大学；506. 大连理工大学；507. 台湾成功大学					

5. 物理学学科师资力量排名分析

从高被引科学家数来看，高被引科学家数最多的是普林斯顿大学（美国），共10人。其次是美国斯坦福大学、加州大学伯克利分校和哈佛大学，都是8人。清华大学（中国）有7人，麻省理工学院（美国）有6人，哥伦比亚大学（美国）、耶鲁大学（美国）有5人，加州大学圣塔芭芭拉分校（美国）有4人；有3位高被引科学家数的高校有8所；有2位高被引科学家数的高校有15所；有1位高被引科学家数的高校有33所；453所高校没有高被引科学家。进入ESI物理学学科高被引科学家数排名的高校如表3-139所示。

表3-139 物理学学科高被引科学家数排名（前10位与中国大学）

高被引科学家数排名	机构名称	国家/地区	高被引科学家数排名	机构名称	国家/地区
1	普林斯顿大学	美国	10	芝加哥大学	美国
2	斯坦福大学	美国	10	慕尼黑大学	德国
2	加州大学伯克利分校	美国	10	得克萨斯大学奥斯汀分校	美国
2	哈佛大学	美国	10	康奈尔大学	美国
5	清华大学	中国	10	曼彻斯特大学	英国
6	麻省理工学院	美国	10	英属哥伦比亚大学	加拿大
7	哥伦比亚大学	美国	10	维也纳大学	奥地利
7	耶鲁大学	美国	10	湖南大学	中国
9	加州大学圣塔芭芭拉分校	美国			
其他中国机构：18. 中国科学技术大学；18. 上海交通大学；18. 香港大学；18. 吉林大学；33. 台湾清华大学；33. 香港科技大学；33. 东南大学；33. 深圳大学；33. 北京理工大学；33. 天津大学；33. 西北工业大学；33. 台湾成功大学					

从以上几个指标的分析可以看出，各项指标排名的前10位主要分布于美国、日本、英国、法国等国。我国处于著名档次的有清华大学、中国科学技术大学、北京大学、中国科学院大学；处于知名档次的有南京大学。在物理学领域，我们的高校还有很长的道路要走。

（十九）植物学与动物学

进入ESI植物学与动物学学科排名的大学共有827所。从国家或地区分布来看，这些大学主要分布在美国、中国、法国、英国、日本、德国、巴西、西班牙、意大利、加拿大、澳大利亚、韩国等60个国家或地区。这些大学的国家或地区分布情况如图3-19所示。

图3-19 进入ESI植物学与动物学学科排名的大学的国家或地区分布

从国家或地区分布来看，美国进入ESI排行的大学最多，有157所；中国、法国、英国分别有62所、54所、50所大学进入排名，日本、德国、巴西、西班牙、意大利、加拿大、澳大利亚进入的大学数依次为43所、43所、39所、38所、34所、32所、29所；中国香港有3所大学进入排名，中国台湾有5所大学进入排名。

1. 植物学与动物学学科竞争力综合排名分析

从综合排名来看，位居前10位的大学分别是加州大学戴维斯分校（美国）、瓦格宁根大学（荷兰）、根特大学（比利时）、康奈尔大学（美国）、中国科学院大学（中国）、佛罗里达大学（美国）、密歇根州立大学（美国）、瑞典农业科学大学（瑞典）、蒙彼利埃大学（法国）、圣保罗大学（巴西）。其中，美国有4所，荷兰、比利时、中国、瑞典、法国、巴西均有1所。中国大陆（内地）有62所大学进入排名，中国香港有3所大学进入排名，中国台湾有5所大学进入排名。中国（包含港澳台）大学在植物与动物学学科的具体排名如表3-140所示。

表3-140 植物学与动物学学科综合排名（前10位与中国大学）

综合排名	机构名称	星级	档次	国家/地区	综合排名	机构名称	星级	档次	国家/地区
1	加州大学戴维斯分校	5★+	顶尖	美国	6	佛罗里达大学	5★+	顶尖	美国
2	瓦格宁根大学	5★+	顶尖	荷兰	7	密歇根州立大学	5★+	顶尖	美国
3	根特大学	5★+	顶尖	比利时	8	瑞典农业科学大学	5★+	顶尖	瑞典
4	康奈尔大学	5★+	顶尖	美国	9	蒙彼利埃大学	5★	著名	法国
5	中国科学院大学	5★+	顶尖	中国	10	圣保罗大学	5★	著名	巴西
其他中国机构：13. 中国农业大学；21. 南京农业大学；41. 浙江大学；42. 华中农业大学；53. 西北农林科技大学；94. 华南农业大学；111. 中山大学；121. 山东农业大学；128. 台湾大学；144. 北京林业大学；199. 北京大学；202. 四川农业大学；209. 福建农林大学；228. 扬州大学；236. 中国海洋大学；247. 清华大学；248. 贵州大学；286. 安徽农业大学；289. 上海海洋大学；302. 西南大学；303. 台湾中兴大学；307. 复旦大学；310. 香港大学；318. 山东师范大学；334. 上海交通大学；338. 台湾海洋大学；341. 山东大学；346. 兰州大学；351. 华东师范大学；378. 东北农业大学；414. 浙江农林大学；415. 中国医学科学院-北京协和医学院；430. 湖南农业大学；436. 河南农业大学；446. 东北林业大学；457. 厦门大学；482. 香港中文大学；482. 南京大学；500. 海南农业大学；506. 四川大学；510. 华南师范大学；530. 首都师范大学；531. 青岛农业大学；553. 海南大学；560. 广西大学；567. 云南农业大学；611. 北京师范大学；617. 沈阳农业大学；619. 南京师范大学；640. 吉林大学；647. 南开大学；655. 河北农业大学；665. 云南大学；667. 宁波大学；669. 吉林农业大学；674. 上海师范大学；693. 东北师范大学；707. 江西农业大学；710. 台湾中山大学；735. 中国科学技术大学；769. 华中科技大学；772. 海军军医大学；776. 暨南大学；789. 香港浸会大学；796. 台湾成功大学；802. 重庆大学；826. 河北师范大学									

2. 植物学与动物学学科科研生产力排名分析

从发文量排名来看，位居前10位的大学分别是圣保罗大学（巴西）、加州大学戴维斯分校（美国）、佛罗里达大学（美国）、圣保罗州立大学（巴西）、中国科学院大学（中国）、康奈尔大学（美国）、根特大学（比利时）、瓦格宁根大学（荷兰）、瑞典农业科学大学（瑞典）、墨西哥国立自治大学（墨西哥）。这10所学校的发文量均在5000篇以上。发文量在4000篇以上5000篇以下的科研机构有12所，发文量在

3000篇以上4000篇以下的有25所，发文量在1000篇以上3000篇以下的有231所，发文量在1000篇以下的有549所。中国大陆（内地）、中国香港和中国台湾的发文量在1000篇以上的只有20所，分别为中国科学院大学（6485篇）、南京农业大学（4940篇）、中国农业大学（4411篇）、西北农林科技大学（4182篇）、华中农业大学（3721篇）、浙江大学（3169篇）、华南农业大学（2704篇）、北京林业大学（2247篇）、山东农业大学（1898篇）、四川农业大学（1886篇）、台湾大学（1861篇）、中国海洋大学（1782篇）、中山大学（1691篇）、福建农林大学（1465篇）、西南大学（1428篇）、扬州大学（1289篇）、台湾中兴大学（1282篇）、东北林业大学（1222篇）、上海海洋大学（1160篇）、东北农业大学（1024篇）。发文量在500篇以上1000篇以下的有35所，其余15所发文量在500篇以下，如表3-141所示。由此可见，中国（包含港澳台）高校在该学科的发文量总体比较低。

表3-141　植物学与动物学学科发文量指标排名（前10位与中国大学）

发文量排名	机构名称	国家/地区	发文量排名	机构名称	国家/地区
1	圣保罗大学	巴西	6	康奈尔大学	美国
2	加州大学戴维斯分校	美国	7	根特大学	比利时
3	佛罗里达大学	美国	8	瓦格宁根大学	荷兰
4	圣保罗州立大学	巴西	9	瑞典农业科学大学	瑞典
5	中国科学院大学	中国	10	墨西哥国立自治大学	墨西哥
其他中国机构：11. 南京农业大学；15. 中国农业大学；21. 西北农林科技大学；30. 华中农业大学；45. 浙江大学；56. 华南农业大学；89. 北京林业大学；110. 山东农业大学；115. 四川农业大学；118. 台湾大学；124. 中国海洋大学；137. 中山大学；164. 福建农林大学；171. 西南大学；195. 扬州大学；197. 台湾中兴大学；206. 东北林业大学；227. 上海海洋大学；271. 东北农业大学；281. 兰州大学；293. 南京林业大学；304. 安徽农业大学；312. 河南农业大学；326. 北京大学；333. 华东师范大学；343. 厦门大学；354. 贵州大学；379. 上海交通大学；386. 湖南农业大学；392. 武汉大学；409. 沈阳农业大学；418. 青岛农业大学；418. 广西大学；422. 台湾海洋大学；424. 四川大学；429. 复旦大学；429. 浙江农林大学；479. 海南大学；479. 吉林农业大学；485. 山东大学；497. 香港大学；497. 吉林大学；504. 南京师范大学；504. 南开大学；518. 江西农业大学；530. 上海师范大学；533. 云南大学；542. 北京师范大学；543. 宁波大学；550. 云南农业大学；562. 首都师范大学；571. 河北农业大学；576. 华南师范大学；582. 南京大学；590. 东北师范大学；593. 清华大学；603. 中国医学科学院-北京协和医学院；608. 香港中文大学；623. 杭州师范大学；639. 山东师范大学；672. 台湾中山大学；700. 暨南大学；738. 台湾成功大学；741. 重庆大学；771. 河北师范大学；778. 华中科技大学；806. 中国科学技术大学；806. 香港浸会大学；810. 海军军医大学					

3. 植物学与动物学学科的科研影响力排名分析

从总被引次数来看，位居前10位的大学依次是加州大学戴维斯分校（美国）、瓦格宁根大学（荷兰）、康奈尔大学（美国）、根特大学（比利时）、佛罗里达大学（美国）、瑞典农业科学大学（瑞典）、哥本哈根大学（丹麦）、圣保罗大学（巴西）、英属哥伦比亚大学（加拿大）、密歇根州立大学（美国）。位居前10位的大学的总被引次数均在60 000次以上，其中，加州大学戴维斯分校总被引次数超过11 0000次。总被引次数在50 000次以上10 0000次以下的有32所；总被引次数在30 000次以上50 000次以下的有47所；总被引次数在10 000次以上30 000次以下的有255所。所有进入ESI植物学与动物学学科总被引次数排名的最低总被引次数为2881次。中国科学院大学的总被引次数为68 277次，位居第11位，其余61所中国大陆（内地）大学、3所中国香港大学以及5所中国台湾大学的总被引次数有45所在5000次以上，其余24所大学的总被引次数均在2000次以上5000次以下，总体偏低，具体情况如表3-142所示。

表3-142　植物学与动物学学科总被引次数排名（前10位与中国大学）

总被引次数排名	机构名称	国家/地区	总被引次数排名	机构名称	国家/地区
1	加州大学戴维斯分校	美国	6	瑞典农业科学大学	瑞典
2	瓦格宁根大学	荷兰	7	哥本哈根大学	丹麦
3	康奈尔大学	美国	8	圣保罗大学	巴西
4	根特大学	比利时	9	英属哥伦比亚大学	加拿大
5	佛罗里达大学	美国	10	密歇根州立大学	美国

续表

其他中国机构：11. 中国科学院大学；23. 南京农业大学；25. 中国农业大学；35. 华中农业大学；42. 浙江大学；62. 西北农林科技大学；106. 华南农业大学；140. 台湾大学；145. 北京林业大学；149. 山东农业大学；178. 北京大学；185. 中山大学；188. 中国海洋大学；194. 四川农业大学；254. 复旦大学；264. 福建农林大学；288. 台湾中兴大学；305. 西南大学；316. 上海交通大学；326. 兰州大学；329. 扬州大学；346. 香港大学；348. 清华大学；388. 厦门大学；390. 上海海洋大学；395. 武汉大学；412. 台湾海洋大学；413. 东北林业大学；418. 华东师范大学；421. 东北农业大学；440. 香港中文大学；443. 湖南农业大学；451. 河南农业大学；462. 山东大学；468. 贵州大学；474. 南京大学；483. 安徽农业大学；509. 中国医学科学院-北京协和医学院；522. 首都师范大学；535. 华南师范大学；540. 北京师范大学；556. 山东师范大学；561. 四川大学；562. 南京林业大学；567. 浙江农林大学；576. 青岛农业大学；603. 南京师范大学；606. 海南大学；613. 沈阳农业大学；614. 云南农业大学；638. 广西大学；640. 杭州师范大学；648. 台湾中山大学；650. 宁波大学；655. 云南大学；678. 吉林大学；688. 东北师范大学；710. 河北农业大学；718. 吉林农业大学；729. 中国科学技术大学；734. 台湾成功大学；743. 上海师范大学；748. 江西农业大学；748. 重庆大学；760. 南开大学；767. 华中科技大学；781. 香港浸会大学；784. 暨南大学；788. 海军军医大学；818. 河北师范大学

4. 植物学与动物学学科影响力排名分析

从高被引论文数排名来看，位居前10位的大学依次是瓦格宁根大学（荷兰）、加州大学戴维斯分校（美国）、根特大学（比利时）、康奈尔大学（美国）、密歇根州立大学（美国）、西澳大学（澳大利亚）、加州大学伯克利分校（美国）、中国科学院大学（中国）、瑞典农业科学大学（瑞典）、明尼苏达大学双城分校（美国）。位居前10位的大学中，美国占了5所，荷兰、比利时、澳大利亚、中国大陆（内地）、瑞典各占1所。瓦格宁根大学的高被引论文数超过200篇，高被引论文数在100篇以上200篇以下的高校有22所，在50篇以上100篇以下的高校有63所，在10篇以上50篇以下的高校有374所，在10篇以下的高校有367所，其中12所大学的高被引论文数为0篇。我国有31所中国大陆（内地）大学、2所中国香港大学、3所中国台湾大学的高被引论文数在10篇以上。中国（包含港澳台）高校的高被引论文数整体上比较少，具体排名如表3-143所示。

表3-143 植物学与动物学学科高被引论文数排名（前10位与中国大学）

高被引论文数排名	机构名称	国家/地区	高被引论文数排名	机构名称	国家/地区
1	瓦格宁根大学	荷兰	6	西澳大学	澳大利亚
2	加州大学戴维斯分校	美国	7	加州大学伯克利分校	美国
3	根特大学	比利时	8	中国科学院大学	中国
3	康奈尔大学	美国	9	瑞典农业科学大学	瑞典
5	密歇根州立大学	美国	10	明尼苏达大学双城分校	美国
其他中国机构：21. 中国农业大学；29. 华中农业大学；39. 浙江大学；44. 南京农业大学；93. 西北农林科技大学；98. 北京大学；117. 福建农林大学；140. 华南农业大学；144. 清华大学；155. 北京林业大学；169. 贵州大学；194. 山东农业大学；208. 中山大学；217. 台湾大学；217. 复旦大学；237. 四川农业大学；257. 上海交通大学；271. 山东师范大学；294. 扬州大学；311. 香港中文大学；345. 兰州大学；345. 东北农业大学；360. 台湾中兴大学；360. 山东大学；360. 湖南农业大学；360. 南京大学；360. 华南师范大学；387. 中国海洋大学；387. 西南大学；387. 香港大学；427. 安徽农业大学；427. 台湾海洋大学；427. 河南农业大学；427. 四川大学；427. 首都师范大学；461. 武汉大学；461. 云南农业大学；502. 上海海洋大学；502. 中国医学科学院-北京协和医学院；502. 青岛农业大学；502. 海南大学；533. 广西大学；533. 中国科学技术大学；533. 海军军医大学；565. 浙江农林大学；565. 厦门大学；565. 南京林业大学；609. 华东师范大学；609. 杭州师范大学；609. 南开大学；609. 河北农业大学；609. 华中科技大学；609. 香港浸会大学；658. 东北林业大学；658. 北京师范大学；658. 南京师范大学；658. 吉林大学；658. 上海师范大学；700. 沈阳农业大学；700. 云南大学；700. 宁波大学；700. 吉林农业大学；700. 东北师范大学；700. 台湾中山大学；700. 暨南大学；751. 江西农业大学；751. 台湾成功大学；751. 重庆大学；816. 河北师范大学					

5. 植物学与动物学学科师资力量排名分析

从高被引科学家数来看，高被引科学家数最多的高校拥有9名高被引科学家，即根特大学（比利时）；其次，沙特国王大学（沙特阿拉伯）有6名高被引科学家，瓦格宁根大学（荷兰）有4名高被引科学家；有3位高被引科学家的大学有6所，分别是密苏里大学哥伦比亚分校（美国）、加州大学河滨分校（美国）、塔斯马尼亚大学（澳大利亚）、加州大学圣迭戈分校（美国）、法国洛林大学（法国）、名古屋大学（日本）；有2位高被引科学家数的大学有15所，有1位高被引科学家数的大学有57所，其余大学均没有高被引科学家。在该学科中中国（包含港澳台）2所学校有2位高被引科学家，有3所学校有1位高被引科学家。具体如表3-144所示。

表 3-144 植物学与动物学学科高被引科学家数排名（前 4 位与中国大学）

高被引科学家数排名	机构名称	国家/地区	高被引科学家数排名	机构名称	国家/地区
1	根特大学	比利时	4	塔斯马尼亚大学	澳大利亚
2	沙特国王大学	沙特阿拉伯	4	加州大学圣迭戈分校	美国
3	瓦格宁根大学	荷兰	4	法国洛林大学	法国
4	密苏里大学哥伦比亚分校	美国	4	名古屋大学	日本
4	加州大学河滨分校	美国			
其他中国机构：10. 南京农业大学；10. 华中农业大学；25. 浙江大学；25. 清华大学；25. 上海交通大学					

从以上几个指标可以看出，在植物学与动物学学科研究领域，综合实力最强的依旧是美国，它的发文量、论文总被引次数等指标都名列前茅。中国大陆（内地）、中国香港、中国台湾进入该学科排名的高校共有 70 所，其中，中国科学院大学在该学科排名中归属于世界顶尖大学，中国农业大学、南京农业大学、浙江大学归属于世界著名大学。总之，在植物学与动物学研究领域，中国的整体研究实力还较弱，和美国还有很大的差距。在本学科研究建设方面，中国还需要做出更多的努力。

（二十）精神病学与行为科学学科

图 3-20 进入 ESI 精神病学与行为科学学科排名的大学的国家或地区分布

进入 ESI 精神病学与行为科学学科排名的高校共有 525 所。从图 3-20 所示的国家或地区分布来看，这些高校分布在美国、英国、德国、加拿大、澳大利亚、法国、意大利、荷兰、西班牙、瑞典、比利时、中国等 42 个国家或地区。中国大陆（内地）有 7 所大学进入排名，中国香港有 5 所大学进入排名，中国台湾有 3 所大学进入排名。

1. 精神病学与行为科学学科竞争力综合排名分析

通过对多个指标进行综合统计排名，位居前 10 位的高校有 5 所在美国，3 所在英国，1 所在加拿大，1 所在澳大利亚。它们依次是哈佛大学（美国）、伦敦国王学院（英国）、哥伦比亚大学（美国）、伦敦大学学院（英国）、多伦多大学（加拿大）、耶鲁大学（美国）、加州大学洛杉矶分校（美国）、墨尔本大学（澳大利亚）、牛津大学（英国）、宾夕法尼亚大学（美国）。表 3-145 列出了 ESI 精神病学与行为科学学科综合排名前 10 位的高校和该排名中的中国（包含港澳台）高校。

表 3-145 精神病学与行为科学学科综合排名（前 10 位与中国大学）

综合排名	机构名称	星级	档次	国家/地区	综合排名	机构名称	星级	档次	国家/地区
1	哈佛大学	5★+	顶尖	美国	6	耶鲁大学	5★	著名	美国
2	伦敦国王学院	5★+	顶尖	英国	7	加州大学洛杉矶分校	5★	著名	美国
3	哥伦比亚大学	5★+	顶尖	美国	8	墨尔本大学	5★	著名	澳大利亚
4	伦敦大学学院	5★+	顶尖	英国	9	牛津大学	5★	著名	英国
5	多伦多大学	5★+	顶尖	加拿大	10	宾夕法尼亚大学	5★	著名	美国
其他中国机构：108. 香港大学；154. 北京大学；156. 香港中文大学；216. 上海交通大学；278. 北京师范大学；297. 中南大学；319. 台湾大学；342. 四川大学；415. 香港理工大学；428. 澳门大学；439. 香港城市大学；468. 中山大学；480. 香港教育大学；486. 中国科学院大学；489. 台湾阳明大学；525. 台湾成功大学									

2. 精神病学与行为科学学科科研能力排名分析

从发文量排名来看，位居前 10 位的依次是哈佛大学（美国）、伦敦国王学院（英国）、多伦多大学（加拿大）、伦敦大学学院（英国）、哥伦比亚大学（美国）、耶鲁大学（美国）、加州大学洛杉矶分校（美国）、密歇根大学（美国）、墨尔本大学（澳大利亚）、阿姆斯特丹自由大学（荷兰），其中 5 所来自美国、2 所来自英国、1 所来自加拿大、1 所来自澳大利亚、1 所来自荷兰。发文量最多的是哈佛大学，为 11 423 篇，第 10 位的阿姆斯特丹自由大学发文量是 4513 篇。发文量超过 4000 篇的大学有 13 所，超过 2000 篇但少于 4000 篇的有 69 所，超过 1000 篇但少于 2000 篇的有 125 所，超过 500 篇但少于 1000 篇的有 201 所，超过 100 篇但少于 500 篇的有 116 所，除了巴拉曼大学（黎巴嫩）的发文量是 75 篇，其他所有高校发文量均超过 100 篇。表 3-146 列出了 ESI 精神病学与行为科学学科发文量排名前 10 位的高校和该排名中的中国（包含港澳台）高校。

表 3-146　精神病学与行为科学学科发文量排名（前 10 位与中国大学）

发文量排名	机构名称	国家/地区	发文量排名	机构名称	国家/地区
1	哈佛大学	美国	6	耶鲁大学	美国
2	伦敦国王学院	英国	7	加州大学洛杉矶分校	美国
3	多伦多大学	加拿大	8	密歇根大学	美国
4	伦敦大学学院	英国	9	墨尔本大学	澳大利亚
5	哥伦比亚大学	美国	10	阿姆斯特丹自由大学	荷兰
其他中国高校：100. 香港大学；114. 香港中文大学；137. 北京师范大学；158. 北京大学；249. 台湾大学；313. 上海交通大学；325. 中南大学；340. 中国科学院大学；343. 澳门大学；344. 香港理工大学；350. 香港教育大学；393. 中山大学；401. 香港城市大学；410. 台湾阳明大学；423. 台湾成功大学；439. 四川大学					

从总被引次数来看，居前 10 位的 7 所是美国的高校，2 所是英国的高校，1 所是加拿大的高校，其中哈佛大学的总被引次数最高，高达 233463 次。美国高校中总被引频次相对最少的是宾夕法尼亚大学，总被引次数为 88 580 次。表 3-147 列出了 ESI 精神病学与行为科学学科总被引次数排名前 10 位的高校和该排名中的中国（包含港澳台）高校。

表 3-147　精神病学与行为科学学科总被引次数排名（前 10 位与中国大学）

总被引次数排名	机构名称	国家/地区	总被引次数排名	机构名称	国家/地区
1	哈佛大学	美国	6	加州大学洛杉矶分校	美国
2	伦敦国王学院	英国	7	耶鲁大学	美国
3	哥伦比亚大学	美国	8	斯坦福大学	美国
4	伦敦大学学院	英国	9	密歇根大学	美国
5	多伦多大学	加拿大	10	宾夕法尼亚大学	美国
其他中国机构：116. 香港大学；130. 香港中文大学；238. 北京大学；250. 北京师范大学；297. 台湾大学；376. 上海交通大学；378. 中南大学；379. 香港城市大学；383. 香港理工大学；407. 四川大学；411. 台湾阳明大学；461. 中山大学；473. 中国科学院大学；504. 香港教育大学；513. 台湾成功大学；515. 澳门大学					

3. 精神病学与行为科学学科影响力排名分析

从高被引论文数来看，排名第 1 位的是哈佛大学，有 336 篇高被引论文。位居前 10 位的高校有 5 所来自美国，3 所来自英国，1 所来自加拿大，1 所来自荷兰，按照排名次序依次是哈佛大学（美国）、伦敦国王学院（英国）、哥伦比亚大学（美国）、伦敦大学学院（英国）、耶鲁大学（美国）、加州大学洛杉矶分校（美国）、多伦多大学（加拿大）、斯坦福大学（美国）、牛津大学（英国）、阿姆斯特丹大学（荷兰）。表 3-148 为进入 ESI 精神病学与行为科学学科高被引论文数排名前 10 位的高校和高被引论文数大于 0 的中国（包含港澳台）高校。

表 3-148 精神病学与行为科学学科高被引论文数排名（前 10 位与中国大学）

高被引论文数排名	机构名称	国家/地区	高被引论文数排名	机构名称	国家/地区
1	哈佛大学	美国	6	加州大学洛杉矶分校	美国
2	伦敦国王学院	英国	7	多伦多大学	加拿大
3	哥伦比亚大学	美国	8	斯坦福大学	美国
4	伦敦大学学院	英国	9	牛津大学	英国
5	耶鲁大学	美国	10	阿姆斯特丹大学	荷兰
其他国家机构：155. 香港中文大学；174. 香港大学；203. 北京大学；203. 上海交通大学；320. 台湾大学；377. 中南大学；377. 澳门大学；405. 四川大学；441. 北京师范大学；441. 香港理工大学；471. 香港城市大学；471. 中山大学；499. 香港教育大学；516. 中国科学院大学；516. 台湾阳明大学					

4. 精神病学与行为科学学科师资力量排名分析

从高被引科学家数来看，高被引科学家数最多的是 12 人，只有 1 所，即英国的伦敦国王学院；其次，美国的哈佛大学高被引科学家数是 8 人，杜克大学高被引科学家数是 5 人。2 所高校的高被引科学家数是 4 人，6 所高校的高被引科学家数是 3 人，11 所高校的高被引科学家数是 2 人，46 所高校的高被引科学家数是 1 人，其他高校均没有高被引科学家。中国（包含港澳台）只有香港中文大学有 1 位高被引科学家。表 3-149 为进入 ESI 精神病学与行为科学学科的高被引科学家排名前 6 位的高校与高被引科学家数大于 0 人的中国（包含港澳台）高校。

表 3-149 精神病学与行为科学学科高被引科学家数排名（前 6 位与中国大学）

高被引科学家数排名	机构名称	国家/地区	高被引科学家数排名	机构名称	国家/地区
1	伦敦国王学院	英国	6	耶鲁大学	美国
2	哈佛大学	美国	6	墨尔本大学	澳大利亚
3	杜克大学	美国	6	斯坦福大学	美国
4	加州大学洛杉矶分校	美国	6	新南威尔斯大学悉尼分校	澳大利亚
4	阿姆斯特丹自由大学	荷兰	6	纽约大学	美国
6	伦敦国王学院	英国			
其他中国机构：23. 香港中文大学					

图 3-21 进入 ESI 社会科学学科排名的大学的国家或地区分布

总体来看，精神病学与行为科学学科在中国的发展相对较弱，还没有形成规模，与国外发达国家相比还具有很大的差距。为了尽快形成综合性学科竞争能力，我国大学还需要继续努力，缩小与国际大学的差距，最终跻身于世界一流学科。

（二十一）社会科学

进入 ESI 社会科学学科排名的高校共有 1009 所。从国家或地区分布来看，这些高校隶属于美国、英国、德国、法国、西班牙、中国、加拿大、澳大利亚、意大利等 69 个国家或地区。中国（包含港澳台）有 73 所高校进入 ESI 社会科学领域。这些高校的所在国家或地区分布如图 3-21 所示。

1. 社会科学学科的科研竞争力综合排名分析

通过对多个指标进行综合统计排名，位居前 10 位的高校有 6 所分布在美国，2 所在英国，1 所在加拿大，1 所在澳大利亚。它们依次是哈佛大学（美国）、牛津大学（英国）、多伦多大学（加拿大）、约翰·霍普金斯大学（美国）、伦敦大学学院（英国）、华盛顿大学（美国）、哥伦比亚大学（美国）、斯坦福大学（美国）、北卡罗来纳大学教堂山分校（美国）、悉尼大学（澳大利亚）。表3-150列出了ESI社会科学学科综合排名前10位的高校和该排名中的中国（包含港澳台）高校。

表3-150 社会科学学科综合排名（前10位与中国大学）

综合排名	机构名称	星级	档次	国家/地区	综合排名	机构名称	星级	档次	国家/地区
1	哈佛大学	5★+	顶尖	美国	6	华盛顿大学	5★+	顶尖	美国
2	牛津大学	5★+	顶尖	英国	7	哥伦比亚大学	5★+	顶尖	美国
3	多伦多大学	5★+	顶尖	加拿大	8	斯坦福大学	5★+	顶尖	美国
4	约翰·霍普金斯大学	5★+	顶尖	美国	9	北卡罗来纳大学教堂山分校	5★+	顶尖	美国
5	伦敦大学学院	5★+	顶尖	英国	10	悉尼大学	5★+	顶尖	澳大利亚

其他中国机构：82. 香港理工大学；92. 香港大学；135. 北京大学；148. 北京师范大学；158. 香港中文大学；159. 中山大学；169. 武汉大学；177. 中国科学院大学；235. 香港城市大学；237. 东南大学；268. 中南大学；297. 清华大学；303. 香港浸会大学；308. 浙江大学；330. 台湾大学；335. 同济大学；336. 华东师范大学；337. 复旦大学；338. 厦门大学；404. 西安交通大学；414. 台湾成功大学；423. 上海交通大学；444. 南京大学；450. 华中科技大学；454. 北京航空航天大学；463. 中国人民大学；488. 大连理工大学；504. 香港教育大学；511. 中国地质大学；532. 西南财经大学；555. 澳门大学；565. 台湾科技大学；567. 华南理工大学；572. 四川大学；573. 台湾师范大学；575. 铭传大学；606. 台湾交通大学；611. 北京理工大学；613. 山东大学；622. 哈尔滨工业大学；652. 中国科学技术大学；668. 香港科技大学；681. "台湾中央大学"；702. 中国农业大学；706. 台湾中山大学；708. 台湾政治大学；710. 中国医学科学院-北京协和医学院；728. 台湾阳明大学；732. 上海财经大学；780. 台北医学大学；792. 天津大学；793. 亚洲大学（中国台湾）；832. 北京交通大学；842. 南京航空航天大学；864. 对外经济贸易大学；876. 南开大学；881. 台湾清华大学；898. 首都医科大学；900. 台北大学；922. 上海大学；923. 南京医科大学；924. 高雄科技大学；930. 彰化师范大学；935. 台湾中正大学；956. 淡江大学；972. 华北电力大学；974. 台湾中国医药大学；982. 高雄医学大学；986. 长庚大学；991. 辅仁大学；999. 嘉义大学；1003. 海军军医大学；1007. 台湾东华大学

2. 社会科学学科的科研能力排名分析

从发文量排名来看，位居前10位的依次是哈佛大学（美国）、多伦多大学（加拿大）、伦敦大学学院（英国）、牛津大学（英国）、约翰·霍普金斯大学（美国）、华盛顿大学（美国）、哥伦比亚大学（美国）、北卡罗来纳大学教堂山分校（美国）、悉尼大学（澳大利亚）、加州大学洛杉矶分校（美国），其中有6所来自美国。发文量最多的是哈佛大学，发文量高达16 151篇；其次是多伦多大学（加拿大），发文量有10 868篇。排名第10位的悉尼大学发文量达到7543篇。表3-151列出了发文量排名前10位的高校和该排名中的中国（包含港澳台）高校。

表3-151 社会科学学科发文量排名（前10位与中国大学）

发文量排名	机构名称	国家/地区	发文量排名	机构名称	国家/地区
1	哈佛大学	美国	6	华盛顿大学	美国
2	多伦多大学	加拿大	7	哥伦比亚大学	美国
3	伦敦大学学院	英国	8	北卡罗来纳大学教堂山分校	美国
4	牛津大学	英国	9	悉尼大学	澳大利亚
5	约翰·霍普金斯大学	美国	10	加州大学洛杉矶分校	美国

其他中国机构：67. 香港大学；116. 香港理工大学；135. 香港中文大学；171. 香港城市大学；177. 北京大学；241. 台湾大学；268. 中山大学；282. 复旦大学；295. 香港教育大学；300. 浙江大学；318. 武汉大学；320. 清华大学；334. 北京师范大学；376. 台湾师范大学；386. 台湾成功大学；393. 上海交通大学；409. 香港浸会大学；417. 中国人民大学；436. 澳门大学；480. 南京大学；496. 华东师范大学；525. 华中科技大学；531. 中国科学院大学；567. 同济大学；567. 台湾政治大学；575. 四川大学；595. 台湾科技大学；598. 山东大学；620. 厦门大学；624. 台湾交通大学；628. 西安交通大学；646. 台湾中山大学；657. "台湾中央大学"；663. 东南大学；692. 台湾阳明大学；702. 中南大学；715. 台北医学大学；773. 香港科技大学；785. 哈尔滨工业大学；793. 台湾清华大学；808. 高雄医科大学；812. 台湾中国医药大学；822. 辅仁大学；829. 长庚大学；835. 台湾中正大学；838. 中国医学科学院-北京协和医学院；845. 大连理工大学；855. 中国科学技术大学；858. 上海财经大学；858. 亚洲大学（中国台湾）；873. 台北大学；885. 北京航空航天大学；897. 嘉义大学；898. 北京理工大学；900. 高雄科技大学；905. 中国地质大学；912. 北京交通大学；912. 彰化师范大学；919. 对外经济贸易大学；925. 淡江大学；927. 西南财经大学；930. 南开大学；940. 天津大学；944. 上海大学；945. 台湾东华大学；947. 铭传大学；948. 首都医科大学；963. 中国农业大学；974. 华南理工大学；978. 南京医科大学；1002. 华北电力大学；1005. 南京航空航天大学；1009. 海军军医大学

从总被引次数来看，居前10位的7所是美国的高校，2所是英国的高校，1所是加拿大的高校，其中美国高校中哈佛大学的总被引次数最高，高达24 6292次，相对最少的是斯坦福大学，总被引次数为83 024次。中国高校总被引次数最高的是香港大学，排名居96位，总被引次数为30 558次；总被引次数最少的是海军军医大学，为1007次。表3-152列出了总被引次数排名前10位的高校和该排名中的中国（包含港澳台）高校。

表3-152 社会科学学科总被引次数排名（前10位与中国大学）

总被引次数排名	机构名称	国家/地区	总被引次数排名	机构名称	国家/地区
1	哈佛大学	美国	6	牛津大学	英国
2	多伦多大学	加拿大	7	北卡罗来纳大学教堂山分校	美国
3	伦敦大学学院	英国	8	哥伦比亚大学	美国
4	约翰·霍普金斯大学	美国	9	加州大学洛杉矶分校	美国
5	华盛顿大学	美国	10	斯坦福大学	美国
其他中国机构：96. 香港大学；105. 香港理工大学；146. 北京大学；167. 香港中文大学；221. 香港城市大学；252. 台湾大学；264. 清华大学；283. 复旦大学；285. 中山大学；310. 北京师范大学；323. 浙江大学；331. 台湾成功大学；342. 武汉大学；357. 中国科学院大学；377. 上海交通大学；420. 南京大学；439. 香港教育大学；458. 中国人民大学；462. 香港浸会大学；467. 华中科技大学；471. 台湾科技大学；497. 台湾师范大学；506. 厦门大学；522. 台湾交通大学；540. 同济大学；548. 香港科技大学；562. 华东师范大学；566. 中南大学；568. 山东大学；587. 四川大学；590. "台湾中央大学"；600. 中国医学科学院-北京协和医学院；615. 西安交通大学；617. 东南大学；621. 澳门大学；626. 哈尔滨工业大学；656. 北京理工大学；674. 台湾中山大学；684. 中国农业大学；685. 台湾阳明大学；692. 台湾政治大学；727. 亚洲大学（中国台湾）；729. 大连理工大学；756. 台湾中国医药大学；772. 台北医学大学；809. 上海财经大学；819. 长庚大学；820. 北京航空航天大学；866. 台北大学；868. 辅仁大学；881. 台湾中正大学；884. 北京交通大学；886. 彰化师范大学；887. 高雄科技大学；900. 嘉义大学；902. 台湾清华大学；906. 天津大学；908. 华南理工大学；911. 首都医科大学；914. 南京航空航天大学；917. 西南财经大学；922. 上海大学；927. 华北电力大学；929. 对外经济贸易大学；937. 南京医科大学；957. 铭传大学；960. 中国地质大学；980. 台湾东华大学；983. 南开大学；985. 淡江大学；1007. 海军军医大学					

3. 社会科学学科影响力排名分析

从高被引论文数来看，排名第1位的是哈佛大学，有543篇高被引论文。位居前10位的高校有6所来自美国，3所来自英国，1所来自加拿大，按照排名次序依次是哈佛大学（美国）、伦敦大学学院（英国）、约翰·霍普金斯大学（美国）、牛津大学（英国）、斯坦福大学（美国）、华盛顿大学（美国）、多伦多大学（加拿大）、哥伦比亚大学（美国）、剑桥大学（英国）、北卡罗来纳大学教堂山分校（美国）。高被引论文数为0篇的有29所。表3-153列出了高被引论文数排名前10位的高校和该排名中的中国（包含港澳台）高校。

表3-153 社会科学学科高被引论文数排名（前10位与中国大学）

高被引论文数排名	机构名称	国家/地区	高被引论文数排名	机构名称	国家/地区
1	哈佛大学	美国	6	华盛顿大学	美国
2	伦敦大学学院	英国	7	多伦多大学	加拿大
3	约翰·霍普金斯大学	美国	8	哥伦比亚大学	美国
4	牛津大学	英国	9	剑桥大学	英国
4	斯坦福大学	美国	10	北卡罗来纳大学教堂山分校	美国
其他中国机构：69. 香港理工大学；97. 北京大学；108. 香港大学；154. 中山大学；154. 中国科学院大学；172. 武汉大学；186. 北京师范大学；213. 清华大学；213. 浙江大学；219. 香港城市大学；231. 香港中文大学；260. 东南大学；273. 同济大学；273. 厦门大学；273. 华中科技大学；289. 北京理工大学；321. 中南大学；332. 华东师范大学；332. 南京大学；368. 复旦大学；368. 北京航空航天大学；389. 上海交通大学；389. 哈尔滨工业大学；389. 中国科学技术大学；389. 南京航空航天大学；412. 香港浸会大学；412. 西安交通大学；412. 台湾成功大学；412. 中国人民大学；412. 中国农业大学；447. 四川大学；472. 中国地质大学；472. 天津大学；494. 台湾科技大学；530. 上海财经大学；530. 西南财经大学；530. 澳门大学；530. 台湾科技大学；578. 大连理工大学；578. 台湾交通大学；578. 山东大学；578. 北京交通大学；578. 华南理工大学；631. 香港科技大学；631. 中国医学科学院-北京协和医学院；631. 对外经济贸易大学；631. 南开大学；683. 铭传大学；683. 亚洲大学（中国台湾）；683. 首都医科大学；683. 南京医科大学；683. 华北电力大学；756. "台湾中央大学"；756. 台湾中山大学；756. 台湾阳明大学；756. 台北医学大学；756. 上海大学；853. 台湾政治大学；853. 台湾清华大学；853. 台北大学；853. 高雄科技大学；853. 彰化师范大学；853. 淡江大学；853. 海军军医大学；933. 香港教育大学；933. 台湾师范大学；933. 台湾中正大学；981. 台湾中国医药大学；981. 高雄医科大学；981. 长庚大学；981. 辅仁大学；981. 嘉义大学；981. 台湾东华大学					

4. 社会科学学科师资力量排名分析

从高被引科学家数来看，高被引科学家数最多的是14人，只有1所，即美国的哈佛大学；其次，荷兰的鹿特丹大学高被引科学家数是8人；有5位高被引科学家的高校有2所，分别是英国的伦敦卫生与热带医学学院和布里斯托尔大学；有4位高被引科学家的高校有6所，分别是伦敦大学学院（英国）、北卡罗来纳大学教堂山分校（美国）、阿姆斯特丹自由大学（荷兰）、加州大学圣迭戈分校（美国）、麦克马斯特大学（加拿大）、渥太华大学（加拿大）；有3位高被引科学家的高校有5所；有2位高被引科学家的高校有15所，有1位高被引科学家的高校有60所；其他919所高校高被引科学家数均为0人，中国（包含港澳台）在社会科学学科领域仅有一位高被引科学家，来自香港理工大学。具体如表3-154所示。

表3-154 社会科学学科高被引科学家数排名（前5位与中国大学）

高被引科学家数排名	机构名称	国家/地区	高被引科学家数排名	机构名称	国家/地区
1	哈佛大学	美国	5	北卡罗来纳大学教堂山分校	美国
2	鹿特丹大学	荷兰	5	阿姆斯特丹自由大学	荷兰
3	伦敦卫生与热带医学学院	英国	5	加州大学圣迭戈分校	美国
3	布里斯托尔大学	英国	5	麦克马斯特大学	加拿大
5	伦敦大学学院	英国	5	渥太华大学	加拿大
其他中国机构：31. 香港理工大学					

（二十二）空间科学

空间科学是以地球系统、太阳系、银河系、局部宇宙、生命物质起源和演化空间客体为对象，用新的手段和方法研究传统的科学前沿难题的一门新兴学科。进入ESI空间科学学科排名的高校共有96所。从国家或地区分布来看，这些高校分别隶属于美国、英国、法国、意大利、荷兰、加拿大等18个国家或地区。中国（包含港澳台）没有高校进入排名。图3-22所示是这些高校的所在国家或地区分布情况。

1. 空间科学学科竞争力综合排名分析

通过对多个指标进行综合统计排名，位居前10位的高校有4所，均分布在美国，3所在法国，2所在英国，1所在荷兰。它们依次是加州理工学院（美国）、哈佛大学（美国）、索邦大学（法国）、加州大学伯克利分校（美国）、巴黎大学（法国）、巴黎第七大学（法国）、剑桥大学（英国）、莱顿大学（荷兰）、亚利桑那大学（美国）、伦敦大学（英国）。表3-155列出了ESI空间科学学科综合排名前10位的高校。

图3-22 进入ESI空间科学学科排名的大学的国家或地区分布

表3-155 空间科学学科综合排名（前10位）

综合排名	机构名称	星级	档次	国家/地区	综合排名	机构名称	星级	档次	国家/地区
1	加州理工学院	5★+	顶尖	美国	6	巴黎第七大学	5★-	知名	法国
2	哈佛大学	5★	著名	美国	7	剑桥大学	5★-	知名	英国
3	索邦大学	5★	著名	法国	8	莱顿大学	5★-	知名	荷兰
4	加州大学伯克利分校	5★	著名	美国	9	亚利桑那大学	5★-	知名	美国
5	巴黎大学	5★-	知名	法国	10	伦敦大学	4★	一般	英国
其他中国机构：无									

2. 空间科学学科的科研能力排名分析

从发文量排名来看，位居前 10 位的依次是加州理工学院（美国）、哈佛大学（美国）、索邦大学（法国）、巴黎大学（法国）、巴黎第七大学（法国）、加州大学伯克利分校（美国）、剑桥大学（英国）、约翰·霍普金斯大学（美国）、亚利桑那大学（美国）、东京大学（日本），其中有 5 所来自美国。发文量最多的是加州理工学院，为 9577 篇；其次是哈佛大学，发文量有 8812 篇；排名第 10 位的东京大学（日本）发文量为 4514 篇。表 3-156 列出了 ESI 空间科学学科发文量排名前 10 位的高校。

表 3-156 空间科学学科发文量排名（前 10 位）

发文量排名	机构名称	国家/地区	发文量排名	机构名称	国家/地区
1	加州理工学院	美国	6	加州大学伯克利分校	美国
2	哈佛大学	美国	7	剑桥大学	英国
3	索邦大学	法国	8	约翰·霍普金斯大学	美国
4	巴黎大学	法国	9	亚利桑那大学	美国
5	巴黎第七大学	法国	10	东京大学	日本
其他中国机构：无					

从总被引次数来看，居前 10 位的 6 所是美国的高校，3 所是法国的高校，1 所是英国的高校，其中美国的加州理工学院的总被引次数最高，高达 35 5956 次，相对最少的是美国的约翰·霍普金斯大学，总被引次数为 15 1067 次。表 3-157 列出了 ESI 空间科学学科总被引次数排名前 10 位的高校。

表 3-157 空间科学学科总被引次数排名（前 10 位）

总被引次数排名	机构名称	国家/地区	总被引次数排名	机构名称	国家/地区
1	加州理工学院	美国	6	巴黎第七大学	法国
2	哈佛大学	美国	7	剑桥大学	英国
3	加州大学伯克利分校	美国	8	亚利桑那大学	美国
4	索邦大学	法国	9	加州大学圣克鲁兹分校	美国
5	巴黎大学	法国	10	约翰·霍普金斯大学	美国
其他中国机构：无					

3. 空间科学学科影响力排名分析

从高被引论文数来看，排名第 1 位的是美国的加州理工学院，有 353 篇高被引论文。位居前 10 位的高校有 5 所来自美国，3 所来自法国，2 所来自英国，按照排名次序依次是加州理工学院（美国）、哈佛大学（美国）、加州大学伯克利分校（美国）、巴黎大学（法国）、巴黎第七大学（法国）、索邦大学（法国）、剑桥大学（英国）、普林斯顿大学（美国）、加州大学圣克鲁兹分校（美国）、牛津大学（英国）。表 3-158 为进入 ESI 空间科学学科高被引论文数排名前 10 位的高校。

表 3-158 空间科学学科高被引论文数排名（前 10 位）

高被引论文数排名	机构名称	国家/地区	高被引论文数排名	机构名称	国家/地区
1	加州理工学院	美国	6	索邦大学	法国
2	哈佛大学	美国	7	剑桥大学	英国
3	加州大学伯克利分校	美国	8	普林斯顿大学	美国
4	巴黎大学	法国	9	加州大学圣克鲁兹分校	美国
4	巴黎第七大学	法国	10	牛津大学	英国
其他中国机构：无					

4. 空间科学学科师资力量排名分析

从高被引科学家数来看,高被引科学家数最多的是 5 人,只有 1 所,即美国的加州理工学院;其次,美国的加州大学伯克利分校和荷兰的莱顿大学高被引科学家数是 4 人;3 所高校的高被引科学家数为 3 人,7 所高校的高被引科学家数是 2 人,14 所高校的高被引科学家数是 1 人,其他 69 所高校均没有高被引科学家数。表 3-159 为进入 ESI 空间科学学科的高被引科学家排名前 7 位的高校。

表 3-159 空间科学学科高被引科学家数排名(前 7 位)

高被引科学家数排名	机构名称	国家/地区	高被引科学家数排名	机构名称	国家/地区
1	加州理工学院	美国	7	英属哥伦比亚大学	加拿大
2	加州大学伯克利分校	美国	7	哥伦比亚大学	美国
2	莱顿大学	荷兰	7	哈佛大学	美国
4	杜伦大学	英国	7	麻省理工学院	美国
4	加州大学圣克鲁兹分校	美国	7	普茨茅斯大学	英国
4	普林斯顿大学	美国			
其他中国机构:无					

第四章

评价引发的思考与建议

2020年世界大学与大学学科竞争力评价结果最终得到150个排行榜,包括"世界各国或地区科研竞争力排行榜(2020)""世界一流大学综合竞争力排行榜(2020)""世界一流大学分学科排行榜(2020)(分22个学科)""世界一流大学一级指标排行榜(2020)(分3个指标)""世界一流大学基本指标排行榜(2020)(分9个指标)""世界一流学科排行榜(2020)(分108个学科)""世界一流大学各大洲排行榜(2020)(6大洲)",具体排行情况参考本书第二章。我们以位居2020年世界大学科研竞争力排行榜中的前600名大学为统计样本,得到5个相关表格,其中表4-1是"2020年世界一流大学的国家或地区分布情况";表4-2是"2020年世界一流大学前10强和部分中国大学分指标排名情况";表4-3是"2020年与2019年中国各地区科研实力具体指标对比分析";表4-4是"2020年世界大学学科分布表(前10位与部分中国大学)";表4-5是"2020年中国大学进入世界一流学科排名情况"。

第一节 评价引发的思考

一、我国世界一流大学建设成效明显

中国大学进入ESI排行的大学有254所,其中中国大陆(内地)有217所,中国台湾地区有29所,中国香港地区有7所,中国澳门地区有1所。从表4-1可以看出,美国大学进入前100名、前200名、前300名、前400名、前500名和前600名的大学数量依然遥遥领先。中国大陆(内地)大学进入前100名的有6所;进入前200名的有18所;进入前300名的有26所;进入前400名的有33所;进入前500名的有38所;进入前600名的有52所。相比之下,中国香港地区和中国台湾地区稍有逊色,中国香港地区和中国台湾地区均没有大学进入前100名,中国香港地区进入前200名的大学为1所,中国台湾地区没有进入前200名的大学。从世界大学科研竞争力排名上来看,我国高水平大学的数量位列世界前列,但相较去年有所回落,我国在建设世界一流大学的道路上任重道远。

表4-1 2020年世界一流大学的国家或地区分布情况

国家/地区	前600名		前500名		前400名		前300名		前200名		前100位	
	数量/所	比例/%	数量/所	比例/%	数量/所	比例/%	数量/所	比例/%	数量/所	比例/%	数量/所	比例/%
美国	176	29.33	157	31.40	123	30.75	90	30.00	68	34.00	45	45.00
中国	52	8.67	38	7.60	33	8.25	26	8.67	18	9.00	6	6.00
英国	47	7.83	42	8.40	38	9.50	32	10.67	25	12.50	13	13.00
法国	44	7.33	35	7.00	27	6.75	18	6.00	9	4.50	3	3.00
德国	43	7.17	37	7.40	34	8.50	25	8.33	12	6.00	2	2.00
意大利	35	5.83	28	5.60	21	5.25	15	5.00	5	2.50	0	0.00
澳大利亚	20	3.33	15	3.00	9	2.25	8	2.67	8	4.00	5	5.00
加拿大	18	3.00	17	3.40	14	3.50	9	3.00	8	4.00	4	4.00
西班牙	16	2.67	12	2.40	8	2.00	4	1.33	2	1.00	2	2.00
荷兰	12	2.00	11	2.20	9	2.25	9	3.00	9	4.50	6	6.00
中国香港	6	1.00	4	0.80	4	1.00	3	1.00	1	0.50	0	0.00
中国台湾	2	0.33	2	0.40	1	0.25	1	0.33	0	0.00	0	0.00

二、我国需加大世界一流大学建设力度

虽然中国进入ESI全球前1%学科的高校数量增长取得了令人欣喜的进步,但是我们还要意识到我国大

学离世界一流大学仍然有较大的差距。从表4-1可以看出，美国囊括了排名前100名的世界顶尖大学的45%，以及34%的排名前200名的大学，拥有全世界绝大多数的高水平大学，也有着雄厚的科研实力和强大的科研影响力。

通过与2019年的数据对比我们发现，2020年中国大陆（内地）大学进入前300名的共有26所，比去年减少了9所，且比例降至8.67%。而进入前600名的中国大学共有52所，占前600名的13.83%。与2018年相比，进入前600名的大学数量减少了31所，与去年数据相比有所回落，这说明我国建设世界一流大学仍然需要加大建设力度。

另外，我们又对世界一流大学行列中的前10强和前200名的中国大学的分指标排名情况做了进一步的统计分析，如表4-2所示，中国的一流大学和世界顶尖大学之间在整体上还存在着相当大的差距，尤其是高被引论文数、高被引科学家数、国际合作论文数和篇均被引次数这些表征质量的指标还有非常大的提升空间。不过，与同档次的世界大学相比，浙江大学、清华大学、华南理工大学、东南大学和天津大学在专利指标上排名更为靠前；中国科学院大学、上海交通大学、浙江大学、清华大学、北京大学的ESI收录论文数也是值得肯定的。但是，总体来看，这些优势还很微弱，而且不够稳定，在能够真正充分体现科研竞争力的主体指标实力方面仍有很大的提升空间。

表4-2　2020年世界一流大学前10强和部分中国大学分指标排名情况

总排名	中文全称	国家/地区	高被引科学家数排名	学科数排名	ESI收录论文数排名	篇均被引次数排名	高被引论文数排名	国际合作论文数排名	专利数排名	网络影响力排名	杰出校友数排名
1	哈佛大学	美国	1	1	1	10	1	67	150	1	2
2	斯坦福大学	美国	2	1	8	11	2	16	764	2	2
3	麻省理工学院	美国	5	25	31	2	3	33	114	3	5
4	剑桥大学	英国	10	1	16	29	10	6	1185	11	5
5	牛津大学	英国	13	1	7	23	5	4	507	7	21
6	华盛顿大学	美国	59	1	12	33	6	1	168	5	21
7	加州大学洛杉矶分校	美国	8	1	14	41	13	2	1266	12	21
8	哥伦比亚大学	美国	11	1	21	39	11	24	321	8	11
9	康奈尔大学	美国	18	1	32	54	19	88	476	8	5
10	芝加哥大学	美国	33	1	47	19	20	7	768	26	11
19	清华大学	中国	14	45	17	527	27	27	6	42	60
21	北京大学	中国	52	25	19	506	48	31	81	55	21
40	上海交通大学	中国	59	83	9	842	77	29	10	83	60
43	浙江大学	中国	39	83	11	821	75	20	2	87	60
53	中国科学院大学	中国	341	125	3	882	40	15	176	409	60
60	南京大学	中国	167	163	69	570	122	39	75	176	60
61	复旦大学	中国	118	83	44	601	110	73	82	133	60
66	中山大学	中国	96	45	45	755	111	28	55	245	60
97	香港中文大学	中国香港	118	83	173	398	155	34	745	120	60
98	武汉大学	中国	167	125	106	877	166	48	34	170	60
106	台湾大学	中国台湾	227	83	71	589	177	93	228	126	60
108	中国科学技术大学	中国	36	282	78	504	82	144	538	143	60
114	华中科技大学	中国	88	198	56	903	128	77	14	202	60

续表

总排名	中文全称	国家/地区	高被引科学家数排名	学科数排名	ESI收录论文数排名	篇均被引次数排名	高被引论文数排名	国际合作论文数排名	专利数排名	网络影响力排名	杰出校友数排名
115	香港大学	中国香港	82	45	137	354	145	776	776	48	60
129	山东大学	中国	195	125	62	965	225	19	19	212	60
133	中南大学	中国	133	198	81	1051	142	18	18	306	60
142	西安交通大学	中国	167	245	70	1068	193	15	15	208	60
153	四川大学	中国	195	163	59	1064	210	40	40	287	60
156	哈尔滨工业大学	中国	96	394	80	1037	154	8	8	196	60
162	厦门大学	中国	195	163	207	710	251	73	73	276	60
183	吉林大学	中国	133	163	73	995	258	7	7	301	60
192	天津大学	中国	195	394	130	1015	233	4	4	266	60
196	同济大学	中国	227	245	126	1009	249	37	37	249	60
199	华南理工大学	中国	67	435	151	688	186	3	3	322	60
200	香港城市大学	中国香港	75	356	264	530	232	567	567	187	60

三、我国高质量的论文数量与世界科研强国相比差距依然较大

从表4-3可以看出，中国ESI收录论文数位居第2位，高被引论文数位居第2位，专利数排名位居第1位，三个指标均保持2019年的名次，这反映了我国大学科研实力的稳定性。但是我们依然要意识到，我国大学与世界科研强国美国的差距仍然比较大，尤其是高被引论文的相对差距最为明显。例如，排在世界前20名的大学高被引论文均数为3006.9篇，其中哈佛大学的高被引论文数高达9887篇，但是在中国排名第1位的清华大学的高被引论文数为1906篇。尽管中国的ESI收录论文数和高被引论文数的数量和位次继续保持国际领先地位，但是从具体的大学来看，中国要建设世界一流大学，其论文的质量急需大幅度提升。高质量论文数少，从侧面反映了我国大学缺少在国际上影响力较大的科学家，生产具有全球影响力的创新知识的人才较为稀缺。这对于我国高等教育的长期发展是非常不利的，中国要出一流的科学家和诺贝尔奖获得者，如果缺乏具备国际影响力的高质量论文和世界一流成果的保障是难以实现的。因此，我国不断完善科研行为管理制度和服务保障机制，激发科研人员的创新创造活力，在政策、机制、资金、环境等方面给各大学以保障，以改变中国现在科研的被动局面。

第二节 评价引发的建议

一、我国需要提升具有世界影响力的科研成果的产量

一个国家的专利水平和热门论文数都反映该国在世界上的科研创新能力。从表4-3可以看出，我国在专利总量上的排名连续两年保持在第1名。此外，我国在篇均被引次数指标排名居第2位，但是同篇均被引次数第1名的美国相比，差距还很大，在取得可喜成绩的同时，我们也同样看到我国与世界科研强国之间仍存在巨大的差距。因此，从我国的科研产出总量和创新型科研成果可以看出，创新型科研成果所占比例相对较小，这与我国建设创新型国家和世界一流大学还相距甚远，是一个需要长期努力和加强建设的方向。

表 4-3 2020 年与 2019 年中国各地区科研实力具体指标对比分析

地区	ESI 收录论文数排名			高被引论文数排名			专利数排名			篇均被引次数排名		
	2020 年	2019 年	变化	2020 年	2019 年	变化	2020 年	2019 年	变化	2020 年	2019 年	变化
中国	2	2	→	2	2	→	1	1	→	2	2	→
中国香港	24	29	↑5	18	29	↑11	25	16	↓9	30	37	↑7
中国台湾	15	13	↓2	25	17	↓8	14	7	↓7	16	14	↓2

注：表中的"↑"表示上升，"→"表示无变化，"↓"表示下降

二、世界一流学科的建设仍需大力加强

如表 4-4 所示，在此次评价中，中国进入 ESI 排行的学科数有 21 个，空间科学这个学科国内尚无高校进入。在各学科排名中也不乏我国大学进入学科前 10 名，例如，中国农业大学、西北农林科技大学、江南大学、华南理工大学、浙江大学、中国科学院大学的农业科学；中国科学院大学、清华大学、中国科学技术大学、浙江大学、北京大学的化学专业；清华大学、西安电子科技大学、华中科技大学、东南大学、电子科技大学、上海交通大学、中南大学的计算机科学专业；哈尔滨工业大学、清华大学、东南大学、西安交通大学、上海交通大学、浙江大学、华中科技大学的工程学专业等。

同时，表 4-5 也显示，中国在农业科学、生物学与生物化学、计算机科学、材料科学、数学、药理学与毒物学、物理学、化学、临床医学、工程学、环境科学与生态学、地球科学、植物学与动物学等 13 个学科都进入了世界一流学科的行列，农业科学、计算机科学、材料科学、化学、工程学和地球科学这 6 个学科有我国大学位居学科排名前 10 名。

但是，从表 4-4、表 4-5 和表 2-3 到表 2-24 的世界一流大学学科竞争力的排名结果还可以看出，中国的大学在学科建设上仍然表现较弱，每所大学或科研院所进入 ESI 学科排行的学科数量还是偏少，绝大多数的中国大学进入 ESI 排行的只有 10 个以内的学科，而且能够进入学科前 10 名的大学不多，除了农业科学、计算机科学、材料科学、化学、工程学和地球科学这 6 个学科有我国大学位居学科排名前 10 名外，其他学科都没有能够进入前 10 名的大学。同时，总排名前 10 位的世界一流大学其学科都很齐全，并且每个学科影响力都很大，如哈佛大学有 13 个学科位于世界前 10 强，斯坦福大学有 12 个学科位于全球前 10 强，麻省理工学院有 9 个学科位于世界前 10 强等。这都在一定程度上说明中国的大学在一流学科上需加强建设力度。

表 4-4 2020 年世界大学学科分布表（前 10 位与部分中国大学）

排名	学校名称	国家/地区	进入 ESI 排行的学科		前 10 名的学科	
			数量/个	占 22 个学科的比例/%	数量/个	占进入排行学科的比例/%
1	哈佛大学	美国	22	100.00	13	59.09
2	斯坦福大学	美国	22	100.00	12	54.55
3	麻省理工学院	美国	21	95.45	9	42.86
4	剑桥大学	英国	22	100.00	5	22.73
5	牛津大学	英国	22	100.00	10	45.45
6	华盛顿大学	美国	22	100.00	6	27.27
7	加州大学洛杉矶分校	美国	22	100.00	1	4.55
8	哥伦比亚大学	美国	22	100.00	5	22.73
9	康奈尔大学	美国	22	100.00	2	9.09
10	芝加哥大学	美国	22	100.00	2	9.09
19	清华大学	中国	20	90.91	5	25.00
21	北京大学	中国	21	95.45	2	9.52
40	上海交通大学	中国	19	86.36	2	10.53

续表

排名	学校名称	国家/地区	进入ESI排行的学科 数量/个	占22个学科的比例/%	前10名的学科 数量/个	占进入排行学科的比例/%
43	浙江大学	中国	19	86.36	4	21.05
53	中国科学院大学	中国	18	81.82	6	33.33
60	南京大学	中国	17	77.27	0	0.00
61	复旦大学	中国	19	86.36	0	0.00
66	中山大学	中国	20	90.91	0	0.00
97	香港中文大学	中国香港	19	86.36	0	0.00
98	武汉大学	中国	18	81.82	0	0.00
106	台湾大学	中国台湾	19	86.36	0	0.00
108	中国科学技术大学	中国	14	63.64	2	14.29
114	华中科技大学	中国	16	72.73	2	12.50
115	香港大学	中国香港	20	90.91	0	0.00
129	山东大学	中国	18	81.82	0	0.00
133	中南大学	中国	16	72.73	1	6.25
142	西安交通大学	中国	15	68.18	1	6.67
153	四川大学	中国	17	77.27	0	0.00
156	哈尔滨工业大学	中国	11	50.00	1	9.09
162	厦门大学	中国	17	77.27	0	0.00
183	吉林大学	中国	17	77.27	0	0.00
192	天津大学	中国	11	50.00	0	0.00
196	同济大学	中国	15	68.18	0	0.00
199	华南理工大学	中国	10	45.45	1	10.00
200	香港城市大学	中国香港	12	54.55	0	0.00
206	东南大学	中国	13	59.09	2	15.38
209	香港科技大学	中国香港	12	54.55	0	0.00
215	南开大学	中国	14	63.64	0	0.00
235	北京师范大学	中国	14	63.64	0	0.00
252	苏州大学	中国	14	63.64	0	0.00
261	香港理工大学	中国香港	13	59.09	1	7.69
275	大连理工大学	中国	9	40.91	0	0.00
285	中国农业大学	中国	10	45.45	1	10.00
290	北京航空航天大学	中国	6	27.27	0	0.00
306	重庆大学	中国	10	45.45	0	0.00
312	兰州大学	中国	12	54.55	0	0.00
322	台湾成功大学	中国台湾	16	72.73	0	0.00
338	北京理工大学	中国	6	27.27	0	0.00
345	上海大学	中国	9	40.91	0	0.00
351	湖南大学	中国	7	31.82	0	0.00
354	华东师范大学	中国	12	54.55	0	0.00
366	华东理工大学	中国	8	36.36	0	0.00
367	电子科技大学	中国	8	36.36	1	12.50
371	深圳大学	中国	7	31.82	0	0.00
376	武汉理工大学	中国	3	13.64	0	0.00

续表

续表

排名	学校名称	国家/地区	进入ESI排行的学科		前10名的学科	
			数量/个	占22个学科的比例/%	数量/个	占进入排行学科的比例/%
389	西北工业大学	中国	5	22.73	0	0.00
403	台湾清华大学	中国台湾	9	40.91	0	0.00
407	北京科技大学	中国	5	22.73	0	0.00
408	江苏大学	中国	7	31.82	0	0.00
409	南京理工大学	中国	4	18.18	0	0.00
418	郑州大学	中国	8	36.36	0	0.00
427	华中农业大学	中国	9	40.91	0	0.00
433	南京农业大学	中国	8	36.36	0	0.00
438	暨南大学	中国	10	45.45	0	0.00
440	福州大学	中国	4	18.18	0	0.00
441	北京化工大学	中国	4	18.18	0	0.00
445	西北农林科技大学	中国	8	36.36	1	12.50
446	中国地质大学	中国	7	31.82	1	14.29
461	中国石油大学	中国	5	22.73	0	0.00
463	西南大学	中国	11	50.00	0	0.00
479	台湾交通大学	中国台湾	8	36.36	0	0.00
482	台湾中国医药大学	中国台湾	10	45.45	0	0.00
487	中国医学科学院-北京协和医学院	中国	12	54.55	0	0.00
493	南京航空航天大学	中国	5	22.73	0	0.00
496	南昌大学	中国	7	31.82	0	0.00
505	扬州大学	中国	7	31.82	0	0.00
507	青岛大学	中国	8	36.36	0	0.00
516	合肥工业大学	中国	6	27.27	0	0.00
521	江南大学	中国	6	27.27	1	16.67
526	首都医科大学	中国	7	31.82	0	0.00
528	中国海洋大学	中国	9	40.91	0	0.00
529	南京医科大学	中国	8	36.36	0	0.00
530	浙江工业大学	中国	7	31.82	0	0.00
534	中国东北大学	中国	4	18.18	0	0.00
537	东华大学	中国	4	18.18	0	0.00
539	南京工业大学	中国	4	18.18	0	0.00
540	南京信息工程大学	中国	4	18.18	0	0.00
541	香港浸会大学	中国香港	13	59.09	0	0.00
544	华中师范大学	中国	5	22.73	0	0.00
551	澳门大学	中国澳门	8	36.36	0	0.00
575	南京师范大学	中国	7	31.82	0	0.00
582	哈尔滨工程大学	中国	4	18.18	0	0.00
591	台湾阳明大学	中国台湾	8	36.36	0	0.00
598	河海大学	中国	5	22.73	0	0.00

表 4-5 2020 年中国大学进入世界一流学科排名情况

排名	学校名称	名次所居比例/%	档次	国家/地区	学科
2	中国农业大学	1	顶尖	中国	农业科学
5	西北农林科技大学	1	顶尖	中国	农业科学
6	江南大学	1	顶尖	中国	农业科学
7	华南理工大学	5	著名	中国	农业科学
9	浙江大学	5	著名	中国	农业科学
10	中国科学院大学	5	著名	中国	农业科学
12	南京农业大学	5	著名	中国	农业科学
46	南昌大学	10	知名	中国	农业科学
47	华中农业大学	10	知名	中国	农业科学
53	江苏大学	10	知名	中国	农业科学
24	上海交通大学	5	著名	中国	生物学与生物化学
29	中国科学院大学	5	著名	中国	生物学与生物化学
51	北京大学	10	知名	中国	生物学与生物化学
57	复旦大学	10	知名	中国	生物学与生物化学
60	清华大学	10	知名	中国	生物学与生物化学
1	中国科学院大学	1	顶尖	中国	化学
2	清华大学	1	顶尖	中国	化学
3	中国科学技术大学	1	顶尖	中国	化学
5	浙江大学	1	顶尖	中国	化学
7	北京大学	1	顶尖	中国	化学
11	南京大学	5	著名	中国	化学
12	南开大学	5	著名	中国	化学
13	华南理工大学	5	著名	中国	化学
16	华东理工大学	5	著名	中国	化学
17	复旦大学	5	著名	中国	化学
18	天津大学	5	著名	中国	化学
19	吉林大学	5	著名	中国	化学
20	苏州大学	5	著名	中国	化学
26	四川大学	5	著名	中国	化学
27	湖南大学	5	著名	中国	化学
28	厦门大学	5	著名	中国	化学
30	中山大学	5	著名	中国	化学
31	山东大学	5	著名	中国	化学
35	武汉大学	5	著名	中国	化学
37	郑州大学	5	著名	中国	化学
40	上海交通大学	5	著名	中国	化学
41	福州大学	5	著名	中国	化学
42	北京化工大学	5	著名	中国	化学
44	大连理工大学	5	著名	中国	化学
49	哈尔滨工业大学	10	知名	中国	化学

续表

排名	学校名称	名次所居比例/%	档次	国家/地区	学科
52	西安交通大学	10	知名	中国	化学
53	兰州大学	10	知名	中国	化学
54	武汉理工大学	10	知名	中国	化学
62	东南大学	10	知名	中国	化学
63	南京工业大学	10	知名	中国	化学
65	华中科技大学	10	知名	中国	化学
68	台湾大学	10	知名	中国台湾	化学
70	中南大学	10	知名	中国	化学
72	香港科技大学	10	知名	中国香港	化学
82	北京理工大学	10	知名	中国	化学
90	华东师范大学	10	知名	中国	化学
92	山东科技大学	10	知名	中国	化学
73	上海交通大学	10	知名	中国	临床医学
88	复旦大学	10	知名	中国	临床医学
98	中山大学	10	知名	中国	临床医学
110	中国医学科学院-北京协和医学院	10	知名	中国	临床医学
111	台湾大学	10	知名	中国台湾	临床医学
115	北京大学	10	知名	中国	临床医学
122	香港中文大学	10	知名	中国香港	临床医学
133	香港大学	10	知名	中国香港	临床医学
1	清华大学	1	顶尖	中国	计算机科学
3	西安电子科技大学	1	顶尖	中国	计算机科学
4	华中科技大学	5	著名	中国	计算机科学
7	东南大学	5	著名	中国	计算机科学
8	电子科技大学	5	著名	中国	计算机科学
9	上海交通大学	5	著名	中国	计算机科学
10	中南大学	5	著名	中国	计算机科学
11	武汉大学	5	著名	中国	计算机科学
12	南京信息工程大学	5	著名	中国	计算机科学
13	哈尔滨工业大学	5	著名	中国	计算机科学
14	浙江大学	5	著名	中国	计算机科学
15	北京邮电大学	5	著名	中国	计算机科学
18	香港城市大学	5	著名	中国香港	计算机科学
19	大连理工大学	5	著名	中国	计算机科学
22	香港理工大学	10	知名	中国香港	计算机科学
24	同济大学	10	知名	中国	计算机科学
25	四川大学	10	知名	中国	计算机科学
27	深圳大学	10	知名	中国	计算机科学
32	北京航空航天大学	10	知名	中国	计算机科学
35	香港中文大学	10	知名	中国香港	计算机科学

续表

排名	学校名称	名次所居比例/%	档次	国家/地区	学科
38	西安交通大学	10	知名	中国	计算机科学
1	哈尔滨工业大学	1	顶尖	中国	工程学
2	清华大学	1	顶尖	中国	工程学
4	东南大学	1	顶尖	中国	工程学
5	西安交通大学	1	顶尖	中国	工程学
6	上海交通大学	1	顶尖	中国	工程学
7	浙江大学	1	顶尖	中国	工程学
8	香港理工大学	1	顶尖	中国香港	工程学
9	华中科技大学	1	顶尖	中国	工程学
11	北京航空航天大学	1	顶尖	中国	工程学
12	北京理工大学	5	著名	中国	工程学
13	同济大学	5	著名	中国	工程学
14	中南大学	5	著名	中国	工程学
15	电子科技大学	5	著名	中国	工程学
16	大连理工大学	5	著名	中国	工程学
18	重庆大学	5	著名	中国	工程学
19	华南理工大学	5	著名	中国	工程学
24	天津大学	5	著名	中国	工程学
26	香港城市大学	5	著名	中国香港	工程学
27	中国科学院大学	5	著名	中国	工程学
28	西北工业大学	5	著名	中国	工程学
30	湖南大学	5	著名	中国	工程学
33	中国科学技术大学	5	著名	中国	工程学
35	北京大学	5	著名	中国	工程学
40	中国东北大学	5	著名	中国	工程学
41	南京理工大学	5	著名	中国	工程学
49	香港大学	5	著名	中国香港	工程学
50	四川大学	5	著名	中国	工程学
54	南京航空航天大学	5	著名	中国	工程学
61	华北电力大学	10	知名	中国	工程学
62	西安电子科技大学	10	知名	中国	工程学
69	香港科技大学	10	知名	中国香港	工程学
70	山东大学	10	知名	中国	工程学
73	武汉大学	10	知名	中国	工程学
76	台湾成功大学	10	知名	中国台湾	工程学
77	北京科技大学	10	知名	中国	工程学
79	中国矿业大学	10	知名	中国	工程学
81	中国石油大学	10	知名	中国	工程学
83	北京交通大学	10	知名	中国	工程学
90	广东工业大学	10	知名	中国	工程学

续表

排名	学校名称	名次所居比例/%	档次	国家/地区	学科
94	江苏大学	10	知名	中国	工程学
96	合肥工业大学	10	知名	中国	工程学
101	西南交通大学	10	知名	中国	工程学
103	南京大学	10	知名	中国	工程学
112	武汉理工大学	10	知名	中国	工程学
114	河海大学	10	知名	中国	工程学
115	吉林大学	10	知名	中国	工程学
5	中国科学院大学	1	顶尖	中国	环境科学与生态学
16	清华大学	5	著名	中国	环境科学与生态学
21	北京大学	5	著名	中国	环境科学与生态学
39	浙江大学	10	知名	中国	环境科学与生态学
46	北京师范大学	10	知名	中国	环境科学与生态学
52	南京大学	10	知名	中国	环境科学与生态学
3	中国地质大学	1	顶尖	中国	地球科学
7	中国科学院大学	5	著名	中国	地球科学
17	北京大学	5	著名	中国	地球科学
29	南京大学	10	知名	中国	地球科学
32	北京师范大学	10	知名	中国	地球科学
43	南京信息工程大学	10	知名	中国	地球科学
44	清华大学	10	知名	中国	地球科学
1	清华大学	1	顶尖	中国	材料科学
2	中国科学院大学	1	顶尖	中国	材料科学
5	中国科学技术大学	1	顶尖	中国	材料科学
7	浙江大学	5	著名	中国	材料科学
9	北京大学	5	著名	中国	材料科学
11	中南大学	5	著名	中国	材料科学
12	哈尔滨工业大学	5	著名	中国	材料科学
13	上海交通大学	5	著名	中国	材料科学
14	西安交通大学	5	著名	中国	材料科学
15	西北工业大学	5	著名	中国	材料科学
16	北京科技大学	5	著名	中国	材料科学
17	华南理工大学	5	著名	中国	材料科学
18	华中科技大学	5	著名	中国	材料科学
19	苏州大学	5	著名	中国	材料科学
20	复旦大学	5	著名	中国	材料科学
22	武汉理工大学	5	著名	中国	材料科学
23	天津大学	5	著名	中国	材料科学
24	吉林大学	5	著名	中国	材料科学
33	南京大学	5	著名	中国	材料科学
34	四川大学	10	知名	中国	材料科学

续表

排名	学校名称	名次所居比例/%	档次	国家/地区	学科
35	香港城市大学	10	知名	中国香港	材料科学
37	重庆大学	10	知名	中国	材料科学
38	南开大学	10	知名	中国	材料科学
40	武汉大学	10	知名	中国	材料科学
45	北京理工大学	10	知名	中国	材料科学
47	山东大学	10	知名	中国	材料科学
48	郑州大学	10	知名	中国	材料科学
50	大连理工大学	10	知名	中国	材料科学
51	北京航空航天大学	10	知名	中国	材料科学
53	北京化工大学	10	知名	中国	材料科学
54	中山大学	10	知名	中国	材料科学
57	同济大学	10	知名	中国	材料科学
58	香港科技大学	10	知名	中国香港	材料科学
59	厦门大学	10	知名	中国	材料科学
62	湖南大学	10	知名	中国	材料科学
13	中国医学科学院-北京协和医学院	5	著名	中国	药理学与毒物学
24	中国药科大学	5	著名	中国	药理学与毒物学
26	北京大学	5	著名	中国	药理学与毒物学
28	中山大学	5	著名	中国	药理学与毒物学
31	上海交通大学	5	著名	中国	药理学与毒物学
41	浙江大学	10	知名	中国	药理学与毒物学
49	复旦大学	10	知名	中国	药理学与毒物学
52	沈阳药科大学	10	知名	中国	药理学与毒物学
53	山东大学	10	知名	中国	药理学与毒物学
58	四川大学	10	知名	中国	药理学与毒物学
7	清华大学	5	著名	中国	物理学
15	中国科学技术大学	5	著名	中国	物理学
22	北京大学	5	著名	中国	物理学
25	中国科学院大学	5	著名	中国	物理学
33	南京大学	10	知名	中国	物理学
5	中国科学院大学	1	顶尖	中国	植物学与动物学
13	中国农业大学	5	著名	中国	植物学与动物学
21	南京农业大学	5	著名	中国	植物学与动物学
41	浙江大学	5	著名	中国	植物学与动物学
42	华中农业大学	10	知名	中国	植物学与动物学
53	西北农林科技大学	10	知名	中国	植物学与动物学
82	香港理工大学	10	知名	中国香港	社会科学
92	香港大学	10	知名	中国香港	社会科学

三、世界一流大学与一流学科建设的内在逻辑与发展之策

2017年9月21日,教育部发布"双一流"建设名单,其中一共有137所高校被列入名单中。与以往"985工程"建设和"211工程"建设不同的是,"双一流"建设采用了退出机制,目的是引导和支持具备一定实力的高水平大学和高水平学科瞄准世界一流,汇聚优质资源,培养一流人才,产出一流成果,加快走向世界一流。在资金分配上,"双一流"建设更多考虑办学质量特别是学科水平、办学特色等因素,重点向办学水平高、特色鲜明的学校倾斜,在公平竞争中体现扶优扶强扶特。学科建设水平和能力的提高已成为中国高等教育历史性变化的最重要的标识。突出学科建设的基础作用,高度契合"双一流"建设目标和指向。突出学科建设的基础作用,加强一流学科建设,也是世界高等教育办学的成功理念、有益经验和基本理念。事实上,世界一流大学就是以若干一流学科为支撑的,就是以若干个学科的优势和特色为标识的。从表4-4和表4-5来看,排名前10位的大学的学科都很齐全,并且每个学科的影响力都很大。这在一定程度上反映了我国建设"双一流"的科学性和合理性,将一流大学与一流学科联系在一起统筹推进,是我国世界一流大学建设进程的深化。当前,我国高校学科建设交叉重复、低层次循环的现象还多有存在,迫切需要创新发展理念、加强资源整合、提升建设水平,适应我国高等教育将由大众化阶段向普及化阶段发展的需要,适应国家发展对高等教育的要求。